बात बात में बात

बात बात में बात

बीते बारह वर्षों के संवाद

नामवर सिंह

संकलन-सम्पादन

समीक्षा ठाकुर

वाणी प्रकाशन

प्रकाशन के उत्कृष्टतम 63 वर्ष

सजिल्द पहला संस्करण : 2006
सजिल्द दूसरा संस्करण : 2013
सजिल्द तीसरा संस्करण : 2026

vaniprakashan.com

वाणी प्रकाशन

4695, 21-ए, दरियागंज, नयी दिल्ली-110 002

फ़ोन : +91 11 23273167, 23275710

शाखाएँ

अशोक राजपथ, पटना-800 004, बिहार

कॉफ़ी हाउस कैम्पस, महात्मा गांधी मार्ग, प्रयागराज-211 001, उत्तर प्रदेश

महात्मा गांधी अन्तरराष्ट्रीय हिन्दी विश्वविद्यालय, वर्धा-442 001, महाराष्ट्र

sales@vaniprakashan.in
vaniprakashan@gmail.com

Baat Baat Mein Baat
by Namvar Singh

ISBN : 978-81-8143-584-2
Criticism

मूल्य : ₹795

जी.एस. ऑफ़सेट, दिल्ली-110 095 में मुद्रित

वाणी प्रकाशन का लोगो मक़बूल फ़िदा हुसैन की कूची से

दो शब्द

संवाद कहिए या बातचीत- उसका यह दूसरा संकलन है। इसमें 1993 से 2005 तक के कुल 14 संवाद संकलित हैं। सभी संवाद किसी न किसी पत्रिका या पुस्तक में पहले प्रकाशित हो चुके हैं। इस दौर के कुछ प्रकाशित संवाद और भी होंगे, लेकिन फिलहाल जो सहज सुलभ हो गए वही प्रस्तुत किए जा रहे हैं। प्रस्तुति के विषय में सूचनार्थ निवेदन है कि फीते से कागज़ पर उतारते समय बातचीत में जहाँ स्खलन और अस्पष्टता दृष्टिगोचर हुई वहाँ वार्ताकार से परामर्श करके पाठ को सम्पादित कर दिया गया है। वार्ताएँ कालक्रम के अनुसार देने की अपेक्षा बहुत कुछ विषयानुसार संयोजित की गई हैं।

अंत में वार्ता में भाग लेने वाले सभी साहित्यकार बंधुओं और पहली बार प्रकाशित करने वाली पत्रिकाओं के सम्मान्य संपादकों के सौजन्य के प्रति हार्दिक आभार।

— समीक्षा ठाकुर

174-बी, माउंट कैलाश
ईस्ट आफ़ कैलाश
नयी दिल्ली-110065
11 जुलाई, 2006

अनुक्रम

वाचिक विमर्श क्यों?

(आशुतोष दुबे और रवीन्द्र व्यास के साथ)

वैसे तो हिन्दी में विवादास्पद होने को विरुद की तरह बरता जाता है लेकिन नामवर सिंह शायद हिन्दी साहित्य के अकेले ऐसे व्यक्तित्व हैं जिनका बोलना—और न बोलना भी—नित नए विवादों को जन्म देता रहता है। हिन्दी परिदृश्य में उन्हें दुर्लभ केन्द्रीयता हासिल है। अरुण कमल के शब्दों में, ''पूरे वातावरण को स्फूर्ति से भरे हुए, जाफरान की खुशबू से तर किए, भोर की तन्द्रा को दोपहर की गहमागहमी में बदलते, आपको हमेशा अपने चौबों पर तैयार रहने को बाध्य करते, बेचैनी और तड़प से भरते, द्वन्द्व के लिए ललकारते, कभी निःशस्त्र करते, कभी वार चूकते—डॉ. नामवर सिंह हमारे सबसे बड़े संवादक रहे हैं।'' ऐसे संवादक से एक चमकीली सुबह में 'आवेग' के लिए संवाद करते हुए कोशिश रही कि बातचीत आलोचना पर एकाग्र हो; लेकिन बात निकली तो फिर उसे दूर तक—वह भी अनेक वीथियों से—जाना ही था...

प्रश्न : *नामवर जी, वे कौन-सी स्थितियाँ, कारण या मनोदशाएँ रही हैं कि आपने लिखने की अपेक्षा बोलने को ही आलोचना का माध्यम बना लिया। क्या आपको कभी ऐसा लगा कि इससे आलोचना का भी नुकसान हुआ और व्यक्तिगत रूप से आपका भी या साहित्य का भी?*

नामवर सिंह : यह मेरी विवशता है कि पिछले कुछ वर्षों से बोलने का काम अधिक कर रहा हूँ, उसकी तुलना में लिखने का कम। और इससे साहित्य का क्या बना-बिगड़ा ये तो दूसरे जानते होंगे लेकिन मेरी दृष्टि में, बहुत-सी बातें हैं जो सुरक्षित नहीं कही जा सकतीं, जिसे जीवन की अन्तिम घड़ी में कह सकूँ कि ये कुछ छोड़े जा रहा हूँ। लेकिन मुझे ऐसा लगता है कि कुछ लोग मिथ गढ़ते हैं। किंवदंती एक गढ़ दी गई है कि ये तो बोलते हैं, लिखते नहीं! और उसका एक तर्क भी ढूँढ़ लेते हैं कि बोलने से जुबान नहीं कटती है, लिखने से हाथ कट जाते हैं। आप लिखते इसलिए नहीं कि लिखने से आपका एक कमिटमेंट हो जाता है। बोलने में आप अपनी बात बदल सकते हैं, मुकर सकते हैं। उस ब्यौरे में जाने से पहले मैं यह कह दूँ कि गोष्ठियों में मैं बोलता रहा हूँ, अखबारों में उसकी सही गलत रिपोर्टिंग भी होती

है और मैंने उसमें किसी बात का खण्डन नहीं किया क्योंकि राजनीतिज्ञों की जवाबदेही एक खास तरह की होती है; बल्कि फैशन भी है—राजनीतिज्ञ कहकर मुकर जाते हैं, लेकिन साहित्य में मैं यह मानकर चलता हूँ कि मैंने जो कुछ कहा, रिपोर्ट करने वाले ने जैसा समझा उसने लिख दिया। इसका मतलब है कि मेरी बात इसी रूप में पहुँची होगी उस तक, उसने वही समझा होगा और हो सकता है बहुत-सी महत्त्वपूर्ण बातें रिपोर्टिंग में छूट भी गई होंगी। साहित्य में यह चल सकता है, राजनीति में यह नहीं चलता। लेकिन लोग साहित्य को भी मानते हैं कि उसी तरह का राजनीतिक वक्तव्य है। जो महत्त्वपूर्ण बातें किसी लेखक के बारे में या कृति के बारे में मैंने कहीं, उससे मुकरने का सवाल ही नहीं उठता। आज तक मैंने अपने किसी दिए हुए वक्तव्य के बारे में यह नहीं कहा कि मैंने यह नहीं कहा। दूसरा कारण यह भी है कि—बोलने के बारे में कह रहा हूँ—लोग यह भूल जाते हैं कि मैं अध्यापक हूँ, और क्लास में कुछ निश्चित विषय पढ़ाता रहा हूँ और उसके नोट्स भी लिए जाते रहे हैं। विदेशों में यह होता है कि कुछ लोगों के क्लास लेक्चर्स को ही उनके शिष्यों ने पुस्तक के रूप में छपाया। फरदीनांदो सस्योर की एक किताब है। 1916 में उनके दो शिष्यों ने नोट्स लिए थे, उनके मरने के पचास साल बाद प्रकाशित किए। हमारे यहाँ यह परम्परा नहीं है। और लोग होंगे, मैं सभी अध्यापकों के बारे में नहीं कह सकता हूँ। लेकिन मैंने जोधपुर में चार साल तक क्लास लेक्चर्स दिए। जवाहरलाल नेहरू युनिवर्सिटी में 1974 से 1992 तक मैंने व्याख्यान दिए। कम ही विद्यार्थी होते थे। मैं लगातार दो पीरियड लेता था। तो ये व्याख्यान मेरे विद्यार्थियों के पास होंगे। इसलिए अब लोगों को गोष्ठियाँ दिखाई पड़ती हैं कि मैं बोलता हूँ; उन लोगों को कैसे समझाऊँ कि जिन्दगी में तीस साल बोलता ही रहा हूँ। और जितना बोला उतना सब लिखा तो नहीं है।

तीसरी बात, इसके अलावा ये कि लिखने के कारण होते हैं, उद्देश्य होते हैं। मैंने 'आधुनिक साहित्य की प्रवृत्तियाँ' एक किताब लिखी। 'छायावाद' किताब लिखी। एक ही साल में 1954 में ये लिखीं और कुछ लेख भी लिखे। तो रचनाकाल देखें और पुस्तकों के प्रकाशन वर्ष देखें तो 1955, 56, 57 में मेरी इकट्ठी पाँच किताबें आईं। आगे चलकर आप देखेंगे कि रफ्तार कम हो गई। तब भी मैं गोष्ठियों में जाता था, तब भी मैं पढ़ाता था। 'कहानी', 'नई कहानी' पत्रिकाओं के लिए लिखा। उसके काफी वर्ष बाद 'कविता के नए प्रतिमान' लिखी और उसके बाद 1982 में 'दूसरी परम्परा की खोज' लिखी। इस बीच 'आलोचना' में मेरे अनेक लेख प्रकाशित हुए। उनमें से कुछ लेख मैंने 'वाद-विवाद-संवाद' (1991) में प्रकाशित किए जबकि उसके कुछ लेख मैं पहले ही लिख चुका था। इसके अलावा कम-से-कम सौ लेख पुस्तकाकार प्रकाशित नहीं किए। पुस्तक के रूप में प्रकाशन करने के लिए कुछ लोग

हर साल, हर महीने दनादन, दनादन किताबें निकालते रहते हैं। अपना ये कभी स्वप्न नहीं रहा। आलोचना मैंने हिन्दी में हस्तक्षेप के रूप में की है। जहाँ जरूरी लगा कि साहित्य में जो चल रहा है, उसमें मैं हस्तक्षेप करूँ, बदलूँ, साहित्य की किसी धारा को या प्रवृत्ति को। कोई नई चीज उभर रही है और उसकी उपेक्षा हो रही है तो उस पर बल दूँ। सार्थक आलोचना वही होगी। वर्ना केवल ग्रन्थों को प्रकाशित करते जाने और लायब्रेरी की शोभा बढ़ाने के लिए आलोचना नहीं की। मुख्य उद्देश्य यही है कि अपने साहित्य में, अपनी संस्कृति में और समाज में साहित्य-सम्बन्धी क्या सोच-विचार चल रहा है, उसको कैसे बदला जा सके, उसको समृद्ध किया जाए। यह एक काम है और यह बोलकर भी किया जा सकता है और लिखकर भी किया जा सकता है। मैंने केवल वक्तृत्व कला के मामले में ये नहीं कहा, हाँ, मैंने कहा था कि जिस समाज में साक्षरता 50 फीसदी से भी कम हो, हिन्दी समाज में, वहाँ वाचिक परम्परा के द्वारा ही महत्त्वपूर्ण काम किया जा सकता है। इसलिए मैंने कहा कि मेरी आलोचना को, मेरे बोले हुए को—मौखिक आलोचना को आप लोक-साहित्य मान लीजिए।

एक उदाहरण देता हूँ। मैं पटना में एक गोष्ठी में गया था। पटना में कामरेड रामजी राय जन-संस्कृति मंच के प्रखर प्रतिनिधि हैं—उन्होंने कहा कि आपने किसी साक्षात्कार में कहा था—मार्क्स के भी अंध-बिन्दु हैं। तो अंध-बिन्दु से आपका क्या आशय है और मार्क्स में आप क्या अंध-बिन्दु देखते हैं? जवाब से पहले मैंने कहा कि हे तात! अभी आपने किसी इण्टरव्यू में पढ़ लिया है तो आपको याद है। 'वाद-विवाद-संवाद' के अन्त में जो सूत्र दिए गए हैं उसमें यह बात मैं 1991 में कह चुका हूँ दस साल पहले। तब आपने यह नहीं पूछा और किसी ने नहीं कहा। अब साक्षात्कार में कह दिया तो आप उसका हवाला दे रहे हैं, जबकि यह बात मैं दस साल पहले लिख चुका हूँ। तो ये लोग जो शिकायत करते हैं वो हमारे लिखे हुए को तो पढ़ते नहीं हैं और बोले हुए पर बहस करते हैं।

इस प्रकरण पर ज्यादा बोल गया मैं; लेकिन जैसे-जैसे आदमी परिपक्व होता है, एक खास उमर में आप जितनी गति से लिखते हैं, बाद में सोच-विचार, अनेक सन्देह, शंकाएँ पैदा होती हैं। मैं यह मानता हूँ कि आलोचना को उतना ही सुलिखित होना चाहिए जैसे कि कविता, कहानी या उपन्यास। मैं चाहता हूँ कि मेरे विचारों से जो असहमत हों, वे भी कम से कम मेरे गद्य को तो पसन्द करें क्योंकि मेरा विश्वास है कि मैं उस भाषा में लिख रहा हूँ जिसमें आचार्य रामचन्द्र शुक्ल का गद्य मेरे सामने है, जिसमें हजारी प्रसाद द्विवेदी का गद्य मेरे सामने है, सरलता और सहजता में रामविलास शर्मा का गद्य मेरे सामने है। मुक्तिबोध की एक साहित्यिक डायरी का गद्य मेरे सामने हैं। लोगों को नहीं मालूम है, पुस्तक लिखने में मुझे कम समय

लगा है, एक लेख लिखने में पुस्तक लिखने से ज्यादा समय लगता है; यह नहीं मालूम लोगों को। मैंने जितनी भी किताबें लिखी हैं—एक हफ्ते या दस दिन में लिखी हैं। लिखने के पहले सारी सामग्री इकट्ठा कर लेता हूँ। लिखते समय कभी-कभी अपने नोट्स देख लेता हूँ। बस। 'छायावाद' पुस्तक मैंने कुल दस दिन में लिखी। 'कविता के नए प्रतिमान' इक्कीस दिन में लिखी हुई किताब है। 'दूसरी परम्परा की खोज' दस दिन में लिखी हुई किताब है। बाकी कुछ लेख धारावाहिक या अन्तराल के साथ लिखित हैं। अभी 'आलोचना' में एक लेख मैंने रामविलास जी पर लिखा है—'इतिहास की शव-साधना'। बहुत-से लोगों की चिट्ठियाँ आई हैं। इस अकेले लेख को लिखने में, सोचने में, विचारने में कितना समय लगा, इसका अन्दाजा नहीं होगा लोगों को। पर—लिखा तो रात दस बजे से शुरू किया और सुबह दस बजे खत्म किया। मैं इसी तरह एक साँस में लिखता हूँ; उसमें बाधा नहीं आती और वह मेरे लिए एक साधना है। जो लोग शिकायत करते हैं, वही लोग मुझे बोलने के लिए बुलाते हैं। कई बार कहता हूँ कि भाई मुझे लिखने दीजिए। लिखने देते नहीं और शिकायत करते हैं। यह हालत हो गई है। अपना दुःखड़ा किससे रोएँ?

प्रश्न : *अपने एक पुराने साक्षात्कार में आपने कहा था कि जिस लेखक से आपके विचारों का मेल न हो उसका विरोध बेशक कीजिए लेकिन उसका साहित्यिक महत्त्व यदि कुछ है तो उसे स्वीकार कीजिए। आज के परिदृश्य में जबकि वैचारिक ध्रुवीकरण के चलते कट्टरताएँ बहुत बढ़ गई हैं, क्या आपको लगता है कि जिस सदाशयता को आपने कभी प्रस्तावित किया था, उसकी स्पेस—विशेषतः समकालीन साहित्यकारों में ही, जिसमें सभी लोग शामिल हैं; आप भी—कम होती जा रही है?*

नामवर सिंह : पहली बात तो यह है कि मैं अपने लिए यह सब मानता हूँ, तो दूसरे को कैसे छोड़ सकता हूँ। मेरा यह विश्वास है कि, उदाहरण के लिए, मैं निर्मल वर्मा के विचारों से सहमत नहीं हूँ—विशेषतः वे विचार जो भारतीयता को लेकर हैं। मार्क्सवाद का वे विरोध करते हैं; मैं नहीं सहमत हूँ। लेकिन निर्मल वर्मा महत्त्वपूर्ण साहित्यकार हैं, इसको स्वीकार भी करता हूँ। यह कोई कुफ्र नहीं है। मार्क्स ने खुद बालज़ाक के बारे में कहा था कि उसके राजनीतिक विचारों से मैं सहमत नहीं हूँ लेकिन बालज़ाक बड़ा साहित्यकार है। लेनिन ने भी टालस्टॉय के बारे में ऐसा ही कहा है। गरज कि अपने भ्रामक विचारों के बावजूद एक साहित्यकार बड़ा साहित्यकार हो सकता है। आलोचना के लिए यह बड़ा जटिल प्रश्न है कि ऐसा क्यों होता है? उदाहरण के लिए तुलसीदास हिन्दी के सबसे बड़े कवि हैं, इस बारे में दो राय नहीं। ये और बात है कि दलित लोग यह न मानें। लेकिन यह सही है कि वे वर्ण-व्यवस्था में विश्वास करते थे, उनके रामराज्य में वही व्यवस्था है। यही नहीं,

बल्कि कबीर के बारे में उन्होंने कुछ तल्ख बातें कही हैं; लगभग गाली-सी दी है उन्होंने। भले ही यह कहा जाए कि उनके राम ने शबरी के जूठे बेर खाए, लेकिन उन्होंने शंबूक वध की कहानी नहीं लिखी। सीता की महिमा गाई है लेकिन स्त्री के बारे में उनके विचार वही नहीं थे जो आज के स्त्रीवादी लोग मानेंगे। बावजूद इसके वे बड़े कलाकार हैं। तो साहित्य में ऐसा होता है। और इसका कारण यह है कि साहित्य में विचार के अलावा इन्द्रिय-बोध भी होता है, भाव-बोध भी होता है। इसलिए राजनीतिक दृष्टि से कोई व्यक्ति सही बात कहे तो यह जरूरी नहीं कि वह बड़ा भारी विचारक भी हो या बड़ा भारी साहित्यकार भी हो। संभव है कि बहुत ही समाज-विरोधी और मानवद्रोही विचार किसी के हों और कलाकार भी बड़ा हो लेकिन उन विचारों के कारण उसके बड़प्पन में खरोंच तो आती है और कमी भी आती है। अगर वह न हो तो वह और बड़ा हो। दुनिया में अनेक ऐसे कलाकार हुए हैं। दार्शनिक भी हुए हैं—जैसे मार्टिन हाइडेगर फासिज्म के समर्थक थे, हिटलर की पार्टी के सदस्य थे और सदस्य ही नहीं बने थे, सदस्य बनकर युनिवर्सिटी के रेक्टर बने थे। बावजूद इसके हाइडेगर कई दार्शनिकों की दृष्टि में बहुत बड़े दार्शनिक हैं। अब फासिज्म से बढ़कर कोई मानव विरोधी दर्शन तो हो नहीं सकता। लेकिन एक इतना बड़ा दार्शनिक हुआ। कई साहित्यकार ऐसे हुए हैं जर्मनी में, इटली में। अब ये गुत्थी सुलझाई जानी चाहिए और यह रचना-प्रक्रिया के गहन विश्लेषण द्वारा ही जाना जा सकता है।

इसलिए मैं अपने लिए तो आचार-संहिता बना सकता हूँ कि जिससे असहमत हूँ, उसको सम्मान दूँ। अगर साहित्य में यह नहीं होगा तो इतनी एकरसता होगी, दोहराव होगा, तोतारटंत समाज हो जाएगा। इसलिए बौद्धिकता के लिए जरूरी है कि मतभेद को हम स्वीकार करें और सम्मान करें। मैं अपने लिए यह मानता हूँ और मेरा ख्याल है कि हमारी हिन्दी की परम्परा में जो पहले के आलोचक रहे हैं वो इसे मानते रहे हैं। रामचन्द्र शुक्ल, हजारी प्रसाद द्विवेदी सहिष्णु भी रहे हैं। उदाहरण के लिए कहूँ तो जब शीतयुद्ध का जमाना था—1950 से लेकर 1965 तक, इलाहाबाद में परिमल और प्रगतिशील लेखक संघ के बीच घनघोर वाद-विवाद होता था बल्कि मार्क्सवादी लेखकों के अन्दर भी पोलिमिक्स हुई है। तुलसीदास और रामचरितमानस को लेकर यशपाल और रामविलास शर्मा के बीच विवाद हुआ, लेकिन दुश्मनी नहीं थी। मिलते थे रोज़, गोष्ठियों में भी और बाहर भी। वहाँ विजयदेव नारायण साही, धर्मवीर भारती—इन लोगों के साथ बहस होती थी। कहा जाता है कि वादे-वादे जायते तत्त्वबोधः। अब यह कम हो रहा है। संकीर्णता की प्रवृत्ति कुछ बढ़ रही है और यह चिन्ता की बात है। जिसे आप ध्रुवीकरण कह रहे हैं, वह कोई ध्रुवीकरण नहीं है। ध्रुवीकरण तब होता है जब अपने विचारों पर आप दृढ़ हों और

आपके पास विचार हों। राजनीति में कहाँ ध्रुवीकरण है? लगभग साहित्य की वही स्थिति हो गई है। जैसे कि एक तरफ सत्ता में जो पार्टी है भारतीय जनता पार्टी और उसके सहयोगी दल और दूसरी तरफ प्रतिपक्ष में है कांग्रेस। इनमें कोई वास्तविक ध्रुवीकरण नहीं है, नूरा कुश्ती चल रही है। साहित्य में भी इस तरह की बहुत नूरा कुश्तियाँ चल रही हैं। अगर सचमुच ध्रुवीकरण विचारों का होता तो मैं समझता हूँ, साहित्य में सम्बन्ध बेहतर होते। जहाँ स्पष्ट जानकारी हो कि विरोधी-पक्ष का विचार क्या है, एक-दूसरे के विचार को जहाँ समझते हों, फर्क साफ़ मालूम हो; तब संवाद की गुंजाइश रहती है। जब मैं समझूँ कि मैं कहाँ खड़ा हूँ और आप कहाँ खड़े हैं, तब बात हो सकती है। बात तब नहीं होती जब पता नहीं चलता कि सचमुच आप क्या सोचते हैं और मैं क्या सोचता हूँ। इसलिए ध्रुवीकरण नहीं है। यदि सच्चा ध्रुवीकरण होता—उदाहरण के लिए भारत भवन वाले अशोक वाजपेयी और उनके सहयोगी हैं, जो समझते हैं कि प्रगतिशीलों ने तो, साहित्य को विचारधारा का उपनिवेश बना रखा है। सवाल ये है कि खुद उन्होंने विचारों का अपना उपनिवेश बनाया है कि नहीं? हम तो विचार के उपनिवेश हैं लेकिन आपके यहाँ विचार नाम का कोई देश है जो आपका उपनिवेश है? आपके कुछ विचार हैं कि नहीं! एक तरह से यह विचार-शून्य साहित्य या साहित्य में विचार-शून्यता का प्रचार है। ऐसी हालत में तो ध्रुवीकरण विचार और विचार-शून्यता के बीच है। मुक्तिबोध के शब्दों में पार्टनर! तुम अपनी पालिटिक्स तो बताओ! बात तभी हो सकती है। अपनी राजनीति वो बताएँगे नहीं। क्यों नहीं बताएँगे यह हम जानते हैं क्योंकि बता नहीं सकते। तुलसीदास ने कहा है; 'चोर नारी जिमि प्रकट न रोई।' चोर की औरत रोने लगे तो यह मालूम हो जाएगा कि वह चोर की बीवी है। इसीलिए कुछ लोग अपनी राजनीति नहीं बताते क्योंकि बहुत असुविधाजनक होगा अपनी राजनीति बताना। एक पूरी सूची बनाई जाए और उनसे जवाब माँगा जाए तो निकल आएगा कि उनकी राजनीति क्या है। फिर भी दावा यही करते हैं कि वे सिर्फ शुद्ध साहित्य ही करते हैं। और दूसरे राजनीति करते हैं। कठिनाई यही है इसलिए क्या साहित्य में बात की जाए। ऐसी स्थिति हो गई है कि बहुलता या बहुवचन की बात आप स्वीकार करते हैं। भारतीय समाज में, सभी धर्मों, सभी भाषाओं के लिए, सभी विचारों के लिए जगह है, इसे ही लोकतन्त्र कहते हैं। इसलिए उन्होंने भी स्वीकार कर लिया। वे समझते हैं कि हम लोग एक मत वाले हैं और बहुवचन और बहुलता आकर्षक शब्द हैं—स्वीकार कर लिया; लेकिन उनकी पत्रिका को देखिए। उस पत्रिका में वही आधे दर्जन, एक दर्जन नाम हैं जो हर अंक में दिखाई पड़ते हैं। यह कैसी बहुलता और कैसा बहुवचन है जिसमें एक छोटा-सा गुट है सब एक विचार के, एक ही भावबोध के, एक ही तरह की भाषा लिखने वाले, उन्हीं लोगों को बीस साल तक

छापते आ रहे हैं—'पूर्वग्रह' से लेकर 'बहुवचन' तक और नाम लेते हैं बहुलता का। अब मैं क्या कहूँ? तो एकवचनवादी बहुवचनवादी हो गए और हम लोग जो बहुवचनवादी हैं—हम लोगों को कहा जाता है—तानाशाही कर रहे हैं। इसलिए संवाद कठिन है।

प्रश्न : *दलित साहित्य को स्वीकृति देते हुए आपने अपने पूर्व कथन में, पूर्व निष्कर्ष में परिवर्तन को स्वीकार किया है। क्या आपके कुछ अन्य मतों में या निष्कर्षों में कोई और परिवर्तन आया है? ऐसा परिवर्तन जो बहुत स्पष्टता से शायद व्यक्त न हो पाया हो?*

नामवर सिंह : कई चीजों में। राजेन्द्र यादव की शिकायत है कि नामवर में 'कन्सिस्टेन्सी' नहीं है। वे अपने विचार को बदलते रहते हैं। चिन्तन के क्षेत्र में, साहित्य के क्षेत्र में, मैं समझता हूँ कि ये गुण है। वे समझते हैं कि दोष है। रचनात्मक साहित्य को देखिए। सृजन का धर्म ही है—नवाचार, पुनर्नवता। कुछ नया करना। नहीं तो यह सृजन नहीं है और आप अपने को ही दोहराते चले जा रहे हैं। निराला ने जो पहली कविता लिखी थी अगर वही कविता अन्त तक लिखते रहे होते तो उनमें और सुमित्रानन्दन पन्त में फर्क नहीं रह जाता। रामचन्द्र शुक्ल संचयन की भूमिका में मैंने लिखा है कि 'कविता क्या है' लेख उन्होंने 1909 में 'सरस्वती' में लिखा था उसे 'विचार वीथी' में 1930 में कितना बदल दिया। रामचन्द्र शुक्ल ने हिन्दी साहित्य का इतिहास जिस रूप में नागरी प्रचारिणी सभा से 1928 में छपाया था उसे 1941 में इतना बदल दिया।

आपने दलित साहित्य का नाम लिया। पहले मैं मानता था कि दलितों के बारे में जो भी साहित्य लिखा जाए उसे दलित साहित्य माना जाए, लिखने वाला चाहे गैर दलित हो या दलित। प्रेमचन्द ने जो साहित्य लिखा उसमें दलित साहित्य भी है। लेकिन ओमप्रकाश वाल्मीकि की आत्मकथा 'जूठन' और उनका कहानी संग्रह 'सलाम' जब मैंने पढ़ा तो मुझे कुछ ऐसे अनुभव हुए जो इसके पहले मैं नहीं जानता था। मरे हुए बैल की खाल निकालने का काम और मरे हुए जानवर को उठाना और उसको कैसे पहुँचाना बाजार में। कैसे उस समाज में रहने वाले लोग—सूअर मारने वाली घटना है—कैसे अपनी जात छुपाते हैं। हम सवर्णों को कभी इस बात का एहसास नहीं होगा। हम अपनी जात छुपाते नहीं बल्कि धड़ल्ले से कहते हैं कि हम ब्राह्मण हैं, हम क्षत्रिय हैं, हम बनिया हैं, हम जैन हैं। कोई शर्म नहीं मालूम होती और एक आदमी है जो अपनी जात छिपाता फिरता है। ये दर्द जब मैंने जाना, तो मुझे लगा कि कुछ ऐसे अनुभव हैं जो दलित-कुल में जन्म लेने के बाद ही कोई आदमी जान सकता है। इसलिए सच्चा दलित साहित्य तो वही होगा। इसका मतलब ये नहीं है जो भी दलित होगा वह श्रेष्ठ साहित्यकर भी होगा। दलित साहित्य में भी उत्तम-मध्यम

है और स्वयं दलित लेंखक भी जानते हैं कि एक स्तर की कविताएँ सभी दलित कवियों की नहीं हैं! एक ही स्तर की कहानियाँ सभी दलित कहानीकारों की नहीं हैं। एक ही स्तर की आत्मकथाएँ भी नहीं हैं। तो मेरे विचार बदले हैं—मैंने यह ऐलानिया स्वीकार किया है। पहले मैं ये मानता था अब नहीं मानता। उदाहरण के लिए पहले मेरी धारणा थी कि एक ही परम्परा होती है और इस बात की खोज करने में 20-30 वर्ष लगे जब मुझे यह अहसास हुआ कि कोई और परम्परा भी है। जब मैं अपने गुरुदेव हजारी प्रसाद द्विवेदी के सम्पर्क में आया—तब मुझमें ये बोध नहीं जागा। उनके देहावसान के बाद उन्हीं को फिर पढ़ने लगा तो अचानक फ्लैश की तरह 'दूसरी परम्परा' का ख़याल आया। वे सारी बातें पहले बता चुके थे लेकिन तब मुझे नहीं सूझा कि हमारी भारतीय परम्परा में एक और परम्परा है और वह परम्परा विद्रोह, विरोध और प्रतिरोध की परम्परा है। यानी तुलसी और कबीर दोनों एक ही परम्परा के नहीं हैं। रामविलास जी भी यह मानते रहे हैं, प्रभाष जी भी कह रहे हैं कि इनको बाँटना नहीं चाहिए। लेकिन मैं देखता हूँ कि एक ही परम्परा को माननेवाले अक्सर 'मुख्य धारा' की बात करते हैं और इस तरह कुछ को हाशिए पर फेंक देते हैं। साफ़ है कि परम्परा का प्रश्न वर्चस्व से जुड़ा है और वही संघर्ष है। ऐसे भी दौर आते हैं कि जिसे आपने हाशिये पर डाल दिया है वह मुख्य धारा बन जाती हैं और मुख्य धारा हाशिये पर चली जाती है। अगर हम सचमुच ही मानते हैं कि इतिहास में वर्ग-संघर्ष रहा है तो वर्ण-संघर्ष भी रहा है। लगभग 1980 में ही मैं इस बात को समझ सका।

'छायावाद' पर जब मैंने पुस्तक लिखी, तब छायावाद के बारे में ठीक-ठाक धारणा थी। बाद में छायावाद के बारे में 'कविता के नए प्रतिमान' में वह धारणा बदल गई। इसलिए रामविलास जी को लगा कि मैं पहले छायावाद की तारीफ कर चुका हूँ और 'कविता के नए प्रतिमान' में छायावाद के बारे में वह धारणा बदल गई। आगे तो मैं यह कहूँगा कि छायावाद का हिन्दी में अतिमूल्यन हुआ है। छायावाद से ज्यादा अच्छी कविताएँ पिछले दस सालों में जो नए लोग लिख रहे हैं, उन्होंने लिखी हैं। सुन्दरता की छायावाद की कल्पना और प्रेम की परिकल्पना और स्त्री के बारे में इधर जो कविताएँ लिखी गई हैं वे ज्यादा यथार्थवादी और गहरे प्रेम की कविताएँ-कहानियाँ लिखी जा रही हैं। 'ओवररेटेड' है रोमेंटेसिज्म। प्रयोगवाद को भी बहुत बढ़ा-चढ़ाकर आँका गया है। नई कविता के खास दौर की भी यह स्थिति है। इसलिए मेरे विचार बदले हैं, तो कहूँगा। किसी को अच्छा लगे या बुरा। साहित्य में यही तो हम विचार करते रहते हैं। रामविलास जी के बारे में मैंने उनकी प्रशंसा भी की है और उनकी आलोचना भी अभी मैंने की है और आगे भी उनकी प्रशंसा भी करूँगा और आलोचना भी। जो अच्छा है वह खोद-खोदकर निकालेंगे। और मुझे

पूरा हक है कि जैसे यह दुनिया अच्छी भी लगती है, बुरी भी लगती है। जो अच्छा लगेगा उसे अच्छा कहूँगा, जो बुरा लगेगा बुरा कहूँगा। इस पर कोई मुझे अवसरवादी कहता है तो शौक से कहे। अशोक वाजपेयी अक्सर कहते हैं कि नामवर जी अचूक अवसरवादी हैं। इसका पता लगाया जाए कि कुछ लोग अपने भावों या विचारों को बदले बिना ही अवसर का लाभ उठा लेते हैं और कोई विचारों को बदलकर भी अवसर का लाभ नहीं उठाते। मैंने क्या लाभ उठाया भाई? अवसरवाद तो वो होता है कि तात्कालिक लाभ के लिए हम अपने विचार बदल दें। अवसरवाद होता है लाभ-लोभ के लिए। अवसरवाद वह नहीं होता कि जो विचार आपके बन रहे हैं, बदल रहे हैं उसे आप व्यक्त कर दें। इसे और बुरा नाम देना चाहें तो दे दें लेकिन यह अवसरवाद नहीं है। खुला दिमाग रखता हूँ और अपनी पूर्वनिर्मित धारणा की गलती का एहसास होते ही उसे स्वीकार करने का साहस रखता हूँ। मैं ये ऐलानिया तौर पर स्वीकार करता हूँ कि पहले मैंने जो कहा वह गलत था ...आज भी...और इसकी कीमत अदा करने को तैयार भी हूँ।

प्रश्न : *आज से 25-30 वर्ष पहले आप कविता और कहानी की आलोचना कर रहे थे और विश्लेषण के लिए जिन औजारों का इस्तेमाल करते थे—त्रिलोचन, मुक्तिबोध, नागार्जुन, शमशेर की कविताओं की विशेषताओं और कभी-कभी सीमाओं को भी आप जिस प्रखरता से विश्लेषित कर रहे थे; कथाकारों में निर्मल वर्मा, अमरकान्त, ज्ञानरंजन, काशीनाथ सिंह की कहानियों पर तुलनात्मक टिप्पणी कर रहे थे—उसके बरक्स लगता है, आठवें दशक के कवियों के बारे में आपका सुर आशीर्वादी किस्म का रहा है और अब तो इतनी उदारता का आलम लग रहा है कि आप लगभग 98 प्रतिशत रचनाकारों की प्रशंसा करते दिखाई या सुनाई देते हैं। यहाँ दो सवाल। एक—क्या अपने चौथेपन में पहुँचकर एक शीर्ष आलोचक अपने सारे अस्त्र-शस्त्र उतारकर वत्सल-भाव से लेखकों को सिर्फ शाबाशी ही देता है और दो- ऐसा करके आप इन लेखकों को अपनी कमियों और सीमाओं के बारे में लापरवाह और खामखाह गद्‌गद नहीं कर रहे हैं?*

नामवर सिंह : पहली बात यह है कि यह भी एक मिथक गढ़ा है लोगों ने—'सुबह सवेरे' कार्यक्रम के कारण और कुछ किताबों के लोकार्पण के कारण। जहाँ तक 'सुबह सवेरे' कार्यक्रम की बात है, टेलीविजन पर समकालीन साहित्य का और कोई प्रोग्राम नहीं है। पहले दूरदर्शन पर 'पत्रिका' नाम से एक कार्यक्रम आता था जो काफी भ्रष्ट हो गया था और यारों दोस्तों के लिए ये कार्यक्रम बन गया था। तो अकेला यह कार्यक्रम आता है और मैं कोई माँगने नहीं गया था, आग्रह करके उन्हीं लोगों ने मुझसे कहा। मैं रोज यह कहता रहता हूँ कि मैं छोड़ दूँगा। कोई पैसे का लालच नहीं। उन्होंने कहा कि बड़ी मुश्किल से तो हिन्दी में यह कार्यक्रम है।

जो बड़ी मेहनत से बनाते हैं, मुकेश कुमार, शहडोल के हैं—वे आए थे, पढ़े-लिखे आदमी हैं, पत्रकार हैं और आग्रह करके कहा कि नहीं, इसे आप ही करें। अगर इस कार्यक्रम में मैं निन्दा ही करता रहूँ तो लोग कहेंगे यही हिन्दी साहित्य है, तो हम काहे के लिए पढ़ें भाई। हिन्दी साहित्य की नई कृतियों, उल्लेखनीय कृतियों को सात-आठ मिनिट में आम श्रोताओं तक पहुँचाऊँ। और उसमें यह भी है कि मैं ही नहीं बोलता हूँ, एंकर की भी अपनी राय होती है। अब अन्दर की बात तो बताई नहीं जा सकती कि अनेक कृतियों को जिनको एंकर अच्छी समझते हैं मैं उनको अच्छी नहीं समझता और आलोचना करता हूँ। जैसे जया जादवानी का उपन्यास आया था, उसकी मैंने सख्त आलोचना की। बहुत अच्छा कथाकार यदि कमजोर किताब लिखे तो उसकी सख्ती से आलोचना की जाए और नए, उभरने वाले लेखक में कुछ भी अच्छा दिखाई पड़े तो उसे प्रोत्साहित करना चाहिए क्योंकि उसको आगे और बढ़ना है। उभरते हुए अंकुर को वहीं मसल देंगे आप तो बड़ा भारी अपराध होगा। लेकिन जो जम गया है, वो जमा जमाया अगर चूकता है तो उसकी सख्ती से आलोचना होनी चाहिए। यह मेरी सार्वजनिक आलोचना के बारे में धारणा है। उसमें भी स्त्री लेखिकाएँ हैं, कुछ बड़ी मुश्किल से हिन्दी में लिखने लगी हैं बेचारी। कुछ दलित हैं, कुछ पिछड़े वर्ग की हैं। तो उन लोगों को बढ़ावा देना चाहिए। ये मेरी दृष्टि रही है। पुस्तकों के चयन में भी मीडिया की भी अपनी सीमाएँ हैं और जरूरत हैं और उस जरूरत का 'सुबह सवेरे' में वह रूप दिखता है। वह केवल आशीर्वाद देने वाला नहीं है और उसके पीछे अपना गुट भी नहीं बनाया है। अनेक लेखक हैं बल्कि इस प्रोग्राम के दौरान मैंने अनेक नए लेखकों को—एक हरनोट है। हिमाचल का। उसने अच्छी कहानियाँ लिखी हैं। मैं उसकी जात-पाँत नहीं जानता था, बाद में पता चला, वो दलित है। इस तरह से संजय कुन्दन का कविता संग्रह, अवधेश प्रीत की कहानियाँ हैं। लोगों ने कहा, पूरे बिहार में कहानीकार के रूप में अवधेश प्रीत और कवि के रूप में संजय कुन्दन ही मिले और बाकी लोग क्या घास खोद रहे हैं? बुरा लगा लोगों को। 'कथा सतीसर' की लेखिका, क्या नाम है उसका. ..एलान गली वाली चन्द्रकान्ता...उपेक्षित हैं काफी। उनकी सख्त आलोचना की। उनको बुरा लगा। 'अल्मा कबूतरी' की मैंने आलोचना की। राजेन्द्र जी को बहुत बुरा लगा, अल्मा कबूतरी की लेखिका को भी बहुत बुरा लगा। अशोक वाजपेयी की कविताएँ, एक संग्रह आया था उनका, 'समय के पास समय' की कविताएँ मुझे अच्छी लगी थीं और पूर्वग्रह से मुक्त होकर मैंने यह कहा था। मैं उनके विचारों से असहमत हूँ लेकिन उनकी कविताएँ अच्छी लगीं। कुमार जी पर, 'बहुरि अकेला' की कविताएँ अच्छी लगीं। उसकी काफी प्रशंसा की। राजेन्द्र यादव की किताब 'मुड़-मुड़ के देखता हूँ' भी अच्छी किताब है। इसी तरह ओमप्रकाश वाल्मीकि जैसे

दलित कथाकार के 'सलाम' को सराहा। मैं यह नहीं मानता कि मैं पीठ थपथपाने वाला अभिभावक हूँ। मैं उपेक्षितों को ऊपर उठाने के लिए काम नहीं कर रहा हूँ। इस बहाने न मैं अपनी शिष्य मण्डली तैयार कर रहा हूँ, न ही गुट बना रहा हूँ। ऐसा मेरा कोई प्रयोजन नहीं है।

अब जो ज्यादा सार्वजनिक होता है, वह मामला लोकार्पणों का है। आमतौर पर ऐसे मौके पर आलोचना नहीं होती। लेकिन मैं अवसर की नाजुकी को समझते हुए, कहाँ क्या कमी है, उसे मीठे ढंग से कह देता हूँ, जो लिखते समय शायद दूसरे ढंग से कह पाऊँ। कई रचनाओं के बारे में, उदाहरण ही लेना हो तो मैंने कमलेश्वर के उपन्यास 'कितने पाकिस्तान' की 'सुबह सवेरे' में सख्त आलोचना की थी। इसलिए कि वे बड़े हैं और प्रतिष्ठित हैं। अब कमलेश्वर के बारे में साफ-साफ दो टूक बात कही जाना चाहिए। मुँह देखी नहीं कही जानी चाहिए। राजेन्द्र यादव खुद जो भी समझते हों लेकिन मैं कहता हूँ कि उन्होंने 'हंस' के कुछ अच्छे विशेषांक निकाले हैं...स्त्री-विमर्श ...और पत्रिका होते हुए भी मैंने उसे 'सुबह सवेरे' में लिया क्योंकि हिन्दी में एक महत्त्वपूर्ण घटना है। लोग दूरदर्शन के माध्यम से हिन्दी में जो भी अच्छा, महत्त्वपूर्ण आ रहा है उसको जानें। किसी को सम्मान मिला—निर्मल जी को जब ज्ञानपीठ पुरस्कार मिला तो बाकायदा 'सुबह सवेरे' प्रोग्राम में उनके बारे में, उनकी किताब की चर्चा की। अभी मनोहर श्याम जोशी का 'क्याप' आया है, मुझे अच्छा लगा; इसकी चर्चा की मैंने। कोशिश ये है कि हिन्दी-साहित्य में इस दौरान जो कुछ नया महत्त्वपूर्ण आ रहा है, इसको सामने लाया जाए और कोई बहुत महत्त्वपूर्ण लेखक बहुत खराब लिख रहा हो, तो इसकी सूचना भी हिन्दी के पाठकों को दी जाए। दृष्टि मेरी ये है।

प्रश्न : *हिन्दी के लगभग पाठक विहीन समाज में एक लेखक के निर्माण में आलोचक की भूमिका फिलहाल क्या है और क्या होनी चाहिए?*

नामवर सिंह : देखिए, ये सवाल किसी रचनाकार से पूछिए। और बेहतर होगा कि रचनाकार ही बताए कि वह आलोचक की भूमिका किस रूप में देखता है। मैं, अपने तईं मानता हूँ कि आलोचक को दो भूमिकाएँ निभानी चाहिए। आलोचक वही काम करता है जो फौज में जिसे 'सैपर्स एण्ड माइनर्स' कहते हैं, इंजीनियर करता है। फौज के मार्च करने से पहले झाड़-जंगल साफ करके नदी-नाले पर जरूरी पुल बनाते हुए फौज को आगे बढ़ने के लिए रास्ता तैयार करने का जोखिम उठाए, सड़क बनाए। साहित्य में इस रूपक के माध्यम से मैं कहूँ कि जहाँ विचारों, विचारधाराओं, राजनीतिक, सामाजिक प्रश्नों आदि के बारे में उलझनें हैं, वह अपने विचारों के माध्यम से थोड़ा सुलझाएँ, कोई बना-बनाया विचार न दे ताकि रचनाकारों को स्वयं अपने लिए सुविधा हो। ये मैं आलोचक के लिए 'सैपर्स एण्ड माइनर्स' की भूमिका मानता

हूँ क्योंकि आगे-आगे वही चलता है और पहले वही मारा जाता है। दुश्मन आ रहा है तो जोखिम उठाने के लिए सबसे पहले मोर्चे पर वही बढ़ता है और ज़ख्मी होने का खतरा भी वही उठाता है। यह काम आलोचक करता है और उसे करना भी चाहिए। क्योंकि हम रचनाकारों के लिए रास्ता बनाने की कोशिश करते हैं। यह एक काम हुआ। दूसरा, रास्ता बनाने के साथ ही वह उनके साथ-साथ चलता भी है। वह रचनाकार का सहचर है। इसलिए आलोचक को 'सहृदय' कहते हैं। समान हृदय वाला। आलोचक को किसी की आलोचना करने से पहले उसी 'भावभूमि' पर होना चाहिए जिस भावभूमि पर पहुँचकर रचनाकार रचना कर रहा है। गुण-दोष बाद में देखना चाहिए। लेकिन जिस 'लहर मान' पर वह है, आप मन से वहीं पहुँचें। और वहीं पहुँचकर देखें कि सचमुच वो कहाँ है? कहाँ से बोल रहा है? निराला जी के शब्दों में वह किस कोठे से बोल रहा है? इसलिए आलोचक-कर्म जो है मूलतः सहृदय का है।

आलोचक न्यायाधीश नहीं है। है तो वह वकील और ऐसा वकील जो सफाई पक्ष का है, 'डिफेंस' का है मुख्य रूप से, और 'डिफेंस' का ऐसा ईमानदार वकील, जो अपना केस लेकर आने वालों को सब बता देता है कि तुम्हारा केस कमजोर है; जीत नहीं पाओगे। ऐसे वकील भी होते हैं जो अपने मुवक्किल को बता देते हैं, कहाँ हो? कैसे हो? बावजूद इसके वे उसे बचाने की कोशिश करते हैं।

प्रश्न : *आचार्य रामचन्द्र शुक्ल ने कहा था जैसे-जैसे सभ्यता का विकास होता जाएगा कवि-कर्म कठिनतर होता जाएगा। उनके इस विचार के आलोक में आप समकालीन रचनाधर्मिता पर क्या कहना चाहेंगे? क्या ऐसा लगता है कि कवि-कर्म कठिनतर हुआ क्योंकि जिस हिसाब से कविताएँ लिखी जा रही हैं, जितने कवि आ रहे हैं, लगता है कवि-कर्म सरल और सहज कर्म हो गया है। इसी के बरक्स आलोचना भी उसी तरीके से लिखी जा रही है। इधर संग्रह आया, उधर वैसी ही आलोचना आ जाती है और कविता-संग्रह और कवि निपटा दिए जाते हैं।*

नामवर सिंह : पहली बात तो यह कि आचार्य शुक्ल का यह वाक्य कब, किसके द्वारा प्रकाश में लाया गया? किताब तो छप चुकी थी बहुत पहले। क्या नन्ददुलारे वाजपेयी का इस ओर ध्यान गया था? नहीं गया था। हजारी प्रसाद द्विवेदी का भी नहीं गया था। अब तो हर आदमी दोहरा रहा है। लोग अब यह बात यूँ दोहराते फिरते हैं जैसे इन्हीं की मौलिक खोज हो। आत्मप्रशंसा न समझें तो इस वाक्य को पहली बार रेखांकित मैंने किया। भोपाल में 'भारत भवन' की एक गोष्ठी में लेकिन ले आने का श्रेय मुझे नहीं, मुक्तिबोध को है। मुक्तिबोध ने आलोचना को सभ्यता-समीक्षा कहा था। मुक्तिबोध के इस कथन से मेरा ध्यान आचार्य रामचन्द्र शुक्ल के इस वाक्य की ओर गया जो 'कविता क्या है' निबन्ध में लिखा है कि

जैसे-जैसे सभ्यता का विकास होता जाएगा कवि-कर्म कठिन होता जाएगा। यह बात वही समझ सकता है जो यह समझता हो कि मुक्तिबोध की आलोचना किसलिए सभ्यता-समीक्षा है। सभ्यता के विकास के साथ कवि-कर्म कठिन इसलिए होगा, कि सभ्यता के विकास के मद्देनजर सामाजिक जीवन सरल से जटिल और जटिलतर होता जाएगा। औद्योगीकरण के कारण समाज में वर्ग बनेंगे, औद्योगीकरण बढ़ने से स्वयं परिवार के ढाँचे में परिवर्तन होगा। ये है सभ्यता का विकास। असल में इसके पीछे रामचन्द्र शुक्ल की एक दृष्टि है—सुनकर अटपटा लगेगा—ये एक प्रकार का रोमेंटेसिज्म है। सभ्यता के विकास के साथ कवि-कर्म कठिन होगा। पन्तजी ने कहा है न—'कठिन कर्म है कोमल है मन'। मन क्यों कोमल है? कर्म कठिन है तो लोगों का मन भी कठोर होगा। मनुष्य एक खास परिस्थिति में बढ़ता है। बचपन का भावुक आदमी धीरे-धीरे अपनी मासूमियत खोता जाता है। दुनिया उसको जटिल बना देती है, कोमल को कठोर भी बना देती है। तो कठिन कर्म है कोमल है मन—यह एक छायावादी रोमेंटिक कविता है। इसलिए यदि कोई आलोचक कहे कि सभ्यता का विकास होगा तो वह मानकर चलता है कि कविता कोमल होगी। वह यह भूल जाता है कि कविता वज्रपात भी है, हमेशा वह कोमल नहीं होगी। पुरानी-से-पुरानी कविताओं को देखें। लोग समझते हैं। सभ्यता का विकास नहीं हुआ होगा तो कविता भाववादी रही होगी। कालिदास को पढ़कर लगता है कि कविता भाववादी नहीं रही होगी। क्रौंच वध से विस्फोट के रूप में वाल्मीकि की जो कविता निकली—वह एक शाप है—कवि का सात्त्विक क्रोध जिसके मूल में गहरी करुणा है। वाल्मीकि की रामायण सरल कृति नहीं है। इसलिए उसको 'अर्थवाद' के रूप में लें, सभ्यता के विकास के साथ, यह सही है कि, जीवन अपेक्षाकृत सरल से जटिल की ओर बढ़ेगा, लेकिन सभ्यता के विकास के साथ अगर आप यह मानें, कि सभ्यता का विकास समाजवाद और साम्यवाद की ओर होगा तो वर्ग-वैषम्य दूर हो जाएगा। वर्ग-वैषम्य दूर होगा तो जीवन सरल होगा। इसलिए सभ्यता का विकास अनिवार्यतः सरल से जटिल की ओर नहीं है क्योंकि सरल से जटिल, जटिल से सरल की ओर ...फिर जटिल होने की ओर। अनिवार्यतः कोई भी चीज एक ही दिशा में नहीं बढ़ती। जीवन में भी हम सरल से जटिल की ओर जाते हैं, फिर हम जटिल से सरल की ओर आते हैं। मार्क्स ने कहा था कि कोई ऐसी समस्या नहीं है जो सुलझाई न जा सके, ये मनुष्य की कूवत है। गणित के सवाल बड़े उलझे हुए होते हैं लेकिन उसे आदमी सुलझाता ही है। तो ये कहना कि रीतिकाल के जमाने में कविता लिखना सरल था और छायावाद के जमाने में कठिन हो गया और फिर सरल हो गया, फिर कठिन हो गया, ऐसा होता नहीं। ग़ालिब ने कहा है न—

तर्जे बेदिल में रेख़्ता कहना
असदउल्लाह खाँ, कयामत है

तो उस समय सभ्यता का उतना विकास नहीं हुआ था जब आचार्य रामचन्द्र शुक्ल यह कह रहे थे। जब भी नया महत्त्वपूर्ण सृजन होगा, संक्रमण-काल का दौर होगा। सभ्यता के विकास में संक्रमण-काल, संक्रान्ति का दौर होता है, वह बहुत पेचीदा होता है। शुक्ल जी जब कह रहे थे, तब कविता संक्रमण के दौर में थी। रोमेंटिक कविता उभरकर आ रही थी, मैथिलीशरण गुप्त की सपाट बयानी से मुक्त होने का प्रयास शुरू हुआ था। इसलिए कवि-कर्म कठिन लगा। फिर आप देखें प्रयोगशील दौर आया कविता का, फिर नए प्रयोग करना कितना कठिन है, आप 'तार-सप्तक' की कविताओं को पढ़कर अन्दाजा लगा सकते हैं क्योंकि नई भाषा बनानी थी। फिर कुछ दिनों यही चला तो लोग उसी पथ पर चलते रहे...फिर धूमिल वगैरह लिखने लगे तो एक नई भाषा आई। अन्तर आया। फिर नए कवि लिखने लगे। आमतौर से इस तरह कई संक्रान्तियाँ होती हैं। मकर की संक्रान्ति हम लोग मानते हैं लेकिन भूल जाते हैं कि कर्क की संक्रान्ति भी होती है। संक्रान्तियाँ होती ही हैं। तो संक्रान्तियों के काल में सभ्यता का विकास संक्रान्तियों द्वारा होता है। संक्रमण करते हुए एक दौर से दूसरे दौर में...दूसरे दौर से तीसरे दौर में—युगान्तर होता है। हर युगान्तर के समय, संक्रमण में जो परिवर्तन होता है वो पीड़ादायक होता है, नए सृजन का उद्घोष करता है, कवि-कर्म कठिन होता है। और कवि-कर्म कठिन होता है तो उस कविता का मूल्यांकन-विश्लेषण भी कठिन होगा; इसलिए आलोचना-कर्म भी कठिन होगा। ये शुक्ल जी का अनुभव है। इसलिए शुक्ल जी के इस वाक्य को मुक्तिबोध की सभ्यता-समीक्षा के साथ जोड़कर देखना होगा।

प्रश्न : *नामवर जी, आप हाल ही में पिचहत्तर वर्ष के हुए और इस अवसर पर 'नामवर के निमित्त' शृंखला के कार्यक्रम देशभर में हो रहे हैं। एक शीर्ष स्थानीय आलोचक के वाद-विवाद-संवाद की उत्तेजना से भरे पिचहत्तर वर्षों के आलोक में यदि आप से यह अनुरोध किया जाए कि आप खुद इस आलोचक की एक आलोचना करने का प्रयत्न करें तो वह कैसी, क्या होगी?*

नामवर सिंह : मैं समीक्षा-कर्म का आधार ही मानता हूँ आत्मालोचना और मुक्तिबोध इस मामले में मेरे समानधर्मा हैं क्योंकि 'भूल-गलती', 'अँधेरे में' को याद करें, 'चम्बल की घाटी में' को याद करें। उनकी आलोचना करने के बावजूद रामविलास शर्मा ने कहा कि हिन्दी में आत्मालोचना ही नहीं, बल्कि 'आत्मभर्त्सना' का ऐसा स्वर आज कहीं भी नहीं सुनाई पड़ता जैसा मुक्तिबोध में है। वे अपने को तार-तार करके देखते हैं। जैसे रेणु अपेक्षाकृत आत्ममुग्ध हैं, लेकिन मुक्तिबोध अपनी चीर-फाड़

करते हैं, इसलिए बड़े हैं। और मेरे प्रिय कवि मुक्तिबोध इसीलिए हैं। इसका एक कारण यह भी है कि मैं आलोचना कर्म में भी दूसरों की समीक्षा करने से पहले आत्म-समीक्षा से शुरुआत करता हूँ और लिखने के क्रम में निरन्तर आत्म-समीक्षा चलती रहती है। और ये कार्यक्रम प्रभाष जी कर रहे हैं, मैं तो निमित्त हूँ। मैंने सोचा भी नहीं था कि एक दिन यह भी होगा। प्रभाष जी हिन्दी-समाज को ध्यान में रखते हुए कर रहे हैं तो इसमें निमित्त होने में कोई आत्मप्रचार नहीं है, न मैं कर रहा हूँ न प्रभाष जी कर रहे हैं। और कुछ लोगों को शायद बुरा भी लग रहा होगा; किन कारणों से, मैं नहीं जानता। बहुत कुछ जानने, सुनने, सीखने को मिल रहा है और अपने को परखने का मौका भी मिल रहा है। जो समारोह होता है न, सम्मान कम होता है, आमतौर पर लोगों के सामने जवाबदेही का सवाल होता है। साक्षात लोगों के बीच जवाबदेही...एक ओर लोग खुलकर बात करते हैं, देख-सुनकर अच्छा लगता है। वहाँ मेरी प्रशंसा या गुणगान ही नहीं करते बल्कि लोग तीखे सवाल भी करते हैं, ईमानदारी से। तो यह एक प्रक्रिया है और मैं इस प्रश्न के अनुरोध के आधार पर कभी आत्म-समीक्षा भी करूँगा।

प्रश्न : *'तद्भव' में आपने आत्मवृत्त तो लिखा ही है। उसके आपके क्या अनुभव रहे। क्या आपको लगता है इसे कभी विस्तार दूँ और पुस्तकाकार प्रकाशित...*

नामवर सिंह : वह लिखा नहीं है मैंने। मैंने उनसे कहा भी था, इस पर एक टिप्पणी दे दो। वह ऐसे ही बोला हुआ था। उन्होंने दिखा जरूर दिया था। उसमें ज्यादा परिवर्तन मैं कर नहीं सकता था। क्योंकि ज्यादातर तो व्याकरण की गलतियों, लिप्यन्तरण की गलतियों को ही ठीक किया था। यदि मैं उसे लिखता तो कम-से-कम वह ढंग का गद्य होता। उस समय तो याद आया वह बोल गया, बहुत सारा जो याद नहीं आया, वह छूट गया। वे चाहते थे कि आगे भी मैं लिखूँ लेकिन मैंने ही उसे बन्द करवा दिया। कई लोगों ने और मित्रों ने कहा कि इसमें जो छूट गया, रह गया है, उसे इत्मीनान से और लिख दो। देखिए कब उस भावभूमि पर मन पहुँचता है...

प्रश्न : *तो फिर आत्म-समीक्षा कैसे सम्भव है, यदि आप आत्मवृत्त तक ही ठिठक जाएँगे?*

नामवर सिंह : नहीं, आत्मवृत्त और आत्म-समीक्षा दोनों अलग-अलग चीजें हैं। आप समीक्षा बाकायदा करते रहिए। मैं मार्क्स को, मार्क्सवाद को मानने वाला हूँ और कम्युनिस्ट पार्टी का मेंबर रहा हूँ; जहाँ 'सेल्फ क्रिटिसिज्म' लगभग वैसा ही होता है जैसे ईसाइयत में कन्फेशन। यह पार्टी अनुशासन का एक हिस्सा है। जब पी. सी. जोशी की लाइन खत्म हो गई और बी.टी. रणदिवे की लाइन आई तो पार्टी ने दोबारा अपने को सुधारने के लिए 'सेल्फ क्रिटिसिज्म' की बात की। एक मजाक

चलता था कि एक कामरेड ने कहा, मैं आज तुम्हारा ऐसा 'सेल्फ क्रिटिसिज्म' करूँगा ...कि...तो लोग 'सेल्फ क्रिटिसिज्म' के नाम पर दूसरे की आलोचना करते थे, अपनी कम करते थे। कम्युनिज्म के कुछ विरोधियों का कहना है कि यह चीज मार्क्सवाद में चर्च से आई है क्योंकि वहाँ नियमित रूप से कन्फेशन होता है। पाप स्वीकार द्वारा आत्मशुद्धि! जो हो, मैं यह मानता हूँ कि कभी-कभी अपने गिरेबान में झाँकना ही चाहिए। अपनी आलोचना करना विकास के लिए जरूरी है। आप सार्वजनिक रूप से न भी करें तब भी वह आपके चिन्तन-कर्म का एक अभिन्न अंग है।

(आवेग, 2002)

अस अद्भुत बानी*

(सुधीश पचौरी के साथ)

सुधीश पचौरी : *नामवर जी, आपके जीवन का संक्षिप्त-सा इतिवृत्त तो मिलता है। आपकी साहित्यिक यात्रा का इतिवृत्त नहीं मिलता। जिस रूप में आप आज हैं, उसके आरम्भिक कारकों का, उस पर प्रभावों का संकेत नहीं मिलता। जरा अपनी जुबानी बताएँ।*

नामवर सिंह : बचपन की सबसे पुरानी बात जो मुझे याद आती है, जिसका मेरे मन पर बहुत गहरा असर पड़ा वह है मेरे पिताजी के घनिष्ठ मित्र कामता प्रसाद विद्यार्थी जी का। वे गाँधीवादी थे। कांग्रेसी थे। हमारे इलाके में अंग्रेजी शिक्षा प्राप्त सम्पन्न जमींदार थे, उनके परिवार में मेरा प्रवेश। उस समय मैं प्राइमरी में पढ़ता था। विद्यार्थी जी के आग्रह पर पिताजी मुझे लेकर उनके घर जाते थे। उनकी पत्नी शहरी थीं, पढ़ी-लिखी थीं। उनकी एक बेटी जो अभी है, मुझसे उम्र में थोड़ी बड़ी थी। विद्यार्थी जी के परिवार में जाने पर यह हुआ कि वो जात-पाँत नहीं मानते थे, गाँधीवादी थे, उनके घर काम करने वाले छोटी जात के होते थे जिन्हें लोग उस समय तो चमार कहते थे। तो छुआछूत का संस्कार मेरे मन में टूटा।

सुधीश पचौरी : *उनकी जाति क्या थी?*

नामवर सिंह : कायस्थ। असल में उनके नाम में श्रीवास्तव लगता था। लेकिन गणेश शंकर विद्यार्थी से प्रेरणा लेकर उन्होंने अपना नाम श्रीवास्तव से बदलकर विद्यार्थी रख लिया था। वे इक्कीस-बाईस के आन्दोलन से सक्रिय थे। उन्हें उम्र लम्बी मिली। उनका जीवन बड़ा ही सात्विक था। अभी पाँच-छह साल पहले उनकी मृत्यु हुई है। वे सत्तानवे-अठानवे साल के होकर मरे। सन् बयालीस के आन्दोलन में, उन्हीं के नेतृत्व में धानापुर थाना लूटा गया, जलाया गया, हमारी तरफ से तीन आदमी मरे। थानेदार-कांस्टेबल मारे गए। लम्बा और बनारस जिले का सबसे मशहूर केस 'धानापुर काण्ड' चला। वे उसके नेता थे। तो पहला प्रभाव कामता प्रसाद विद्यार्थी जी का मेरे मन पर पड़ा जो मेरे पिता के समान थे। उन्हीं की प्रेरणा से पिता ने पढ़ाने

* टेपित बातचीत, जस की तस।

के लिए मिडिल के बाद मुझे शहर भेजा, वरना वो तो मुझे प्राइमरी का मास्टर बनाना चाहते थे। उन्हीं के घर पर उन दिनों मैंने जवाहरलाल नेहरू की 'विश्व इतिहास की झलक', 'हिन्दुस्तान की कहानी', टालस्टॉय का 'प्रेम में भगवान' आदि ग्रंथ पढ़े। यहीं मुझे स्वाधीनता संग्राम में दिलचस्पी पैदा हुई। बचपन की सबसे पुरानी एक घटना याद है मुझे। चार-पाँच साल का था। मेरे एक चचेरे भाई मुझे कन्धे पर लेकर गए थे। नमक सत्याग्रह विद्यार्थी जी ने बगीचे में नमक बनाकर तोड़ा था। पुलिस आई थी। उसकी अमिट छाप आज भी मेरे मन पर अंकित है। एक गहरी स्मृति अभी तक है मेरे मन में विद्यार्थी जी की। हमारे गाँव से करीब एक किलोमीटर दूर उनका गाँव था। वो हेतमपुर के थे, हम जीअनपुर के थे। पहला स्थायी प्रभाव विद्यार्थी जी का पड़ा। अगर उनके सम्पर्क में न आया होता तो मैं भी गाँव के और बच्चों की तरह रहा होता। राष्ट्रीय चेतना, स्वाधीनता आन्दोलन का अहसास वैसा न हुआ होता। उन्हीं की प्रेरणा से बचपन से ही मैंने खद्दर पहनना शुरू किया और आजीवन खद्दर पहना। वे जमींदार थे लेकिन बाद में उन्होंने जमीन किसानों को दे दी। 1947 के बाद उन्होंने वहीं अमर शहीद विद्यामन्दिर कायम किया। मैं उसका सेक्रेटरी था। मैं बी.ए. में पढ़ता था। वह झोंपड़ी से शुरू हुई थी। वो मुझे बेटे की तरह मानते थे। मैं गाँव जाता तो उनसे मिलकर ही अपने घर जाता था। यह एक स्थायी प्रभाव मेरे मन पर पड़ा। एक राजनीतिक चेतना मुझे प्राप्त हुई। बचपन की घटनाओं में से दूसरी बड़ी घटना का प्रभाव मेरे मन पर पड़ा, जब मैं बनारस आया। बनारस में उन्नीस सौ इकतालीस में आया। सातवीं में पढ़ने के लिए। हेवेट क्षत्रिय स्कूल और बाद में इंटरमीडिएट का उसका नाम हुआ उदय प्रताप कॉलेज। एक तरह का पब्लिक स्कूल था जिसमें एक ही जाति—हमारी जाति के—क्षत्रिय जाति के ही लड़के पढ़ते थे। सारे के सारे। फीस बहुत मामूली होती थी। छात्रावास में रहने की व्यवस्था थी। गरीबी में एक यही जगह हो सकती थी जहाँ मैं पढ़ता। उस स्कूल में कड़ा अनुशासन था। प्रातःकाल पीटी से लेकर शाम संध्या तक का हर घण्टे का हिसाब था। पढ़ना खेलना। बस। और कोई काम नहीं था। वातावरण बहुत ही सांस्कृतिक-साहित्यिक था। कॉलेज की एक मैगजीन निकलती थी। वहाँ हिन्दी के अध्यापक थे ठाकुर मार्कंडेय सिंह। उनकी गहरी छाप मेरे मन पर है। वे प्रेमचन्द जी के अनन्य प्रशंसक थे। हमारे यहाँ स्कूल में छात्रों की कहानी प्रतियोगिता में पहले आ चुके थे प्रेमचन्द। उन्हें कई बार बुलाया गया था। उनमें आचार्य शुक्ल और जयशंकर प्रसाद के भी प्रति श्रद्धा थी। इनसे व्यक्तिगत सम्बन्ध भी उनके थे। मैं जब छात्र हुआ तब इनमें से कोई नहीं रहा। प्रेमचन्द जी, प्रसाद जी, शुक्ल जी, दिवंगत हो चुके थे। देखा नहीं इनको। लेकिन वे उनके बारे में बातें बताया करते थे। वे अद्‌भुत अध्यापक थे। विनोदवृत्ति प्रबल थी उनमें। कविताएँ भी लिखते थे

वे लेकिन मुख्यतः आलोचक थे। मेरी कविताएँ भी उन्होंने छापी थीं। उनसे जो विशेष चीज मुझे मिली एक अध्यापक के रूप में, वह थी उनकी पढ़ाने की शैली। वे भाषा की स्पष्टता के इतने कायल थे कि कहीं भी यदि उनको वागाडम्बर या वाग्जाल दिखाई पड़े तो वे उसे बर्दाश्त नहीं कर सकते थे और यही हम लोगों को शिक्षा दिया करते थे। दो बातें उन्होंने मुझे बतलाईं जो मेरे दिमाग में अब तक टिकी हुई हैं। एक घटना नन्ददुलारे वाजपेयी के बारे में बताई। वाजपेयी जी का लेखकों में सम्मान था। साहित्यरत्न की परीक्षा का प्रश्नपत्र वाजपेयी जी ने बनाया था। ये उसके माडरेटर थे। वाजपेयी ने बहुत लम्बे-लम्बे सवाल पूछे थे। समझ ही में नहीं आता था कि क्या पूछना चाहते हैं। तो उन्होंने काट कर एक-एक वाक्य को सरल बना दिया। पढ़ाते हुए कहते थे कि वाजपेयी के लेखन में ये चीज पाई जाती है कि सीधी-सी बात को बहुत घटाटोप बनाकर कहते हैं। उसी समय एक इंटरमीडिएट की पुस्तक थी। लेखक कानपुर के कोई भूदेव शर्मा थे वे उसे पढ़ाते। उसकी धज्जियाँ उड़ाते। पढ़ाते समय अक्सर ऐसा करते थे। इसलिए पढ़ाते हुए जो पहला संस्कार हमारे मन पर पड़ा वह था विचारों की स्पष्टता, भाषा की स्पष्टता, वागाडम्बर से बचना और चूँकि वे प्रेमचन्द के, शुक्ल जी के प्रशंसक थे इसलिए वो रामचन्द्र शुक्ल की भाषा को पसन्द करते थे, प्रेमचन्द की भाषा को आदर्श मानते थे। कठिन-से-कठिन, जटिल-से-जटिल को सुलझा करके कहने की अद्भुत क्षमता थी उनमें। बहुत बाद में जब मैं एम.ए. कर चुका था। गुरुदेव द्विवेदी जी जब काशी आए, तब तक क्षत्रिय कॉलेज डिग्री कॉलेज हो गया था। ऐसा संयोग हुआ कि वे पी-एच.डी. नहीं थे, लेकिन होड़-सी लगी। उन्हें पी-एच.डी. करनी है। तो मार्कंडेय सिंह जी मुझसे बोले कि द्विवेदी जी आए हैं, तुम्हें मानते भी हैं। मैं चाहता हूँ कि उनके अधीन मैं पी-एच.डी. करूँ। और विषय भी चुन लिया है। मैं रीतिकाल पर काम करूँगा। यद्यपि रीतिकाल उनका विषय नहीं था। मुझे कहा कि द्विवेदी जी से मिला दो। मैं उन्हें लेके गया। बातचीत कराने। आते समय वे बोले कि इरादा हमने बदल दिया है। विद्वान् हैं, सब हैं लेकिन साहित्य के बारे में उनकी समझ जमी नहीं। इससे अन्दाज लगा सकते हैं कि वे बड़े दृढ़ विश्वासों और गहरी मान्यताओं वाले व्यक्ति थे। उनके अपने संस्कार थे। संयोग से विचारों में वे प्रगतिशील थे। काशी प्रगतिशील लेखक संघ के वे उपाध्यक्ष थे। नन्ददुलारे वाजपेयी उसके अध्यक्ष थे। उसकी भी मेरे मन में गहरी छाप पड़ी।

सुधीश पचौरी : *यह बात अशोक वाजपेयी ने कही है कि आप जरूरत से ज्यादा स्पष्ट...*

नामवर सिंह : हाँ, वे कह सकते हैं। लेकिन यह मेरे प्रथम गुरु की देन है। उनका ऋण मैं स्वीकार करूँगा ही। वहीं एक दूसरी शख्सियत का भी असर मेरे ऊपर पड़ा। वे थे हमारे प्रिंसिपल श्री जे.पी. सिंह। जगदीश प्रसाद सिंह। वो अंग्रेजी के

अध्यापक थे। वे सेंट जोंस कॉलेज आगरा के पढ़े थे। वे पहले हिन्दुस्तारी प्रिंसिपल थे। कॉलेज में इससे पहले अंग्रेज प्रिंसिपल होते थे। दूसरी लड़ाई के जमाने में अंग्रेज प्रिंसिपल थे कैप्टन लांग। वे चले गए थे। लड़ाई शुरू होते ही कहा कि वी आर एट वार! और चले गए। जे.पी. सिंह उनकी जगह आए। बहुत ही अच्छी अंग्रेजी बोलते थे, यानी इसी बात से यह सिद्ध था कि उन दिनों यह धारणा बनती थी कि या तो बी.एच.यू. के वीसी राधाकृष्णन अंग्रेजी अच्छी बोलते हैं या जे.पी. सिंह साहब। वे कविता बहुत अच्छी तरह पढ़ाते थे। गोल्डेन ट्रेजरी पढ़ाई थी उन्होंने। वे इस कदर पढ़ाते थे कि कविता याद तो हो ही जाती थी, यह भी कि कविता को किस तरह पढ़ना चाहिए। रिसाइट कैसे करना चाहिए, एप्रीशिएट कैसे करना चाहिए। समझाना कैसे चाहिए। इतनी अच्छी कविता पढ़ाने वाला आदमी हमें दूसरा नहीं मिला। तो कविता में एक अन्तःप्रवेश और आस्वाद यह हमें जे.पी. सिंह साहब से ही मिला। मुझे मानते थे। उन दिनों जब आठवीं में था तब एक कविता भी उन्होंने छापी थी पत्रिका में। खड़ी बोली का सवैया था : 'तान के सोता रहा जल चादर, वायु-सा खींच जगा गया कोई।' जब उसे मैं पढ़ता था तो वे साथ-साथ उसे गाते थे। बड़े सहृदय थे। संगीत के मर्मज्ञ थे। अच्छा गाते थे क्लासिकल। तो एक उनकी छाप पड़ी। उनकी याददाश्त अद्‌भुत थी। जिसका नाम वो एक बार सुन लेते थे, याद हो जाता था। स्कूल के हजार बारह सौ विद्यार्थी और सबके नाम उन्हें याद थे। किसी को देख लेते तो नाम से बुलाते। एक बार की घटना है। कुछ विद्यार्थी छिपकर सिनेमा देखने गए थे और देर से लौटे थे। छह बजे शाम के बाद आए। सर्दियों के दिन थे। धुँधलका हो चुका था। ताँगे पर से उतरकर जैसे ही अन्दर घुसे कि प्रिंसिपल साहब छड़ी उठाकर सामने मिले। टोका। बारहों विद्यार्थियों को खड़ा कर दिया। नए लड़के थे। सबका नाम पूछा और सबको जाने दिया। अगले दिन जिस क्रम से वे खड़े थे उसी क्रम से नोटिस उनको पहुँच गई और उन्हें उसी क्रम से प्रिंसिपल रूम में बुलाया गया। तो अद्‌भुत स्मरण शक्ति थी उनकी। आवाज गूँजती थी। जिन दो अध्यापकों का मुझ पर असर पड़ा, वे यही दोनों थे।

सुधीश पचौरी : *काव्य के पाठ की बात आपने यहीं से सीखी?*

नामवर सिंह : हाँ, उस कॉलेज में रहते हुए यह सब संस्कार मिला। एक पत्रिका निकलती थी 'क्षत्रिय मित्र' नाम से। उन दिनों उसके सम्पादक शंभुनाथ सिंह थे। वे गीतकार थे, कवि थे। वे बीमार पड़ गए थे। बाहर चले गए थे तो उन्होंने त्रिलोचन जी को अपने स्थान पर सम्पादक बनाया। शंभुनाथ के आने से ये हुआ कि पत्रिका 'जाति' की न रहकर शुद्ध साहित्य की बन गई। त्रिलोचन जी ने उसे छह महीने निकाला। उसका कार्यालय स्कूल के परिसर में ही था। प्राचीन छात्र-भवन में एक कमरे में कार्यालय था। त्रिलोचन जी वहीं पास में रहते थे। कार्यालय में ही त्रिलोचन

जी से पहला परिचय हुआ। यह परिचय सन् इकतालीस में हुआ। जो आज तक चला आ रहा है। त्रिलोचन जी बहुत सारी बातें बताते थे। त्रिलोचन जी के कहने पर उस समय मैंने दो पुस्तकें खरीदीं। पहली पुस्तक थी मक्सिम गोर्की की 'आवारा की डायरी' अनुवाद इलाचन्द्र जोशी का था। दूसरी पुस्तक निराला की 'अनामिका' थी। उन्होंने कहा पढ़ो। सातवीं-आठवीं में पढ़ता था। कितनी समझ में आईं कितनी नहीं, यह दूसरी बात है। त्रिलोचन जी ने यह भी कहा एक दिन कि तुम बंगला सीखो। प्रसंग यह था कि 'क्षत्रिय मित्र' में किसी की कविता आई थी 'उर्वशी' के बारे में, तो उन्होंने रवीन्द्रनाथ की 'उर्वशी' का जिक्र किया। रवीन्द्र की 'उर्वशी' में और उस कविता में क्या अन्तर है, यह बताया था। और उस क्रम में उन्होंने कहा था मुझसे कि तुम बंगला सीखो, पढ़ो। सलाह दी कि सीधे शरच्चन्द्र का उपन्यास पढ़ना शुरू करो। 'अरक्खनीया'। उन्होंने वह लाकर दी। पतली ही किताब थी। इसी को पढ़ना शुरू किया। अक्षर पहचान बताई। आगे मैंने दो अनुवाद किए। एक तो कीट्स की कविता 'ला बैले दाम सां मर्सी'। 'निर्मम सुन्दरी' नाम से मैंने छन्दोबद्ध अनुवाद किया। उस समय मैं ग्यारहवीं में था। दूसरे मैंने रवीन्द्रनाथ की 'उर्वशी' का अनुवाद किया। जैसा भी बन पड़ा। पंक्तियाँ कुछ अभी भी याद हैं। तो ऐसा वातावरण था मार्कंडेय सिंह जी, जे.पी. सिंह और त्रिलोचन भी वहाँ एक साथ थे। तीनों से सम्पर्क सधा। जब मैं ग्यारहवीं में था तभी 'धरती' छपी थी। छः-सात कापी मिली थीं उन्हें। एक कापी उन्होंने मुझे दी थी। अभी भी मेरे पास है। काशी के उस पूरे माहौल में त्रिलोचन जी 'अनफिट' थे। जैसा औघड़-सा उनका जीवन था। कुछ ठिकाना नहीं। आजीविका जमके कहीं नहीं। कविताएँ भी अलग किस्म की थीं। विचारों से कम्युनिस्ट पार्टी के नजदीक थे। तो यह जो संस्कार मिला यू.पी. कॉलेज से। छह साल का जीवन, खेलकूद, पढ़ाई, स्वास्थ्य। बाकी कोई शौक था नहीं। बाद में त्रिलोचन जी के माध्यम से गोष्ठियों में आना-जाना बढ़ा। वे प्रगतिशील लेखक संघ की गोष्ठियों में जाते थे। कभी नागरी प्रचारिणी सभा भी जाते थे। तभी से मेरी कविताएँ छपने लगी थीं।

सुधीश पचौरी : *आपने तो छन्द में लिखा है। उस जमाने में बनारस में गीत लिखे जाते थे ज्यादातर। शंभूनाथ गीतकार ही थे।*

नामवर सिंह : इसकी पृष्ठभूमि बता दूँ। जब मैं गाँव में था तो हमारे गाँव के पास एक आवाजापुर नामक बड़ा गाँव है, वहाँ मेरे पिताजी के मित्र थे ठाकुर जयचन्द सिंह। वहाँ ब्रजभाषा की कविताओं का बोलबाला था। मैं बनारस आने से पहले ब्रजभाषा में कविताएँ लिखता था। सोचिए कि भोजपुरी-भाषी क्षेत्र में ब्रजभाषा का बोलबाला था। और वहाँ उनकी छोटी-सी मण्डली थी, जहाँ दो भाट थे। अकबर भाट और अमरेश भाट। दोनों मुसलमान थे। असंख्य कविताएँ उन्हें याद थीं। द्विजदेव

का 'क़ाव्यकुसुमाकर' मैंने पहली बार वहीं देखा। वहाँ ब्रजभाषा की समस्या पूर्तियाँ होती थीं। मैं एक बालक की तरह से बैठा सुना करता था और किया करता था, कविताएँ प्रायः शृंगार रस की होती थीं इसलिए मैं भी शृंगार रस की कविताएँ किया करता था। बिना जाने भाव और अर्थ।

सुधीश पचौरी : *एक बार तो आपकी कानमलाई भी हो चुकी है इस बात पर!*

नामवर सिंह : जी हाँ, तो ब्रजभाषा का संस्कार लेकर मैं काशी आया था। त्रिलोचन जी के सम्पर्क में आने के बाद पहली बार लगा कि खड़ी बोली में कविता हो रही है, ब्रजभाषा छोड़ो। खड़ी बोली में लिखो। तब काशी में वातावरण छन्द का था, गीतों का था। गीत तो लिखते ही थे लेकिन उन्हीं दिनों कॉलेज पत्रिका में मेरी एक मुक्त छन्द की कविता भी छपी थी। 'नभ में पतंग' नाम से।

मेरे अगले संस्कार बी.एच.यू. में आचार्य विश्वनाथ प्रसाद मिश्र ने बनाए। वे रीति काम, शास्त्र के मर्मज्ञ थे। पढ़ाते बहुत अच्छा थे। शब्दों के ठीक-ठीक अर्थ पर जान देते थे। चमत्कारपूर्ण लेखन उन्हें प्रिय था। अलंकार की समझ बहुत बारीक थी। दूसरे अध्यापक थे बी.एच.यू. में ही पण्डित केशव प्रसाद मिश्र। ये संस्कृत के प्रकाण्ड पण्डित थे, बाद में हिन्दी विभाग के अध्यक्ष बने। बी.ए. के बाद हिन्दी से एम.ए. करने का मेरा कोई विचार नहीं था। मैंने प्राचीन भारतीय इतिहास में एम. ए. करने का सोचा था। डॉ. आल्टेकर की नियुक्ति पटना में हो गई थी। के.पी. जायसवाल इंस्टीट्यूट के डायरेक्टर होकर चले गए। तब मैंने इरादा बदल दिया और सोचा कि हिन्दी से एम.ए. करूँ। तब पं. केशवप्रसाद मिश्र जी ने कहा कि तुम मेरे अन्तिम शिष्य हो। तुम्हारे बाद मैं शिष्य नहीं बनाऊँगा। जब मैं फाइनल में पहुँचा तब वो एम.ए. प्रथम वर्ष में हमें पढ़ाकर रिटायर हो गए। उन्हीं के कारण मैंने अपभ्रंश पढ़ा और पहला लघु शोध निबंध लिखा। और भाषाविज्ञान की ओर प्रवृत्त हुआ। उन्होंने कहा कि साहित्यकार बनने के लिए 'वाग्योगविद्' होना चाहिए। उनका रामचन्द्र शुक्ल से कुछ बातों में मतभेद था! यद्यपि बड़ी श्रद्धा करते थे। उनका मतभेद प्रसाद के मूल्यांकन को लेकर था। केशवजी काव्य की मधुमती भूमिका मानने वाले थे। कामायनी की व्याख्या उसी के अनुसार करते थे। शुक्ल जी के बारे में कहते थे कि शुक्ल जी ज्यादा बुद्धिवादी हैं यद्यपि वे हृदय और बुद्धि को साथ लेकर चलने की बात करते हैं लेकिन वहाँ प्रधानता बुद्धि की ही है। और शुक्ल जी योरपीय विचारकों से प्रभावित होने के कारण तुलसी के प्रशंसक तो हैं लेकिन तुलसी की आत्मा को उन्होंने नहीं पकड़ा। कहते थे कि तुलसीदास पर शुक्ल जी ने जो पुस्तक लिखी है उसमें शील-निरूपण, आदि किया है मानो मानस काव्य न हो, बल्कि उपन्यास हो। शील-निरूपण के नाम पर उन्होंने चरित्र-चित्रण किया है। जबकि

उसका मूल प्रतिपाद्य भक्ति-रस है। शुक्ल जी उस भक्ति को नहीं समझ सकते थे। उसकी जगह लोक-संग्रह और न जाने क्या-क्या दिखाते थे, इत्यादि। इसलिए जब उन्होंने 'तुलसी की भावुकता' नामक लेख लिखा तो एक तरह से वह रीतिकालीन कवियों के काव्य-चमत्कार की तरह हो गया। भक्ति की व्याख्या वे नहीं कर सके। यह उनकी धारणा थी। तो द्विवेदी जी के सम्पर्क में आने से पहले ही आचार्य केशवप्रसाद मिश्र के चरणों में बैठकर मैंने जाना कि साहित्य की एकमात्र परम्परा रामचन्द्र शुक्ल वाली ही नहीं है, तुलसी को देखने की एक और भी दृष्टि हो सकती है। जो दृष्टि प्रसाद जी में थी। जो दृष्टि प्रसाद के नैकट्य के कारण आचार्य केशवप्रसाद मिश्र में थी। यद्यपि वे तुलसी प्रेमी, प्रसाद प्रेमी, कालिदास प्रेमी थे, लेकिन निराला की जब स्वर्ण जयन्ती मनाई गई थी विश्वविद्यालय में, तो निराला ने 'राम की शक्तिपूजा' वहीं सुनाई थी। केशव जी ने भी भाषण दिया था। बोले थे कि निराला आधुनिक कविता के भवभूति हैं। 'राम की शक्ति की पूजा' सुनने पर आपको लगेगा कि इनकी भाषा भवभूति की भाषा की तरह है। कालिदास यदि व्यंजना के कवि हैं तो निराला अभिधा के कवि हैं। कालिदास की परम्परा में पन्त होंगे, प्रसाद हो सकते हैं। लेकिन भवभूति की परम्परा यदि कहीं दिखाई पड़ती है, करुणा की कविता कहीं है तो निराला में। तभी से मेरे मन में वह संस्कार बना कि दूसरी परम्परा भी है। केशव जी में यह बात खास दिखाई पड़ी कि वे दोनों परम्पराओं को समान आदर देते थे। दोनों के अन्तर को समझना है, दोनों को अलग करना है, अन्तर करते हुए दोनों को सम्मान देना मैंने केशव जी से सीखा। उन्होंने ही यह संस्कार दिया कि साहित्य का अध्ययन करना चाहते हो तो भाषा के मर्म को जानो। इसलिए वो बार-बार भाषा-विज्ञान पर जोर देते थे। मुझे यह परम्परा मिली। मैं इन गुरुजनों का ऋणी हूँ कि साहित्य के क्षेत्र में ख़ुद काम करने के लिए जिस आधार की जरूरत थी, वह आधार मुझे मिल सका। याद करूँ तो कह सकता हूँ कि विद्यार्थी जी से स्वाधीनता आन्दोलन में उत्पन्न हुई ऐसी राजनीतिक चेतना मिली जिसने मेरे सामाजिक सरोकारों को बनाए रखा, क्षत्रिय स्कूल से चलकर काशी हिन्दू विश्वविद्यालय तक साहित्य के अध्ययन से उनमें भाषा और काव्य के बारे में गुरुजनों से जो दृष्टि मिली, ये दोनों चीजें कहीं-न-कहीं परस्पर पूरक रूप में आधार का काम करती रहीं। इन्होंने दोनों तत्त्वों को साथ लेकर चलने की प्रवृत्ति पैदा की। जो कुछ लोगों को कभी-कभी अटपटा लगता है। इसीलिए कई लोग मुझे आजकल रूपवादी कहते हैं, कुछ लोगों को यह शिकायत होती है कि कहाँ राजनीति के चक्कर में पड़े हुए हैं, मार्क्सवाद ने इनके साहित्य रस को सुखा दिया है। इन दोनों के बीच सामंजस्य ठीक-ठीक हो सका या नहीं, इसे जाँचने का अधिकार दूसरों को है, जाँचेंगे। लेकिन मुझे ये दोहरे संस्कार मिले।

सुधीश पचौरी : *यह दोहरापन हमारे युग की समस्या नहीं है क्या? दोनों के बीच रास्ता बनाने की जोखिम आपने ही उठाई। मुक्तिबोध ने भी यही किया।*

नामवर सिंह : मुक्तिबोध की यात्रा कैसी रही, मुझे ब्यौरे मालूम नहीं! लेकिन यह सैद्धान्तिक प्रश्न नहीं। अनुभव से उपार्जित करने का प्रश्न है। यदि किसी ने मार्क्स एंगेल्स पढ़ा है, और सिद्धान्त रूप में स्वीकार भी करता है लेकिन संस्कार भी उसने अर्जित किया है कि नहीं? यदि संस्कार अर्जित नहीं किया है तो वह कैसे जानेगा? उसी तरह जीवन में राजनीति के महत्त्व को स्वीकार करने वाला व्यक्ति, व्यक्तिगत जीवन के संघर्षों में नहीं गुजरा है तो कैसे अनुभव मिलेगा। यदि आन्दोलन में हिस्सा नहीं लिया तो वह कैसे जानेगा। किसानों की बात करने वाला किसानों के बीच कभी रहा न हो तो उसका जो शुद्ध सिद्धान्त ज्ञान है वह खुद अलग बनेगा। और जो आदमी सचमुच गुजरा हो उसमें से वह दूसरा होगा, स्वरूप अलग होगा, चेतना अलग होगी। ये बात साहित्य के बारे में भी मुझे सच लगती है। जो आदमी हिन्दी काव्य की अधिकांश परम्परा में डूबकर निकला न हो; रस लेकर न पढ़ा हो तो लाख भाषा की वो बात करे, उसे काव्य-भाषा का संस्कार नहीं आएगा। इस दृष्टि से मैंने कहा कि हमारे इन गुरुजनों ने जो संस्कार दिया—उसे मैं दीक्षा कहूँगा। यह दीक्षा साहित्य-गोष्ठियों से आती है, यहीं पीट-पीटकर लोहा तैयार किया जाता है। ऐसे अनेक साहित्यिक केन्द्र हैं। जिनमें से एक काशी है, कानपुर है, मथुरा है, आगरा है।

सुधीश पचौरी : *हमारे हाथरस में भी बचपन में हमारे बीच समस्या पूर्तियाँ होती थीं। इनाम मिलते थे।*

नामवर सिंह : इसी से संस्कार प्राप्त होते हैं, यह उस समय हमारे इलाहाबाद के लोगों में नहीं था। हम इलाहाबाद के लोगों में ऐसा नहीं पाते थे। मैं अपनी डायरी देख रहा था तो देखा कि वहाँ कभी किसी कविता पर बात चली तो घण्टे दो घण्टे हम एक कविता की चार पंक्तियों में उलझना पसन्द करते थे। इलाहाबाद वालों को बुरा लगता था कि क्या मास्टरों की-सी बात कर रहे हो। तब लगता था कि यहाँ दूसरा माहौल है।

सुधीश पचौरी : *यानी रसिकता का प्रश्न है। आपको रसिकता मिली?*

नामवर सिंह : हाँ, हाँ, मिली।

सुधीश पचौरी : *इस रसिकता के बिना आप आलोचक नहीं हो सकते थे।*

नामवर सिंह : नहीं हो सकता था। काशी का ये जो संस्कार मुझे मिला, इलाहाबाद के भारती आदि—इन सबमें एक आदमी थे जगदीश गुप्त, उनमें यह था। बाकी लोगों में भाषा के बारे में बड़ी असावधानी थी। रूपवादियों के प्रति मेरी यह शिकायत है कि उनमें भाषा के प्रति उदासीनता थी। उन रूपवादियों की बात कर रहा हूँ जो

रूप का हल्ला मचाते थे। अज्ञेय या शमशेर की नहीं। इस नजर से देखें, भाषा की नजर से, तो केदारनाथ अग्रवाल, यहाँ तक कि बच्चन जी, नरेन्द्र शर्मा इतने सतर्क थे ये लोग, भाषा के संस्कार से सम्पन्न थे। बाद में शब्द की सावधानी बरतना कम हो गई। यह त्रिलोचन जी में अब भी है। यह ठेठ बनारसी रंग था। ऐसे शहर जहाँ-जहाँ हैं, ऐसी मण्डलियों के बीच तो संस्कार मिलता है, काव्य का, भाषा का वही बीज बनाता है।

सुधीश पचौरी : *अब शिकायतों के बारे में एक सवाल है। बहुत से लेख जो मैंने पढ़े, इस पुस्तक के लिए इकट्ठे किए उनमें सभी की आपसे थोक में शिकायतें हैं। जैसे कि 'आपको ये करना चाहिए था, वो करना चाहिए था। यह नहीं करना चाहिए था, वो नहीं करना चाहिए था आदि'। क्या इन शिकायतों के बारे में आपने कभी सोचा?*

नामवर सिंह : जितनी शिकायतें दूसरे मुझसे करते हैं, उससे ज्यादा शिकायतें मैं अपने आपसे खुद करता हूँ। तो उसमें बात सोचने की नहीं करने की है। 'इरादे बाँधता हूँ, छोड़ता हूँ, तोड़ देता हूँ, कहीं ऐसा न हो जाए, कहीं वैसा न हो जाए', लेकिन गम्भीर मैं भी हूँ।

सुधीश पचौरी : *शिकायतों में से एक यह भी है कि जिस शत्रु पक्ष से आपको लड़ना है, उसकी स्टडी करें, अच्छी तरह से उसे उत्तर दें, इसकी जगह यह जो छापामार किस्म की लड़ाई है आपकी, इससे बात पूरी बनती नहीं, ऐसा कई लोगों ने कहा है और एक बात और निकल के आती है कि आप किताब लिखने से हटकर 'बोलने' की ओर ज्यादा चले गए हैं। कृपाशंकर चौबे को जो साक्षात्कार आपने दिया उसमें भी आपसे पूछा गया कि आपको क्या अच्छा लगता है, बोलना या लिखना? तो आपने जवाब दिया कि बोलना। कुछ पहले तक आपको लिखना भी अच्छा लगता था। तो, जब लिखना अच्छा लगता था, तब भी क्या बोलना अच्छा लगता था?*

नामवर सिंह : असल में इसमें 'अच्छा लगना' शब्द प्रयोग मैंने नहीं किया है, सवाल ही उसने किया था 'अच्छा लगने का'। बोलना तो लाचारी है। जो बुलाते हैं। जाना पड़ता है। बोलना पड़ता है, इसलिए इसको मैं कहूँ(गा) कि वह अपेक्षाकृत आसान है। लिखने का आनन्द तो और ही है। सही अभिव्यक्ति, या ठीक-ठीक, मैं समझता हूँ कि वह लिख कर ही किया जा सकता है। इसमें दो राय नहीं है। कोई दुविधा मेरे मन में नहीं है। रहा ये कि लिखने के लिए जिस एकाग्रता की, जिस तन्मयता की, फुरसत की जरूरत पड़ती है, वह इस भागदौड़ में कम मिल पाती है और इसकी तलाश मुझे रहती है। इसके कारण...

सुधीश पचौरी : *ये जो भागदौड़ है यह तो आप अपने चुनाव से कम और ज्यादा कर सकते हैं।*

नामवर सिंह : उसमें बहुत कम विकल्प मित्र लोग छोड़ते हैं।

सुधीश पचौरी : *ऐसे मित्रों को आप नाराज नहीं करना चाहते?*

नामवर सिंह : इसीलिए।

सुधीश पचौरी : *ऐसी भी मित्रता क्या कि आप उसे आत्मदण्ड के रूप में लें।*

नामवर सिंह : कठिनाई ये है कि जो लोग कहते हैं कि आपको लिखना चाहिए वही लोग उसमें बाधक बनते हैं और जगह-जगह बुलाकर के कहते हैं, कि इस बार आ जाइए, अगली बार छोड़ दीजिएगा। अब तक यही स्थिति रही है। हर बार सोचता हूँ, संकल्प करता हूँ कि इस वर्ष इसमें जाने के बाद कहीं नहीं जाऊँगा और वह टूट जाता है यद्यपि इतना मैंने सोचा है कि उम्र को देखते हुए...और उसका कोई भरोसा नहीं...तो इसलिए मैं सोचता हूँ कि अब तो जो लिखना चाहता हूँ, वह लिखूँ।

सुधीश पचौरी : *आप जो बोलते भी हैं वह लिखने के बराबर होता है। मैं ऐसा मानता हूँ लेकिन शिकायत कुछ लोगों की थी जो मैंने आपके सामने रखी। मैं चाहता था कि आप कुछ इस पर भी कहें...इस किताब को तैयार करते हुए जो एक बात बार-बार अटकी वह यह कि एफ.आर. लीविस आपके आलोचनात्मक मानों के निर्माण में काफी निर्णायक भूमिका निभाते हैं लेकिन सिर्फ एफ.आर. लीविस नहीं नजर आते, कुछ और चीजें भी आजू-बाजू नजर आती हैं। 'कविता के नये प्रतिमान' के खास सन्दर्भ में आपसे जानकारी चाहिए। अगर आप अपने विचारों को थोड़ा स्मरण करें तो वो रेखाएँ बताइए जिन्हें हम बता सकें कि ये असर आपने ग्रहण किए हैं, जिनसे आपकी आलोचना का विमर्श बना है।*

नामवर सिंह : ये बताना तो बहुत कठिन है मेरे लिए क्योंकि पढ़ता रहता हूँ। इतने लेखकों को पढ़ा है, इतनी किताबें कि सबका असर बताना तो मुश्किल है। कब कहाँ कितना। और उससे शायद पूरी बात आ भी न सके। क्योंकि इसको पढ़ते हुए उसके समान्तर, उसके विरुद्ध या उससे मिलकर जो प्रतिक्रियाएँ मन में बनती रहती हैं, अब उनको प्रभाव की कोटि में रखेंगे या नहीं रखेंगे, मुझे नहीं मालूम। एफ.आर. लीविस का जिक्र तो मैंने इसलिए किया कि 1953-54 के आसपास मेरा ख्याल है मैंने पहली बार लीविस को पढ़ा। उसकी खोज की। उसकी चर्चा हिन्दी में कोई करता नहीं था। ये नहीं कि मैं लीविस के आलोचना सिद्धान्तों से, पद्धति से पूरी तरह से सहमत हूँ, लेकिन बिना कोई लम्बा-चौड़ा सिद्धान्त बघारे उस आदमी ने अपनी 'स्क्रूटनी' पत्रिका के माध्यम से अंग्रेजी साहित्य और उसकी आलोचना में हस्तक्षेप किया और मिशन के रूप में, 1938 से लेकर जीवन पर्यन्त वैसे काम वे करते रहे, तो वो मुख्य महत्त्वपूर्ण काम 54-55 के आसपास तक का माना जाता है। और उसमें कृतियों को बहुत ध्यान से 'पढ़ना', 'डूबके पढ़ना' फिर प्रचलित 'कैनन'

के विरुद्ध उन्होंने अपना नया कैनन बनाया, उसके पीछे नैतिक बल भी था। यद्यपि वो मार्क्सवाद के विरुद्ध संघर्ष करते हुए ऐसी माँग कर रहे थे, मार्क्सवाद उस समय स्थूल समाजशास्त्र की ओर बढ़ चला था। तो वो जो स्पिरिट थी और उसका जो नैतिक संघर्ष था, जो संजीदगी थी उसने मुझे आकृष्ट किया।

सुधीश पचौरी : *हिन्दी में भी उस जमाने में खासी फण्डामैंटलिस्ट क्रिटिसिज्म चल रही थी मार्क्सवाद में।*

नामवर सिंह : हाँ, मैंने तो कहा भी है कि मेरा संघर्ष दोहरा था। मार्क्सवादी आलोचना के अन्दर भी था और साथ ही मार्क्सवादी आलोचना के विरोधी जो उस समय दिखाई पड़ते थे, उन लोगों से भी संघर्ष था।

सुधीश पचौरी : *आपने 'कविता के नये प्रतिमान' में जो खेल किया वह यह था कि आपने अज्ञेय को रिप्लेस किया और मुक्तिबोध को नई कविता के केन्द्र में रखा। आपकी व्याख्याएँ न होतीं तो मुक्तिबोध उतनी आसानी से और उस तरह से नई कविता के केन्द्र में न आते।*

नामवर सिंह : मुक्तिबोध को केन्द्र में मैंने 'कविता के नए प्रतिमान' में अचानक उनकी मृत्यु के बाद नहीं बनाया। मुक्तिबोध पर एक टिप्पणी मैंने 1956-57 के आसपास लिखी थी 'कवि' पत्रिका में। छोटी-सी यह पत्रिका विष्णुचन्द्र शर्मा निकालते थे। हर अंक में एक विशिष्ट कवि हम लोग चुनते थे। उसकी कविताएँ छापते थे और उसमें एक टिप्पणी छोटी सी होती थी। पत्रिका बहुत ही छोटी थी। लघुतम पत्रिका थी। पहली बार उसमें मुक्तिबोध से कविताएँ हमने मँगवाई थीं। जान-पहचान तो थी ही। पत्र-व्यवहार था और 'ब्रह्मराक्षस' कविता मँगाई थी। और कई कविताएँ भी थीं लेकिन हमने एक ही लम्बी कविता छापी थी और तब से मेरे मन में थी। उसके बाद मुक्तिबोध के जीवन काल में ही 'कृति' पत्रिका में मैंने दूसरा लेख मुक्तिबोध पर लिखा था। विशिष्ट कवि के सन्दर्भ में पहले शमशेर बहादुर पर निकला था। उसमें दो लेख थे। एक मुक्तिबोध ने स्वयं लिखा, एक मैंने लिखा था। शमशेर पर। और वो असंकलित है। अभी कहीं छपा नहीं है। और तीसरा प्रयास था जब 'कविता के नए प्रतिमान' लिख रहा था वो मेरे दिमाग में आ रहा था। जैसा कि मैंने भूमिका में लिखा भी है। करीब बीस-पचीस बरस की जो नई कविता थी, उस कविता के मूल्यांकन का, उसकी आलोचना के लिए एक तरह का वह प्रयास था। समग्र प्रयास और उसके केन्द्र में मुक्तिबोध थे। तो जब आप लीविस की बात कर रहे थे उस समय की स्थिति के बारे में लगभग यूँ सोचता हूँ, उस समय ये बात नहीं थी, साहित्यकार जिसमें आलोचक अपनी जीवन दृष्टि को भी साहित्य सम्बन्धी मूल्यों को साकार होते हुए देखता है तो फिर उसको आधार बनाकर केन्द्र में रखकर चलता है। लीविस के प्रिय लेखक थे डी.एच. लारेंस। मुख्य रूप से। और डी. एच. लारेंस का बुनियादी

विरोध टी.एस. इलियट से था। इलियट जिन मूल्यों को आधार बना रहे थे तथाकथित आधुनिकतावाद के द्वारा और एक जमाने में लीविस ने इलियट और एजरा पाउंड को आधार बनाया था। सन् अड़तीस के आसपास जबकि इलियट के विरोधी बहुत से थे। लेकिन फिर क्रमशः उससे निकल करके वे डी.एच. लारेंस पर आए। मुझे लगा कि कविता के क्षेत्र में जिन मूल्यों को सचमुच ही जीवन्त और सार्थक होना चाहिए, स्वीकृत होना चाहिए, वो अपेक्षाकृत अपने समकालीनों में मुझे मुक्तिबोध में दिखाई पड़ते थे और वह कवि एक तरह से 'तार-सप्तक' का कवि होने के बावजूद उपेक्षित था। प्रगतिशीलों के बीच भी और नई कविता वालों के बीच भी। वह ग्रन्थ (प्रतिमान) उसी तरह का है। उसकी प्रकृति इसीलिए वादपरक है। यह एक ऐतिहासिक सन्दर्भ है उसका।

सुधीश पचौरी : *जिन दिनों आप 'प्रतिमान' लिख रहे थे, वो दिन आपकी बेरोजगारी के थे और केदारनाथ सिंह जी ने आपकी उस किताब का जो केन्द्रीय शब्द बताया है वह है 'तनाव' और किसी हद तक उन्होंने सही जगह उँगली रखी है। तो इस 'तनाव' का और मुक्तिबोध के तनाव का कोई सम्बन्ध आपकी किताब से रिफ्लैक्ट होता है? एक अन्य केन्द्रीय शब्द आपने खोजा 'अस्मिता!' (जिसे अनेक लोगों ने दूसरे ढंग से लिया, मैंने भी अपनी एक टिप्पणी में इसे दूसरे ढंग से लिया) मुक्तिबोध अपनी अस्मिता की तलाश कर रहे हैं तो क्या इसका यह अर्थ नहीं कि आप भी अपनी अस्मिता की तलाश कर रहे हैं और मुक्तिबोध आपको मौका दे रहे हैं ताकि आप अपनी भी अस्मिता खोज सकें और (इस तरह) आलोचना में आपको अपनी अस्मिता मिलती है।*

नामवर सिंह : बहरहाल, इस पुस्तक के लिखने के दौरान इसका मुझे अहसास शायद नहीं था। इतना आत्मसजग मैं नहीं था। दूसरा कोई देख सकता हो तो देख सकता हो, जैसा केदारनाथ जी ने देखा या आपको दिखाई पड़ा लेकिन तात्कालिक रूप में मैं बताऊँ तो दूसरा अहसास ज्यादा था। एक बात बहुत साफ है कि मुक्तिबोध के साथ तादात्म्य मैंने अनुभव नहीं किया था। उनका संघर्ष जैसा था, जिस प्रकार का था, कहीं-कहीं उसमें समानता दिखाई पड़ती थी। शायद मेरा संघर्ष दूसरे ढंग का रहा हो। लेकिन आज उस रूप में देखें तो मुक्तिबोध एक स्थायी नौकरी में थे। मेरे पास तो कोई स्थायी नौकरी नहीं थी। इसलिए जीवन की जिस असुरक्षा का बोध मुक्तिबोध में दिखाई पड़ता है वह आंशिक ही है। मुक्तिबोध ने राजनांदगाँव के कालेज में एक मुस्तकिल नौकरी की थी। नौकरी को सुरक्षा मानें तो मुझे तो सुलभ नहीं थी। मुक्तिबोध को तो सुलभ थी। एक सीधी असमानता की बात मैं कह रहा हूँ। यह नहीं था कि मुक्तिबोध का संघर्ष मेरा अपना संघर्ष था और मैं इस नाते...दूसरी बात (वह तो तात्कालिक कारणों में से एक में था) जैसे जब मैंने

छायावाद पुस्तक लिखी तो जैसी उस कविता की व्याख्या की जाती थी उससे मुझे असन्तोष था। उसी तरह जब मुक्तिबोध की 'अँधेरे में' छपी और लोग उसकी तारीफ करने लगे। लेकिन वह कविता कहती क्या है, यह कोई नहीं बताता था। श्रीकान्त भी थे, अशोक भी थे। तो जैसा कि आमतौर से लोग कहते हैं, कहते थे कि 'अच्छी कविता छपी है, अच्छी कविता छपी है', लेकिन उसमें कहा क्या गया है (यह कोई नहीं बताता था)। मुझे लगा कि वह कविता ध्यान से नहीं पढ़ी गई है। इसलिए पहली कोशिश यह थी कि उस कविता में क्या कहा गया है, क्या है, यह बताने की कोशिश की जाए। तात्कालिक प्रतिक्रिया बता रहा हूँ। बाकी उसका लम्बा-चौड़ा जो काव्य सिद्धान्त आदि है, वह तो उसका एक दूसरा पक्ष है। इसलिए यह भी मुझे आवश्यक लगा। मैंने जानबूझकर उस कविता को इसीलिए चुना। तब तक उस कविता की मुझे कोई समीक्षा नहीं दिखाई दी थी। मौखिक चर्चा तो थी। लोग मुक्तिबोध को पसन्द करते थे। 'कल्पना' में उनकी 'चम्बल की घाटी' भी छपी थी। कुछ लम्बी कविताएँ और भी छपी थीं। मुक्तिबोध के प्रति एक गैर-साहित्यिक सी सहानुभूति तो थी लेकिन ऐसी साहित्यिक दिलचस्पी उनकी रचनाओं में नहीं दिखाई पड़ी जहाँ समझने की कोशिश हो...मैं कह रहा हूँ कि 'कविता के नए प्रतिमान' को लिखने की तात्कालिक आवश्यकता किस सन्दर्भ में हुई। मैं पहले भी कविता के बारे में सोचता रहा। छिटपुट लेख भी लिखता रहा। उस क्रम में यदि देखा जाए तो भी सन् पचास-इक्यावन से लेकर के उन्नीस सौ अड़सठ तक जो कविता के बारे में विचार चलता रहा उसको समेटने सँजोने का यह एक प्रयास था। दूसरी बात कि मुक्तिबोध ही क्यों थे? उन्हें आधार बनाने का कारण क्या था। वह मैंने बता दिया।

तीसरी बात मैं यह बताना चाहता हूँ कि उसका एक अंश परिशिष्ट के रूप में मैंने दिया है। खाली मुक्तिबोध पर। तो यह पुस्तक में है नहीं सो उसमें देने का मुख्य कारण था कि कम-से-कम एक कविता (अँधेरे में) पर ध्यान दिया जाए। यह वही स्थिति थी जो कहानी पर लेख लिखते समय मैंने की थी। आप कहानियों पर चर्चा करते हैं, किसी कहानी पर टिक कर विचार नहीं करते। उसी तरह से कविता की आलोचना का भी यही हाल था। नई कविता पर सर्वेक्षण ढंग के लेख तो लिखे जाते थे, शोधकार्य वगैरह भी हो रहे होंगे, उनकी चर्चा नहीं करना चाहता। कविता में बिम्ब पर चर्चा की जाती, प्रतीकों पर की जाती, नए भावबोध आदि की बात की जाती थी लेकिन ठीक-ठिकाने से एक कविता पर आप चर्चा करें, यहाँ होता नहीं था। तो इस दृष्टि से 'अँधेरे में' कविता एक चुनौती के रूप में थी और मैंने उसकी व्याख्या की थी। मैं नहीं कहता वही सबसे सटीक है, सही है। और पहलू भी हो सकते हैं जिसकी ओर लोग ध्यान दें इत्यादि-इत्यादि। इसलिए मैं कह रहा

था कि 'कविता के नए प्रतिमान' की एक तात्कालिक पृष्ठभूमि है, जिसका एक रूप उसमें प्रकट होता है। मैं मुक्तिबोध के 'तनाव' को अपना तनाव नहीं मानता, 'अँधेरे में' कविता को मैं अपनी कविता या अपने व्यक्ति की कविता नहीं मान रहा। आत्मछवि मुझे नहीं दिखाई पड़ती थी। यह बहुत साफ कहना चाहूँगा। उदाहरण के लिए जो गहरा अपरोध-बोध मुक्तिबोध में है कम से कम उस समय वह अपराध-बोध मुझमें नहीं था। यह तो हो सकता है कि उस दौर में एक खास किस्म के तनाव से गुजर रहा होऊँ। लेकिन वह मेरा अपना था। उसके सन्दर्भ दूसरे थे।

सुधीश पचौरी : *'वाद-विवाद संवाद' में अज्ञेय को लक्षित करते हुए आपने कहा है कि जब कोई सीधे बात नहीं करना चाहता तो किससे बात करें। इससे मुझे लगता है कि किसी और से सहमति से पहले अपने आप से सहमति और संवाद का प्रयास है ये। आप अपने से, कितने सहमत कितने असहमत हैं?*

नामवर सिंह : इसका पहला प्रयास तो यही है कि लोग कहते हैं कि (जैसा कि हमारे मित्र यादव मानते हैं) जो मैं एक बार कहता हँ दूसरी बार उसका खण्डन कर देता हूँ। इसी से मालूम होता है। इसके जो भी अर्थ लगाए जाएँ। इसका मतलब है कि अपना निरन्तर खण्डन करते रहना, खण्डन करते जाना या खण्डन का होते जाना ये इस बात का सूचक है कि कहीं न कहीं हमारे मन में, हमारे भीतर एक ऐसा व्यक्ति है जो अपने आपसे बहस कर रहा है और उस बहस में एक पूरी प्रक्रिया जो वक्तव्यों से प्रकट होती है भले वह खण्ड तर्क रूप में हैं और जिसके लिए जरूरी है कि वो उन अपने प्रश्नों का पूरा समाधान पाए। मेरा मतलब है कि वो बने बनाए समाधान सुलभ नहीं हैं। मैं ये मानता हूँ। सुलभ हों तो उससे सन्तुष्ट हो जाएँ, इसलिए बराबर अपने आप से प्रश्न करते जाना, उन प्रश्नों के जवाबों को छोड़ते जाना। उनसे पूरी तरह तुष्ट न होकर जवाब ढूँढ़ते जाना। ये प्रक्रिया है और यह दोष है या मेरी कमजोरी है। दूसरे इसके बारे में जो निर्णय दें। लेकिन मैं उससे बचकर निकल नहीं सकता।

सुधीश पचौरी : *इसे हम आपके आत्म-संघर्ष के रूप में भी देख सकते हैं। इसी को अनेक लोग आपकी अवसरवादिता और अशोक वाजपेयी के शब्दों में कहूँ तो 'अचूक अवसरवादिता' कहते हैं जिसका अर्थ उन्होंने 'अवसर के अनुकूल बोलना' बताया। जो सामने है तदनुकूल बोलना, यदि वह शत्रु है, तो उसके हिसाब से बोलना, यदि वह मित्र है तो उसके हिसाब से बोलना। यह जो संवाद आपने बनाया है, इसका अपना महत्त्व है। जिसके बारे में मैं यहाँ अपनी टिप्पणी नहीं करना चाहूँगा।*

नामवर सिंह : लेकिन मैं इस पर टिप्पणी करूँगा।

सुधीश पचौरी : *हाँ, आप जरूर करें।*

नामवर सिंह : मैं इस पर ये टिप्पणी करूँगा कि तुलसीदास को आप पढ़ जाइए।

रामचरितमानस को पढ़ जाइए। तो तुलसीदास 'मानस' में अवसर के अनुरूप वचन कहने को राम के चरित्र की सबसे बड़ी विशेषता कहते हैं और यह बार-बार तुलसीदास बता देते हैं। एक उदाहरण आप यही लें कि चित्रकूट में जो सभा हुई तो भरत जनक से कहते हैं कि लोकमत कहिए, सर्वसम्मत कहिए लेकिन अवसर को ध्यान में रखकर कहिए। अवसर के अनुरूप कहिए। मुझे याद आता है। बहुत बाद में मैंने जाना। तब तो देखा नहीं था। पण्डित श्रीनारायण चतुर्वेदी ने मानस चतुश्शती समारोह के अवसर पर सात आदमियों को तुलसीदास की एक चौपाई भेजी और कहा कि इस पर आप अपनी-अपनी टिप्पणियाँ लिखिए और यह किताब उन्होंने कानपुर से छपाई थी। वह चौपाई यह थी जिसको मैंने अपने 'इतिहास और आलोचना' के एक लेख में लिया था। वह चौपाई इतनी महत्त्वपूर्ण होगी मैं नहीं जानता था। मैंने वहाँ बिम्ब पर लिखा है।

'जिमि मुँह मुकुर मुकुर निज पानी
गहि न जाइ अस अद्भुत बानी
सुगम अगम मृदु मंजु कठोरे
अरथ अमित अति आखर थोरे।'

भरत के वचन के बारे में जनक की यह टिप्पणी है। मैंने बिम्ब के रूप में रखा है। तो कई लोगों ने उस पर लिखा है। विद्यानिवास मिश्र हैं, कुबेरनाथ राय हैं, पण्डित विश्वनाथ प्रसाद मिश्र हैं, हजारी प्रसाद जी द्विवेदी हैं। मैंने पण्डित जी का वो लेख पहले नहीं पढ़ा था, अचानक कुछ दिन हुए मैंने वो देखा। उसमें द्विवेदी जी ने ठीक यही बात कही थी कि तुलसीदास की भाषा का आदर्श 'अद्भुत बानी' बोलना नहीं है। नहीं, वो बल देते हैं कि जो भी कहो अवसर को ध्यान रखते हुए कहो, किस अवसर पर क्या बोलना है, इसे देखकर। मुझे प्रीतिकर आश्चर्य हुआ कि इस कला में अवसर के अनुरूप भाषा लिखना, वचन बोलना और सूक्तियाँ, सिद्धान्त वाक्य निर्मित करना, उनका अर्थ और उनकी शक्तिमत्ता उस अवसर से बँधी हुई है। उस अवसर से बाहर उस बात को हटा दें तो अनर्थ भी हो सकता है। मैं समझता हूँ कि अवसरवाद में और अवसर के अनुरूप बात कहे जाने में फर्क किया जाना चाहिए।

सुधीश पचौरी : *'अवसर-बात' और 'अवसर-वाद' में फर्क है। लिखने से बोलने की तरफ आपका आना है। बोलने में यह गुंजाइश पर्याप्त होती है।*

नामवर सिंह : बिलकुल।

सुधीश पचौरी : *तो क्या यह कहा जाए कि यह आपकी काहिली नहीं है बल्कि यह आपकी 'स्ट्रैटेजी' है।*

नामवर सिंह : मैं नहीं जानता...देखिए 'टैक्टिक्स' और 'स्ट्रैटेजी' ऐसे शब्द हैं जिनके तरह-तरह के अर्थ लोग लगाते हैं, और ये शब्द राजनीति से आए हैं।

सुधीश पचौरी : *आप भी तो राजनीति से ही आए हैं?...*

नामवर सिंह : नहीं, नहीं...मैं साहित्य का ही हूँ और अपना मूल स्थान इसी को मानता हूँ। अपना क्षेत्र भी इसी को मानता हूँ। राजनीति के लोगों से जुड़ा रहा हूँ। चुनाव भी लड़ा मैंने लेकिन कुल मिलाकर वह साहित्यिक जीवन का, साहित्य कर्म का विस्तार है। मैं राजनीति से साहित्य में नहीं आया। कौन आए हैं मैं नहीं जानता। रहा यह कि इस बात को लोग समझते हैं कि साहित्य एक युद्ध-स्थल है, संघर्ष की भूमि है, तो संघर्ष में, संघर्ष के तरीके इस्तेमाल किए जाते हैं। कोई आदमी लड़े तो आप उस पर कह सकते हैं कि आप टैक्टिक्स या स्ट्रैटेजी बनाके करें... मैं नहीं जानता यह सब। लेकिन इसका सम्बन्ध अवसरवाद से कैसे हुआ? इसमें अवसरवाद कैसे प्रकट होता है, यह मैं नहीं जानता।

सुधीश पचौरी : *आपने इसकी जिस तरह व्याख्या की, मैं मानता हूँ कि वह ज्यादा सही है। अवसर के अनुसार बोलना, वचन कहना, तुलसी का जो दृष्टान्त दिया, वह मेरे ख्याल में सही व्याख्या है।*

नामवर सिंह : अवसर को अगर हम एक शब्द दे दें तो सारे भ्रम दूर हो जाएँगे। अवसर का मतलब है सन्दर्भ।

सुधीश पचौरी : *देशकाल के अनुसार बोलना, कहना।*

नामवर सिंह : देशकाल।

सुधीश पचौरी : *मेरा यही कहना था कि देशकाल के अनुसार बोला जाए तो बोलते हुए यह सुविधा ज्यादा मिलती है, बनिस्बत लिखते हुए और आपने लिखने को अधिक वक्त देने की जगह बोलने को अधिक वक्त दिया तो क्या यह सोची-समझी स्ट्रैटेजी थी या आप देशकाल के कारण ऐसा करने लगे?*

नामवर सिंह : देशकाल के कारण। और जिस शब्द का हिन्दी में लोग बड़ा प्रयोग करते हैं वह है रेलैवेंस/प्रासंगिकता। मेरे खिलाफ इस पर आरोप लगाए जा सकते हैं। लेकिन मैं अप्रासंगिक कभी नहीं बोलता और न लिखता हूँ। बहुत से लोग हैं कि प्रसंग कोई भी हो, लेकिन अपने दिल की भड़ास निकालने के लिए जो उनको कहना है, वही कहेंगे। एक ही पाठ उन्होंने पढ़ा है और वो कोई सभा हो, कोई गोष्ठी हो, कोई अवसर हो, उस अवसर पर वही कहेंगे। एक ही बात। हर अवसर पर वही कहेंगे। कम-से-कम इस दोष से मैं अपने को बहुत दूर तक मुक्त समझता हूँ। अब रहा ये कि जो 'कांसिस्टैंसी' का निर्वाह करने के लिए कोई आदमी एक ही बात हर जगह कहता जाए तो वह जपा करे राम-राम। ये मैं नहीं करता। अब रहा ये कि उस सन्दर्भ में जो किसी चीज की दृष्टि होती है, उसमें आप यह भी

देख सकते हैं। ऐसा कभी नहीं हुआ। शायद ही हुआ हो कि मन से किसी आदमी को मैं पसन्द नहीं करता, यानी उसकी रचना को और वह वहाँ बैठा हो तो उसकी उपस्थिति मात्र से, चाहे उसका जन्मदिन मनाया जा रहा हो, उसके ग्रन्थ का लोकार्पण हो रहा हो। मैं न चाहते हुए भी उसको प्रसन्न करने के लिए प्रशंसा कर दूँ, आज तक कभी मैंने ये नहीं किया। अशोक जी की तो नहीं कहना चाहिए कि यह 'अचूक अवसरवाद' है। दो प्रसंगों का उदाहरण। बाकी छोड़ देता हूँ। उनकी दो पुस्तकों का लोकार्पण उनके जन्मदिन पर हुआ था। जिसमें उनको मैंने 'देह और गेह' का कवि कहा था।

सुधीश पचौरी : *आपने बिलकुल सही पकड़ा है।*

नामवर सिंह : यदि 'देह और गेह' का कवि कहा है अशोक को तो उनकी सीमा बताने के लिए। और यह भी कि कुछ आलोचनात्मक बातें भी दिखाई थीं। कुँवर नारायण ने भी एक लेख लिखा था, कुँवर नारायण की अपनी समझ थी, उसके अनुसार उन्होंने लिखा। मेरी अपनी समझ थी। अवसर तो ऐसा था कि अशोक जी की प्रशंसा ही मुझे करनी चाहिए थी। मैंने नहीं किया ऐसा। जो सचमुच अनुभव करता हूँ। दूसरे लोगों ने भी केलि रति का काव्य कहा। समीक्षा में कहा गया तो यह और लोग भी महसूस करते हैं और कहते हैं। यदि अवसर के ही अनुरूप बोलता, तो। दूसरा उदाहरण देना चाहूँगा। 'पूर्वग्रह' में शतांक पर गोष्ठी हुई थी। इण्डिया इंटरनेशनल सेंटर में मैंने उसमें 'साहित्य की मुक्ति या कछुआ धर्म' लेख लिखा था। उन्हीं की गोष्ठी थी और उसी गोष्ठी में मैंने पढ़ा था। जो प्रकाशित है। अवसर के अनुकूल बोलना था। तो मुझे उनकी प्रशंसा करनी चाहिए थी या बचा जाना चाहिए था। इसलिए प्रशंसा न भी करें तो कम-से-कम ऐसी स्थितियों में जिन्हें नाजुक कहते हैं, वो ही आदमी की कसौटी होती हैं। या तो चुप लगा जाएँ, मुख्य मुद्दे को छोड़ दें। दूसरी बातें कहते रहें लेकिन मैंने जो मुख्य मुद्दा रहा है उससे मुठभेड़ की है, जो नाजुक मुद्दा रहा है उसको अवश्य कहा है। इसे जिस रूप में लोग लें लेकिन मेरा प्रयास यह रहा है।

सुधीश पचौरी : *यह तो ठीक लगता है। लेकिन आपकी छवि जो लोगों के मन में है, उसकी बात। ये छवि का जमाना है। आपके हित, आशय कुछ भी रहे हों। लेकिन जो आपकी छवि जाती है लोगों में, वह छवि इसी रूप में गई है, इसी रूप में ज्यादातर लोग कहते हैं। इसकी एक मेरी व्याख्या तो यह है कि आप हर सूरत में अनिवार्य हैं, हर सूरत में प्रासंगिक हैं, हर सूरत में विवादी हैं, इसलिए आपसे सबसे ज्यादा शिकायतें हैं। हिन्दी का जो वातावरण है चलन है, उसमें खास बात यह है कि हर आदमी दूसरे से शिकायत करता है, अपने आप से नहीं करता। तो वो चिट्ठी आपको बराबर डालते हैं और उस पर आप क्या कोई खरा नहीं उतर सकता।*

तो इस वजह से बहुत-सी आपकी आलोचना जो है, उसे मैं बहुत फालतू और निस्सार मानता हूँ। लेकिन यह समझने के लिए बात नहीं छेड़ी। मैं इसका सूत्र खोजना चाहता हूँ कि ऐसा क्यों हुआ। आपकी कोई बात शायद इसमें मदद करे। मैं इस सबको यों 'रीड' करता हूँ खासकर इतिहास और आलोचना में आपने बार-बार एक अच्छी पोलेमिक्स की है, 'कोल्ड वार पीरियड' में जब आलोचना को साही, भारती, रघुवंश आदि उसे देख रहे थे तो जब-जब उन्होंने 'कोल्ड वार' में प्रो-अमरीकी, प्रो-फी वर्ल्ड नजर से लिटरेचर को देखने की कोशिश की तो आपने बहुत तीखे रूप से, उनका दूबरदू उत्तर दिया। इस पूरे दौर में यह एक सैट तरीका हो सकता था कि मैं अपना प्रतिपक्ष या शत्रु या अन्य जो है उसे खोज लूँ और उस पर प्रहार करूँ। मार्क्सवादी आलोचना का सबसे उज्ज्वल रूप यहीं नजर आता है, और आपकी आलोचना में काफी दूर तक नजर आता है। अब जब आप बोलने जाते हैं, रेंज बड़ी हो जाती है, जो अमहत्त्वपूर्ण या महत्त्वपूर्ण व्यक्ति सब बराबर हैं, यदि कोई आपको बुलाता है तो आप चले जाते हैं, लोगों ने इसे आपके विचारों से डिगने का प्रमाण माना है। इस नजर से यह सवाल पूछा था—मगर एक प्रश्न यह है, जिसे आप बोलचाल, संवाद कहते हैं, उसे हम डिस्कोर्स या विमर्श समझें और फूकोल्डियन डिस्कोर्स समझें तो आरोप तो मैं नहीं कहूँगा मगर मेरे मन में एक प्रश्न पैदा होता है कि जब से आपने बोलना ज्यादा शुरू किया है तब से साहित्य में राजनीति का विमर्श तो आप कर ही रहे हैं लेकिन अब आप एक सत्ता का डिस्कोर्स भी कर रहे हैं। मैं थोड़ा स्पष्ट कर दूँ। सत्ता के विमर्श का मायने मेरे लिए ये है कि साहित्य एक सत्ता है, उसका एक सामाजिक असर नजर आता है, वह भी सत्ता का ही एक हिस्सा है और इसलिए साहित्य का अनुशासन बेहद जरूरी है। यदि इस साहित्य का अनुशासन अपने हस्तक्षेप से नहीं करेंगे तो निश्चित रूप से वह किसी कुशासन में जरूर फँस जाएगा। इस अनुशासन के लिए आपका बोलना जरूरी है। यह जो सत्ता का विमर्श आप कर रहे हैं तो साहित्य के अनुशासन के हेतु आप कर रहे हैं। अब इसमें जो साहित्य का अनुशासन हो रहा है, वह क्या बन रहा है? आप द्वारा बोली कही गई चीजों का जो असर हुआ, जो आपसे लोगों को मिला, इसका रिव्यू कभी आप करते हैं?

नामवर सिंह : फूको का नाम लिया आपने। ज्ञान मात्र को उसने सत्ता के पर्याय के रूप में देखा है। यद्यपि उस पूरे दर्शन को मैं मानता नहीं हूँ। सारे संघर्ष को सत्ता का संघर्ष ही यदि मान लिया जाए तो 'सत्य' नाम की कोई चीज तो रह नहीं जाएगी। ये हो जाएगा कि आज जो दमन करने वाले लोग हैं, जिनके हाथ में सत्ता है वो और दलित जो सत्ता में भागीदारी चाहते हैं इसलिए दोनों समान रूप से दोषी होंगे। इसलिए साहित्य में वह कौन-सी सत्ता है जिसको लेने के लिए, हथियाने

के लिए संघर्ष चल रहा है, मैं नहीं जानता! मैं तो इतना ही जानता हूँ, मेरी समझ में, एक साहित्यकार के नाते आप भी अनुभव करते होंगे कि आपकी नजर में जो 'सच' है, उस सच का यदि गला घोंटा जा रहा हो, दबाया जा रहा हो, परदा डाला जा रहा हो तो हम कोशिश करते हैं कि कम से कम उसकी जितनी रक्षा की जा सके, की जाय। चूँकि मैं आलोचना ही लिखता हूँ तो आलोचना में यही मेरा प्रयास होता है। अब उसके द्वारा मैं कोई...मेरे पास तो सत्ता क्या है? सन्त-भक्त लोग जैसे सत्संग करते हैं, कीर्तन-भजन के द्वारा लोगों के बीच जाके अपनी बात कहते हैं। इसलिए मुझे जहाँ मौका मिलता है जाता हूँ। आज के जमाने में वो भी नेमत है। (अनेक को) वह माध्यम प्राप्त ही नहीं है। मान लीजिए कोई साहित्य गोष्ठी न हो, साहित्य गोष्ठियाँ हों तो आपको कोई बुलाए नहीं, ये भी तो हो सकता है। ये भी तो हो सकता है कि कोई अखबार आपको छापे नहीं, मीडिया पर आप न बुलाए जाएँ, दूरदर्शन पर मैं चार साल, पाँच साल से नहीं गया। तो, सत्ता ही हथियानी होती तो मैं धड़ाधड़, धुआँधार किताबें लिख-लिखके, जैसी भी होतीं, हर साल दो चार किताबें भरता रहता, वह तो मैं नहीं करता हूँ। फिर भी लोग क्यों त्रस्त हैं, क्यों पीड़ित हैं, ये मेरी समझ में बात नहीं आती।

सुधीश पचौरी : *लगता है लोग कुछ करने वाले से परेशान रहते हैं। लेकिन कभी-कभार आप ऐसा भी करते हैं कि लोग परेशान हों।*

नामवर सिंह : एक बात जो आप कह रहे थे, 'इतिहास और आलोचना' वाले सन्दर्भ में, एक छोटी-सी बात जोड़ना चाहता हूँ। मेरा प्रयास यह है कि जिनका खण्डन भी किया जैसे विजयदेव नारायण साही वगैरह का, मेरा मत रहा है कि मेरा विरोधी भी यदि सच कह रहा है तो आभार मानते हुए भी उसे ग्रहण करना चाहिए। मैं ये मानता हूँ और इसलिए जिन लोगों का भी, चाहे वो अज्ञेय हों, जिसे लोगों ने 'टैक्टिक्स' या 'स्ट्रैटेजी' समझा। 'कविता के नए प्रतिमान' में अज्ञेय की अच्छी बातों को स्वीकार मैंने किया है, ये नहीं कि अज्ञेय के द्वारा मैं नगेन्द्र को ध्वस्त करूँ।

सुधीश पचौरी : *ऐसा हुआ तो है!*

नामवर सिंह : मैं सच कह रहा हूँ। देखिए यदि अज्ञेय की कोई बात मुझे सारवान प्रतीत होती है तो मैं लेता हूँ। इस अर्थ में जिस रूप में भी संवाद हो सकता है। विरोधी से तो सिर्फ बहस या पोलेमिक्स की जा सकती है, लेकिन कुछ लोगों से पोलेमिक्स के साथ-साथ उनसे संवाद भी हो सकता है। उनमें से निर्मल जी भी एक हैं। एक बार बात भारतीयता पर थी और उपन्यास के सिलसिले में थी। जहाँ सहमति के बिन्दु थे वे भी मैंने बताए और जहाँ असहमति थी, वह भी बताई। स्पष्ट बताए। यद्यपि वे उससे पीड़ित हुए थे। मैंने कहा कि अजीब बात है कि आप गाँधी जी के भी प्रशंसक हैं, उनका समर्थन करते हैं और गाँधी जी के हत्यारों का भी

(करते हैं), यदि करते नहीं तो यह आभास कम-से-कम आपने जरूर दिया है। यह एक दुःखद अनुभव हमारे लिए है। मैंने देखा। निर्मल जी को यह अच्छा नहीं लगा लेकिन मैंने जो सोचा, कहा। मैंने सोचा कि कह देना चाहिए कि यह छवि जो आपकी बन रही है, यह है। इसलिए मैं कहता हूँ कि साहित्य-चर्चा में आलोचना करने के साथ यदि अपने विरोधी पक्ष में कोई मूल्यवान बात दिखाई पड़े तो उसे लेना चाहिए। सामान्य मार्क्सवादी ऐसा नहीं करते। कम बहुत कम करते हैं।

सुधीश पचौरी : *जब आप बनारस में थे, सीपीआई के टिकट पर चुनाव लड़े। आप चुनाव हारे, मान लीजिए आप चुनाव जीत गए होते तो आप क्या होते?*

नामवर सिंह : मैं नहीं जानता लेकिन मैं तो साहित्य में ही रहता।

सुधीश पचौरी : *साहित्य में कम्युनिस्ट पार्टी आपको रहने नहीं देती।*

नामवर सिंह : कोई जरूरी नहीं।

सुधीश पचौरी : *जिस तरह कम्युनिस्ट पार्टी ने अपनी नीतियाँ बदलीं जिस तरह साहित्य में आप थोड़ी आजादी ढूँढ़ते हैं, उनसे तो बड़ा बैर हो जाता।*

नामवर सिंह : नहीं। बैर तो नहीं हुआ। जो नहीं हुआ सो नहीं हुआ—वो हर एक बात पर कहना कि यूँ होता तो क्या होता! लेकिन इसके बारे में मेरे मन में कभी कोई दुविधा नहीं रही कि मेरी अपनी भूमि, अपनी जमीन साहित्य ही है। और इसी में रहना है। और यही मेरा अपना क्षेत्र है। राजनीति नहीं।

सुधीश पचौरी : *हजारी प्रसाद द्विवेदी जी पर आपने निबन्ध लिखा है। 'ब्राह्मण समाज में ज्यों अछूत'। उसमें जो स्थिति द्विवेदी जी की बनारस में लगातार रही, वह है। द्विवेदी जी बहुत ज्यादा राजनीति नहीं कर सकते थे, इसलिए बार-बार हारते थे, लेकिन आप समस्याएँ 'टैकिल' कर सके, मुकाबला कर सके। तो इससे क्या यह सिद्ध नहीं होता है कि सत्ता का संघर्ष आपने सफलतापूर्वक इसलिए भी किया क्योंकि आपके गुरु जी नहीं कर सके।*

नामवर सिंह : ये तो मैं नहीं जानता...देखिए इन तमाम चीजों में आदमी जीवित रहने के लिए, कुछ-न-कुछ तो करता ही है। कहते हैं मरता क्या न करता। तो हमारे सामने तो 'जीवितं मरणात् श्रेयो' जैसा कि विश्वामित्र ने कहा कि जीना ज्यादा जरूरी है। भले ही चुरा करके कुत्ते का मांस भी खाना पड़े तब भी आदमी को जीना चाहिए। मुक्तिबोध ने तो लिखा ही है 'जीने की कोशिश करो जमीन में गड़कर भी'। ये प्रयास रहा है। कभी नाकाम, कभी कामयाब। ऐसा नहीं कि हमेशा कामयाबी ही मिली। अकसर नाकामयाबियाँ मिली हैं। मिलती हैं। इस बारे में मेरा एक सिद्धान्त वाक्य है जो तुलसीदास ने कहा है, मैं मानता हूँ :

'तुलसी तहाँ न जीतिए जहँ जीते हू हार'।

जीतने की कोशिश हर जगह हमें नहीं करनी चाहिए। जहाँ जीतने पर भी हार मिले उस संघर्ष में भाग नहीं लेना चाहिए। इसलिए बहुत जगहों पर मैं पलायन भी करता हूँ।

सुधीश पचौरी : *इसलिए मैं कहता हूँ कि आप 'फूकोल्डियन रीयलिटी' को 'एक्जीक्यूट' कर रहे हैं।*

नामवर सिंह : जो हो। जो आप कहें, लेकिन मैं तो अपना ठेठ देसी सिद्धान्त जो मैंने बताया, उसी पर चलता हूँ।

(1995)

एक आलोचक के रूप में मेरी सबसे बड़ी मुश्किल अपने संस्कारों से संघर्ष करना है!

(प्रकाश मनु के साथ)

मुझे स्वीकार करना चाहिए कि 8 अगस्त, 1996 को सुबह लगभग साढ़े दस बजे नामवर जी के निवास-स्थान, 32, शिवालिक अपार्टमेण्ट पहुँचा तो मेरी धड़कनें काफी तेज थीं और घण्टी दबाकर दरवाजा खुलने का इन्तजार करते समय मुझे उन्हें 'सम' पर लाने के लिए खासा श्रम करना पड़ा। हालाँकि तो भी मैं पूरी तरह सफल नहीं हो पा रहा था और खुद पर बुरी तरह झुँझलाहट छूट रही थी।

बहरहाल दरवाजा खुला और मैं भीतर जाकर बैठ गया...थोड़ी देर बाद नामवर जी इण्टरव्यू के लिए तैयार होकर आये...(सफेद बेदाग कुर्ता, सफेद तहमद, बगल में पान का पुड़ा!) तो भी मैं पूरी तरह 'नॉर्मल' नहीं हो पाया था और घबराहट के मारे बार-बार अपने सवालों पर नजर दौड़ा रहा था, बल्कि उनमें कुछ और जोड़ने-घटाने की निरर्थक कवायद में लीन हो गया।...यह नामवर जी ही थे जिन्होंने मुझे खोला। मैं सत्यार्थी जी की कहानियों का बड़ा संग्रह (जिसका संकलन-सम्पादन मैंने और संजीव ठाकुर ने किया है) तथा 'यह जो दिल्ली है' राजकमल पेपर बैक एडीशन नामवर जी को भेंट करने के लिए ले गया था। उन्हीं को उलटते-पुलटते हुए नामवर जी सहज भाव से कुछ पूछते-बतियाते रहे और मेरा मनोवैज्ञानिक भय उड़न-छू हो गया। इस बीच खुद ही उन्होंने 'कथा सर्कस' की चर्चा की, "आपके कथा सर्कस की तो काफी अच्छी समीक्षाएँ आ रही हैं।" "आपने पढ़ीं?" मैंने फँसे हुए गले से पूछा। पता चला, नामवर जी ने 'हंस' और 'जनसत्ता' में छपी समीक्षाएँ पढ़ी हैं। "शुरू करें?" मैंने सकुचाते हुए पूछा। "आप पानी-वानी पिएँगे?" नामवर जी ने शायद मुझ पर तरस खाते हुए पूछ लिया। "हाँ, थोड़ा-सा पानी...।" पानी पीकर मैंने खुद को थोड़ा ठकठकाया और सवालों के लिए तैयार हो गया।

...हाँ, लेकिन मुझे उस 'मनोवैज्ञानिक भय' के बारे में और बताना चाहिए जिसका ऊपर जिक्र हुआ है। एक तो पिछले बीस से भी अधिक वर्षों से नामवर जी को पढ़ते और इनकी 'इमेज' से एकतरफा झगड़ते हुए "मैं बीत रहा था" और

अब जबकि यह सारा कुछ एक पहाड़ की तरह मन में इकट्ठा हो गया था, वह सामने थे और मुझे उनसे बात करने का अवसर मिल रहा था। दूसरे, पिछले 10-12 दिनों से खाँसी-बुखार से पीड़ित था। लिहाजा लग रहा था, शायद पूरे दम-खम से सवालों का सिलसिला जारी न रख पाऊँ। तीसरे, नामवर जी ने लगभग डेढ़ घण्टे का समय दिया था—साढ़े दस से बारह तक। और मुझ जैसे 'दीर्घसूत्री' को किसी भी तरह नहीं लग रहा था कि इतनी देर में बात समेट पाऊँगा?...लेकिन बातचीत शुरू हुई तो न नामवर जी को समय का ध्यान रहा और न मुझे। अलबत्ता बाद के आधे घण्टे में सिर्फ चुने हुए सवाल पूछकर दोपहर लगभग डेढ़ बजे मैंने विदा ली, तो यह दिन मेरे लिए 'एक ऐतिहासिक उपलब्धि' में बदल चुका था। मेरे लिए ज्यादा खुशी की बात यह थी कि नामवर जी ने, उन्हें उत्तेजित कर देने की मेरी तमाम निष्फल और बचकानी कोशिशों के बावजूद, बड़े ही धैर्य और अन्तरंगता से मेरे सवालों के जवाब दिए।

बातचीत का विषय बहुत व्यापक था। नामवर जी के आलोचक व्यक्तित्व की बुनावट, अन्तर्विरोधों और उसकी विकास-यात्रा से शुरू हुई यह बातचीत प्रगतिवादी विचारधारा के आत्मसंघर्ष तथा आज के साहित्य, समाज और परिस्थितियों के विश्लेषण और उत्तर-आधुनिकता के मायाजाल से गुजरती हुई मौजूदा राजनीतिक परिदृश्य, देवगौड़ा सरकार की चरित्र-मीमांसा, तथा आने वाली सदी को लेकर नामवर जी के चिन्तन और वैचारिक द्वन्द्व तक को खुद में समेट लेती है।

कुछ सवाल नामवर जी की 'इमेज' (खासकर आलोचक और वक्ता के रूप में) को लेकर थे और बहुत तीखे थे, लेकिन नामवर जी ने उतनी ही आत्मीय मुस्कराहट और निःसंगता से उनके भी जवाब दिए—बगैर उत्तेजित हुए। हाँ, बीच-बीच में कटाक्ष भरे व्यंग्य के कुछ रेशे उसमें शामिल होते गये। बातचीत के बीच में "अब तो चाय पी जानी चाहिए" के सहज आग्रह के साथ एक बार नामवर जी उठकर गये। अलबत्ता चाय पीते हुए भी बातचीत के सिलसिले या गति में कोई फर्क नहीं आया। बीच में दो-तीन दफा नामवर जी ने पान के बीड़े मुँह में दबाए और इससे बातचीत का 'रस' और बढ़ा ही! (यह 'रस' अलबत्ता डॉ. नगेन्द्र के 'रसशास्त्र' में शामिल न था, जिसकी बातचीत में एकाधिक बार चर्चा हुई!) बहरहाल, लौटते समय लगा, नामवर जी के आलोचक से तो मुलाकात हुई है, लेकिन नामवर जी के भीतर जो एक और नामवर है—और जो आलोचक नहीं, एक बहुत ही तारल्य-भरा सर्जक बल्कि कवि ही ज्यादा है, साथ-साथ उससे भी मिल लिया गया है। बातचीत में आचार्य हजारीप्रसाद द्विवेदी, त्रिलोचन, केदारनाथ अग्रवाल, निराला, मुक्तिबोध, नागार्जुन, रामविलास शर्मा आदि का स्मरण और उनके नाम और उनसे जुड़े प्रसंगों की निरन्तर आवाजाही इस कदर हुई है कि यह सारी बातचीत गहन आलोचनात्मक स्तरों पर चलती हुई भी

शायद एक लम्बे, आत्मीय संस्मरण का-सा सुख देती है।

बहरहाल, प्रस्तुत है नामवर जी से हुई बातचीत अपने अविकल रूप में—

प्रकाश मनु : *नामवर जी, आपने एक कवि के रूप में अपनी यात्रा शुरू की, फिर आपने आलोचनाएँ लिखीं और अब हिन्दी के शीर्षस्थ आलोचकों में आपकी गिनती होती है। कृपया बताएँ, जब आपने लिखना शुरू किया था तब, क्या आप जानते थे कि यहाँ तक पहुँचेंगे?...इसी से जुड़ा एक और सवाल। इस बिन्दु पर खड़े होकर अपनी पिछली सारी यात्रा पर निगाह डालें तो आपको कितना सन्तोष मिलता है और कितना अवसाद?*

नामवर सिंह : ऐसा है प्रकाश जी, कोई योजना बनाकर कभी कोई काम मैंने जीवन में नहीं किया। कविता से शुरू किया, कविता लिखना अच्छा लगता था तो लिखने लगा...उस समय प्रारम्भिक दिनों में कम से कम आलोचना लिखने का मेरा कोई इरादा नहीं था।...सन् 1951 में मेरा कविता-संग्रह प्रेस में छपने के लिए गया, तब मैंने एम.ए. कर लिया था। कविता संग्रह का नाम 'नीम के फूल' रखा था...यह संयोग ही है कि 'बकलम खुद' जो मेरा निबन्धों का संग्रह है और 'नीम के फूल' एक साथ छपने के लिए गये। उन दिनों 'साहित्य सहकार' नाम से एक नया प्रकाशन जगदीश भारती ने शुरू किया था। वही छाप रहे थे...तो 'बकलम खुद' की तो—जिसमें व्यंग्य तथा ललित निबन्ध ही ज्यादातर थे, करीब दो सौ किताबें छप गयी थीं और 'नीम के फूल' प्रूफ के लेविल पर ही था। तभी मकान मालिक से जगदीश भारती के कुछ झंझटों के कारण 'साहित्य सहकार' प्रकाशन बन्द हो गया और 'नीम के फूल' मेरा पहला कविता संग्रह कभी छपा ही नहीं।

ऐसा नहीं कि वह संग्रह छप जाता तो मैं आगे कविताएँ लिखता ही, क्योंकि गद्य लिखने की ओर मेरा रुझान काफी बढ़ गया था। 'बकलम खुद' में व्यंग्यात्मक निबन्ध ज्यादा थे...तो गद्य लिखने में उस समय दिलचस्पी जरूर थी। पर आलोचना में नहीं थी। उन दिनों एक बात महत्त्वपूर्ण और यह है कि मैं प्रगतिशील लेखक संघ से जुड़ा हुआ था और काशी शाखा का सचिव था। काफी अच्छी और तेजतर्रार साहित्यिक गोष्ठियाँ वहाँ हुआ करती थीं...तो इन गोष्ठियों से ही प्रेरित, प्रभावित, उत्तेजित होकर मैंने कुछ आलोचनात्मक लेख लिखे। इनमें शुरू के दिनों के दो साहित्यिक निबन्धों की मुझे अब भी याद है। 1951 में एम.ए. करने के बाद मैंने दो निबन्ध लिखे। एक 'इतिहास का नया दृष्टिकोण' और दूसरा 'साहित्य में कलात्मक सौन्दर्य की समस्या'। पहला निबन्ध शिवदानसिंह चौहान के कहने से लिखा गया और उसे उन्होंने 'आलोचना' के 'इतिहास अंक' में छापा।...दूसरा लेख 'कल्पना' सम्पादक बदरी विशाल पित्ती के आग्रह पर। वह लेख सम्भवतः अक्तूबर, 1952 की 'कल्पना' में छपा था। 'कल्पना' में छपा यह मेरा शायद पहला और आखिरी लेख था। ये दोनों

लेख 1957 में प्रकाशित होने वाली मेरी पुस्तक 'इतिहास और आलोचना' में संकलित हैं। 'कल्पना' वाला लेख पुस्तक में 'कलात्मक सौन्दर्य का आधार' शीर्षक से है। इस लेख में रूप और वस्तु के द्वन्द्व की समस्या पर विचार किया गया है। इन लेखों पर मार्क्सवाद से नये-नये परिचय का प्रभाव स्पष्ट है। इन दो लेखों के बाद आलोचना लिखने का सिलसिला शुरू हो गया।

वैसे...एक और कारण यह था कि मैं उन दिनों काशी विश्वविद्यालय में पढ़ाने लगा था, तो उन दिनों अध्यापक होने के नाते (आप तो अध्यापक रहे हैं, इसलिए जानते ही होंगे) अपने विषय को बेहतर ढंग से विद्यार्थियों के आगे रखने और उसे व्याख्यायित करने के लिए आलोचना की जरूरत पड़ती ही है। शायद यह पहला अवसर है जब सोचने पर मुझे लगता है कि मेरे आलोचनाकर्म में प्रवृत्त होने में मार्क्सवाद और अध्यापन-कर्म की महत्त्वपूर्ण भूमिका है।

आलोचना की मेरी पहली पुस्तक 'छायावाद' है, 1954 में प्रकाशित...इस पुस्तक को लिखने की मुझे जरूरत क्यों पड़ी, इसके बारे में बताने लायक बात इतनी ही है कि धुँधली-धुँधली और दुर्बोध लगने वाली काव्यधारा को सुगम, सुबोध भाषा में यथार्थ की भूमि पर रखकर प्रस्तुत किया जाए। छायावादी कविताएँ जितनी मुश्किल नहीं हैं, उससे ज्यादा तो मुश्किल उनकी आलोचना थी, मुश्किल भी और उबाऊ भी। लगता था इससे तो सीधे कविताएँ पढ़ लेना ही बेहतर है...

प्रकाश मनु : *जैसे डॉ. नगेन्द्र की 'कामायनी के अध्ययन की समस्याएँ'—निहायत एक रूखी किताब...?*

नामवर सिंह : और भी आलोचकों ने छायावाद के साथ बिलकुल इसी ढंग का बर्ताव किया है या तो विद्वत्ता और पाण्डित्यपूर्ण लम्बी-लम्बी टीकाएँ या फिर समीक्षा के नाम पर भावपूर्ण उद्‌गार—'अरे-अरे' 'अहो-अहो', 'वाह-वाह' आदि।... तो सरल भाषा में और ऐसे ढंग से जिससे उन कविताओं का अर्थ और शक्ति उद्‌घाटित हो, छायावाद पर लिखने का विचार मेरे मन में आया। यह छायावाद पर कुछ इस तरह की समीक्षा थी, जिसे आजकल 'क्रिएटिव समीक्षा' कहा जाता है।

प्रकाश मनु : *मुझे याद है, आपने चैप्टर्स के शीर्षक भी कुछ अलग ढंग के दिए हैं—कविताओं की पंक्तियाँ...!*

नामवर सिंह : हाँ, इसके पीछे कारण जो था और जो मन्थन मेरे भीतर चल रहा था, वह यह कि छायावाद के विरोधी और समर्थक दोनों ही छायावाद को ठीक से समझे नहीं—या दोनों ही ठीक से छायावाद की व्याख्या नहीं कर पा रहे हैं और यह काव्य एक चुनौती तो था ही, जिसे नकारना आसान न था...तो इस तरह छायावाद पर किताब लिखी गयी। फिर कुछ और भी आलोचनात्मक लेख लिखे और मैं तेजी से आलोचना की ओर बढ़ता गया...

प्रकाश मनु : *अब डाक्टर साहब, बताएँ—एक आलोचक के रूप में अपनी भूमिका या अपने काम से आपको कितना सन्तोष है—कितना अवसाद?*

नामवर सिंह : (कुछ गम्भीर होकर) प्रकाश जी, अपने आलोचना कार्य से सन्तोष मुझे कभी नहीं रहा, बल्कि आप कह सकते हैं, जो कुछ मैंने लिखा, उसे लेकर एक तीव्र असन्तोष का भाव मन में रहा है—अब भी है।

प्रकाश मनु : *इस असन्तोष का कारण डॉक्साहब? आप तो हिन्दी के बहुप्रशंसित आलोचकों में से हैं?*

नामवर सिंह : असन्तोष का एक मुख कारण तो यह है कि मेरा जितना भी लेखन है, वह एक तरह से फरमाइशी है। आचार्य रामचन्द्र शुक्ल अपने आलोचनात्मक लेखों को फरमाइशी कहा करते थे। बहरहाल, ऐसे लेखन में कुछ न कुछ अधूरापन रह ही जाता है जो मुझे बुरी तरह सालता रहता है...हुआ यह कि जो कुछ भी मैंने लिखा, वह तुरन्त छपा। मुझे प्रकाशकों के पीछे भागने की कभी जरूरत नहीं पड़ी। बल्कि प्रकाशक ही मेरे पास आये, लेकिन जब चीजें छप गयीं तो मैंने—आपको सच बताऊँ, उन्हें कभी ढंग से पलटकर नहीं देखा। पीछे लौटकर देखना मेरी आदत नहीं रही...जो लिख लिया, उसे छोड़कर आगे बढ़ा। लेकिन इस सारी प्रक्रिया में यह तकलीफ तो है ही कि जो लिख सकता था—या जो कहीं बेहतर था, नहीं लिखा गया...और काफी कुछ अधूरा छूट गया।...या बहुत-सा महत्त्वपूर्ण इसमें अनलिखा रह गया... समय-समय पर लेख लिखे गये, पुस्तक बन गयी, पर बहुत-सा असन्तोष भी मन में इसलिए रहा कि व्यवस्थित ढंग से जो करना चाहता था, नहीं हुआ।

प्रकाश मनु : *लेकिन 'कविता के नये प्रतिमान'...? डाक्टर साहब 'कविता के नये प्रतिमान' में तो ऐसा नहीं लगता कि यह फरमाइशी लेखन है—या कहें कि तात्कालिकता के दबाव में लिखी गयी कोई चीज हो?...इसके पीछे तो बहुत गहरे दबाव और बड़ी तैयारी लगती है—नहीं?*

नामवर सिंह : हाँ, आपकी यह बात सही है कि 'कविता के नये प्रतिमान' ऐसे सवालों को लेकर लिखी गयी जो मुझे बहुत अरसे से परेशान कर रहे थे। मेरी और पुस्तकों की तुलना में यह कहीं ज्यादा समय में और ज्यादा बँधे हुए ढंग से लिखी गयी। लेकिन इस पुस्तक में भी बहुत-कुछ छूट गया...बहुत-कुछ अधूरा ही रह गया है, जिसे इसलिए रहने दिया गया कि चलिए, यहाँ इतना ही काफी है, अब आगे किसी और पुस्तक में देखेंगे...

प्रकाश मनु : *लेकिन डॉक्साब, आप एक और तरह से इस बात को देखें। मेरा कहना है कि आलोचना में यह तो होगा ही। रचना की तुलना में आलोचना में एक तरह का अधूरापन लगेगा ही। यह आलोचना की नियति है कि उसमें रचना की तरह का पूरापन कभी नहीं होगा। और यही अतृप्ति या असन्तोष शायद आगे*

के काम के लिए प्रस्थान बिन्दु भी बनता है...नहीं?

नामवर सिंह : जी!...आपकी यह बात बिलकुल सही है और मैं इसे बिलकुल ठीक मानता हूँ...लेकिन ज्यादा बड़ा असन्तोष तो इस कारण है कि ज्यादा बड़े काम जो सचमुच बड़े काम हैं—और मुझे करने ही थे, जिन्हें कोई दूसरा नहीं कर रहा, छूटे जा रहे हैं!...मैंने प्रारम्भ में ही, जब आलोचना में आया था, तभी तय किया था कि मुझे कुछ काम करने हैं, लेकिन एक तो विश्वविद्यालय में अध्यापन की व्यस्तताएँ जिसमें पिछले बीस वर्षों में मैं रहा और फिर महानगर की आपाधापी, इसमें वे काम एक ओर ही रह गये। प्रकाशजी, ये आधे किए हुए काम मुझे बहुत सालते, बहुत दुख देते हैं। मेरे असन्तोष का मूल कारण ही यही है। मुझे मालूम है कि ये बड़े काम हैं और होने ही चाहिए। लेकिन तात्कालिक दबावों में ये छूटते जाते हैं और असन्तोष और गहरा हो जाता है—उदाहरण के लिए मेरी यह शुरू से आकांक्षा रही है कि मैं हिन्दी साहित्य का इतिहास फिर से लिखूँ, यानी हिन्दी साहित्य के इतिहास का बिलकुल नयी दृष्टि से पुनर्लेखन किया जाए। आप मेरा पहला आलोचनात्मक लेख देखेंगे, तो उसका शीर्षक है, 'इतिहास और आलोचना'। ये दो चीजें हैं। जो शुरू से मेरी चिन्ता के केन्द्र में रही हैं। इतिहास के प्रति आलोचनात्मक दृष्टि और फिर उस इतिहास का आलोचना के प्रतिमान की तरह प्रयोग।

इसी तरह मेरी एक इच्छा यह भी है कि मैं आचार्य रामचन्द्र शुक्ल पर एक पूरी पुस्तक लिखूँ। उसके लिए सामग्री मैंने इकट्ठी कर ली है...इसी तरह उन्नीसवीं सदी के पुनर्जागरण पर भी पूरी एक पुस्तक की सामग्री तैयार है।...

प्रकाश मनु : *हिन्दी में आलोचना की प्रस्थान-त्रयी पर आप लिखना चाहते थे। आपने कहीं जिक्र किया है?*

नामवर सिंह : जी...अब भी मेरा इरादा है कि मैं वह काम करूँ। इसी तरह उपन्यास लगभग छूट ही गया। इतने महत्त्वपूर्ण उपन्यास इस बीच आये हैं कि उन्होंने उपन्यास के पूरे ढाँचे, उपन्यास की पूरी परिकल्पना को ही बदल दिया है। मैं उन पर लिखना ही चाहता हूँ। इसी तरह कहानियों पर फिर से लिखना चाहता हूँ। कुछ इतनी अच्छी लम्बी कहानियाँ मैंने पढ़ी हैं कि मुझे लगता है कि वे जैसे आलोचना के लिए चुनौती दे रही हों, जबकि दुर्भाग्य से आलोचकों ने उन पर ध्यान ही नहीं दिया।

इसी तरह 'हिन्दी साहित्य का इतिहास' पूरा नहीं तो उसके कुछ हिस्सों, कुछ कालखण्डों के बारे में ही विस्तार से और व्यवस्थित ढंग से कुछ लिखूँ, यह मैंने सोचा है...जैसे कि कई बार गोष्ठियों में कार्यक्रमों में बोला हूँ। उस पर लगातार सोचता भी रहा हूँ, लेकिन लिखना नहीं हो पाया...तो भी सन्तोष यह है कि मैं गम्भीरता से और कुछ योजना बनाकर इस काम में जुटा हूँ। देखिए, कब तक हो पाता है?

वैसे जो बात आपने कही...इस समस्या का एक पहलू और भी है प्रकाश जी। ...आप देखिए, सन् 74 से लेकर लगभग बीस बरस मेरे जे.एन.यू. में इस काम में चले गये कि हमारे विश्वविद्यालयों में पढ़ाने का तरीका बदला जाना चाहिए। हमारे विश्वविद्यालयों में जो हिन्दी साहित्य पढ़ाया जा रहा है, वह इतने रद्दी और इतने गलत तरीके से पढ़ाया जा रहा है कि उसे आप आसानी से नौजवानों को गुमराह करने वाला कह सकते हैं...तो आप देखिए, कितनी बड़ी शक्ति हमारी जाया हो रही है और हम उसका बिलकुल कोई उपयोग नहीं कर पा रहे हैं!...तो मैंने कम से कम जे.एन.यू. में उसे बदला और वहाँ पढ़ने-पढ़ाने का एक नया ढंग, एक नया तरीका ईजाद किया गया जिसमें कहीं ज्यादा खुलापन और मुक्त संवाद की सम्भावना थी। उसके लिए नये पाठ्यक्रम और नयी पुस्तकों की दरकार थी। उस सबकी तैयारी में बहुत समय और ऊर्जा खर्च हुई...तो लोग यह तो कहते हैं कि नामवर जी को भाषण देने का व्यसन है और अपनी बहुत-सी ऊर्जा ये इसमें व्यय करते हैं, लेकिन यह गलत है—या कम से कम पूरा सत्य यह नहीं है। बहुत से दूसरे दबाव भी हैं जिनकी और लोग ज्यादा ध्यान नहीं देते।

...तो इस तरह ज्यादा व्यवस्थित ढंग से न लिख पाने का एक बड़ा कारण तो यह है प्रकाश जी कि मेरी इतनी ऊर्जा विश्वविद्यालय के कामों में खर्च हुई है, जिसे किसी ने समझने की कोशिश नहीं की। जब आप उसका पूरा रंग-ढंग ही बदल रहे हैं और आपको न सिर्फ अपने विश्वविद्यालय में, बल्कि जगह-जगह जाकर अपनी बात समझानी भी हो तो उसकी गम्भीरता और मुश्किलों का आप अन्दाजा लगा सकते हैं। अपने भाषण और वक्तृताओं में भी मैंने यही बात लोगों को समझानी चाही कि अब शिक्षा-दीक्षा का पूरा ढंग बदल दिए जाने की जरूरत है।...तो एक छोटा-सा विनम्र योगदान मेरा इसमें है कि हमारे विश्वविद्यालय में साहित्य पढ़ाने का ढंग बदला...और निश्चय ही यह काम मेरे अकेले के बस का नहीं है। मुझे इतने अच्छे सहकर्मी मिले और उनका इतना बढ़िया साथ और सहयोग मिला कि हम लोग मिलकर यह काम कर सके और यह ऐसा काम है कि मैं जानता हूँ कि कहीं भी, किसी भी इतिहास में दर्ज नहीं होगा। हाँ, कुछ इक्का-दुक्का लोग हो सकता है, मेरे इस योगदान की चर्चा करें, और प्रकाश जी, जब इतना समय और ऊर्जा खत्म हो चुकी है और बाकी बचे अनकिए या अधूरे कामों को देखता हूँ तो जो तीव्र असन्तोष मन में पैदा होता है उससे भी बच नहीं सकता।

प्रकाश मनु : *नामवर जी, अकसर कहा जाता है कि जो किसी वस्तु या व्यक्ति की विशेषता होती है, वही उसकी सीमा भी होती है...तो आप भाषण-कुशल हैं, इतने अच्छे ढंग से अपनी बात कह लेते हैं। इस कारण लेखन में आपसे जो मिलना चाहिए था उससे हम वंचित रह गये!...क्या यह बात सही है?*

नामवर सिंह : (हँसकर) हो सकता है, आपकी बात सही हो। और लोग भी ऐसा ही कहते हैं—और ऐसा नहीं कि मुझे इसका एहसास नहीं...लेकिन ये जो भाषण थे, यह जो जगह-जगह जाकर बोलना था, उसके पीछे भी मेरा एक खास मकसद, एक खास तरह की तैयारी या विचार-मन्थन तो था ही!...बल्कि अकसर जब मैं कहीं बोलने के लिए जाता हूँ तो आपको आश्चर्य होगा, पहले से सारी चीजें मेरे दिमाग में तय नहीं होतीं और बोलने की प्रक्रिया में लगातार सोचता रहता हूँ या कहिए कि सोच-सोचकर बोलता रहता हूँ और उसमें फ्लैश की तरह से बहुत अच्छी चीजें, बहुत अच्छे विचार कौंध जाते हैं, जिनका पहले से अन्दाजा कम से कम मुझे नहीं होता—या इतनी स्पष्ट अभिव्यंजना उनकी मन में नहीं होती।...यहाँ तक कि बोलने के बाद मेरा उस विषय पर सोचना खत्म नहीं होता, जारी रहता है जो शायद उस विषय पर कहीं और जाकर बोलूँ तो स्वाभाविक रूप से उसमें जुड़ जाता है।...तो यह जो बोलना है, ये जो भाषण थे, ये ऐसे भाषण तो कम से कम न थे कि कहीं भी गये, कुछ भी जाकर बोल आये। ये एक विचार प्रक्रिया का हिस्सा जरूर थे। ...तो मेरे लिए, खासकर मेरे आलोचक व्यक्तित्व के विकास के लिहाज से इनका खासा महत्त्व है।

प्रकाश मनु : *जी, इधर 'पहल' में बनारस में दिया गया आपका एक भाषण छपा है—पूरी ऊर्जा और जीवन्तता से लबालब...!!*

नामवर सिंह : जी हाँ...तो वह भाषण तो उन लोगों ने टेप कर लिया और छाप दिया, मुझे दिखाया भी नहीं गया। उसमें अगर वह भाषण आपने पढ़ा है तो आलोचना की भाषा को लेकर गहरा असन्तोष है कि रचना कहाँ से कहाँ तक पहुँच गयी, उसके शिल्प या रूप-विधान और अन्तर्वस्तु में क्रान्तिकारी तब्दीलियाँ आ गयीं, कितनी चुनौती देने वाली रचनाएँ इस बीच सामने आयी हैं, हमारे लेखक लोग कवि, उपन्यासकार, कथाकार क्या कुछ लिख रहे हैं और उसकी तुलना में आलोचना को आप उठाकर देखें, तो वही ठस की ठस...(हँसी) तो आलोचना रचना के साथ चल सके, इसलिए आलोचना को एक गहरे आत्मसंघर्ष से गुजरना होगा, वरना आप समझिए कि आलोचना अपने दायित्व से मुकर रही है।...हालाँकि प्रकाश जी, आलोचना रचना की अनुवर्ती होती है—मेरा यह पक्का यकीन है कि आलोचना रचना की अनुवर्ती होती है। फिर भी रचना के पीछे-पीछे भी ढंग से चल सके, इतनी काबिलियत तो आलोचना में होनी चाहिए कि नहीं? इसके लिए आलोचना को खुद को आमूल-चूल बदलना होगा। अपना मिजाज और ठसपन दूर करना होगा।

...तो बहरहाल, यह तो एक भाषण है, जो उन लोगों ने टेप कर लिया और छापकर दूसरों तक भी पहुँचा दिया, वरना तो ऐसा कहाँ होता है? पिछले बीस-तीस वर्षों से इतना कुछ है जो जगह-जगह जाकर बोला गया। मैं समझता हूँ उसमें बहुत-कुछ

मूल्यवान था, जो बचाया नहीं जा सका। हवा में ही रह गया। न दूसरे लोगों ने इस बारे में सोचा, न मेरा ही कोई खास मोह रहा। एक तरह से मैंने परवाह ही नहीं की, कभी कुछ ज्यादा मोह रखा ही नहीं मन में...तो प्रकाश जी, वह सब का सब नष्ट हो गया। अगर वह सब का सब रहता या उसमें से एक छोटा-सा हिस्सा भी रहता तो उससे दस पुस्तकें बन सकती थीं, जिन्हें अब तो लिखना नामुमकिन ही है...और उनमें कुछ ऐसी हलचल भरी चीजें होतीं जिन्हें शायद दूसरों को भी पढ़ना अच्छा लगता।

प्रकाश मनु : *डॉक्साब, क्या ऐसा नहीं है कि जिस विषय पर आप जब बोल चुके हों, उस पर लिखना फिर आपके लिए सुकर हो जाय? इसलिए कि विचार और चिन्तन की पद्धति तो एक खास शक्ल ले ही चुकी है...तो जब आप बोलकर आएँ, उसके कुछ समय बाद आप उसे लिख लें तो वह शायद कहीं अधिक सुसंगत और सम्यक् रूप में...?*

नामवर सिंह : बात तो आप ठीक ही कह रहे हैं। एक बार बोल चुकने के बाद उसी विषय पर लिखने में निश्चित रूप से सुसंगतता और तारतम्य तो विचारों में बन ही जाता है चीज भी कुछ स्पष्ट रूप से लगती हैं, मेरी इच्छा भी हुई कई बार लिखने की, लेकिन जीवन तो रुका नहीं रहता आपके लिए!...तब तक कुछ दूसरी व्यस्तताएँ आ जाती हैं...तात्कालिकता के कुछ दबाव आप जानते ही हैं, ऐसे होते हैं, जिन्हें टालना मुश्किल होता है, तो इस कारण लिखना स्थगित हो जाता है...

अब सोचता हूँ, काम थोड़ा सिलसिले से किया जाए और योजना बनाकर भी! ...जैसे हिन्दी साहित्य का इतिहास है, तो मेरा यह सोचना है कि यह कोई जरूरी नहीं कि मैं हिन्दी साहित्य का पूरा इतिहास लिखूँ ही। यह शायद अब सम्भव भी नहीं रह गया...पीछे मैंने देखा, भारत का इतिहास इधर कहाँ किस रूप में लिखा गया है?...तो पिछले पचास वर्षों में किसी भी प्रसिद्ध इतिहासकार ने भारत का इतिहास लिखने की कोशिश नहीं की। उन्होंने अलग-अलग काल खण्डों पर लिखा, उस पर अपनी-अपनी व्याख्याएँ दीं...ऐसे ही हिन्दी साहित्य का इतिहास भी...

प्रकाश मनु : *मेरा ख्याल है डॉक्साब, अब इतनी नयी-नयी जानकारियाँ आ चुकी हैं, खासकर पिछले कुछ दशकों में कि अब यह एक व्यक्ति के बस की बात नहीं रह गयी कि यह सारा कुछ लिखे। अब तो यह एक तरह का टीम वर्क है—यानी एक पूरी टीम मिलकर यह करे...*

नामवर सिंह : टीम वर्क! ऐसे 'सामूहिक इतिहास' भी लिखे गये हैं, पर 'पंचायती इतिहास' लेखन में मेरी कोई रुचि नहीं है।

प्रकाश मनु : *डॉक्साब, बहुत ज्यादा पढ़ने के कारण यह जो बहुत ज्यादा वाद-विवादों में उलझी बुद्धि है और उसके कारण एक तरह का जो संशयवाद आता*

है, कहीं उसके कारण तो काम करने में अनुत्साह पैदा नहीं होता? मसलन यह जो 'इतिहास के अन्त' की परिकल्पना है—आपने किसी इण्टरव्यू में उसका हवाला दिया है कि अब साहित्य का इतिहास क्या लिखा जाए, जबकि इतिहास के अन्त की घोषणाएँ हो रही हैं...

नामवर सिंह : नहीं प्रकाश जी, यह नहीं है...ऐसी कोई बात नहीं है और इतिहास के अन्त जैसी तमाम घोषणाएँ लोग करते और न जाने किस-किस का अन्त करते रहते हैं। उन्हें अपना काम करने दीजिए, हम अपना काम करेंगे...न तो मेरा ऐसी घोषणाओं पर कोई यकीन है और न उनके कारण मेरे मन में भ्रम या कोई संशय की स्थिति है। मैं जानता हूँ, ऐसी घोषणाएँ क्यों की जाती हैं और उनके पीछे कैसा दिमाग काम कर रहा होता है...तो यह निश्चित बात है कि साहित्य के इतिहास की दिशा में मुझे देर-सवेर कुछ-न-कुछ करना ही है। और मेरे इस निश्चय में कहीं कोई रत्ती भर सन्देह या भ्रम की स्थिति नहीं है।

और जहाँ तक ज्यादा पढ़ने की बात आपने कही, तो प्रकाश जी, लिखने के मामले में मैं भले ही काहिल ठहरूँ, पढ़ने में नहीं। अपने आपको कह सकता हूँ, मैं एक अच्छा पाठक हूँ, नये से नया पढ़ना चाहता हूँ। एक तरह से किताबों की दुनिया ही मेरी दुनिया है।...तो इससे तो और अधिक वाद-विवाद की तर्कणा शक्ति मुझे मिलती है...नये विचारों के लिए मेरा मन एकदम खुला है, लेकिन इसका यह मतलब नहीं है कि हर नयी किताब के पीछे भागता फिरूँ और अपनी जमीन छोड़ दूँ।

प्रकाश मनु : *इसी से जुड़ा एक और सवाल नामवर जी। आपके ख्याल से आपके आलोचक का सबसे बड़ा हासिल क्या है और सबसे बड़ी मुश्किल क्या है, जिससे आपको बार-बार टकराना पड़ा हो?*

नामवर सिंह : हासिल...! (कुछ असमंजस के साथ) यह तो नहीं जानता कम से कम अभी तक।

प्रकाश मनु : *लेकिन एक आलोचक के रूप में आप अपने आलोचक को कैसे देखते हैं या उसकी उपलब्धि क्या मानते हैं, यह तो बता ही सकते हैं?*

नामवर सिंह : ठीक है...तो ऐसा है प्रकाश जी, साहित्य-सृजन के क्षेत्र में जो भी नया और सार्थक काम सामने आये, उसको दूसरी चीजों से अलगाकर पहचानना, रेखांकित करना और उसमें यानी उसकी मूल्यांकन की प्रक्रिया में दूसरों को शामिल करना, यह काम पूरी ईमानदारी और संवेदनशीलता के साथ मैंने करना चाहा। कितना सफल हुआ या नहीं, कह नहीं सकता, लेकिन इसी अनुभव को अपना हासिल मानना चाहूँगा।

प्रकाश मनु : *...और सबसे बड़ी मुश्किल?*

नामवर सिंह : पूर्व-निर्धारित संस्कार!... मुझे खास तरह का साहित्य पढ़ने से बने हुए पूर्व निर्धारित संस्कारों से निरन्तर लड़ना पड़ा। यह लड़ाई मेरे लिए सबसे मुश्किल और पीड़ादायक थी...क्योंकि मेरा मानना है कि किसी व्यक्ति के साहित्यिक संस्कार या साहित्यिक अभिरुचियाँ बीस-पच्चीस वर्ष की आयु तक बन जाती हैं। उसके बाद यह प्रक्रिया काफी कुछ रुक जाती है। यानी प्रयास करके उसका निरन्तर विकास तो किया जा सकता है, लेकिन यह बहुत स्वाभाविक नहीं है। उसके लिए निरन्तर अपने आप से लड़ना पड़ता है। मेरे साहित्यिक संस्कार भी जो हैं प्रकाश जी, वे सन् 50 से 60 के बीच जो साहित्य पढ़ा गया, उससे बने हैं—मसलन जो उपन्यास, जो कविताएँ उस दौरान मैंने पढ़ीं, उसका असर अब तक कहीं गहरे बना हुआ है, और उसी से मेरी साहित्यिक अभिरुचियाँ भी बनी हैं। इससे पहले का जो साहित्य था, उससे लड़-झगड़कर कैसे नये साहित्य ने अपनी जगह बनाई, यह मैंने खुद देखा है और उससे मैं मुग्ध भी हुआ हूँ—लेकिन उसके बाद? जो नयी चीजें आयीं, मसलन सन् 60 के बाद जो कविता आयी, जो कहानियाँ लिखी गयीं, उसमें भाषा को लेकर, काव्य और संवेदना को लेकर इतने बड़े प्रयोग हुए कि उससे कविता-कहानी की काया आमूलचूल बदल गयी...आप कह सकते हैं साहित्य का यह एक बिलकुल नया कायाकल्प था और उसको एप्रीशिएट करने के लिए आलोचक के लिए भी अपनी अभिरुचियों से निरन्तर झगड़ते रहने और अपना नया कायाकल्प करने की चुनौती थी!...अगर साहित्य में चुनौती देने या एकदम चकाचौंध कर देने वाली रचनाएँ आ रही हों और लगातार आ रही हों तो आलोचना अपनी जगह ठहरी नहीं रह सकती। याद कीजिए, अभी मैंने कहा था आलोचना सृजनात्मक साहित्य की अनुवर्ती है। इसी को मैं फिर दोहराना चाहता हूँ...यानी बार-बार रचना की चुनौती से आलोचना आगे बढ़ती है और उसमें नया कुछ कर दिखाने का साहस और हौसला आता है।

...तो मेरे लिए सबसे बड़ी मुश्किल यही थी कि मुझे अपने आप से, अपनी साहित्यिक अभिरुचियों से गहरा संघर्ष करना पड़ा। दूसरे आलोचक इस समस्या से कैसे जूझते हैं या कैसे हल करते हैं, मैं नहीं जानता, पर मेरे साथ यह लगातार हुआ। यह एक निरन्तर चलने वाला सिलसिला है...तो प्रकाश जी, जैसे किसी रचना की रचना-प्रक्रिया होती है, ऐसे ही आलोचना की भी एक आलोचना-प्रक्रिया होती है, जिसमें आलोचक को समय के साथ कदम मिलाकर चलने या नये से नये चुनौती देते साहित्यिक रूपों को उसी गहराई और प्रामाणिकता के साथ समझने और सराहने के लिए गहरे आत्म-संघर्ष से गुजरना होता है।

अकसर मैं देखता हूँ कि रचना की तुलना में आलोचना बहुत ठस है तो मुझे बहुत कष्ट होता है। अगर रचना में शिल्प और अनुभव के स्तर पर इतनी क्रान्तिकारी

तब्दीलियाँ आ गयी हैं, तो आलोचना वही बाबा आदम के जमाने की भाषा में कैसे लिखी जा सकती है?...इस मामले में शास्त्र का अनुचर हो जाने को भी मैं कोई बहुत अच्छी चीज नहीं मानता। शास्त्र के लिए मन में सम्मान हो सकता है, लेकिन शास्त्र क्या सिर पर ढोने की चीज है? मेरे गुरु आचार्य हजारी प्रसाद द्विवेदी ने मुझे यह दोहरी दृष्टि दी शास्त्र के प्रति...यानी दर्शन की परम्परा का आप सम्मान भी कर रहे हैं, लेकिन उससे आक्रान्त भी नहीं हैं। उसका उपयोग और काम हो गया तो उसे पानी में फेंक दीजिए। ढोने से कोई फायदा नहीं, बल्कि उलटे डूबने का खतरा है।

स्वयं आचार्य हजारी प्रसाद द्विवेदी का सारा लेखन इस बात का गवाह है। उनसे ज्यादा शास्त्रों का ज्ञाता कौन था और उनसे ज्यादा सहज और रसात्मक वाक्य किसने लिखे? किसी चीज को भीतर पचाकर कोई आसान बात कहना ज्यादा मुश्किल है...असली पाण्डित्य तो यह है! ऐसे ही राहुल सांकृत्यायन को लें तो उनसे बड़ा पण्डित कौन था? लेकिन उनकी रचनाएँ उठाकर आप देख लीजिए, कितनी सहज, सुबोध भाषा में वह जनता के लिए लिखते रहे। इसी तरह चन्द्रधर शर्मा गुलेरी इतने बड़े पण्डित थे, लेकिन उनकी एक ही कहानी 'उसने कहा था' उन्हें कहाँ से कहाँ पहुँचा देती है। कितनी सरस और कलात्मक रूप से ऊँची कहानी है कि हिन्दी साहित्य का इतिहास उसका जिक्र किए बगैर लिखा ही नहीं जा सकता।...तो मेरा तो सूत्र वाक्य यह है कि शास्त्र को अपने ऊपर सवारी मत करने दो, शास्त्र पर सवारी करो—फिर चाहे वह भारतीय काव्यशास्त्र हो या पश्चिमी काव्यशास्त्र। (हँसी)

प्रकाश मनु : *नामवर जी आपने 'कल्पना' के अपने एक लेख का जिक्र किया था जो रूप और वस्तु के द्वन्द्व की समस्या पर था। आपकी पुस्तक 'कविता के नये प्रतिमान' को पढ़ते हुए भी मुझे लगा था कि इसके पीछे की आपकी मुख्य चिन्ता रूप और वस्तु का द्वन्द्व ही है इसमें मुझे यह भी लगा कि कभी आपका पलड़ा रूप की ओर और कभी अन्तर्वस्तु की ओर झुक जाता है। आपने अपने इण्टरव्यूज में कई जगह कहा भी है कि अब कलावाद नये तौर से संगठित हो रहा है तो इसका मुकाबला करने के लिए अन्तर्वस्तु पर जोर देना ज्यादा जरूरी है।...कहीं-कहीं इसका उलटा भी मेरे ख्याल से हुआ है, जैसे 'कविता के नये प्रतिमान' में श्रीकान्त वर्मा तो बहुत महत्त्व पा गये हैं, लेकिन केदारनाथ अग्रवाल की लगभग चर्चा ही नहीं है। रामविलास के यहाँ मुक्तिबोध इसलिए उपेक्षित हैं कि वहाँ रूप का झमेला है और आप केदारनाथ अग्रवाल को इसलिए एक किनारे कर देते हैं कि ये तो सीधे-सादे कवि हैं, इनमें कोई उलझाव नहीं है...तो क्या इस पूरे चक्कर में कवियों के साथ कुछ खामखाँ बेइन्साफी नहीं हो जाती?*

नामवर सिंह : केदारनाथ अग्रवाल के बारे में मैं आपको बताऊँ प्रकाश जी

कि मैं उनकी कविताओं का प्रशंसक रहा हूँ। मेरी जो किताब 'आधुनिक हिन्दी साहित्य की प्रमुख प्रवृत्तियाँ' है, उसमें प्रगतिवाद वाले खण्ड में केदारनाथ अग्रवाल की प्रमुखता से चर्चा है। वह मेरे बहुत पुराने मित्र हैं और उनसे मेरा लगातार पत्र-व्यवहार भी चलता रहा है...मेरी यह इच्छा भी रही है कि उन पर मैं अलग से—स्वतन्त्र रूप से एक निबन्ध लिखूँ। वह अभी तक लिखा नहीं गया, यह अलग बात है।

मैं मानता हूँ, केदारनाथ अग्रवाल की उपेक्षा बहुत हुई है—लेकिन साथ ही यह भी तय है कि उनकी गलत ढंग से या गलत कारणों से प्रशंसा भी बहुत हुई है ...उनकी जिन कविताओं की ज्यादा प्रशंसा हुई—जिनमें सीधे-सीधे वक्तव्य या प्रगतिवाद का स्थूल रूप है, उसके बजाय मैं उनकी दूसरी कविताओं को ज्यादा महत्त्वपूर्ण मानता हूँ...

प्रकाश मनु : *प्रकृति की कविताएँ...? 'फूल नहीं, रंग बोलते हैं' में प्रकृति खासकर केन नदी को लेकर लिखी गई कुछ कविताएँ अद्भुत हैं...*

नामवर सिंह : जी, प्रकृति को लेकर उनकी कुछ बहुत अच्छी कविताएँ हैं—केन नदी को लेकर अनूठी कविताएँ उनके यहाँ हैं, प्रेम को लेकर भी उन्होंने लिखा और अच्छा ही लिखा है...लेकिन आप एक बात देखिए। 'युग की गंगा' से जिस कवि ने शुरुआत की थी, और जिसकी कविता में शुरू से ऐसा उठान था कि लगता था, बहुत दूर उसे जाना है...तो आगे चलकर उनका विकास आप देखिए, वैसा नहीं हुआ. ..जिस तरह का तीखा, धारदार व्यंग्य उनकी शुरू की कविताओं में था, वह बाद में कहाँ दिखाई पड़ता है...?

अच्छा, मैं आपको एक प्रसंग बताता हूँ। सन् 60 की बात है। 'फूल नहीं, रंग बोलते हैं' संग्रह आ चुका था। उसका विमोचन जब हुआ, तब मैं भी संयोगवश इलाहाबाद में था...उसके कुछ दिनों बाद अज्ञेय जी से मेरी मुलाकात हुई दिल्ली में—शायद कनाट प्लेस के एम्बेसी रेस्त्राँ में। वहाँ देर तक हम लोगों की बातचीत हुई...अज्ञेय जी को इस बात पर आपत्ति थी कि आप लोग रूप की तुलना में अन्तर्वस्तु को इतना ज्यादा महत्त्व क्यों देते हैं? उनका कहना था कि यह प्रवृत्ति गलत है...देर तक वह अपनी बात कहते रहे और मैंने उन्हें जवाब भी दिया। अचानक बीच में वह बोले—"और जहाँ तक रूप की बात है तो क्या जो प्रगतिवादी कवि हैं, उनके यहाँ यह समस्या नहीं है" और फिर आपको आश्चर्य होगा, उन्होंने नाम लिया केदारनाथ अग्रवाल का। बोले—"सबसे बड़े रूपवादी तो आपके केदारनाथ अग्रवाल ही हैं।"

मैंने उनकी बात का जवाब दिया, लेकिन उनकी बात पर सोचता रहा कि उन्होंने केदारनाथ अग्रवाल का ही नाम क्यों लिया, किसी और कवि का क्यों नहीं? नागार्जुन, शमशेर...त्रिलोचन...किसी का नहीं। वैसे, उनकी बात सही तो नहीं है, पर

यह भी नहीं कि उसमें कोई सत्यांश बिलकुल न हो...बाद में भी मैंने उनकी बात पर सोचा और ध्यान से केदार जी की कविताएँ पढ़ीं तो मैंने देखा कि वह कविताएँ बनाते कैसे हैं...अकसर कोई चमत्कार या किसी वस्तु का बाहरी तौर से चकित करने वाला कोई गुण उनके सामने होता है—या फिर कोई ऐसा बिम्ब या इमेजरी उनके सामने होती है जो तत्काल चकित, मुग्ध करती हो...बस, वह सारी कविता को उसी के अनुसार ढाल देते हैं। मसलन उनकी यह कविता देखें—"मैंने उसको जब-जब देखा, लोहा देखा/मैंने उसको लोहे जैसा ढलते देखा/...मैंने उसको जब-जब देखा, गोली जैसा चलते देखा।"...तो इसमें जो चीज सबसे पहले उनके ध्यान में आती है, वह है—लोहा। और फिर लोहे के साथ गलना, चलना, ढलना...ये सब क्रियाएँ जो लोहे से जुड़ी हुई हैं, एक-एक कर उनके ध्यान में आती हैं और फिर क्लाइमेक्स के लिए वह एक पंक्ति बचाकर रखते हैं—गोली...यानी वह यह जानते हैं कि लोहे से गोली बनती है और लोहे से बनी गोली का चलना बड़ी जबरदस्त चीज है, तो उस कविता का आखिरी चमत्कार यह है कि 'मैंने उसको जब-जब देखा, गोली जैसा चलते देखा...'

तो इसमें, प्रकाश जी, लोहे पर जितना हमारा ध्यान जाता है, उतना उस मजदूर के जीवन, दुखों, संघर्षों और दूसरे क्रिया-व्यापारों पर नहीं। मैं इसे उनकी सीमा या असफलता मानता हूँ...और यह एक तरह से उनके पूरे काव्य-संसार या कहिए कि काव्य के रूप-विधान की सीमा है...उनकी कविता का एक सीमित संसार है और उसे पार करने या उससे निकलने की कोई कोशिश, कोई बेचैनी उनके यहाँ नहीं मिलती... फिर एक और दिक्कत यह है कि उनके यहाँ चीजें अकसर स्याह या सफेद खानों में बँटी हुई मिलेंगी...यानी वहाँ या तो काला है या सफेद...मेरा मानना है कि एक लेखक को चाहिए कि काले और सफेद से परे जो एक विस्तृत ग्रे लैण्ड है—भूरा मैदान है, उसमें से भी जो अनुकूल हो, उसे ग्रहण करे...उसे पूरा का पूरा त्याग देने से तो आप अपने आप को हल्का कर लेंगे...तो केदार जी के यहाँ एक तरह से दृष्टि का, समझ का सरलीकरण है। यहाँ वह एक भोले बच्चे की तरह लगते हैं जो चीजों की असली शक्लें बहुत कम जानता है...प्रगतिवादी जितने भी कवि हैं, उनमें इनोसेंस सबसे ज्यादा उनके यहाँ है। मैं उसे उनका अपना कोई दोष नहीं मानता ...वह एक तो यहाँ से दूर-अलग रहे, अलग-थलग पड़ गये और भी परिस्थितियाँ होती हैं आदमी की—लेकिन इसने उनकी कविता को कमजोर बनाया...

यहीं एक बात और! एक बच्चे की तरह होना कई बार कविता के लिहाज से अच्छा भी है, लेकिन उसकी यह सीमा है कि आप बहुत-सी जटिलताओं की ओर जा नहीं पाते या ज्यादा गहरे नहीं उतर पाते...जबकि आज की जो दुनिया है, उसमें बहुत-सी मिलावटें हैं। आपको उन्हें देखना, समझना और अपना रास्ता पकड़ सकना

आना चाहिए...केदारनाथ अग्रवाल में मुझे यह खूबी नहीं मिलती।...यहाँ तक कि उनके यहाँ आत्मसमीक्षा का भाव जो कि मैं समझता हूँ, हर कवि में होना ही चाहिए, वह भी बहुत कम मिलता है...

प्रकाश मनु : *पर डॉक्साब, केदार जी की बहुत-सी कविताएँ अपने सीधे, सरलपन में भी एक जटिल दुनिया को अपने भीतर समेटे रहती हैं—जैसे 'कानपुर' वाली कविता में मजदूरों की दुनिया का जो चित्र है, या बुन्देलखण्ड के लोगों के स्वभाव पर लिखी गयी जो कविता है, उसे देखें...फिर गाँव की एक स्त्री पर लिखी गयी एक कविता मुझे याद आ रही है कि रनिया चाहती है, दुनिया बदले, जल्दी बदले, पर मैं नहीं चाहता कि बदले...क्योंकि मेरे भीतर पूँजीवादी संस्कार है...तो यह एक तरह की आत्मसमीक्षा ही है न?*

नामवर सिंह : पर यह देखिए प्रकाश जी, यह कविता कब की लिखी हुई है...?

प्रकाश मनु : *मेरा ख्याल है 'फूल नहीं, रंग बोलते हैं' में शामिल है...या उसके आसपास की?*

नामवर सिंह : यानी कि सन् 60 के आसपास की हुई—यही न। इसके बाद की उनकी कविताएँ आप देखिए, क्या उनमें इस तरह की बात है? व्यंग्य, तेजी, मार्मिकता, आत्म-समीक्षा नहीं मिलेगी आपको। बाद में एक तरह से तो वह ठहर से गये हैं...यानी उनके यहाँ 'एक ठहराव' है। 'फूल नहीं, रंग बोलते हैं' तक वे उठे, उसके बाद विकास रुक गया और एक सीधा पठार है जिस पर वे चले जा रहे हैं, जबकि उनके साथ जो और लोग थे—नागार्जुन, त्रिलोचन, शमशेर, उन्हें आप देखिए...कितना तीखा कटाव है उनकी कविताओं में...!

प्रकाश मनु : *डॉक्साब, अगर रूपवाद वाली बात आप कहें तो क्या शमशेर की बहुत-सी कविताएँ आपको केदार जी की तुलना में कहीं ज्यादा रूपवादी नहीं लगतीं? शमशेर के यहाँ तमाम कविताएँ एक खासा प्रतिशत है उनका—ऐसी कविताएँ हैं जिनमें एक उलझी हुई इमेजरी के सिवा कुछ है ही नहीं और एक तरह से खींचकर अर्थ निकालना पड़ता है। आपको उनका...!!*

नामवर सिंह : हाँ, इस तरह की कुछ कविताएँ भी शमशेर के यहाँ हैं। मैं आपकी बात से असहमत नहीं हूँ, लेकिन आप देखिए तो सही, शमशेर ने अपने तईं रूप की समस्या को हल कैसे किया और कितना ऊपर वह उठे। उनके यहाँ रूप और अन्तर्वस्तु का द्वन्द्व कितना गहरा है, जो अन्त तक उनके कवि को कुछ और ऊपर उठाता गया। गुट्ठिल बैल वाली उनकी कविता देख लीजिए, कितनी जबरदस्त कविता है...तो शमशेर का तो लगातार विकास हुआ और ऐसी कविताएँ मिलती हैं उनके यहाँ जो सिर्फ शमशेर के यहाँ ही मिल सकती हैं...बहुत तरह के

प्रभाव भी उन पर पड़े, लेकिन आखिर तक उनकी आस्थाएँ अकम्पित रहीं। उनके व्यक्तित्व, प्रगतिवादी चिन्तन और कविता में एक अडोल आस्था आप देखेंगे।

प्रकाश मनु : *सुना है, गिंसबर्ग के प्रभाव में वह आये...कुछ-कुछ अकविता के प्रभाव में भी—नहीं? यानी उनका जो मुहावरा है...*

नामवर सिंह : हाँ, लेकिन उससे बाहर भी वह निकले और यह तो एक तय बात है कि आस्थाएँ उनकी अडिग और निष्कम्प रहीं—उस दौर में भी बाद में भी। उनकी तुलना में केदारनाथ अग्रवाल की कविताएँ आप लीजिए, तो वह एकदम रोमाण्टिक कवि लगेंगे। इसलिए नहीं कि उनके यहाँ प्रकृति या प्रेम या केन नदी को लेकर कविताएँ ज्यादा हैं, बल्कि काव्य भूमि के संकुचन के लिहाज से वह रोमाण्टिक कवि हैं। शुरू में उनकी कविताओं में जो तीखा व्यंग्य था, वह आगे चलकर उनसे छूट गया और बाद में उन्हें अपनी आस्थाओं की सीधे-सीधे घोषणाएँ कविताओं में करनी पड़ रही हैं। आप बताइए, इससे ज्यादा किसी कवि की असफलता और क्या हो सकती है...तो यह तय बात है कि केदारनाथ अग्रवाल अपने हम उम्र प्रगतिवादी कवियों में सबसे कमजोर कवि हैं, तो भी मैं आपकी इस बात से सहमत हूँ केदार जी हमारे बहुत महत्त्वपूर्ण कवियों में से हैं, मुझे उन पर लिखना चाहिए।

प्रकाश मनु : *उनका जो बेहतर हिस्सा है, उनकी सीमाओं के बावजूद जो उनकी शक्ति है, मेरा ख्याल है, उसे रेखांकित किया जाना जरूरी है, क्योंकि कलावादी तो तमाम बहाने ढूँढ़ ही लेंगे तो ऐसे में हमारी उपेक्षा तो बहुत घातक होगी और उसके गलत अर्थ निकल सकते हैं। यह एक-एक करके अपने बड़े लोगों को दुर्बल करते जाना है, जैसा कि कवि शील जी के साथ हुआ है...*

नामवर सिंह : केदारनाथ अग्रवाल की जहाँ तक बात है, उन पर मैं अलग से एक स्वतन्त्र लेख लिखना चाहता हूँ और यह काम जल्दी ही होगा। उसमें मैं ये सभी बातें उठाऊँगा यानी आलोचनात्मक ढंग से उनके कवि व्यक्तित्व, उसकी शक्ति और सीमाओं की परख की यह एक कोशिश होगी—एक अलग ढंग की कोशिश ...मेरी बहुत-सी आकांक्षाओं में से एक यह भी है।

प्रकाश मनु : *लेकिन डॉक्साब, अब एक दूसरी बात देखें...आपको यह अजीब नहीं लगता कि अज्ञेय यह शिकायत कर रहे थे, जिनके यहाँ सारी कविता रूपवाद से ग्रस्त है?...तो यह शिकायत भी कितनी वाजिब...? अगर एक चोर यह कहे कि आजकल शहर में चोरियाँ बहुत हो रही हैं तो उसका मतलब क्या निकलता है। (हँसी)...*

नामवर सिंह : अज्ञेय अगर केदारनाथ अग्रवाल को रूपवादी कहते हैं तो इसका मतलब यह बिलकुल नहीं हो जाता कि खुद अज्ञेय वैसे नहीं हैं, इस तरह की कविताएँ अज्ञेय ने भी बहुत लिखी हैं। और उनके यहाँ तो यह समस्या बहुत उग्र रूप में है।...यह मैं अज्ञेय की निन्दा के लिए नहीं कह रहा, क्योंकि अज्ञेय ने कुछ बहुत

अच्छी कविताएँ भी लिखी हैं...लेकिन उनकी कविताओं को देखें, यहाँ तक कि उनकी सबसे अच्छी कविताओं को भी, तो आपको उनमें एक खास ढंग मिलेगा कविता लिखने का...यानी कविता लिखने का एक यान्त्रिक तरीका है उनका, आप कह सकते हैं कि उनकी ज्यादातर कविताओं का एक खास फार्मूला है। उस फार्मूले के हिसाब से गढ़ी गयी कविताएँ हैं ये...मसलन उनकी यही कविता लीजिए, 'हम नदी के द्वीप हैं' तो पहले यह एक पंक्ति उनके दिमाग में आती है और फिर नदी के द्वीप के इस बिम्ब से जुड़ी हुई जितनी चीज़ें हैं, जितने दृश्य, जितना साजोसामान है, वह इस कविता में सजा लेते हैं और जब कविता पूरी होती है तो अन्त की पंक्ति में जैसे वह बता रहे हैं कि हाँ, यही सिद्ध करना था—और इस तरह कविता पूरी हो गयी!...यही चीज आपको महादेवी वर्मा में भी मिलेगी। वैसे तो वह दुख और अनुभूति की कवयित्री हैं, लेकिन कविता गढ़ती कैसे हैं? 'मैं नीर भरी दुख की बदली' उनका एक गीत है। इस गीत की आगे की जितनी भी पंक्तियाँ हैं, आप देखिए, एक-एक करके इसी इमेज के विस्तार के लिए छोटे-छोटे रूपक और इमेजेज़ खड़ी की गयी हैं। इसी फार्मूले के तहत और अन्त में बात पूरी हो गयी तो आप गीत समेट देते हैं—यानी यही सिद्ध करना था।

...तो यह एक चकित कर देने वाली बात होगी, लेकिन है पूरी तरह सत्य कि अज्ञेय छायावाद से दूर जाने की घोषणाएँ चाहे कितनी भी करते रहे हों, लेकिन पहुँचे कहाँ? कुल मिलाकर 'हम नदी के द्वीप हैं' और 'मैं नीर भरी दुख की बदली' की रचना-प्रक्रिया में कोई बहुत ज्यादा फर्क नहीं है, जैसे रीतिकाल में आप बिहारी की कविता ले लीजिए या पद्माकर की दोनों अलग-अलग ढंग से कविताएँ बनाते हैं, लेकिन आप देखिए, इस फर्क के बावजूद दोनों का साँचा एक ही है, वही जो रीतिकाल का बना-बनाया साँचा है। बिहारी हों या पद्माकर, दोनों में से कोई उससे बाहर नहीं...तो आप कह सकते हैं कि अज्ञेय या महादेवी के यहाँ थोड़ा आधुनिक ढंग का साँचा है, लेकिन हैं ये साँचे में ढली कविताएँ। इसकी तुलना में मुक्तिबोध की कविताएँ अनगढ़ सही, लेकिन उनमें कोई साँचा आपको नहीं मिलेगा। निराला के यहाँ आपको कोई साँचा नहीं मिलेगा...और उनकी तुलना में पन्त का प्रकृति-वर्णन यहाँ तक कि उनकी प्रगतिवादी कविताएँ भी बहुत-कुछ साँचे में ढली कविताएँ लगती हैं।

(कुछ रुककर) प्रकाश जी, मैं नहीं कहता कि मेरी कविता की समझ ही सही है और दूसरे लोग गलत हैं, लेकिन मुझे यह कहने का हक तो है ही कि मेरी कविता की यह समझ है और मैं इस तरह से चीजों को देखता हूँ...

प्रकाश मनु : *डॉक्साब, अज्ञेय जीवन-भर कवि बनने की कोशिश करते रहे और चाहते रहे कि उन्हें कवि समझा जाए, पर क्या उनका उपन्यासकार रूप उनके*

कवि से बेहतर नहीं है? मुझे लगता है यहाँ अज्ञेय शायद कहीं अधिक जीवन्त रूप में मौजूद हैं—खासकर 'शेखर : एक जीवनी'...

नामवर सिंह : बिलकुल...'शेखर : एक जीवनी' निश्चय ही उनका श्रेष्ठ उपन्यास है। 'नदी के द्वीप' उतना अच्छा नहीं है, लेकिन 'शेखर : एक जीवनी' तो मास्टरपीस है। यहाँ तक कि उनकी कुछ कहानियाँ इतनी अच्छी हैं कि आप उन्हें कभी भूल ही नहीं सकते। उनके कुछ चिन्तनपरक निबन्ध भी बहुत अच्छे हैं। आप उनके विचारों से असहमत हो सकते हैं, पर उनकी शक्ति का आपको कायल होना पड़ता है।...तो अज्ञेय कुल मिलाकर गद्य शिल्पी ज्यादा अच्छे हैं, अपने कवि की तुलना में। उनके गद्य को पढ़ते हुए लगता है, असल में तो अज्ञेय यहाँ उपस्थित हैं। कुछ सचमुच जिया हुआ है, जो अजब ढंग से चमकता है उनके गद्य में और पढ़ते हुए अपने आकर्षण में बार-बार बाँध लेता है।...गद्यकार के रूप में अज्ञेय की सीमाएँ हैं, लेकिन उनकी भाषा और अनुभव यहाँ प्रभावी रूप में मौजूद हैं—आप उसे नकार नहीं सकते।

प्रकाश मनु : *डॉक्साब, यह क्या एक विचित्र पैराडॉक्स नहीं लगता आपको अज्ञेय के जीवन का कि वह जीवन भर चाहते रहे लोग उन्हें कवि समझें, कवि होने का दिखावा करते रहे, लेकिन असल में उनका उपन्यासकार रूप ही ऊपर ठहरता है जिसे वह उतना महत्त्व नहीं देते थे—और अन्त में कथा साहित्य लिखना एक तरह से उन्होंने बन्द ही कर दिया था...*

नामवर सिंह : ऐसा है प्रकाश जी, मेरे गुरु आचार्य हजारी प्रसाद द्विवेदी ने तो सन् पचास के आसपास एक शाम घूमते हुए बातचीत के क्रम में कहा था कि क्या तुम लोग 'कवि अज्ञेय...कवि अज्ञेय' लगाए रहते हो...अज्ञेय वस्तुतः चिन्तक और विचारक हैं और मैं उन्हें शेखर के लेखक के रूप में जानता हूँ।

प्रकाश मनु : *लेकिन मुझे याद पड़ता है, मैंने कहीं कोई इण्टरव्यू द्विवेदी जी का पढ़ा है—शायद 'शान्तिनिकेतन से शिवालिक तक' में वह है, उसमें वह अज्ञेय की एक कवि के रूप में प्रशंसा करते हैं और मुक्तिबोध को लगभग खारिज कर देते हैं...!*

नामवर सिंह : वह प्रसंग इस समय मुझे याद नहीं आ रहा है। लेकिन इतना जानता हूँ कि मुक्तिबोध की कविताएँ उन्हें पसन्द न थीं।...इस बारे में एक घटना मैं आपको बताता हूँ, उससे बात साफ हो जाएगी। शायद सन् 1965 की बात है। मैं चण्डीगढ़ गया था आचार्य जी से मिलने। एक खास निमित्त भी था उसका...उन दिनों साहित्य अकादमी के पुरस्कार घोषित होने थे...द्विवेदी जी निर्णायक समिति में थे। सन् 1964 में मुक्तिबोध का 'चाँद का मुँह टेढ़ा है' आ चुका था। इतने बरसों बाद एक बड़ा और शक्तिशाली कविता संग्रह आया था। फिर मुक्तिबोध की कुछ

ही समय पहले मृत्यु हुई थी।...दो ही पुस्तकें उस समय विचार के लिए थीं। एक तो नगेन्द्र जी का 'रस सिद्धान्त' और दूसरी पुस्तक 'चाँद का मुँह टेढ़ा है'...तो मैंने पण्डित जी से कहा कि डॉ. नगेन्द्र के 'रस सिद्धान्त' के तो आप आलोचक हैं। एक लेख लिखकर उसका मजाक भी उड़ा चुके हैं...तो आप मुक्तिबोध को पुरस्कार दिलाइए। यह चर्चा जब बार-बार चली तो पण्डित जी खीजकर बोले—"नामवर जी, क्या आप मुक्तिबोध-मुक्तिबोध लगाए हैं।...मुक्तिबोध की कविताएँ अगर मुझे अच्छी नहीं लगतीं तो क्या आपके कहने से उन्हें अच्छा मान लूँ?"...(हँसकर) वैसे तो पण्डित जी मुझे 'नामवर' कहकर ही बुलाते थे, पर जब नाराज होते थे तो 'नामवर जी' कहा करते थे!! मैं चुप हो गया। बातचीत खत्म हो गयी।

प्रकाश मनु : *यानी...अज्ञेय उनके लिए बेहतर कवि हैं—यही न?*

नामवर सिंह : हाँ, यदि मुक्तिबोध और अज्ञेय के बीच तुलना करनी होती तो अज्ञेय को वह बेहतर कवि मानते। ऐसा मेरा ख्याल है...वह उनकी संवेदना के ज्यादा निकट थे और शायद उन्हें समझ में भी आते थे...मुक्तिबोध की कविता, हो सकता है, अज्ञेय के मुकाबले उन्हें रूखी और दुरूह लगती है...लेकिन दूसरी ओर अज्ञेय के कवि रूप के कोई बहुत प्रशंसक वह न थे...यानी अज्ञेय के कवि और अज्ञेय के उपन्यासकार या गद्यकार के बीच तुलना करनी हो तो निश्चय ही अज्ञेय के गद्य और उनके उपन्यासों के वह प्रशंसक थे और उसकी तुलना में उनकी कविताएँ उन्हें साधारण लगती थीं...

प्रकाश मनु : *अच्छा नामवर जी, एक बात बताएँ!...कविता में अज्ञेय की जो स्थिति है, कहानियों में लगभग वही स्थिति क्या निर्मल वर्मा की नहीं है? वह भी उतने ही रूपवादी हैं और विचारधारा में तो अज्ञेय के नजदीक हैं ही। लेकिन कविता में जहाँ आप अज्ञेय के बरक्स मुक्तिबोध के महत्त्व की प्रतिष्ठा करते हैं, वहीं कहानियों में आप निर्मल वर्मा के कुछ जरूरत से ज्यादा पक्षपाती लगते हैं?...इसकी तुलना में तो दूसरे लोग आये ज्ञानरंजन वगैरह, उन्हें आप बहुत ज्यादा महत्त्व नहीं देते। ...फिर निर्मल वर्मा के प्रति रवैया भी आपका बदलता रहा। उनकी बाद की कहानियों को आपने कमजोर कहा, फिर भी समग्रतः निर्मल वर्मा के आप प्रशंसक बने रहे ...ऐसा क्यों? यह आपके आलोचक व्यक्तित्व की ऐसी गाँठ है जो मुझे समझ में नहीं आती।*

नामवर सिंह : देखिए, साहित्य तो इस तरह की चीज है कि यहाँ दो लोगों की सीधे-सीधे तुलना नहीं हो सकती कि कौन ज्यादा बड़ा है, कौन छोटा...और यह एक मुश्किल काम भी है। लेकिन जहाँ तक निर्मल वर्मा की बात है, उनकी कहानियों की एक जगह है, अपनी एक भाषा उन्होंने ईजाद की और बात कहने के कुछ ऐसे ढंग कि निर्मल वर्मा की कहानियों पर उनका नाम न हो, तो भी आप कह सकते

हैं, कि यह निर्मल की कहानी है...

आपकी यह बात मैं मान लेता हूँ कि निर्मल वर्मा का काफी-कुछ एक सीमित संसार है और बाद में तो...वह खुद को बुरी तरह दोहराने लगे हैं...लेकिन एक कहानीकार को समग्रतः देखा जाना चाहिए...तो समग्रतः देखा जाए तो कुछ कहानियाँ तो निर्मल वर्मा की ऐसी हैं जिनके बारे में कह सकते हैं कि इन्हें निर्मल ही लिख सकते थे...

प्रकाश मनु : *लेकिन निर्मल वर्मा का विकास रुक नहीं गया क्या? हर कहानी में वही गिरजाघर की घण्टियाँ, ऊब, उदासी, धूप के रहस्यपूर्ण चकत्ते...और जाने क्या-क्या। वह हर कहानी को 'परिन्दे' बनाने की कोशिश करते हैं...इधर 'इण्डिया टुडे' की साहित्य वार्षिकी में उनकी एक कहानी पढ़ी थी। वह एकदम किशोर भावुकता की कहानी मुझे लगी...किसी मैच्योर कहानीकार की कहानी वह कतई नहीं लगती...*

नामवर सिंह : आपकी बात सही है कि वह खुद को इस बुरी तरह दोहरा रहे हैं कि उनकी भाषा और शिल्प का जादू अब उतार पर है...वह एक खास तरह के बँधे हुए ढंग की कहानियाँ अब लिख रहे हैं—बल्कि उनकी हर कहानी वैसी ही कहानी होती है...जो एक ढंग उन्होंने अब तक बना लिया है।...पर जो भी उनका ढंग है, उसके बावजूद कुछ अच्छी कहानियाँ तो उन्होंने हमें दी ही हैं, इसमें कोई शक नहीं। इतनी अच्छी कहानियाँ, मैं समझता हूँ, बहुत कम कहानीकारों के पास होंगी, जितनी निर्मल के यहाँ हैं...

उनकी तुलना में ऐसा नहीं कि औरों ने नहीं लिखा या अच्छा नहीं लिखा...अब जैसे ज्ञानरंजन हैं, तो बहुत अच्छी, बहुत पावरफुल कहानियाँ उन्होंने लिखीं और वे इतने अलग ढंग की कहानियाँ थीं, हमारे संवेदन जगत के लिए इतनी नयी, रोमांचक और कहना चाहिए कि भीतर तक खलबली मचा देने वाली कहानियाँ थीं कि ज्ञान को बहुत कम लिखकर हिन्दी साहित्य में जितना आदर और सम्मान मिला, उसकी मिसाल आपको शायद बहुत ज्यादा न मिले।...बाद में ज्ञान ने कहानियाँ लिखनी बन्द कर दीं, नहीं तो उनकी पूरी शक्ति सामने आ पाती और हम अलग-अलग धाराओं में उनका विकास देखते।

प्रकाश मनु : *क्या आपको ऐसा नहीं लगता कि निर्मल वर्मा की कहानियों में समय अनुपस्थित है और ज्ञानरंजन की कहानियों में वह समय और लड़ाइयाँ मौजूद हैं जिनसे आज हम सभी को अलग-अलग ढंग से जूझना पड़ रहा है?*

नामवर सिंह : देखिए, जो समय की बात आपने कही, यह इसलिए कोई कसौटी नहीं हो सकती कि कोई समय या परिस्थिति कोई जरूरी नहीं कि सब पर एक जैसा असर डाले। यह लेखक के व्यक्तित्व पर बहुत कुछ निर्भर करता है। किसी पर हो

सकता है कि ऊपर-ऊपर उसका असर हो और किसी दूसरे पर ऊपर से बिलकुल न दिखाई देने वाला कोई ऐसा प्रभाव जो भीतर बिन्दु की शक्ल में हो, लेकिन कहानी में कहीं ज्यादा मारक और प्रभावी रूप में चला आये। तो निर्मल वर्मा की यह कोई कमजोरी है, मैं ऐसा नहीं मानता। हाँ, उनकी दूसरी कुछ सीमाएँ हो सकती हैं, जैसे आगे चलकर उनका विकास रुक गया या वह खुद को रिपीट करने लगे...ये शिकायतें अपनी जगह ठीक हैं।

...वैसे प्रकाश जी, मैं इधर कहानी पर जमकर काम करने का मन बना रहा हूँ। 'हंस' को लेकर राजेन्द्र यादव से भी बात हुई थी, तो मैंने उन्हें बताया था...इधर हिन्दी की लगभग एक दर्जन लम्बी कहानियाँ इतनी अच्छी आयी हैं कि मुझे लगता है, मुझे उन पर स्वतन्त्र रूप से कुछ लिखना चाहिए।...आप कह सकते हैं, मेरे आलोचक के लिए यह एक विचारोत्तेजक अनुभव है। ये कहानियाँ लगभग बेरियर्स को तोड़ती हुई कहानियाँ हैं जो बिलकुल नये-नये और स्तब्धकारी रूपों में सामने आयी हैं। मैं इसे एक बड़ी घटना मानता हूँ, जिसकी ओर आलोचकों का ध्यान लगभग नहीं गया ...स्वयं प्रकाश की कुछ बहुत अच्छी कहानियाँ इस बीच आयी हैं। दूधनाथ सिंह की इधर 'हंस' में कुछ अच्छी कहानियाँ छपी हैं। और तो और उदय प्रकाश की कहानियाँ सच में चुनौती देती कहानियाँ हैं, जिन पर लिखा जाना चाहिए। कुछ ऐसे लोग हैं जिनका आपने नाम तक नहीं सुना, लेकिन दो-दो, चार-चार कहानियाँ वे ऐसी मास्टरपीस दे जाते हैं कि आप हैरत में पड़ जाते हैं कि ये कहानियाँ आ कहाँ से रही हैं, इन्हें लिख कौन रहा है? उदाहरण के लिए एक नया लड़का देवेन्द्र है, उसकी बहुत अच्छी कहानी 'हंस' में मैंने पढ़ी थी। यह इतनी अच्छी कहानी है कि पहले की पढ़ी हुई तमाम अच्छी से अच्छी कहानियाँ इसके आगे फीकी लगती हैं। पहले का कोई बड़े से बड़ा कहानीकार इसकी टक्कर की कहानी लिख ही नहीं सकता—यहाँ तक कि निर्मल वर्मा ऐसी कहानी नहीं लिख सकते।...इसलिए कि नये कहानीकार को जैसी स्थितियों से जूझना पड़ रहा है और जिन चीजों से टकराना पड़ रहा है, पुराने कहानीकारों के सामने यह स्थिति आयी ही नहीं। तो मैं एक साथ इन कहानियों को लेकर या इन्हें केन्द्र में रखकर आज की कहानी पर विचार करना चाहता हूँ। मेरी कोशिश तो यह है कि बात कहानियों पर केन्द्रित हो, कहानीकार पर नहीं। बहुत से नये लोगों ने इतनी शक्तिशाली कहानियाँ लिखी हैं, तो क्या उन्हें इसलिए छोड़ दिया जाए कि इन्हें लिखने वाले का नाम बड़ा नहीं? मैं इन कहानियों को पूरी प्रमुखता देते हुए अपनी बात कहना चाहता हूँ।

दुर्भाग्य से आजकल चर्चा अच्छी कहानियों की न होकर कहानीकारों की होती है, इसे मैं कोई अच्छी बात नहीं मानता। विजयमोहन सिंह हिन्दी अकादमी के सचिव थे तो हम लोगों ने कहानियाँ, कविताएँ, समीक्षा—तीनों पर तीन अलग-अलग बड़े

संग्रह निकालने की योजना बनाई। कहानी वाले खण्ड का सम्पादन राजेन्द्र यादव को करना था। उसमें अगर सब अच्छी कहानियाँ होतीं तो आप देखते कहानी का सारा परिदृश्य ही बदल जाता, लेकिन उसमें अगर एक-तिहाई अच्छी कहानियाँ हैं, तो तमाम कहानियाँ इतनी खराब हैं कि उससे अच्छी कहानी का प्रभाव भी दब गया है। अगर आप एक अच्छी कहानी के साथ तीन बुरी कहानियाँ देंगे, तो जो अच्छी कहानी होगी, वह भी दब जाएगी।...यानी हमारी परिकल्पना तो यह थी कि एक ऐसा संग्रह निकले जो कहानी के लिहाज से एक मेयार हो, लेकिन राजेन्द्र यादव ने कहानियों की जगह कहानीकारों को तरजीह देना शुरू कर दिया कि ये फलाँ हैं, इसकी कहानी तो जानी ही चाहिए, यह ढिकाँ है, यह दलित है, इसकी कहानी तो ले लो...तो उसका प्रभाव जो पड़ना चाहिए था, नहीं पड़ा। इसकी बजाय अगर एक तिहाई कहानियाँ होतीं, एक-एक कहानी पढ़ने लायक होती, एकदम छँटी हुई कहानियाँ आप देते तो आप देखते संग्रह आने के बाद कहानी का नक्शा ही बदल जाता...इसीलिए आप देखिए, इस संग्रह की जितनी चर्चा होनी चाहिए थी, नहीं हुई।

प्रकाश मनु : *नामवर जी, निर्मल वर्मा के बरक्स अगर मोहन राकेश, कमलेश्वर या राजेन्द्र यादव की कहानियाँ आप लें...तो क्या इनकी कहानियों में जिन्दगी के ज्यादा खुले अनुभव न थे?...एक जनवादी कहानी का रूप वहाँ...कहीं ज्यादा प्रामाणिक...?*

नामवर सिंह : देखिए, कहानी को मैं कहानी के रूप में ही देखने के पक्ष में हूँ। जनवादी या किसी और बिल्ले की जरूरत नहीं है...

प्रकाश मनु : *नहीं, मेरा कहना था कि जैसे अज्ञेय के बरक्स मुक्तिबोध और दूसरे कुछ कवि हैं जो जीवन के ज्यादा निकट हैं, तो इसी तरह निर्मल वर्मा की तुलना में इनकी कहानियाँ कहीं ज्यादा खुरदरे अनुभवों की कहानियाँ नहीं हैं? मोहन राकेश की 'आर्द्रा', और 'एक और जिन्दगी'...इसी तरह कमलेश्वर और राजेन्द्र यादव की कहानियाँ...लेकिन आप व्यावसायिक कहकर इनका जिक्र करने से बचते हैं—यानी व्यावसायिकता के लिए 'दण्डित' करते हैं—एक तरह के अतिवाद के जवाब में दूसरा अतिवाद...?*

नामवर सिंह : (मुस्कराकर) देखिए प्रकाश जी, दण्डित तो साहित्य में कोई किसी को कर नहीं सकता—सबका अपना-अपना सोचना-विचारना है...अपनी राय हो सकती है...

प्रकाश मनु : *बिलकुल ठीक कह रहे हैं आप नामवर जी, लेकिन तो भी जानबूझकर आप इनका नाम नहीं ले रहे हैं...या जो श्रेय इन्हें मिलना चाहिए था, नहीं दे रहे हैं, यह बिलकुल साफ दिख जाता है...जबकि निर्मल वर्मा की तुलना में इनकी कहानियों में खुलापन, खुरदरापन कहीं ज्यादा है, जीवन की तमाम शक्लें हैं ...निर्मल के उपन्यासों की तुलना में आप मोहन राकेश का 'अँधेरे बन्द कमरे' रखकर*

देखिए।

नामवर सिंह : कुछ कहानियाँ अच्छी हैं इन लोगों की, इसमें कोई शक नहीं—खासकर मोहन राकेश की कहानियाँ...लेकिन बाद में वह नाटक में चले गये ...उन्हें अपना सही माध्यम मिल गया और वहाँ उन्होंने काफी-कुछ काम कर दिखाया ...यह उनके व्यक्तित्व और मिजाज के कहीं ज्यादा अनुकूल था...लेकिन मोहन राकेश का ज्यादातर साहित्य आत्मकथात्मक ही है, उनकी कहानियाँ भी—यह उनकी विशेषता थी, लेकिन यही आगे चलकर उनकी सीमा भी बन गयी।...यह एक आश्चर्यजनक बात है कि यहाँ इस जगह मोहन राकेश और निर्मल वर्मा के व्यक्तित्व आपको काफी कुछ मिलते-जुलते दिखाई देंगे...

प्रकाश मनु : *लेकिन मोहन राकेश के यहाँ खुदरापन कहीं ज्यादा है और जीवन ज्यादा खुले रूप में है। मुझे यह बार-बार लगता है नामवर जी!*

नामवर सिंह : मैं ऐसा कब कह रहा हूँ कि मोहन राकेश बड़े कथाकार नहीं हैं, लेकिन अगर समग्र साहित्य का मूल्यांकन करें तो निश्चय ही निर्मल वर्मा की कहानियों में भाषा की जो संवेदनशीलता है, वह उन्हें काफी बड़ा कहानीकार साबित करेगी...उनकी सौन्दर्यानुभूति, अन्दाज, बात कहने का ढंग, कहानी की तराश... भाषा की बारीक से बारीक अनुगूँजों का इस्तेमाल...मोहन राकेश, कमलेश्वर, राजेन्द्र यादव यहाँ उनके आगे नहीं ठहरते—यह तय बात है। मुझे इसमें कोई संशय नहीं है।...

हाँ, जैसे आपने कविता के सम्पूर्ण फलक में मुक्तिबोध का प्रसंग उठाया, तो कहानी में भी अगर हमें उसी तरह देखना हो तो यह काम अपनी तरह से अमरकान्त कर रहे थे। उनकी कहानियाँ जीवन के ज्यादा पास से उठाई गयी कहानियाँ हैं, या फिर शेखर जोशी...भीष्म साहनी की कुछ कहानियाँ भी अपने ढंग की अनूठी कहानियाँ हैं—और उन्होंने लगातार एक से एक अच्छी कहानियाँ दी हैं...यहाँ तक श्रीकान्त वर्मा की कुछ कहानियाँ बहुत अच्छी हैं। जैसी कहानियाँ उन्होंने लिखीं, वैसी हिन्दी में बहुत ज्यादा लिखी नहीं गयीं...मुक्तिबोध और रघुवीर सहाय की कुछ कहानियाँ अपने खास रंग-ढंग और अन्दाज की मार्मिक कहानियाँ हैं...जिनका सच पूछिए तो मूल्यांकन होना अभी बाकी है।...

प्रकाश मनु : *नामवर जी, अभी मैं त्रिलोचन जी की पुस्तक 'काव्य और अर्थबोध' पढ़ रहा था। उसमें आप पर एक दिलचस्प टिप्पणी है। त्रिलोचन जी ने लिखा है कि नामवर जी ने पहले 'तारसप्तक' बोधपूर्वक पढ़ा था, तब उन्हें 'तारसप्तक' एक निकृष्ट पुस्तक लगी थी। बाद में मैंने उन्हें भावपूर्वक पढ़ने को कहा, तो वह उन्हें महत्त्वपूर्ण पुस्तक लगी...तो मैं आपसे जानना चाहता हूँ कि क्या किसी पुस्तक को 'बोधपूर्वक' पढ़ने और 'भावपूर्वक' पढ़ने में इतना अन्तर आ जाता है? यानी...यह*

तो एक रचनाकार के साथ बड़ी बेइंसाफी है, अगर आपने उसकी पुस्तक बोधपूर्वक पढ़ ली तो...?

नामवर सिंह : (हँसकर) अब यह तो आप त्रिलोचन जी से ही पूछिए, मुझसे क्यों पूछ रहे हैं?...मैं तो सिर्फ इतना ही जानता हूँ कि मैं किसी पुस्तक को न भावपूर्वक, न बोधपूर्वक, बल्कि 'भावबोधपूर्वक' पढ़ता हूँ...(ठहाका)

प्रकाश मनु : *चलिए, तो फिर यही बता दीजिए कि क्या सच में ऐसा हुआ था—यानी 'तारसप्तक' को जब पहले आपने पढ़ा था तो वह निकृष्ट पुस्तक लगी, और बाद में वह आपको महत्त्वपूर्ण लगी?*

नामवर सिंह : देखिए, ऐसा है प्रकाश जी, 'तारसप्तक' जब निकला था सन् 1943 में, तब मैं शायद नवीं का विद्यार्थी था—और मुझे याद पड़ता है, त्रिलोचन जी मेरे कमरे पर 'तारसप्तक' की प्रति लेकर आये थे। तो मैंने तब पहली बार 'तारसप्तक' पढ़ा जब मैं नवीं का विद्यार्थी था। आप अन्दाजा लगा सकते हैं कि नवीं के विद्यार्थी की समझ क्या हो सकती है—और उसे ये कविताएँ पढ़कर कैसा लगा होगा...

प्रकाश मनु : *रामदरश जी ने अपनी आत्मकथा में लिखा है कि वह आपके साथ कवि सम्मेलन में जा रहे थे और रास्ते भर आप 'तारसप्तक' की कविताएँ पढ़ते रहे, जबकि उन्होंने 'तारसप्तक' का नाम भी न सुना था।...तो यह कब की बात रही होगी? कुछ और बाद की...?*

नामवर सिंह : नहीं, तभी की बात होगी क्योंकि जब मैं हाईस्कूल में था, तभी से मैंने कवि सम्मेलनों में जाना शुरू कर दिया था। रामदरश जी मुझसे सीनियर थे...

प्रकाश मनु : *क्या त्रिलोचन जी भी तब पढ़ते थे?...विद्यार्थी थे वह?*

नागवर सिंह : नहीं, वह पढ़ नहीं रहे थे, बल्कि आपको हैरानी होगी जब मैंने हाईस्कूल पास किया, तब तक उन्होंने हाईस्कूल नहीं किया था।...(कुछ गम्भीर होकर) बहुत ही दुख भरा प्रसंग है। यह आप चाहें तो लिखें नहीं, वैसे ही बता देता हूँ ...उन दिनों वह 'हंस' में काम करते थे जिसके सम्पादक अमृतराय थे। त्रिलोचन जी को उन दिनों साठ रुपए तनखा मिलती थी। दो-तीन सालों से साठ रुपए ही मिल रहे थे, तो एक दिन उन्होंने शिकायत की कि "महँगाई कितनी बढ़ गयी है। साठ रुपए में अब गुजर-बसर नहीं होती, तनखा बढ़ाइए।" इस पर अमृतराय जी का जवाब था कि "तुम हाईस्कूल तक तो हो नहीं, साठ रुपए महीना दे रहे हैं, और क्या दें?" त्रिलोचन को जाहिर है, बहुत बुरा लगा। बोले—"ठीक है। अब तो मैं हाईस्कूल कर लूँगा, तभी आपके यहाँ काम करने आऊँगा।" अगले दिन वह मेरे कमरे पर आये तो बहुत उदास थे। मेरे पूछने पर उन्होंने सारी बात बताई। उसके बाद उन्होंने 'आज' में काम करना शुरू किया। 'आज' दैनिक पत्र था, तो जाहिर

है तनखा उन्हें कुछ ज्यादा मिलती होगी।...आपको आश्चर्य होगा, हाईस्कूल उन्होंने तब किया, जब मैं हाईस्कूल कर चुका था। शायद ग्यारहवीं या बारहवीं कक्षा में था...मैंने कहा, "भगवन् अब आप हाईस्कूल कर लें।" तो जो मेरी पुस्तकें थीं, वही उन्होंने लीं और हाईस्कूल पास किया। कुछ ज्यादा पढ़ने की तो उन्हें जरूरत ही क्या थी। फिर बाद में तो उन्होंने इण्टरमीडिएट, बी.ए. वगैरह किया, एम.ए. प्रीवियस तक...आर्थिक कष्टों के कारण आगे पेपर दे नहीं पाए...

प्रकाश मनु : *बड़ी अजीब सी ट्रेजिडी है त्रिलोचन जी की।...मुक्तिबोध के शब्दों में 'एक नीच ट्रेजिडी'...!!*

नामवर सिंह : जी!...तो उन दिनों भी प्रकाश जी, जब उन्होंने हाईस्कूल तक नहीं किया था, साहित्य के बारे में उनकी समझ इतनी गहरी थी, इतना पाण्डित्य था कि हम सभी चकित होते थे। 'तारसप्तक' मैंने उनसे लेकर ही पढ़ा था। अब 'तारसप्तक' किसी एक कवि का संकलन तो था नहीं, उसमें अलग-अलग मिजाज के बहुत से कवि थे। तो मुझे याद है शुरू में मुझे गिरिजाकुमार माथुर और रामविलास शर्मा सबसे अच्छे कवि लगे थे...आपसे क्या छिपाना, स्पष्ट कहना चाहता हूँ। जाहिर है, उस समय की मेरी सीमाएँ भी रही होंगी...तो गिरिजाकुमार माथुर प्रयोग के लिहाज से मुझे सबसे अच्छे कवि लगे थे—और रामविलास शर्मा इसलिए कि उनमें गाँव-खेत का वर्णन था, किसान का जीवन था, निराला की तरह सीधा-सादा पुख्ता आदमी वहाँ दिखाई देता था या भारतभूषण अग्रवाल की जो कुछ व्यंग्यात्मक कविताएँ थीं, वे अच्छी लगी थीं, जैसे गाँधी की अहिंसा पर लिखी वह कविता जिसमें आखिर में 'दौड़ो आया बन्दर' पंक्ति आती है।

प्रकाश मनु : *और प्रभाकर माचवे...? व्यंग्य तो उनके यहाँ भी है...!*

नामवर सिंह : हाँ, उनकी भी वही कविता—'चा की खाली प्याली...' वाली।

प्रकाश मनु : *'मैं हूँ सच औ' चा की प्याली' यही न? जिसमें शुरू में आता है 'कब तक मगज मारता बैठूँ, तुमसे काण्ट और बोजांके...' अब तक ताजगी लगती है इसमें...*

नामवर सिंह : हाँ, बिलकुल यही!...यानी—आप कह सकते हैं—यह मेरी समझ की सीमा थी—और फिर जब बाद में बी.ए. में गया तो मैंने 'तारसप्तक' दुबारा पढ़ा। तब मुझे मुक्तिबोध अच्छे लगने लगे और कविताओं की जो भीतरी गूँज थी वह समझ में आयी...तो असल में (मुस्कराकर) भाव और बोध वाली बात उतनी नहीं थी, जितनी मेरी वय के कारण समझ की सीमा थी!...आप मानेंगे नहीं, अज्ञेय के 'इत्यलम्' की प्रति सन् 1946 में त्रिलोचन जी के पास बैठकर मैंने पढ़ी थी। मैं उनसे कहा करता था—"मुझे कुछ ज्यादा समझ में नहीं आ रहा, आप इनका अर्थ समझाइए!"...अब भी 'इत्यलम्' की वह प्रति कहीं मेरे पास होगी, जिसमें त्रिलोचन

जी के हाथ की उस समय की लिखी गयी टिप्पणियाँ मौजूद हैं।

इससे आपको पता चलेगा कि वय की सीमाओं के बावजूद हम लोग जागरूक कितने थे या साहित्य को गम्भीरता से लेने की प्रवृत्ति कितनी ज्यादा थी।...मुझे अच्छी तरह याद है, सन् 1942 में जब मैं आठवीं में था, मैंने निराला की 'अनामिका' खरीदकर रुचिपूर्वक पढ़ी थी...यह पहली किताब थी जो मैंने खरीदी थी। इससे अन्दाजा लगाया जा सकता है कि अच्छे साहित्य को पढ़ने की ललक उस समय कितनी ज्यादा हुआ करती थी।...वैसा वातावरण भी था उन दिनों...

यह उसी दौर की बात है...सन् 1946 में काशी में मुक्तिबोध से मेरी पहली मुलाकात हुई थी। वह प्रगतिशील लेखक संघ के कार्यक्रम में हिस्सा लेने आये थे। उनकी उस समय की लिखी 'बबूल' कविता की मुझे अब भी याद है जो 'हंस' में छपी थी। 'हंस' के उसी अंक में मुक्तिबोध के साथ मेरी भी एक कविता छपी थी...तो यह उस काल का साहित्यिक परिदृश्य है, जिसके बीच हम लोगों का विकास हुआ।

प्रकाश मनु : *नामवर जी, आप ऐसे आलोचक माने जाते हैं जिनके मूल्यांकन कई बार बदलते रहे हैं। अपने पहले के कथनों को आगे चलकर आप खुद ही बदल देते हैं, तो पाठक के सामने भ्रम की स्थिति बनती है कि वह आपके किस 'वर्शन' को सही माने? उदाहरण के लिए भारत भवन की कला-संस्कृति की आपने शुरू में घनघोर प्रशंसा की कि वहाँ साहित्य के अलावा नृत्य, संगीत, चित्रकला आदि आनुषंगिक अनुशासनों पर भी ध्यान दिया जा रहा है। पर आगे चलकर भारत भवन की पूरी संस्कृति में आपको पाखण्ड नजर आने लगा...तो क्या इसलिए कि शुरू में आप पूरी तरह साफ-साफ देख नहीं पाए थे?*

नामवर सिंह : नहीं, देखिए वस्तुस्थिति यह नहीं है। भारत भवन का शुरू का रूप और बाद का रूप एक नहीं रहा, यह बहुत कम लोगों को याद है। हमारे दृष्टिकोण में बदलाव नहीं आया, बल्कि भारत भवन का रूप ही आगे चलकर काफी कुछ बदल गया, इसलिए उसके प्रति अपना नजरिया बदलना ही हमारे लिए लाजमी था। यह शायद कम ही लोगों को पता होगा कि पहले मध्य प्रदेश कला परिषद् नाम की संस्था थी। 'पूर्वग्रह' वहीं से निकलता था। बाद में भारत भवन बना तो मध्य प्रदेश कला परिषद् की ज्यादातर शक्तियाँ भारत भवन को मिल गयीं और मध्य प्रदेश कला परिषद् नाम मात्र की संस्था रह गयी। 'पूर्वग्रह' भी मध्य प्रदेश कला परिषद् के बजाय भारत भवन से निकलने लगा...

यहाँ मैं एक और बात बताऊँ। 'पूर्वग्रह' पत्रिका असल में 'आलोचना' के विरोध में निकली थी सन् 72-73 में और यह बात मुझे मालूम थी। 'आलोचना' में मार्क्सवादी दृष्टि थी तो इसके विरोध में 'पूर्वग्रह' को एक कलावादी या रूपवादी दृष्टि से निकाला गया। अशोक वाजपेयी संस्कृति सचिव होने के नाते दोनों ही संस्थाओं

को देखते थे। हमारे उनसे मतभेद थे, पर कुछ बिन्दु ऐसे भी थे जहाँ हमारी सहमतियाँ भी थीं।...तो आप कह सकते हैं, उनसे एक तरह का द्वन्द्वात्मक सम्बन्ध था, लेकिन हाँ, संवाद की गुंजाइश बराबर बनी हुई थी। जैसे मुक्तिबोध को वह भी पसन्द करते थे और बहुत महत्त्वपूर्ण और शक्तिशाली कवि मानते थे...यह मैं इसलिए कह रहा हूँ कि अगर कविता के दो स्कूल मान लिए जाएँ 'अज्ञेय स्कूल' और 'मुक्तिबोध स्कूल' तो अशोक वाजपेयी एक समय मुक्तिबोध को ज्यादा बड़ा कवि मानते थे और उस पर उनके लेख और टिप्पणियाँ भी आयी थीं।

प्रकाश मनु : *मुझे याद है, अज्ञेय पर उनकी बहुत सख्त टीप आयी थी 'बूढ़ा गिद्ध पंख क्यों फैलाए?'*

नामवर सिंह : आपको बताऊँ कि शुरू में अज्ञेय भारत भवन नहीं जाते थे। बाद में उन्होंने अज्ञेय को बुलाना शुरू किया और मुक्तिबोध के प्रति उनका दृष्टिकोण भी बदला। क्रमशः स्थिति आयी तो हमने भारत भवन जाना बन्द कर दिया। नहीं तो पहले हरिशंकर परसाई और तमाम प्रगतिशील लोग वहाँ जाया करते थे। यों कलावादी ढंग से सोचने वालों को ही वे ज्यादा बुलाते थे, पर या तो उनकी संख्या ज्यादा नहीं थी—या फिर संवाद की जरूरत के लिए या अन्य कारणों से वे हम लोगों को भी बुलाते थे और हम वहाँ जाकर अपनी बात कहते थे।...यह प्रकाश जी, कुछ-कुछ ऐसा ही है जैसे संयुक्त मोर्चा सरकार में कम्युनिस्ट पार्टी के लोग भी शामिल हैं। सरकार के सब कामों में उनकी सहमति हो या कि उनकी सारी बातें मान ली जाएँ, यह कोई जरूरी नहीं है लेकिन उनका एक अपना स्वर है और वह अपनी बात कहते हैं, जनता के दुख-दर्द की बात कहते हैं...तो ऐसे ही भारत भवन की स्थिति थी। जब तक अपनी बात कहने की गुंजाइश थी, हम जाते रहे लेकिन जब उनका रवैया बदला तो संवाद मुश्किल हो गया...

प्रकाश मनु : *कहीं अशोक वाजपेयी का चरित्र ही तो इसके लिए ज्मिेदार नहीं?...यानी जो व्यक्ति के रूप में महत्त्व अर्जित करने की उनकी महत्वाकांक्षा है, वही फैलकर ज्यादा बड़ी हो गयी हो?...कहीं ऐसा तो नहीं इसके संकेत शुरू से मिलने लगे हों और बाद में कहीं ज्यादा...?*

नामवर सिंह : नहीं, किसी व्यक्ति की नीयत पर मैं शक नहीं करता, लेकिन ...आप कह सकते हैं कि आन्तरिक कारण थे—उनकी जो कलावादी समझ थी, उसकी वजह से...

प्रकाश मनु : *कहा जाता है कि फोर्ड फाउण्डेशन की मदद के बाद भारत भवन का रूप बदला?*

नामवर सिंह : प्रकाश जी, इसे मैं सरलीकरण मानता हूँ। भारत भवन का रूप बदलने के कई कारण थे जिनमें हो सकता है फोर्ड फाउण्डेशन भी एक सहायक

कारण रहा हो, लेकिन मूल कारण यह नहीं था। इसके मूल कारण तो जैसा कि मैंने आपको बताया, आन्तरिक ही थे। भारत भवन को अपने आन्तरिक कारणों से बदलना ही था...जब तक निभा, हमने संवाद चलाने की भरसक कोशिश की और जब बिलकुल सम्भव नहीं रहा, तो हम लोग बाहर आ गये।

प्रकाश मनु : *'साक्षात्कार' का अशोक वाजपेयी पर जो अंक आया है, वह शायद आपने देखा हो। उसमें अशोक वाजपेयी ने अपने एक इण्टरव्यू में कहा है कि इस शताब्दी के जो स्मरणीय कवि-व्यक्तित्व हैं उनमें निराला होंगे, अज्ञेय होंगे, लेकिन मुक्तिबोध निश्चित रूप से न होंगे।*

नामवर सिंह : जी!...तो परिवर्तन का पूर्वाभास काफी पहले से होने लगा था, तब स्पष्ट हो गया, जब अज्ञेय वहाँ जाने लगे थे और परस्पर अनुराग बढ़ गया था।—बल्कि सही तो यह है कि भारत भवन का रवैया तब तक बदल चुका था और इसीलिए अज्ञेय को वहाँ बुलाया गया...इसीलिए हमें फैसला लेना पड़ा। यह कहना कि मैंने पहले ऐसा कहा बाद में ऐसा, वस्तुस्थिति को ठीक से न जानने के कारण है।

प्रकाश मनु : *नामवर जी, क्षमा करें, आपके एक और अन्तर्विरोध की चर्चा करना चाहूँगा। आपने हिन्दी उपन्यास की व्याख्या करते हुए उसे 'किसान जीवन की महागाथा' कहा है और पश्चिमी उपन्यासों से अलग बताया है, लेकिन उल्लेखनीय उपन्यासों के रूप में आप 'कसप' और 'नौकर की कमीज' की चर्चा करते हैं...पर ये तो किसान जीवन की महागाथाएँ नहीं हैं?*

नामवर सिंह : मेरी बात को ठीक से समझा नहीं गया प्रकाश जी। असल में मैंने जिस लेख में 'किसान जीवन की महागाथा' के रूप में भारतीय उपन्यास की चर्चा की थी, उसमें मैंने कहा था कि भारत में उपन्यास का उदय पश्चिम से कुछ अलग ढंग से हुआ है। पश्चिम में उपन्यास का उदय 'मध्यवर्गीय जीवन के महाकाव्य' के रूप में माना जाता है, लेकिन भारत में वह किसान जीवन की महागाथा के रूप में हुआ, जैसे फकीर मोहन सेनापति 'छमाण आठ गुंठ' और प्रेमचन्द का 'प्रेमाश्रम', 'गोदान' आदि। यानी आप ध्यान दीजिए, भारत में उपन्यास का 'उदय' इस रूप में हुआ। यह नहीं कहा था कि भारत में उपन्यास किसान जीवन की महागाथा ही है। यदि ऐसा ही रहता, तब तो बिलकुल इकहरा और एकरेखीय विकास इसका होता, क्योंकि मध्यवर्ग ने हमारे यहाँ इतना ज्यादा और आश्चर्यजनक ढंग से अपना विस्तार किया है, अपनी आकांक्षाओं का, अपने सपनों का और निश्चय ही स्वार्थ और लालच का भी कि उपन्यास को इधर तो आना ही था।...तो मेरा जोर इस बात पर था कि भारत में उपन्यास का उदय भिन्न ढंग से हुआ। बाद में चलकर उसमें से अनेक धाराएँ फूटीं जो कि स्वाभाविक ही था। उसमें से एक धारा किसान

जीवन की थी, दूसरी मध्यवर्गीय जीवन की। फिर और भी तमाम चीजें आती चली गयीं। इस तरह की तमाम धाराएँ फूटना तो बहुत अच्छी बात है—और इसे मैं हिन्दी उपन्यास के विकास का एक स्वस्थ लक्षण मानता हूँ।...तो प्रकाश जी यह कहना गलत है कि यहाँ कोई अन्तर्विरोध है। हिन्दी उपन्यास का किसान जीवन की महागाथा के रूप में एकरेखीय विकास ही होता चलेगा—या यह कोई बहुत अच्छा लक्षण है, ऐसा मैंने कभी नहीं कहा। सिर्फ उदय की बात मैंने कही थी कि हमारे यहाँ जो हालात हैं, उसमें उपन्यास एक भिन्न रूप में जन्मा...

प्रकाश मनु : *नामवर जी, सोवियत संघ का पतन एक बहुत बड़ी और हिला देने वाली घटना है, जिससे हमारी वैचारिक दुनिया में या ट्रेड यूनियन में एक तरह का निराशा का वातावरण है—खासकर जो समाजवादी शक्तियाँ हैं वे बहुत पस्त दिखाई देती हैं।...आप इन सारी चीजों को किस तरह लेते हैं? इससे जुड़ा एक और सवाल। सोवियत संघ का पतन उसके अपने अन्तर्विरोधों के कारण हुआ या विश्व परिस्थितियाँ और बाहरी दबाव ही ऐसे थे कि आखिर उसे ढहना ही था? आपको क्या लगता है?*

नामवर सिंह : पहले आपके प्रश्न के पहले हिस्से को लूँ कि सोवियत संघ के पतन का भारतीय कम्युनिस्ट आन्दोलन पर क्या असर पड़ा? आपको आश्चर्य होगा प्रकाश जी कि सोवियत संघ के पतन का भारतीय ट्रेड यूनियन पर कोई असर नहीं पड़ा। अगर जनाधार की बात देखें तो संसद में कम्युनिस्टों की लगभग उतनी ही सीटें हैं, जितनी पहले रहा करती थीं। यानी कम्युनिस्ट पार्टियों का जनाधार खिसका है, यह कहना गलत है।...बंगाल में कम्युनिस्ट सरकार है और वह जनता द्वारा बहुत शान से चुनी गयी है। केरल में हमेशा परम्परा रही है कि वहाँ एक चक्र चलता है—एक बार मार्क्सवादी सरकार आती है, दूसरी बार काँग्रेस प्रधान-संयुक्त मोर्चे की सरकार...बारी-बारी से यह क्रम चलता आया है, तो वह अब भी वैसा ही चल रहा है। सीटू, ऐटक के बारे में देखें तो कोई उल्लेखनीय फर्क नजर नहीं आता। बैंक कर्मचारी संघ में कम्युनिस्टों का वर्चस्व पहले की तरह बना हुआ है। हो सकता है कि कुछ मजदूर संघों का कुछ क्षय हुआ हो या उनकी हालत कुछ गिरी हो, तो उसके अन्य कारण हैं। मसलन दूसरे मजदूर संघों से आपसी प्रतिस्पर्धा के कारण बहुत सम्भव है, यह हुआ हो, लेकिन मुझे पक्का यकीन है कि सोवियत संघ के पतन के कारण ऐसा नहीं है।...तो प्रकाश जी, मेरा तो यह मानना है कि भारत के कम्युनिस्ट आन्दोलन पर सोवियत संघ के पतन का कोई असर नहीं पड़ा। सी.पी.आई., सी.पी.एम. आदि की रीति-नीति कुछ हद तक सोवियत संघ से प्रभावित रहती थी, लेकिन उन्होंने भी सोवियत संघ के पतन के बाद से इस दुर्बलता का परिचय दिया है या उनमें कोई हक्काबक्कापन आया हो, ऐसा नहीं है। इससे पता चलता है कि भारत

में कम्युनिस्ट आन्दोलन अपनी जमीन में जड़ें जमा चुका है और वह किसी और पर आश्रित नहीं है। किसी का सहारा लेने की उसे जरूरत नहीं है। उसमें अपनी ताकत है कि अपने पैरों पर चल सके...

हाँ, कुछ संस्थाओं के बारे में ऐसा जरूर हो सकता है कि उन्हें पहले सोवियत संघ से आर्थिक मदद मिलती रही हो और अब न मिलने से उनकी स्थिति बिगड़ी हो। लेकिन कितनी आर्थिक मदद मिलती थी, इसके बारे में मुझे कुछ नहीं पता। उदाहरण के लिए आप पी.पी.एच.—पीपल्स पब्लिशिंग हाउस को लें। यह प्रकाशन की एक अच्छी संस्था थी, जो सोवियत संघ से प्रकाशित साहित्य की बिक्री करके अपनी आर्थिक स्थिति बेहतर बनाए हुए थी। सोवियत संघ के पतन के बाद यह संस्था जरूर दुर्बल हो गयी है, बल्कि नाम मात्र को रह गयी है...

प्रकाश मनु : *नामवर जी, सोवियत संघ के पतन के कारणों के बारे में कुछ कहिए। सोवियत संघ अपने अन्तर्विरोधों के कारण टूटा या बाहरी कारण ही प्रमुख थे?...कुछ लोगों का यह भी कहना है कि वहाँ कम्युनिस्ट शासन था ही नहीं, बस कम्युनिज्म का मुखौटा था, तो इस कारण उसे एक न एक दिन टूटना ही था...*

नामवर सिंह : प्रकाश जी, अब तो इस बारे में इतना साहित्य आ गया है, इतने लेख लिखे गये हैं कि इस सवाल पर अपनी ओर से जोड़ने की गुंजाइश कम ही है। इसलिए फिलहाल इस सवाल को यहीं छोड़ दें।

प्रकाश मनु : *ठीक है, विस्तार में न जाएँ, लेकिन आप उनमें से किस तरह की थीसिस को ठीक मानते हैं, इसकी ओर संकेत तो आप कर ही सकते हैं?*

नामवर सिंह : देखिए, इस बारे में एक थीसिस तो यह है जो मुझे बहुत सरलीकरण लगता है—जैसे आप रामविलास जी से पूछेंगे तो वह झट से कहेंगे कि सोवियत संघ में कम्युनिज्म तो स्टालिन के जमाने तक ही रहा...और वह ख्रुश्चोव को, ब्रेझनेव को, गोर्बाचौफ को खलनायकों की तरह पेश करेंगे जिन्होंने उनके ख्याल से समझौतावादी या संशोधनवादी रूप अपनाया और धीरे-धीरे कम्युनिज्म को खत्म करते चले गये...और गोर्बाचौफ तक आते-आते तो वहाँ कम्युनिस्ट शासन था ही नहीं...तो फिर उसे ढहना ही था...।

पर मुझे लगता है, यह इतना सरल नहीं है!...सोवियत संघ मुझे लगता है, अपने संरचनात्मक अन्तर्विरोधों के कारण टूटा जिन्हें वक्त और ढंग से सुलझाया नहीं गया। यह एक तथ्य है कि सोवियत संघ का आर्थिक ढाँचा बहुत समय से चरमरा रहा था और अनेक समस्याएँ वहाँ पैदा हो गयी थीं—मसलन उत्पादन की गति धीमी होना...सब्सिडी वहाँ हर चीज में इतनी ज्यादा दी जाती थी कि उसका सीधा बोझ सरकार और अर्थ-व्यवस्था पर पड़ता था...लेकिन सवाल यह है कि कितनी सब्सिडी आप देंगे और किस हद तक उसको ले जाएंगे। फिर सरकार और अर्थ-व्यवस्था

चलेगी कैसे? दूसरी ओर उत्पादन में वहाँ ठहराव आ ही गया था और उसकी कोई विशेष चिन्ता करने के बजाय गलत प्राथमिकताओं के कारण सोवियत संघ हथियारों के उत्पादन पर बहुत खर्च करने लगा। यह शायद महाशक्ति के रूप में जमे रहने की आकांक्षा ही थी जिसने एक गलत होड़ को जन्म दिया। अमरीकी पूँजीवाद का अर्थतन्त्र मुख्यतः हथियारों के उत्पादन के एकाधिकार पर कायम रहा है। अमरीका की आर्थिक स्थिति ऐसी थी कि सोवियत संघ का समाजवादी अर्थतन्त्र इसे 'एफोर्ड' नहीं कर सकता था...इसीलिए आपको याद होगा ख्रुश्चोव ने अन्तिम दिनों में हथियारों पर रोक लगाने की बात जोर-शोर से कहनी शुरू कर दी थी जिसे आगे चलकर गोर्बाचौफ ने परिणति तक ले जाने की कोशिश की।

दूसरी एक बात और थी।...सोवियत संघ में जो जीवन-स्तर था—एक आम आदमी का जो जीवन-स्तर, वह सरकारी सुविधाओं आदि के कारण काफी उच्च स्तर का था। कोशिश यह रहती थी कि साम्राज्यवादी देशों में लोग जैसे रहते हैं, हम भी वैसे क्यों न रहें!...लेकिन चूँकि यह सारा कुछ सरकारी कृपा पर आश्रित था, इसलिए सरकार पर बोझ लगातार बढ़ता जा रहा था। मकान, भोजन, वस्त्र, भत्ते सबमें सरकारी मदद लोगों को उपलब्ध थी...और एक बार सुविधाएँ देने के बाद आप उन्हें रोक नहीं सकते। तो सरकार पर बोझ एक हद से ज्यादा बढ़ गया था...

मुझे लगता है, गोर्बाचौफ जो पेरस्त्रोइका और ग्लास्नोस्त लाए, उसमें उनका तरीका गलत था। पहले पेरस्त्रोइका आना चाहिए था, फिर ग्लास्नोस्त की बात की जाती...जबकि ग्लास्नोस्त पर जोर कहीं ज्यादा दिया गया और इससे सन्तुलन बिगड़ गया...

(एक क्षण रुककर) तो मेरा ख्याल है प्रकाश जी, गोर्बाचौफ की प्राथमिकताएँ गलत थीं, इस कारण यह सब हुआ...गोर्बाचौफ कोई बदनीयत आदमी था, यह मैं पहले भी नहीं मानता था, अब भी नहीं मानता हूँ...तो मुझे अकेले गोर्बाचौफ को दोष देने या गोर्बाचौफ की बदनीयती वाली बात ठीक नहीं लगती प्रकाश जी!

प्रकाश मनु : *कहीं यह तो नहीं कि गोर्बाचौफ अपनी सामर्थ्य से ज्यादा तेज दौड़े हों, इसलिए गिर पड़े हों...?*

नामवर सिंह : नहीं, तेजी की बात उतनी नहीं है...मुझे लगता है, उनकी प्राथमिकताएँ ही गलत थीं...उन्हें पहले पेरस्त्रोइका लाना चाहिए था, फिर ग्लास्नोस्त, जबकि वह ग्लास्नोस्त लाने की हड़बड़ी में फँस गये—और फिर स्थितियों के उस चक्र में जो कुछ निकलकर सामने आया, उसे सँभाल नहीं सके...एक तरह से भँवर में फँस गये...

फिर एक बात और भी है प्रकाश जी। सत्तर वर्षों के कम्युनिस्ट आन्दोलन में सोवियत संघ में भी ज्यादा से ज्यादा सरकारी सुविधाएँ हड़पकर फैलने-फूलने वाला

एक सुविधाभोगी वर्ग पनप गया था।...उसे आप मलाईदार तबका कहें, एलीट वर्ग कहें, लेकिन वहाँ वह था और उसने अपनी शक्तियों और प्रभाव का आश्चर्य ढंग से विस्तार कर लिया था...तो जिस समय गोर्बाचौफ की नीतियों के खुलेपन के कारण लोगों को सूचनाएँ मिलने लगीं, तब इस वर्ग के बारे में भी लोगों को पता चला कि कितने भद्दे और अन्यायपूर्ण ढंग से कुछ लोगों ने धन और सुविधाएँ इकट्ठी कर ली हैं और वे कितने अनैतिक कार्यों में लिप्त हैं। इससे एक तरह का असन्तोष और विद्रोह का भाव जनता के भीतर पनपा।...इसे भी मैं सोवियत संघ के पतन का एक बड़ा कारण मानता हूँ...

और अब भी प्रकाश जी, मुझे सन्देह है—गहरा शक है—कि वहाँ चुनावों में येल्तसिन के मुकाबले जो कम्युनिस्ट लीडर खड़ा हुआ था, कहीं यह वही सुविधा-भोगी मलाईदार तबका ही तो नहीं है जो अब नया चेहरा पहनकर सामने आना चाहता है...मुझे गहरा शक है इस बात को लेकर...

प्रकाश मनु : *तो क्या येल्तसिन को आप बेहतर मानते हैं?*

नामवर सिंह : यह आदमी तो निखिद्ध है ही! मुझे बेहद नापसन्द!...लेकिन जब बद और बदतर में किसी एक को चुनना हो तो आप उसे चुन सकते हैं, क्योंकि मुझे लगता है, कम्युनिस्टों के बैनर तले अब वहाँ जो लोग एकजुट हुए हैं, वे असल में कम्युनिस्ट नहीं हैं वे जेनुइन लोग भी नहीं हैं।...यह वही मलाईदार तबका है जो कम्युनिस्ट शासन के दौरान सोवियत संघ में सरकारी सुविधाओं पर फलता-फूलता रहा है और अब फिर से किसी तरह सत्ता पा लेना चाहता है।...मुझे इनके चरित्र को लेकर गहरा शक है...और इसीलिए आप देखेंगे कि जन-समर्थन इन लोगों के साथ नहीं है।...लोग अब भी इन्हें कुछ संशय के साथ देखते हैं—लेकिन वे निश्चय ही येल्तसिन से बेहतर हैं और उनसे भी जो रूसी राष्ट्रवाद की जय-जयकार करने वाले फासिस्ट हैं।

प्रकाश मनु : *डाक्टर साहब, पिछले कुछ अरसे से साहित्य और वैचारिक जगत् में एक तरह का नैराश्य या एक तरह का धुँधलका क्या आप नहीं देखते? इसी के कारण समाजवाद की अप्रासंगिकता की घोषणाएँ तक हो रही हैं...इसी में दूसरी तमाम चीजों को पीछे करके उत्तर-आधुनिकता जैसी चीजें हवा में उछाली गयीं जो शोषण और गरीबी के खिलाफ लड़ाई का एक तरह से मजाक उड़ाती हैं।...एक भूतपूर्व मार्क्सवादी सज्जन तो जैसे गिनती गिन रहे हैं कि आजकल कौन-कौन उत्तर-आधुनिक हुआ...तो इस परिदृश्य के बारे में भी, मैं चाहता हूँ, आप कुछ कहें।*

नामवर सिंह : इसे दुर्भाग्य ही शायद कहें कि समाजवाद के बाद साम्राज्यवाद का विकल्प, बल्कि कहिए एकमात्र विकल्प विश्व पूँजीवाद ही बच रहता है—या जिसे आप कह सकते हैं, विश्व बाजारवाद!...यह मैं मानता हूँ कि एक तरह से विकल्पहीनता

की स्थिति है और चाहे-अनचाहे उसके प्रभाव से आप बच नहीं पाते...मैं मानता हूँ कि इसके अपने खतरे हैं लेकिन वस्तुस्थिति यह है जिसे हमें झेलना है, बल्कि जिसका हमें सामना करना है और यहीं से रास्ता भी निकालना है।...इस विश्व बाजारवाद से तो लड़ने की तैयारी करनी ही होगी।

लेकिन प्रकाश जी, मैं यह भी मानता हूँ कि साहित्य में दिशाहीनता के लिए यह कोई बहाना नहीं हो सकता...इसलिए कि सन् 1917 में सोवियत संघ में क्रान्ति होने से पहले क्या हमारे देश में या दुनिया के दूसरे मुल्कों में कवियों, लेखकों ने क्या लड़ाइयाँ नहीं लड़ीं?...क्या उनके पास इससे पहले जीवन का कोई सपना नहीं था?...क्या वे गरीब, पीड़ित और वंचित लोगों के लिए सहानुभूति से भरे हुए नहीं थे? और अगर थे तो आप बताइए, सोवियत संघ के पतन के बाद ऐसा क्या हो गया कि यह सपना मर गया?

प्रकाश मनु : *जी...यह तो शुरू से ही साहित्य का युग-धर्म रहा, कमजोर और दुर्बल के पक्ष में खड़ा होना।...अच्छा साहित्य शायद बगैर इस सपने के सम्भव ही नहीं है।*

नामवर सिंह : अच्छा, इस बात को एक दूसरे ढंग से लें!...सन् 1990 से पहले का जो साहित्य है, उसमें ही आप बता दीजिए, समाजवादी चिन्ताएँ या कि गरीबी को ले कर चिन्ताएँ कितनी ज्यादा थीं या शोषण के खिलाफ आक्रोश कितना ज्यादा था?...अगर आप सन् 61 से 90 के बीच के दौर का साहित्य देखें तो आप बताइए कि क्या अकविता इसी बीच नहीं आयी या कि तमाम तरह का अराजकतावादी साहित्य क्या इसी बीच नहीं आया जिसमें रुग्ण यौन कुण्ठाएँ थीं, सिर्फ अपने अस्तित्व का राग था और न जाने क्या-क्या था, लेकिन गरीब आदमी की चिन्ताएँ तो बिलकुल नहीं थीं!...और न उस साहित्य को आप व्यवस्था के विरुद्ध खड़ा हुआ साहित्य कह सकते हैं!...व्यवस्था के खिलाफ ऐसा गुस्सा और आक्रोश वहाँ कहाँ है जिसकी चर्चा आप कर रहे हैं?...तो हर काल में साहित्य में कई तरह की प्रवृत्तियाँ काम करती हैं, वैसा ही आज भी है। इसलिए अगर कुछ लोग सोवियत संघ के पतन या विश्व बाजारवाद या मीडिया के बढ़ते हुए हस्तक्षेप या किसी भी अन्य कारण से अगर उत्तर-आधुनिकता के प्रभाव में आ जाते हैं या गरीबी और शोषण के खिलाफ लड़ाई को हाशिए पर डालकर दूसरे अमहत्त्वपूर्ण सवालों को ऊपर उछाल देना चाहते हैं तो यह कोई अच्छी बात नहीं है...सोवियत संघ के पतन को अपनी इन निजी महत्वाकांक्षी कोशिशों के लिए बहाना बनाना तो और भी गलत है। भारतीय साहित्य में अगर इस कारण पलायन की प्रवृत्ति आ रही है तो यह चिन्ता की बात है...

वैसे प्रकाश जी, जहाँ तक उत्तर-आधुनिकता को ऐसी स्थिति में मुफीद मानने वाले लोगों का सवाल है, तो मैं आपको बता दूँ कि यह कोई नयी और आश्चर्यजनक

बात नहीं है। ऐसा तो कुछ लोग करेंगे ही, पहले भी पश्चिमी आधुनिकतावाद के हिमायती साहित्य में थे...इन्हें तो सिर्फ मौका मिलना चाहिए। ये किसी भी बहाने का अपने पक्ष में इस्तेमाल कर लेंगे और पश्चिम के किसी भी जर्जर और वहाँ से तिरस्कृत हो चुके दर्शन की शरण में चले जाएँगे।...पर इन्हें जाने दीजिए, इनकी परवाह ही क्यों की जाए?...और फिर ऐसा हमारे यहाँ कोई पहली बार नहीं हुआ। याद कीजिए, सन् 1950 से 60 के बीच जिसे शीतयुद्ध का दौर कहा जाता है, उस समय भी विचारधाराएँ निर्यात की जाती रहीं...अस्तित्ववाद इसी बीच आया और एक ऐसी बाढ़ की तरह आया कि उसमें अनेक लोग बह भी गये...लेकिन प्रतिरोध की शक्तियाँ भी बराबर मौजूद रही, उन्हें पहचाना भी गया और लड़ने की ताकत भी बराबर बनी रही...

प्रकाश मनु : *यानी प्रतिरोध की शक्तियाँ आपके ख्याल से इधर के बरसों में कमजोर नहीं हुईं?*

नामवर सिंह : बिलकुल...रूस रहे न रहे, इससे ज्यादा फर्क नहीं पड़ता है। ...हमारे मन में शोषण के खिलाफ लड़ने की जो भावना है, वह क्या खत्म हो जाएगी? वह लड़ाई जो किसी और पर आश्रित हो, वह भी क्या लड़ाई है?...अभी आपको बताऊँ, कुछ समय पहले रूस के कुछ लेखकों का एक प्रतिनिधि मण्डल भारत आया था। रूसी संस्कृति केन्द्र में उनसे मुलाकात हुई। उनमें से एक पुराने मित्र थे। मेरी उनसे बात हुई तो मैं यह देखकर चकित रह गया कि हमसे ज्यादा तो वे लोग उत्तर-आधुनिकता के प्रभाव में आ गये हैं...मैंने उनसे कहा—"तुम लोग तो इतनी जल्दी फिसल गये। तुमसे तो हमीं अच्छे हैं..." (हँसी)...लेकिन अब वहाँ स्थिति क्या है, जरा आप देखिए। हो यह रहा है कि रूस के लेखकों की रचनाएँ फ्रांस में छप रही हैं, तो फ्रांस की या अमरीका की विचारधारा का आतंक उन पर क्यों न होगा? ...तो प्रकाश जी, मेरा आपसे कहना है कि हमारे यहाँ की स्थिति तो फिर भी बहुत अच्छी है...और अगर कुछ लोग आज प्रतिकूल मौसम देखकर पाला बदल रहे हैं तो कुछ लोग तो ऐसा हमेशा ही करते रहे हैं या करते रहेंगे...इनकी जरूरत से ज्यादा चिन्ता करना बेकार है और न इन्हें इतना अधिक महत्त्व दिया जाना चाहिए।

प्रकाश मनु : *लेकिन नामवर जी अगर वस्तुस्थिति देखें तो क्या आपको यह दिखाई नहीं देता कि भूखा, गरीब और सबसे ज्यादा आर्थिक मार झेलता हुआ आदमी आज हमारे साहित्य, विचार यहाँ तक कि सामाजिक-राजनीतिक चिन्ताओं के केन्द्र में नहीं है।...यानी कुल मिलाकर रवैया यह है कि भूख की, भूखे आदमी की कहाँ तक बात की जाए? अगर वह भूख से मरता है तो मर जाए। जबकि इससे पहले 65-70 के दौर में विचारधाराएँ चाहे जो भी हों, लेकिन गरीब आदमी हमारी सोच के केन्द्र में था। इन्दिरा गाँधी तक को चाहे दिखावे के लिए सही, 'गरीबी हटाओ'*

का नारा लगाना पड़ा। साहित्य में भी मुक्तिबोध, धूमिल, रघुवीर सहाय, सर्वेश्वर की कविताओं का एक दबाव था...जबकि आज प्रच्छन्न कलावाद फिर सिर उठा रहा है...तब और अब की स्थिति में यह फर्क नहीं लगता आपको?

नामवर सिंह : (कुछ आविष्ट होकर) आपकी यह बात किसी हद तक सही हो सकती है प्रकाश जी...लेकिन मैं नहीं समझता कि मौजूदा परिदृश्य केवल निराशा पैदा करने वाला है। स्थिति का एक दूसरा पहलू भी है जो बहुत आशा और बल देने वाला है, इसलिए उसे हमें नजरअन्दाज नहीं करना चाहिए। उदाहरण के लिए आप बताइए, दलितों की आवाज साहित्य में या समाज में इतनी प्रमुखता से पहले कब उभर कर आयी? दलितों की चिन्ता करने वाले कुछ सवर्ण साहित्यकार और विचारक तो थे, पर आम दलित आदमी खुद अपनी बात कहने के लिए साहित्य या विचारमंचों पर दौड़ा चला आएगा और खुद अपनी भाषा में अपने दर्द और पीड़ा का आख्यान करेगा, उसकी कल्पना पहले कहाँ थी? पिछड़ों की आवाज पहले इतने जोर-शोर से कब सुनी जाती थी, या पहले वह इतनी बड़ी सामाजिक शक्ति के रूप में प्रकट कहाँ हुई?...महिलाएँ जो पहले समाज के एक हाशिए पर पड़ी हुई थीं, अब खुद अपने दुख-दर्द, पीड़ा और अनुभवों के बारे में खुली और तेज-तर्रार भाषा में खुले ढंग से अपनी बात कहने लगी हैं। यह एक बिलकुल नयी उभरती हुई शक्ति है जो बहुत आशा और बल देती है।...ऐसे ही आदिवासियों के बीच से एक बिलकुल नया वर्ग उठ रहा है। किसान शक्ति में एक नया उठान है, और उसने अपने अस्तित्व का अहसास कराना शुरू कर दिया है। ठीक है, इसमें बड़े किसानों का उद्भव भी शामिल है, लेकिन छोटा किसान जो पहले दबा-कुचला था, उसने भी अब स्वाभिमान से सिर उठाकर चलना सीखा है। यह मेरे ख्याल से ऐसी शक्ति है, ऐसा संकेत है, आगे चलकर जो हमारे पूरे सामाजिक, राजनीतिक परिदृश्य को बदलकर रख देगा। ...तो प्रकाश जी, मुझे तो यह लगता है कि स्थितियाँ उतनी निराशा पैदा करने वाली नहीं हैं। तमाम नयी शक्तियाँ सामने आ रही हैं और नए तौर से संगठित हो रही हैं। अगर शोषण और नैराश्य बढ़ा है, तो उसके खिलाफ प्रतिरोध की शक्तियाँ भी खड़ी हुई हैं और वे लगातार मजबूत सी हो रही हैं—यह मुझे भरपूर आशा और उत्साह देने वाला संकेत लगता है।

अब राजनीतिक स्थितियों को देखें, तो राजनीति में आज एक विकल्पहीनता की स्थिति है—यानी जो समाजवादी और धर्मनिरपेक्ष विचारधारा है, आप किसी भी तरह उसे खारिज नहीं कर सकते, उसे नजरअन्दाज नहीं कर सकते। उसने पूरी तरह अपना दबदबा कायम कर लिया है और दूसरे जो वैसे नहीं हैं, उन्हें या तो बदलना पड़ रहा है या वे खुद ही पस्त और श्रीहीन हो रहे हैं।...आप देखिए, 1992 में बाबरी मस्जिद टूटने के बाद भारतीय जनता पार्टी का क्या हश्र हुआ, उसे कैसे मुँह की

खानी पड़ी। जनता ने उत्तर प्रदेश में उसे नकार दिया। यह इतनी बड़ी घटना है, जिससे जनशक्ति पर, जनता की धर्मनिरपेक्ष और न्यायिक चेतना पर मेरा भरोसा बढ़ा है।...आप देखिए, भारतीय जनता पार्टी सबसे बड़ा दल है संसद में, लेकिन अटल बिहारी वाजपेयी की क्या दुर्गति हुई? इतने संसद सदस्यों में कोई था उनके पक्ष में बोलने वाला? कोई छोटी से छोटी पार्टी तक उनके पक्ष में खड़ी नहीं हुई।...तो आप देख लीजिए, सम्प्रदायवाद या फिरकापरस्ती आज किसी को स्वीकार नहीं है। सम्प्रदायवाद कहीं-कहीं मजबूत हुआ है, तो उससे लड़ने वाली ताकतें कहीं अधिक मजबूत हुई हैं। आज भारत में लोकतन्त्र की जड़ें कम से कम इतनी मजबूत जरूर हैं कि सम्प्रदायवाद या फासीवाद की हिम्मत नहीं है कि यहाँ धरती पर पाँव टिका सके। लोग उसके खतरों से वाकिफ हैं। और अपने-अपने मतभेदों को भुलाकर भी यहाँ इकट्ठे हो सकते हैं। आप देखिए, जब सम्प्रदायवाद का खतरा सामने था, किस तरह छोटी-बड़ी सब पार्टियाँ मिलकर एक स्वाभाविक विकल्प बनकर खड़ी हो गयीं भारतीय जनता पार्टी के आगे—और यह विकल्प, इतना मजबूत, इतना अटूट, इतना स्वाभाविक था कि देखकर लोग दंग रह गये। इसे मैं अपने लोकतन्त्र का एक बहुत शुभ और स्वस्थ लक्षण मानता हूँ...तो प्रकाश जी, ये सभी बहुत आशा और बल देने वाली शक्तियाँ हैं हम जिन्हें नजरअन्दाज नहीं कर सकते।

प्रकाश मनु : *धन्यवाद नामवर जी, मैं खुद इसी सवाल पर आ रहा था... देवगौड़ा सरकार के आने के साथ ही भारतीय राजनीति में एक तरह का पट-परिवर्तन हुआ। एक ही पार्टी की सरकार की तानाशाही से हम मुक्त हुए और मिली-जुली सरकार के साथ ही परिवर्तन की हवा भी आयी है और चीजें बदलने के संकेत भी। ...लेकिन इस सरकार को लेकर क्या आपके मन में कुछ भय और आशंकाएँ भी हैं—या नहीं? दूसरे इस सरकार की अब तक की उपलब्धियाँ आपके ख्याल से क्या हैं?*

नामवर सिंह : (एक क्षण की चुप्पी के बाद) अभी तो देवगौड़ा सरकार के सौ दिन भी पूरे नहीं हुए, इसलिए अभी से उसके बारे में कुछ कहना जल्दबाजी होगी, फिर भी जितना कुछ भी इस सरकार के कामकाज को देखकर चित्र मन में बनता है, उसको लेकर बात की जा सकती है।...इस सरकार की एक बहुत बड़ी उपलब्धि तो मैं यह मानता हूँ कि इसने कश्मीर में चुनाव कराने का फैसला किया। इस मामले में देवगौड़ा सरकार की यह ऐतिहासिक पहल है, जिसका श्रेय उसे मिलना ही चाहिए। आप देखिए कि जो फैसला नरसिंह राव की बहुमत वाली और अपेक्षाकृत शक्तिशाली समझी जाने वाली सरकार नहीं कर पाई, उसे काँग्रेस के समर्थन के सहारे टिकी हुई और एक अपेक्षाकृत कमजोर समझी जाने वाली सरकार ने कर दिखाया ...इससे यह अन्दाजा लगाया जा सकता है कि इस सरकार में काम करने का हौसला

और इच्छाशक्ति तो है और जो ज्वलन्त समस्याएँ हैं, वहाँ उसे समय पर फैसला लेना आता है।

इसी तरह पर्यावरण को लेकर इस सरकार के दो फैसले ऐसे हैं, जिनके लिए उसे साधुवाद दिया जाना चाहिए। इनमें एक तो टिहरी बाँध पर पुनर्विचार करने का फैसला, जिसे मैं बहुत महत्त्वपूर्ण और साहसिक कदम मानता हूँ। उम्मीद है, पर्यावरणविदों और वैज्ञानिकों से बात करके तथा समस्या के हर पहलू पर विचार करके अब जो फैसला होगा, वह कहीं अधिक संगत और समाज के सभी वर्गों को सन्तुष्ट करने वाला होगा। इसी तरह दूसरा फैसला नर्मदा बाँध (सरदार सरोवर) की ऊँचाई को कम करने का है। अगर यह सच है तो यह भी उतना ही महत्त्वपूर्ण फैसला है। इन दोनों फैसलों से इतना तो लगता है कि यह सरकार संवेदनशील सरकार है तथा जनता की भावनाओं को समझती है, उसी हिसाब से काम करने के लिए उत्सुक भी है...

प्रकाश मनु : *डॉक्साब, अब आशंकाओं की बाबत...?*

नामवर सिंह : हाँ, मैं इसी बात पर आ रहा था...इसमें मेरी सबसे बड़ी आशंका तो इस सरकार के बजट को लेकर है। चिदम्बरम का जो बजट है, वह एक तरह से तो मनमोहन सिंह की लाइन में ही है, उससे अलग नहीं है।...तो बुनियादी रूप से उन्होंने काँग्रेस का ही रास्ता अपनाया। यानी जिसे मोटे तौर से आर्थिक उदारवाद कहते हैं, जिनमें मल्टीनेशनल्स का दखल और आधिपत्य बढ़ने की आशंका बहुत है—उसको ही आगे बढ़ाने वाला बजट है...लिहाजा इसे गरीबों का बजट नहीं कहना चाहिए। मोटे तौर से यह पूँजीपति घरानों को सन्तुष्ट करने वाला बजट ही है—तो सच तो यह है कि जो अपेक्षाएँ संयुक्त मोर्चा सरकार से इस मामले में बनी थीं, यह बजट उन पर पानी फेर देता है...लेकिन तो भी स्थिति पूरी तरह से निराशाजनक इसलिए नहीं है कि भारतीय कम्युनिस्ट पार्टी ने, जो संयुक्त मोर्चा सरकार की एक घटक पार्टी भी है—इस बजट का खुलकर विरोध किया है...तो यानी कि संयुक्त मोर्चा सरकार में चाहे सारे काम अच्छे नहीं हो रहे हैं, तो भी हालत यह है कि असहमतियों और विरोध के रास्ते खुले हुए हैं और जो कुछ अच्छा नहीं है, उसका विरोध खुद संयुक्त मोर्चे के भीतर हो रहा है।...इसको मैं निश्चित तौर से एक अच्छा लक्षण मानता हूँ...और कई मुद्दों पर तो भीतर का जो यह विरोध है, वह इतना तीव्र था कि सरकार को अपने कई फैसले बदलने पड़े।...मसलन सार्वजनिक क्षेत्र में छँटनी की बात चिदम्बरम ने कही थी, लेकिन इस पर इतना सख्त विरोध हुआ कि आगे इस बात को दुबारा उठाने की उनकी हिम्मत नहीं हुई। इस तरह संयुक्त मोर्चे के भीतर ही जो अपेक्षाकृत अधिक सचेत समाजवादी शक्तियाँ हैं, वे अपना पूरा दबाव बनाए हुए हैं...और हम आशा कर सकते हैं कि इस सरकार का जो अगला बजट

आएगा, वह आम जनता के हितों के ज्यादा निकट होगा।

प्रकाश मनु : *क्या आपको लगता है कि काँग्रेस पर निर्भरता के कारण ऐसा हुआ...कि बजट में काँग्रेस की लाइन लेना देवगौड़ा सरकार की मजबूरी बन गयी?*

नामवर सिंह : नहीं, काँग्रेस के कारण नहीं, इस बारे में मेरी स्पष्ट राय है कि जो तबका पहले कभी काँग्रेस के साथ था, उसे टिकाए हुए था, वही अब संयुक्त मोर्चा को टिकाए हुए है। यानी आप कह सकते हैं, संयुक्त मोर्चा सरकार सम्पन्न वर्गों के दबाव में है। इसे और स्पष्ट करने के लिए कहूँ तो बड़ी पूँजी वाले उद्योगपति और बड़े किसान इस सरकार पर हावी हैं और इसे मनचीते ढंग से चलाना चाहते हैं। मैं यह नहीं कहता कि पूरी तरह से उनका दबाव काम कर ही रहा है, पर उनका दबाव है जरूर और संयुक्त मोर्चा सरकार उनके हितों की इसलिए अनदेखी नहीं कर सकती, क्योंकि वह उनका सहयोग लिए बिना नहीं रह सकती और उन्हीं के सहारे चल रही है। यह एक तरह से गलत प्राथमिकताओं का ही नतीजा है कि बजट आम लोगों से दूर जा पड़ा। यह सरकार बड़े किसानों, बड़े पूँजीपतियों और बड़े उद्योगपतियों की जितनी चिन्ता कर रही है, उतनी छोटे किसान, कामगर और गरीब लोगों की नहीं। मेरे लिए यह दुख और चिन्ता की बात है।

दूसरे, यह सरकार संयुक्त मोर्चा के साझा न्यूनतम कार्यक्रम का जिस तरह बार-बार उल्लंघन कर रही है, वह भी कोई अच्छी बात नहीं है और उससे मन में गहरी आशंका पैदा होती है कि क्या सरकार की या सरकार चलाने वालों की नीयत साफ है? उदाहरण के लिए संयुक्त मोर्चा की सरकार बनते ही यह घोषणा की गयी थी कि लोकपाल बिल लाया जाएगा और प्रधानमन्त्री को भी उसके अन्तर्गत लाया जाएगा—यानी वह प्रधानमन्त्री के कामकाज पर भी टीका-टिप्पणी कर सकेगा। पर अब मैं देखता हूँ कि लोकपाल की घोषणा जिस तरह तुरत-फुरत हुई थी, उस तरह की उत्सुकता लोकपाल बिल लाने की प्रधानमन्त्री देवगौड़ा नहीं दिखा रहे हैं। यह मेरे लिए चिन्ता की बात है। फिर आज ही मैं अखबार में पढ़ रहा था कि सी.बी.आई. को गृह मन्त्रालय के अधीन लाने की माँग उठ रही है और इस बारे में हीला-हवाला भी किया जा रहा है। यानी कहीं-न-कहीं स्थितियाँ ऐसी हैं जो शक पैदा करती हैं और हमारी आँख के आगे बार-बार एक धुँधलका आ जाता है। इससे मालूम पड़ता है कि भ्रष्टाचार के मामले में जो लड़ाई है, उसमें, देवगौड़ा सरकार ज्यादा मनोबल का परिचय नहीं दे पा रही।

प्रकाश मनु : *आप मनोबल की बात कर रहे हैं?...तस्सलीमुद्दीन जैसे घोषित अपराधियों और सन्दिग्ध चरित्र के लोगों को तो देवगौड़ा सरकार में मन्त्री बना दिया गया और कोई और भी नहीं, गृह मन्त्रालय उसे सौंपा गया। यह तो प्रेस ने इतना हल्ला-गुल्ला किया, वरना उसका हटाया जाना क्या इतना आसान था? इससे क्या*

नीयत का पता नहीं चलता?

नामवर सिंह : (किंचित क्षोभ के साथ) यह मैं आज कह सकता हूँ प्रकाश जी कि संयुक्त मोर्चा अगर टूटेगा तो अपने मुख्य घटक जनता दल के कारण!...संयुक्त मोर्चा सरकार गिरेगी तो जनता दल के अन्तर्विरोधों, उसकी भ्रष्ट आर्थिक नीतियों और अन्तःकलह के कारण यानी जिस दल के खुद प्रधानमन्त्री देवगौड़ा हैं, वही दल–प्रधानमन्त्री देवगौड़ा का दल ही उन्हें गिराएगा। जनता दल के अध्यक्ष लालू प्रसाद यादव–वे कारण बनेंगे!...जिस दल ने अपने फ्रेण्ड, गाइड, और फिलॉस्फर विश्वनाथ प्रताप सिंह को चुपचाप हाशिए पर फेंक दिया है, उन्हें जिस ढंग से अलग-थलग किया गया, उसी से समझ में आ जाता है कि जनता दल के काम करने का ढंग और जनता दल के नेताओं की नीयत क्या है!...इससे संयुक्त मोर्चा सरकार के प्रति हमारी आशंकाएँ और बढ़ जाती हैं।

प्रकाश मनु : *नामवर जी, हम समय के जिस दौर में हैं उसमें एक सदी खत्म हो रही है और एक नयी सदी जन्म लेने जा रही है...तो नयी सदी के आदमी का चेहरा क्या होगा या नयी सदी में साहित्य और कलाओं का रूप आपके ख्याल से क्या होगा, इस बारे में आपकी परिकल्पना...?*

नामवर सिंह : (कुछ व्यंग्यपूर्ण मुस्कराहट के साथ) प्रकाश मनु जी, इतिहास मेरे लिए एक कैलेण्डर नहीं है कि साल खत्म हुआ और उसे बदल दिया!...तो ऐसा नहीं है कि सन् दो हजार आते ही पिछला सब कुछ खत्म हो जाए और नया आदमी, नया साहित्य, नयी कलाएँ, धरती पर नजर आने लग जाएँ (कुछ क्षण रुक कर सोचते हुए) यह मैं इसलिए कह रहा हूँ कि उन्नीसवीं सदी सन् 1900 में खत्म नहीं हो गयी थी, वह खत्म हुई आगे चलकर सन् 1919 में प्रथम विश्वयुद्ध के समय। तो इसी तरह बीसवीं सदी सन् 2000 में नहीं, 21वीं सदी में कहीं जाकर खत्म होगी। ...हो सकता है, उसके दो दशकों बाद खत्म हो...हो सकता है, इस बीच कोई ऐतिहासिक परिवर्तन लाने वाली घटना घटित हो, जिसके आघात से मनुष्य का विचार, चिन्तन, जीवन-पद्धति और नियति ही बदल जाए, तो वह एक नये मनुष्य का जन्म होगा और एक नयी सदी का भी।

प्रकाश मनु : *डाक्टर साहब, कहा तो यह जाता है कि पिछले कुछ समय में समय की रफ्तार इतनी तेज हुई है कि जितना परिवर्तन पिछले दो दशकों में हुआ है, उतना पिछले दो सौ सालों में नहीं हुआ।...तो इस लिहाज से जो समय हमारे सामने है, उससे आने वाले समय के बारे में हम क्या अन्दाजा लगा सकते हैं?*

नामवर सिंह : हाँ, इधर के बीस-पच्चीस सालों में जो परिवर्तन आये हैं और जीवन का रूप और रंग-ढंग जैसे बदला है, उसे देखते हुए कहा जा सकता है कि हम एक अतिवादी दौर में जी रहे हैं और जो लक्षण सामने हैं, उसे देखते हुए कहा

जा सकता है कि अभी तो यह अतिवाद रुकता हुआ नहीं दीखता। यानी अभी कुछ समय और हम अतिवाद की ओर बढ़ेंगे और यह अतिवाद जीवन के किसी एक रूप में नहीं, तमाम रूपों में, तमाम शक्लों में फूटेगा। आगे चलकर शायद इन अतिवादों के आपसी संघट्ट से ही इनका शमन भी होगा—कुछ-कुछ वाद-विवाद-संवाद वाली शैली में। इधर मैं एरिक हाब्सबाम की पुस्तक 'अतिवादों का युग' (द एज आफ एक्सट्रीम्स) पढ़ रहा था...तो उसने बीसवीं सदी के इस ढलान के युग का नामकरण ही 'अतिवादों का युग' किया है। हालाँकि यह उसकी चौथी पुस्तक है। इस शृंखला की चौथी पुस्तक। उसकी चारों पुस्तकों के नाम हैं—'क्रान्ति का युग', 'पूँजी का युग', 'साम्राज्यवाद का युग' तथा 'अतिवाद का युग'।...तो बीसवीं सदी की कई विशेषताएँ हैं, कई असाधारणताएँ हैं जिनकी वजह से इतिहास में उसे याद रखा जाएगा।...आप देखिए, बीसवीं सदी में दो-दो महायुद्ध हुए। बीसवीं सदी में महान् समाजवादी क्रान्ति हुई और उसका पराभव भी हमें देखने को मिला। सन् 1930 में पूरी दुनिया में पूँजीवाद के पतन की स्थिति हमने देखी—यह एक असाधारण मन्दी की स्थिति थी और उसके बाद नये सिरे से पूँजीवाद का उदय हुआ। बीसवीं सदी में उपनिवेशवाद का खात्मा हुआ तो नव-उपनिवेशवाद के रूप में उसका फिर से जन्म हुआ। बीसवीं सदी में आतंकवाद का इतना प्रसार हुआ कि वह एक अन्तर्राष्ट्रीय फिनोमिना तथा अन्तर्राष्ट्रीय चिन्ता का कारण भी बना। बीसवीं सदी में एटम बम गिराकर भयानक नरसंहार हुआ तो एटम बम पर रोक लगाने की कोशिशें भी इसी सदी में हुईं। तो प्रकाश जी, बीसवीं सदी मुझे तमाम अतियों का समुच्चय लगती है और मुझे लगता है कि इन अतिवादों का सन्तुलन नयी सदी में जाकर होगा...

प्रकाश मनु : *तो नामवर जी, नयी सदी को लेकर आपके मन में आशा ही ज्यादा है? या कि आशंकाएँ भी हैं?*

नामवर सिंह : नहीं, आशा ही मुझे ज्यादा दिखती है। इस मामले में मैं पूरी तरह आश्वस्त हूँ। अतिवाद आदमी को कभी-कभी खींच तो ले जाता है और उसमें एक दुर्वह आकर्षण भी है, लेकिन अतिवाद में आदमी ज्यादा समय रह नहीं सकता है।

प्रकाश मनु : *एक सचेत और संवेदनशील लेखक होने के नाते जो समय या मौजूदा दौर हमारे सामने है—उस पर आपकी टिप्पणी?*

नामवर सिंह : (कुछ क्षण मौन रहकर)—"एक आग का दरिया है और डूब के जाना है" (कहते-कहते एक हल्की मुस्कराहट नामवर जी के पान-रंगे होंठों पर नजर आती है।)

प्रकाश मनु : *अब आखिरी तीन सवाल नामवर जी। ये आपकी 'इमेज' को लेकर हैं...लेकिन मुझे भय भी लग रहा है, आप बुरा न मान जाएँ।*

नामवर सिंह : (मुस्कराते हुए) नहीं नहीं...पूछिए।

प्रकाश मनु : *विष्णुकान्त शास्त्री ने आप पर लिखे एक संस्मरण में आपकी तीन कसमों का जिक्र किया है और यह भी कि आगे चलकर आपने ये कसमें तोड़ दीं...इस बावत कुछ बताएँ।*

नामवर सिंह : (हैरत के साथ) मुझे तो ऐसी किसी कसम की याद नहीं है ...वैसे, आप बताएँगे, कौन-कौन सी तीन कसमों का जिक्र किया है उन्होंने?

प्रकाश मनु : *एक तो महानगर की चकाचौंध से बचते हुए हमेशा गाँव के आदमी की तरह जीने की कसम का जिक्र है...दूसरे शराब न पीने और तीसरे किसी प्रकाशन संस्थान के साथ न जुड़ने की कसम...जहाँ तक मुझे याद पड़ता है, इन कसमों का उल्लेख किया है उन्होंने।...उनकी संस्मरणों की किताब में एक संस्मरण आप पर है, उसी में पढ़ा था मैंने।*

नामवर सिंह : प्रकाश जी, ऐसी कोई कसम तो मैंने कभी नहीं खाई, खाई हो तो अब याद नहीं। वैसे, कसमें तोड़ने के लिए ही खाई जाती हैं...पता नहीं कैसे लिख दिया उन्होंने...और फिर इसमें कसम खाने की ही क्या बात है। अब जैसे मैं महानगर में एक ग्रामीण आदमी की तरह हूँ तो...यह तो मेरा ढंग है जीने का और मुझे अच्छा भी लगता है...लेकिन इसे कोई बहुत ऊँचा आदर्श तो मैं नहीं मानता हूँ...हर आदमी को अपने ढंग से जीने का हक है...

प्रकाश मनु : *एक टिप्पणी नामवर जी, भीष्म साहनी की है...उन्होंने कहीं लिखा है कि नामवर जी बहुत अच्छे वक्ता हैं, पर इधर लगता है, अपनी वक्तृता से वह खुद ही मोहित होने लगे हैं—यह कोई अच्छा लक्षण नहीं है।...तो इस टिप्पणी पर आपकी प्रतिक्रिया?*

नामवर सिंह : (थोड़ी देर के असमंजस के बाद) इस पर मुझे सिर्फ यह कहना है कि जब कोई मुझे अच्छा वक्ता कहता है तो इसे सुनकर मुझे कोई खुशी नहीं होती...(एक क्षण रुककर) मैं इतना मूर्ख नहीं हूँ कि जब मुझे अच्छा वक्ता कहा जाए तो इसके पीछे के व्यंग्य को समझ न सकूँ।

प्रकाश मनु : *अब आखिरी सवाल नामवर जी!...दिल्ली विश्वविद्यालय की एक महिला प्रोफेसर से मेरी बात हो रही थी...अचानक आपके व्यक्तित्व का विश्लेषण करते हुए उन्होंने कहा—नामवर जी का व्यक्तित्व मुझे हमेशा ऐसा लगता रहा है जिसमें पचास प्रतिशत हिस्सा देवता का है, पचास प्रतिशत हिस्सा दैत्य का...और इधर कुछ समय से खुशी की बात यह है, उन्होंने कहा—कि देवता वाला हिस्सा काफी बड़ा हो गया है...तो नामवर जी इस पर आपकी टिप्पणी?*

नामवर सिंह : (कुछ चकित भाव से) इस पर मुझसे क्या चाहते हैं आप?

प्रकाश मनु : *मुझे लगता है कि आपके व्यक्तित्व का यह एक खास तरह*

का मूल्यांकन है, बिम्बात्मक कहिए—पूर्वाग्रहयुक्त या जो भी...लेकिन एक आधी अधूरी कोशिश यह है—चाहे जितनी भी सब्जेक्टिव हो!...तो आपको अपना यह मूल्यांकन कैसा लगता है।

नामवर सिंह : (एक विचित्र भंगिमा के साथ) प्रकाश जी, मतलब यह कि देव है, दानव है, नहीं है तो मनुष्य! इस पर ठहाका लगाया जा सकता है। (कहकर नामवर जी, जोर से हँस देते हैं—लेकिन इस हँसी के पीछे विषाद की हल्की सी छाया भी छिपती नहीं है, जो मुझे किसी हद तक अपराध-बोध से भर देती है। एक अच्छी लय में चलती आ रही बातचीत का यह एक अटपटा बल्कि 'बुरा' अन्त था।)

मैं कुछ विषण्ण सा कागज-पत्तर समेटकर उठ खड़ा होता हूँ। नामवर जी मुझे दरवाजे तक छोड़ने आते हैं। "आज तक मेरे कई इण्टरव्यू हुए हैं, लेकिन इतनी देर तक मैं कभी नहीं बोला...जो लम्बे इण्टरव्यू हुए हैं, वे कई किस्तों में हुए हैं।" नामवर जी सहजता से कहते हैं।

लेकिन मैं अपने अपराध बोध से मुक्त नहीं हो पाया हूँ। मुझे वही साल रहा है। "अगर मेरा कोई प्रश्न आपको बुरा लगा हो तो क्षमा करें।" मैं धीरे से कहता हूँ।

"नहीं," नामवर जी हँसते हैं, "मैं इस तरह का आदमी नहीं हूँ।" और मेरे हृदय पर पड़ी विषाद की छाया कुछ कम हो जाती है।

सीढ़ियाँ उतरकर जब मैं फरीदाबाद की बस पकड़ने के लिए बढ़ता हूँ तो अचानक हवा के तेज झोंके के साथ बहुत-कुछ पुराना ढह जाने और नये और विश्रान्तकारी अहसास से लबालब भर उसे जाने जैसा 'कुछ' महसूस होता है।...मेरा मन एकदम हल्का और मुक्त है—और आज का दिन धीरे-धीरे एक 'बड़ी' और आश्चर्यजनक 'उपलब्धि' में बदलता जा रहा है।

(1999)

जीवन और आलोचना कर्म का सिंहावलोकन

(डा. किरन सिंह के साथ)

किरन : *आपके बचपन के बारे में तथ्यात्मक लेखे-जोखे से हम थोड़े बहुत परिचित हैं, लेकिन बचपन तो कोई और ही चीज है, बाद के संघर्षशील जीवन के बीच बचपन की यादें एक प्रेरणाप्रद विरामस्थल का काम करती हैं। क्या आपके बचपन की ऐसी कोई स्मृति है?*

नामवर सिंह : बचपन की बातें याद करता हूँ तो बचपन की घटनाएँ याद आती हैं। बहुत स्पष्ट यादें हैं। नमक सत्याग्रह आन्दोलन गांधीजी का। मेरी उम्र पाँच-छः साल की रही होगी। मेरे एक चचेरे भाई थे, मुझे कन्धे पर बिठाकर मेरे गाँव से एक मील दूर हेतमपुर गाँव है, उस गाँव में जहाँ ये घटना हो रही थी, उसे दिखाने ले गए थे। वहाँ कांग्रेसी नेता, जिन्हें मैं चाचाजी कहता था—कामता प्रसाद विद्यार्थी, वही उस नमक सत्याग्रह के नेता थे। पुलिस आई, धरपकड़ हुई, उनके कन्धे पर बैठकर मैंने देखा था। वह घटना मुझे आज भी याद है।

स्कूल के दिनों की छोटी-मोटी कई घटनाएँ हैं। प्राइमरी पाठशाला में पढ़ते समय की याद, जिसमें शहर से हमारे अध्यापक बक्से में कुछ किताबें लाए थे, और उन किताबों में एक अलग गन्ध आती थी। पहली बार जब मैंने हाथ में लिया था तो उन किताबों को पढ़ने की बजाय, सूँघने का मन करता था। पुस्तक के साथ गन्ध का भाव मेरे मन में आज भी है। मैं उसका जिक्र इसलिए कर रहा हूँ कि जिस परिवार में मैं था, वह पढ़े-लिखे लोगों का परिवार न था। मेरे पिता अध्यापक थे प्राइमरी स्कूल के और स्वयं प्राइमरी अध्यापक के पास कितनी किताबें होंगी? मेरा खेती करनेवालों का परिवार था इसलिए किताबों के लिए मेरे मन में जो ललक थी, वह कक्षा में पहली बार उन किताबों को देखकर मुझे लगी। इस सिलसिले में मैं छोटी-सी बात का और जिक्र करूँगा। मेरे गाँव से कुछ दूर दशहरा के दिन रामलीला जहाँ होती थी, एक मेला लगता था, तो उसी में कुछ सस्ती धार्मिक किताबों के बेचने वाले भी दुकान पर रखते थे। मेरे पास इतने पैसे नहीं थे कि मेले में बिकनेवाला हनुमान चालीसा खरीद लूँ। उसकी कीमत शायद दो पैसा रही होगी। पर मेरे पास चालीसा खरीदने के लिए पैसे नहीं थे। मेरे बड़े चचेरे भाई ने उसे खरीदा। वे भी

उसी स्कूल में पढ़ने जाते थे। शाम को जब हम स्कूल से लौटते थे तब हनुमान चालीसा पढ़ते हुए गाँव आते थे। स्कूल से गाँव एक किलोमीटर की दूरी पर था। वे जोर-जोर से पढ़ते थे और मैं सुनता था। कुछ दिनों में हालत यह हो गई कि मुझे तो वह हनुमान चालीसा याद हो गया और आज भी याद है। लेकिन उन्हें हनुमान चालीसा कभी याद नहीं हुआ। वे जोर-जोर से पढ़ते हुए आते थे, और गाते भी थे अपने ढंग से—

> ''को नहीं जानत है जग में
> कपि संकट मोचन नाम तिहारो।
> लाल देह लाली लसी और धरि लाल लंगूर।
> वज्र देह दानव दलन जय जय जय कपि सूर ॥''

इन पंक्तियों की धुन अभी भी मेरे मन में गूँजती है। किसी पुस्तक के साथ वह पहला परिचय था। पहला इसलिए कि जो आगे चलकर हुआ जो आज भी है कि मेरे लिए सबसे बड़ा शौक या व्यसन पुस्तक है। आज भी कोई नई किताब दिखाई पड़ जाए तो मेरे मन में वही ललक होती है जो बचपन में हनुमान चालीसा के लिए हुई थी। चूँकि मेरे गाँव में लाइब्रेरी नहीं थी। मेरे गाँव से एक मील दूर ठाकुर जयचन्द्र सिंह रहते थे, एक तरह से पढ़े-लिखे थे, मुझसे उम्र में बड़े थे, अभी जीवित हैं, मुझसे प्यार करते हैं। वे अच्छे जमींदार घर के थे। एक छोटी-सी लाइब्रेरी उनके यहाँ थी। मिडल के बाद एडवांस परीक्षा हुआ करती थी, तो उन्होंने एडवांस परीक्षा भी पास की थी, तो शायद उसके लिए कुछ किताबें उनके पास रही होंगी। पढ़ने के लिए जब मैं बनारस चला गया तो उनके बाद गर्मियों की छुट्टियों में मैं उनके गाँव नियमित जाता था, सिर्फ पुस्तक पढ़ने के लिए, तेज धूप में भी; और तो मैं कुछ कह नहीं सकता यानी पुस्तक की एक भूख थी, ललक थी, जो बहुत बाद में मालूम हुआ जिनके पास किताबें नहीं होतीं वे उसका महत्त्व समझते हैं। बाद में जब मैंने मैक्सिम गोर्की की 'मेरा बचपन' पढ़ी तो पता लगा कि किसी साधनहीन और किसी गरीब के मन में पुस्तक पढ़ने के लिए कितनी ललक और भूख होती है? शायद मेरे मन में यही भूख बचपन से मेरे मन में थी, पुस्तक के लिए।

किरन : *हम आपके परिवार के बारे में जानते हैं—जीअनपुर के परिवार के बारे में, माताजी के बारे में, पिताजी के बारे में, रामजी सिंह के बारे में और काशीनाथ सिंह के बारे में, लेकिन गाँव का परिवार अपेक्षाकृत और भी बड़ा होता है, संयुक्त परिवार होता है। उस संयुक्त परिवार की अपनी समस्याएँ होती हैं। कुछ वैसी ही समस्याएँ जैसी समस्याएँ महाभारत काल ने हमारे सामने रखी हैं आप भी इसी प्रकार की समस्याओं के साक्षी रहे होंगे, एक बृहद परिवार से टूटने जुड़ने की क्या कोई*

ऐसी स्मृतियाँ हैं?

नामवर सिंह : मेरा गाँव बहुत छोटा-सा गाँव है; उसमें क्षत्रियों के छः-सात घर, चार-पाँच अहीरों के, एक कहार का, दो लुहार के, एक गड़रिये का, दो-तीन चमारों की बस्ती थी, जो हमारे गाँव से बाहर थी। इस गाँव को लोग उसरा गाँव कहा करते थे। हमारे पुरखों ने एक दूसरे बड़े गाँव से, जिसे खड़ाने कहते हैं, यहाँ जमीन खरीदी थी और बस गए थे। इस गाँव में जो मेरा अपना परिवार है, मेरे पिता अपने तीन भाइयों में मझले थे। उनमें बड़े सागर सिंह, उनके तीन बेटे थे और छोटे चाचा बाबू नन्दन सिंह, उनका केवल एक बेटा था, हम अपनी पिता की तीन सन्तान थे। ताऊजी के तीनों बेटों की शादियाँ हो चुकी थीं, उनके बच्चे भी थे। तो यह हमारा परिवार था। कह सकते हैं कि बड़ा परिवार है। उसकी सबसे पहली समस्या मालूम होती थी कि इतने लोगों का भोजन एक साथ बनता था और एक रसोई थी तो बच्चों की बड़ी शामत आती थी, कुछ बच्चे बिना खाए सो जाते थे, क्योंकि जब तक भोजन तैयार होता तब तक वे सो जाते थे। इसलिए माताएँ इतना ध्यान जरूर रखती थीं कि हमारा बच्चा जरूर खा ले। कहने के लिए संयुक्त परिवार था, पर व्यावहारिक स्तर पर लगभग अलग-अलग परिवार था। चूँकि इसमें खेती-बाड़ी सँभालना-करना मेरे बड़े चाचा या ताऊजी ही करते थे इसलिए घर के मालिक भी वही थे, बड़े हँसमुख थे, वही घर सँभालते थे। पिताजी चूँकि अध्यापक थे, खेती-बाड़ी जानते नहीं थे तो उनकी सन्तान का भी वही हाल होना चाहिए, उपेक्षित ही थे। जो छोटे चाचा थे, वे गाने-बजाने वाले आदमी थे, वे गाँव-गाँव घूमा करते थे। उनकी भी खेती-बाड़ी में कोई दिलचस्पी नहीं थी। विचित्र बात यह कि उस पूरे परिवार में पढ़े-लिखे केवल मेरे पिता ही थे और पढ़ने-लिखने में मैं ही निकल पाया। न चाचा के बेटे पढ़ पाए न बड़े ताऊ के बेटे पढ़ पाए। कुछ ने मिडल के बीच में पढ़ाई छोड़ दी। कुछ ने प्राइमरी परीक्षा के बाद छोड़ा। लगभग सबका हाल यही रहा। केवल पढ़ने वाला मैं ही था। इस संयुक्त परिवार के बारे में केवल यही कह सकता हूँ कि पढ़ने के लिए आर्थिक मदद मिल ही नहीं सकती थी। मेरे पिता ने भी सोच रखा था कि अधिक से अधिक मिडल तक पढ़ाकर इसे भी प्राइमरी स्कूल का मास्टर बनाएँ। चूँकि मिडल की परीक्षा में मुझे प्रथम श्रेणी और अच्छा स्थान मिला और हमारे शुभचिन्तक और पिताजी के मित्र कामता प्रसाद जी जो स्वयं बी.ए. तक पढ़े थे, जाति के कायस्थ थे और आधुनिक राजनीतिक विचारों वाले व्यक्ति थे उन्होंने जोर देकर मेरे पिताजी से कहा, जब इसे प्रथम पोजीशन मिली है तो इसे स्कॉलरशिप तो मिलेगी ही, तो आगे इसे शहर में पढ़ाओ। हमारे यहाँ देहात में कोई भी हाईस्कूल नहीं था। गाँव से तीस मील दूर पढ़ना था। लगभग इस संयुक्त परिवार में पढ़ने के कारण यह तो कहूँगा कि किसी ने बुरा नहीं माना। लेकिन परिवार से मुझे कोई

विशेष आर्थिक सहायता नहीं मिल सकती थी।

इस संयुक्त परिवार के बारे में मैं इतना कह सकता हूँ कि इस परिवार में प्रेम से, बिना लड़ाई-झगड़े के बँटवारा हो जाए, ऐसा महसूस सब करते थे, कहता कोई नहीं था। 1951 में जब मैंने एम.ए. पास किया तो मैं पहला आदमी था जिसने अपने बड़े चाचाजी से कहा जैसे रहते हैं हम लोग उससे थोड़े समय में ही हम लड़ेंगे—उससे अच्छा है कि हमलोग प्रेम से, सद्भाव से अलग-अलग हो जाएँ। लोगों को बड़ी अटपटी बात लगी और कहा कि यह तुम कहते हो। फिर भी मैंने, कहना चाहिए, बड़ा कठोर निर्णय लिया और खुद गाँव आया और मैंने ताऊजी से कहा कि जैसी स्थिति आप देख रहे हैं—परिवार बड़ा हो गया है, शादियाँ सबकी हो गई हैं, सबके बच्चे हो गए हैं, आपके जीते जी यह काम हो जाए तो अच्छा। बाद में हम लोग आपस में लड़ें-झगड़ें तो अच्छा नहीं है। वे बोले, बताओ क्या तरीका होगा! मैंने कहा कि अपनी ओर से मैं पूरा अधिकार देता हूँ कि आप बड़े हैं, सबसे बड़ा आपका परिवार है, खेती-बाड़ी आप ही कराते रहे हैं इसलिए आप अपना एक हिस्सा अलग कर लीजिए बाकी जितना बचता है, हिस्से कर लीजिए और जो आप कर देंगे, हम सब मानेंगे। ये बात सबको विचित्र लगी। लेकिन मैंने कहा कि हम किसी तीसरे रिश्तेदार को नहीं बुलाएँगे, बँटवारे के ऊपर आपका पूरा दायित्व है। आपने जो बनाया है, उसी को अलग-अलग दे दीजिए। सब बड़े सद्भाव से हो गया। गाँव के लोगों को भी आश्चर्य हुआ और उसके बाद हमारा भी विस्तार हुआ और यह कहूँ कि आज तक अब भी वे संयुक्त परिवार के लोग हैं, आज तक कभी कोई लड़ाई-झगड़ा नहीं हुआ, न कोई मुकदमेबाजी अभी तक हुई। कभी-कभी मैं सोचता हूँ कि ऐसा न हुआ होता तो बहुत बुरा होता। गाँव में अन्य परिवार जो हैं उनमें बँटवारे को लेकर खूब लड़ाई-झगड़ा हुआ लेकिन हम लोगों के परिवार के बीच कभी नहीं हुआ। तो जो मैं कहना चाहता था, वह यह कि संयुक्त परिवार में मुझे बचपन से अकेलेपन की आदत पड़ गई थी, शायद इसका एक कारण यह भी हो कि मेरे पिता स्वयं पूरे परिवार में अकेले रहते थे। किसी से बोलते नहीं थे, कभी-कभी मुझे बुलाकर पढ़ाते थे। वे अपने भाइयों से बात न करते। गाँव में किसी से बात नहीं करते थे। वे स्कूल से आने के बाद शाम को विद्यार्थी जी के घर जाया करते थे, वहाँ बैठते थे, अखबार पढ़ते थे और कभी-कभी मुझे भी विद्यार्थी जी के घर ले जाया करते थे। मेरे ऊपर इसका कहीं असर पड़ा होगा। एक तो कम बोलने की आदत की यह वजह होगी। बातचीत मैं अपनी माँ से कर सकता था, अपने भाइयों से नहीं कर सकता था। घर में रहकर भी बराबर में गाँव के बाहर एक कुआँ था, वहाँ बैठता था, या आम का बगीचा था, वहाँ चला जाता था। यहाँ तक कि मैं बनारस आ गया तो छुट्टियों में गर्मी की छुट्टी ही एक होती थी, दशहरे की छुट्टी एक होती

थी, पन्द्रह दिन की और जाड़े की पन्द्रह दिनों की, तीनों छुट्टियों में हम जाया करते थे तो आमतौर से मैं घर नहीं रहता था। गाँव के लोगों को बड़ा अजीब लगता था। छुट्टियों में मैं दशहरे के समय आता था तो शरद ऋतु का महीना होता था, ज्वार-बाजरे के खेत होते थे, उसमें चिड़ियाँ उड़ाने वाले मचान होते थे। मैं उसी मचान पर पड़ा रहता था गर्मियों के दिनों में मैं दिनभर के लिए निकल जाता था, वहाँ आम के बगीचे में रहा करता था और सर्दियों में कभी-कभी बीच में हमारे गाँव से दूर कालीमाई का स्थान होता था और वहाँ जानवर वगैरह रखे जाते थे, तो आमतौर से मैं शाम का समय वहाँ बिताया करता था। इस तरह एक अकेलेपन और एकान्त का बहुत लम्बा अभ्यास मेरे मन में आया। मैं किसी से बात नहीं करता था। मेरा साथ किताबों से था। गाँव में मनोरंजन का कोई साधन नहीं था पर कुछ ऐसी मनोवृत्ति मेरी हो गई थी। गाँव में शादी-ब्याह होते थे, बारातें आतीं, नाच-गाने होते—नाच-गाने हमारे यहाँ होते ही हैं, बारातें आती जाती थीं लेकिन मैं कहीं नहीं जाता था। मैं अपनी किताबें लिए अलग पढ़ा करता था। तुलसीदास का रामचरित मानस और गोरखपुर से अनुवादित गीता को पढ़ा करता था। उपन्यास पढ़ने का शौक मुझे बहुत कम था। कुछ कविता की किताबें हुआ करती थीं—पुरानी-नई। इस तरह से पढ़ा करता था। किताब मेरा जीवन साथी हैं, यह मेरे बचपन के एकान्त ने मुझे सिखा दिया था। इसलिए यह मेरी लाचारी थी, शौक नहीं था। क्योंकि मुझे एक साथी चाहिए था और गाँव में कोई आदमी हमारा साथी नहीं था। कभी-कभी पिताजी के साथ विद्यार्थी जी के घर जाता था, विद्यार्थी जी की पत्नी कविताएँ लिखती थीं। उनकी एक बेटी थी, वह मेरी धर्म-बहिन थी, थोड़ी झिझक रहती थी। बड़ा चुपचाप रहता है यह लड़का, न हँसता है, न बोलता है वगैरह-वगैरह कहा जाता था। जिसे अंग्रेजी में आधुनिक जीवन का 'एक्सपोजर' कहते हैं वह हमें विद्यार्थी जी के घर मिला। बाकी तो बस किताबें ही मेरी साथी थीं।

किरन : *आपकी पढ़ाई-लिखाई के रास्ते में अनेक अवरोध आते रहे। वे अवरोध मुख्यतः आर्थिक किस्म के थे। क्या आप बताएँगे कि उन सारे अवरोधों का सामना आपने किस प्रकार किया?*

नामवर सिंह : इस गाँव में तो प्राइमरी-मिडल तक आर्थिक अवरोध नाम की चीज का पता नहीं चला। उसका पहला साबका पड़ा, जब गाँव छोड़कर शहर में पढ़ने के लिए स्कूल में आया और छात्रावास में रहना पड़ा। मेरा ख्याल है, उन दिनों पिताजी महीने में हाईस्कूल की पढ़ाई के लिए पन्द्रह रुपए दे दिया करते और उसमें काम चल जाया करता था। हाईस्कूल तक हमारा स्कूल, क्षत्रिय स्कूल था, तो पढ़ाई बहुत सस्ती थी फीस आठ आने एक रुपया लगती थी, वह भी माफ हो जाती थी और छात्रावास वगैरह का काम चल जाता था। क्योंकि महँगाई इतनी नहीं थी। तो

सन् 41 से लेकर 46-47 तक जब मैंने इंटरमीडिएट किया तो कुछ संयोग से ऐसा स्कूल था कि पिताजी अपनी तनख्वाह से इतना खर्च कर सकते थे, उतना उन्होंने दिया, किताबें खरीदनी नहीं पड़ती थीं। उन दिनों स्कूल से मिल जाती थीं और ज्यादा कठिनाई का मुझे कोई अनुभव नहीं हुआ। कम खर्च इसलिए भी था क्योंकि मेरे घर की हैसियत मुझे मालूम थी और पिताजी ने मुझे सब बता दिया था। और मालूम था कि मुझे कितनी मदद मिल सकती है। तो कोई शौक ही मुझे नहीं था। इसलिए ओस्टरिटी का मैं आदी हो गया था। मैंने हाईस्कूल तक कोई फिल्म नहीं देखी बल्कि कहूँ कि इण्टरमीडिएट तक फिल्म नहीं देखी थी। कई लड़के जाते थे पर मुझे सिनेमा-विनेमा देखने का शौक नहीं था। इण्टरमीडिएट के बाद जब यूनिवर्सिटी की पढ़ाई का सवाल आया तो संयोग से मुझे बी.ए. करने के लिए वैसा ही छात्रावास मिला, जिसमें कोई फीस नहीं लगती थी। सब मिलकर चलाते थे तो उसमें इन्तजाम एक तरह से हमारे गुरुजी थे उनकी कृपा के कारण बन गया। पिताजी ने कहा कि अब यूनिवर्सिटी में पढ़ने जा रहे हो, अब मेरे पास इतना पैसा नहीं कि विश्वविद्यालय की पढ़ाई के लिए मैं दे सकूँ। उस समय हमारे मास्टर साहब जो थे—मार्कंडेय सिंह जी। उन्होंने पत्र लिखकर दिया था और कहा कि बनारस में एक्साइज कमिश्नर हैं, हमारे प्राचीन छात्र थे तो उनके पास चले जाओ। उन्होंने सुझाव दिया कि राजा उदयप्रताप सिंह देव जो हमारे कॉलेज-स्कूल के संस्थापक थे, उनकी जीवनी लिखो। जीवनी लिखने में उनकी भी दिलचस्पी थी। उनकी जन्मशती पड़नेवाली थी। चूँकि मैं आर्थिक मदद किसी से ले नहीं सकता था। तो यह बहाना था कि काम कर दिया तो मुझे जीवनी लिखने का काम मिल गया और उन्होंने कहा कि हर महीने इतनी रकम हम तुमको दे दिया करेंगे और तुम महीने में आकर मास्टर साहब को अपना काम दिखा दिया करो। तो हुआ यह कि बी.ए. की पढ़ाई के लिए एक तरह की छात्रवृत्ति का काम चल गया। बी.ए. मैंने टॉप किया तो मुझे विश्वविद्यालय की स्कॉलरशिप मिल गई और इत्तफाक से हमारे एक शुभचिन्तक थे, वे अभी भी जीवित हैं, उन्होंने एक पत्र उस समय मुख्यमन्त्री के नाम लिखा कि भाई ऐसा है। मुख्यमन्त्री का एक विशेष फंड होता है। उससे गरीब विद्यार्थी को आर्थिक सहायता देते हैं तो उन्होंने पचास रुपये महीने मुझे दे दिए और कॉलेज से पच्चीस रुपए मुझे मिल जाते थे, तो एम.ए. में देने के लिए धन्नाशाह हो गया। पचहत्तर रुपए बहुत होते थे। एम.ए. हो गया और एम.ए. के बाद मैं रिसर्च करना चाहता था। तो गुरुदेव आचार्य हजारी प्रसाद द्विवेदी ने एम.ए. करने के बाद ही मेरे पास प्रस्ताव भेजा। एक राजपूतों का कॉलेज गोरखपुर में है—महाराणा प्रताप कॉलेज। वहाँ हिन्दी के अध्यक्ष की जरूरत थी, प्रिंसिपल साहब शाही जी ने गुरुजी को तार दिया था, पंडितजी को लिखा था कि कोई आदमी हमको भेजिए। उन्होंने मेरा नाम लिखकर कहा कि फर्स्टक्लास फर्स्ट

एक लड़का हुआ है हमारे यहाँ से, रख लीजिए। तो अब सब तुम्हारी समस्याएँ सुलझ गईं, नौकरी है हिन्दी विभाग की, उस पर भी अध्यक्ष की अब तुम वहाँ चले जाओ, गोरखपुर। तो मैंने कहा कि पंडितजी मैं तो आपके चरणों में रहकर कुछ सीखना चाहता हूँ, आप मुझे दूर भेजना चाहते हो और दूसरा यह कि मैं अभी अध्यापक होने की बजाय रिसर्च करना चाहता हूँ और अध्यापक मैं किसी कॉलेज में नहीं होना चाहता, मैं तो किसी विश्वविद्यालय में होना चाहता हूँ। तो बोले कि रिसर्च करोगे कहाँ से? उस समय स्कॉलरशिप की कोई व्यवस्था थी नहीं, न विश्वविद्यालय में, विश्वविद्यालय अनुदान आयोग कुछ नहीं था। तो उन्होंने कहा कि ठीक है तुम अगर यही करना चाहते हो तो सौ रुपया महीना हम इन्तजाम कर देंगे। वे कलकत्ता गए। चूँकि मेरा विषय था 'पृथ्वीराज रासो की भाषा' तो उन्होंने वहाँ कोई नोपानी ट्रस्ट है शान्तिनिकेतन के दिनों से वे परिचित रहे होंगे, तो ट्रस्ट से उन्होंने बातचीत की, उन्होंने कोई पच्चीस सौ रुपए दो साल के लिए दे दिए। सौ रुपये महीने के हिसाब से स्कॉलरशिप मिलने लगी। स्कॉलरशिप आ तो गई लेकिन विश्वविद्यालय ने उसको नियमित करने में काफी समय लिया कि जो वजीफ़ा जुलाई में शुरू हुआ था मिला मुझको अन्ततः फरवरी, मार्च में। लेकिन मैसवाले जानते थे, छात्रावास में रहता था तो उन्होंने कभी नहीं माँगे, उधार पर चलता था। जब पैसे मिले तो मैस-वैस का हिसाब किया। खैर, वह तो अलग कहानी है, उसका जिक्र मैं नहीं करूँगा।

संयोग से हमारी किताब छप रही थी। 'हिन्दी के विकास में अपभ्रंश का योगदान', वह देखने इलाहाबाद जाया करता था, तो शमशेर जी के यहाँ ठहरा करता था; शमशेर जी के यहाँ ठहरा हुआ था। शमशेर जी के यहाँ उनकी ममेरी बहन आयी थी, बहुत संकट में थीं। शमशेर जी बहुत मानते थे उनको, उदिता उनका नाम था। उन्हीं के नाम पर एक कविता संग्रह प्रकाशित हुआ है। बहुत उदास थे। 'माया' में काम करते थे, बोले आयी है, इसको रुपयों की जरूरत है, क्या करें कुछ समझ में नहीं आता। तो मैंने कहा कि लगता है, सौभाग्य से आप ही के लिए रुपए मिले हैं मुझे स्कॉलरशिप के और देखिए रुपए तो लेकर नहीं आया हूँ, बनारस रखे हैं। बोले कि चलो चलते हैं। शमशेर जी को लेकर मैं इलाहाबाद शाम की गाड़ी से आया, रात को हमलोग नौ, साढ़े नौ बजे पहुँचे होंगे। रुपए निकाले, शमशेर जी को लेकर दिए। फिर गाड़ी आधी रात को पकड़कर इलाहाबाद आया। मैस का हिसाब चुकता किया जो चार-पाँच सौ बचे थे। इस तरह से समस्या हल कर दी। तो उसका अच्छा उपयोग हुआ। आर्थिक कष्ट का जहाँ तक सवाल है, विचित्र बात है कि ऐसे संयोग से और ऐसे शुभचिन्तकों मित्रों और गुरुजनों के कारण अनायास यह समस्या सुलझती रही। लेकिन मैं ठीक जानता हूँ कि आज तक वे दिन भूले नहीं भूलते। खासतौर से एम.ए. करने के बाद जब मुझे वह स्कॉलरशिप का पैसा मार्च तक नहीं मिला

था तो वे आठ-नौ महीने काफी कष्टप्रद बीते थे। यानी बनारस में रहते हुए भी गोष्ठियाँ होती रहती थीं, मैं जाता रहता था। रिक्शे पर बैठने के लिए पैसे नहीं होते थे तो पैदल ही चलता था और एक बहुत बड़ी शक्ति मुझे इस बात से मिलती थी कि इन दिनों पास ही मैं यूनिवर्सिटी में संकटमोचन और नगवा का इलाका था, त्रिलोचन जी भी पास ही रहते थे हमसे थोड़ी ही दूर, रोज ही उनसे मुलाकात होती थी और वे मेरे पीछे-पीछे पढ़ाई कर रहे थे। मैंने जब एम.ए. कर लिया था तब त्रिलोचन जी बी.ए. में पहुँचे थे, एम.ए. इंग्लिश में कर रहे थे कोई आर्थिक साधन नहीं था, नौकरी भी नहीं थी तो उनको संघर्ष करते देखता था। त्रिलोचन को तो अपने सामने देखता था, वो लिखा है न–'आँख में रहे निराला, फिर भी पीस परिस्थितियों ने डाला, सहानुभूतियों का सदैव शीतल पाला मन को हरा नहीं करता है।' त्रिलोचन जी सोनेट लिख रहे थे, तो उनके जीवन संघर्षों को जो मैं देखता था तो बल मिलता था। मैं यह जरूर कहूँगा कि किसी के सामने कभी हाथ नहीं फैलाया, कभी अपने को कातर और दीन नहीं समझा–स्वाभिमान के कारण। मुझे आश्चर्य होता है कि कैसे कायम रहा? पिताजी ने कह दिया था कि वे एक पैसा नहीं दे सकते। उन्होंने एक बड़ा उपदेश भरा पत्र लिखा था मुझे कि मैं तो तुम्हें मदद कर नहीं सकता इसलिए तुम्हें अपने आप पढ़ना है और दूसरा यह कि किसी से कर्ज मत लेना वर्ना मैं शर्मिन्दा होऊँगा। तो पिताजी सहायता नहीं दे सकते थे और किसी से कर्ज नहीं लेने की शर्त थी। उस स्थिति में आर्थिक संकट तो था लेकिन आज उन दिनों को याद करता हूँ तो चमत्कार ही मालूम होता है कि कैसे सब अपने आप चला?

किरन : *साहित्य के प्रति विद्यार्थी जीवन से और खासतौर से शिक्षा-दीक्षा के प्रारम्भिक वर्षों में गहरी रुचि पैदा हुई, उसके लिए किसे श्रेय देना चाहेंगे?*

नामवर सिंह : पढ़ने के बारे में मैं बताऊँ कि जिन स्कूलों तथा शिक्षण संस्थाओं में मुझे पढ़ने का मौका मिला उनका वातावरण बहुत अच्छा था। जिन विषयों को पढ़ना ध्यान से पढ़ना और संयोग से मुझे गुरु बहुत अच्छे मिले थे। क्षत्रिय स्कूल और उदय प्रताप कॉलेज में मुझे ठाकुर मार्कंडेय सिंह मिले जो बहुत अच्छे अध्यापक थे। उनके बारे में मैं अन्यत्र लिख चुका हूँ, बता चुका हूँ। संस्कृत के एक अध्यापक बहुत अच्छे मिले थे, पंडित विजय शंकर मिश्र। उन्होंने भी संस्कृत बहुत अच्छी तरह पढ़ाई थी। मेरी नींव मजबूत करनेवालों में हिन्दी में ठाकुर मार्कंडेय सिंह और पंडित विजय शंकर मिश्र और अंग्रेजी में गहरी रुचि पैदा करनेवाले हमारे प्रिंसिपल जे.पी. सिंह उनके बारे में भी मैं सुधीश पचौरी को सम्भवतः बता चुका हूँ। लेकिन और अध्यापक भी थे जिन्होंने सिखाया कि अंग्रेजी भाषा शुद्ध व्याकरण की दृष्टि से सही लिखी जाए–बामुहावरा लिखी जाए, वह हमारे अध्यापक थे–तारा प्रताप सिंह, वे बड़े शुष्क आदमी थे, साहित्य में उनकी रुचि नहीं थी। साहित्य की रुचि तो जे.

पी. सिंह में थी लेकिन तारा प्रताप सिंह आजकल के जमाने के मुहावरे में इ.एल.टी. (इंग्लिश लेंगविज टीचिंग) वाले थे। करेक्ट इंग्लिश, उसकी दीक्षा उन्होंने दी। इसलिए भाषा के शिक्षक इतने अच्छे मिले थे इसके अलावा जिसने गहरी रुचि मुझमें पैदा की वे इतिहास के अध्यापक थे–प्रो. हीरालाल सिंह। वे अभी हैं–जीवित। वे संयोग से इंटरमीडिएट में पढ़ाने आ गये थे और हम बारहवीं में थे, उसी समय उन्हें बलवन्त राजपूत कॉलेज आगरा में नौकरी मिल गई थी वे छोड़कर चले गए थे, तो उस दौर में हम लोगों को इंग्लिश की हिस्ट्री की अच्छी किताबें मिलती थीं और मैंने उनसे दो अच्छी बातें स्वीकारीं कि एक तो यह कि अच्छी इंग्लिश के लिए हिस्ट्री की किताबें पढ़ना जरूरी है और बोले कि अच्छी इंग्लिश हिस्ट्री की किताबों से आएगी तुमको। दूसरी चीज उन्होंने उस समय बताई थी कि उद्धरण कैसे देना चाहिए, यह पोलिटिकल साइंस की किताबों से पता चलेगा। पोलिटिक्स की किताबें पढ़ो तो यह जानोगे कि हिन्दी वालों को उद्धरण देना नहीं आता; सीधे लिखेंगे कि अमुक की राय में, अमुक कहते हैं, कि अमुक के अनुसार, बोले कि किसी उद्धरण को इतना लम्बा लिखने की जरूरत नहीं होती। बल्कि उसका जो महत्त्वपूर्ण मुहावरा है फ्रेज है उसे संगतिपूर्ण ढंग से रखा जाए, समझनेवाले समझ जाएँगे। हीरालाल सिंह इतिहास से एम.ए. थे और पोलिटिकल साइंस से भी। मैंने उनसे सीखा कि 'क्वोट' कैसे दिया जाए, इसलिए मुझे अध्यापक बहुत अच्छे मिले। वे कोर्स के अलावा दूसरी किताबें देते थे पढ़ने के लिए और हम लोगों को पढ़ने के लिए उकसाते थे। हम लोगों के कॉलेज में बहुत अच्छी लाइब्रेरी थी।

थोड़ा विषयान्तर होगा किन्तु लाइब्रेरी के बारे में एक दिलचस्प घटना का हवाला दे दूँ। हमारे लाइब्रेरियन जंगीसिंह जो थे वे स्पोर्ट्स के मास्टर थे। उनकी लाइब्रेरी का एडिशनल चार्ज दिया गया था। किताबों में उनकी गहरी रुचि न थी। उनको चिन्ता थी कि कोई भी किताब खो जाएगी तो लाइब्रेरियन के जिम्मे आएगी, इसलिए वे भरसक प्रयास करके किसी को ले जाने नहीं देते थे। जंग बहादुर सिंह नाम था उनका किन्तु हम उन्हें 'जंगी लाट' कहा करते थे। एक दिन जंगी लाट, जब मैं लाइब्रेरी गया तो कहा कि मास्टर साहब इतनी अच्छी-अच्छी किताबें अलमारी में रखी हैं, कैद हैं। बोले कि–'हाँ, ये पाँडे का अचार है' तो हमने कहा कि–'मास्टर साहब, पाँडे का अचार क्या है?' बोले कि–'पाँडे जी के यहाँ एक सज्जन मेहमान आए, खाने बैठे तो पाँडेजी ने कहा कि भाई अचार लाना, तो जैसे ही अचार मटकी में रखकर आया तो मटकी खोलकर बोले कि ये तेरह साल पुराना अचार है, तो जब मेहमान ने कहा कि खाने को जरा-सा दीजिए, देखें तो कैसा है? ज्यों का त्यों तुरन्त बन्द करके अन्दर भिजवा दिया और बोले कि इसी तरह खिलाया होता तो तेरह साल अचार रहता।' बोले कि 'लाइब्रेरी इतनी अच्छी है। ऐसे ही किताबें दी होतीं

तो बची होती यह लाइब्रेरी? देखो दूर से—शीशे में बन्द है, चुपचाप देखकर चले जाओ और अपने मास्टर साहब से कहना कि उनको दिलचस्पी होगी तो ले जाना चाहेंगे तो ले जाएँगे। तुम लोगों के लिए किताबें नहीं हैं—बन्दरों के लिए।' तो स्कूल की लाइब्रेरी का यह हाल था, तब से लाइब्रेरी में जाना मेरा शौक हो गया था, आप लोग तो जानते ही हैं और अभी भी है।

किरन : *बहुत सारे अच्छे विद्यार्थियों में प्रतिभा होती है, उस प्रतिभा को सुरक्षित बनाए रखना, उसको सतत विकसित करना एक कठिन एवं योजनापूर्ण कार्य होता है। आपको अपनी प्रतिभा की पहचान हुई और उसके संवर्धन में सतत प्रयत्न करते रहे, यह सब आप कैसे कर सके क्योंकि जो पारिवारिक एवं परिवेशगत माहौल था आपके लिए प्रेरक न होकर बहुत कुछ अंशों में अवरोधक ही था।*

नामवर सिंह : एक बात बताऊँ किरन, प्रतिभा मुझमें थी, या नहीं मैं नहीं जानता पर प्रतिभा शब्द की चर्चा बहुत सुनी है मैंने और संस्कृत काव्यशास्त्र में कवियों के गुण बताए गए हैं कि प्रतिभा बहुत बड़ी चीज है। आलोचक के लिए भी कहा गया है कि व्युत्पत्ति माने ज्ञान, अध्ययन, अध्यापक वगैरह—किन्तु सबमें प्रतिभा मुख्य वस्तु है, लेकिन वह मुझमें है या नहीं यह तो मैं नहीं जानता। लेकिन मैं यह जानता हूँ कि अंग्रेजी में सुन रखा है, मुहावरा है कि वह जिसे हम प्रतिभा कहते हैं वह निन्यानवे प्रतिशत 'परस्पिरेशन' है। अंग्रेजी मुहावरे का हिन्दी में अनुवाद करें तो वह पसीना है। मैं कह सकता हूँ जिसको मैंने अनुभव किया है कि मेहनत ही सबसे बड़ी प्रतिभा है। निरन्तर अधिक से अधिक पढ़ते रहना, मेरा ख्याल है कि वह मेहनत ही गुणात्मक परिवर्तन से प्रतिभा बन जाती है। जैसे पानी को गरम करो तो गरम होते-होते उबाल एक बिन्दु पर भाप बन जाता है उसी तरह मेरा ख्याल है कि जो परिश्रम है उसका एक बिन्दु पर पहुँचते ही गुणात्मक परिवर्तन होता है और उसी तरह वह मेहनत या व्यवसाय प्रतिभा बन जाती है, ऐसा मेरा ख्याल है। और मेरे भौतिकवादी मन को यह एनोलोजी ज्यादा ठीक मालूम होती है। जन्मजात प्रतिभा नाम की चीज मेरी समझ से परे है। इसलिए मैंने मेहनत से उसका विकास किया है, मैंने अर्जित किया है। यह एक तरह की खेती है। उसे जितना जोतोगे, उतनी ही अच्छी फसल काटोगे। आमतौर पर मैं अपने विद्यार्थियों को एक मुहावरा कहा करता था। घाघ ने कहा था—

> "जोता कम हेंगावा ढेर (भोजपुरी में)
> कसके दिया आरी, इतनौ हौ पर ना उपजे तो
> दिया घाघ गारी।"

जोतो लेकिन जितना जोतते हो उससे ज्यादा पटेला दो और मेड़ कसके बांधो,

जिससे बारिश हो या पानी दो तो उसमें टिका रहे, उसमें सुरक्षित रहे। मैं यह मानता हूँ कि पढ़ो लेकिन पढ़ने के बाद जैसे किसान पटेला देता है, समरस और चौरस करो, नहीं तो जोते हुए खेत में खेती नहीं हो सकती। पटेला देना बहुत जरूरी है। पढ़ने के बाद विचारों का पटेला दो और समरस करो। और उसके बाद हदबन्दी कर लो, क्लासीफाइ कर लो, कौन चीज कहाँ है? कौन चीज किस जगह है? तो एक किसान का बेटा होने के नाते मैंने इस तरह समझा है कि हर चीज को क्रमबद्ध करो, वर्गीकृत करो, कौन चीज कहाँ है? अलग-अलग खाने में डालो। ताकि वह याद रहे, वह सुरक्षित रहे। नहीं तो जो पढ़ा है वह गायब हो जाएगा। भूल जाओगे। ये तीन गुर मैंने खेती के अनुभव से सीखे हैं और मैं समझता हूँ कि तीनों चीजें व्यावहारिक हैं जो मुझे किसी किताब में, किसी मैथडोलोजी की किताब में नहीं मिली। देखकर मैंने विकास किया है। एक बात मैं और इस सिलसिले में जोड़ दूँ कि कबीर के बारे में आचार्य शुक्ल ने बड़ी हिकारत भरी नजर से लिखा है कि बहुश्रुत थे यानी पढ़े-वढ़े कुछ नहीं थे, आता जाता कुछ नहीं था। बड़े-बड़े लोगों के पास ज्ञानियों के पास जाते रहते बैठे रहते थे चुपचाप। मूर्ख थे ही, सवाल पूछ ही नहीं सकते थे, सुनते रहते थे और सुनकर उन्होंने इतना ज्ञान अर्जित किया था इसलिए बड़ी-बड़ी ज्ञान की बातें बघारा करते थे। मैं समझता हूँ कि शुक्ल जी ने कुछ मजाक उड़ाते हुए कहा है लेकिन अपने को मैं बहुत खुशकिस्मत मानता हूँ कि मैंने सत्संगति खूब की है, विद्वानों की, पंडितों की। जो आदमी मिला है, उसके पास जाकर सीखा, सुना इसलिए विद्वानों, ज्ञानियों और साहित्यकारों की सत्संगति से मैंने कहीं ज्यादा सीखा है, किताबों से भी। इसलिए इतने ज्यादा लोगों का ऋण मेरे पर है। गाँव के उन पढ़े-लिखे निरक्षर लोगों के पास घंटों बैठकर गाँव की लोक-कथाएँ, लोक-कहानियाँ सुनता था। शहर में आने के बाद भी जब मैं गाँव में आता था तो गाँव के बड़े-बुजुर्गों के पास जाता था।

किरन : *बनारस का वातावरण बहुत कुछ अंशों में परम्परावादी, साहित्य में ही नहीं लोक-व्यवहार में भी है। वहाँ किसी परिवर्तनकारी विचारधारा से जुड़ने की सम्भावनाएँ कम ही दिखाई देती हैं फिर यह कैसे हुआ कि अपने आपको वामपंथी विचारधारा के साथ जोड़ा। आप अनेक वर्षों तक साम्यवादी पक्ष के साथ सक्रिय रूप से जुड़े रहे। इस जुड़ने या आपकी इस राजनीतिक प्रतिबद्धता ने आपकी साहित्यिक समझदारी को किस रूप में प्रभावित किया?*

नामवर सिंह : काशी की जो छवि है वह एक पुराने परम्परावादी और रूढ़ियों से भरे धार्मिक स्थान की है उसी आधार पर तुमने यह सवाल पूछा है लेकिन हर प्राचीन शहर के समान काशी भी पुराने और नए प्रतिक्रियावादी और प्रगतिशील विचारों का गढ़ है। 1941 में जब मैं काशी आया तब मुझे यह काशी में पंडे, पुरोहित, पाखंडी

और धार्मिक लोग थे तो उसमें कबीर थे और तुलसीदास भी थे। उसी काशी में प्रेमचन्द, प्रसाद हुए। इसलिए हमें कभी भूलना नहीं चाहिए कि काशी केवल एक पुरातनपंथी शहर ही नहीं है बल्कि उसके विरोधी लड़नेवाले विचारक भी हुए। उसी काशी में सारनाथ भी है। और विश्वनाथ भी है। इसलिए काशी में क्वीन्स कॉलेज है जो कभी अंग्रेजीयत का गढ़ था और गवर्नमेंट संस्कृत कॉलेज हुआ करता था। जिसमें संस्कृत के बड़े-बड़े विद्वान हुआ करते थे जिसे अंग्रेजों ने बनाया था और वहीं मदन मोहन मालवीयजी ने काशी हिन्दू विश्वविद्यालय स्थापित किया, वहीं बाबू शिवप्रसाद गुप्त और आदरणीय नरेन्द्र देव ने काशी विद्यापीठ स्थापित किया। जैसे गांधीजी ने यहाँ गुजरात विद्यापीठ स्थापित किया, कहने का मतलब यह कि काशी कई विरोधी विचारों का केन्द्र था। उस काशी में आया तो एक ओर नागरी प्रचारिणी सभा और प्रचार परिषद् थी और दूसरी ओर प्रगतिशील लेखक संघ था। उसी काशी से प्रेमचन्द का 'हंस' निकलता था जो प्रगतिशील संघ का मुखपत्र था। उस काशी में जहाँ एक ओर भारत धर्म मंडल था वहाँ कम्युनिस्ट पार्टी का दफ्तर भी था। वहीं काँग्रेस का भी दफ्तर था, वहीं काँग्रेस सोशलिस्ट पार्टी का भी दफ्तर था। तो काशी के कई रूप हैं। एक तरह से कहूँ तो काशी में तरह-तरह के मत-विचार और सह विश्वास अस्तित्व में रहते थे। इसलिए जब मैं गाँव से काशी शहर में आया तो हमारा स्कूल शहर से एकदम बाहर था, एक छोर पर। वहाँ एक ऐसा क्षत्रिय स्कूल था—क्षत्रिय जाति के ही सारे लड़के थे। अध्यापक भी लगभग क्षत्रिय ही थे। केवल एक मौलवी साहब, एक पंडित, एक हेड मौलवी होते थे। एक हेड पंडित कहलाते थे। दूसरी जाति के लोग शायद दो-चार ही रहे होंगे। इस मामले में कुछ लोग कह सकते हैं कि स्कूल संकीर्ण, जातिवादी था। अनुशासन इतना जबर्दस्त था कि वहाँ कोई छात्र-संगठन न था। पहली यूनियन हम लोगों ने बनाई और यह यूनियन तब बनी जब मैं ग्यारहवीं में पहुँचा, दसवीं पास करके। यह बात 1946 की है। आजादी के सालभर पहले की। काँग्रेस सोशलिस्ट पार्टी के छात्र नेता हुआ करते थे—भाई राजनारायण और प्रभुनारायण सिंह। पर इन लोगों की हिम्मत नहीं थी कि हमारे कॉलेज में घुस सकें। हम लोगों ने सोचा कि कुछ तब्दीली करनी चाहिए क्रान्ति लानी चाहिए। तो हम लोगों ने पहली यूनियन बनाई और हड़ताल की, हड़ताल में मैंने हिन्दी में पहला पर्चा लिखा। जिसमें लफ्फाजी बहुत थी, जोश-वोश था। जिसका हमारे प्रिंसिपल साहब ने काफी मजाक बनाया, पढ़कर सुनाया सबके सामने। उस हड़ताल में हुआ यह कि हमने बहुत दौड़-धूप की, संगठन किया था। इसलिए उसमें जो कक्षा में पहली दसों पोजीशन आनेवाले लोग थे, कहीं हमारे पास उसका फोटोग्राफ भी होगा, सबने गांधी टोपी पहनकर फोटो खिंचवाई थी, उनको कॉलेज से निकाला गया। मैं बीमार पड़कर कहीं डिस्पेंसरी थी उसमें पड़ा था। उन दस लोगों में अधिकतर

आजकल बड़े अच्छे-अच्छे पदों पर हैं। जिनको निकाला गया उनमें एक का नाम मैं बता सकता हूँ—मार्कंडेय सिंह जो दिल्ली में लेफ्टिनेंट गवर्नर थे और उसके पहले वे आई.जी. पुलिस थे। जब निकाला गया तो दशहरे की छुट्टी से पहले प्रिंसिपल ने पहले ही छुट्टी घोषित कर दी थी ऐसे में मार्कंडेय सिंह बोले कि अब तो मैं शर्म के मारे अपने गाँव कैसे जाऊँ तो नामवर तुम्हारे गाँव ही चलता हूँ। हमारे गाँव मार्कंडेय आए। तो हम लोगों ने हमारे स्कूल में पहली यूनियन बनाई थी पहली बार और छात्र-जीवन में ही धीरे-धीरे मैं पार्टी से परिचित हो चुका था। चूँकि कविता और निबन्ध लिखने में रुचि थी इसलिए उस प्रगतिशील लेखक संघ का मैं सदस्य हो गया था। इस नाते राजनीति की हवा लग गई थी। गोष्ठियों में जाते थे और उस समय अमृतराय, प्रेमचन्द के पुत्र इलाहाबाद यूनिवर्सिटी से अपनी शिक्षा प्राप्त कर बनारस आ गए थे और कम्युनिस्ट पार्टी के मेम्बर हो गए थे। उस मेम्बर की हैसियत से वे स्टडी सर्कल चलाने हेतु हमारे स्कूल में शाम को चुपके-चुपके आते थे और पाँच-छः लड़कों को उन दिनों वे अपनी बुकलेट दे जाया करते थे जिनमें से दो किताबों की याद तो मुझे अब भी है। एक तो 'गांधी-जिन्ना फिर मिलें' पार्टी उन दिनों पाकिस्तान बनाने के पक्ष में थी और गांधी-जिन्ना मिल करके ये काम कर ले तो अच्छा है। और दूसरी किताब 'गांधी-जोशी पत्र व्यवहार' था। कम्युनिस्ट पार्टी के जनरल सेक्रेटरी पी.सी. जोशी ने गांधीजी को पत्र लिखे थे और गांधीजी ने उसका जवाब दिया था और वे छपे थे वो हमको दे गए थे। तो ये कम्युनिस्ट साहित्य पढ़ा था। मार्क्स, एंगेल्स को नहीं पढ़ा था। कम्युनिस्ट पार्टी की पत्रिकाओं से हम परिचित थे। 'लोकयुद्ध' नाम का अखबार निकलता था। उसका अर्थ हम नहीं जानते थे कि यह युद्ध क्या है? हम तो यही जानते थे कि इस अंग्रेजी लड़ाई में किसी की भी मदद करना पाप है, गांधीजी का यही सन्देश था, हम तो यह जानते थे। लेकिन कम्युनिस्ट पार्टी उसे लोकयुद्ध कहती थी तो उन्हीं चीजों से परिचित थे हम। तो मैं कह रहा था कि एक निहायत दकियानूस कॉलेज में पढ़ते हुए हम वामपंथी विचारधारा की आँधी से तूफान से वाकिफ थे और हवा वहाँ पहुँच रही थी। और हमारे हिन्दी के अध्यापक थे—मार्कंडेय सिंह जी, वे प्रगतिशील लेखक संघ के उपाध्यक्ष थे। उसके अध्यक्ष नंददुलारे वाजपेयी थे उस समय, अमृतराय सेक्रेटरी थे और उन गोष्ठियों में जाया करते थे। इसलिए शहर की हवा कुछ उस स्कूल में लगती थी और प्रगतिशील साहित्य और कम्युनिस्ट पार्टी के सम्पर्क में आने से पहले मैं लेखक संघ की गोष्ठियों में जाया करता था, कविताएँ सुनाता था और पत्रिकाएँ अखबार पढ़ता था। इतनी कम उम्र में इन सबसे परिचित हो गया था। ये इस शहर की देन है। गाँव में रहता तो परिचित हो पाता? उदाहरण के लिए 1941-42 में जब मैं सातवीं कक्षा का विद्यार्थी था, उस समय पहली बार मैंने 'हंस' के संपादक शिवदान सिंह चौहान, शमशेर बहादुर सिंह जो सरस्वती

प्रेस में काम करते थे, और त्रिलोचन शास्त्री इन तीन आदमियों की गोष्ठी हमारे स्कूल के बगल में हुई थी, सरसौली भवन में और उसमें मैंने शमशेर सिंह की दो कविताएँ पहली बार सुनी थीं, एक उन्होंने सुनाई थी, 'लेकर सीधा नारा, कौन पुकारा' एक कविता थी और 'तैरती है बादलों के पार, मौन आहों में बुझी तलवार। तैरती है बादलों के पार', जैसी कविता उन्होंने पढ़कर सुनाई थी। तो ये बात सातवीं की कर रहा हूँ। काशी का साहित्यिक वातावरण उन दिनों साहित्यिक, राजनीतिक गहमागहमी से भरा था।

1941-42 की बात है और मार्क्सवाद तो बाद में आता है। उसके पहले मेरे राजनीतिक संस्कार, जिसकी मैं बात कर रहा हूँ, कामता प्रसाद के घर का सदस्य था, जो राष्ट्रवादी, गांधीवादी जेल जानेवाले आदमी थे, जहाँ 'सैनिक' नाम का अखबार जो आगरा से कृष्णदत्त पालीवाल निकालते थे यह वही सैनिक साप्ताहिक है, जिसमें वात्स्यायन जी कुछ दिनों सहयोगी सम्पादक रह चुके थे, उनके यहाँ 'सैनिक' आता था और उन दिनों कांग्रेस का वह उग्रवादी विचारों का अखबार कहलाता था। मैं उनके यहाँ वह देखा करता था और नमक सत्याग्रह के आन्दोलन का दर्शन करने भी गया था। इसके बाद सन् 42 के आन्दोलन में मैंने बाकायदे भाग लिया था। विद्यार्थी था, आठवीं का। कॉलेज बन्द हो गया था। वह जुलूस हमने निकाला था कचहरी पर झंडा फहराने गए थे तो कॉलेज बन्द कर दिया गया था। हम लोग भाग निकले, भगा दिया गया। किस तरह रेल-लाइन वगैरह कटी थी? और बनारस शहर से पैदल चलकर और कमर बराबर पानी भरे धान के खेतों से होते हुए अगस्त के महीने में अपने घर पहुँचा था और 16 तारीख हमारे थाना धानापुर में झंडा फहराया गया था और हमारे मिडल के क्लासफेलो महँगूसिंह तो हमारे गाँव से होते हुए गए थे। हम जुलूस लेकर गए हमारा गाँव भी गया था। विद्यार्थी जी इसका नेतृत्व कर रहे थे, वहाँ थाना जला दिया गया। थानेदार तथा कांस्टेबल को मार दिया गया। चार आदमी मारे गए। जिसमें ठीक मुझसे आगे हमारा क्लासफेलो महँगूसिंह था उसको गोली लगी। उसके बाद डेढ़ महीने तक हम लोग ज्वार और बाजरे के खेतों में छिपते-फिरते थे। पुलिस धरपकड़ करने के लिए घूमती रही। वह दौर मैं देख चुका हूँ। इसलिए कम्युनिस्ट पार्टी के सम्पर्क में आने से पहले मैं तो जो स्वाधीनता संघर्ष 42 का आन्दोलन था, कम्युनिस्टों का नहीं था, उसमें हिस्सा ले चुका था, वह बड़ी घटना थी, पौने दो सौ आदमी बल्कि एक सौ उन्यासी हमारे इलाके से गिरफ्तार हुए थे। तीन साल मुकदमा चला था। विद्यार्थी जी उसमें पकड़े गए थे, मिलाई के दिन उन लोगों से जिसमें हमारे एक ताऊ भी थे मिलने मैं जिला जेल बनारस जाया करता था, स्कूल से। पन्द्रह-पन्द्रह दिन पर उन लोगों को मिलने जाया करता था। जिस दिन उन लोगों का मुकद्दमा हुआ करता था कचहरी में जो हमारे स्कूल के

पास थी, इन लोगों को देखने के लिए शाम को चार बजे सन् 1942, 43 और 44 में, मैं लगातार तीन सालों तक उन लोगों को देखने जाया करता था। बेड़ियों में 179 लोगों की भीड़ कचहरी में शामिल होती थी। यह कोई गर्व की बात नहीं है। लेकिन मैं यह कहना चाहता हूँ कि कुछ लोग 'कूएयार से निकले सूएदार चले।' लेकिन मेरा ख्याल है कि कुछ बेहतर कम्युनिस्ट वे हैं जो लम्बा रास्ता तय करते हुए वहाँ पहुँचे। जो आजादी के लिए लड़ते हुए गांधीजी, नेहरूजी के साथ रहते हुए जैसे नरेन्द्र देव हुए, जयप्रकाश हुए, वहाँ से होते हुए गए। फिर अन्त में इनको अधूरा-अपूर्ण कुछ-कुछ समझौतावादी पाकर के अन्त में कम्युनिस्ट पार्टी में आए। कम्युनिस्ट आन्दोलन में ऐसे नेताओं की, साहित्यकारों की एक लम्बी सूची है, जो स्वाधीनता संग्राम के हर दौर और तमाम विचारधाराओं से होकर कम्युनिस्ट पार्टी की ओर आए, मार्क्सवाद की ओर आए। ये गलत है या सही यह मैं नहीं जानता पर कहते हैं कि ऐसे लोगों में कुछ पुराने संस्कार बचे रह गए हैं, कुछ सोशलिस्ट तत्त्व भी बचे रह गए हैं ये शुद्ध मार्क्सवाद नहीं हैं, कम्युनिस्ट नहीं हैं, कह सकते हैं। ये लोग शायद इतने रास्तों से होकर गए हैं कि उन रास्तों की धूल-पाँव पर ही नहीं बल्कि दिलो-दिमाग व आत्मा पर भी कुछ तो होगी ही। वह रास्ता पार करके मैं भी पहुँचा हूँ कम्युनिस्ट पार्टी के सम्पर्क में। मैं 1951 में एम.ए. पास कर लेने के समय आया था। और 51 से लेकर 61 तक का जो समय है दस साल वाला वह तो लोग भूल ही जाते हैं, इस दस साल तक मैं घास नहीं खोदता रहा। इस दस साल कोई न कोई चिन्ता किसी न किसी रूप में चाहे राजनीतिक चिन्ता हो हमारे देश की, हमारे समाज की, अपनों की कहीं न कहीं शुरू से थी, और अगर शुरू से थी तो उसके कारणों में यह कि एक तो जिस गाँव का था—वह गाँव विद्यार्थीजी के कारण राजनीतिक चेतना से जुड़ा था। दूसरा यह कि हमारी आर्थिक और माली हालत बहुत अच्छी न थी। हम बड़े जमींदार नहीं थे। हम खाते-पीते किसान थे और एक खाता-पीता किसान जो है वह अपनी जिन्दगी की मजबूरियों के कारण राजनीतिक संघर्षों में आजादी की लड़ाई में हिस्सा लेने के लिए विवश था, यह दूसरा कारण था। तीसरा कारण खुद मेरे पिताजी विद्यार्थी जी के साथ होने के साथ ही सरकारी नौकरी में थे लेकिन छिप-छिपकर के नेहरू जी की सभा में जाते थे, जुड़े थे। मुझे अच्छी तरह याद है, मैं माधोपुर स्कूल में दर्जा चार में, उस समय था जब पंडित नेहरू का तूफानी दौरा 1936 में हो रहा था। चुनाव के लिए वे सारे देश का दौरा कर रहे थे। तो गंगापार नन्दगंज में पंडित नेहरू का भाषण था। पिताजी चुपके से मुँह-अँधेरे छिपकर नेहरू जी का भाषण सुनने गए थे। डर था कि कहीं सरकार को पता न लग जाए। मैं चूँकि साथ रहता था तो मैं जानता था। इसलिए पिताजी के विचारों का भी प्रभाव पड़ा यद्यपि कभी-कभी मैं जब सोचता हूँ कि पुराने लोग कैसे

होते हैं, बड़ी गहरी आस्था वाले लोग होते हैं। उनका स्नेह और ममता भी गहरी, दूर तक असर करती है। इस माहौल ने मुझे खूब प्रभावित किया है। जब मैं 1959 में चुनाव लड़ा था, कम्युनिस्ट पार्टी की टिकट पर तो पिताजी को अच्छा नहीं लगा था इसलिए नहीं कि कम्युनिस्ट पार्टी की ओर से चुनाव लड़ रहा हूँ, इसलिए कि चुनाव लड़ रहे हैं और साधन हैं नहीं। हार जाने की पूरी सम्भावनाएँ थीं। पिताजी अवकाश प्राप्त कर चुके थे। उम्र ऐसी नहीं थी कि दौड़-धूप कर सकते लेकिन उन्होंने अपने ढंग से चुनाव में स्वयं काम किया था। खूब दौड़-धूप की थी। पारिवारिक वातावरण आसपास के लोगों की और जीवन की स्थितियाँ मुझे उन राष्ट्रीय विचारों से और जो समाज को बदलने वाले क्रान्तिकारी विचारों से उन तक ले गई थी। शौकिया नहीं गया था और मेरा ख्याल है कि मुझे उसके लिए कोई पछतावा भी नहीं है। उससे पढ़ाई-लिखाई में कोई नुकसान भी नहीं हुआ। मुझे लगता है कि मैं बुद्धू होता अगर राजनीतिक चेतना से मैं शून्य होता। मेरी वैचारिक समृद्धि, बौद्धिक जागरूकता और साहित्यिक चेतना में हमारे इन राजनीतिक विचारों ने योगदान दिया है। मुझे नहीं लगता कि इनके कारण मैंने समय नष्ट किया था। मैं भटक गया यह नहीं मानता।

किरन : *जिन्दगी के प्रारम्भिक दौर में आपने राजनीति में सक्रिय हिस्सेदारी की चुनाव लड़े, हारे, नौकरी खोई। इन सारी घटनाओं का आपके लेखन पर सम्भवतः कोई शुभ प्रभाव नहीं पड़ा। क्या आपको कभी ऐसा नहीं होता कि राजनीति में आपकी सक्रिय हिस्सेदारी, आपका यह गलत निर्णय था?*

नामवर सिंह : जिस दौर में मैं राजनीतिक कार्य में सक्रियता से जुड़ा हुआ था। उस दौर में मेरा अधिकांश लेखन हुआ 1951 से 1965 तक मैं बहुत सक्रिय रूप से राजनीति में था। मतलब मैं बनारस में था। उस दौर में मैंने लिखा 'आधुनिक साहित्य की प्रवृत्तियाँ', बल्कि कहिए कि 'हिन्दी के विकास में अपभ्रंश का योग', बल्कि उससे भी पहले कहूँ 'बक़लम खुद' के निबन्ध 51 निबन्ध मैंने लिखे थे। 17 छपे और 17-17 करके दो वोल्युम छपनेवाले थे। वे प्रेस में ही रह गए। कुछ कापियाँ मेरे पास बची रह गई हैं। दूसरी पुस्तक 'हिन्दी के विकास में अपभ्रंश का योग' फिर 'आधुनिक साहित्य की प्रवृत्तियाँ', 'छायावाद', 'इतिहास और आलोचना', 'कहानी नयी कहानी' इसके इतने निबन्ध और इसके अलावा कुछ और निबन्ध जो बाद में संकलित हुए। मेरा ख्याल है कि वे इसी दौर में लिखे गए थे। इसलिए राजनीतिक सक्रियता यदि लेखन में बाधक होती तो इतना मैं लिखता ही नहीं। इस दौरान जो लिखा है कुछ लोग तो मानते हैं कि वही अच्छा है बाकी तो बकवास मैंने की है इसलिए उसे अशुभ मान लूँ तो बहुत लोगों का दिल टूट जाएगा।

किरन : *एक मध्यवर्गीय परिवार के व्यक्ति के लिए नौकरी बहुत बड़ी चीज*

होती है। उसका छूटना उतना आकस्मिक नहीं था जितना कि ऊपरी तौर पर दिखाई देता है, क्या यह स्वेच्छा से स्वीकार की गई गरीबी थी?

नामवर सिंह : पहली बात तो यह बता दूँ कि अध्यापन को मैंने पेशे के रूप में चुना था, नौकरी के रूप में नहीं। मुझे याद है कि हाईस्कूल में मुझसे एक लेख लिखवाया था 'चॉइस ऑफ प्रोफेशन' तो आमतौर से उन दिनों में शगल ही थी कि एक लेख जरूर दिया जाता था 'चॉइस ऑफ प्रोफेशन'। किसी ने लिखा था कि मैं इंजीनियर बनूँगा, किसी ने लिखा था कि मैं डॉक्टर बनूँगा। तो किसी ने लिखा था कि मैं सिविल सर्विस में जाऊँगा। मैंने लिखा था कि मैं टीचर बनूँगा। मेरे मन में बहुत बड़ा सपना था, अध्यापक बनने का। अध्यापन मेरे लिए नौकरी नहीं थी यह मेरा पेशा था। मुझे खाने-पीने के लिए रोजी-रोटी चाहिए थी। 1953 में मैं विधिवत अपना परिवार लेकर के मेरी पत्नी, माँ और मेरे दोनों भाई थे, ये लोग मेरे साथ रहते थे। उस समय लेक्चरर की नौकरी में 250 रुपए मेरी तनख्वाह थी। 35 रुपए डियरनेस अलाउन्स था और मकान का किराया 28 रुपए था। गुजर-बसर हो जाती थी, चिन्ता मुझे यह थी कि मुझे उन दोनों भाइयों को पढ़ाना भी था नौकरी जरूरी चीज है, बिना इसके कैसे चलेगा। अब तक तो जैसे-तैसे पढ़ लिया। अब आगे भी कुछ करना ही था। बनारस यूनिवर्सिटी से जब नौकरी छूटी थी तो दुःख नौकरी से ज्यादा तत्काल यही था कि मेरे जो प्यारे विद्यार्थी जिनके सामने मुझे पढ़ाने का सुख था वह छूट गया। उसका एहसास बाद में हुआ, जब दाल-रोटी की पड़ने लगी। संयोग से काशी को फैलोशिप मिल गई थी तो घर का खर्च चलने लगा था। दूसरी बार नौकरी छूटी हमारी सागर विश्वविद्यालय से। मैं सागर विश्वविद्यालय में चला तो गया था। मैं जानता था कि मुझे वहाँ नहीं रहना, बनारस का आदमी सागर में क्या रहेगा। गंगा का आदमी सागर में डुबकी लगाने जाएगा? मैं जानता था कि रहना तो ज्यादा नहीं है। हमारे यहाँ एक मुहावरा चलता है, तुम फर्रुखाबाद की हो तो तुम्हारे यहाँ भी चलता होगा–

> ''मथुरा की बेटी, गोकुल की गाय,
> करम फूटे तो अंते जाए।''

करम फूटते हैं तो मथुरा की बेटी और गोकुल की गाय और कहीं जाती है। सारी दुनिया काशी आती है और हम चले गए सागर। तो बहुत उत्साह से हम नहीं गए वहाँ। सागर की नौकरी छूटने का दुःख नहीं हुआ। सच बता दूँ, और अच्छा ही हुआ कि मैं एक साल के अन्दर सागर से निकाल दिया गया। नहीं तो यही न होता कि मैं एक प्रेमशंकर होकर रिटायर होता, दुबे होकर रिटायर होता, इसलिए एक तरह से उन्होंने मेरा भला ही किया कि सागर से निकाल दिया। कभी-कभी

में सोचता हूँ कि बनारस हिन्दू यूनिवर्सिटी से भी निकालकर लोगों ने अच्छा ही किया, नहीं तो मैं शिवप्रसाद सिंह ही। बनारस बहुत अच्छा है लेकिन वह बनारस 1960 तक था 60 के बाद मैं कह सकता हूँ कि 'बनारस इज ए डेड सीटी नॉव'। बनारस अब मृत शहर है। तो मुझे आश्चर्य है कि उस मरे हुए शहर में हमारा प्यारा काशी जो है, काशीनाथ सिंह, इतना जिन्दा लेखक बचा कैसे रह गया? मैं इस नाते उसे बड़ा लेखक मानूँगा कि उस माहौल में रहते तो आदमी मर जाता है, वह जिन्दा कैसे रह गया? मैं शायद बचा नहीं रहता। इसलिए काशी की जिजीविषा मुझसे कहीं ज्यादा है। वह बचा रह सकता है क्योंकि उसके व्यक्तित्व में कुछ खास है, जो मुझमें नहीं है। छूट गया तो बहुत अच्छा हुआ और चार-पाँच साल मैं बनारस में रहा होता तो रीडर होता, फिर प्रोफेसर होता, मेरिट प्रमोशन स्कीम में। चुनाव होता तो कौन चुनता मुझको? तो सोचिए कि निकाले जाने का यह हाल था कि जोधपुर यूनिवर्सिटी ने बिना अप्लाय किए मुझे ऑफर देकर प्रोफेसर के रूप में बुलाया और जवाहरलाल नेहरू विश्वविद्यालय में मुझे ऑफर देकर प्रोफेसर के रूप में बुलाया गया। अब बताइए कि मैं उस नौकरी के लिए कहूँ तो एक तरह से ब्लेसिंग्स इन डिसगाइस है। दो-दो जगहों से निकाल दिया गया था। फिर सागर यूनिवर्सिटी मैं गया ही नहीं। जो हमारे एक मित्र हैं, शिवकुमार श्रीवास्तव जो आजकल वाइस चांसलर हैं उन्होंने मुझे बुलाया। कई बार लोगों ने बुलाया पर मैं गया नहीं। तो समझ लीजिए कि 1960 के बाद 1996 में मैं 36 साल के बाद गया। मैंने ग़ालिब का वह शेर पढ़ा—

'गो वहाँ नहीं, पै वहाँ के निकाले हुए तो हैं
काबा से इन बुतों की भी निस्बत है दूर की।'

अगर आप अपने विश्वविद्यालय को काबा समझते हो तो मैं उन बुतों में हूँ जिसको निकाल दिया गया। इसलिए उन्होंने उपकार किया वर्ना बताऊँ किरन, उसमें कोई सिलेक्शन कमिटी मुझे प्रोफेसर के रूप में तो कभी नहीं चुनती। हमारा भला किया उन लोगों ने तो। इसलिए पछतावा मैं करूँ? मैं तो उनको दुआ देता हूँ। मुझे शुक्रगुजार होना चाहिए कि उन्होंने बहुत अच्छा किया। एक बात मैं और बताऊँ कि अनुभव ने मुझे सिखाया है कि लक्ष्मी के पीछे तुम रहोगे तो जिन्दगी भर कुत्ते की तरह दौड़ते रहोगे, कभी हाथ नहीं आएगी। लक्ष्मी तो परछाईं है, उसके पीछे चलोगे तो पकड़ में कभी नहीं आएगी और उसकी ओर पीठ कर लोगे तो वह तुम्हारे पीछे-पीछे चली आएगी। कभी-कभी मैं अपने अन्दर टटोलकर कहता हूँ, घमंड में नहीं। कहूँ तो, पैसा न रहने की तकलीफ मुझे जरूर रही है परन्तु पैसे की मैंने चिन्ता, कभी परवाह नहीं की, मैंने उसे हाथ का मैल समझा और आज भी मैं कह सकता हूँ कि उसी का नतीजा है कि जरूरत का, काम भर का पैसा मेरे पास है, और मुझे

चाहिए भी नहीं, कभी कमी नहीं पड़ी मुझे। और मैं देखता हूँ मेरा बेटा इंजीनियर है, अच्छी तनख्वाह उसे मिलती है, फिर भी वह हमेशा हाय पैसा, हाय पैसा करता रहता है। बैंक में बिलकुल बैलेंस नहीं है, जाने क्या करता रहता है, हमेशा उसको फिक्र रहती है, पैसे की उसको हमेशा कमी रहती है। मैंने कभी उसकी परवाह नहीं की और मुझे पैसे की ऐसी कभी कमी नहीं पड़ी और थोड़ा बहुत खाते-पीते परिवार में जो होता है, जो जरूरत की चीजें हैं, वो मुझे मिल गई हैं काहे के लिए परेशान हों। मेरे लिए नौकरी की प्राथमिकता कभी नहीं रही। मैं सच बताऊँ यानी ईमानदारी से कभी ललक या तड़प मुझे नहीं रही, और हम तो मान के आए थे, हमारे पिताजी जिस हालत में थे, उससे थोड़े बेहतर ही हालत में ही मैं हूँ, उससे ज्यादा चाहिए ही क्या? मेरी आकांक्षाएँ, बिलकुल दूसरी थीं, ज्ञान के क्षेत्र में, विद्या के क्षेत्र में। सोचो अगर यही चीज होती तो जिन दिनों मेरी नौकरी लगी हुई थी, मैं लेक्चरर था, 53 से 59 तक उन दिनों यह जानते हुए कि लेक्चरर की नौकरी में खर्च-वर्च कैसे चलेगा, बनारस हिन्दू यूनिवर्सिटी कैम्पस के गेट पर एक ग्लोब बुक सेण्टर था, अंग्रेजी किताबों की एक नई दुकान हम लोगों ने खुलवाई थी, जी.बी. मोहन थम्पी वगैरह वहाँ आते थे। तुम्हारे शिवमूर्ति पांडे वगैरह वहाँ आते थे। मैंने उसे पेट्रनाइज कर रखा था, वह अब भी वहाँ है, विशालजी उनका नाम है। सारी अंग्रेजी की किताबें मैंने वहीं से खरीदी थीं, मेरी बनाई हुई, मेरी अपनी पर्सनल लाइब्रेरी है। तब के दिनों की 53 से मैं अंग्रेजी की किताबें खरीदता था और मेरा ख्याल है कि सारे बेसिक टेक्स्ट, मेरे अपने खरीदे हैं। इंग्लिश लिटरेचर का, लिंग्विस्टिक्स का जिसका मुझे शौक था, फिलॉसॉफी, मार्क्सिज़्म का, पोलिटिकल साइंस का। लेक्चरर रहते हुए जैसी लाइब्रेरी मैंने बनाई थी, प्रोफेसर रहते हुए जो ये लोग इतनी बड़ी बात करते हैं, क्या अपनी लाइब्रेरी बनाएँगे? शौक मेरा बिलकुल दूसरा था। नौकरी, पैसा मेरे लिए कभी प्रायोरिटी नहीं था और आज मैं सन्तोष से कह सकता हूँ कि आज मुझे इसकी बिलकुल कमी नहीं है।

किरन : *आपकी साहित्य चिन्ता का प्रमुख आधार मार्क्सवाद है। मार्क्सवाद के साथ आपका ऐसा गहरा और अन्तरंग रिश्ता कैसे जुड़ा? यानी आप मार्क्सवाद की ओर झुके तो कैसे?*

नामवर सिंह : बात यह है कि मैंने कभी इस सवाल का सामना नहीं किया। अपने आपसे यह सवाल पूछने की मुझे कभी जरूरत ही महसूस नहीं हुई। यानी मतलब यह हुआ कि कोई मुझसे यह पूछे कि आप दाल-रोटी क्यों खाते हैं? तो यह जानने की मेरे मन में कोई इच्छा न हुई कि मैं दाल-रोटी क्यों खाता हूँ। इसलिए यह मेरे स्वभाव का, व्यक्तित्व का, मन का, चिन्तन का एक अटूट हिस्सा बन गया है। लेकिन जब तुम पूछ ही रही हो तो मैं तुम्हारे सामने ही अपने आप से सवाल

पूछते हुए जवाब ढूँढ़ने की कोशिश कर रहा हूँ। पहली चीज तो यह है कि मार्क्सवाद से आकृष्ट मैं साहित्य के कारण नहीं हुआ। जिन्दगी का, समाज का, विषमताओं का हल सिद्धान्त के रूप में कहाँ है, यह ढूँढ़ते हुए गांधीजी को मैंने काफी गम्भीरता से पढ़ा यानी उस समय पढ़ा था। समाजवादी लोगों को भी पढ़ा और फिर मार्क्स को मैंने पढ़ा और उसका कारण मेरी अपनी जीवन-स्थिति में है। जिसको अंग्रेजी में कहूँ कि मार्क्सवाद की ओर झुकने का कारण 'एक्जिस्टिन्श्यल' है। मैं जिस गुरबत और गरीबी से आया था और समाज की जिन रूढ़ियों से जिसमें जाति-पाँति की व्यवस्था है यद्यपि मैं शूद्र जाति का नहीं था लेकिन मुझसे ऊपर जैसे कि ब्राह्मण और ब्राह्मणत्व, पूजा-पाठ करने वाले ढोंगी-पाखंडी लोग भी थे। कुल मिलाकर मुझे लगता था कि कहीं बुनियादी गड़बड़ी है। तो मेरे जीवन की स्थिति की विषमताएँ थीं, पढ़-लिखकर, सब कुछ रहते भी पैसे के लाले पड़े थे। फीस के पैसे मिल नहीं रहे हैं। इन जीवन स्थितियों के बीच आर्थिक विषमताओं से गुजरने वाला आदमी अगर इस समाज व्यवस्था के विरुद्ध न हो तो मैं समझूँगा कि वह मुर्दा है। इसलिए मैं मार्क्सवाद की ओर शौक से नहीं गया था। लोग समाज-जीवन और विषम संघर्षों की बात करते हैं गरीबी है यह मैंने किताबों में नहीं पढ़ा है। उपन्यासों में नहीं पढ़ा है। मैंने अपनी जिन्दगी में पढ़ा है। तुमने पूछ ही लिया तो मैं जिक्र करना चाहता हूँ। मैं दूसरी या तीसरी कक्षा में पढ़ता था और मैं स्कूल जा रहा था। स्कूल के पीछे जो सिंचाई का मोठ होता है चमड़े का, वह चल रहा था। चार-पाँच लड़कों की कतार थी। उनमें मैं चल रहा था। नया-नया मोठ का पानी आ रहा था। नाली में पानी देखकर एक लड़का आगे बढ़कर उसे पीने लगा। खेत पर क्यारियाँ बनी हुई थीं। अभी-अभी पानी चलाया है, आगा भी नहीं, और एक लड़का पीकर जूठा कर दे उसे? बिगड़ा उधर से एक आदमी, 'कौन है'? तो आगे किसी ने कहा कि 'वह तेली का लड़का है।' मैं सबसे अन्त में था। उसने समझा कि तेली का लड़का यही है। जो सचमुच तेली का लड़का था वह मुझसे साफ कपड़े पहने था। अच्छे कपड़े उसके पास थे, मेरे कपड़े गन्दे ज्यादा थे। यह घटना आज पहली बार जिन्दगी में मैं किसी को बताने जा रहा हूँ। जिस संयुक्त परिवार की बात कर रही थीं तुम, उस संयुक्त परिवार में चूँकि पिता मझले भाई थे तो हम लोगों के यहाँ पुराने लोगों में था कि अपने परिवार में बच्चों का ध्यान स्वयं नहीं करना चाहिए। खुद मालिक जो हैं, वही ध्यान करे। यह हालत थी। मैं हनुमान चालीसा भी नहीं खरीद सकता था, ऐसा आदमी कम्युनिस्ट नहीं बने, मार्क्सवादी नहीं बने तो क्या बने? इसलिए 'एक्जिस्टिन्श्यल' स्थिति से मैं इसकी ओर आया। कोई शौक से नहीं आया। और दूसरी चीज यह कि जब मैं साहित्य पढ़ने लगा तो साहित्य का, खासतौर से, मार्क्सवाद का इतिहास दर्शन है। एम.ए. में मुझे साहित्य का इतिहास पढ़ाया जाता था। उस

इतिहास में कोई सवाल ऐसे होते थे, मेरे मन में सवाल उठते थे, जिनका जवाब नहीं मिलता था। दिए हुए जवाब गलत लगते थे। याद रखो कि लोग भूल जाते हैं कि पहला लेख मैंने मार्क्सवादी दृष्टि से 'साहित्य की मार्क्सवादी दृष्टि' का यह पहला लिखा था। 'इतिहास का नया दृष्टिकोण' जो शिवदान सिंह चौहान द्वारा सम्पादित आलोचना के इतिहास का अंक का पहला लेख है। उसमें मैंने मार्क्सवादी ढंग से हिन्दी साहित्य का इतिहास लिखने की समस्याओं पर विचार-विमर्श किया था। तो साहित्य में इतिहास मेरी मुख्य चिन्ता थी। साहित्य का इतिहास लिखना इतना महत्त्वपूर्ण नहीं था जितना साहित्य का इतिहास समझना और यह वीरगाथा काल, और भक्तिकाल, रीतिकाल और भारतेन्दु मंडल काल और जिस तरह से विभाजन कर दिया गया था और फिर मुसलमानों का हमला हुआ तो इतिहास बदल गया। इसका जवाब मुझे रामचन्द्र शुक्ल नहीं देते कि क्यों एक हजार ईसवी के आसपास संस्कृत और प्राकृत का वर्चस्व समाप्त हुआ और क्यों लोकभाषाएँ साहित्य का दर्जा प्राप्त कर सकीं। इसका जवाब रामचन्द्र शुक्ल के पास नहीं है। इसका जवाब किसी के पास नहीं है। क्यों हिन्दी ही नहीं बल्कि समूचे भारतीय इतिहास में लोकभाषाएँ पहली बार साहित्यिक गौरव के साथ आयीं और इसको साहित्यिक गौरव दिलाने में आधे से ज्यादा लोग वे हैं जो बेपढ़े-लिखे हैं, छोटी जातियों के लोग हैं। उनका लोक-साहित्य कभी साहित्य क्यों नहीं माना गया? ये सवाल मुझे परेशान करते थे। तब मुझे लगा कि मार्क्सवाद में शायद इसका हल हो क्योंकि मार्क्सवाद इतिहास-दर्शन है। वो दुनिया के इतिहास को जो राजाओं की कहानी मालूम होती है उस साहित्य का एक पैटर्न ढूँढ़ता है। उसकी प्रगति, परिवर्तन, विकास की व्याख्या कर सकता है मार्क्सवाद। तो क्या वह साहित्य के इतिहास के परिवर्तन की व्याख्या कर सकता है? हिन्दी साहित्य में जो समय-समय पर परिवर्तन हुए उसकी व्याख्या अब जो की जाती है, वीरगाथा काल के बाद भक्ति काल आना, भक्ति के बाद रीति का आना, रीति के बाद गद्य लिखा जाना फिर छायावाद का आना। इसकी व्याख्या कैसे की जाए? वह इतिहास दर्शन, इतिहास की भौतिकवादी व्याख्या है, वह मार्क्सवाद में है कि नहीं? मार्क्स ने साहित्य का इतिहास तो लिखा नहीं और मार्क्स ने हिन्दी साहित्य का भी इतिहास नहीं लिखा। फिर भी उसके पास सच्चा इतिहास दर्शन है जिसको विश्वदृष्टि कहते हैं तो क्यों? यह वह आदमी है जिसके पास हर ताले की कुंजी है तो देखें कि उसके पास वह कुंजी है कि नहीं? और अगर नहीं है तो क्या वह कुंजी बनाई जा सकती है कि नहीं? हम वह कुंजी ढूँढ़ने के लिए गए और कोशिश करने लगे कि हम भी कुंजी बना लें ताला खोलने वाली लेकिन यह और बात है कि आगे चलकर मिला कि भाई हर सवाल के जवाब उसके पास नहीं हैं। हर ताले को खोलनेवाली कुंजी बनाने का नुस्खा भी उसके पास नहीं है। लेकिन कुछ बातें इसमें हैं जिनसे कुछ

दूर तक जाया जा सकता है। बाकी मार्क्स कहता है कि अपना रास्ता खुद ढूँढ़ो, खुद बनाओ कुंजी, मेरे पास कोई नुस्खा नहीं, तो एक आदमी ऐसा है, जो यह कहता है। इसके कारण मैं मार्क्सवाद की ओर मुड़ा। एक और कारण बताऊँ कि उस समय अंग्रेजी की एक किताब का नया इंडियन एडिशन आया था, मैंने किताब खरीदी थी। क्रिस्टोफर कोडवेल की 'इल्यूजन एंड रियालिटी' जो आज भी मेरे पास है। मैंने खरीदी थी। 'इल्यूजन एंड रियालिटी' में अंग्रेजी साहित्य का इतिहास-चार्ट बनाकर दिया गया है। यह तो बहुत बाद में लगा कि बड़ा ही हास्यास्पद है यह चार्ट। लेकिन उस समय बड़ा क्रान्तिकारी कहलाता था। कोडवेल का एक अध्याय है कविता की उत्पत्ति कैसे हुई 'ओरिजिन ऑफ पोएट्री' उसका हिन्दी अनुवाद शिवदान सिंह चौहान ने 'हंस' में छापा था। वह मैंने तब पढ़ा नहीं था। बाद में मैंने 'ओरिजिन ऑफ पोएट्री' पढ़ा कि कविता की उत्पत्ति कैसे हुई? कविता की उत्पत्ति कैसे हुई उस समय यह बात अपने आप में बड़ी अद्भुत लगी थी कि श्रम से उत्पत्ति हुई। शुरू में आदमी अपने जीवित रहने के लिए फसल उगाना, फल पैदा करना, इसकी कोशिश कर रहा था और उस सिलसिले में जिसको 'लेबर थियरी ऑफ ओरिजिन ऑफ पोएट्री' जिसे अंग्रेजी में कहें तो कोडवेल ने लिखा है कि मेहनत करने के दौरान आदमी में कविता फूटी तो वह गाने लगा। मैं उसे अपने गाँव के खेत से मिलाता था कि गाँव में औरतें रोपनी करती हैं, तो धान रोपते हुए गाती हैं, चक्की चलाती हैं तो गाती हैं इसलिए मेहनत से अगर यह गाना जुड़ा हुआ है, ऐसे ही ये गाने लोग गाते होंगे और कविता बन गई होगी, यह बात समझ में आनेवाली थी। आसमान से कविता उतरी होगी, यह परियों की कहानी जैसी लगती थी और यह बात बुद्धिसंगत लगती थी। तो मुझे लगा कि मार्क्सवाद कविता की उत्पत्ति की बात बता सकता है तो कविता में परिवर्तन की बात भी बता सकता है। तो कई सवालों के जवाब थे, मार्क्सवाद के पास। गरज कि मुझे मार्क्सवाद में साहित्यिक सवालों के जवाब मिले। कुछ लोगों ने ऐसे ठीक सवाल किए थे। उनको पढ़ने लगा तो कविता की साहित्य की व्याख्या के बारे में मुझे लगा कि मार्क्सवाद कहीं-कहीं कुछ रचनाओं की बेहतर व्याख्या करता है। उन दिनों 1951 में मैंने दूसरी किताब खरीदी इलाहाबाद से। किताब थी जार्ज लुकाच की 'स्टडीज़ इन यूरोपियन रियलिज़्म'। बहुत अच्छी लगी। उस किताब में तोल्सतोय पर कई लेख हैं, मैक्सिम गोर्की पर है, बाल्जाक पर है। तो भला हो मार्क्सवाद का। अगर मार्क्सवाद न होता तो मैं इतना सारा विदेशी साहित्य पढ़ पाता? अंग्रेजी वाले बाल्जाक को क्यों पढ़ेंगे भाई, उनके लिए डिकन्स ही काफी हैं। इसलिए रूसी नावेल को पढ़ने लग गया तो भला हो मार्क्सवाद का कि मार्क्सवाद के कारण मैंने बाल्जाक को ढूँढ़-ढूँढ़ कर पढ़ा। यद्यपि एक किताब मैं आज तक ढूँढ़ रहा हूँ। अंग्रेजी में अनुवाद उसका नहीं मिला, 'पीजेंट' पर एक उपन्यास बाल्जाक ने लिखा था उसका अंग्रेजी

अनुवाद मुझे आज तक नहीं मिला। हुआ है या नहीं मैं नहीं जानता—बहुत से लोगों से पूछ चुका हूँ। मैं इसलिए चाहता था कि देखें मार्क्स ने 'पीजेंट' पर नहीं लिखा था, लुकाच ने लिखा था और कृषिप्रधान देश भारत में प्रेमचन्द ने किसानों के बारे में लिखे हुए उपन्यासों की समीक्षा लुकाच, किस तरह करता है? वह इसलिए महत्त्वपूर्ण है कि केपिटलिज्म और केपिटलिस्ट क्लास से बुर्जुआ क्लास के उपन्यासों को महाकाव्य माना जाता है। किसान के बारे में कैसे लागू होता है यह देखना चाहता था। ज्योर्ज लुकाच की 'स्टडीज़ इन यूरोपियन रियलिज़्म' किताब पढ़ी तब मुझे लगा कि उन पर तोल्सतोय का 'अन्ना करनिना' युद्ध और शान्ति या उनकी कुछ कहानियाँ मैंने पढ़ रखी थीं। लुकाच को पढ़ने के बाद मुझे लगा कि जो गैर-मार्क्सवादी लेखक इन कृतियों को जिस रूप में देखते-समझते हैं लुकाच बेहतर समझता है। मुझे लगा कि साहित्यिक कृतियों की व्याख्या भी मार्क्सवादी आलोचक अच्छा कर सकता है। इसलिए कोडवेल और लुकाच दो पहले साहित्य समालोचक थे जो अंग्रेजी बुर्जुआ आलोचकों से बेहतर लगते थे और मुझे लगता था कि इनके द्वारा हिन्दी साहित्य की कृतियों की व्याख्या भी की जा सकती है और हिन्दी साहित्य के इतिहास के परिवर्तन बिन्दु भी अच्छी तरह समझ में आ सकते हैं। इन सभी कारणों से मैं मार्क्सवाद की ओर आकृष्ट हुआ।

किरन : *आपके साहित्य चिन्तन में मार्क्सवाद की एक आम भूमिका है लेकिन आपके मार्क्सवाद को लेकर मार्क्सवादियों और गैर-मार्क्सवादियों में सतत सन्देह व्यक्त किया जाता रहा है। उग्र मार्क्सवादियों के लिए आप संशोधनवादी हैं। इस आक्षेप के बारे में आप क्या कहना चाहेंगे?*

नामवर सिंह : किरन, इसका जवाब तो कई बार लोगों ने पूछा है, दे चुका हूँ। जो तुम ये सवाल पूछती हो आज उनमें से आधे से अधिक लोग मार्क्सवाद का नाम ही नहीं लेते। इस तरह से भूल गए हैं जैसे कभी था ही नहीं, जो उग्र और कट्टर मार्क्सवादी थे, वो न जाने क्या हुए? यह संशोधनवादी आज भी मार्क्सवाद में गहरी आस्था रखता है और अब समाजवाद का अन्त हो गया तो लोग मार्क्सवाद का नाम लेना शर्म की बात समझते हैं और 'अकबर नाम लेता है खुदा का इस जमाने में'। इस जमाने में भी मैं खुदा का नाम लेता हूँ तो इसलिए मेरा संशोधनवाद तो ऐसा है। रहा यह कि मार्क्सवाद, बहुत से मार्क्सवादियों को देखकर यह दुहराया जाता है यह कथन मार्क्स ने खुद कहा था कि अगर यही मार्क्सवाद है तो मैं मार्क्सवादी नहीं हूँ। मार्क्स ने खुद अपने जमाने के मार्क्सवादियों की चीजों को पढ़कर कहा था कि अगर यही मार्क्सवाद है तो मैं मार्क्सवादी नहीं हूँ इसलिए जो लोग मार्क्सवाद को धर्मग्रन्थ समझते हैं जो 'केपिटल' को कुरान समझते हैं तो उनकी समझ होगी कि मार्क्सवाद की एक ही व्याख्या हो सकती है। मैं मार्क्स की रचनाओं को कुरान

या बाइबिल नहीं समझता। मैं उनको गीता समझता हूँ, जिसकी जो चाहे व्याख्या कर ले और यह व्याख्या हो सकती है। गीता की व्याख्या शंकर ने की है वह उतनी ही सही है जितनी रामानुज ने की है। गीता की व्याख्या तिलक ने की है वह भी सही है। गांधीजी ने की है वह भी सही है और मैं करूँगा वह भी सही है। तो इसलिए मुझे मेरे हिन्दू होने से एक लाभ होगा वह यह कि व्याख्या के लिए हर किताब खुली हुई है और चूँकि मैं साहित्य का विद्यार्थी हूँ, मुख्यतः मैं केवल मार्क्सवाद का विद्यार्थी नहीं हूँ, मैं तो साहित्य का विद्यार्थी हूँ इसलिए साहित्य में हर किसी रचना का महत्त्व इसलिए होता है कि उसमें नानार्थ सम्भावनाएँ होती हैं। मार्क्सवाद मेरे लिए नानार्थ सम्भावनाओं का 'टेक्स्ट' है। साहित्य की जैसी व्याख्या आप चाहें कर सकते हैं। वह कोई पवित्र धर्मग्रन्थ नहीं है जिसकी एक ही व्याख्या हो। ऐसा नहीं कि जो व्याख्या एक ही आदमी ने की होगी वही सही होगी। लेनिन की या स्तालिन की या हमारे यहाँ किसी कम्युनिस्ट पार्टी के किसी बड़े नेता की। इसलिए मार्क्सवाद के बारे में मार्क्स ने कहा था यह साइंस है। 'साइंस ऑफ हिस्ट्री' और साइंस में कोई भी चीज पवित्र नहीं होती। डोग्मा नहीं होता। साइंस में और डोग्मा में यही फर्क होता है। इसलिए मुझे अपने को मार्क्सवादी कहने में कोई संकोच नहीं होता। मार्क्स के विचारों को मैं विज्ञान मानता हूँ, उनको सूत्रबद्ध नहीं किया जा सकता है और जो मुख्य है उसे गाइड टू एक्शन 'क्रिटीक ऑफ क्रिटिकल क्रिटीक' कह सकते हैं अंग्रेजी में। जो व्यवहार में स्थिति विशेष के अनुसार, विचार करने की सर्जनात्मकता की अपार सम्भावनाएँ हैं। मैंने अपने एक लेख में जो 'वाद-विवाद संवाद' में है, रमेश कुन्तल मेघ का पर्चा सुनने के बाद एक टिप्पणी की थी। मैंने उसमें कहा था कि मार्क्स की हर किताब 'क्रिटीक' है। मार्क्स सवाल पूछता है जो जवाब देता है, उसे टेन्टेटिव कहता है। इसलिए मार्क्स ने अपने जीवन काल में कई सवालों के जवाब दिए। एशिया के इतिहास के बारे में उसकी समझ भारत के इतिहास की 1853 के बारे में उसकी अपनी एक राय थी। 1878 आते-आते दूसरी हुई और 1881 तक बदल गई। लोग भूल जाते हैं कि मार्क्स तथ्यों के प्रकाश में अपने निष्कर्षों को बराबर बदलते रहे हैं जो विज्ञान का लक्षण है। इसलिए मैंने मार्क्सवाद को स्वीकार किया तो यह समझकर कि मैं विज्ञान को स्वीकार कर रहा हूँ। मैं किसी धर्मग्रन्थ को पवित्रग्रन्थ की कसम खाने के लिए नहीं लाया हूँ और उसी के अनुसार मैं कर रहा हूँ और इसकी प्रामाणिकता के लिए मुझे अन्यत्र जाने की कोई जरूरत नहीं है। क्योंकि यही नहीं, मार्क्स की 'Critique of Critical Critique' एक बात बात में बात है—आलोचनात्मक आलोचना की आलोचना। इसलिए मैं तो स्वयं अपने विचारों की आलोचना लगातार करता हूँ। जहाँ मैंने समझा कि यह ठीक नहीं, कल जो कहा था, आज मैं गलत काट सकता हूँ और मुझे कोई संकोच नहीं होगा और जब मैं

यह कहता हूँ तो जैसा मैंने कहा कि गीता की कोई भी टीका उतनी ही प्रमाणिक हो सकती है जितनी दूसरी और उसी तरह मैं बुद्ध के देश का हूँ और मैं अपने को बुद्ध का वंशज भी कह सकता हूँ। बाकी सिद्धार्थ गौतम के ही खानदान के ही हम हैं न भाई। तो बुद्ध ने यही कहा था कि 'कल्लूपयम्। भिक्खओ धर्मम् देसिस्थानि, नित्थरणत्थाय नापि गहनत्थाय'। इतना क्रान्तिकारी आदमी कौन होगा? गौतम बुद्ध ने कहा है, भिक्षुओ! मैंने जो धर्मोपदेश दिया है तुम्हें वह नौका के समान है, पार उतारने के लिए। नदी के पार जाओ और नाव छोड़ दो। यह नहीं कि नदी पार उतर गए तो फिर नौका को सिर पर लिए हुए रेती पर चलो और यह कहो कि कौन जाने फिर आगे नदी आएगी तो जरूरत पड़ेगी इसलिए मेरे धर्म से संसार को पार करो और धर्म को छोड़ दो, जहाँ धर्म अधूरा लगे या अपूर्ण लगे तो उसे भी छोड़ दो धर्म से मोह क्यों? जो बुद्ध इतना क्रान्तिकारी हो सकता हो और मुझसे आगे-आगे रास्ते पर चलनेवाले महापंडित राहुल सांकृत्यायन ने अपनी जीवन-यात्रा में पहले उद्धृत किया है और राहुलजी कम्युनिस्ट थे, मार्क्सवादी थे। वे राहुल यह मानते थे और मैं समझता हूँ कि राहुल सही थे और सच्चे मार्क्सवादी थे जो बौद्ध थे, ऐसे क्रान्तिकारी कि जिसने घर छोड़ा, जिसने संन्यास लिया, सबकुछ छोड़ा, अपना सुख छोड़ा, परिवार छोड़ा, बीवी छोड़ी, वह आदमी एक किताब नहीं छोड़ सकता। वह भी एक किताब सिर पर लादे हुए जाएगा। तो हर सुख को, सारे भ्रम, सारी रूढ़ियाँ छोड़ने का मतलब यह है कि अगर मार्क्सवाद भी कोई एक रूढ़ि है तो उसे भी छोड़ो। किसी से मोह क्यों? क्योंकि कल जो विचार हम मानते थे वह आज भी माने जाएँ? जिस रजाई में हजारों खटमल हों, उस रजाई को आप इसलिए ओढ़े रहें कि उसे हमारे दादा ने दी थी भले ही खटमल आपके गले को छेद डालें। उसे छोड़ो, फेंको और दूसरा कपड़ा देखो। इसलिए मार्क्सवाद को मैंने उसी रूप में ग्रहण किया था, आज भी ग्रहण किया है। यह कहने से आज मेरी मार्क्सवाद के प्रति श्रद्धा कम नहीं होती क्योंकि वह जमीन है जिस पर मैं पाँव टिकाकर ही आसमान पर ऊँचे से ऊँचे शिखरों को छू सकता हूँ।

किरन : *आपने छठे दशक के आलोचना के क्षेत्र में प्रवेश किया। आज दसवाँ दशक चल रहा है। इस पचास वर्ष की लम्बी साहित्यिक यात्रा में आप अनेकों साहित्यिक विवादों के केन्द्र में रहे। आपकी यह केन्द्रीयता आपकी किसी समझदारीपूर्ण रणनीति के कारण रही है या आपने साहित्य से जुड़े ऐसे प्रश्नों को उठाया है जो जाने-अनजाने साहित्यिक चर्चा के प्रमुख सवालों में उभरकर सामने आए हैं। आपके लेखन को देखकर यह लगता है कि आपने साहित्यिक प्रवृत्तियों और रचनाकारों का एक वरीयता क्रम निर्धारित कर लिया है। इस वरीयता क्रम को निर्धारित करने में मुख्य आधार आपका मार्क्सवादी साहित्यिक विवेक है। जो साहित्यिक प्रवृत्ति या जो रचनाकार आपके*

मार्क्सवादी चिन्तन के फ्रेम में फिट नहीं होते वे हिन्दी साहित्य के विकास में अपनी महत्त्वपूर्ण भूमिका के बावजूद आपकी दृष्टि में उपेक्षणीय रहते हैं। इस उपेक्षा भाव ने आपके साहित्यिक विवेक की समग्रता को हमें लगता है कि कुछ सीमित बनाया है।

नामवर सिंह : तुमने कई सवाल एक साथ पूछे हैं। मेरी 1950-57 से लेकर अब तक की यात्रा समालोचना की यात्रा है। उसके आरम्भ की क्या समस्याएँ थीं? क्या तैयारी थी? उस क्रम से चलकर के आज तक पहुँचने की वह प्रक्रिया है इस पर अकसर कई बार बातचीत मैंने की है और सोचा भी है इसलिए एक-एक करके लें तो ज्यादा अच्छा हो। यह पहले मैं कह चुका हूँ कि आलोचना लिखने का संकल्प लेकर के मैं साहित्य में नहीं आया था। मैंने अपना साहित्यिक कर्म रचना से आरम्भ किया था—कविता से। और यदि कोई बाधा नहीं आती तो मेरी पहली पुस्तक कविता-संग्रह होती। 'नीम के फूल' उसका नाम रखा था—प्रेस में ही थी। कुछ कविताएँ अच्छी पत्रिकाओं में छप चुकी थीं। 'नई कविता' पत्रिका निकलती थी, उसमें थी और अज्ञेय ने 'प्रतीक' के लिए मुझसे कविताएँ माँगी थीं, मैंने दी नहीं यह और बात है। तो उस जमाने को देखते हुए कुछ ठीक-ठाक ही कविताएँ थीं हमारी। इसके अलावा जिसे व्यक्ति व्यंजक निबन्ध कहते हैं मैं उन्हें केवल निबन्ध ही कहता हूँ, ललित वगैरह विशेषण नहीं लगाता। किताब कायदे से पहली मेरी 'बकलम खुद' छपी थी और मैं एक तरह के रचनात्मक निबन्ध लिख रहा था आलोचनात्मक निबन्ध नहीं, कुछ व्यंग्य-विनोद भी था। इससे बहुत साफ है कि आलोचना लिखने का लक्ष्य मैंने नहीं बनाया था और इसके बारे में कई बार विनोद में मैं कह चुका हूँ कि मैं तो मन्दिर की सफाई करने आया था और झाड़ू हाथ में उठाया था सोचा कि जल्दी काम खत्म हो जाएगा। तो रचना ही मेरा उद्देश्य था। लेकिन वह जो झाड़ू हाथ में लगा तो छूटा ही नहीं। यह भूमिका देने का मुख्य प्रयोजन यह है कि यदि मैं अध्यापक न हुआ होता तो आलोचना कर्म में शायद न प्रवृत्त होता और यह बहुत कुछ मानविकी या जिसे आर्ट्स कहते हैं, उसकी शिक्षा पर टिप्पणी है कि यहाँ कवि उपन्यासकार भी इस धन्धे में आकर के अपने रचनाधर्म से विरत हो जाते हैं विमुख होते हैं। विज्ञान में ऐसा नहीं होता। विज्ञान में विज्ञान के सिद्धान्त वे पढ़ते हैं और प्रयोगशाला में वे प्रयोग करते रहते हैं। साहित्य पढ़कर के कोई आदमी यदि अच्छा साहित्यकार नहीं बनता केवल आलोचक बनता है तो मैं समझता हूँ कि यह साहित्य की शिक्षा का सबसे बड़ा शाप है और इसका विरोधाभास है। विचित्र बात है कि विश्वविद्यालयों में साहित्य पढ़ाने का हमलोग जो काम करते हैं वह स्वयं किसी उपन्यास, कहानी, कविता या किसी कवि, उपन्यासकार, कहानीकार के बारे में लिखे हुए लेखों को ज्यादा महत्त्वपूर्ण समझते हैं और स्वयं उस रचना को हम महत्त्वहीन समझते हैं।

जबकि होना यह चाहिए कि आलोचना तो साधन है। बहुत दिनों तक स्थिति यही रही है। अच्छा हुआ कि हिन्दी में जितने बड़े साहित्यकार हुए उन्होंने किसी भी विश्वविद्यालय में शिक्षा नहीं प्राप्त की चाहे वो प्रेमचन्द हों और वे हिन्दी बी.ए. और एम.ए. के विद्यार्थी नहीं थे। बहुत दिनों तक हिन्दी में स्थिति यही थी जबकि बहुत विश्वविद्यालय स्थापित हो चुके थे फिर भी हाईस्कूल इंटरमीडिएट के आगे न पढ़े, न निराला पढ़े, न जयशंकर प्रसाद पढ़े, न प्रेमचन्द पढ़े, जिन्होंने बी.ए., एम.ए. किया लेकिन हिन्दी में नहीं किया था। तो मैं यह कह रहा था कि अध्यापक के पेशे में आने के बाद यह होगा कि मैं कविता और निबन्ध लिखना भूल जाऊँ और आलोचना लिखूँ यह मेरे पेशे का तकाजा था। मेरी कोशिश यह थी। इन आलोचनाओं के द्वारा साफ सफाई करूँ, यह तो सवाल मेरा नहीं था कि इस आलोचना से बेहतर लेखक और कवि पैदा होंगे। या इनको लिखने के बाद मैं कुछ रचना करूँगा लेकिन उद्देश्य यह था और इसी उद्देश्य को लेकर मैं आलोचना कर्म में प्रवृत्त हुआ। मेरे मन में था कि कवि और आलोचक दोनों इस मामले में, सहयोगी हैं, सहचर हैं, मित्र हैं। इनके बीच घोड़े और घास का सम्बन्ध नहीं है कि आलोचक तो घोड़ा (और कुछ लोग गधा भी कहेंगे) और कवि और कविताएँ उपन्यास घास, जो खाने के लिए बनी है, अच्छी हरी-हरी घास को खा जाएँ वो। तो इसी उद्देश्य से मैंने आरम्भ किया था। इस भूमिका के साथ मैं कहूँगा कि प्रवेश करने के लिए, इसलिए जिसको मैं कहूँ कि रस लेकर के साहित्य पढ़ना और वह अपने आप में जिसे काव्यानुभूति कहते हैं, जिसका अपना एक संस्कार होता है, जिन रचनाओं को पढ़ने, समझने, हृदयंगम करने में स्वयं रचना करने का सुख प्राप्त होता है। इस लम्बे अनुभव से जब तक कोई गुजरता नहीं है तब तक ऐसा नहीं होता है। मैं यह कहना इसलिए जरूरी समझता हूँ कि लोग आज कोई पुस्तक तब पढ़ते हैं जब उन्हें मालूम होता है कि इस पुस्तक की समीक्षा लिखने के लिए किसी पत्रिका ने मुझसे कहा है। अगर समीक्षा लिखनी न हो तो वे पुस्तक न पढ़ें। बहुत कुछ हम कभी लिखेंगे इसलिए नहीं पढ़ते हैं बल्कि इसलिए पढ़ते हैं कि पढ़ने का आनन्द होता है। इसलिए आलोचना कर्म में प्रवृत्त होने से पहले मैंने अपने उस जीवन को जो अलिखित है, उसके बारे में कहीं लिखा नहीं है, जिसे लोग तैयारी कहेंगे। 1951 में आलोचना लिखने से पहले मैं अपने होशो-हवास में 1940-41 से लेकर 51 तक रस लेकर के मैंने हिन्दी की भक्ति की कविताएँ, रीतिकालीन शृंगार की कविताएँ पढ़ीं। मैं कह सकता हूँ कि अपने समकालीन आलोचकों में शायद रीतिकालीन जितनी कविताएँ मैंने पढ़ीं बहुत कम लोगों ने पढ़ी होंगी। छायावाद कवियों की कविताएँ, कुछ हिन्दी की कविताओं के अलावा बांग्ला की, उर्दू की, अंग्रेजी की या कुछ उपन्यासों को जो अच्छी लगीं या कहानियाँ या नाटक भी। आत्मसात करने की कोशिश की। इन चीजों को पढ़कर के साहित्य का

एक संस्कार या जिसको सहृदयता कहता हूँ और उनमें अच्छे-बुरे कवि कौन हैं? या कौन रचनाकार महत्त्वपूर्ण हैं। उसके साथ यह विवेक बनता है। जिसे अंग्रेजी में कहते हैं कि हर पाठक का अपना एक 'केनन' होता है। वह दिए हुए 'केनन' से भिन्न भी हो सकता है। जैसे हिन्दी में सामान्यतः विद्यार्थियों के सामने वही 'केनन' है जो रामचन्द्र शुक्ल ने वरीयता का एक क्रम बीस-पच्चीस कवियों और लेखकों का बना दिया है, हम बस उसी को मानकर चलते हैं। मुझे वह बराबर खटकता रहा कि इस 'केनन' को तोड़ना चाहिए। शुरुआत की, एक पाठक के तौर से। मैं उस क्रम से आगे बढ़ा। मेरे मन में यह धारणा थी और अब भी है कि जो समालोचना के कर्म में प्रवृत्त हो और उससे भी आगे मैं कहूँगा कि एक सुशिक्षित, संस्कारी साहित्यिक जन या सज्जन को मोटे तौर से कुछ हिन्दी की चुनी हुई कृतियों को पढ़ना ही चाहिए यानी मैं कह रहा हूँ कि आजकल जो अध्यापक मिलेंगे वे कहेंगे कि मैं मध्यकाल का विशेषज्ञ हूँ, मैं भक्ति का विशेषज्ञ हूँ, उपन्यास का विशेषज्ञ हूँ। इस दृष्टि से मैं तो किसी का भी विशेषज्ञ नहीं हूँ। मैं मानता हूँ कि सम्पूर्ण हिन्दी साहित्य का जो सर्वोत्तम है और सार है वह जो सचमुच जिम्मेदार आलोचक के रूप में प्रवेश करना चाहता है उसे वह सब समझना चाहिए। समान रूप से जानना चाहिए अगर वह नहीं जानता है तो वह समालोचक नहीं है। इतिहास में तो सम्भव है कि कोई प्रागैतिहासिक काल का विशेषज्ञ हो, कोई गुप्तकाल का हो, कोई मौर्यकाल का हो, पूर्वमध्यकाल का हो या परवर्ती मध्यकाल का हो यह तो इतिहास वगैरह में चल सकता है। साहित्य की दुनिया में ऐसा वांछनीय नहीं है। ऐसा कहता हूँ तो मेरे सामने हिन्दी के सबसे बड़े आलोचक आचार्य रामचन्द्र शुक्ल हैं, जिन्होंने समूचा हिन्दी साहित्य पढ़ रखा था इसलिए उनके इतिहास में वो काव्यानुभूति का बुनियादी बोध मौजूद है। अंग्रेजी के मैथ्यू आर्नोल्ड या एफ. आर. लीविस ने सारा अंग्रेजी साहित्य पढ़ा था। वे केवल आधुनिक कविता के या रोमांटिक कविता के विशेषज्ञ नहीं थे। इसके साथ ही हिन्दी से पहले की परम्परा से भी कुछ आत्मीय परिचय आवश्यक है उस संस्कार के बिना जो आलोचना कार्य में प्रवृत्त होगा तो वो आदमी अधकचरा साबित होगा। आजकल के जमाने में जब विज्ञापन दिए जाते हैं तो कहा जाता है कि आधुनिक कविता का विशेषज्ञ होना चाहिए, काव्य-शास्त्र का विशेषज्ञ होना चाहिए। इस दायरे में बँधा हुआ आदमी विशेषज्ञ ही रहेगा, मास्टर ही होगा, वह भले चाहे यूनिवर्सिटी में प्रोफेसर हो जाए लेकिन वह समालोचक नहीं हो सकता। जब मैंने प्रवेश किया था तो इस पृष्ठभूमि के साथ प्रवेश करने के कारण यह बात बहुत लोगों को अटपटी लगी कि मैंने पहली किताब जो लिखी इसी सोच के सिलसिले में अपभ्रंश के बारे में लिखी। पता नहीं यह सवाल तुम्हारे मन में है या नहीं? तो मैंने कहा था कि हिन्दीवाले भी अपभ्रंश नहीं जानते पर मैं जानता हूँ कि अपभ्रंश की जानकारी मेरे

लिए बहुत महत्त्वपूर्ण रही। मैंने आदिकाल का साहित्य 'पृथ्वीराज रासो' तो बृहद रूपान्तर है सभी जिल्दों में पूरा विशाल ग्रन्थ पूरा पढ़ा है। हिन्दी वालों से पूछा जाए कि कितने लोगों ने 'पृथ्वीराज रासो' पढ़ना तो दूर देखा है? एक वह छोटा-सा जो 'पृथ्वीराज रासो' का कोई मुख्य भाग नहीं है वही कोर्स में रहता है, वही पढ़ लेते हैं। आजकल लोगों ने संक्षिप्त रासो बना लिया है और वही उनके लिए 'पृथ्वीराज रासो' है। आमतौर से अपभ्रंश तो पढ़ाया मैंने लेकिन रासो मुझे नहीं पढ़ाना पड़ा। उस पर शोध कार्य किया था तो बहुत सारा साहित्य कभी विश्वविद्यालय की दुनिया में आदमी प्रवेश करे तो कुछ इसलिए भी अपनी जगह अपनी बनाने के लिए हो क्योंकि उपन्यास और आधुनिक कविता पर काम करनेवाले आदमी तो बहुत मिलते हैं। जिन विषयों पर कोई काम नहीं करता, उसके नाते कम से कम मजबूरी हो लोग आपको काम पर रखें। तो उसके साथ मैंने आरम्भ किया था, इसलिए आरम्भ की बात मैं कह रहा हूँ कि उसके कारण मेरे सामने समूचा हिन्दी साहित्य रहा है। उसका इतिहास और उसकी समस्याएँ और उसके साथ उसकी आलोचना में 1950-51 के आसपास जो मुख्य मुद्दे थे, जो बहस हो रही थी वो मेरे लिए महत्त्वपूर्ण थी। मसलन आरंभिक लेख मैंने 1951-52 के आसपास लिखे थे। जैसा पहले कह चुका हूँ कि एक तो मैंने साहित्य के इतिहास के दृष्टिकोण पर लिखा जिसमें शामिल थी आचार्य रामचन्द्र शुक्ल के इतिहास की दृष्टि। अब तक उस इतिहास के बारे में लोग इस तरह की बातें करते रहते हैं कि इस कृति के साथ अन्याय कर दिया, उस कृतिकार के साथ अन्याय कर दिया है। तथ्य सम्बन्धी कुछ भूलें रह गयी हैं। मेरा कहना था कि ढाँचा मुख्य है और ढाँचे में ही इतिहास की विशेष दृष्टि है। उसके सामने प्रश्नचिह्न लगाना चाहिए और दूसरा इतिहास होना चाहिए। यह हिमाकत थी लेकिन अपने युवाकाल में। मैंने एक किताब पढ़ी थी 'हिस्ट्री ऑफ इकोनोमिक्स थॉट' लेखक का नाम भूल रहा हूँ उसकी भूमिका में लिखा था कि कुछ चीजें कच्ची उम्र में ही लिखी जाती हैं, तो लिख जाती हैं और बाद में आदमी समझदार हो जाता है और इसलिए कुछ संकोच, डर-भय होता है तो वह नहीं लिखता और इतिहास उसमें से एक है। मैंने युवाकाल में इसलिए लिखा कि लिख दूँगा तो लिख दूँगा बाद में उमर बढ़ने पर लिहाज होगा, कुछ सोच-विचार होगा तो रह जाएगा काम। उस समय बड़ा उत्साह मेरे मन में था कि मैं हिन्दी साहित्य का इतिहास लिखूँ। तैयारी भी करने लगा पर वह काम पूरा नहीं हुआ और नतीजा यह हुआ कि बाद में मैं समझदार हो गया और आज तक नहीं लिखा। लोग अब भी पूछते हैं क्यों नहीं लिखा।

बहरहाल, मैं तात्कालिक सैद्धान्तिक प्रश्नों में उलझ गया। जैसे, अन्तर्वस्तु और रूपविधान का सम्बन्ध, कंटेण्ट और फार्म के बीच क्या सम्बन्ध होता है। वह इतिहास और आलोचना में लेख है। ज्यों का त्यों छपा है। अब यह एक सैद्धान्तिक सवाल

था। उस समय जो सवाल उठते थे उसी क्रम में मैंने 'इतिहास और आलोचना' के लेख लिखे। वह किताब तो छपी—पर वह लेख छपा 69 में। आरंभिक दिनों में ही 'छायावाद' नाम वाली पुस्तक लिखने से पहले लिख रहा था। मैंने एक लेख लिखा था—'व्यापकता और गहराई'। मुझे लगा कि हिन्दी में बहुत बहस होती है कि सूर में गहराई अधिक है और तुलसीदास में व्यापकता। जैनेन्द्र में गहराई अधिक है, प्रेमचन्द में व्यापकता अधिक है। अब साहित्य मूल्य की दृष्टि से व्यापकता महत्त्वपूर्ण है कि गहराई महत्त्वपूर्ण है? इन दोनों में क्या रिश्ता होगा? एक सैद्धान्तिक सवाल था जो काव्यशास्त्र में कोई नहीं उठाता था। शुक्लजी ने इसका जवाब नहीं दिया। शुक्लजी ने कहा कि सूर ने एक ही क्षेत्र चुना लेकिन इसका कोना-कोना छान मारा, अब अन्तर्वस्तु और रूप पर विचार करते हुए मैं उदाहरण लेता हूँ तो मैं कहाँ-कहाँ से लेता हूँ। उससे पता चलता है कि एक सवाल का जवाब देने में आप अपनी समूची परम्परा को खंगाल के उसमें से उदाहरण ले आते हैं, उन प्रमाणों के साथ बात करते हैं। लगभग 'व्यापकता और गहराई' के सिलसिले में भी मैंने आरम्भ तो जैनेन्द्र ने प्रेमचन्द के बारे में जो कहा है, उससे जान-बूझकर किया। प्रेमचन्द के बारे में जैनेन्द्र के वक्तव्य को चुना क्योंकि ये दोनों विरोधी गिने जाते थे और यह कोई शाश्वत समस्या नहीं थी। यह मूल समस्या उस समय भी थी। उस समय तथाकथित प्रयोगवाद और नई कविता के लोग प्रगतिशील साहित्य के खिलाफ एक सैद्धान्तिक मुद्दा था कि नई कविता में गहराई है जबकि प्रगतिशील कविता में व्यापकता है। इसलिए यह एक तात्कालिक ज्वलन्त प्रश्न था जो लोगों के मन में था पर इसको व्यवस्थित शब्दों में नहीं कहते थे। तो मैं कहना यह चाहता हूँ कि आलोचना के आरम्भ में मुझे कोई सूचनाधर्मी लेख नहीं लिखने थे। न मुझे किसी का ज्ञानवर्धन करना था। मुझे जहाँ साहित्य की रचना हो रही थी और उस पर जो विचार हो रहा था उसमें मुझे लगा कि जहाँ बोलने की गुंजाइश हो और हस्तक्षेप करना जरूरी हो, एक तरह से हस्तक्षेप करते हुए मैंने आलोचना का कार्यभार लिया था जो विश्वविद्यालयों के लिए नहीं था। यद्यपि विश्वविद्यालय के विद्यार्थी व अध्यापक चाहें तो वे भी उससे दिलचस्पी ले सकते थे। न लें तो अपनी बला से, तो मेरे लिए क्लास कम महत्त्वपूर्ण नहीं था, मेरे सामने जो साहित्य रचा जा रहा था, हमारी आँखों के सामने लिखा जा रहा था उसमें हस्तक्षेप करना था। इस बात को ध्यान में रखते हुए मैं आलोचना कर्म में प्रवृत्त हुआ था। मैं नहीं जानता कि मैंने तुम्हारे सवाल का जवाब दिया या नहीं और किस हद तक दिया। लेकिन आलोचना के कर्म के आरम्भ की यह भूमिका जरूरी है। इसके बिना आरम्भ में मैंने जो कुछ लिखा वह ठीक से समझा नहीं जा सकता इसलिए मैंने यह सब कहना जरूरी समझा।

किरन : *प्रारम्भ में 50-51 में आपने समीक्षा के क्षेत्र में प्रवेश किया, उस समय*

भी बड़ी उत्तेजना पैदा हुई थी और उसके बाद आज, उस पर अब भी आप कुछ बोलते हैं तब भी एक उत्तेजना पैदा होती है, बीच-बीच में अनेक सवाल आए, जो खड़े हुए आपकी आलोचना के द्वारा—कि यह जो उत्तेजना पैदा होती है वह आपकी किसी आलोचकीय रणनीति से पैदा होती है या आप सचमुच में ऐसे सवालों को उठाते हैं जो समग्र हिन्दी रचनाशीलता को किसी न किसी केन्द्र बिन्दु पर विवाद का विषय बनाती है।

नामवर सिंह : ये जो रणनीति वगैरह शब्द हैं वे गैर-साहित्यिक हैं और लोग कहते रहते हैं। कायदे से मार्क्सवादी होने के नाते मुझे यह शब्द उपयोग करना चाहिए पर मैं नहीं करता, दूसरे लोग करते हैं। तुलसीदास ने कहा है कि 'चलइ जोंक ज्यों वक्र-गति जद्यपि सलिल समान' तो पानी तो बेचारा समान रहता है, सीधा सपाट पर जोंक उसमें टेढ़े ही चलती है, लोगों को उसमें रणनीति दिखाई देती है जबकि वे लोग स्वयं रणनीति करते हैं। मेरे सामने एक साहित्यिक प्रश्न है और उस साहित्यिक प्रश्न का साहित्यिक ढंग से मैं जवाब देता हूँ। अब किसी को उसमें रणनीति दिखाई पड़े तो दिखाई पड़े। पर मेरे लेखों को देखकर मालूम होगा कि कोई योजना बनाकर के यह नहीं किया गया, कम से कम उस समय पर। इसीलिए ऐसे लेख भी लिखे हैं जिन्हें अंग्रेजी में 'ऐसे' कहते हैं। आलोचना की जो एकडेमिक या शास्त्रीय शैली होती है, उसमें नहीं लिखे गए हैं वे, ऐसे के रूप में लिखे गए हैं। 'गहराई और व्यापकता' नामक लेख आरम्भ होता है : 'जैसे कि पानी के सोते की तरह' तो जिस ढंग से वह लेख शुरू हुआ है वह पर्सनल ऐसे-सा है, व्यक्तिगत निबन्ध-सा है। तो मैं समझता हूँ कि कुछ लोगों को भले ही उसका प्रतिवाद करना हो, मतभेद प्रकट करना हो—करें, मैंने कोई रणनीति बनाकर नहीं किया। इसका प्रमाण यह है 'व्यापकता और गहराई' के बाद दूसरा लेख मैंने उसी क्रम में नहीं लिखा। 'अन्तर्वस्तु और रूपविधान' पर लिखा।

किरन : *आपके प्रशंसकों और विरोधियों ने समान रूप से अनुभव किया है कि आपके आलोचना कर्म में संवेदना और चिन्तन के बीच एक दरार है। संवेदना के धरातल पर आप अनेक कवियों को पसन्द करते हैं, अनेक काव्य-प्रवृत्तियों को स्वीकृति प्रदान करते हैं लेकिन विचारधारा के स्तर पर उन्हें स्वीकार नहीं करते। आपके इस द्वन्द्व ने आपकी आलोचना को अनेक रूपों में प्रभावित किया है। एक प्रभाव तो यही हुआ कि आप मुक्त भाव से सारी साहित्यिक प्रवृत्तियों पर खासतौर से विरोधी खेमे के कवि, रचनाकार पर लिखने से कतराते रहे। आपने जो कम लिखा है या इसका एक कारण क्या आपका यह अन्तर्द्वंद्व ही नहीं है, जिसकी ओर निर्देश किया है?*

नामवर सिंह : एक दर्जन सवाल तुमने इसमें पूछे हैं जितना समझ में आता

है उतना कहता हूँ। पहली बात तो यह कि संवेदनशीलता और विचारधारा दोनों की फाँक मन में दिखाई पड़ती है। मैं इसके बारे में कोई सिद्धान्त तो नहीं कहना चाहता, फाँक सम्भव है। कभी-कभी लोग कहते हैं कि हृदय और बुद्धि के बीच में खाई है जिसे एलियट ने डिसोसिएशन ऑफ सेन्सिबिलिटी कहा था। किसी के भावबोध में पृथक्करण हो और इस आधार पर उसने कहा था कि अंग्रेजी साहित्य के इतिहास में किस तरह रोमांटिक (romantic) लोगों के बारे में लोगों की शिकायत थी और एलियट का ख्याल था कि मेटाफिजिकल कवियों में डिसोसिएशन ऑफ सेन्सिबिलिटी नहीं थी। खुद उसकी समझ में, यानी आधुनिकतावादी एलियट की समझ में फाँक नहीं थी। जो आदमी खुद आत्मसजग हो जाए तो मानना चाहिए कि उसके विचारों में और उसकी संवेदना में कोई फाँक है। अच्छा हुआ कि एलियट में एक फाँक है वर्ना जो उनके जो विचार थे, अगर उसे भावबोध का पर्याय मान लिया जाए तो बहुत ही घटिया कवि होता। जो आदमी राजनीति में लोकतन्त्र के विरुद्ध राजतन्त्र का समर्थन करता है, जो आदमी धार्मिक विश्वासों में एंग्लिकन चर्च का समर्थन करता हो, जो आदमी अपनी नीतियों में क्लासिसिस्ट भावबोध का आदमी हो, उस हिसाब से उनकी कविताओं में यही मान लिया जाए कि वही उनकी संवेदना भी थी तो बड़ा ही खतरनाक मामला होता, बड़ा ही बेकार होता एलियट। कभी-कभी दोनों में अनबन बनी रहे भावबोध में और विचार में तो इससे लाभ होता है। बहुत कम लोग हैं जिनके भावबोध और विचार दोनों इतने एकरस हों यानी बड़े बर्बर, खूँखार, तानाशाहों में भी कहते हैं कि हिटलर तक को दोनों का फर्क खा गया है। एक ओर वह मोत्सार्ट का संगीत पसन्द करता था तो दूसरी ओर वह लोगों को गेस चेम्बर में भेजता था। दोनों के क्या सम्बन्ध हैं? जो लोग कहते हैं कि आप में भी फाँक दिखाई पड़ती है इसके लिए सफाई न देना चाहूँगा कि किसी को क्यों दिखाई पड़ती है? मैं उसका मुँह थामने न जाऊँगा और मैं न यह सफाई दूँगा कि नहीं साहब यह न कहिए। मैं न कहूँगा लेकिन मैं सावधान रहूँगा। मैं नहीं मानता हूँ कि यह विभाजन अनिवार्य नहीं है। रामविलासजी ने एक जगह स्थापना की है अपने लेखों में कि तीन चीजें मुख्य होती हैं—इन्द्रियबोध, भावबोध और विचार और उनका ख्याल है कि इन्द्रियबोध पर समाज का युग का कोई प्रभाव नहीं पड़ता यानी मनुष्य छूता है या देखता है; अब रंगों को आदमी आज से साढ़े चार हजार वर्ष पहले भी देखता था, उसी तरह आज भी देखता है। शारीरिक चीज है यह और मनुष्य के शरीर में आज भी कोई बुनियादी परिवर्तन तो हुआ नहीं। आज भी दो ही आँखें हैं, तीन आँखें तो हुई नहीं आदमी की। यहाँ परिवर्तन तो न्यूनतम होता है। मनुष्य के भाव में इन्द्रियबोध की अपेक्षा परिवर्तन तो होता है लेकिन कम होता है विचारों में ज्यादा परिवर्तन होता है। लेकिन यह विभाजन उन्होंने यान्त्रिक किया

है। होता यह है कि कभी-कभी विचार नियामक होते हैं जिसके कारण एक विशेष विचार बन जाए किसी चीज की व्यवस्था के बारे में। अगर आपका राजनीतिक विरोधी हो वह चाहे जितना अच्छा क्यों न हो, उदाहरण के लिए, जिन दिनों श्रीमती इन्दिरा गांधी ने इमरजेन्सी लगाई थी तो उनके विरोधियों के लिए इन्दिरा गांधी अपनी सुन्दरता खो बैठी थीं और वे क्रूर दिखाई देती थीं। कहाँ गया हमारा इन्द्रियबोध? ऐसा बनता है कि हम किसी चीज को बुरा समझते हैं तो उसकी शक्ल भी हमें बुरी दिखाई देती है और उसके लिए हमारा पहले का प्रेम होता है वह भी नष्ट होता है, भाव भी हमारा बदलता है इसलिए मैं नहीं मानता कि विचारों से संवेदनशीलता या संवेदना प्रभावित नहीं होती। होती हैं प्रभावित। कभी-कभी जब इसका बोध आदमी के मन में बना हो तो हो सकता है हम उसके विचार से असहमत होते हुए हम उनकी संवेदना की दाद दें। मैंने किया है स्वयं। अगर ऐसा न होता तो आधुनिक काल के कवियों में ही। प्राचीन तो बहुत दूर है, मैं कबीर, सूर, तुलसी का हवाला दूँ तो ठीक नहीं होगा। उदाहरण के तौर पर अज्ञेयजी की कई कविताएँ मुझे अच्छी लगती थीं और आज भी लगती हैं। निर्मल वर्मा जिस तरह बदले हैं उनकी मैंने सख्त आलोचना की है लेकिन निर्मलजी में मुझे जो अच्छा लगा है उनकी कहानियाँ, उनकी भाषा या उनका कोई लेख तो मैं उसकी दाद देता हूँ। इसलिए नहीं कि यह मार्क्सवाद के अनुकूल है। मार्क्सवाद के अन्तर्विरोध के बारे में धारणा है कि अन्तर्विरोध कहाँ नहीं होता और किसमें नहीं होता। परमानेंट अगर कोई चीज है तो वह है अन्तर्विरोध। अन्तर्विरोध अनिवार्य है। पूँजी बढ़ाना बुरा नहीं है। पूँजीवाद में कुछ अच्छाइयाँ हैं तो बुराइयाँ भी हैं। अन्तर्विरोध तो होगा, अन्तर्विरोध देखना और स्वीकार करना यह मार्क्सवाद ने ही मुझे सिखाया है। बाल्जाक के बारे में मार्क्स ने कहा कि बाल्जाक के विचार बड़े ही प्रतिक्रियावादी थे। बल्कि कहना चाहिए कि विचारों में बाल्जाक तो सामन्ती विचारों का था लेकिन अपने उपन्यासों में दिखाता है कि नए पूँजीवाले लोग ज्यादा बेहतर हैं और सामन्त लोग हैं वे ढहती हुई, मरती हुई सभ्यता के हैं। तोल्सतोय के बारे में लेनिन ने कहा कि उसके विचार पुरातन पंथी थे। वह समझता था कि हरेक चीज का इलाज बाइबिल है। मांस खाना छोड़ देना चाहिए, शाकाहारी होना चाहिए, सादा जीवन जीना चाहिए, ऐसे ही समस्याओं का उद्धार हो जाएगा। इसमें यह बचकानापन है। लेकिन आर्टिस्ट वह महान है। इसलिए संवेदना के स्तर पर कोई चीज महत्त्वपूर्ण होती है। हर बड़े साहित्यकार कलाकार में आपको ये अन्तर्विरोध दिखाई पड़ेगा। उस अन्तर्विरोध को पहचानना एक बात है। दूसरों की संवेदना और विचारों में अन्तर्विरोध देखना स्वयं आलोचक के अन्तर्विरोध का परिचायक नहीं है। जो आलोचक इसे देखता है तो इसका मतलब यह है कि उसके विचार और संवेदना दोनों सही जगह हैं, दोनों में

तालमेल है। जो आँख दूसरे की संवेदना और विचार में फर्क देख सकती है और मूल्यांकन कर सकती है, स्वयं उस आदमी में, दोनों के बीच इतनी गहरी खाई नहीं है, यह प्रमाणित होता है, तर्क यह कहता है। तो अंशतः तुम्हें तुम्हारे प्रश्न का जवाब तो मिल गया होगा। उस सवाल में और बचा हो तो उसका जवाब दे दूँ। इसलिए मैंने बताया कि किसी साहित्य की या किसी की आलोचना करने का मतलब यह नहीं कि वह हमारा दुश्मन है। साहित्य किसी की जागीर नहीं है, जमीन जायदाद का झगड़ा नहीं है कि इसके लिए मुकद्दमेबाजी हो जो कोई बीच में पड़े। मैं नहीं मानता हूँ। इसलिए अगर कहीं लगता हो और यदि मार्क्सवादी आलोचना में यह पाया गया है तो मैं समझता हूँ कि उसकी यह कमजोरी रही है कि एक खास संकीर्णतावादी दौर में कुछ साहित्यकारों को वर्गशत्रु समझा गया। एक जमाने में डॉ. रामविलास शर्मा ने यशपाल पर लिखा, राहुल सांकृत्यायन पर लिखा, सुमित्रानन्दन पन्त पर लिखा तो वह हमला था वह जैसे उन्हें वर्गशत्रु समझकर के उन पर आक्रमण किया गया था। सम्भव है कि हमारे आरम्भिक लेखों में इसके कुछ अंश मिले। मैं इनकार नहीं करता। उन पर वह प्रभाव था। जिनके बारे में मैं ग़ालिब का वह शेर उद्धृत करूँगा कि—'हमने मजनूँ पे लड़कपन में असद संग उठाया था कि सर याद आया' तो हमने आलोचना के लिखने के लड़कपन में मजनूँ पर—जो रचनाकार हैं, पत्थर उठाया था—संग उठाया था, मारने के लिए संग उठाया था कि जल्दी ही अपना सिर याद आ गया। इस सर पर भी तो पत्थर पड़ सकते हैं। तो मैं यह बात स्पष्ट कर दूँ कि ऐसा मार्क्सवादी आलोचकों में था और उसका असर मुझ पर पड़ा होगा। उस अतिरेक तक नहीं गया जिस अतिरेक तक रामविलासजी गए। लेकिन अपने प्रगतिशील साहित्यकारों में जिन पर बहस चल रही थी, उग्रता तो है, पर कटुता नहीं वह कड़वाहट नहीं, उसे वर्गशत्रु नहीं समझा जाता था। धीरे-धीरे युवाकालीन उत्साह और दुत्साहसिकता कुछ कम हुई तो माना कि हिन्दी के अधिकांश लेखक बिचारे सारे निम्न मध्यवर्ग हैं, कोई पूँजीपतियों का दलाल नहीं है। पूँजीपति तो है ही नहीं, वो अनजाने में भी पूँजीपतियों का दलाल नहीं और थोड़े समय के लिए रूस के विरोधी और अमेरिका के समर्थक कोई लेखक हो गए थे लेकिन धीरे-धीरे वे भी अमेरिका की असलियत को समझने लगे थे। हिन्दी में जितने भी लेखक थे यदि वे जिन्हें हम अमेरिकी दलाल कहते थे, रूस की जिन बातों की आलोचना उन्होंने की थी, उसके साथ वे अमेरिका की प्रशंसा नहीं करते थे। रूस की आलोचना वे जरूर करते थे किन्तु अमेरिका में अच्छाइयाँ हैं यह कहने की हिम्मत उस समय भी किसी को नहीं पड़ी थी। इसलिए उन मसलों को लेकर मैंने साहित्य में पढ़ा हो तो पढ़ा। समकालीन साहित्य में यह पक्षधरता कहाँ-कहाँ असन्तुलित हो उठी हो लेकिन निकट अतीत और सुदूर अतीत के साहित्य के मूल्यांकन में शायद संवेदना और

विचारधारा के बीच ऐसी गहरी खाई और अन्तर्विरोध नहीं मिलेगा।

किरन : *जयशंकर प्रसाद की 'कामायनी' के बारे में आचार्य रामचंद्र शुक्ल ने जो बातें लिखी हैं, उसका अन्तर्विरोध बनाते हुए उनकी विचारधारा के प्रति अपनी असहमति प्रकट की है। इस प्रकार की एक रचना, आप उतनी बड़ी रचना न मानें, 'अन्धायुग' है। 'अन्धायुग' को कम से कम हिन्दी की एक प्रतिनिधि रचना के रूप में देखा जा रहा है। संवेदना के स्तर पर बहुत ही मूल्यवान है और विचारधारा के स्तर पर प्रतिक्रियावादी, प्रगतिवादी शब्दावली में कहें तो कह सकते हैं। मैं चाहती थी कि इस प्रकार की जो बहुत महत्त्वपूर्ण रचनाएँ हैं इन रचनाओं पर आपकी कुछ सटीक और व्यवस्थित टिप्पणियाँ होतीं।*

नामवर सिंह : सही कहा तुमने। 'कामायनी' की बाद की वह निकट अतीत की रचना है। उस अतीत की रचना के बारे में तुमने शुक्लजी का नाम ठीक ही लिया है कि शुक्लजी ने उस विचारधारा की सख्त आलोचना की कि उसमें साम्प्रदायिक विचारधारा है और रहस्यवाद है, लेकिन पूरी योजना को ध्यान में न रखते हुए टुकड़े-टुकड़े में देखें तो 'कामायनी' अच्छी रचना है ऐसा कहा है, उन्होंने। तो शुक्लजी ने विचारधारा को गलत कहा लेकिन 'कामायनी' के काव्यत्व का एकदम इनकार नहीं किया। एक आलोचना यह हुई। मुक्तिबोध ने उसकी पूरी विचारधारा की नई व्याख्या की। वह सभ्यता-समीक्षा थी। काव्य पक्ष पर कुछ नहीं कहा। ठीक मैंने भी उस समय मुक्तिबोध के लेख का हवाला देते हुए 'कामायनी' पर एक लेख लिखा था जो 'इतिहास और आलोचना' में है। बहुत अच्छा लेख तो नहीं है। लेकिन मुक्तिबोध की जब पुस्तक मिली थी तो मैंने उनको एक पत्र लिखा था, वह पत्र छपा भी है। मुक्तिबोध ने उसका जवाब दिया। उसके जवाब से मालूम होगा कि क्या आपत्ति की थी मैंने। मैंने कहा था कि 'कामायनी' पर पुस्तक लिखी में जो बात कही वह ठीक है लेकिन 'कामायनी' की विचारधारा पर ही आप विश्लेषण करते रह गए। 'कामायनी' की काव्यदृष्टि पर और उसकी सौन्दर्यदृष्टि पर आपने कुछ नहीं लिखा। दोनों को साथ जोड़कर देखिए कि इस विचारधारा के बावजूद कामायनी में काव्यसौन्दर्य क्यों है? जब तक आप इसका विश्लेषण नहीं करते तब तक कामायनी की आपकी आलोचना अधूरी है यह मैंने उन्हें पत्र में लिखा था। जो अब भी मैं मानता हूँ। (थोड़ा रुककर) ...लेकिन वो इतर सवाल है। 'अन्धायुग' की बात ठीक उठाई। 'अन्धायुग' पर मैंने उस समय जो लिखा था उसे कहना चाहिए कि वह लगे हाथों लिखा था। अन्धायुग मैंने सुना था। फिर रेडियो रूपक के रूप में मैंने सुना था। 'अन्धायुग' जब मंचित नहीं हुआ था तब मैंने टिप्पणी लिखी थी। 'अन्धायुग' तब शीतयुद्ध की विचारधारा के तहत लिखा हुआ नाटक था और इसी रूप में घोषित और प्रचारित किया गया और इस पृष्ठभूमि में यह कहना चाहूँगा कि 'साहित्य और

मानवमूल्य' नाम की जो पुस्तक है भारती का उसमें एक लेख है जहाँ एडिथ सिटवेल वगैरह का हवाला देते हुए पहले और दूसरे महायुद्धों की विभीषिका की पृष्ठभूमि में एक नव (न्यू क्रिश्चियानिटी) क्रिश्चियन फेथ का पुनरुत्थान यूरोप में हो रहा था।

'अन्धायुग' पर मेरी पहली आपत्ति यह थी कि महाभारत की कथा की यह पूरी की पूरी व्याख्या नव क्रिश्चियनवाद की पृष्ठभूमि में है। कृष्ण को उन्होंने क्राइस्ट बना दिया है और प्रभु अवतार लेकर बार-बार आते हैं मेरी आपत्ति यह कि कृष्ण को क्राइस्ट के अवतार में जो यह दिखाया है वह कालदोष है, और महाभारत की फिलोसोफी के विरुद्ध है इस नाटक का सम्बन्ध, लेखक का जो अभिप्राय है जो लेखकीय अभिप्राय या मीनिंग है, तो उस आधार पर नाटक स्वातन्त्र्योत्तर भारत की अपेक्षा युद्धोत्तर यूरोप की स्थिति को प्रतिध्वनित करता है, प्रतिबिम्बित करता है, प्रतिफलित करता है। इसलिए वह भारतीय मानस की मनोभूमि से बहुत दूर है, यह मेरा कहना था। अब्राहम अल्काजी ने 1964 के आसपास 'अन्धायुग' मंचित किया और दुबे ने खेला तो ये सन् संवत भी याद रखिए और यह भी उल्लेखनीय है कि 53 का लिखा यह नाटक 53 से लेकर 64 तक इस पर कोई समीक्षा नहीं हुई। लोग भूल गए थे। अल्काजी ने जब मंच पर इसे प्रस्तुत किया, इसके बाद इसका पुनर्जन्म हुआ। और तब तक लोग शीत युद्ध की विचारधारा को भूल भी गए थे, उस दर्शन को भूल गए थे और अल्काजी के मंचन में सबसे महत्त्वपूर्ण चरित्र उभरकर जो आता है वह अश्वत्थामा है तो इस नाटक की प्रस्तुति ने इसका पूरा का पूरा अर्थ बदल दिया और वे अनुषंग और सन्दर्भ थे, जो उस दौर में थे जिसके कारण पिट गया था। उसी नाटक को उस दौर में अल्काजी ने एक नया जीवन दिया, अर्थ दिया। उस पृष्ठभूमि में मेरी कई बार इच्छा यह हुई कि एक विस्तृत लेख लिखा जाना चाहिए अन्धायुग को आधार बनाकर के कि एक लेखकीय अभिगम प्रस्तुतीकरण से और कितना महत्त्वपूर्ण हो जाता है कि एक नाटक अपने मूल अर्थ से हटकर के एक दूसरा अर्थ ग्रहण करता है। और ध्यान रखिए 'अन्धायुग' का यह अर्थ उस भारत में मिला है जिस भारत में नेहरूयुग के बाद नई अराजकता की स्थिति थी। जब नक्सलवादी आन्दोलन हो रहा था, कांग्रेस का वर्चस्व समाप्त हो गया था, एक बिखराव, अराजकता, क्षेत्रीयता आदि के वातावरण में महाभारत की समस्या ने जो रूप अन्धायुग में धारण किया था, 1953 में सम्भव नहीं था यानी उसकी आलोचना उसके युग ने तिरस्कृत कर दी थी और जो नया अर्थ इसे प्राप्त हुआ वह 1965-66 के बाद के दौर में जो पोस्ट नेहरू दौर का था इसलिए इस पर विचार किया जाना चाहिए। इसलिए यह सवाल इतना आसान नहीं है कि आपने 'अन्धायुग' जैसी इतनी महत्त्वपूर्ण कृति पर क्यों नहीं लिखा? मैं कहता हूँ कि उसे महत्त्वपूर्ण कहनेवाले लोग उस वक्त कौन थे जो उसे महत्त्वपूर्ण मानते थे। थोड़ी देर के लिए एक और कृति

के बारे में कहूँ। भारती की ही लिखी हुई कृति 'सूरज का सातवाँ घोड़ा' छोटा-सा उपन्यास, उस समय जब आया था, तो माणिक मुल्ला नाम के एक व्यंग्य वाचक के रूप में। उस समय बाल्जाक की ड्रोल स्टोरीज जो पेपरबेक में छपी थी जिसको भारती ने पढ़ा था और यह उपन्यास भी परिमल की गोष्ठी में मैंने सुना था। माणिक मुल्ला नाम से कथित यह उपन्यास दरअसल प्रगतिशील लेखकों पर एक व्यंग था तो उसके कारण भी उस समय लोगों के बीच 'सूरज का सातवाँ घोड़ा' भी उपेक्षित चला गया। उस समय तो भारती की कनुप्रिया की चर्चा थी, बड़ा लिरिकल और भावुकतापूर्ण। लेकिन एक ऐसी विचारधारा जो स्वातन्त्र्योत्तर भारत में शीत युद्ध एंटी-मर्क्सिज्म, एंटी-नेहरू विचारधारा के तहत ये लोग लिख रहे थे उस युग में यदि इसकी उपेक्षा हुई तो मान लीजिए मैंने नहीं लिखा तो उन्हीं की ओर से कोई लिख देता। दोनों की दोनों जेबें कट गईं। श्याम बेनेगल ने फिल्म बनाई तो सारी की सारी वो आइडियोलोजी उसमें से निकाल दी। उन्होंने 'सूरज का सातवाँ घोड़ा' को एक दूसरी दृष्टि से पेश किया तो बड़ा अच्छा लगने लगा। इसलिए हम सब उन कृतियों के बारे में कहने लगे हैं और मुझसे शिकायत करने का तुम्हें भी मौका मिल गया कि इन दो महान कृतियों के बारे में क्यों नहीं लिखा? तो यही होता है। साहित्य की कृति एक विशेष सन्दर्भ में रची जाती है और उसका अर्थ उसका समय देता है, बाद में उसी कृति का अर्थ युग बदल देता है और बाद में वही महत्त्वपूर्ण मानी जाती है। यही होता है साहित्य में। 'ध्रुवस्वामिनी' नाटक एक जमाने में लिखा प्रसाद ने, लोगों ने कहा कि मंच की दृष्टि से सफल है, फिर भूल गए लोग। सहसा नारीवाद और स्त्रियों के अधिकार का आन्दोलन उठा और सहसा 'ध्रुवस्वामिनी' नाटक बड़ा महत्त्वपूर्ण हो गया। और हमारे आचार्य कन्हैयालाल माणिकलाल मुंशी के 'ध्रुवस्वामिनी' देवी और जयशंकर प्रसाद की 'ध्रुवस्वामिनी' का अध्ययन भी करवा रहे हैं। अब तक हिन्दी वाले चन्द्रगुप्त और स्कन्दगुप्त के पीछे पागल थे। 'ध्रुवस्वामिनी' को कोई घास नहीं डालता था। तो आलोचना में यह भी होता है कि कौन कृति अन्धकार में चली जाती है और कौन कृति सहसा मंच पर आ जाती है और तेज रोशनी उस पर पड़ने लगती है। अपने आप में यह एक अलग विषय है, जिसे रोबर्ट याउस 'रिसेप्सन थियरी' कहते हैं जर्मनी में। 'रिसेप्शन एस्थेटिक्स' के तहत देखा जाता है कि साहित्य में तमाम कृतियों का जो आस्वादन है, वो ग्रहण कैसे किया जाता है, इसका एक अपना इतिहास होता है। शेक्सपियर का इतिहास जिस तरह से लोगों ने लिखा 476 साल में शेक्सपियर का कौन-सा नाटक कितना महत्त्वपूर्ण था? कौन बाद में महत्त्वपूर्ण हुआ, कितने का महत्त्व घटा और दूसरे का महत्त्व बढ़ा, कितना उतार-चढ़ाव शेक्सपियर में हुआ है इत्यादि।

किरन : *इन सारे प्रश्नों को एक ही में समेट लिया जाए तो हम जानना चाहेंगे*

कि आलोचना कर्म के बारे में साहित्य के प्रतिमानीकरण के बारे में आपकी राय क्या है?

नामवर सिंह : देखो, यह विडम्बना ही है कि पहली बार मैंने 'कविता के नए प्रतिमान' नाम की किताब लिखी उससे लगा कि मैं प्रतिमान की बात कर रहा हूँ। दरअसल नई कविता का प्रतिमान तो मुझसे पहले लक्ष्मीकान्त वर्मा बना गए थे। मैंने किताब लिखी थी तो उसके सामने प्रश्नचिह्न लगाया था 'कविता के नए प्रतिमान'? और आप अगर देखें कवर या जैकट पर जो लिखा हुआ है परिचय, और उसमें साफ लिखा गया है और मेरा लिखा हुआ है कि इसमें कोई प्रतिमान बनाने की कोशिश नहीं है। इसमें कविता के प्रतिमानों की जाँच-परख की गई है। इसमें कविता के प्रचलित प्रतिमानों की जाँच-परख की गई है। उस पर प्रश्नचिह्न लगाया गया है क्योंकि मैं किसी प्रतिमान बनाने के पक्ष में नहीं हूँ उसमें लिखा गया है। पूरी पुस्तक पढ़ने पर न मैंने ईमानदारी को कोई प्रतिमान माना है न अनुभूति की प्रमाणिकता को माना है। किसी भी को नहीं। ये प्रतिमान इस्तेमाल किए जाते हैं। किस-किस प्रतिमान की क्या सीमा है? क्या शर्त है? उसकी जाँच करना उसका उद्देश्य है। यानी कि मैं कोई 'प्रिंसिपल्स ऑफ लिटररी क्रिटिसिज़्म' जैसी कोई किताब नहीं लिख रहा था जो आइ.ए. रिचर्ड्स ने लिखा था या रामचन्द्र शुक्ल जैसे 'मानदंड' नाम की पत्रिका निकालना चाहते थे और 'रस-मीमांसा' नाम की पुस्तक लिखी थी। मैं तो एक मार्क्सवादी होने के नाते, जैसा मैंने पहले कहा था कि 'क्रिटीक ऑफ क्रिटीकल क्रिटीक' मेरा उद्देश्य है। जिसे मैं अपना काम मानता हूँ। इस समय जब रचना विकास की प्रक्रिया में हो, यानी भाई, मैं तो गाँव का आदमी हूँ, जहाँ यह कहा जाता है कि उगते पौधे को नहीं नापना चाहिए नहीं तो उसकी बाढ़ रुक जाती है। बच्चे तक, कहते हैं कि बच्चे को नहीं नापना चाहिए जब वह बढ़ रहा हो, नहीं तो उसकी बाढ़ रुक जाती है। यहाँ तक कि मुहावरा है कि—

> यहाँ कुम्हड़ बतियाँ कोउ नाहीं, जो तर्जनी देखि मुर्झाहीं।

तो तर्जनी भी उसकी ओर नहीं करनी चाहिए, वर्ना वह मुर्झा जाएगी। इसलिए कोई नई प्रवृत्ति साहित्य में आई हो बढ़ रही हो, तो आप उसे नापने पहुँच जाएँ। जो किसान खेती करता है वह बटखरे लेकर उसकी फसल की कटाई करने नहीं जाता। जो खरीदने-बेचने का रोजगार करते हैं, ऐसे बनियों के पास मापदंड हुआ करते हैं वो एक किलो, दस किलो, पसेरी, मन और छटाँक लेकर आता है—नापने के लिए। इसलिए जो साहित्य का व्यापार करते हैं वो लोग नापने-जोखने का काम करेंगे या साड़ी बनानेवाला जुलाहा है या कपड़े बनानेवाला होता है, उसके पास मीटर या गज नहीं होता। मीटर या गज जो होता है—या तो दरजी के पास होता है या कपड़े

बेचने वाले के पास होता है। इसलिए मैं स्पष्ट करता हूँ मैं मानदंड बनाने मात्र के विरुद्ध हूँ। मैं मानता हूँ कि कोई सार्वभौम और शाश्वत मानदंड काव्य का नहीं हो सकता। हर रचना अपने मूल्यांकन के लिए पृष्ठभूमि तैयार करती है। और यह काम जो तर्कसजग रचनाकार होता है वह कृतियों के जरिए करता है। मोटे तौर से एक फ्रेमवर्क होता है और उस फ्रेमवर्क के तहत, जिसको कहेंगे कि, हम आमतौर से मूल्यांकन करते हैं। शायद मैंने उसमें कहीं लिखा है कि एक रचना का मूल्यांकन कायदे से दूसरी रचना ही हुआ करती है। मसलन जब हम निराला की कविता जाँचते हैं तो सामने होते हैं या तुलसीदास की कबीर। अपना मानदंड नहीं होता इसलिए मैं मानदंड बनाने के विरुद्ध हूँ। यह दुर्भाग्य है कि जिस समय यह पुस्तक छपी तो उन्होंने वह प्रश्नचिह्न हटा दिया जिसके कारण अनेक भ्रम हुए और बाद में तोड़े नहीं जा सके। लेकिन यह जरूर है कि मुख्य वस्तु है उन रचनाओं की, मैंने कहा कि उसकी मीमांसा महत्त्वपूर्ण है। जिसे व्याख्या कहते हैं इण्टरप्रिटेशन महत्त्वपूर्ण है। आप चाहें तो मूल्यांकन भी कर सकते हैं और छोड़ भी दें तो कोई हर्ज नहीं। अच्छी व्याख्या अपने आप में मूल्यांकन कर देती है। मेरी यह धारणा रही है और शायद इसीलिए आलोचनाओं में निर्णायक आलोचना या निर्णयात्मक आलोचना सबसे घटिया किस्म की आलोचना मानी जाती है। पर एक अध्यापक होने के नाते हम परीक्षा प्रणाली के इतने अभ्यस्त हो गए हैं कि हम कवियों को भी और लेखकों को भी नम्बर देते हैं। यह अभिशाप हमारी विश्वविद्यालय प्रणाली के कारण आ गया है कि हम मास्टर नम्बर दिए बिना रह नहीं सकते। आलोचना का काम यह नहीं है और संस्कृत आलोचना में दरबारी जमाने ने बहुत ही फूहड़ और बेहूदा किस्म की हरकतें की थीं कि उत्तम काव्य और अधम काव्य जैसे चार भेद कर दिए। तो जिस जमाने में चातुर्वर्ण व्यवस्था बनी हो और चार वर्ण हो, कविता के भी चार वर्ण उन्होंने बना लिए थे। और आज आप देखें कि जिन कविताओं को उस समय उन्होंने उत्तमोत्तम कहा था, वे कविताएँ आज बिलकुल घटिया मालूम होती हैं। वैसे उनमें ध्वनि रस आदि सब है। यह निर्णयात्मक आलोचना है। किसी भी कृति के मूल्यांकन को इस तरह देखता हूँ कि किसी भी रचना में मूल्य को, काव्य मूल्य को उद्‌घाटित करना हमारा काम है। कुछ वेल्यू है कि नहीं? वेल्यू माने 'वेल्यूज ऑफ लाइफ'। कोई जीवन मूल्य है कि नहीं? यह दिखाना मूल्यांकन है? मूल्यांकन करना नम्बर देना नहीं है। ये प्रथम श्रेणी के हैं या द्वितीय श्रेणी के हैं। ये नवरत्नों में स्थान पा सकते हैं कि नहीं और तीनों को एक साथ ब्रेकेट किया जाए तो कैसा रहेगा? ये सब काम मूल्यांकन का काम नहीं है। अच्छे आलोचक ये काम नहीं करते। इसलिए प्रतिमान का अर्थ यह नहीं कि हिन्दी साहित्य का कोई मीटर हमने बना दिया हो कि इस मीटर से आप कपड़ा नापिए। यह बटखरा कितने किलो का है। वह नहीं है, जीवन मूल्य।

इसलिए पुस्तक के अन्तिम अध्याय में 'कविता के नए प्रतिमान' में मैंने 'परिवेश और मूल्य' अध्याय में 'मूल्य' शब्द इस्तेमाल किया है। मैं 'मूल्यांकन' शब्द इस्तेमाल कर सकता था और कोई मेरा हाथ नहीं पकड़ लेता। लेकिन मैंने 'परिवेश और मूल्य' कहा है।

किरन : *आपके दो ग्रन्थों का सम्बन्ध शोध से है। ये ग्रन्थ हैं 'हिन्दी के विकास में अपभ्रंश का योगदान' और 'पृथ्वीराज रासो की भाषा'। शोध के क्षेत्र में निर्विवाद रूप से हिन्दी के ये मानक ग्रन्थ हैं लेकिन हिन्दी के विकास में अपभ्रंश का योगदान में आपके शुद्ध साहित्यिक रुझान का भी परिचय मिलता है। कुछ आलोचकों ने आपकी इस रुचि को अधिक विश्वसनीय और पूर्वग्रह मुक्त माना है। जिसका परिचय आपने अपभ्रंश रचनाओं के विश्लेषण में दिया है। लेकिन क्या यह आपकी समीक्षात्मक विवेक की समग्रता के सन्दर्भ में एक विचलन मात्र है?*

नामवर सिंह : भला हो किरन तुम्हारा कि तुमने हमारी उन दो उपेक्षित रचनाओं का नाम ले लिया। तुम्हारी इस उदारता के प्रति आभार मानते हुए भी मैं साफ कहना चाहता हूँ कि 'पृथ्वीराज रासो' की भाषा कोई उच्च कोटि का आदर्श ग्रन्थ नहीं है। पर चूँकि मुझे उससे पी-एच.डी. मिल गई इसलिए कोई मुझसे उसे वापस नहीं ले सकता और 'संक्षिप्त पृथ्वीराज रासो' नामक पुस्तक मैंने तथा द्विवेदी जी, मेरे गुरुजी ने सम्पादित की थी, उसमें मैंने 'पृथ्वीराज रासो' के साहित्यिक गुण पर एक लेख लिखा है। उस किताब का अब नया संस्करण आ गया है जिसका नाम है 'पृथ्वीराज रासो : भाषा और साहित्य' के नाम से नया संस्करण छप गया है। मैं तो नहीं चाहता था। 'बकलम खुद' की तरह उसका भी पुनर्मुद्रण नहीं करना चाहता था। लेकिन प्रकाशक ने नाक में दम करके छपवा ही दिया। तो उसमें 'पृथ्वीराज रासो' पर मैंने टिप्पणी की है। पृथ्वीराज के सौन्दर्य वर्णन पर और पृथ्वीराज चौहान के जो अन्तिम दिन थे उसका वर्णन रासो में जिस तरह से किया गया है—इतना कारुणिक है। उस पर मेरी टिप्पणी आप पढ़िए, वह ठीक है और मैं कह सकता हूँ कि रासो पढ़ा ही नहीं लोगों ने तो उतना अच्छा लिखा भी नहीं। रहा अपभ्रंश वाला ग्रन्थ, आरम्भ में जो पहला संस्करण था, वह बहुत पतला था, छोटा भी था। उसका संशोधित संस्करण जो इस समय बाजार में है, उसमें निश्चित रूप से, जो अपभ्रंश के हेमचन्द्र के दोहे हैं और स्वयंभू की 'रामायण' के सीता का पुष्पदन्त वाला जो प्रकरण मैंने लिखा है वह मैंने तन्मय होकर, डूबकर लिखा है। अपभ्रंश साहित्य का इतिहास लोगों ने लिखा है, भूमिकाएँ लिखी हैं, गुजरात में तो बहुत ही लिखा गया है। तो जैन पंडित जितने रसहीन होते हैं वैसा ही वह भी लिखा गया है। उसको देखते मैंने उसे सहृदयता के साथ लिखा है। जितना मेरे मित्र वागीश शुक्ल ने तो उसी की प्रशंसा की। विश्वनाथ त्रिपाठी को भी अच्छा लगता है। उससे उसमें कुछ बड़े ही वाग्वैदग्धपूर्ण वाक्य भी

हैं। मसलन एक दोहा पहली बार यह दोहा हिन्दी साहित्य में—अब कई लोग उसे उद्धृत करते हैं—विद्यानिवास ज़ी भी उसे उद्धृत कर बैठे—अपभ्रंश कभी पढ़ा-वढ़ा नहीं उन्होंने। वह दोहा तुम्हें सुना ही देता हूँ, उसकी यही उपलब्धि होगी—

अई केवइं पावीसुं पिउ, अकिया कुड्ड करी सुं।
पाणिउ नवइ सरावि जिउं सव्वंगे पइसी सुं ॥

कहती है स्त्री कि अगर किसी प्रकार मैं प्रिय को पा जाती तो जो मैंने अब तक खिलवाड़ नहीं किया, वह खिलवाड़ मैं करती। जैसे मिट्टी के घड़े में, जो एकदम नया लाया गया होता है और उसमें पानी डालो तो उसके एक-एक कण में भिद जाता है प्रविष्ट हो जाता है, उसी तरह मैं उसके रोम-रोम में भिद जाती जैसे मिट्टी के घड़े में पानी भिद जाता है। यह उपमा जो लोक-जीवन से ली गई है। जितना साहित्य मैंने पढ़ा है न कालिदास में है यह उपमा न तुलसीदास में, न किसी छायावादी कवि में है, न किसी नए कवि में। यह लोक-जीवन से ली गई उपमा है कि मिट्टी के घड़े में पानी भिद जाता है, उस तरह मैं प्रिय के सर्वांग में प्रवेश करूँ। लम्बे मिलन के बाद बिछोह की आशंका, यह पंक्ति जो अपभ्रंश से ली गई है वह कविता कैसी होगी? विडम्बना यह है कि सहृदयता के मारे हुए रामविलास जी कहते हैं कि अपभ्रंश तो नकली भाषा है। यह कहीं की भाषा नहीं थी। जो भाषा कहीं की नहीं थी उसमें यह काव्य है—हेमचन्द्र के दोहों में। तो मैंने रस लेकर के हेमचन्द्र के दोहे पढ़े थे। और वैसे दोहे हिन्दी में बिहारी के भी नहीं। शृंगार के हैं लेकिन वह जो अपभ्रंश में है, सूक्तियाँ भी नई हैं, सर्वोत्तम दोहे लिखे गए। यहाँ तक कि मैंने अपभ्रंश वाली जो पुस्तक लिखी है तुमको जानकर यह खुशी होगी कि सबसे ज्यादा संस्करण मेरी उसी किताब के हुए हैं। सहृदयता के कारण नहीं। परीक्षोपयोगिता के कारण।

किरन : *'आधुनिक साहित्य की प्रवृत्तियाँ' आपका एक ऐसा ग्रन्थ है जो समीक्षा के क्षेत्र में आपकी एक अलग पहचान बनाता है खासतौर से प्रयोगवाद नई कविता से सम्बन्धित आपकी स्थापनाएँ उस समय के प्रगतिशील आलोचकों से भिन्न प्रकार की हैं, केवल विचारधारा के स्तर पर ही नहीं बल्कि काव्यरूप में सूक्ष्म विश्लेषण के बाद आप प्रयोगवाद की सीमाओं और उपलब्धियों की ओर निर्देश करते हैं। क्या आपको ऐसा लगता है कि पहली बार मार्क्सवादी समीक्षा में आपने रचना के रूपात्मक विश्लेषण का सहारा लिया है?*

नामवर सिंह : भाई, तुम तो एक आलोचक की तरह टिप्पणी कर रही हो पर एक सूक्ष्म सच्चाई यह है कि आधुनिक साहित्य वाली किताब लिखने की प्रेरणा मुझे एक विचित्र पुस्तक से मिली। सी.एम. जोड की पतली सी किताब पोलिटिकल थियरी की थी जिसमें उन्होंने चार-पाँच वादों पर एक पतली-सी किताब लिखी थी।

उसे बी.ए. में मैंने पढ़ा था, संक्षेप और स्पष्टता, यह दो गुण जो हैं इस पुस्तक में; बाकी इसके विचार ठीक हैं या नहीं यह अलग बात है। मेरे मन में इच्छा हुई कि जो प्रचलित कई वाद हैं—छायावाद, रहस्यवाद, प्रगतिवाद, प्रयोगवाद इनके बारे में संक्षेप में लेकिन स्पष्टता के साथ ऐसे ही चार निबन्धों का संकलन होना चाहिए और हफ्ते भर में लिख दिया मैंने। किताब महल ने पहली बार छापी थी—श्रीनिवास अग्रवाल ने। इन विषयों पर संक्षेप में लेकिन स्पष्टता के साथ लिखने का प्रयास भर था। बाकी तुम उसमें बारीक बातें देख रही हो। उसमें अच्छाइयाँ देख रही हो तो होगी। उसकी भूमिका की एक बात ज्यादा दिलचस्प है वह लबादा नहीं है कि तमाम चीजों को ढक ले, यह वह पोशाक है जो शरीर के वाजिब-वाजिब अंगों को ही ढँकती है। हाथी के झोल जैसी पोथियाँ लिखनेवाले भरे पड़े हैं। उनमें कुछ अच्छाइयाँ होंगी। मैं उसके बारे में कोई टिप्पणी नहीं करना चाहता लेकिन वह एक अच्छी किताब है। एक अच्छी टेक्स्ट बुक के रूप में उसका महत्त्व है मेरी नजर में।

किरन : *छायावाद पर लिखने की आवश्यकता आपने क्यों महसूस की और उस पुस्तक को लिखने में आपने किसी विशिष्ट पद्धति का प्रयोग किया है? यदि हाँ तो वह पद्धति क्या है?*

नामवर सिंह : छायावाद के बारे में लिखने की आवश्यकता का अनुभव मैंने इसलिए किया कि मेरी दृष्टि में हिन्दी में आधुनिक आलोचना का उदय छायावाद की आलोचना से ही हुआ है। हिन्दी के महत्त्वपूर्ण आलोचक आचार्य रामचन्द्र शुक्ल हैं और उन्हें समझा जाता है कि हिन्दी आलोचना की आधारशिला रखनेवाले हैं। यद्यपि उनसे पहले हिन्दी के कई आलोचक हो चुके थे। शुक्ल जी ने यह जो एक नया काम किया, महत्त्वपूर्ण काम किया, वह अपनी समकालीन छायावादी कविता से टकरा कर किया। भले ही आचार्य रामचन्द्र शुक्ल संस्कृत काव्यशास्त्र की शब्दावली का प्रयोग करते हों लेकिन कुल मिलाकर के वे स्वच्छन्दतावादी आलोचक थे। छायावाद में निहित रहस्यवादी कविता का, उन्होंने विरोध जरूर किया। बावजूद इसके वे प्रकृति से स्वच्छन्द थे। लाक्षणिक मूर्तिमता या बिम्ब विधान आदि की पहचान भी की और प्रशंसा भी की थी उन्होंने। इस तरह छायावाद के द्वारा उन्होंने आलोचना पद्धति या आलोचना के ऐसे मूल्य निर्धारित किए जिनके आधार पर उन्होंने समूचे हिन्दी साहित्य को जाँचा। उदाहरण के लिए, कविता में प्रकृति का चित्रण बहुत महत्त्वपूर्ण है। शुक्लजी ने पहले संस्कृत में कोई नहीं कहता था लेकिन छायावादी कविता में प्रकृति-चित्रण देखकर उन्होंने कहा। मुझे लगा कि यदि छायावाद से हिन्दी आलोचना, आधुनिक हिन्दी आलोचना की शुरुआत हुई है तो हिन्दी आलोचना के विकास के लिए इससे टकराना होगा। मेरे सामने एक और आदर्श था। आज मैं सिंहावलोकन करता हूँ तो मुझे लगता है कि अंग्रेजी आलोचना या अंग्रेजी, अमेरिकी आलोचना

का इतिहास भी प्रायः रोमांटिसिज्म से टकराते हुए, उसका निषेध करते हुए और फिर उसको पुनर्जीवित करते हुए हुआ है। मोटे तौर पर अगर देखें तो वर्ड्सवर्थ, कोलरिज, मेथ्यु आर्नोल्ड को आधुनिक महत्त्वपूर्ण आलोचक माना जाता है। तो प्रायः रोमांटिक काव्य में जो निहित रचना प्रक्रिया थी और जो काव्यमूल्य थे उनके आधार पर उन्होंने आरम्भ किया था। अंग्रेजी की नई आलोचना, (न्यू क्रिटिसिज़्म) जो टी. एस. एलियट, आई. ए. रिचर्ड्स, एफ.आर. लीविस से जुड़ी है रोमांटिसिज्म को अंशतः उसका निषेध करते हुए तिरस्कृत करते हुए, नई आलोचना के बाद 1956-57 के आसपास जिस रोमांटिसिज्म को दफना चुके थे, टी.एस. एलियट या एफ.आर. लीविस या एलन टैट, जोन को, रेनसम वगैरह इसके विरुद्ध प्रक्रिया में नोर्थथ्रोप फ्राई ने लिखा 'एनाटोमी ऑफ क्रिटिसिज्म' और फ्रेंक कर्मोड ने 'रोमांटिक इमेज' लिखा तो इन लोगों ने आधुनिकतावादी कविता को तिरस्कृत करते हुए उसमें निहित काव्य-सिद्धान्त न्यू क्रिटिसिज्म की सीमाओं को बताया। इसे खारिज करके उन्होंने फिर रोमांटिसिज्म से शुरू किया क्योंकि रोमांटिसिज्म एक क्रान्तिकारी कविता थी। और चौथे दौर का अगर मैं नाम लूँ तो जो डिकन्स्ट्रक्शन का दौर है जो 1980 के दशक में शुरू होता है तो उनमें सबसे महत्त्वपूर्ण आलोचक—पॉल डि मान ने रेहटोरिक ऑफ रोमांटिसिज्म लिखा। होराल्ड ब्लूम ने 'एन्गजाइटी ओव इनफ्ल्यूअंस' लिखा; उसमें रोमांटिसिज्म मौजूद है। ज्योफरी डार्टमेन ने वर्ड्सवर्थ पर पूरी किताब लिखी है। हिलिस मिलर ने भी लिखा है, फिर हम देखते हैं कि वर्ड्सवर्थ, शैली, विलियम ब्लेक को फिर उनके महत्त्व को पहचानते हुए आलोचना में नए चरण का प्रवेश होता है। इसलिए मुझे लगा कि आधुनिक युग की सबसे महत्त्वपूर्ण काव्यधारा-काव्यप्रवृत्ति हिन्दी में छायावाद है जो रोमांटिसिज्म का हिन्दी रूप है, या भारतीय रूप है। मुझे लगा कि शुक्लजी ने जिस छायावाद से आलोचना की नींव डाली है तो अगर कुछ करना है तो छायावाद की ओर फिर लौट कर जाना पड़ेगा। शुक्लजी ने छायावाद के बहुत बड़े हिस्से को खारिज किया था, इसलिए छायावाद को फिर से प्रतिष्ठित करना होगा तभी शुक्लजी की सीमाओं का पता चलेगा। मेरा उद्देश्य छायावाद पर कोई एक किताब लिखना नहीं था—न छात्रों के लिए, न दूसरों के लिए। बल्कि छायावाद के द्वारा मैं यह दिखाना चाहता था कि जो शुक्लजी की जो अभिरुचि थी जो भावबोध था, वह अंशतः कुछ स्वच्छन्दतावादी भले रहा हो लेकिन कुल मिलाकर के उनकी जो अभिरुचि थी वह बहुत कुछ पूर्व-छायावादी कवियों के मेल में थी, श्रीधर पाठक जैसी रही हो। लेकिन वह पूरी की पूरी छायावादियों में भी पन्त के नजदीक पड़ती थी लेकिन जैसे ही निराला या प्रसाद की गम्भीर छायावादी कविताओं से टकराहट हुई तो शुक्ल जी के भावबोध की सीमाएँ प्रकट होने लगीं मुझे लगा कि कुछ पसन्द की चीजें उन्होंने छायावाद में चुन कर लीं। लेकिन रोमांटिक आन्दोलन को जिसे

मैं क्रान्तिकारी घटना के रूप में मानता हूँ वो हमारे आधुनिक जीवन में राष्ट्रीय आन्दोलन की एक महत्त्वपूर्ण घटना है उस पृष्ठभूमि में वो छायावाद को देख ही नहीं रहे थे। उसी तरह जैसे अंग्रेजी रोमांटिसिज्म को कोई आदमी फ्रेंच रिवोल्युशन की अभिव्यक्ति या प्रतिक्रिया के रूप में न देखे तो। वह रोमांटिसिज्म को नहीं समझता। मुझे लगा कि शुक्लजी छायावाद को अपने जमाने के, जो राष्ट्रीय स्वाधीनता आन्दोलन था, राष्ट्रीय मुक्त आन्दोलन था, उसके सन्दर्भ में बिलकुल नहीं देख रहे थे बल्कि उन्होंने अपने इतिहास में स्पष्ट लिखा है कि कवि कहते थे कि हमारे दिमाग में आँधी उठ रही है, तूफान उठ रहा है कभी ज्वार है, जो मजाक बनाते हुए कहा कि न कहीं आँधी थी न कहीं तूफान, कुछ नहीं था। वह उसको एक छद्म समझते थे। इसलिए मुझे लगा कि यह बुनियादी चीज है जिसको अपनी पुस्तक में मैंने उस समय इस्तेमाल नहीं किया क्योंकि तब मुझे स्पष्ट नहीं था। इस अवधारणा का विकास रेमंड विलियम्स ने बहुत बाद में किया। 1959 बल्कि 60 के बाद कहिए, जिसको 'स्ट्रक्चर ऑफ फीलिंग' कहते हैं तो मुझे लगा कि छायावाद के केवल प्रकृति चित्रण को पसन्द कर लेना, भाषा के कुछ इसके बिम्बों को पसन्द कर लेना और लाक्षणिकता को पसन्द कर लेना या एक प्राकृतिक रहस्यवाद को अच्छा समझ लेना, यह टुकड़े-टुकड़े में देखने की बात नहीं हुई, जो पूरी छायावादी भावबोध की संरचना है, बनावट है जिसको रेमंड विलियम्स 'स्ट्रक्चर ऑफ फीलिंग्स' कहते हैं, उसको अगर आप संरचना के रूप में समझने की कोशिश नहीं करेंगे तब तक आप छायावाद को नहीं जानेंगे। इसलिए अपनी किताब में मैंने लिखा कि छायावाद में लोग अनुभूति देखते हैं, कल्पना देखते हैं, सुन्दरता के दृश्य देखते हैं, रहस्य भावना देखते हैं इत्यादि। मैंने गिनाया है—भूमिका में भी लिखा है। इन चीजों में कोई कार्य-कारण सम्बन्ध है और ये परस्पर सम्बद्ध चीजें हैं, एकसूत्रता है इनमें। जब तक इस रूप में नहीं देखेंगे एक साथ तब तक गड़बड़ रहेगा। हमारे देखने में। ये चीजें इकट्ठी इसी काव्य-प्रवृति में मिलती हैं। अलग-अलग टुकड़ों में आप देखेंगे कि पहले की कविताओं में कहीं अनुभूति मिल जाती है, कहीं प्रकृति के चित्र मिल जाते हैं, लेकिन इकट्ठे जब मिलते हैं तो वो भावलोक है, अनुभूतियों की जो संरचना है, वह आपके पहचानने की चीज है और उस अनुभूति की संरचना को आप पहचानेंगे तभी उन छायाचित्रों में निहित उस सामाजिक अन्तर्वस्तु को आप देखेंगे। सामाजिक पृष्ठभूमि लिखकर के इन्हें समझने की कोशिश करना यह बैकग्राउंड की थियरी है और मैं सामाजिक पृष्ठभूमि में साहित्य को देखने की आलोचना को बहुत सतही मानता हूँ। इसलिए छायाचित्रों या बिम्बों के माध्यम से छायावाद की व्याख्या करने की कोशिश की जिसका उद्देश्य था रामचंद्र शुक्ल द्वारा स्थापित आलोचना पद्धति को बदलना और दूसरा यह कि उनके द्वारा स्वीकृत कविता के मूल्य और मानदंड को बदलना। मेरे लिए यह इसलिए महत्त्वपूर्ण

था कि स्वयं अंग्रेजी की आधुनिकतावादी कविता जिसे प्रयोगवाद कहते हैं उन प्रयोगवादियों ने भी छायावादियों का विरोध करते हुए अपना काव्यान्दोलन शुरू किया था। आरम्भ के प्रगतिशील लोग भी छायावाद का विरोध करते थे क्योंकि छायावाद में निराशा थी, छायावाद में रहस्यवाद था। आज भी बहुत से मार्क्सवादी समझते हैं कि छायावादी कविता समाज से दूर पलायनवादी कविता थी। आशा की बजाय उसमें निराशा का सन्देश था, जरूरत से ज्यादा उसमें दुःख है, वो उस समय का दुःख था, यथार्थ था वह दुःख, 'रोमांटिक एगनी' को उसकी ताकत माना जाता है। 'रोमांटिक एगनी', 'रोमांटिक मेलेन्कली' यथार्थ अनुभूति है। झूठी आशा के बरक्स जो राष्ट्रवादी कविताओं में दिखाई पड़ती थी, जो आज सतही मालूम होती है। आजादी की लड़ाई में भारत की स्वाधीनता के बारे में जो मैथिलीशरण गुप्त आदि ने राष्ट्रीय कविताएँ लिखी थीं उनमें बड़ी आशा थी, 'बढ़े चलो बढ़े चलो, वीर पुत्र बढ़े चलो'। जोश बहुत था। लेकिन स्वाधीनता आन्दोलन उस तरह से नहीं बढ़ता गया। दमन भी हुआ आन्दोलन पीछे हटता गया, निराशा आती गई, इन तमाम चीजों को भूल करके एक शुद्ध आशावाद के आधार पर कुछ कविता लिखना चाहते थे जो छायावादी नहीं थे। छायावादी कवियों की रहस्य भावना का भी एक सामाजिक रूप था। जब वे क्षितिज के पार देखते थे और कुछ दिखाई नहीं पड़ता था ऐसा अहसास उन कविताओं को पढ़ते हुए लगता है। गांधीजी कहते थे कि मैं सिर्फ एक कदम देखता हूँ। उसके आगे तो मुझे अन्धकार दिखाई पड़ता है। क्योंकि ये मालूम ही नहीं था कि स्वराज्य का रूप क्या होगा? हम अंग्रेजों से मुक्ति चाहते हैं लेकिन वह मुक्ति कैसी होगी? इसका सबसे बड़ा सबूत है कि इंडियन नेशनल कांग्रेस को स्वराज्य का नक्शा समझने में कितना समय लगा! 1930 में जाकर समझा। जब छायावाद खत्म होनेवाला था और आज छायावादी कवियों में रहस्य दिखाई पड़ रहा है, क्षितिज के पार कुछ नहीं दिखाई पड़ रहा—'कौन तम के पार रे कह'—तो उन छायावादी कविताओं को आप कहते हैं कि रहस्य हैं। हर चीज को मिस्ट्री बना देते हैं और खुद नहीं देखते कि हमारा राजनीतिक जीवन भी रहस्यमय था। नहीं मालूम था कि स्वराज्य कब मिलेगा? गांधीजी कहते थे, कि हम छह महीने में ले लेंगे और छह महीना खिसकता-खिसकता 1947 तक पहुँच गया। सारांश यह है कि छायावाद की आलोचना में जब मैं प्रवृत्त हुआ तो लगा कि छायावादी कविता आधुनिक युग की बीसवीं सदी की सबसे प्राणवान कविता है, श्रेष्ठ कविता भी मानता हूँ, हिन्दी में सभी लोग मानते हैं कि भक्ति काव्य के बाद सर्वश्रेष्ठ काव्य छायावाद में ही लिखा गया। उस कविता के आधार पर ही आलोचना की ठोस और मूल्यवान शिला रखी जा सकती है। इसलिए मैंने छायावाद से शुरू किया। छायावाद से शुरू करते एक बात देखोगी कि वह मेरी प्रिय पुस्तक है, दस दिन में मैंने यह किताब लिखी थी। सिर्फ बारह अध्याय हैं और बारह अध्याय

दस-बारह दिन में समझो एक-एक दिन में एक-एक अध्याय हुआ था। जबकि मैं पढ़ाने भी जाता था। काम भी करता था और लिखता भी था। कविता या उपन्यास लिखने का नशा जैसा होता है उस तरह से मैंने लिखा था। आनन्द-विभोर था। मेरे मित्र राजेन्द्र यादव को वही किताब सबसे अच्छी लगती है। कुछ लोगों को इसलिए भी अच्छी लगती है कि उसके जो शीर्षक हैं वे कविता से लिए गए हैं—प्रथम रश्मि, एक कर दो पृथ्वी आकाश...कल्पना के कानन की रानी, देवि माँ, सहचरि प्राण तो छायावादी कविताओं से ही लिए हैं। यह रचनात्मक लगता है, शास्त्रीय भाषा में लिखे हुए नहीं। कभी मैंने कहा नहीं लेकिन किरन जब पूछ ही रही हो तो बता दूँ वैसे इसका कोई बहुत महत्त्व तो नहीं है, उन दिनों यूँ ही लाइब्रेरी में बनारस हिन्दू यूनिवर्सिटी की लाइब्रेरी में जाता था। घूमते हुए एक किताब ली थी। उस लेखक का नाम मैं भूल गया हूँ और अंग्रेजी पढ़नेवाले लोग शायद उस किताब को पढ़ते भी नहीं, उस समय भी नहीं पढ़ते थे और आज भी नहीं पढ़ते होंगे। बात बात में बात बड़ा दिलचस्प था। उसका नाम था 'द स्टारलिट डोम' और वह अंग्रेजी की रोमांटिक कविता पर किताब थी। यूँ ही ले आया मैं। बात बात में बात बड़ा आकर्षक लगा मुझे किताब के विचारों के बारे में उतनी दिलचस्पी नहीं थी। किताब बिलकुल जैसे रोमांटिक कवियों की भाषा में ही लिखी गई थी। कुछ कविताओं के शीर्षक थे। मुझे दिलचस्प लगा और लगा कि कविता की सार्थक आलोचना कविता की भाषा में ही हो सकती है। खास करके रोमांटिक कविता की आलोचना आप संस्कृत काव्यशास्त्र की भाषा में करेंगे तो आप बिलकुल बकरी जिबह करेंगे। छुरी से आप उसका गला काटेंगे। इसलिए मुझे लगा कि जिस कविता का हम विश्लेषण कर रहे हैं, उस कविता का विश्लेषण हम कविता की भाषा में ही करें तो आलोचना की किताब कैसे रहेगी? उस समय मेरे मन में सर्जनात्मक आलोचना वगैरह लिखने का कोई विचार न था। यद्यपि छायावादी भाषा में छायावादी कविताओं की आलोचना मुझसे पहले कुछ लोग लिख चुके थे। शान्तिप्रिय द्विवेदी लिखा करते थे, जिसे शुक्लजी ने इम्प्रेसनिस्टिक क्रिटिसिज्म कहा था। इसलिए कविता की भाषा में छायावादी कविता से भाषा लेते हुए, ऐसी व्याख्या करो कि वह बदनाम प्रभावाभिव्यंजक आलोचना न बने। जैसी वाल्टर पेटर की शैली होती थी जिसको इलियट ने इम्परफेक्ट क्रिटिक कहा था, तो आलोचना प्रभावाभिव्यंजक 'इम्प्रेसनिस्टिक' न हो। और एक और बात मेरे मन में थी चूँकि मार्क्सवादी आलोचना से मैं परिचित हो चुका था इसलिए मार्क्सवाद का इस तरह इस्तेमाल करना कि मार्क्सवादी जार्गन न हो, छायावादी कविता के बिम्बों में निहित जो सामाजिक सच्चाई है और जो यथार्थ है वह खुलकर के सामने आए। दूसरी छाया मैं नहीं बनना चाहता था। बल्कि उस छाया में निहित जो जमीन का टुकड़ा था उसको निकालकर रखना चाहता था लेकिन उसमें वर्ग संघर्ष वगैरह था

और आर्थिक आधार की शब्दावली नहीं इस्तेमाल करना चाहता था। इसलिए देखोगी कि कहीं पूरी किताब में सन्दर्भ मुश्किल से मिलेंगे एक जगह मैंने विलियम ब्लेक का उद्धरण दिया, जहाँ वो जनरलाइजेशन के खिलाफ बोलता है। एक-दो हिन्दी के आलोचकों का कहीं कोई नाम होगा, पूरी किताब में फुटनोट तो है ही नहीं, जो आलोचना की पुस्तक के लिए नई बात थी। मोटे तौर से यही इसकी पृष्ठभूमि है और प्रयोजन था ऐसा एप्लाइड मार्क्सिस्ट क्रिटिसिज्म। जिसमें मार्क्सवाद की शब्दावली और जार्गन से बचकर के भी आप मार्क्सवादी आलोचना लिखें और दिखाएँ लोगों को कि जैसे अच्छी रचना के लिए जरूरी है कि लेखक के विचार छिपे रहें, मेरे ख्याल में अच्छी आलोचना के लिए भी यह जरूरी है। छायावाद वाली किताब कम से कम यह तो बताती है कि उसमें आलोचक के वैचारिक आग्रह या दुराग्रह या पूर्वाग्रह कहीं घोषित रूप से प्रकट न हों, व्याख्या इस तरह से की जाए कि जो आप कहना चाहते हैं, वह सब लोगों तक पहुँच जाए, बगैर जाने कि स्वयं आलोचक की विचारधारा क्या है? इस दृष्टि से एक प्रयोग करने की कोशिश मैंने 'छायावाद' में की थी।

किरन : *आमतौर से छायावाद को यथार्थवाद का विरोधी माना जाता है 'छायावाद' पुस्तक में आपने छायावाद की यथार्थवादी चेतना को रेखांकित किया है। छायावाद की कल्पनाप्रवणता रचनाशीलता और दार्शनिक स्तर अद्वैतवादी विधान को इसके पूर्व यथार्थ से पलायन के रूप में देखा गया। आपने कविता के सारे तत्त्वों को यथार्थ की भावभूमि के साथ जोड़ा जबकि नई कविता में इन्हीं तत्त्वों के होने की आपने आलोचना की। ऐसा क्यों?*

नामवर सिंह : नई कविता के साथ छायावाद का सम्बन्ध पेचीदा है। नई कविता के कवि स्वयं अपने आपको छायावादी भावुकता और कल्पनाशीलता का विरोधी मानते थे। बल्कि कहना चाहिए कि छायावाद की जिस तरह की बनावट थी या रचना प्रक्रिया थी या भावबोध था उस जमीन से एकदम अलग और भिन्न भावबोध। अज्ञेय, शमशेर आदि कवि ऐसा मानते थे। इसलिए स्वभावतः पाठकों और आलोचकों की भी दृष्टि इस बात पर थी कि चूँकि नई कविता छायावाद की विरोधी है तो नई कविता का काव्य सिद्धान्त भी उसके विरुद्ध होना चाहिए। इसी समझ के तहत 'कविता के नए प्रतिमान' नाम की पुस्तक 1968 में मैंने लिखी। तथाकथित नई कविता 1960-61 के आसपास यानी 'तीसरा सप्तक' के साथ समाप्त हो गई थी। नई कविता के कवि इसके बाद भी बने रहे लेकिन वे इसी ढंग की कविताएँ नहीं लिखते रहे, जो 1951 से 60 तक उन्होंने लिखी थीं। इसलिए ऐसा लगेगा कि मैंने 'कविता के नए प्रतिमान' में जहाँ 'छायावाद' नाम की पुस्तक में छायावाद की प्रशंसा की थी वहाँ 'कविता के नए प्रतिमान' में छायावाद के विरुद्ध दिखाई पड़ता हूँ। इसकी क्या संगति है? यह सवाल मेरे मन में है और मेरा ख्याल है कि इस मामले में डी. एच.

लोरेन्स के कथन का मुझे पालन करना चाहिए था, जिसे मैं भूल गया था। उसने कहा था कि कहानी का विश्वास करो, कहानीकार का नहीं। कवि क्या कहता है? उस पर यकीन मत करो, उसकी कविता क्या कहती है, उस पर करो। मैंने कवियों पर यकीन किया, कविता पर ध्यान नहीं दिया। यह गलती मुझसे हुई और आज मैं स्वीकार करता हूँ कि नई कविता वाले जितना छायावाद का विरोधी अपने को मानते थे उतनी उनकी कविता छायावाद की विरोधी नहीं थी, उसी तरह से जैसे अंग्रेजी के मोडर्निस्ट कवि चाहे वे डब्ल्यू. बी. येट्स हों, चाहे टी. एस. एलियट अपने लेखों में जितने एंटीरोमांटिक थे उतनी अपनी कविता में नहीं थे। आरंभिक अवस्था में वे जरूर रोमांटिसिज्म का मजाक उड़ाते दिखाई पड़ते हैं। हिन्दी के नए कवियों की आरंभिक प्रतिक्रिया में जो 'तार सप्तक' की कविताएँ हैं जो उसके प्रयोगवादी दौर की हैं उनमें भले ही वे एंटीरोमांटिक रहे हों लेकिन बाद में स्वयं अज्ञेय की कविताओं में प्रकृति चित्रण देखिए, आप प्रेम की कविताओं को देखें, कल्पनाशीलता देखें, बिम्ब विधान देखें, भाषा देखें तो लगता है कि बिम्ब विधान का दूसरा रूप है। एक भ्रम था लेकिन इसके बावजूद मैंने बार-बार कहा कि जो छायावादी काव्य-दृष्टि है उसकी सीमा है काव्य की नहीं। 'कविता के नए प्रतिमान' में मैंने यह स्पष्ट किया है कि दोनों में अन्तर है। इसी कारण छायावाद की इतनी सहानुभूतिपूर्ण और प्रशंसात्मक आलोचना के बाद नई कविता के सन्दर्भ में इतनी असंगति दिखाई देती है, जबकि मैं 'कविता' के नए प्रतिमानों पर विचार कर रहा था केवल 'नई कविता' पर नहीं। उस सन्दर्भ में फिर छायावाद के बारे में एक तरह का सख्त आलोचनात्मक और विरोध का आभास देना निश्चय ही एक असंगति है। लेकिन याद करो तो 'छायावाद' पुस्तक का अन्तिम अध्याय 'जिसके आगे राह नहीं' और उसमें मैंने लिखा था कि छायावाद एक अन्धी गली में पहुँच चुका था इसलिए स्वयं छायावादी कवियों ने अपनी कविता की प्रवृत्ति बदली थी। निराला ने स्वयं बदली थी। उस जमीन को छोड़कर 'जूही की कली' का कवि 'कुकुरमुत्ता' लिखने लगा था तो इसका मतलब है कि यथार्थ कुछ बदल गया था और यथार्थ बदलने के साथ उसकी भाषा बदल गई थी और कविता बदल गई थी। वहाँ मैंने संकेत किया था प्रगतिवाद की ओर। लेकिन उसके बाद जो कविता का विकास हुआ वह अनेक अन्तर्विरोधों के बीच हुआ। जिसे हम प्रगति, प्रयोग और नई कविता की प्रवृत्ति कहते हैं। उसमें समाजोन्मुख कविताएँ भी थीं, कटु व्यंग्य की कविताएँ भी थीं, निराला की सारी परवर्ती कविताएँ अर्चना 'आराधना' उन्हीं दिनों की हैं। वह एक तरह से स्वाधीन भारत के कवि के लिए नरक यात्रा के समान था। 'गहन है यह अन्धकारा, स्वार्थ के अवगुंठनों से हुआ है लुंठन हमारा।' निराला की कविता थी 'स्नेह निर्झर बह गया है, रेत ज्यों तन रह गया है', स्वयं निराला और नई कविता के कवियों के आरम्भ में बहुत दर्द दिखाई

पड़ेगा। दूसरी ओर एक बात थी कि राष्ट्र में निर्माण की आकांक्षाओं, आशाओं और विश्वास का संकेत भी था, तो एक ओर गहरा मोहभंग तो दूसरी ओर लम्बी प्रतीक्षा और आशा और आकांक्षा की हलकी झलक दिखाई पड़ती थी। ये पंक्तियाँ बाद की कविताओं में बराबर थीं इसलिए ये छायावाद की विरोधी नहीं थीं, उसकी प्रतिक्रिया भी नहीं थी। बदले हुए यथार्थ की अभिव्यक्ति के रूप में कविताएँ आ रही थीं और यदि मैं इस दौर की कविता पर वैसी ही पुस्तक लिखता जैसी मेरा 'छायावाद' वाली किताब थी तो किताब बिलकुल दूसरी होती लेकिन इस समय मेरे सामने नई कविता की समाप्ति के बाद फिर एक नए ढंग की कविता आ रही थी–अकविता के बाद की कविता, धूमिल के दौर की कविता। रघुवीर सहाय और श्रीकान्त वर्मा की कविता जो नई कविता के निषेध की थी। उस सन्दर्भ में मैं 'कविता के नए प्रतिमान' लिख रहा था जो विडम्बना की अनुभूति के साथ ईमानदारी की जटिलताओं की कविता थी। पर मुख्यतः मेरे सामने मुक्तिबोध की कविताएँ केन्द्र में थीं। उसके लिए जो किताब का ढाँचा चुना वह बना, उसके लिए एक हिस्सा तो विवादास्पद था, पोलिमिकल था, जिसमें प्रचलित आलोचना सिद्धान्त की जाँच-पड़ताल है। उनमें से बहुतों का खंडन और विरोध दिखाई पड़ता है और दूसरा खंड है जहाँ भाषा और सर्जनात्मकता के आधार पर मैंने विचार किया है। उस समय तक आलोचना की पद्धति के बारे में, और अन्ततः लोगों ने सही कहा है, मेरे ध्यान में अंग्रेजी का न्यु क्रिटिसिज्म था। उसकी शब्दावली, उसकी भाषा, उसकी सीमाएँ तब तक मेरे मन में स्पष्ट नहीं हुई थीं। वह नई आलोचना के वर्चस्व का दौर था। जहाँ कविता की आलोचना कविता की भाषा से शुरू होती थी, उस भाषा से शुरुआत करते हुए, छायावाद में निहित यथार्थ अनुभवों, अनुभूतियों और स्थितियों को खोजने की कोशिश मैंने की थी। उसके स्थान पर मैंने उतनी दूर तक जाकर छाया को खोज निकालने का काम मैंने नहीं किया। उसी के कारण लोगों को उसमें प्रयोगवाद की गन्ध दिखाई पड़ी और ज्यादा जोर इस पर था कि कविता की जो नई भाषा बनी है जो मुहावरा बना है, जो छायावादी बिम्बों से अलग है। कहीं बिम्बों के रूप में सपाट बयानी का प्रयोग मैंने किया है कि इन चीजों के द्वारा कविता बन रही है। उस नई कविता की रूपात्मक बनावट पर ध्यान ज्यादा था बाकी चीजों पर कम था। शायद इसका कारण यह भी था कि छायावाद पर लिखते समय मेरे दिमाग में स्वाधीनता संग्राम की पृष्ठभूमि जितनी स्पष्ट थी बाद की कविताओं की जो राष्ट्रीय या सामाजिक पृष्ठभूमि होनी चाहिए उतनी स्पष्ट या बने-बनाए रूप में हमारे सामने नहीं थी। शायद एक कारण यह भी है जो 'कविता के नए प्रतिमान' की सीमाओं पर प्रकट होता है। यद्यपि मैंने उसको सन्तुलित करने की कोशिश की, जान-बूझकर के मुक्तिबोध जैसे बहुत प्रतिबद्ध कवि की कविताओं जैसे 'अँधेरे में', 'चंबल की घाटी में' को चुना। इन कविताओं में इस

दौर का भारत किस रूप में दिखाई पड़ता है, उनको कविता की भाषा के बाहर परखने की कोशिश की थी लेकिन कुल मिलाकर हुआ यह कि कविताओं के जाँचने-परखने की शब्दावली और अवधारणाओं की समीक्षा ज्यादा हुई। कविताएँ उदाहरण के रूप में ही आती हैं, यह उस ग्रन्थ की सीमा है जब बहुत दिनों के बाद आज मैं देखता हूँ तो स्पष्ट होता है। यद्यपि मैंने कोशिश यह की थी कि 'अँधेरे में' कविता की उस परिशिष्ट में, उसकी निश्चित व्याख्या करके अभाव की पूर्ति कर दूँ, लेकिन कुल मिलाकर उस पुस्तक के ढाँचे में इस अभाव की पूर्ति हो नहीं पाई, ऐसा मुझे लगता है, यह उसकी सीमा है, उसे मैं स्वीकार करता हूँ और मैं यह भी स्वीकार करता हूँ कि इधर निराला जन्मशती के सिलसिले में, निराला पर विचार करते हुए कुछ व्याख्यान मैंने दिए हैं और लगता है कि शायद एक छोटी-मोटी पुस्तक तैयार हो जाए। मैं फिर निराला जैसे कवि के माध्यम से शायद मैं फिर छायावाद की ओर लौटूँगा। उसके माध्यम से कविता की आलोचना की नई पद्धति की ओर। साथ ही उन छायावादी मूल्यों की भी चर्चा करूँगा। यहाँ प्रसंगवश एक छोटी-सी बात और कह देना जरूरी समझता हूँ कि 'कविता के नए प्रतिमान' में कहीं-कहीं रूपवादी दृष्टि दिखाई पड़ती है। उससे ज्यादा, ज्यादा अन्तर्निहित मार्क्सवादी दृष्टि भी है, पर लोगों ने जिस पर ध्यान नहीं दिया वह यह है कि मार्क्सवादी आलोचना जरूरत से ज्यादा, टेरी इगल्टन के शब्दों में हर्मिन्युटिक्स ऑफ सस्पिशन यानी पूर्ववर्ती कविताओं को या परम्पराओं को सन्देह के रूप में देखती हैं। डिकंस्ट्रक्शन वाले मानते हैं कि भाषा संदिग्ध होती है यहाँ तक कि जो आदमी बोलता है यह खुद नहीं जानता है कि वह जो कहना चाहता था वही कह रहा है और वही उसका अर्थ है, कोई दूसरा अर्थ है। भाषा इस अर्थ में छलना है, माया है। 'ठगिनी क्या नैना झमकावे?' वाला मामला है। तो ठगिनी है भाषा। भाषा वही नहीं कहती जो हम उससे कहलाना चाहते हैं। वह हमारे न चाहते हुए भी बहुत कुछ कह जाती है। तो मार्क्सवादी आलोचना इसीलिए कि कवि जो कह रहा है क्या सचमुच वही अर्थ है? या उसकी 'हाँ' में 'ना' और 'ना' में 'हाँ' शामिल है। इस दृष्टि में बहस शामिल है। इस दृष्टि से आलोचकों ने कालिदास जैसे कवि को सामन्ती दौर का कवि कहा। भक्ति में भी यही कमजोरी थी। इसलिए 'कविता के नए प्रतिमान' में अज्ञेय को और अन्य कवियों को सन्देह की दृष्टि से देखा गया है। एक मार्क्सवादी के नाते और कविता में गहरी रुचि लेनेवाले एक पाठक की हैसियत से आज मैं महसूस करता हूँ कि दौर ऐसा आ गया है कि आज के जमाने में काव्य-विरोधी और साहित्य विरोधी व्यावसायिकता के जमाने में जहाँ हर चीज बेचने-खरीदने की हो गई है, हमारे समाज का सुशिक्षित भाग काव्य शत्रु हो गया है। ऐसे समय जितना बचाया जा सके उतना बचा लें। आज सन्देह करने के बजाय अपनी कविता की विरासत को सहानुभूति से देखकर उसमें जो

विधेयात्मक जीवन मूल्य हैं उनकी खोज करके देखा जाए कि आज के लिए कितना उपयोगी सामान उसमें से मिल सकता है। इस दृष्टि से आज निराला को भी फिर से देखने की जरूरत है। निराला की भक्ति की कविताओं को पलायनवाद मानने की बजाय उस भक्ति को देखें कि उसमें यथार्थ की वेदना कितनी है? उस पीड़ा में उस युग की, उस समाज की पीड़ा है। तो अब मैं आगे की अपनी आलोचना के बारे में कहना चाहता हूँ जिसको अंग्रेजी में 'साल्वेज' कहते हैं। घर में आग लगी है तो जितना बचाया जा सकता है बचा लो, जो बहुमूल्यवान है उसे बचा लो, बाकी तो जलना ही है, जो जलना है वह जल जाए। समाज भूल जाएगा उसे। लेकिन जो बचाया जा सके, बचा लेना चाहिए। आज मैं महसूस करता हूँ कि खासतौर से 20वीं सदी के अन्त में जबकि हमारी संस्कृति बहुत कुछ नई आर्थिक प्रवृत्तियों के कारण नष्ट होती जा रही है, भ्रष्ट होती जा रही है, उसमें जितना बचाया जा सके बचा लेना चाहिए। मेरे ख्याल से आज आलोचक का सबसे बड़ा कर्तव्य है। इस दृष्टि से शायद अब मैं लिखूँ तो कविता पर भी लिखूँगा। छायावाद की ओर लौटूँगा। छायावाद नाम की जो पुस्तक लिखी थी, वही नहीं होगी। उसकी पुनरावृत्ति नहीं करूँगा। बल्कि जितना पानी गुजर गया है पुल के नीचे से उसके बाद के नए अनुभवों की रोशनी के साये में नए ढंग से कविता को देखने की और उनमें उन मूल्यों को पहचानने की कोशिश करूँगा।

किरन : *पिछले पाँच दशकों से आप भारतीय साहित्य तथा आलोचना के प्रखर पर्यवेक्षक तथा समीक्षक रहे हैं। आज जब हम 21वीं सदी में प्रवेश कर रहे हैं तो इस समय भारतीय साहित्य की प्रवृत्तियों तथा रचनाशीलता के बारे में आपकी क्या राय है? इसके साथ यदि एक अन्य प्रश्न को जोड़ने की अनुमति दें वह यह है कि 21वीं सदी में विश्वसाहित्य के पटल पर भारतीय साहित्य की भूमिका तथा स्थिति क्या होगी? कृपया प्रकाश डालें।*

नामवर सिंह : ऐसा है कि पहले काफी दिनों तक अपने को मैंने मुख्यतः हिन्दी साहित्य तक सीमित रखा था, यद्यपि मेरे ध्यान में कहीं न कहीं, हिन्दी के अलावा भारतीय कविता रहती थी। पिछले दो दशकों से मैंने भारतीय उपन्यास के उदय के बारे में सोचना शुरू किया तो मुझे लगा कि हिन्दी उपन्यासों के आधार पर हम न तो हिन्दी उपन्यास के आरम्भ की परिकल्पना सही-सही कर सकते हैं, न भारतीय उपन्यास की। उस दौर में 19वीं शताब्दी के हिन्दी के उपन्यास, बांग्ला के उपन्यास, गुजराती, उड़िया, उर्दू के उपन्यासों की ओर मेरा ध्यान गया और तब मुझे लगा कि हिन्दी में या अन्य किसी भारतीय भाषाओं में लिखने वाला आलोचक यदि कोई सार्थक काम अपनी भाषा के लिए भी करना चाहता है तो उसका परिप्रेक्ष्य अखिल भारतीय होना चाहिए। यह दृष्टि मुझे विरासत में मेरे गुरुदेव आचार्य हजारी प्रसाद

द्विवेदी से मिली थी और उन्होंने भक्ति आन्दोलन के सन्दर्भ में यह बात कही थी कि हिन्दी भक्ति आन्दोलन को ठीक से समझने के लिए जरूरी है कि अखिल भारतीय भक्ति आन्दोलन को जो विभिन्न भाषाओं में लिखा गया है, उस सबको ध्यान में रखना जरूरी है। क्योंकि हिन्दी भक्ति आन्दोलन का एक सूत्र कहीं तमिलनाडु में है तो दूसरा महाराष्ट्र में। तीसरा कहीं गुजरात में तो चौथा कहीं और। द्विवेदीजी ने स्वयं अपने कई लेखों में लिखा है और 'हिन्दी साहित्य की भूमिका' में भी दिखाने की कोशिश की है। मुझे लगा कि यह बात जितनी सही अपने प्राचीन साहित्य या, मध्यकालीन साहित्य के बारे में है, उससे कहीं ज्यादा सही आधुनिक काल के बारे में है। वह इसलिए है कि अंग्रेजी राज के उपनिवेशवादी दौर में जबकि भारत अखिल भारतीय राष्ट्र के रूप में निर्मित या विकसित होने लगा और सच्चे अर्थ में एक व्यापक भारतीय चेतना का विकास होने लगा तो हमारे भारतीय साहित्य की प्रत्येक भाषा के साहित्य का भाग्य एक साथ जुड़ गया। इसका प्रमाण यह है कि एक शब्द इस दौर में प्रायः बहुत लोकप्रिय हुआ वह है—ऑल इण्डिया या इण्डियन नेशनल। संस्थाओं में या किसी भी चीज में देखिए—पहले तो हमारे रेडियो स्टेशन का नाम ही 'ऑल इण्डिया रेडियो' पड़ा था। यह 'ऑल' जो लगाया गया वह बड़ा सार्थक मुझे लगता है, उससे पहले हम लोग अखिल भारतीय, निखिल भारतीय रूप में नहीं सोचा करते थे। अब अखिल, निखिल बड़ा व्यापक शब्द हो गया। बच्चों के नाम अखिल और निखिल होने लगे थे। तो मुझे लगा कि हमारी भाषाएँ राष्ट्रीय भाषाएँ हैं और हमारी उन भाषाओं की दृष्टि अखिल भारतीय होनी चाहिए। और इस दृष्टि से मुझमें एक सचेत और सजग रूप से परिवर्तन पिछले दो दशकों में आया। खासतौर से जब जवाहरलाल नेहरू विश्वविद्यालय में, जो हिन्दी विभाग खुला तो उसका नाम 'सेण्टर ऑफ इण्डियन लेंग्विज' रखा गया। यह और बात है कि इसमें दो भाषाएँ ही शुरू हो सकीं। और हमारी कोशिश के बावजूद तमिल, बांग्ला या मराठी जैसी कोई भाषा शुरू नहीं हो सकी। लेकिन हमारी दृष्टि जे.एन.यू. में आकर के अखिल भारतीय हो गई। खासतौर से हिन्दी या उर्दू, दोनों एक तरह से जिसे अंग्रेजी में इण्डियन लैंग्विजेज कहते हैं, किसी एक क्षेत्र की भाषा नहीं है। सारे देश में ही उर्दू बोली जाती है। कर्नाटक में जाओ तो उर्दू सुनने को मिलेगी, तमिलनाडु में जाओ तो उर्दू, कश्मीर में भी, और हिन्दी तो मिलती ही है। तो इस अखिल भारतीय दृष्टि का विकास करना पड़ा और उसके प्रति जागरूक होना पड़ा। यद्यपि इसकी शुरुआत उपन्यासों के माध्यम से हुई थी। तो अपनी अलग अस्मिता और अपनी अलग पहचान, भारतीय अस्मिता और अपनी भारतीय पहचान हमारे साहित्य में बने। एक उत्तर-उपनिवेशवादी दौर-पोस्ट कोलोनिअल दौर जो पद आजकल बड़ा प्रचलित हो गया है, उस दौर का भी दबाव था कि हम अपने भारतीय उपन्यास की अलग पहचान करें। विश्व साहित्य

के सन्दर्भ में हमें अकसर सुनाई देता था कि इंग्लिश नोवेल है। उसके साथ सुनते हैं कि अमेरिकन नोवेल है। तो एक ही भाषा में लिखे जाने पर अमेरिकन नोवेल अलग है और इंग्लिश नोवेल अलग है। इंग्लिश नोवेल में भी कहते हैं कि आस्ट्रेलियन नोवेल अलग है। अफ्रीकन नोवेल भी अंग्रेजी में लिखा जानेवाला अलग है। अलावा इसके रूसी उपन्यास, फ्रांसीसी उपन्यास, ये शब्द अकसर सुनाई देते हैं। तो भारतीय उपन्यास नाम की कोई चीज है कि नहीं, भले ही वो बांग्ला में लिखा जाता हो या हिन्दी में लिखा जाता हो या मलयालम में—उस भारतीय दृष्टि का विकास जरूरी है। कहना चाहिए कि उत्तर-उपनिवेशवादी दौर की यह माँग थी और उसका दबाव था जिसने इस भारतीय दृष्टि के विकास के लिए उकसाया। मुझे लगा कि हमें अपनी रचनाओं की भारतीय रंगत की पहचान के साथ ही सोचना चाहिए कि भारतीय आलोचना नाम की भी कोई चीज है कि नहीं। उदाहरण के लिए, ये जो 'एम्पायर राइट्स बेक' नाम की जो किताब है वो तीन आदमियों ने जो लिखी, उस किताब में एक अध्याय 'इण्डियन पोएटिक्स' के नाम का है और मेरे लिए यह बड़े आघात की तरह था कि 'इण्डियन पोएटिक्स' के नाम पर उस भले आदमी ने संस्कृत पोएटिक्स की चर्चा की। जिसका मतलब है कि भारतीय क्रिटिसिज्म या लिटररी थियरी के नाम पर आज से एक हजार साल पुराना पोएटिक्स ही हमारा पोएटिक्स है। यूरोप वाले एन्सियन्ट ग्रीक पोएटिक्स कहते हैं रोमन रेटोरिक कहते हैं और मॉडर्न फ्रेंच या इंग्लिश या अमेरिकन क्रिटिसिज्म कहते हैं। लेकिन हम लोगों के यहाँ साहब जो एन्सियन्ट संस्कृत पोएटिक्स है वही पूरे भारत का है। जैसे हम लोगों ने 800 सालों में कुछ किया ही नहीं और जो किया, वो बेकार है। तो यह भी मेरे ध्यान में था और अब भी है कि उसके बारे में अखिल भारतीय रूप में लिखा जाए इसे मैं तुलनात्मक साहित्य जैसी सपाट और भ्रामक संज्ञा का नाम न दूँगा, उस नाम से न पुकारूँगा। लेकिन जैसा तुमने भी कहा कि वह भारतीय दृष्टि मोटे तौर पर इस बीच मेरे मन में विकसित होती रही। अब सवाल का पूरा जवाब हुआ कि नहीं और कुछ अंश बचा हुआ है तो फिर पूछ सकती हो।

किरन : *सवाल का एक हिस्सा इस बारे में भी था कि इस सदी के अन्त में जो भारतीय सृजनशीलता है, भारत की भाषाओं में जो साहित्य लिखा जा रहा है, उसमें जो प्रवृत्तियाँ हैं जो उसकी रचनाशीलता है उसके बारे में आपकी राय क्या है?*

नामवर सिंह : देखो, सामान्य वक्तव्य के रूप में तो उसकी चर्चा करना सम्भव नहीं है, उदाहरणों के माध्यम से बात की जाए। पिछले दो-तीन दशकों में हमारे यहाँ कुछ उपन्यास लिखे गए, कुछ कहानियाँ लिखी गईं, कुछ नाटक लिखे गए और कविताएँ तो लिखी ही गईं। उनको देखा जाए तो और इनमें से कइयों का अंग्रेजी में अनुवाद

भी हुआ है। उनके हिसाब से स्थिति बेहतर है कि दूसरे पहचान सकते हैं लेकिन उनके ठीक-ठीक, जो पश्चिम में लिखा जा रहा है उसकी आवृत्ति या पुरावृत्ति या अनुकरण नहीं है। मैं मोटे तौर से यदि कुछ नाम लूँ तो विजय तेंदुलकर का नाटक 'घासीराम कोतवाल' लें या गिरीश कर्नाड का 'तुगलक' या 'हयवदन' लें; तो इन्हीं नाटकों को देखो, जिस प्रकार के ये नाटक हैं वे नाटक ठीक-ठीक किसी पश्चिमी नाटकों का ये अनुकरण नहीं है। 'घासीराम कोतवाल' के माध्यम से या 'तुगलक' के माध्यम से या 'शेष इतिहास' लिखा बादल सरकार ने ये हमारी भारतीय समस्याएँ; भारतीय मनुष्य की हैं। मैंने जान-बूझकर नाटक विधा को चुना क्योंकि थियेटर का आन्दोलन हमारे यहाँ बहुत कमजोर रहा है। बावजूद इसके कि नाटक में हम लोगों ने कुछ कर दिखाया है। इससे हमारी सृजनशीलता का पता चलता है। उसी तरह से अगर हम उपन्यासों में देखें तो रेणु का 'मैला आँचल' या 'राग दरबारी' श्रीलाल शुक्ल का, मराठी में नेमाड़े का 'कोसला', गोपीनाथ मोहन्ती का 'परजा'—ये कुछ उदाहरण मैं दे रहा हूँ। ये उपन्यास खाली आंचलिक नहीं हैं बल्कि भारत की जो सृजनशीलता है, वह उपन्यासों के माध्यम से व्यक्त होती है। इन उपन्यासों को देखो तो इस दौर के अंग्रेजी उपन्यास या अमरीकी उपन्यासों से ये अलग उपन्यास लगेंगे, जिनका अपना यथार्थ है और अपनी यथार्थवादी शैली है, यही बात कविता के बारे में भी है। क्योंकि मोटे तौर पर विश्व कविता ने पिछले तीन दशकों से खास शक्ल अख़्तियार की है। बहुत कुछ समान-सा मुहावरा दिखाई पड़ेगा। कविता की भाषा ज्यादा युनिवर्सल होती है बाकी चीजों से। लेकिन मुक्तिबोध के बाद वाली पीढ़ी को लें तो हिन्दी में उदाहरण के तौर पर रघुवीर सहाय, बांग्ला में शंख घोष आदि तो यहाँ कविता की अपनी जातीय पहचान है। ठेठ इसकी जड़ें आज की वास्तविकता और रोजमर्रा की हमारी जिन्दगी में है। शहर, गाँव, कस्बे में रहनेवाले आदमी की जो चिन्ताएँ हैं, साफ उसकी अलग पहचान है। उसकी भाषा अलग है। इसलिए मुझे लगता है कि भारतीय स्तर पर हम लोग इस मामले में अधिक प्रौढ़ हैं। भारतीय मनीषा, मन तथा सृजनशीलता, अपना रास्ता निकाल रही है, उस सृजनशीलता के मामले में पूरी विनम्रता से, अहंकार न होते हुए लेकिन विश्वास के साथ कहूँगा कि थोड़ा बहुत अंग्रेजी माध्यम से हम लोग जो पढ़ते रहे हैं और पढ़ते हैं दुनिया की दूसरी भाषाओं का, केवल अंग्रेजी का ही नहीं जो काण्टिनेण्टल पोएट्री या नॉवेल पढ़ते हैं और ये पश्चिम के लोग भी स्वीकार करते हैं कि जिसको तथाकथित तीसरी दुनिया, जिसमें एशिया, अफ्रीका, लेटिन अमेरिका है, उन देशों के साहित्य, ठेठ पश्चिम के साहित्य से बेहतर हैं। ये तो अमेरिकी आलोचकों में से, और मेरा ख्याल है कि, डब्ल्यु.टी.मिशेल जो 'क्रिटिकल इनक्वायरी' के सम्पादक हैं उन्होंने भी स्वीकार किया है कि साहित्य सिद्धान्त में हम लोग चाहें, जितने आगे बढ़े हों, लेकिन साहित्य-सृजन

में तो जो विकासशील तीसरी दुनिया है, उसका साहित्य बेहतर दिखाई पड़ता है, उसमें जान है। लाइफ वहाँ है, हम लोग तो लीक पीट रहे हैं। यह 'क्रिटिकल इनक्वायरी' जो अमेरिका की प्रतिष्ठित पत्रिका है, उसके सम्पादक डब्ल्यु.टी. मिशेल का यह वक्तव्य है और मुझे लगता है कि वे भी यह स्वीकार करने के लिए बाध्य हैं तो सृजनशीलता में और इन तीसरी दुनिया में भारत का स्थान निश्चित रूप से है क्योंकि ये जो भारतीय साहित्य है जिसमें हमारी 15-16 अत्यन्त विकसित साहित्य भाषाएँ हैं, उनकी 1000 साल की साहित्यिक परम्परा है, जो मामूली बात नहीं है अपने आप में। ये ट्राइबल लैंग्विजेज नहीं है, अफ्रीका की। 1000 साल का साहित्य है हमारा, जो उन भाषाओं में लिखा जा रहा है।

किरन : *जैसा कि आपने कहा कि हमारी रचनाशीलता काफी मजबूत है पर आलोचना पक्ष कमजोर है। भारतीय आलोचना, यदि मैं थोड़ा सामान्यीकरण करूँ, पुनरुत्थान तथा 'इमीटेशन' के बीच झूलती दिखाई देती है। हमारी अपनी लोक तथा शास्त्र की परम्परा है। एक और परम्परा है, जो पश्चिम तथा पूर्व के सामंजस्य से अस्तित्व में आती है, जिसे हमारी भाषाओं की समकालीन आलोचना के कुछ आलोचकों में देखा जा सकता है। इस सबके सामंजस्य से बनी परम्परा के कर्णधार आप हैं। ऐसे में समकालीन भारतीय आलोचना के बारे में आपकी राय जानने की इच्छा स्वाभाविक ही है। हमारी समकालीन आलोचना का सैद्धान्तिक पक्ष कमजोर क्यों है? हमारी समकालीन आलोचना की समस्याएँ तथा सम्भावनाएँ क्या हैं?*

नामवर सिंह : पहली बात तो यह कि मैं कर्णधार नहीं हूँ, इस आलोचना का। कर्ण माने कान भी होता तो मैं कान पकड़ने वाला नहीं हूँ और कर्ण नाव की पतवार को भी कहते हैं तो मैं ऐसा मल्लाह भी नहीं हूँ। मैं तो 'हूँ पण्डितन केर पिछलगा' अपने को यही मानता हूँ। लेकिन जब मैंने कहा कि भारतीय साहित्य सृजन बेहतर स्थिति में है, उसकी तुलना में भारतीय आलोचना कमजोर है, यह स्वीकार करने में मुझे तनिक भी संकोच नहीं होता। कारण यह है कि आलोचना वहीं समृद्ध होती है जहाँ चिन्तन और दर्शन का आधार बहुत ही पुष्ट हो, विकसित हो। पहले भी संस्कृत काव्य-शास्त्र का विकास 1500 साल में हुआ तो देखो कि भारतीय दर्शन और भारतीय तर्कशास्त्र और भाषा-दर्शन अपनी पराकाष्ठा पर था। यानी भामह, आनन्दवर्धन, अभिनवगुप्त, और मम्मट जैसे संस्कृत के महान सिद्धान्तकार जिसकी टक्कर के दुनिया में नहीं मिलते, हुए तो इसलिए हुए कि यहाँ उपनिषदों की रचना हो चुकी थी। भर्तृहरि जैसा भाषा का महान दार्शनिक हो चुका था, 'अष्टाध्यायी' का रचयिता पाणिनि जैसा वैयाकरण हो चुका था, जिसके सामने सारा जहाँ झुकता हो। जहाँ दिनाक दिङ्नाग, धर्मकीर्ति, नागार्जुन जैसे बौद्ध दार्शनिक हो चुके थे। जहाँ शंकराचार्य जैसे वेदान्त के इतने बड़े विचारक और दार्शनिक हुए। तो ये दर्शन का

न्याय का और व्याकरण का आधार था। इसलिए काव्य-शास्त्र को हमारे यहाँ 'व्याकरणस्य पुच्छम्' कहते थे, व्याकरण की पूँछ है काव्य-शास्त्र। तो हमारे यहाँ वो बकरा कहाँ है जिसकी पूँछ हम बनें। इसलिए देखो तो, इण्डियन फिलॉसॉफी में कहने के लिए आज हमारे पास क्या है? राधाकृष्णन को हम लोग बहुत दार्शनिक मानते हैं। राधाकृष्णन ने क्या किया? इण्डियन फिलॉसॉफी में शंकराचार्य वगैरह का सहज-सुलभ उलथा करके बाहर वालों को बताया कि देखो भारत में यह भी है। व्यापक अर्थ में वे एक अनुवादक हैं। अरविन्द का नाम लेते हैं। रवीन्द्रनाथ ने उपनिषदों का नाम लिया, अरविन्द ने योग का नाम लिया, लाइफ डिवाइन में। तो योग, अध्यात्म दर्शन में पुनरुत्थान होता रहा, कुल मिलाकर। उधर जो दार्शनिक हुए हैं, वो पोजिटिविज्म और लिंग्विस्टिक फिलॉसॉफी को जैसी इंग्लैण्ड की थी उसी को सीखकर के अपने यहाँ पूरे उपनिवेशवादी दौर में पढ़ाते रहे। भारतीय फिलॉसॉफी तो विकसित ही नहीं हो पाई। दर्शन की परम्परा, उपनिवेशवाद के दौर में आरम्भ होने से पहले हमारे यहाँ खत्म हो चुकी थी। तो जहाँ दार्शनिक आधार ही स्वदेशी नहीं होगा, तो जैसे दर्शन में पुनरुत्थान हो रहा है, उसी तरह से साहित्य सिद्धान्त के क्षेत्र में भी हम लोगों ने इन पिछले पचास वर्षों में आजाद भारत में क्या किया है? भामह का अनुवाद किया, अभिनवगुप्त का अनुवाद किया, भरत के नाट्यशास्त्र का अनुवाद किया, मम्मट का अनुवाद किया, सबका अनुवाद, टीका, भाष्य यही सब यही तो होता रहा। अच्छी बात इतनी ही हुई कि कुछ होता रहा। इसलिए पुनरुत्थान एक हद तक हुआ है। बावजूद इसके उपनिवेशवादी दौर में खासतौर से स्वाधीनता संग्राम के दौर में, बीसवीं शताब्दी के प्रथम तीन-चार चरण, भारत की प्रत्येक भाषा में ऐसे कुछ समर्थ स्वदेशी चिन्तन करने वाले आलोचक पैदा हुए। हिन्दी में आचार्य रामचन्द्र शुक्ल जैसे, हजारी प्रसाद द्विवेदी, उसी तरह से मराठी में एक नाम डी.के. बेडेकर के 'साहित्य-विचार' और मलयालम में कुट्टी कृष्ण मारार, ऐसे ही बांग्ला में स्वयं रवीन्द्रनाथ—आलोचक के रूप में और बंकिम भी। इन लोगों ने पुराने संस्कृत में जो काव्य-शास्त्र था, उससे कुछ तत्त्व ग्रहण करके और जो अंग्रेजी आलोचना थी, जिसको कहें कि पूरब और पश्चिम की जो मुठभेड़ थी, साक्षात्कार था, इस साक्षात्कार से, इस मुठभेड़ से चुनकर के इन्होंने काम की चीजें हैं, जो हमारे उपयोग के लिए जरूरत के मुताबिक एक स्वदेशी भारतीय आलोचना विकसित की। ये काम अंग्रेजी में लिखी हुई किताबों में नहीं हुआ। इसलिए ज्यादातर अंग्रेजी जानने वाले नहीं जानते हैं। प्रायः इंग्लिश वाले या संस्कृत के पण्डित इंग्लिश में किताबें लिखते रहे, जैसे पी.वी. काणे ने, सुशील कुमार डे ने संस्कृत पोएटिक्स की किताबें लिखीं तो अंग्रेजी में, अगर सुशील कुमार डे बांग्ला में लिखते और काणे मराठी में लिखते तो फायदा होता। इन भले आदमियों ने अंग्रेजी में लिखा। और जो अंग्रेजी पढ़ाने वाले लोग हैं, उनको एरिस्टोटल, आइ.

ए. रिचर्ड्स, एलियट से इतनी फुरसत ही नहीं मिलती कि वे लोग कुछ भारतीय भाषाओं में देखें। तो कुछ देशी भाषाओं के लोगों ने अपनी भाषा में कलम कर के एक नया पौधा लगाने की कोशिश की। इस बीच एक अच्छी बात यह हुई जिसका उल्लेख आमतौर से नहीं किया जाता पर मैं उसे उल्लेखनीय मानता हूँ, वह यह कि हमारे महत्त्वपूर्ण सर्जक कवियों ने खासतौर से और कुछ कथाकारों ने भी अपने रचनात्मक अनुभव के आधार पर साहित्यिक आलोचना के कुछ सूत्र दिए, जिसे एलियट ने कार्यशाला की आलोचना कहा है, तो रचनाकार की कार्यशाला से जो आलोचना के सूत्र और सिद्धान्त मिले वे हमारे लिए बहुत महत्त्वपूर्ण रहे। मैं समझता हूँ कि तथाकथित अन्य आलोचकों से ज्यादा सार्थक महत्त्वपूर्ण साहित्य सिद्धान्त के सूत्र, उदाहरण के लिए हिन्दी में जयशंकर प्रसाद ने दिए हैं, निराला ने, अज्ञेय ने, मुक्तिबोध ने दिए हैं। बाद की पीढ़ी के लोगों में निर्मल वर्मा ने दिए हैं कथा-साहित्य के अनुभवों के आधार पर। ऐसा ही बांग्ला साहित्य में बुद्धदेव बोस ने किया है। मराठी में मर्ढेकर ने किया। इन रचनाकारों की जो आलोचना है, वह मेरे लिए इसलिए महत्त्वपूर्ण है। ऐसा यूरोपीय साहित्य में भी हुआ। आलोचना के जो नए सिद्धान्त विकसित हुए, उनका आधार रचनाकारों ने तैयार किया। एलियट, पाउण्ड, जॉन क्रो रेन्सम, एलन टेट, ये कवि भी थे, वादलेयर कवि थे। ये बात दुनिया की अन्य भाषाओं में भी हुई है। इसलिए जब नए काव्य-सिद्धान्त बनते हैं उनमें ऐसे दौर आते हैं, जब स्वयं रचनाकारों के रचनात्मक अनुभवों से निकले हुए जो सूत्र होते हैं, एक नए साहित्य सिद्धान्त का निर्माण करते हैं। उन पर एक समर्थ चिन्तन पद्धति के द्वारा आलोचक उनका विकास करते हैं। मैंने कुछ ऐसा ही करने की कोशिश की है। संस्कृत परम्परा के मूल स्रोतों में भी जाने की कोशिश की है। पश्चिम साहित्य से जो सम्भव हो सकता था, उसे देखने-पढ़ने की कोशिश की है। इसके अलावा हमारी परम्परा में स्वयं आधुनिक युग में आचार्य रामचन्द्र शुक्ल, हजारी प्रसाद द्विवेदी या हमारी अन्य भाषाओं के लोगों ने जो कुछ और स्वयं हमारे कवियों ने, रचनाकारों ने लिखा, उनको ध्यान में रखते हुए, जिसकी झलक आपको 'कविता के नए प्रतिमान' में मिलेगी 'दूसरी परम्परा की खोज' में मिलेगी उनके आधार पर साहित्य सिद्धान्त विकसित करने की कोशिश की। मेरी चिन्ता यह नहीं कि वह नया हो, विलक्षण हो, सबसे अलग हो, चिन्ता यह है कि हमारे सामाजिक जीवन के लिए, साथ ही साहित्य सृजन के लिए वह सार्थक हो और उनकी समस्याओं को सुलझाने में मदद दे सके। इस समय फिलहाल यही स्थिति दिखाई पड़ रही है और मैं यहाँ यह जरूर कहूँगा कि जो 'पुनरुत्थान' है। वह बहुत बुरी चीज नहीं है। हमारा आधुनिक साहित्य ही पूरा-का-पूरा 19वीं शताब्दी के पुनरुत्थान का परिणाम है। स्वयं रवीन्द्रनाथ जैसा बड़ा कवि पुनरुत्थान का कवि है। निराला पुनरुत्थान के कवि हैं। पश्चिम को देखें तो

अमेरिका में नए सिरे से रिटोरिक का पुनरुत्थान किया कि नहीं। बड़ी पुरानी चीज है रिटोरिक तो, प्राचीन ग्रीस की चीज है, प्राचीन रोम की है लेकिन उस रिटोरिक शब्द का ही नहीं बल्कि वे पूरी-की-पूरी आलोचना को रिटोरिक मानते हैं। चाहे यह न्यू क्रिटिसिज्म हो, चाहे डिकन्स्ट्रक्शन हो, एलगरी जैसी चीज को पुनर्जीवित करना यह पुनरुत्थान ही तो है। वे अपनी जड़ों की ओर लौट रहे हैं। दर्शन के क्षेत्र में भी यही हुआ। हाइडेगर प्राचीन ग्रीक दर्शन की ओर मुड़े। पश्चिम के लिए जड़ों की ओर जाने का मतलब है उनका प्राचीन ग्रीस। हम लोगों के लिए हमारे वेद हैं। हमारा अतीत तो बहुत समृद्ध है। पश्चिम वाले तो रिटोरिक की ओर जा रहे हैं पर हमारे यहाँ लोग जड़ों की ओर जाते शर्माते हैं। आधुनिक आलोचक अलंकार शब्द का प्रयोग करते हुए भूल जाते हैं कि रिटोरिक एक तरह का अलंकार-शास्त्र ही है। रिटोरिक के दोनों अर्थ होते हैं, कि केवल 'पर्सुएशन' का भाषा ही रिटोरिक नहीं होती बल्कि अलंकृत भाषा भी रिटोरिक कहलाती है। इसलिए अलंकार की हमारे यहाँ बहुत समृद्ध परम्परा है। उनके यहाँ का रिटोरिक क्या है? इसलिए पुनरुत्थान बुरा नहीं है। पुनरुत्थान करें पर पहचान कर। तुलसीदास ने कहा है, कि 'संग्रह त्यागु न बिनु पहचाने'। क्या लें और क्या छोड़ दें, यह बिना पहचान के नहीं होता। अन्धे आदमी के सामने फल और गुठलियाँ रख दें तो गुठलियाँ ही बटोरता चला जाए और फल फेंकता जाए यह भी हो सकता है। आँख नहीं होगी तो आप क्या बटोरेंगे? निराला ने भी कहा है कि 'भ्रम में जो दिया, ज्ञान में लो तुम गिन-गिन', तो भ्रम और ज्ञान के बीच की दूरी समझनी पड़ेगी। हम लोगों ने प्राचीन अलंकार शास्त्र को, काव्य-शास्त्र को, एक अन्धे की तरह से उस बहुमूल्य चीज को, उस सोने को मिट्टी का ठीकरा समझकर फेंक दिया। जबकि पश्चिम के लोग, उन ठीकरों में से सोना तोड़-तोड़कर निकाल रहे हैं। हमें भी करना चाहिए, मगर विवेक के साथ, समझ के साथ उसी में से हमको स्वदेशी काव्य-शास्त्र सिद्धान्त के बीज मिलेंगे। असल में होता यह है कि आदमी के लिए अपने आप तक पहुँचने का रास्ता इतना छोटा नहीं होता, जितना दिखाई देता है। बहुत लम्बा रास्ता तय करके आदमी अपने घर पहुँचता है। अकसर हमारे हिन्दुस्तानी बुद्धिजीवियों के साथ यही हुआ है कि वे पूरे ग्लोब का चक्कर लगाकर के हिन्दुस्तान पहुँचे, भारत से निकले और वे सेनफ्रांसिस्को और टोकियो होते हुए फिर वे दिल्ली लौटे। तो अपने आप तक पहुँचने के लिए कभी-कभी आदमी दुनिया का पूरा चक्कर लगाकर के अन्त में अपने घर पहुँचता है, वह जगह वही नहीं होती। जहाँ से चले थे, जब लौटते हैं, लम्बे समय के बाद तो चीज नई-सी होती है। उसी तरह पश्चिमी काव्य-शास्त्र और साहित्य सिद्धान्त का चक्कर लगाकर के जब हम लौटते हैं, अपने आचार्यों के पास तो हमें कुछ नया दिखाई देता है। जैसे फर्डीनांड सस्यूर ने 'कोर्स इन जनरल लिंग्विस्टिक्स' में भाषा

के बारे में स्थापना की जिसको कोपरनिकसीय रिवोल्युशन कहते हैं। लोग कहते हैं कि जैसे कोपरनिकस ने विज्ञान में क्रान्ति की थी और उसी प्रकार सस्यूर की किताब पर पश्चिम के सभी संरचनावादी उत्तर-संरचनावादी सिद्धान्त खड़े हैं। जब हम घर लौटकर देखते हैं तो हमारा छठवीं शताब्दी का भर्तृहरि 'वाक्यपदीय' में उससे ज्यादा गहराई है। वही बातें बल्कि उससे अधिक ऊँची बातें कहते हैं। कहते हैं न 'घर में वस्तु धरी नहिं सूझत बाहर खोजन जासी'। चीज घर में पड़ी हुई थी और नहीं दिखाई दी तो बाहर खोजने निकले और बाहर खोजकर आए तो देखा कि वह घर में ही पड़ी हुई थी। पुनरुत्थान का यही रूप होता है। मैं समझता हूँ कि काव्य सिद्धान्त की बात करते हुए शायद कुछ लोग इसे मेरा पुनरुत्थान का नया शौक कहेंगे। यह भी कहें कि विश्व हिन्दू परिषद वाले जैसे हिन्दुत्व की तलाश कर रहे हैं, भा.ज.पा. वाले भारतीयता की कर रहे हैं, नामवर सिंह भी आधुनिक नया काव्य-शास्त्र ढूँढ़ने के लिए उसी प्राचीन भारत में जा रहे हैं, तो ये भी पुनरुत्थानवादी हैं। 'जो चाहें, कहें वे कहें', 'मैं अलक्षित हूँ', यही कवि कह गया है—निराला इस विषय पर इत्यलम्।

किरन : *हमारे अकादमिक विश्व में पश्चिमी आलोचनात्मक सिद्धान्तों का अनुकरण, कभी-कभी औचित्यहीन, फैशन-सा बन गया है। हमारे आलोचक पश्चिमी सिद्धान्तों को परखे, समझे तथा हमारे अनुभव तथा स्थिति जोड़े बगैर उन्हें निगलते तथा उगलते हैं। संकट तथा दुविधा यह है कि क्या लिया जाए, क्या न लिया जाए? किसका अनुकरण किया जाए? चूँकि आपने इन प्रश्नों पर विचार किया है या आपसे इस द्विधाग्रस्त पीढ़ी के लिए मार्ग-दर्शन की प्रार्थना है।*

नामवर सिंह : आप जानती हैं कि कोई अनुकरण, अनुकरण नहीं होता। सारा साहित्य कहने के लिए संसार का अनुकरण है। कवि ने भारत में ही अपने समय के भारत का ही अनुवाद अपने समय में किया था लेकिन महाभारत का भारत वह नहीं है, जो सच में रहा होगा। उसी तरह हम पश्चिम का अनुकरण करना भी चाहें तो नहीं कर सकेंगे। एक अच्छे गाने वाले का दूसरा आदमी नकल करना भी चाहता है तो नकल करने में कुछ नया कर जाता है। कोई अनुकरण सोलह आने अनुकरण नहीं होता। यहाँ तक कि टाइप करते समय कार्बन कॉपी भी असली नहीं हुआ करती है पहले वाली कॉपी को कहते हैं 'ट्रू कॉपी' लेकिन वह सर्टीफाइड 'ट्रू कॉपी' नहीं होती। मशीन तक ज्यों-का-त्यों अनुकरण नहीं कर पाती। मेरी आवाज टेप हो रही है पर जो आवाज बाद में सुनाई पड़ेगी वह मेरी मूल आवाज से अलग होगी। मशीन तक अनुकरण नहीं कर सकती तो मनुष्य का तो जीता-जागता दिमाग है, जब अनुकरण करेगा तो कुछ नया तो जोड़ ही देगा। एक ही पौधा कहीं से उखाड़कर लाते हैं और अपने घर में लगाते हैं लेकिन वही पौधा कश्मीर से ले आएँ, अपने घर गुजरात

में लगाएँ तो वही बात नहीं होगी। भारत से आम ले जाकर इंग्लैण्ड में लगाएँ तो वही आम उनके यहाँ नहीं पैदा होगा। इसलिए कोई अनुकरण सच्चा अनुकरण नहीं होता, ये सिद्धान्त है और सही है। तो मैं समझता हूँ कि वे लोग जिनको कहा जाता है कि वे पश्चिम का अनुकरण कर रहे हैं तो अनुकरण होते हुए भी वह कि एक तरह की सृष्टि होगी और यह बुरा नहीं है। अनुकरण या माइमेसिस तो ग्रीक लोगों का बड़ा प्रिय शब्द था और काव्य-शास्त्र की बुनियाद है और हमारे यहाँ भी भरत ने 'अवस्थानुकृतिनाट्यम्' नाटक को अवस्था की अनुकृति कहा है। भरतमुनि ने नाटक को अनुकीर्तन कहा था—'त्रैलोक्य का अनुकीर्तन ही नाटक है' और इसको वे बड़े आदर से याद करते हैं। लेकिन आजकल लोग समझते हैं कि 'इमिटेशन' बड़ा गन्दा शब्द हो गया है। उसको हिन्दी या उर्दू में नकल कहते हैं, हम लोग। तो यह वह नकल नहीं है, जो कचहरियों में नकलनवीस करते हैं। या परीक्षा में विद्यार्थी जो नकल किया करते हैं, वह नकल जो है, वह नहीं है साहित्य में या चिन्तन में यह सर्जनात्मक व्यापार है। ऐसी मेरी धारणा है।

किरन : *आपने नए भारतीय काव्यशास्त्र की स्वदेशी नींव की बात की है। आप स्वयं उस काव्यशास्त्र को कैसे संरचित करना चाहते हैं।*

नामवर सिंह : कुछ का तो जिक्र कर दिया है और बात यह है कि संस्कृत की पंक्ति जो, हमें पसन्द आती है। लोग जो ऑटोग्राफ लेने आते हैं, उस पर भी लिख दिया करता हूँ—'क्रिया केवलम् उत्तरम्' करके दिखाओ, कहने की कोई जरूरत नहीं है इसलिए समस्याओं का जिक्र करने के बदले में कुछ करके दिखा दूँ तो तुम्हारी समस्याओं का जवाब मिल जाएगा। अभी तो केवल बातें ही हैं। जब तक लिखित रूप में नहीं आतीं तब तक उसका कोई मतलब नहीं।

किरन : *इसके अतिरिक्त आप कुछ उन तत्त्वों की ओर अंगुलिनिर्देश करें जिन पर नए भारतीय काव्यशास्त्र या आलोचना की सुदृढ़ नींव रखी जा सके, थोड़ा तो आपने जिक्र किया है, जैसे आपने पहले कहा है कि हमारा मजबूत पक्ष जो है वह सर्जनात्मक साहित्य में से निकलती आलोचना है, उनके अलावा आप कुछ कहना चाहेंगे?*

नामवर सिंह : उसके अलावा देखो, उस सर्जनात्मक अनुभव को जोड़ना पड़ेगा शास्त्र से और मुझे लगता है कि एक और शास्त्र हमारा है। शास्त्र से मतलब है भारत की 'लिंग्विस्टिक फिलोसोफी, जिसका मूल स्रोत भर्तृहरि का 'वाक्यपदीयम्' है आजकल मैं उसी को पढ़ रहा हूँ। उसमें बहुत-सी सम्भावनाएँ हैं। भाषा-दर्शन से ही नया काव्य सिद्धान्त बनेगा और निकलेगा। और दूसरा है, लोक-जीवन और लोक अनुभव। हम और आप जिसे अच्छी तरह जानते हैं जिसे हम कॉमनसेंस कहते हैं हमारे यहाँ लोक में प्रचलित बहुत-सी उक्तियाँ हैं, शताब्दियों से संचित जो समझ

है वो उन लोक-कथाओं में, लोक-वार्ताओं में मौजूद है। अभी हम लोगों ने उसे खंगालने की कोशिश कम की है। भाषा के बारे में भी यह सच है। साहित्य में सर्जनात्मक भाषा का निर्माण, साहित्य भाषा के आधार पर नहीं होता है लोकभाषा के आधार पर होता है और वहाँ से ऐसे शब्द मिलते हैं जैसा कि हम आज सुबह बात कर रहे थे। जान स्टुअर्ट मिल का वक्तव्य है 'पोइट्री इज़ नॉट टू बी हर्ड बट इट इज़ टू बी ओवरहर्ड' उसमें ओवरहर्ड के लिए उपयुक्त शब्द हिन्दी में क्या होगा? अतिश्रवण शब्द पर विचार किया फिर चौहान साहब (डॉ. महावीर सिंह चौहान) तथा अवधेश ने बताया कि ब्रज की लोक-बोली में एक शब्द कनसुआ है। अब कितना अच्छा ताकतवर शब्द है। तो कविता कान की नहीं बल्कि कनसुआ की चीज है। अब आप देखिए जहाँ शास्त्र काम नहीं आया वहाँ लोक-बोली काम आ गई। इसी तरह की साहित्य के बारे में जो आम आदमियों को समझ है, उसमें भी बहुत चीजें मिलेंगी, जिसको मैं कॉमनसेंस कहता हूँ। अजीब बात है कि यह कॉमनसेंस शब्द अनुभववादी या व्यवहारवादी अंग्रेजों का बड़ा प्रिय शब्द रहा है। डॉ. जॉनसन, जो उनके बड़े आलोचक माने जाते थे, वे कॉमनसेंस के लिए नेकनाम या बदनाम थे और हमारे देश जन-साधारण में तो कॉमनसेंस का भण्डार है। कॉमनसेंस को देखना है तो बौद्ध धर्म की जातक कथाओं को देखो, उनमें उन कहानियों में तो अद्‌भुत बातें की गई हैं, मुझे लगता है कि यह जो शताब्दियों से संचित कॉमनसेंस है उसे देखने की जरूरत है। हम लोग पढ़े-लिखे शिक्षित लोग किताबों और शास्त्रों से आतंकित हैं कि हम लोग जो दूसरी इतनी बड़ी खान पड़ी है ज्ञान की, जिसने हमारे सर्जनात्मक साहित्य को इतना कुछ दिया है, मैं समझता हूँ कि हम उसे साहित्य सिद्धान्त के लिए भी इस्तेमाल कर सकते हैं। मेरे ध्यान में वह भी है।

किरन : *आपकी रचनाओं की ओर लौटते हुए मैं पूछना चाहूँगी कि 'कविता के नए प्रतिमान' जैसे ग्रन्थ में जिसमें अपेक्षाकृत चिन्ता का धरातल शास्त्रीय है, नए काव्य-मूल्यों के सन्दर्भ में आपने लिखा है कि इन मूल्यों का सम्बन्ध ऐसे जीवन अनुभव से है जिन्हें समेकित सहृदय समाज की मान्यता प्राप्त हुई। आलोचना के सम्बन्ध में इस लोकवाद का औचित्य क्या है?*

नामवर सिंह : ठीक प्रसंग तो मुझे याद नहीं आ रहा है यानी वह सन्दर्भ जिसमें समेकित सहृदय समाज का मैंने उल्लेख किया है। वह लोक का पर्याय है या उससे भिन्न संकल्पना है, उसके बारे में मैं स्पष्ट तो नहीं कह सकता लेकिन उसके पीछे शायद यह धारणा हो कि 'कविता के नए प्रतिमान' में कोई अमूर्त वस्तु नहीं है। वह किसी ठोस समुदाय में या व्यक्तियों में रहता है। उनकी सोच में उनकी अभिरुचि में और वह कोई बना-बनाया सुनिश्चित स्थायी समाज नहीं होता, युग के अनुसार बदलता रहता है। उसका आधार घटता-बढ़ता रहता है और वही एक तरह से निर्णायक

होता है जिससे हर बड़ा आलोचक मुखातिब रहकर के अपने सिद्धान्तों, अपनी मान्यताओं की स्वीकृति पाता है। यह लोक का पर्याय नहीं हो सकता। सामान्यतः वह जैसा हमारा समाज है उसमें वह शिष्टजन ही होता है। उदाहरण के लिए, भक्ति की कविता का जो सहृदय समाज था वह पहली बार लोक का पर्याय बना था और वह भी देखा जाए तो कबीर का समाज वही नहीं था तो तुलसीदास का था। आगे चलकर के रीतिकाल, जिसे दरबारी काव्य कहते हैं, तो एक शिष्टजन हो गया। जो लोक की रुचि थी वह भिन्न थी। भारतेन्दु मंडल का साहित्य एक-दूसरे प्रकार के पढ़े-लिखे शिक्षित समुदाय की ओर मुखातिब था। वही स्थिति धीरे-धीरे बीसवीं शताब्दी में बदलती रही है। इसलिए ऐसा हमारा समाज है कि शिक्षा का विस्तार जैसा होना चाहिए था, वैसा नहीं हुआ। इसलिए समाज में साहित्य के सन्दर्भ में शिष्ट और लोक-विभाजन तो है और इन दोनों के बीच संवाद, द्वन्द्व, सहयोग की, प्रक्रिया भी चलती रहती है। लोक को बार-बार सम्बोधन करने की आवश्यकता इसलिए रहती है कि वह लोक जिसको जन साधारण, व्यापक जन-समुदाय कहते हैं, अमूर्त नहीं है। उदाहरण के लिए, प्रेमचन्द के साहित्य को देखें और उसके साथ ही निराला को देखें तो उसमें शहरों से बाहर हमारे देहात और गाँव में फैला हुआ वह समाज भी है जिसमें चतुरी-चमार, कुल्ली-भाट वह सभी आते हैं। जिसमें 'कफन' के घीसू-माधव भी आते हैं और वे आते हैं तो उनके क्या अधिकार हैं? उनके अपने क्या अनुभव हैं? अत्याचार के, शोषण के, दमन के और साथ ही उनका रहन-सहन और मेल-मिलाप की स्थिति कैसी है? उन मूल्यों को जिनको सच्चे मानवतावादी मूल्य कहते हैं, अन्त में शरण यहाँ लेते हैं। इसलिए मैं समझता हूँ कि वह चेतना सच्चे साहित्यकार में बनी रहनी चाहिए। मेरे मन में, चूँकि मैं उसी क्षेत्र और उसी तबके से आया हूँ, अब तो शहर में आ गया हूँ, शिक्षा की सुविधा हमको मिल गई है लेकिन मुझे बार-बार लगता है कि साहित्य पढ़ते समय हमें उन जड़ों या मूल आधार को नहीं छोड़ना चाहिए। इसी में हिन्दी साहित्य की ताकत है। इसलिए मैं लोक का सहारा, लोक का आधार लेता हूँ तो मेरे मन में ये लोक नहीं है जो कुछ लोगों के लिए लोक-नृत्य, लोक-साहित्य और लोक-संस्कृति के नाम पर आजकल टी.वी. सीरियल में दिखाया जाता है। यह वह प्रायोजित लोक नहीं है। मेरे मन में वह यथार्थ है। वह व्यापक जन-समुदाय है, जिनके बीच मैं पैदा हुआ और जिनके बीच से उभरकर आया। यह मेरा विश्वास है।

किरन : *'कविता के नए प्रतिमान' में आपने अपने सह-चिन्तकों की मान्यताओं का बार-बार सहमतिपरक उल्लेख किया है। ग्रन्थ पढ़ते हुए हम अनुभव करते हैं कि समग्र प्रक्रिया ने आपकी मौलिकता को प्रभावित किया है। मैं जानना चाहूँगी कि आपने इस ग्रन्थ में इस पद्धति का प्रयोग क्यों किया है?*

नामवर सिंह : पहली बात तो यह कि 'कविता के नए प्रतिमान' आलोचना का, एक तरह से सहयोगी प्रयास है जिस पद को टी.एस. एलियट और एफ. आर. लीविस ने इस्तेमाल किया था। मैंने 'कहानी नई कहानी' में भी इसका उल्लेख किया था 'कॉमन परस्यूट इन ट्रू जजमैण्ट'। तो सच्चे निर्णय तक पहुँचने के लिए आमतौर से सहयोगी प्रयास होता है। एक ठोस उदाहरण देता हूँ। न्यायालय में निर्णय होता है—कभी एक जज फैसला करता है, कभी तीन-चार पाँच-छः जजों की बेंच होती है, कभी पूरी बेंच बैठती है और पक्ष-विपक्ष के बहुत से वकील होते हैं और किसी जमाने में ज्यूरी का भी एक प्रावधान होता था। समझा जाता था कि निर्णय किसी एक आदमी का नहीं होता, निर्णय सामूहिक सहयोग से होता है। साहित्य और उसके मूल्यांकन के बारे में भी मैं समझता हूँ कि हम अपनी राय रखते हैं और जानना चाहते हैं कि दूसरे क्या कहते हैं? इसी प्रकार को मैंने 'वाद-विवाद संवाद' का नाम दिया है। तो 'कविता के नए प्रतिमान' का जो ढाँचा है वह अपने विरोधियों का जवाब देना नहीं है बल्कि जहाँ समानधर्मी सहयोगी लेखक हैं, उनके विचारों को साथ लेते हुए चर्चा करनी है और अपनी बात कहनी है। यह आलोचना कविता में भले न हो, आलोचना की ये बड़ी चिराचरित परम्परा है। संस्कृत काव्य-शास्त्र को आप पढ़ें तो अभिनवगुप्त जो रस की चर्चा करते हैं तो उनके ग्रन्थ में कितने मत मिलते हैं। वो भट्ट लोलट्ट, शंकुक, भट्ट नायक के साथ अभिनवगुप्त अपना मत भी देते हैं और उसमें से कोई न कोई स्वीकार भी कर लेते हैं कि हाँ, उसने यह बात ठीक कही है। यह बात आपको आनन्दवर्धन में दिखाई पड़ेगी और मम्मट में दिखाई पड़ेगी। यह सहयोगी चिन्तन शास्त्र में बराबर होता है, दर्शन में बराबर होता है और इससे मालूम होता है कि आलोचना का कार्य एक अकेले तनहा आदमी के मौलिक चिंतन का ही नहीं होता। ये लम्बी परम्परा है। इसलिए मैंने लिखा है कि पिछले बीस वर्षों से कविता सम्बन्धी जो चिन्तन हुआ है उसकी उपेक्षा करके सहसा कोई नई बात नहीं कर सकता। वह उन्हीं के बीच बना है। फिर मैं कहूँगा कि जो लोकवादी होने की दृष्टि होती है, वह वही होती है। कुछ आलोचकों की परम्परा है कि बिना नाम लिए कहते हैं कि कुछ लोग ऐसा कहते हैं, कि कुछ लोग ऐसा सोचते हैं। यह एक तरह से दूसरों के प्रति अवज्ञा का भाव सूचित करता है। उसमें यह भाव भी होता है कि नाम लेंगे तो अमर हो जाएँगे, ये लोग। इसलिए मैं मानता हूँ कि नाम लेने से कोई छोटा या बड़ा नहीं होता। मैंने ऐसे लेखकों को भी लिया है और जहाँ सहमतिपूरक उल्लेख करना है, उनकी सहमति मैंने ली है, जहाँ असहमति है वहाँ असहमति व्यक्त की है, दोनों चीजें हैं। विचित्र बात यह है कि साहित्य में कुछ लोगों को अटपटा लगता है पर विज्ञान में तो यह चीज मान्य है। विज्ञान का हर अनुसंधान जो है, वह सामूहिक प्रयास होता है। बड़े-से-बड़े वैज्ञानिक अनुसंधान का कार्य सामूहिक

होता है इसीलिए आप पाएँगे कि विज्ञान में पुरस्कार दो-दो, तीन-तीन आदमियों को इकट्ठे मिलता है, क्यों मिलता है? इसलिए माना जाता है कि यह ऐसा काम है जो सामूहिक होता है। मैं तो कहना चाहता हूँ कि यह व्यक्तिवाद के विरुद्ध सहयोगी, सामूहिक, लोकवादी दृष्टि की अभिव्यक्ति है। एक बात और मैं स्वीकार करता हूँ कि मेरे बड़े आदरणीय मित्र नेमिचन्द्र जैन ने 'कविता के नए प्रतिमान' की आलोचना करते हुए कहा था कि भाई बिना दूसरों के मत का उल्लेख किए क्या अपनी बात नहीं कही जा सकती? आप जो चाहते हैं बिना नाम लिए, बिना दूसरों के मत का उल्लेख किए क्या अपनी बात नहीं कह सकते? आप जो कहना चाहते हैं; वह बिना नाम लिए और बिना उद्धरण दिए भी कह सकते हैं। इसके कारण 'कविता के नए प्रतिमान' की पठनीयता बाधित हुई है। हर कदम पर जैसे किसी का मत उद्धृत करते हुए, बात की है, इससे पठनीयता बाधित हुई है। मैं समझता हूँ कि उनकी आपत्ति में दम है। यह मेरी धारणा है और मैं मजाक में किसी अँग्रेजी लेखक का उदाहरण दिया करता था कि जो आदमी दूसरों का सहारा लेकर चलेगा उसकी चाल अटपटी हो जाएगी। वैसे ही जो लेखक बार-बार दूसरे लेखकों की बैसाखियों का सहारा लेगा, सहज स्वाभाविकता नहीं होगी तो शैली की दृष्टि से पठनीयता बाधित होती है। अगर हर कदम पर आप देखें कि कोई लेखक किसी दूसरे आदमी का सहारा लेकर आगे बढ़ता है तो यह पुस्तक का प्रवाह, उसकी पठनीयता, उसकी शैली बाधित होता ही है। यह सही है। जैसे मैं 'छायावाद' की पुस्तक में देखूँ तो उद्धरण बहुत कम हैं और पठनीय अधिक है। 'कविता के नए प्रतिमान' को कोई सायारा ही पढ़ेगा, प्रवाह बहुत से अध्यायों में नहीं है यह सही है, यह मैं स्वीकार करता हूँ और इसलिए बाकी दूरारी किताबों में देखेंगे कि ऐसा नहीं है।

किरन : *'कविता के नए प्रतिमान' को पढ़ते हुए ऐसा लगता है कि आपकी मूल चिन्ता लोक की नहीं, शास्त्र की है। ऐसा क्यों है?*

नामवर सिंह : एक बात तो यह है कि प्रतिमानों की चर्चा अपने आप में शास्त्रीय विषय है। यथासंभव उसको आप उसकी शास्त्रीयता से बाहर ले भी आएँ तो भी स्वाभाविक है कि उसमें अवधारणाओं संकल्पनाओं की चर्चा होगी ही, मसलन अनुभूति की प्रामाणिकता, विसंगति या विडंबना या बिम्ब, सपाटबयानी ये चीजें हैं, जो कहा जा सकता है कि साहित्य की ये कूट भाषा है। यह वह भाषा है जिसे थोड़े से आलोचक और साहित्यकार समझते हैं बाकी के लोग नहीं समझते। इसीलिए कभी-कभी जो अत्यन्त लोकप्रिय कृति होती है रचनात्मक साहित्य की, उसमें भी इस तरह की कूट भाषा मिलेगी। कबीर को लोकप्रिय कवि मानते हैं, वे लोककवि हैं; जन-प्रिय हैं फिर भी सुन्न महल सबद, अनहद आदि...कितने कूट शब्द कबीर में भरे पड़े हैं। आम जनता कितना कबीर को समझती रही होगी? अनुभूतियाँ ही

तो अभिव्यक्त नहीं की हैं, कबीर का एक दर्शन भी सामने आता है। तुलसीदास नाम-रूप की लम्बी चर्चा मानस में करते हैं। फिर वे भक्ति चिन्तामणि और ज्ञान-दीपक लम्बा रूपक भी बाँधते हैं। जगह-जगह अध्यात्म बघारते रहते हैं। जहाँ राम बैठते हैं, वहीं उपदेश देने लगते हैं। काफी उबाऊ उपदेश हैं, राम के। जंगल में गए तो कभी लक्ष्मण को उपदेश देने लगते हैं, तो कभी सीता को देने लगते हैं। दुनिया भर का सिद्धान्त समझाने लगते हैं। बाबा तुलसीदास को प्रवचन करने की बहुत आदत थी। बहुतेरे रचनात्मक साहित्य में ऐसा होता है—अज्ञेय की कविता 'हम नदी के द्वीप' हैं। और फिर अज्ञेय की कविता 'यह उपमान मैले हो गए हैं' में भी काफी हद तक ऐसी कूट-भाषा का प्रयोग किया गया है कि जो सहज ग्राह्य नहीं है। जब रचनात्मक साहित्य में हो सकता है तो आलोचना तो कायदे से शास्त्र ही है, होगा ही वहाँ उसका अपना व्याकरण भी है इसलिए यदि उसमें पारिभाषिक शब्द मिलें तो शायद यह चिंतन की विवशता है। लेकिन इसका जो दूसरा पक्ष है उससे मैं सहमत हूँ और स्वीकार करता हूँ कि कविता के प्रतिमानों की चर्चा करते हुए मैंने यदि उसका दायरा बढ़ाया होता तो कुछ और कवियों का समावेश हो जाता कविताओं का भी। उदाहरण के लिए, ऐसे प्रगतिशील कवि जो लोकोन्मुख कवि हैं, धूमिल का जरा-सा उल्लेख, यदि मुक्तिबोध के अलावा नागार्जुन का, त्रिलोचन का, केदारनाथ अग्रवाल का उल्लेख होता तो मेरा ख्याल है कि उन कविताओं की व्याख्या के सिलसिले में और उनके रूप-गठन और उनकी अंतर्वस्तु की चर्चा विस्तार से होती और असंतुलन भी न होता और लोक से मैं अलग न लगता। शायद यह भी कहूँ कि 1967-68 में यह किताब लिखी तो मैं दिल्ली जैसे शहर में था अपने लोगों से बनारस में रहते हुए मैं लोगों के ज्यादा नजदीक रहता था। दिल्ली में कटे हुए होने के कारण उसने मुझको उस लोक से, उस दौर में कुछ काट दिया था। शायद इसका भी असर हो।

किरन : *'कहानी नई कहानी' पुस्तक आपके साहित्य चिन्तन का विचलन जैसा है। कहानी पर इससे पूर्व न तो कुछ लिखा और न उसके बाद ही। अगर वह विचलन है तो क्यों?*

नामवर सिंह : किरन, विचलन शब्द दुधारी तलवार है, जैसे कि एक आरज पथ हो, उस पथ से मेरे पाँव खिसक गए हों यानी मैं पथभ्रष्ट हो गया हूँ, सीधी-सादी बात। तो कुछ कवि लोग यही मानते थे कि कविता के अच्छे-खासे आलोचक थे, कहानी की तरफ भटक क्यों गए? लेकिन मैं भटका नहीं। विचलन का एक और अर्थ है जो शैली-विज्ञान में प्रयुक्त किया जाता है। डेविएशन, कहते हैं कि एक मानक भाषा होती है, जब तक मानक भाषा पर लिखते रहेंगे तब तक आप असाहित्यिक और अरचनात्मक कृति की सृष्टि करेंगे। साहित्य वहीं होता है जहाँ आप राजमार्ग से हटकर चलते हैं, शैली-विज्ञान में जहाँ विचलन होता है वहीं साहित्य होता है।

व्याकरण से आप जहाँ हटते हैं वहीं शैली बनती है और यह सर्जनात्मकता की पहचान है। अब विचलन शब्द का अर्थ तुम चाहे जो करो लेकिन मैं तो कहूँगा कि एक तरह से वह सर्जनात्मकता की पहचान है। अच्छा हुआ कि कविता की आलोचना से हम कहानी की ओर आए। लेकिन 'कहानी नयी कहानी' नाम की जो किताब है उसकी 'भूमिका' में मैंने लिखा है कि वह आवश्यक इसलिए था कि 1956-57 में यानी 'छायावाद' की पुस्तक लिखने के बाद नई कविता पर दो लेख लिखे थे मैंने, लेकिन 'कहानी' पत्रिका और बाद में नई कहानी के माध्यम से हिन्दी साहित्य में जीवन में अनुभवों का और अछूते अनुभवों की सर्जनात्मक अभिव्यक्ति कहानी की विधा में नए लेखकों के द्वारा बड़े पैमाने पर होने लगी थी। 56-57 को लो तो कविता अन्तर्मुखी ज्यादा थी। 'दूसरा सप्तक' और 'तीसरा सप्तक' कुछ कविताओं को लेकर कहानी से तुलना करें। कुछ नए उभरने वाले लेखक जैसे, अमरकान्त की कहानियों को, भीष्म साहनी, रांगेय राघव, कृष्णा सोबती, निर्मल वर्मा को देखो तो कई लेखक इस बीच आए, उन लेखकों के माध्यम से कुछ जीवंत अनुभव आए। फणीश्वरनाथ रेणु की कुछ कहानियाँ जैसे 'रसप्रिया', 'तीसरी कसम', गद्य में भी कुछ महत्त्वपूर्ण हो रहा था और मुझे लगा कि क्यों कविता तक साहित्य को सीमित रखें? हम एक महत्त्वपूर्ण विधा से वंचित रह जाएँगे। हमारे कुछ समकालीन मित्र, जो खुद कविता लिखने वाले थे, कहानियाँ लिखने लग गए थे। रघुवीर सहाय कहानी लिख रहे थे, श्रीकान्त वर्मा ने कहानी लिखी थी। मेरे मित्र हरिशंकर परसाई कहानी लिख रहे थे, मुक्तिबोध कहानी लिख रहे थे। उस रागय हमारे लिए यही महत्त्वपूर्ण था कि हमारे समकालीन साहित्य में नया क्या आ रहा है? उल्लेखनीय यह है कि जहाँ नया सर्जन हो वहाँ ध्यान जाना चाहिए। इसीलिए मैं कहानी की ओर उत्कृष्ट हुआ। यह विचलन नहीं है बल्कि स्वधर्म का समुचित निर्वाह है। इस आलोचना के सिलसिले में कुछ कहानीकारों ने कहा कि मैं कहानी को कविता की तरह पढ़ने की कोशिश कर रहा हूँ। ये वे लोग कह रहे थे जो अपनी कहानियों को कविता बनाने की कोशिश भी कर रहे थे और दूसरी कहानी को कविता की तरह पढ़े जाने का विरोध भी कर रहे थे। बिम्ब, प्रतीक वगैरह कहानी में, राजेन्द्र यादव, कमलेश्वर वगैरह भी ठूँस रहे थे। सच है कि जो संवेदनशील क्षण हैं, जिनको कहानियाँ पकड़ती हैं वह कवित्वपूर्ण क्षण हैं। जीवन की ऐसी स्थितियों को चुनते हैं अमरकांत भी जो अपेक्षाकृत प्रेमचन्द की परम्परा के माने जाते हैं, उसकी संवेदनशील कहानी 'दोपहर का भोजन' में उस गृहिणी का वर्णन है जो पति को पूरा खाना परोस देती है और खुद चींटियों से भरा लोटा पानी पीकर सो जाती है। वह कवित्तपूर्ण क्षण है। वह 'डिप्टी कलक्टरी' का अन्त भी ऐसा ही मार्मिक है असफल हो जाने के बाद बेटे का नाम नहीं आया फिर भी वह दौड़ते हुए ट्रेन के पीछे जाते हैं वो लोग कहते हैं कि कविता के मानदण्डों

पर मैं कहानी की आलोचना कर रहा हूँ। मैंने उन्हें बताने की कोशिश की है कि कहानी का सारांश बताकर के कहानी की आलोचना नहीं हो सकती और न कहानी के किसी चरित्र का चित्रण कर आप आलोचना कर सकते हैं। वह पुरानी पद्धति है। मैंने सिर्फ यह कहना चाहा था कि कहानी में भी सर्जनात्मक भाषा ही महत्त्वपूर्ण होती है, कहानी का भी एक टेक्स्ट होता है और उसको उतनी ही बारीकी से पढ़ना चाहिए जितनी बारीकी से कविता पढ़ी जाती है। आग्रह उस आलोचना के खिलाफ था कि जहाँ कहानी का सारांश बताकर उसकी आलोचना की जाती है या फिर उसकी विषय-वस्तु या थीम की चर्चा कर देते हैं। कभी-कभी कहानी का एक वाक्य या किसी एक शब्द का प्रयोग उतना ही महत्त्वपूर्ण होता है जिसके बिना हम कहानी को नहीं समझ सकते। 'उसने कहा था'—कहानी की चर्चा करें और 'तेरी कुड़माई हो गई' तो यूँ 'कुड़माई' शब्द में जो बात है उसे छोड़कर के बाकी कहानी की चर्चा करते रहें तो हम उस कहानी को क्या समझेंगे? दूसरा भी शब्द हो सकता था। अगर उसने कहा होता कि तेरी मँगनी हो गई तो वो बात बनती? इसलिए कहानी में भी भाषा का महत्त्व होता है। मैं यह कहना चाहता था कि रचनात्मक साहित्य की जो भी विधा हो, नाटक हो, छोटी कविता हो, बड़ी कविता, कहानी हो, उपन्यास हो उसमें भाषा का महत्त्व होता है, सर्जनात्मक भाषा का। इसलिए अन्ततः साहित्य, उसकी कोई भी विधा हो, एक भाषिक कला है। इसलिए भाषा की बारीकी पर जोर दिया और उस पर कविता की मूल्यांकन की पद्धति इस्तेमाल मैंने नहीं किया है, मेरा संक्षेप में यही कहना है। इस पर मेरे समकालीन मित्र कहानीकार, रचनाकार आपत्ति करें—तो आश्चर्यजनक है। शायद वे रचनाकर आपत्ति कर रहे थे जिनकी कहानी की भाषा बड़ी निर्जीव होती थी। कमलेश्वर जैसे आदमी जो जनसंचार माध्यमों में आखिर चले गए, ठीक ही किया, उनका वही रास्ता था। क्योंकि उनके यहाँ भाषा में कोई सर्जनात्मक प्रयोग नहीं होता, भले ही वे स्वयं को प्रेमचन्द की परम्परा का कहते रहे पर प्रेमचन्द की महत्त्वपूर्ण कहानियाँ 'ठाकुर का कुआँ' या 'कफन' या 'दूध का दाम' या 'सद्गति' आदि की ताकत उस भाषा में है जिसे प्रेमचन्द इस्तेमाल करते हैं। जैनेन्द्र की शैली में वे कहानियाँ नहीं लिखी जा सकती थीं।

किरन : *'दूसरी परम्परा की खोज' पुस्तक विवाद के घेरे में रही। क्या दूसरी परम्परा का नाम लिए बिना ही यानी शुक्लजी के विचारों की आलोचना से बचकर आप अपनी स्थापनाएँ नहीं रख सकते थे?*

नामवर सिंह : दूसरी परम्परा का नाम लिए बिना वे बातें नहीं कही जा सकती थीं। बात यह है कि एक लम्बे अरसे से चाहे वो प्रगतिशील लोग हों, चाहे वे गैर-प्रगतिशील लोग हों, भारतीय परम्परा, हमारी परम्परा, परम्परा और आधुनिकता की माला जपते थे और वह भी इस तरह मानो समूची परम्परा में हम लोग मानकर

चलते थे कि परम्परा इकहरी चीज है। यहाँ यह जोर देना बहुत जरूरी था कि परम्परा एक नहीं होती, परम्पराएँ होती हैं। परम्परा का बहुवचन में प्रयोग किया जाना चाहिए। इतने बड़े देश में यह नहीं हो सकता कि जिसको आजकल मेन स्ट्रीम कहते हैं, लोग 'मुख्य धारा' की बात करते हैं जिसका मतलब होता है कि इस देश में जैसे कि आजकल देखते हैं कि भारतीय जनता पार्टी के लोग मुख्य धारा, मुख्य धारा कहते हैं, जिसका मतलब हिन्दुत्व से है। यानी इस देश में केवल हिन्दू रहते हैं। हिन्दुओं में केवल सवर्ण जातियाँ हैं। अकेले भक्ति में हम देखते हैं कि निर्गुण पन्थी कबीर की अलग धारा है और सूफी पन्थ वाले जायसी की अलग धारा है। कृष्ण भक्तों के कई सम्प्रदाय अलग हैं। मीरा की कृष्ण भक्ति में माधुर्य भाव वाली बात नहीं जितनी कि सूर में है। इतनी जहाँ भक्ति की धाराएँ हैं तो मुख्य धारा किसको कहें और किसको गौण कहें? इसलिए मुख्य उद्देश्य दूसरी परम्परा के द्वारा अन्य परम्पराओं को देखना है। यहाँ महत्त्वपूर्ण शब्द दूसरी है, दूसरी का अर्थ—सेकण्ड नहीं है, दूसरी का अर्थ है 'और', 'अन्य' यानी एक के अलावा अन्य भी है और अन्य कई धाराएँ हैं। इसलिए दूसरी परम्परा के द्वारा कई लोक चौंके और सही जगह पर मैंने चोट की। वह यह कि परम्परा की जो इकहरी कल्पना थी इस भ्रम को मैं तोड़ना चाहता था। हिन्दी साहित्य में कोई एक परम्परा नहीं है। भारतीय धर्म में, दर्शन में, चिन्तन में और आलोचना में एक परम्परा नहीं है। खासतौर से जो उच्च वर्ग के, उच्च वर्ण के, सत्ता के, व्यवस्था के लोग चाहते हैं कि वे अपने आपको धारा के दावेदार, उत्तराधिकारी मानें और कहें कि एक ही होती है परम्परा। बहुत दिनों तक आजादी की लड़ाई को काँग्रेस यह बताती रही कि काँग्रेस ने ये आजादी दिलाई है और एकमात्र मुख्य धारा काँग्रेस की रही है जबकि हम और आप यह अच्छी तरह जानते रहे कि भगतसिंह की एक दूसरी धारा थी जो गाँधीजी और काँग्रेस के साथ रहते हुए भी उस तरह की नहीं थी। उसमें समाजवादी भी थे, उसमें कम्युनिस्ट भी थे, उसमें बम के दर्शनवाले भी थे, आदिवासियों का आन्दोलन था, किसानों का आन्दोलन था, तरह-तरह के विचारों वाले लोग थे जिसकी तस्वीर अपनी आजादी की अलग-अलग थी। तो इस देश में जिस तरह से स्वाधीनता संग्राम के इतिहास को इकहरा बनाने की कोशिश की, उस तरह साहित्य में कोई लोग समझते थे कि रामचन्द्र शुक्ल जो इतिहास बना गए वह एकमात्र सच है। जबकि रामचन्द्र शुक्ल के विरोधी उनके जीवनकाल में थे। अगर रामचन्द्र शुक्ल ही मुख्य धारा थे तो निराला, जयशंकर प्रसाद, प्रेमचन्द का गहरा मतभेद शुक्लजी के साथ उनके जीवन काल में था। वे किस परम्परा के थे, मैं जानना चाहता हूँ। स्वाधीनता के बाद अनेक लोगों ने बताने की कोशिश की कि हिन्दी कविता की मुख्य धारा प्रयोगवाद और नई कविता से होते हुए जाती है। प्रगतिशील धारा है हाशिए पर है। उस प्रगतिशील धारा में, जो बहुत ज्यादा

क्रान्तिकारी हैं हाशिए पर हैं। बहुत दिनों तक नई कविता वाले समझते रहे कि नई कहानी नाम की कोई चीज ही नहीं है। कहानी लोकप्रिय विधा है और रामस्वरूप चतुर्वेदी को पढ़ें तो लगेगा कि कहानी कोई महत्त्वपूर्ण विधा नहीं है? सर्जनात्मक है ही नहीं। यह तो लोकप्रिय चीज है। इसलिए मैंने 'दूसरी परम्परा की खोज' में शुक्लजी के बरक्स जैसा मैंने भूमिका में लिखा, न तो मुझे कोई सम्प्रदाय बनाना था, न कोई नया हीरो खड़ा करना था। मैं सिर्फ यह बताना चाह रहा था, यह आभास होता है कि साहित्य की और भी परम्पराएँ हैं। मेरा ख्याल है कि हमारी इस धारणा को, हमारे समाजशास्त्र को हमारे मानव-विज्ञान के विद्वानों को उनको समझने में कोई कठिनाई नहीं हुई है क्योंकि समाजशास्त्र में और मानवविज्ञान में भारतीय परम्परा के ग्रेट ट्रेडिशन और लिटल ट्रेडिशन की बात बराबर होती रही है क्योंकि एन्थ्रोपोलोजी के लोग आदिवासियों के बारे में काम करते हैं। तो वे कहते हैं कि भारत केवल नगरों और गाँवों में रहनेवालों हिन्दू-मुसलमानों का ही नहीं है बल्कि झारखण्ड और जंगलों में आदिवासी, भील आदि रहते हैं, वे भी तो इसी देश के वासी हैं। बल्कि वे आदिवासी हैं। हम आर्यों के बसने से पहले वे यहीं थे और जिनको असभ्य, बर्बर और जंगली समझते हैं, तो वह लिटल ट्रेडिशन है पर कम महत्त्वपूर्ण नहीं है और अगर हम यह मानें तो मानना पड़ेगा कि यदि कोई मुख्य धारा है, तो वह यूरोप की है जो प्राचीन यूनान रोम से होती हुई यूरोप और अमेरिका जाती है। मुख्य धारा तो यही है और एशिया, पूर्वी देशों वाले तो बर्बर हैं, वह गौण धारा है। हम यह भूल जाते हैं कि उस दृष्टि से देखने पर सारा भारतवर्ष दूसरी परम्परा है। इसलिए मैंने सिर्फ यही कहना चाहा है कि इसी धारा में अनेक धाराएँ होती हैं। हिन्दुस्तान में गंगा नाम की नदी ही नहीं बहती, हम लोग जो संकल्प करते हैं तो उसमें गंगा, गोदावरी, कावेरी आदि सबके नाम से संकल्प मन्त्र पढ़ते हैं। गंगा को मुख्य नदी कहते। तो हमें खुश होना चाहिए कि इस देश में अनेक परम्पराएँ हैं। समृद्ध है यह देश, इकहरा नहीं है, हाँ में हाँ मिलाने वाला नहीं है, यह मैंने कहना चाहा था, उसमें मुख्य उद्देश्य यह था और मैं समझता हूँ कि साहित्य में, संस्कृति के इतिहास की एक महत्त्वपूर्ण चिन्ता है। एक विकास पूर्ण चरण है यह। 1981-82 के आसपास इस दूसरी परम्परा की अवधारणा का मुझे स्पष्ट बोध हुआ और मैंने इसे रेखांकित करने की कोशिश की। यह हमारे इतिहास, चिन्तन का एक अंग है, पहला चरण है।

किरन : *भक्ति के उद्भव में आपने लोक और शास्त्र दोनों को महत्त्व प्रदान किया और माना है कि भक्ति मूलतः लोक-चेतना का सर्जनात्मक स्वरूप है। हमारे मन में इस लोक की इस प्रकार की अहम भूमिका का कोई स्वरूप स्पष्ट नहीं होता क्योंकि यदि आधुनिक साहित्य भी अन्ध लोकवाद हो सकता है तो क्या मध्यकाल*

में इसके खतरे नहीं थे? यदि खतरे थे तो आपने उनकी ओर निर्देश क्यों नहीं किया?

नामवर सिंह : यह लोक शब्द बड़ा गोलमटोल है। मैंने यह बताने की कोशिश की है। लोक शब्द का प्रयोग रामचन्द्र शुक्ल करते हैं तो वह अपेक्षाकृत हजारी प्रसाद द्विवेदी से संकुचित है, भिन्न है। जिस अर्थ में तुलसीदास लोक शब्द का प्रयोग करते हैं उस तरह कबीर नहीं करते। 'लोका मति के भोरा रे'। तो वहाँ कबीर जब लोक शब्द का प्रयोग करते हैं तो बहुत वांछनीय नहीं लगता—'पाछे लागा जाय था लोक वेद के साथ' कबीर जब कहते हैं, तो मैं लोक के पीछे जा रहा था, वेद के पीछे जा रहा था, पर जब गुरु मिल गए, ज्ञान दिया, पीछे चलना बन्द कर दिया। वहाँ भी लोक के पीछे चलना अच्छी बात नहीं है। ध्यान दें, कबीर में लोक के अनुसार लोक के पीछे चलना हमेशा सही रास्ते पर चलना नहीं है। गुरु ने आगे बढ़कर ज्ञान दिया और मैं सही रास्ते पर आ गया। इसलिए सन्तों को इसका ध्यान था। कबीरदास जब कहते थे कि 'लोका मति के भोरा रे' या 'पाछा लागे जायथा, लोकवेद के साथ', तो वहाँ लोक के पीछे चलना, गलत रास्ते पर जाना है जिसे आगे चलकर मैंने 'अन्धवाद' कहा है। इसलिए मध्यकालीन सन्तों को इसका बोध था और आज भक्ति साहित्य पर लिखते हुए जनवादी दृष्टि वाले भी सन्तों के विचार को भूल जाते हैं इसलिए मैंने कहा कि लोक शब्द बहुत गोलमटोल है और हर आदमी लोकवादी बनता है जैसे आजकल जनता के नाम पर न जाने कितनी पार्टियाँ बनी हैं—भारतीय जनता पार्टी भी जनता का नाम लेती है और तो कोई राष्ट्रीय जनता पार्टी है, कोई नई गुजरात जनता पार्टी है, एक जनता पार्टी है, एक जनता दल है इसलिए जनता का नाम तो हर आदमी लेता है। घोर जनता के विरोधी लोग भी जनता का नाम लेते हैं। उसी तरह लोक-विरोधी लोग लोक का नाम लेते हैं। इसलिए मैं फिर कहता हूँ कि शब्द पर न जाओ। उस शब्द का व्यवहार देखो। कोई आदमी जब लोक कहता है तो उनमें कौन, लोग होते हैं? उसमें शामिल हैं कि नहीं? स्त्रियाँ हैं कि नहीं? उसमें आदिवासी हैं कि नहीं? उसमें गरीब हैं कि नहीं? काशी का ब्राह्मण भी अपने को लोक कह सकता है। इसलिए मैंने इस शब्द के माध्यम से किस लोक की ओर इशारा करना चाहा है और अलग-अलग सन्दर्भ में इसके खतरे कहाँ हैं, यह 'अन्ध लोकवाद' वाले प्रसंग में बताया है। अँग्रेजी का एक शब्द होता है—पोप्युलिज़्म जैसे कि आजकल थोड़ी देर के लिए लालू प्रसाद यादव ने जो 'रैला' निकाला था अपने बचाव के लिए यह पोप्युलिज़्म है। आजकल तो हर राजनीतिक नेता पोप्युलिज़्म अन्ध लोकवाद का सहारा ले रहा है। मध्यकाल के सन्त इसमें ज्यादा विवेकवादी थे। दूसरी बात इस सन्दर्भ में और छोटी-सी कहना चाहूँगा। तुलसीदास का दोहा है—अयोध्या काण्ड में चित्रकूट सभा में भरत राम को अपना निर्णय बदलकर सिंहासन पर बैठने के लिए अपनी अरजी देते हैं। उस समय वशिष्ठ ने एक महत्त्वपूर्ण दोहा कहा है कि—

भरत विनय सादर सुनिय करिए विचार बहोरि।
करब लोकमत साधुमत नृप नय निगम निचोरि॥

इस दोहे में यदि लोकमत ही पर्याप्त होता तो तुलसीदास लोकमत कहकर ही संतुष्ट हो जाते। लेकिन तुलसीदास ने कहा कि केवल वह न कीजिए जो लोक सम्मत हो जो केवल लोगों को अच्छा लगे, वह कीजिए जो साधु सम्मत भी हो। साधुमत हो अर्थात् विवेकपूर्ण हो, उचित हो, बुद्धिसंगत हो, सिद्धान्ततः सही हो, इसलिए लोकमत और साधुमत दोनों को ध्यान में रखिए। साहित्य के बारे में भी केवल वह कविता जो लोक रिझाऊ हो वह कविता मेरी दृष्टि में लोक सम्मत भी नहीं है, साधु सम्मत की तो बात ही क्या? आजकल ऐसा बहुत साहित्य लिखा जा रहा है जिसे मैं 'स्त्री-रिझाऊ' कहता हूँ। जिसको सुनकर के औरतें बुल-बुल हो जाती हैं कि देखिए हमारे अधिकारों की बात की जा रही है।

प्राचीन भक्तिकाव्य में लोकवाद बल्कि सच्चे लोकवाद और अंधलोकवाद पर विचार करें तो पण्डित रामचन्द्र शुक्ल की दृष्टि में नाथपंथियों का और निर्गुण पंथियों का तंत्र, मंत्र, योग आदि लोक निकृष्ट कोटि का लोकवाद माना लेकिन आचार्य क्षितिमोहन सेन, प्रबोधचन्द्र बागची, राहुल सांकृत्यायन और हजारीप्रसाद द्विवेदी की दृष्टि में वही सहज साहित्य यानी सरहपा जैसे सिद्धों का साहित्य सच्चा लोकवाद था। इससे पता चलेगा कि शुक्लजी जैसे ब्राह्मणवादी विचारधारा या शास्त्रवादी कहें तो धर्मशास्त्रों का अनुयायी पण्डित जिन लोकवादी प्रवृत्तियों को निकृष्ट समझते थे, इससे उनकी दृष्टि की सीमा का स्पष्ट परिचय मिलता है। इसलिए भक्ति साहित्य के सम्बन्ध में लोकवाद का निर्णय करते समय यह ध्यान रखना चाहिए कि कुछ लोगों की दृष्टि में सूर का तो लोकवाद ठीक है, क्योंकि गोपियाँ जिस लोक का आधार लेकर के ऊधव के ज्ञान का और योग का विरोध करती हैं, वह तो सच्चा लोकवाद है। तुलसीदास जब 'लोकहुवेद न आन उपाई' लोकवेद का एक ही साँस में बार-बार नाम लेते हैं तो वह भी लोकवाद है पर कबीर लोक-विरोधी हो जाते हैं, गोरख भी लोक-विरोधी हो जाते हैं, सरहपा लोक-विरोधी हो जाते हैं। तो इससे मालूम हुआ कि लोक सम्बन्धी दो विरोधी धारणाएँ स्वयं भक्ति आन्दोलन के बारे में व्यक्त होती हैं। और मार्क्सवादियों में भी इस बात को लेकर के दो खेमे दिखाई पड़ेंगे। आज के जो आधुनिक मार्क्सवादी हैं उनमें से बहुत से लोग दोनों को समान रूप से लोकवादी मानते हैं। राम की भी जय और रावण की भी जय। राहुल जी के लिए भी आदर उनके मन में है और शुक्लजी के लिए भी। ये भूल जाते हैं कि दो टाट अलग-अलग हैं। मैं कहता हूँ कि वहाँ इन्हें भेद करना चाहिए। अन्धश्रद्धा इनमें ज्यादा है। अन्ध लोकवाद की चर्चा करनी चाहिए। हम लोगों में कुछ लोगों के प्रति अन्धश्रद्धा होने

के कारण यह मानने को तैयार ही नहीं होते कि रामचन्द्र शुक्ल लोक-विरोधी हो सकते हैं। मैं वह विवेक चाहता हूँ जो भक्ति साहित्य में है और मेरे लेखन में दिखाई पड़ेगा। मैंने जब भक्तिकाल पर और भक्ति कविता पर विस्तार से कई व्याख्यान दिए हैं, उनके सारे भाषण जब लिखित रूप में आएँगे तब मालूम हो जाएगा कि स्वयं भक्ति-काल के बारे में सच्ची-सही लोकवादी दृष्टि क्या होगी? मैं इसका थोड़ा और विस्तार करना चाहता हूँ। भारतीय इतिहास लेखन में आजकल सब आल्र्टन स्टडीज की प्रवृत्ति बढ़ी है। इस पर नौ पुस्तकें छप चुकी हैं—रजनीत गुहा के नेतृत्व में और यह सब आल्र्टन ग्रुप जिस अर्थ में लोक को समझता है, उसमें कई मार्क्सवादी भी शामिल हैं, उसमें वह लोक नहीं है। तो इससे मालूम होगा कि सच्चे अर्थों में भारतीय इतिहास, भारतीय जनता का इतिहास लिखा जाएगा तब पता लगेगा कि बहुत से लोग जो अब तक बेजुबान थे, स्वयं अपनी कहानी नहीं कहते थे इतिहासकारों के जबानी उनकी कहानी हमारे सामने आई थी। उनकी आवाज तो दाखिल ही नहीं हुई है, दर्ज ही नहीं हुई है। अभी तक जो लोग इतिहास लिख रहे हैं वे सारे के सारे ऊँचे वर्ग के अंग्रेजी पढ़े लोग हैं। अभिलेखागारों में अंग्रेजों ने जो रिपोर्ट दर्ज की है, आखिर आदिवासियों का इतिहास, कहानी, उपन्यास—आजकल महाश्वेता देवी ने कई लिखे हैं तो उनके बारे में जो लिखित रेकार्ड है वह यह है कि दरोगा, थानेदार, पुलिस इंस्पेक्टर, कलक्टर उनके बारे में क्या सोचते थे? उन्हीं के आधार पर हम अर्थ निकालने की कोशिश करते हैं। आमतौर से इन लोगों को ठग माना जाता था, ये चोरी-डकैती खून करने वाले लोग माने जाते थे। ढंग से पढ़ो यानी 'डिकांस्ट्रक्शन' करो तो मालूम होगा कि असली डाकू, लुटेरे दूसरे थे क्योंकि उनके हाथ में ताकत थी। बेचारे जो सताए हुए लोग थे, उनके बारे में कहा जाता था कि वे चोरी कर रहे हैं। जंगल के जिन लोगों में लकड़ी की चोरी की, तो जंगल उनका था। लकड़ी उन्होंने काटी तो उनकी नजर में वह चोरी नहीं थी। उनकी नजर में चोर वे थे, जो जबर्दस्ती जंगल दखल करके लकड़ियों को बेचकर के रुपया कमाते थे। इसलिए लोक-साहित्य का इतिहास लिखने के लिए उनके लोक-गीतों, लोक-कथाओं, उनके अन्ध-विश्वासों और मिथकों के आधार पर लिखना पड़ेगा जिनको हम टोना-टोटका, तन्त्र-मन्त्र समझते हैं। हम लोगों ने समझा था कि ये वो अवैज्ञानिक, झूठी चीजों का प्रचार है, उन्हीं में उनके जीवन का अनुभव और उनकी कहानी छिपी हुई है। उनके संघर्ष की कहानी, उनकी पीड़ा की कहानी भी। इसलिए जिनको हम लोगों ने किंवदंती और मिथक समझ लिया है दरअसल वह सच्चा साहित्य है। अब पूरी-की-पूरी नजर लोक दृष्टि के बारे में बदल गई है। हमारे हिन्दी के साहित्य पर लिखने वाले आलोचक विद्वान इस मामले में पिछड़े हुए हैं और अनजाने ही सत्ता समर्थक लोग हैं। इसलिए लोक-लोक की माला जपते हुए समझते नहीं कि लोक

दृष्टि का मतलब क्या है और साहित्य में लोक-दृष्टि का पता कैसे लगाया जाता है। उनसे बेहतर यह काम इतिहासकार कर रहे हैं। मैं समझता हूँ कि इस दृष्टि से यह काम किया जाए तब पता चलेगा कि सच्ची लोकवादी दृष्टि क्या है?

किरन : *आपने लोकवादी संस्कृत काव्य परम्परा की ओर भी निर्देश किया है। हम जानना चाहेंगे कि इस परम्परा का स्वरूप क्या है?*

नामवर सिंह : देखो मैं तो संयोग से संस्कृत की इस लोकवादी दृष्टि से टकरा गया। डी.डी. कोसांबी ने सुभाषित रत्नकोश नाम का एक ग्रन्थ पहली बार 1956 में सम्पादित किया गोखले के सहयोग से और वह हार्वर्ड ओरएण्टल सीरीज में प्रकाशित हुआ। संस्कृत के बहुत से पण्डित उस ग्रन्थ के बारे में नहीं जानते। कोसांबी मार्क्सवादी इतिहासकार हैं, संस्कृत के पण्डित हैं। उस कोश में कई व्रज्याएँ हैं, उसमें शृंगार के भी श्लोक हैं, राजभक्ति के भी हैं, क्योंकि सुभाषित हैं। उसमें जातिव्रज्या नामक एक खण्ड है। अब तो उसका अंग्रेजी अनुवाद भी हो गया है। डेनिल इंगल्स ने 'संस्कृत पोएट्री' के नाम से उसका अनुवाद प्रकाशित किया, भूमिका भी लिखी है। उसे पढ़ते हुए मालूम हुआ कि ऐसी रचनाएँ हैं जिनके लेखकों के नाम ऐसे ही हैं जैसे हमारे यहाँ आजकल दलितों के नाम हैं—लंगट, वागुर आदि जो बड़े अटपटे लगते हैं। ब्रह्मानन्द सहोदर वाले ये नहीं हैं जो देवी-देवताओं के नाम पर रखे गए हों, जैसे भास्कर, शंकर और कमलेश्वर, मार्कंडेय जैसे नाम ये नहीं हैं। देखा कि वे आमतौर से पामरों के बारे में लिखी गई हैं। जिनको नीच कहते हैं, संस्कृत में। पामर यानी हल जोतनेवाला हलवाहा। हलवाहों के बारे में लिखी कविता आदिवासियों के बारे में लिखी है। उनके जीवन की दरिद्रता भी है और उनके जीवन का हर्षोल्लास भी है। तब मुझे लगा कि संस्कृत की कविता केवल शंकर पार्वती की, रघुवंश की कहानी नहीं है बल्कि गरीबों के जीवन के यथार्थ चित्र भी हैं। जैसे चित्र आजकल नागार्जुन वगैरह करते हैं। तब मुझे अपनी दूसरी परम्परा की पुष्टि हुई अर्थात् तो संस्कृत में भी है। प्राकृत, अपभ्रंश में लिखी मिलती तो आश्चर्य की बात नहीं थी। प्राकृत और अपभ्रंश तो एक तरह से लोकभाषा थी ही। पाली भी एक तरह से लोकभाषा थी। लेकिन स्वयं जो देवताओं की वाणी ही जो यानी गीर्वाण वाणी कहलाती है। उसमें भी पामरों की जीवन छवियाँ मिलीं तो चकित रह गया। तब मुझे लगा कि संस्कृत में भी एक परम्परा नहीं, संस्कृत की कई परम्पराएँ हैं और प्रसंगवश यहाँ कह दूँ कि संस्कृत के विद्वानों में भी लोकवादी दृष्टि के आधुनिक विद्वान हैं। हिन्दी में हमारे कमलेश दत्त त्रिपाठी और राधावल्लभ त्रिपाठी ने इनका अच्छा अनुवाद किया है। फिर मैंने वह लेख लिखा। तो महत्त्वपूर्ण यह नहीं था कि उन कविताओं की खोज मैंने की, वो तो डी.डी. कोसांबी कर चुके थे। डेनिल इंगल्स की दृष्टि भी पड़ चुकी थी, उसमें मेरा काम इतना ही है कि वह संस्कृत काव्य-शास्त्र में दूसरी परम्परा

की खोज है और मैंने यह कहा कि संस्कृत में इनको रखा गया है। जातिव्रज्या नाम से। जाति नामक एक अलंकार होता है। उसका दूसरा नाम है, स्वभावोक्ति। स्वभावोक्ति को अंग्रेजी में नेचुरल और नेचुरलिज्म कह सकते हैं। नेचुरलिज्म के साथ जोला का जुड़ा है ज्योर्ज लुकाच को अगर कोई पढ़े तो समझेगा कि जोला बहुत ही खराब उपन्यासकार था, लेकिन जोला के बारे में हमें यह नहीं भूलना चाहिए कि जोला ने 'जर्मीनल' नाम का उपन्यास लिखा था, खान-मजदूरों की जिन्दगी के बारे में। जोला ने एक ड्रेफ्स काण्ड में राजतन्त्र और न्याय-व्यवस्था को चुनौती दी थी। यूरोप में विद्रोही क्रान्तिकारी लोकवादी लेखक थे जोला के साथ खड़े थे और यूरोप दो हिस्सों में बँटा हुआ था, कौन जोला के साथ है कौन जो जोला का विरोधी है? जोला ने आधुनिक विज्ञान की दृष्टि से नेचुरलिज्म को जोड़कर कहा कि यथार्थ लिखना हो तो तुम्हारी दृष्टि नेचुरलिस्ट होनी चाहिए, नेचुरल होनी चाहिए। स्वभावोक्ति नाम के अलंकार को भी कुछ लोग अलंकार नहीं मानते। इस पर एक लम्बा लेख मैंने लिखा है संस्कृत काव्य-शास्त्र में स्वभावोक्ति पर बल देना, उस युग में यथार्थवाद और यथार्थवादी प्रवृत्तियों पर बल देना है। संस्कृत काव्य-शास्त्र में और इस स्वभावोक्ति का दर्शन भी मैंने ढूँढ़ा—'स्वभाव' शब्द दरअसल भारतीय दर्शन में, भारतीय दर्शन तो अध्यात्मवादी था तो जो लोकवादी दार्शनिक थे यानी लोकायत, चारवाक जो पुनर्जन्म में विश्वास नहीं करते थे, परलोक में नहीं विश्वास करते थे, स्वर्ग में विश्वास नहीं करते थे। अपने जमाने में विद्रोही और क्रान्तिकारी थे, जिनसे प्रेरणा लेकर के जेनिज्म और बुद्धिज्म उदित हुआ था, आजीवन लोकायत। 'स्वभाव' लोकायतों का प्रिय शब्द था—स्वभावोक्ति अलंकार में तो स्वभाव के अर्थ का दर्शन है। स्वभावोक्ति की एक लम्बी परम्परा है जिसके बड़े कवि बाणभट्ट थे और मैं उनका प्रशंसक हूँ। आकस्मिक नहीं है कि मेरे गुरुदेव हजारी प्रसाद द्विवेदी ने बाणभट्ट की आत्मकथा लिखी। तो जो हमारी दूसरी परम्परा और लोकधर्मी परम्परा है उसकी सेंध लगाने की कोशिश मैंने संस्कृत में की। यह कहना चाहिए कि संस्कृत के सुगठित किले में मैंने बारूद का पलीता लगाया था कि तुम्हारा अलंकारशास्त्र जो ध्वनि और रस को लेकर चलता है उसमें भी एक परम्परा स्वभावोक्ति वाले आचार्यों की है, जिसको दण्डी महत्त्व देते थे। दण्डी, वह लेखक जिसने दशकुमार चरित लिखा था। संक्षेप में इन लेखों को तुम पढ़ोगी तो मैं जिसका सार उपस्थित कर रहा हूँ उससे पुष्ट होगा कि मैं दरअसल संस्कृत की लोकधर्मी परम्परा के माध्यम से कोसांबी और डेनियल इंगल्स या राधावल्लभ त्रिपाठी या कमलेश्वर त्रिपाठी को आधार बनाकर काव्यशास्त्र के क्षेत्र में मैं एक लोकवादी काव्यशास्त्र की परम्परा की ओर इशारा कर रहा हूँ।

किरन : *आपने भारतीय नवजागरण पर कुछ लेख भी लिखे हैं। महत्त्वपूर्ण व्याख्यान भी दिए हैं, क्या आप भारतीय नवजागरण पर कुछ प्रकाश डालना चाहेंगे।*

नामवर सिंह : देखो, भारतीय नवजागरण पर जैसे विषय की शुरुआत तो हमारे अग्रज डॉ. रामविलास शर्मा ने, 'महावीर प्रसाद द्विवेदी और हिन्दी नवजागरण' नाम की किताब से कर दी थी। जैसा कि उन्होंने स्वयं लिखा है कि वह पुस्तक तो एक तरह से बायप्रोडक्ट है। निराला की साहित्य साधना पर काम करते हुए उन्हें अचानक महावीर प्रसाद द्विवेदी की कुछ रचनाएँ पढ़ने को मिलीं और फिर उसी में से एक किताब महावीर प्रसाद द्विवेदी पर निकल आई। लोग महावीर प्रसाद द्विवेदी को केवल भाषा सुधार करनेवाले लेखक के रूप में मानते थे कि उन्होंने हिन्दी भाषा खड़ी बोली का संस्कार किया। और रामविलास जी ने देखा कि भाषा संस्कार से बड़ा काम तो उनका सामाजिक, राजनीतिक समझ का है और जो एक तरह से 19वीं शताब्दी के नवजागरण का एक महत्त्वपूर्ण चरण है। वह पुस्तक तात्कालिक उत्तेजना थी। उस पर मैंने लेख लिखा, मुझे लगा कि हिन्दी नवजागरण पर महावीर प्रसाद द्विवेदी के माध्यम से जिस तरह से बल दिया गया है, उसमें दो संकीर्णताएँ मुझे खटकीं। एक तो यह कि बंगाल के नवजागरण से हिन्दी नवजागरण को अलग करके देखना, दूसरी साहित्य को हिन्दी प्रदेश की सीमा से बाँधना अर्थात् बंगाल के लोग बंगाली प्रान्तीयता के अहंकार से ग्रस्त हैं तो हिन्दी प्रान्तीयता को उसके बरक्स खड़ा करना। और इस तरह से भारतीय नवजागरण को व्यापक नवजागरण की 19वीं शताब्दी का था उससे काटना था। विशिष्टता निरूपित करना एक बात है लेकिन महावीर प्रसाद द्विवेदी को सामने रखकर के राजा राममोहन राय आदि को खारिज कर देना वह अलग बात है। मुझे लगा कि ठीक नहीं हो रहा फिर हिन्दी नवजागरण को गौरवान्वित करते हुए उसे नवजागरण की प्रवृत्ति को एक वर्ग के आधार तक सीमित कर देना था जो वर्ग अंग्रेजी पढ़ा-लिखा सम्पन्न वर्ग यह नवजागरण कर रहा था। उसकी वर्गीय सीमाएँ थीं उसकी व्याप्ति कितनी थी, भारत की साधारण जनता से उसके विचार कहाँ तक मिल रहे थे और उनमें पुनरुत्थान के नाम पर बहुत-सी ऐसी बातें नए सिरे से मिलाई जा रही थीं जिनको बहुत पहले भक्तों ने खर्च कर दिया था तो उस नवजागरण के कुछ और अन्तर्विरोधों पर ध्यान देना चाहिए। महावीर प्रसाद द्विवेदी में भी यह अन्तर्विरोध थे। हर अन्तर्विरोध को उचित ठहराना; उदाहरण के लिए उस अन्तर्विरोध में अंग्रेजी राजभक्ति भी बहुत थी तो उसका यह कहना कि भारतेन्दु का अंग्रेजी राज के प्रति प्रेम वैसे ही था जैसे चन्द्रमा का कलंक। तो चन्द्रमा का कलंक बड़ा सुन्दर लगता है जैसे किसी औरत के चेहरे पर तिल हो, तो तिल शोभा भी बढ़ाने वाला हो जाता है। वो राजभक्ति अगर थी तो हमारे नवजागरण की सीमा थी और उपनिवेशवाद गिरफ्त में थे हम लोग विचारधारा की दृष्टि से। इसलिए नवजागरण के अन्तर्विरोधों पर ध्यान जाना चाहिए। नवजागरण के नाम पर जो कुछ हुआ, हर चीज को गौरवान्वित करना न वैज्ञानिक है, न मार्क्सवादी है और न

ऐतिहासिक। चाहे वो महावीर प्रसाद द्विवेदी ही क्यों न हों, जिनके प्रति श्रद्धा हम सबकी है। इस क्रम में कुछ अन्य लेखकों की विचित्र बात हुई कि वहाँ मेरी दृष्टि यहाँ भी स्वदेशी पण्डितों पर पड़ी। विचित्र बात है कि जो संस्कृत की अपनी देशी परम्परा में पले लोग थे, उनमें अपेक्षाकृत कुछ स्वतन्त्र लेखन दिखाई पड़ता है, जैसे चन्द्रधर शर्मा 'गुलेरी' जैसे रामावतार शर्मा, अंग्रेजी जानते थे, पढ़े हुए थे। इनकी गहरी जड़ें अपने लोकजीवन में थीं। ये महावीर प्रसाद द्विवेदी में भी दिखाई पड़ता है तो महावीर प्रसाद द्विवेदी स्वयं किसानों से जुड़े हुए थे, 'सम्पत्तिशास्त्र' नाम की पुस्तक में रामविलास जी ने ठीक लिखा है ये संस्कृत के पण्डित, और ये सब ब्राह्मण हैं, जाति-पाँति व्यवस्था का विरोध करते हैं उनकी सहानुभूति अछूतों के प्रति, विधवाओं के प्रति, गरीबों के प्रति है। और अंग्रेजी राज्य के इतने कुछ कानूनों के कारण इतने ठग न होते हुए भी परोक्ष रूप से हर अंग्रेजी चीज का विरोध कर रहे थे और ये हिन्दी लिखते वह ठेठ हिन्दी, भाषा की मुक्ति। इस पर मैं चिन्तन करता रहा हूँ। कुछ लेख भी मैंने लिखे हैं। इसी क्रम में मैंने यह देखा कि जिस नवजागरण के कई चरण रामविलास जी ने गिनाए, उस नवजागरण के कुछ पहलुओं, पक्षों और व्यक्तियों को उन्होंने छोड़ दिया, उनमें से एक हैं महापण्डित राहुल सांकृत्यायन। महापण्डित राहुल सांकृत्यायन इसलिए हैं कि अधिकांश भारतीय नवजागरण, गीता, उपनिषद, वेद और वेदान्त पर आधारित है। जो ब्राह्मण परम्परा के आधार ग्रन्थ हैं। राहुल पण्डित पहले आदमी हैं जिन्होंने नवजागरण में बुद्ध के दर्शन की चर्चा की, जो अपेक्षाकृत उपनिषदों से कहीं ज्यादा क्रान्तिकारी था, सामाजिक दृष्टि से, धार्मिक दृष्टि से उस नवजागरण में बंगाल का नवजागरण, महाराष्ट्र का नवजागरण, प्रायः गीता उपनिषद, वेदान्त पर था। हिन्दी नवजागरण की यह खूबी है, जिसमें राहुल जैसा विद्वान हुआ जो धर्मकीर्ति के ग्रन्थों के उद्धार के लिए तिब्बत गए। 'बुद्धचर्या' नामक ग्रन्थ लिखा। अपनी जीवनयात्रा के द्वारा बौद्ध चिन्तन का समावेश किया। राहुल का यह कृतित्व इसलिए महत्त्वपूर्ण है कि बहुत दिनों बाद स्वाधीनता के संग्राम में और भारत के नवनिर्माण के विकास में आगे चलकर दलितों के मसीहा बाबा साहेब आम्बेडकर, नव बौद्ध हुए और बुद्ध का सहारा लेकर उन्होंने ब्राह्मणवाद पर प्रहार किया। इसकी शुरुआत तो हिन्दी में राहुल जी कर चुके थे। रामविलास जी की नवजागरण की सारी परिकल्पना ऐसी है जिससे राहुल बाहर हैं गौतम बुद्ध बाहर हैं। उसमें इस नवजागरण के कई पहलू हैं। एक पहलू विज्ञान है मैं आजकल कुछ और पढ़ रहा हूँ कि इस विज्ञान का नवजागरण में क्या स्थान था? और हमारे चिन्तन को, जिसको साइन्टिफिक टेम्पर जवाहरलाल नेहरू कहते थे, वह साइन्टिफिक टेम्पर कितना आया कितना नहीं आया और यह साइन्स कोलोनियल, कितना उपनिवेशवादी था और कितना एन्टिकोलोनियल था? क्योंकि हमें नहीं भूलना चाहिए

कि पश्चिम में विज्ञान बहुत बड़ा हथियार था। पर विज्ञान की हर बात जरूरी नहीं कि उपनिवेशवादी जरूर हो उदाहरण के लिए, डार्विन का जीवन का विकासवाद, इंग्लैण्ड में पुरोहितों के खिलाफ था और समझा जाता था बड़ा क्रान्तिकारी था। लेकिन डार्विन का विकासवाद 'सर्वाइवल ऑफ फिटेस्ट' का सिद्धान्त था। वे एक जीव बचे रहते हैं, जिसको निराला ने 'जागो फिर एक बार' में गाया है। 'योग्य जन जीता है जीता है जीता है।' यानी जो ताकतवर आदमी होता है वह बच जाता है और जो कमजोर होते हैं मर जाते हैं। ये सिद्धान्त उपनिवेशवाद का अमोघ अस्त्र था। पश्चिम ताकतवर है इसलिए जिएगा और जीतेगा। एशिया और भारत कमजोर है। वह मरेगा। इसलिए उस सभ्यता को मरना चाहिए। डार्विन का विकासवाद और विज्ञानवाद जिसकी महावीर प्रसाद द्विवेदी ने बड़ी तारीफ की थी महावीर प्रसाद द्विवेदी डार्विन के विकासवाद का सहारा ले रहे थे। लेकिन डार्विन के विकासवाद में यह भी तो एक रूप था। अकबर इलाहाबादी, उर्दू के कवि, जो विज्ञान का विरोध करते थे और बड़े धार्मिक प्रवृत्तिवाले आदमी थे। 'रोशनी आती है और नूर चला जाता है'। जब बिजली आई तो कहा कि बिजली आने से रोशनी तो आई पर हुआ यह कि नूर चला गया। 'बेपर्दा नजर आई चन्द बीवियाँ...' अंग्रेजी पढ़ाई अब यूँ लगेगा कि ये पोंगा पण्डित थे इसलिए आधुनिक विज्ञान का विरोध कर रहे थे लेकिन उसके पीछे निहित जो विरोध था, वह विरोध पश्चिम का था और साम्राज्यवादी विज्ञान था उसको लोग भूल जाते हैं। अनेक पहलू हैं। राजभक्ति बनाम देशभक्ति है, विज्ञान बनाम धर्म, धर्म बनाम मिथक, विज्ञान मिथकों का विरोधी था। धीरे-धीरे मालूम हुआ कि मिथक किसी स्वाधीनता, किसी स्वाधीनता संग्राम करने वाली जाति की बहुत बड़ी ताकत होते हैं। ये पुनरुत्थान हमारे यहाँ मिथकों का, रामायण और महाभारत का हुआ, ईसाई, पादरी, हिन्दुओं की आलोचना करते हुए कहते थे कि ये लोग मिथकों में विश्वास करने वाले अंधविश्वासी लोग हैं, आज हम समझ रहे हैं कि वो मिथक जो हमारी अस्मिता की, हमारी स्वाधीनता की ताकत देने वाले मिथक थे। ये अंधविश्वास के नहीं थे, इसलिए नवजागरण की उन स्थापनाओं को मैं समझता हूँ कि आज की रोशनी में और नए प्राप्त होने वाले तथ्यों के आधार पर नए सिरे से विचार करने की जरूरत है। अभी हमारे सामने खुला हुआ यह प्रश्न है। अभी भारतीय नवजागरण की सभी भाषाओं में यह साहित्य यद्यपि अंग्रेजी में भी अनुवाद कम हुआ है। अपनी-अपनी भाषा में हुआ है। तुम्हारे पिताजी डॉ. महावीर सिंह चौहान से उनकी उस योजना के तहत मैंने उनसे एक बार अनुरोध किया था, तुम तो जानती ही हो उन्होंने गुजरात का नवजागरण कालीन साहित्य नाम से सवा चार सौ पृष्ठों का निकाला है, उसमें नर्मद का, नवल शंकर का, जो साहित्य हमारे सामने आया उससे लगा कि भारतीय नवजागरण का एक महत्त्वपूर्ण अध्याय गुजरात में छिपा हुआ

है। हम लोग बंगाल नवजागरण, महाराष्ट्र नवजागरण, महात्मा फुले और रानडे और तिलक का बड़ा जिक्र करते रहे हैं लेकिन गुजरात का कर्म महत्त्वपूर्ण नहीं है तो एक मुकम्मल लकीर कितनी भाषाओं में है, तेलुगु का, तमिलनाडु का, मलयालम का, कन्नड़ का, उड़िया का और उसी में देखना चाहिए कि आदिवासियों में बिरसा मुंडा हुआ था, जिस पर पूरा उपन्यास लिखा है, 'जंगल के दावेदार' महाश्वेता देवी ने। देखना चाहिए नवजागरण केवल आर्य जातियों में ही नहीं जिसे हम अनार्य कहते हैं, द्रविड़ कहते हैं, आदिवासी कहते हैं, उनमें भी पूरा भारत एक नई शक्ल ले रहा था, उस समय मालूम होना चाहिए कि कश्मीर में क्या हो रहा था, पंजाब में क्या हो रहा था? तब हमें उस भारतीय नवजागरण की पूरी मुकम्मल तस्वीर जो सामने होगी तब हम उसमें देखेंगे कि हमारा हिन्दी नवजागरण क्या था और कहाँ था? उस नवजागरण जिसे अंग्रेजी मुहावरे में कहते हैं उसके विलेन ऑफ पीस या खलनायक लोग दयानन्द को मानते हैं और कहते हैं कि आज की साम्प्रदायिकता का मूल स्रोत तो स्वामी दयानन्द में है। नए सिरे से स्वामी दयानन्द का मूल्यांकन करने की जरूरत है। खलनायक के रूप में जैसा साम्प्रदायी के रूप में उपस्थित किया गया है, वो विश्व हिन्दू परिषद के जनक नहीं हैं, एक जमाने में आर्य समाजी हमारे स्वाधीनता के संग्राम की लड़ाई में सबसे आगे लाला लाजपत राय क्या थे, कहीं-न-कहीं गहरे रूप में दयानन्द ने एक स्तर पर उस देशभक्ति को, देश-प्रेम को पश्चिम से मुक्त होने का योगदान दिया था।

किरन : *आपने कभी एक लेख लिखा था कि त्रिलोचन के काव्य के लिए नए काव्यशास्त्र की आवश्यकता है। क्या आधुनिक कविता के सन्दर्भ में यह काव्यशास्त्र आपके उसी लोकवाद का पर्याय होगा जिस लोकवाद की आप बात कर रहे हैं?*

नामवर सिंह : त्रिलोचन जी मेरे इतने करीब रहे हैं कि कभी दिखाई नहीं पडे। जो नजरों में रहते हैं वे नजर नहीं आते। सन् 41 से 65 तक हम दोनों लगभग साथ-साथ ही रहे हैं—काशी में। उनकी उन दिनों की लिखी प्रायः सभी कविताओं का श्रोता मैं ही होता था। इसके बावजूद मैंने कोई लेख न लिखा। लेख लिखा तब जब हम अलग-अलग जा बसे और किसी ने खबर दी कि त्रिलोचन जी सत्तर के हो गए हैं। तत्काल एक छोटा-सा लेख 'जनसत्ता' के लिए लिखा और फिर दूसरा लेख अपनी 'आलोचना' में—यह वही लेख है जिसमें नए काव्यशास्त्र की आवश्यकता बतलाई गई है।

नया काव्यशास्त्र इसलिए कि त्रिलोचन जी की कविता किसी बने-बनाए काव्यशास्त्र के ढाँचे में फिट नहीं बैठती—न प्रयोगवाद के, न नई कविता के और न प्रगतिशील कविता के। 'मुरारेस्तृतीयो पन्थः' की तरह उनका अलग पन्थ था—सबसे

अलग, एकदम अपना! निराला की तरह शायद त्रिलोचन भी मन-ही-मन यही बुदबुदाते रहे—'सीधी राह मुझे चलने दो।'

उनके पहले कविता संग्रह 'धरती' (1945) की कविताओं से ही पता चल जाता है कि उनकी अपनी जमीन क्या है। 'तार सप्तक' की कविताएँ भी उसी समय की हैं लेकिन मिलाकर देखिए तो भाषा, भाव, बिम्ब, प्रकृति, मानव चरित्र, छन्दोविधान सबकुछ एकदम अलग है। कुल मिलाकर आधुनिक ही हैं ये कविताएँ, लेकिन 'आधुनिकतावादी' कविता के हाव-भाव और रूप-रंग से एकदम अछूती। 'धरती' की कविताओं को पढ़ते समय ही टी.एस. इलियट, एजरा पाउण्ड या डब्ल्यू. बी. येट्स में से कोई अंग्रेजी कवि याद नहीं आता, जबकि 'तार सप्तक' के बारे में यह बात नहीं की जा सकती।

प्रयोग त्रिलोचन जी ने भी कम नहीं किए हैं—छन्द में भी और स्वच्छन्द-द्वन्द्व में भी—यहाँ तक कि ठेठ गद्य कविताएँ भी लिखी गई हैं—ऐसे समय में जब गद्य में कविता लिखने का चलन न था। फिर भी इन्हें प्रयोगवाद के दायरे से बाहर समझा गया।

इसी प्रकार लोक-जीवन से सम्पृक्त और पूरी तरह जनोन्मुख होने पर भी त्रिलोचन की कविताएँ अपने जमाने की 'प्रगतिवादी' कविताओं के 'क्रान्तिकारी' तेवर से अनासक्त थीं। इसीलिए वे नागार्जुन और केदारनाथ अग्रवाल के काव्य-संसार से कहीं कभी सादृश्य का आभास तो देती हैं, फिर अपनी विशिष्ट पहचान बनाए रखती हैं।

त्रिलोचन जी की कविता एक अरसे से मेरे लिए पहेली रही है। उनकी कविता को देखकर अकसर मुझे तुलसीदास की वह चौपाई याद आती है—

> जिमि मुँहु मुकुर मुकुर निज पानी।
> गहि नहिं जाइ अस अद्‌भुत वानी ॥

वह ऐसी अद्‌भुत वानी है जो पकड़ में नहीं आती। आईना अपने हाथ में है और उस आईने में अपना मुँह दिखाई पड़ रहा है, फिर भी वह हाथ नहीं आ रहा है।

इसलिए ऐसी कविता के लिए कोई नया काव्यशास्त्र बनाने की आवश्यकता है और उसके लिए संस्कृत के पुराने काव्यशास्त्र में डुबकी लगाने की अपेक्षा कवि की ही तरह लोक के पास जाना पड़ेगा—चाहे वह लोक जीवन हो, चाहे लोक की साहित्यिक और सांस्कृतिक परम्परा! अब इसे तुम 'लोकवाद' कहो या कुछ और, यह मेरा सिरदर्द नहीं है।

किरन : *आपने भारतीय नवजागरण पर कुछ लेख भी लिखे हैं। महत्त्वपूर्ण*

व्याख्यान भी दिए हैं, क्या आप भारतीय नवजागरण पर कुछ प्रकाश डालना चाहेंगे?

नामवर सिंह : नवजागरण से आशय यदि 'रिनेसांस' है तो वह इटली की तरह ही भारत में भी तथाकथित 'मध्ययुग' में हुआ। बल्कि इटली से कुछ पहले ही शुरू हुआ। फर्क इतना ही है कि इटली के सन्दर्भ में उसे 'रिनेसांस' कहते हैं और भारत में हम लोग भक्ति आन्दोलन कहते हैं। तमिल आलवार भक्ति को याद करो तो भारतीय नवजागरण की शुरुआत आठवीं शताब्दी में ही हो चुकी थी। और बात यह है कि वह आन्दोलन धीरे-धीरे उत्तर की ओर फैलता हुआ सोलहवीं-सत्रहवीं शताब्दी में शिखर पर पहुँचा। मेरी दृष्टि में असली भारतीय नवजागरण बड़ी भक्ति धारा है जिसका मूल उत्स सामान्य लोक जीवन है। इसकी विशेषता यह है कि इसकी अगुआई करने वालों में ज्यादातर समाज के निचले स्तर के सन्त थे, लेकिन इसकी व्यापकता पर दृष्टिपात कीजिए तो शूद्र से ब्राह्मण तक सभी जातियों के जागरूक जन शामिल हुए। व्यापकता के साथ ही गहराई में भी यह 'नवजागरण' उन्नीसवीं शताब्दी के तथाकथित 'नवजागरण' से कहीं अधिक धर्म और समाज की बुनियादी समस्याओं की तह में आ गया।

अब सवाल यह उठता है कि यदि सचमुच का नवजागरण भक्ति आन्दोलन था तो 19वीं शताब्दी के भारत में जिस नई चेतना का उदय हुआ वह क्या था? नाम देने की जल्दबाजी करने से पहले यह देखें कि जो कुछ हुआ उसका स्वरूप क्या था और फिर उसका ऐतिहासिक सन्दर्भ क्या था?

इसमें कोई शक नहीं कि भक्ति आन्दोलन की तरह ही 19वीं शताब्दी की यह नई लहर भी अपनी व्याप्ति में अखिल भारतीय थी। यह और बात है कि बंगाल में शुरुआत पहले हुई और हिन्दी में कुछ देर से। ऐतिहासिक सन्दर्भ पर ध्यान दें तो अंग्रेजी राज जहाँ पहले कायम हुआ वहाँ इसकी शुरुआत पहले हुई। इसका सम्बन्ध अंग्रेजी शिक्षा से भी है। जहाँ अंग्रेजी की पढ़ाई पहले शुरू हुई वहाँ इस चेतना का उदय पहले हुआ। कलकत्ता, बम्बई और मद्रास इस चेतना के पहले केन्द्र बने। इसीलिए बांग्ला, मराठी, गुजराती और तमिल, तेलुगु, कन्नड़, मलयालम आदि में इस चेतना की अभिव्यक्ति उत्तर की भाषाओं से कुछ पहले ही हो गई। स्पष्ट है कि इस चेतना के उदय का ऐतिहासिक सन्दर्भ उपनिवेशवाद है। इसलिए औपनिवेशिक सन्दर्भ के बिना इस नई चेतना की प्रकृति की सटीक व्याख्या सम्भव नहीं है।

वस्तुतः 19वीं शताब्दी के तथाकथित नवजागरण के अग्रदूत मुख्यतः मध्यवर्ग के आधुनिक शिक्षा प्राप्त नए बौद्धिक थे—अधिकांशतः सवर्ण। अपवाद थे तो महाराष्ट्र के महात्मा फुले। इसलिए मराठी के 'नवजागरण' में 'गुलामगीरी' के विरोध का एक अछूता आयाम जुड़ा।

भक्ति आन्दोलन की तरह इस नए सांस्कृतिक आन्दोलन का भी मूल स्रोत

धर्म ही था। इस बार चुनौती ईसाई मिशनरियों की ओर से आई थी। बाइबिल के अनुवाद धड़ल्ले से हो रहे थे। बड़ी भाषाओं में ही नहीं, स्थानीय बोलियों में भी, धर्मान्तरण का अभियान चल रहा था। ईसाई मिशनरी हिन्दुओं के साथ-साथ मुसलमानों के धर्म की खिल्ली उड़ा रहे थे। इस तरह पूरे देश में जगह-जगह धार्मिक बहसें शुरू हो गईं। पुराने धर्मशास्त्र फिर से निकाले गए और उनकी व्याख्याएँ होने लगीं। इस धार्मिक शास्त्र में एक ओर धर्म-रक्षा की प्रवृत्ति बढ़ी तो दूसरी ओर धर्म-सुधार की चिन्ता भी जाग्रत हुई। धर्म-रक्षा के नए संगठन बने तो धर्म-सुधार के लिए भी नए समाज बने।

इस प्रक्रिया में एक ओर सती प्रथा, बाल-विवाह, विधवा-विवाह आदि प्रथाओं की समीक्षा का सिलसिला चला तो दूसरी ओर हिन्दू समाज की जाति-प्रथा भी फिर से विचार के केन्द्र में आई। विशेष बात यह है कि यह वाद-विवाद नाटक, कविता, कथा-साहित्य का भी विषय बना और बौद्धिक जागरण एक व्यापक साहित्यिक-सांस्कृतिक जागरण में रूपान्तरित हो गया।

इस बीच एक नई बात यह हुई कि अंग्रेजी शिक्षा के साथ पश्चिमी विज्ञान का भी प्रवेश हुआ और उसके साथ एक प्रकार की प्रारम्भिक वैज्ञानिक दृष्टि की ओर भी लोग आकृष्ट हुए। इस तरह धर्म और विज्ञान रू-ब-रू हुए और विज्ञान की दृष्टि से भी धार्मिक मामलों की जाँच-पड़ताल करने का उत्साह पैदा हुआ।

इस बीच कलकत्ता, बम्बई, मद्रास जैसे महानगरों के साथ-साथ कुछ दूसरे शहरों में छापेखाने खुले, जिनमें पुरानी-नई पोथियों के मुद्रण के साथ पहली बार भाषाई समाचार-पत्र और पत्रिकाओं का प्रकाशन आरम्भ हुआ। इस प्रकार मौखिक परम्परा में पला-पुसा समाज एक आधुनिक मुद्रित समाज में रूपान्तरित होने की प्रक्रिया से गुजरने लगा।

कहना न होगा कि यह संक्रमण एकदम सीधा-सरल और समरस न था; बल्कि इसके अन्दर परस्पर काफी घात-प्रतिघात थे; अनेक प्रकार के द्वन्द्व और अन्तर्विरोध थे। कोई दाएँ था तो कोई बाएँ और बहुत से लोग हमेशा की तरह बीच में। कुछ आमूल-चूल सुधार के पक्ष में तो कुछ सर्वथा सुधार विरोधी। कभी एक पक्ष ताकतवर होता, तो कभी दूसरा पक्ष। परम्परा और आधुनिकता का अन्तर्द्वन्द्व इस काल की चारित्रिक विशेषता है।

भक्ति आन्दोलन की तरह ही 19वीं शताब्दी का यह जागरण बहुत-सी बातों में समान होते हुए भी प्रत्येक भाषा की अपनी सांस्कृतिक परम्परा के कारण कुछ निजी विशिष्टता लिए हुए था। इस दृष्टि से हिन्दी प्रदेश के जागरण की विशिष्टता पर अलग से विचार करना जरूरी है।

रामविलास जी ने हिन्दी नवजागरण को 1857 के 'प्रथम स्वाधीनता संग्राम'

से जोड़कर पूरे विमर्श को एक नया मोड़ दे दिया। इस राजभक्ति बनाम देशभक्ति नवजागरण का मुख्य मुद्दा बन गया। केन्द्र में 1857 के आते ही हिन्दी नवजागरण भारतीय नवजागरण की माला का सुमेरु बन गया क्योंकि गदर की रंगभूमि तो मुख्यतः हिन्दी प्रदेश ही था। इस प्रस्थान के कारण हिन्दी के साथ-साथ उर्दू नवजागरण भी स्वभावतः आ गया, जिसकी अन्तिम परिणति यह हुई कि हिन्द-प्रदेश का नवजागरण हिन्दू और मुस्लिम दो समाजों के अनुसार दो टुकड़े हो गया। यह प्रसंग इतना नाजुक और जटिल है कि फिलहाल संक्षेप में इस पर कुछ भी कहना भ्रामक हो सकता है। फिर भी यह तो कहना ही पड़ेगा कि एक राजनीतिक मोड़ देने से 19वीं सदी के भारतीय नवजागरण का सांस्कृतिक जागरण नहीं बल्कि राष्ट्रीय जागरण है।

इस प्रक्रिया में हम यह भी भूल गए कि उस दौर के लोग अपनी-अपनी भाषा में उस दौर को किस नाम से पुकारते थे। उदाहरण के लिए गुजराती में उस दौर को 'सुधारा युग' के नाम से याद किया जाता है। तो मराठी में 'प्रबोधन काल' कहते हैं। अपनी हिन्दी में किसी समय उसे 'पुनरुत्थान काल' कहा जाता था। अकेला बंगाल है जो अंग्रेजी की 'रिनेसंस' संज्ञा का प्रयोग करता था। मेरे मन में इस ऐतिहासिक विविधता के लिए पूरा सम्मान है और किसी प्रकार की अवधारणात्मक एकरूपता को थोपने से गुरेज करता हूँ।

जहाँ तक अपनी हिन्दी का सवाल है, मुझे उस दौर को 'पुनरुत्थान युग' कहने में किसी प्रकार का कालदोष नहीं दिखता। इस संज्ञा के द्वारा 19वीं शताब्दी का जागरण 15वीं शताब्दी के 'नवजागरण' से अपना सम्बन्ध भी पुनः परिभाषित कर देता। भारतेन्दु के 'वैष्णवता और भारतवर्ष' निबन्ध को याद करें तो स्पष्ट हो जाता है कि इस दौर में भी पुराने वैष्णवों के संस्कार स्मृति-शेष थे।

किरन : *इतना सारा समय निकालकर आत्मीयतापूर्ण ढंग से मेरे प्रश्नों का उत्तर देकर मेरी समस्याओं का निराकरण करने के लिए आपका खूब-खूब आभार।*

(मार्च 1997)

हिन्दी आलोचना की वृहत्त्रयी

(सुधीर रंजन सिंह के साथ)

सुधीर रंजन सिंह : *हमारी समझ से एक अच्छे लेखन में उत्तर देने का ही काम किया जाता है। दूसरी तरफ उस उत्तर के भीतर से भी कुछ सवाल पैदा होने चाहिए। असली जीवन व्यवहार में जहाँ से सवाल उठे होते हैं, लेखन व्यवहार में उनसे भी ज्यादा प्रभावशाली सवाल पैदा हो सकते हैं। लेकिन लिखने में कुछ सवाल छूट भी जाते होंगे, या थोड़ा दब जाते होंगे। उन्हें लेकर भी प्रश्न बना सकते हैं।...दूसरी बात, सवाल पूछने में जहाँ किसी लेखक के समग्र विकास-क्रम को ध्यान में रखना चाहिए, वहीं शुरुआत शुरू से न करके उसके हाल के लेखन से करनी चाहिए। और इसमें प्रक्रिया सही अपनाई गई तो मैं समझता हूँ कि एक साक्षात्कार जिसके साथ सम्पन्न किया जा रहा है, उसके लेखन के किसी बड़े भाग का या कम से कम उसके सद्यः लेखन का पूरक आराम से तैयार हो सकता है—या कहें ऐसे साक्षात्कार के माध्यम से एक नया पाठ उभर कर आ सकता है। मुझे तो लगता है कि ठीक-ठीक साक्षात्कार वही है जिसमें एक बात शुरू करने के बाद अलग से सवाल करने की जरूरत ही न पड़े।...तो बजाए इसके कि मैं कोई तयशुदा प्रश्न करूँ, रामविलास शर्मा पर आपके उस लेख से बातचीत शुरू करते हैं जिसे लेकर कुछ लोगों ने थोड़ा रोष प्रकट किया है। इतिहास की शव साधना—उससे बातचीत शुरू करते हैं, या आप जहाँ से उचित समझें बोलें। मेरा विश्वास है कि वे सवाल पैदा हो ही जाएँगे जिन्हें लेकर आपसे बातचीत करनी चाहिए।*

नामवर सिंह : पहले रामविलास जी का लेखन देखिए। अकसर वे अपनी हर किताब को अप-डेट करते चले गये हैं। मैं इस वृत्ति को गलत मानता हूँ। अप-डेट करना है तो आज लिखिए। पहले वाली किताब में नया जोड़ने की क्या जरूरत? मसलन 1857 पर आपकी समझ या मेरी समझ कुछ थी, आज मेरी समझ चिन्तन करने के क्रम में, लगता है कि, बदल गई है तो आज मुझे बदला हुआ कहना चाहिए। कहना चाहिए कि अब यह है मेरी समझ, या फिर कहिए कि हमारी समझ नहीं बदली है। लेकिन यदि समझ बदल गई है तो पहले वाली चीजों को ज्यों का त्यों रहने दीजिए। इसलिए किसी लेखक से या किसी विचारक से उसके विकास-क्रम

का इतिहास पूछना बहुत जोखिम का काम है। वह आज जहाँ पहुँचा है, इस दृष्टि से बताने की कोशिश करेगा कि हमारा क्रमिक विकास हुआ है।

सुधीर रंजन सिंह : *क्रमिक ह्रास भी।*

नामवर सिंह : हाँ, क्रमिक ह्रास भी तो हमारा हो सकता है। हमेशा एकरेखीय विकास नहीं हुआ करता है। आप पीछे भी लौटते हैं। इसे लेकर नई चीज चली हुई है कहने की, कि यह अन्तर्विरोध हो गया आपका। पहले आप यह कहते थे, अब यह कहते हैं। यही कह रहे हैं न मेरे बारे में कि कभी रामविलास जी के बारे में आपकी यह धारणा थी और आज यह है? लेकिन यह भी तो देखें कि वह आदमी बदल गया है या नहीं, जिसके बारे में मैं कह रहा हूँ। दुनिया भी तो बदल सकती है, मैं ही थोड़े बदल रहा हूँ। मसलन नेहरू का एक युग था जिसके बारे में किसी समय एक खास तरह की धारणा थी। लेकिन आज वह नहीं है। इन्दिरा गाँधी के बारे में धारणा इमरजेंसी के पहले कुछ और थी, इमरजेंसी के बाद बदल गई। आज अमरीका के साथ जो भारत का सम्बन्ध देखिए। जब लोगों से इस पर पूछा गया तो कई लोगों ने कहा कि आज इंदिरा गाँधी होतीं तो घुटने नहीं टेकतीं अमरीका के सामने। वह ज्यादा भारत की गरिमा की रक्षा करने वाली थीं, अटल बिहारी वाजपेयी से। 50-55 साल के इतिहास में—स्वाधीनता से आज तक के इतिहास में—धारणाएँ कितनी बदलीं! इसलिए पाँच हजार साल के इतिहास के बारे में कितनी बदलेंगी आप सोचिए। साहित्य के बारे में भी उसी तरह से है। सन् 50-51 के समय जो हम छायावाद के बारे में सोचते थे उसी छायावाद के बारे में धारणाएँ बाद में बदल गईं। उदाहरण के लिए, लोग कह सकते हैं कि छायावाद पर किताब सन् 55 में मैंने लिखी थी तो मैंने उसमें प्रशंसा की थी और 'कविता के नए प्रतिमान' में छायावादी संस्कारों का मैंने विरोध किया। 'आलोचना' में वह बहस चल चुकी है। रामविलास जी से भी लिखवाया था। 'छायावाद और आधुनिकता' पर एक परिसंवाद था और उसमें रामविलास जी का एक भाषण है। उस समय वे छायावाद के समर्थक थे। जब प्रगतिवाद नया-नया आया था उस समय छायावाद के बारे में शिवदान सिंह चौहान ने जो लेख लिखा था, रामविलास जी अन्त तक कहते रहे, उसके खिलाफ।

सुधीर रंजन सिंह : *रामविलास जी का जो निबंध है 'आधुनिकता बोध और छायावाद', मेरे ख्याल से आप उसकी बात कर रहे हैं?*

नामवर सिंह : जी! 'आलोचना' में एक संवाद छपा है। उसी में।

सुधीर रंजन सिंह : *ध्यान है। उसमें कहा था कि आधुनिकता बोध का अर्थ है छायावाद-विरोध, न कि प्रगतिवाद-विरोध। छायावाद का विरोध अपराध है रामविलास जी की दृष्टि में आधुनिकतावादियों का। यह काम तो 'कविता के नए प्रतिमान' में भी हुआ है—यानी छायावाद के विरोध का। रामविलास जी का कहना*

है कि छायावाद पर कीचड़ उछाला गया है आधुनिकतावादियों के द्वारा। ऐसी परिस्थिति में...।

नामवर सिंह : देखिए, रामविलास जी की सीधी समझ थी कि नयी कविता अस्तित्ववाद के प्रभाव में लिखी गई है और छायावाद इस मामले में उससे बेहतर है। मुक्तिबोध नई कविता वाले कवि हैं, वह अस्तित्ववादी हैं। सच्ची प्रगतिशील कविता जो है वह केदारनाथ अग्रवाल के यहाँ है। बाद में उन्होंने उसे बढ़ाने की कोशिश की। नागार्जुन के कुछ व्यंग्य वगैरह की तारीफ की। बहुत बाद में उन्हें त्रिलोचन दिखाई पड़े। रामविलास जी छायावाद के गहरे प्रशंसक रहे। छायावाद के काल में उनका संस्कार बना था। छायावाद का विरोध करने वाले लोग दूसरे ढंग के थे। उस समय छायावाद का समर्थन करना अपने आप में बड़ी क्रांतिकारी बात मानी जाती थी। लेकिन अन्तिम दिनों में छायावादी कवि स्वयं छायावाद के विरोधी हो गए, उस समय भी रामविलास शर्मा छायावाद का समर्थन कर रहे थे। पन्त ने युगान्त घोषित किया। महादेवी वर्मा ने भी कहा टिप्पणी करते समय और स्वयं 'दीपशिखा' लिखकर बन्द कर दिया कविता लिखना। निराला 'तुलसीदास' लिखकर 'अणिमा' और 'नये पत्ते' लिखने लगे।...तो रचना के क्षेत्र में छायावाद को छोड़कर आगे बढ़ रहे हैं छायावादी कवि और उस समय रामविलास जी गुणगान कर रहे हैं। मतलब...।

सुधीर रंजन सिंह : *मतलब इसका निकालने के लिए प्रगतिशील लेखक संघ का पहला अधिवेशन याद किया जाता है। सन् 36 के लखनऊ अधिवेशन में परम्परा की आलोचना की गई थी और छायावाद को भी पतनशील वगैरह कहा गया था। इस बात से रामविलास जी को एतराज रहा और अन्त तक रहा। दूसरे लोग भी...।*

नामवर सिंह : स्वयं छायावादी कवि जब छायावाद की आलोचना कर रहे हैं और उसे छोड़ रहे हैं कि बहुत हो गया। पन्त ने 'रूपाभ' में लिखा कि अब कविता आसमान को छोड़कर धरती पर उतर रही है। इसलिए शिवदान सिंह चौहान ने जब प्रगतिवाद पर लिखते हुए छायावाद की सीमाएँ बताईं तो वे कौन सा गुनाह कर रहे थे! सर्जक स्वयं कह रहा है कि हम उस समय दुनिया से कटे हुए थे और गलती हो गई, और आप उसमें से स्वाधीनता ढूँढ़ रहे हैं। राष्ट्रीय आन्दोलन ढूँढ़ रहे हैं, इस पर किसी का ध्यान गया है?

सुधीर रंजन सिंह : *आपकी किताब 'छायावाद' है उसमें भी यह बात है बल्कि भूमिका में ही कि सामाजिक सत्य और स्वाधीनता संग्राम के समानान्तर छायावाद में काव्यगत स्वाधीनता है। इस तरह उसमें भी मूल्य वही स्वाधीनता आन्दोलन वाला है।*

नामवर सिंह : मैंने जब वह किताब लिखी थी तब प्रगतिशील आन्दोलन मद्धिम

पड़ गया था—यह बात ध्यान में रखिएगा। मैंने किताब सन् 54 में लिखी थी और सन् 53 में तो प्रगतिशील लेखक संघ खत्म हो गया था। दोनों बल्कि तीनों आन्दोलनों की सीमाएँ सामने आ चुकी थीं। छायावाद की, प्रगतिवाद की और प्रयोगवाद की भी। तब मैंने लिखी थी वह किताब।

सुधीर रंजन सिंह : *इसमें दो राय नहीं कि छायावाद को लेकर या किसी को भी लेकर आपकी समझ यांत्रिक नहीं रही है। रामविलास जी पर जो आपने लिखा है, उसे भी केवल आपका अन्तर्विरोध कहना, मेरी समझ से गलत है। 'वसुधा' के रामविलास शर्मा अंक में जो एक क्रम में आपके तीन लेख छापे गए और उस पर सम्पादकीय टिप्पणी की गई कि ये तीनों लेख एक ही डॉ. नामवर सिंह के हैं, उसे भी मैं बहुत महत्त्व नहीं देता। वह बस मजे लेने वाली बात जैसी है। बल्कि उसमें देखें तो आपके एक लेख को याद नहीं किया गया है—'साहित्य में प्रगतिशील आन्दोलन की ऐतिहासिक भूमिका', जो 1986 में छपा था और 'इतिहास की शव-साधना' से पहले लिखे दोनों लेखों के बाद। उसमें आलोचना का तेवर वही है। इसलिए अन्तर्विरोध किस बात का, इसे तो बाद का विकास कहना चाहिए—चाहे यह ठीक हो या गलत। लेकिन मेरा प्रश्न दूसरा है, जो जुड़ा इसी से है पर मनोविज्ञान को लेकर है। मुझे लगता है कि रामविलास शर्मा में हजारी प्रसाद द्विवेदी-ग्रन्थि थी। यह बात मैं व्यक्तिगत अनुभव से भी कह रहा हूँ। मैं रामविलास जी से मिलने गया था। मेरे साथ जे. एन.यू. के एक छात्र थे। उन्होंने रामविलास जी से अपने शोध के लिए विषय माँगा। रामविलास जी ने जो विषय सुझाया वह था हजारी प्रसाद द्विवेदी की आलोचना में तन्त्र-मन्त्रवाद। जाहिर है कि यह कहने में भी व्यंग्य-भाव था। ऐसा ही कोई व्यंग्य-भाव मैं आपके यहाँ भी देखता हूँ। जैसे आप कहते हैं कि रामविलास जी ऋग्वेद में चले गए, वगैरह। तब लगता है कि जैसे रामविलास शर्मा में हजारी प्रसाद द्विवेदी-ग्रन्थि थी, उसी तरह आप में भी रामविलास शर्मा ग्रन्थि है। मुझे यह लगता है—यानी सिर्फ प्रश्न के रूप में। यानी इसे घोषित विरोध के रूप में न देखकर 'ग्रन्थि' के रूप में देखें तो?*

नामवर सिंह : ऐसा है कि एक-एक सवाल एक-एक बिन्दु हम लोग लें तो ज्यादा अच्छा है। जैसे एक बिन्दु लें हजारी प्रसाद द्विवेदी और रामविलास शर्मा। 'शास्त्र और समाज' रामविलास जी का पहला लेख है हजारी प्रसाद द्विवेदी पर। और यह तब का है जब हजारी प्रसाद द्विवेदी शांतिनिकेतन में थे। यह पुस्तक-समीक्षा है द्विवेदी जी के निबन्धों के संग्रह की। 'विचार और वितर्क' नाम से संग्रह प्रकाशित हुआ था और यह सम्भवतः द्विवेदी जी का पहला निबन्ध-संग्रह है। 'प्रगति और परम्परा' का 1952 का संस्करण मेरे पास है। यह दूसरा संस्करण है। प्रथम संस्करण 1948 का है। हो सकता कि 1948 के संस्करण में भी यह निबन्ध हो।

सुधीर रंजन सिंह : *1948 के संस्करण में भी है। बाद में यह 'कथा विवेचन और गद्य शिल्प' में भी छपा है।*

नामवर सिंह : उसमें काफी प्रशंसा है। सीमाएँ भी बताई गई हैं। शीर्षक ही बता रहा है कि द्विवेदी जी शास्त्र का सहारा लेते हैं। हल्का आलोचनात्मक स्वर है। प्रशंसा यह कि द्विवेदी जी समाजवाद को आकाश कुसुम समझते हैं और वे उसे इतना सुन्दर समझते हैं कि उन्हें विश्वास नहीं होता कि ऐसा सुन्दर फूल धरती पर खिल सकता है। आलोचना भी है इस रूप में कि कुछ निबन्ध व्योमकेश शास्त्री ने लिखे हैं—बताया नहीं कि वे कौन-से निबन्ध हैं—उनमें भावुकता ज्यादा है।...यानी तब तक, बाद में जितनी कड़ी आलोचना की है द्विवेदी जी की, वैसी बात नहीं थी। हजारी प्रसाद द्विवेदी जब काशी हिन्दू विश्वविद्यालय आ गए, उसके बाद की एक घटना का मैंने अन्यत्र भी उल्लेख किया है। यह घटना 1954-55 के आसपास की होनी चाहिए। प्रगतिशील लेखक संघ का एक सम्मेलन हुआ था बनारस में। यह सम्मेलन हिन्दू विश्वविद्यालय के परिसर में हुआ था। द्विवेदी जी ने उद्घाटन किया था और रामविलास जी उसकी अध्यक्षता कर रहे थे। 'शव-साधना' वाली टिप्पणी की थी उन्होंने व्यंग्य में। उसके बाद 'समालोचक' नाम की पत्रिका निकाली थी रामविलास जी ने। उसमें शिवप्रसाद जी की पुस्तक की आलोचना की। द्विवेदी जी के निर्देशन में मैंने भी काम किया था अपभ्रंश पर—'हिन्दी में अपभ्रंश का योग'। मेरी थीसिस की आलोचना तो की ही 'भाषा और समाज' पुस्तक में, शिवप्रसाद जी का ब्रजभाषा पर शोधकार्य था—'सूर-पूर्व ब्रजभाषा', उसकी उन्होंने सख्त आलोचना की। महत्त्वपूर्ण यह नहीं है कि मेरी और शिवप्रसाद जी की पुस्तक की उन्होंने आलोचना की। हम दोनों शिष्य थे द्विवेदी जी के और हमारी पुस्तक की आलोचना के प्रसंग में द्विवेदी जी की भी आलोचना की। यह रास्ते से ज़रा हट कर हुआ—निर्देशक की आलोचना। कुछ ऐसी ही टिप्पणी थी उसमें। मुझे कुछ-कुछ याद पड़ता है। बहुत दिन हो गए। उसके काफी दिनों बाद जब मेरी पुस्तक आ गई 1982 वाली 'दूसरी परम्परा की खोज', उसके बाद उन्होंने बहुत विस्तार से 'लोक जागरण और हिन्दी साहित्य' में लिखा और द्विवेदी जी को हिन्दू सम्प्रदायवादी इत्यादि कहा। विश्वविद्यालय वाले जीवन का, व्यक्तिगत जीवन का भी हवाला दिया उन्होंने। इसलिए केवल विचारों का विरोध नहीं है, उसमें एक व्यक्तिगत कटुता दिखाई पड़ती है और उसका एक कारण है जो स्वयं रामविलास जी से ही मुझे मालूम हुआ। जो आगरा में क. मु. हिन्दी विद्यापीठ है—जिसके रामविलास जी निदेशक हुए। रामविलास जी के ठीक पहले उसके निदेशक पद पर हजारी प्रसाद द्विवेदी की नियुक्ति हुई थी। द्विवेदी जी गये नहीं। मेरा ख्याल है कि डॉ. विश्वनाथ प्रसाद चले गए थे और पद खाली हुआ था। द्विवेदी जी चयन समिति के सदस्य थे और उन्हीं से आग्रह किया गया था कि बजाय किसी और

आदमी के आप ही यह पद स्वीकार कर लीजिए। स्वीकार करने के बाद लगभग साल भर तक वह पद इनके नाम पर खाली रहा। इसके बाद रामविलास जी आये। रामविलास जी का ख्याल है कि उनका चयन उसी समय हो गया होता, लेकिन द्विवेदी जी ने वह पद रोके रखा। इसके कारण द्विवेदी जी के व्यक्तित्व के बारे में या उनके चरित्र के बारे में उन्हें शक पैदा हुआ होगा! व्यक्तिगत कटुता का बीज मुझे वहीं मालूम होता है। यह अनुमान है मेरा। यही एक कारण रहा होगा, यह तो मैं नहीं मानता, लेकिन जो बात बाद वाली आलोचना में पैदा हुई है यानी कटुता के स्तर पर जा कर, 'शास्त्र और समाज' वाले समय में वह नहीं थी।

द्विवेदी जी प्रगतिशील लेखक संघ के साथ रहे हैं बराबर। उनकी 'हिन्दी साहित्य : उद्भव और विकास' नाम की पुस्तक है; मेरा ख्याल है 1952-53 के आसपास की है। उसमें उन्होंने कहा था कि भक्ति आन्दोलन के बाद सबसे बड़ा आन्दोलन प्रगतिशील आन्दोलन है। यदि वह अपने अन्दर कट्टरता का प्रवेश न होने दे तो और विशाल आन्दोलन हो सकता है। यह होते हुए भी बाद में उनके विचारों को लेकर व्यक्तिगत कटुता के साथ और व्यक्तिगत धरातल पर रामविलास जी ने आलोचना की। उन्होंने तन्त्र-मन्त्रवाद वाली बात कही और यहाँ तक कहा कि द्विवेदी जी हिन्दू सम्प्रदायवादी हैं।

इसलिए इसे लेकर 'ग्रन्थि' आदि शब्दों का प्रयोग तो मैं नहीं करूँगा। मैंने कभी किया भी नहीं। राहुल-ग्रन्थि रामविलास जी में हो सकती है, यह मैंने कहा है। वैसे, शिवदान सिंह चौहान की आलोचना में भी रामविलास जी की व्यक्तिगत कटुता दिखाई पड़ती है। वह बात समझ में भी आती है। उनके पार्टी और संगठन दोनों में हटने के बाद रामविलास जी आये। इन दोनों में पूर्वापर सम्बन्ध है। चौहान जी और रामविलास जी के लेखन से यह व्यक्त होता है। उनकी साहित्यिक आलोचना में व्यक्तिगत कटुता कई जगहों पर दिखाई पड़ती है। खासतौर से प्रगतिशील आन्दोलन से जुड़े हुए लोगों के प्रति कटुता दिखाई पड़ती है रामविलास जी में। पहले शिवदान सिंह चौहान, फिर रांगेय राघव, फिर यशपाल, फिर अमृतराय, फिर राहुल सांकृत्यायन और उसी कड़ी में चाहें तो मेरा नाम भी रख सकते हैं। प्रायः प्रगतिशील आन्दोलन से जुड़े हुए लोगों की आलोचना करते समय रामविलास जी व्यक्ति और उसके विचार को साथ रखकर के देखते हैं। और तो और, शमशेर बहादुर सिंह के बारे में भी यह बात दिखाई पड़ती है। नागार्जुन को लेकर भी दिखाई पड़ती है। व्यक्तिगत रागात्मकता अकेले केदारनाथ अग्रवाल के प्रति दिखाई पड़ती है। शमशेर पर तो बहुत तीखा कड़ा और व्यक्तिगत प्रहार करते हुए 'धर्मयुग' में लिखा था उन्होंने। यह बात 1964 की है। उनके व्यक्तिगत जीवन पर टिप्पणी की थी। उसी तरह से मुक्तिबोध पर भी किया है।...तो एक लम्बा इतिहास है।

प्रगतिशील आन्दोलन में परस्पर आलोचना हो और मतभेद हो इन सबके लिए जगह होनी चाहिए। ये सब अपनी जगह हैं। लेकिन इन चीजों में विचारों और साहित्यिक कृतियों के अलावा व्यक्ति को लेकर टिप्पणी हो तो उसका कोई कारण भी होना चाहिए। उस आलोचना को लेकर फिलहाल मैं कोई टिप्पणी नहीं करना चाहता, लेकिन यह प्रवृत्ति दिखाई पड़ती है रामविलास जी में और इसे एक कमजोरी के सिवा और क्या कहा सकता है?

सुधीर रंजन सिंह : *उन्नीसवीं शताब्दी की अँग्रेजी आलोचना में नैतिकता का जो पक्ष होता था—आलोचना का काम बौद्धिक से ज्यादा नैतिक होता था और साहित्य को देखने का जो यह पैमाना था—क्या रामविलास जी को उससे जोड़कर...?*

नामवर सिंह : यह तो बहुत जगहों पर मिलेगा, लेकिन जहाँ भी मिले...।

सुधीर रंजन सिंह : *स्तालिनवादी मार्क्सवाद में भी यह बात खास तौर से मिलती है।*

नामवर सिंह : केवल स्तालिनवाद में नहीं, मैं इतनी दूर तक कह सकता हूँ कि यह चीज रामचन्द्र शुक्ल में भी है, महावीरप्रसाद द्विवेदी में भी। हम लोग आखिर हाड़-मांस के इन्सान हैं, मशीन नहीं। हमारा व्यक्तिगत सम्बन्ध हमारे लेखन में भी उभरकर आता है। किसी व्यक्ति के प्रति हमारी खराब धारणा बनी हुई है तो अकसर विचारों के टकराव में उसका असर पड़ता है। इस कटुता का असर बहुतों में मिलेगा। हिन्दी की परम्परा को देखते हुए मैं कहूँ तो कोई उससे ऊपर नहीं है। सबमें थोड़ी-बहुत होती है। शुक्ल जी ने मिश्रबन्धुओं के बारे में जिस तरह से लिखा है वह केवल साहित्यिक नहीं है, व्यक्तिगत भी है। और तो और, शुक्ल जी की आलोचनाओं में मिश्रबन्धुओं के अलावा श्यामसुन्दर दास भी हैं। उन्होंने श्यामसुन्दर दास की किताबों को शिक्षोपयोगी कहा क्योंकि श्यामसुन्दर दास और उनके सम्बन्ध खराब हो गये थे। उसमें सारा दोष शुक्ल जी का ही था, मैं नहीं मानता। मैं ब्यौरे में नहीं जाना चाहता। लेकिन आमतौर से उम्मीद की जाती है कि प्रगतिशील आन्दोलन में जो लोग हैं, वे इन चीज़ों से मुक्त होने का प्रयास तो कर ही सकते हैं। इसके बरअक्स मैंने कहा कि ज़िन लोगों की रामविलास जी ने आलोचना की, मसलन शिवदान सिंह चौहान, रांगेय राघव, अमृतराय, मुक्तिबोध आदि की, उन लोगों ने रामविलास जी की आलोचना के प्रति जो रुख अपनाया वह व्यक्तिगत नहीं था और उन्होंने बर्दाश्त किया। और तो और, पन्त जी रामविलास जी से बहुत स्नेह करते थे। रामविलास जी इसे स्वीकार भी करते हैं। लेकिन निराला और पन्त विवाद खड़ा करने का पूरा श्रेय रामविलास जी को है।

सुधीर रंजन सिंह : *और जीवनी में जिस तरह...।*

नामवर सिंह : और जीवनी में जिस तरह से लिखा उससे पन्त जी बहुत आहत

हुए थे। यह बात और है कि बाद में चलकर पन्त जी ने उसे भुला दिया। ये उनका बड़प्पन था।

मैं उस दौर से वाकिफ हूँ जब पी. सी. जोशी को पार्टी से निकाला गया और बी. टी. रणदिवे आये। एक ऐसा दौर था जब नेताओं के बीच कटुता बेहद बढ़ गई थी। जहाँ तक मेरे और रामविलास जी के सम्बन्ध का सवाल है तो वैसा कोई कारण नहीं है। मैंने भोपाल वाले भाषण में कहा था कि मैं तो औपचारिक रूप से भी उनका उत्तराधिकारी हूँ। क. मु. विद्यापीठ से जब उन्होंने अवकाश लिया तो उसके बाद उनसे मैंने चार्ज लिया। यह और बात है कि मैं वहाँ एक ही महीने रहा। जब तक मैं वहाँ था उनका उत्तराधिकारी था। साहित्य में उत्तराधिकारी हूँ या नहीं, ये अलग बात है। मेरा उनका व्यक्तिगत रूप से टकराव होने का सवाल ही नहीं है। इसलिए मेरी आलोचना जो उन्होंने की उसमें व्यक्तिगत कटुता कभी नहीं रही है।

जहाँ तक रामविलास जी की प्रशंसा में लिखे हुए मेरे लेख का सवाल है तो उसका सम्बन्ध एक निश्चित दौर से है। बाद के दौर में उनकी दृष्टि अलग दिखाई पड़ती है। मार्क्सवाद के बारे में, कम्युनिस्ट पार्टी के बारे में, प्रगतिशील आन्दोलन के बारे में, मुख्य रूप से ये मुद्दे लिए जाएँ जो 'भारत में अँग्रेजी राज और मार्क्सवाद' से उनकी दृष्टि बदलकर जिस दिशा में गई, उस पर अनेक मार्क्सवादी लोग, जो साहित्यिक नहीं भी हैं, चौंके थे। मुझे अच्छी तरह याद है जब 'भारत में अँग्रेजी राज और मार्क्सवाद' किताब छपी तो मार्क्सवादी कम्युनिस्ट पार्टी के लोगों ने कड़ी आलोचना की थी। प्रकाशित है वह। 'कलम' नाम की पत्रिका निकलती थी। अयोध्या सिंह ने एक लेखमाला शुरू की थी उस किताब के बारे में। उस किताब से रामविलास जी मार्क्सवादी इतिहासकारों की आलोचना शुरू करते हैं। मुख्यतः वह किताब राजनीतिक है। 1857 के बारे में रामविलास जी की अपनी एक समझ है। लेकिन सावरकर की किताब की प्रशंसा उन्होंने जिस तरह से की है वहाँ से एक स्पष्ट मोड़ दिखाई पड़ता है। आर्यों को लेकर जो उनकी धारणा बनी उसका बीज उससे पहले की किताब 'भारत के प्राचीन भाषा-परिवार और हिन्दी' में है। भाषाविज्ञान का अध्ययन करने के क्रम में आर्य-समस्या शुरू हुई और 1990 के बाद का जो दशक है, समाजवाद के विघटन के बाद और बाबरी मस्जिद ध्वस्त होने के बाद, इस बीच जो उन्होंने पूरा का पूरा लेखन कार्य उसमें भारतीय इतिहास के प्रति उनकी जो मान्यताएँ बनी हैं वह इस समस्या से जुड़ी हैं। उन किताबों को पढ़कर मुझे लगा कि यह मोड़ जो रामविलास जी का है वह बहुत ही खतरनाक है। मुझे लगा कि यह उनका भटकाव है। चूँकि लोग उन्हें रहनुमा मानते रहे हैं और उसकी ओर ध्यान अपना जा रहा है तो दूसरों का भी जाना चाहिए। इस दृष्टि से मैंने इधर की किताबों को बारीकी से देखने की कोशिश की। और हमें लगा कि अपनी असहमति तो दर्ज करानी चाहिए।

यह तो विचार-विनिमय के दौरान मालूम होगा कि कौन-सा पक्ष सही है। हो सकता है कि हम ही गलत हों, वे सही हों।

सुधीर रंजन सिंह : *रामविलास जी के बाद के लेखन को छोड़ दें और शुरू से देखें तो उसमें भी आप दोनों में स्पष्ट न सही लेकिन विरोध दिखाई पड़ता है। मेरे कहने का मतलब व्यक्तिगत विरोध से नहीं है। साहित्य, विचारधारा और पार्टी का प्रश्न लें। रामविलास जी साहित्य रूप को विचार-प्रणाली से भेद दिखाते हुए भी 'पार्टी लाइन' को ऊपर रखकर देखते हैं—या कहें कि उसकी तरफ से वे आदेशात्मक मुद्रा अख्तियार कर लेते हैं। आपमें यह बात नहीं है। शुरू से नहीं है। विचार-प्रणाली को आलोचनात्मक कार्य में उपयोगी मानते हुए भी आप कलात्मक उद्योग की विशिष्ट स्थिति को स्वीकार करते हैं। 'कविता के नए प्रतिमान' में तो यह है ही, जैसा कि अभी हमने छायावाद वाली किताब के बारे में कहा था कि उसमें 'काव्यगत स्वाधीनता' की बात आती है। 'कविता के नये प्रतिमान' वाली किताब को लेकर दूसरे लोगों ने तो आप पर रूपवादी रुझान का आरोप भी लगाया था और उसका आपने जवाब भी दिया था। लेकिन इसे लेकर मैं एक दूसरी बात कहना चाहता हूँ। हालाँकि आपने अपने लेखन में त्रोत्स्की के साहित्य सम्बन्धी विचार का शायद उल्लेख भी नहीं किया है, लेकिन मुझे लगता है कि साहित्यिक सोच के स्तर पर जो त्रोत्स्की पंथ बनता है और जो स्तालिनवाद रहा है उसमें आप त्रोत्स्की के कला सम्बन्धी विचारों के निकट हुए—यानी साहित्य की सापेक्ष स्वायत्तता होती है, इस बात को लेकर। दूसरी ओर, जैसा कि रामविलास जी की ओर से राजनीतिक विचार के स्तर पर भी घोषित तथ्य है, वे स्तालिन के निकट हैं।*

नामवर सिंह : पहली बात तो मैं यह कह दूँ कि सिद्धान्त रूप में रामविलास जी में और मुझमें अन्तर नहीं है। होगा भी तो बहुत कम होगा। साहित्य को विचारधारा से मुक्त वे भी मानते हैं, मैं भी मानता हूँ। बहुत पहले, 'आस्था और सौन्दर्य' वाला वह जो लेख है, 1956 के आसपास का लिखा हुआ है, उसमें उन्होंने कहा कि साहित्य केवल विचारधारा नहीं है। साहित्य विशुद्ध विचारधारा का अंग नहीं है, क्योंकि उसमें विचारों के साथ-साथ इन्द्रियबोध और भावबोध भी मिला होता है। इन्द्रियबोध पर विचारधारा का दखल नहीं होता है। भावबोध पर दखल कम होता है। सबसे ज्यादा विचार के स्तर पर विचारधाराओं का असर होता है। यह उनकी स्थापना है। अगर इसे सुसंगत रूप में उसको लागू करना चाहें तो निराला पर लिखते हुए उन्होंने जो इन्द्रियबोध और भावबोध के आधार पर उनकी कविताओं का महत्त्व रेखांकित किया है, उसे देख सकते हैं। वे कट्टरपन्थी या अर्थवादी मार्क्सवाद के शिकार नहीं हैं। ये बात तुलसीदास की आलोचना के सन्दर्भ में भी दिखाई देती है। विचारों को तो वे क्षेपक मानकर छोड़ देते हैं। जिन कविताओं को वे प्यार करते हैं, उनके सन्दर्भ

में वे विचारधारा का जिक्र तक नहीं करते। वे तुलसीदास और निराला के सौन्दर्यबोध, भावबोध की ही प्रशंसा करते हैं। हाँ, जिन कविताओं को वे नापसन्द करते हैं, उनके सन्दर्भ में विचारधारा को जरूर ले आते हैं। इसलिए व्यवहार में उनमें फाँक हो सकती है कि इसके लिए यह और उसके लिए वह, लेकिन सिद्धान्त रूप में फाँक नहीं है। दूसरे ढंग से कहें तो विचारधारा का अंग साहित्य नहीं है; लेकिन सौन्दर्यबोध में इन्द्रियबोध और भावबोध आता है और वह कहीं न कहीं विचारधाराओं से प्रभावित भी होता है। भाव विचार से प्रभावित होते हैं। हमें क्रोध आता है तो किसी विचार के तहत आता है। हम जिसको प्यार करते हैं वह काला भी होता है तो सुन्दर लगता है; और जब घृणा करते हैं तो वही काला बुरा लगने लगता है। इन्द्रियबोध भी प्रभावित होते हैं। वही सुगन्ध किसी में दिखाई पड़ती है जिसको हम बुरा समझते हैं तो वह दुर्गन्ध मालूम होने लगती है। अमरीकी विचारधारा से आप असहमत हों, और उसे आप दुश्मन समझते हों, तो अमरीकी समाज चाहे जितना सुन्दर हो, उसकी दुकानें, माल, बाजार सब असुन्दर दिखाई पड़ेंगे। इसलिए असर पड़ता है विचार का। इसको रामविलास जी यांत्रिक रूप से देखते हैं, मैं नहीं देखता। रामविलास शर्मा स्तालिन-काल के मार्क्सवादी हैं। मैं स्तालिन-काल का नहीं हूँ। आरम्भिक काल में थोड़ा-सा प्रभाव आ गया हो तो नहीं कह सकता, लेकिन स्तालिन के प्रति मेरा वैसा लगाव कभी नहीं रहा। लेनिन के प्रति रहा है, त्रोत्स्की के प्रति नहीं रहा है। लेकिन मुख्य मुद्दा हमारे बीच जो है वह मार्क्सवाद की समझ को लेकर। पार्टी लाइन वाली बात आपने जो की तो 1952-53 के आसपास, बी. टी. रणदिवे का जब नेतृत्व बदला है, उसके बाद से रामविलास जी लगभग पार्टी लाइन के कार्यों से और प्रगतिशील लेखक संघ से विरक्त हो चुके थे। इसलिए उसके बाद पार्टी अनुशासन को मानने का सवाल उनके लिए बिलकुल नहीं था। उनके लेखन के लिए कम्युनिस्ट पार्टी का अनुशासन जिम्मेदार नहीं है। आरम्भ में, उस दौर में जब वे पार्टी मेम्बर थे और बी.टी. रणदिवे के समय में 1947-48 से लेकर आगे के दो-तीन साल तक सख्ती थी और उस समय सख्ती इसलिए थी कि वे प्रगतिशील लेखक संघ के महासचिव थे। उसके बाद उनके विचारों को पार्टी से जोड़कर देखना पार्टी के साथ भी ज्यादती है और रामविलास जी के साथ भी। जहाँ तक मेरा सवाल है तो अपने अनुभव से जानता हूँ कि पार्टी ने कभी किसी लेखक या आलोचक को अनुशासित नहीं किया। पी. सी. जोशी के जमाने में तो बिलकुल ही नहीं किया था। पी. सी. जोशी उन कम्युनिस्ट नेताओं में थे जिन्होंने प्रगतिशील लेखक संघ और इप्टा के लोगों को खुलकर छूट दी थी प्रयोग करने के लिए। आरम्भिक दौर में यह था और बाद के दौर में पार्टी की स्थिति यह थी ही नहीं कि वह अंकुश लगाए। यह जरूर है कि जब 1964 में पार्टी में टूट हुई और एक मार्क्सवादी कम्युनिस्ट पार्टी अलग बनी और आगे उससे टूट करके

मार्क्सवादी-लेनिनवादी कम्युनिस्ट पार्टी बनी। उन दोनों पार्टियों में साहित्य-कला और इन तमाम चीज़ों के बारे में पुराने जमाने का, बी. टी. रणदिवे के दौर का, जो अनुशासन वाला काम हुआ करता था, वह लौट आया। यह मार्क्सवादी-लेनिनवादी पार्टी में है और मार्क्सवादी पार्टी में भी बाकायदा है। स्वयं लेखक वहाँ कितना मानते हैं, नहीं मानते हैं, नहीं कह सकता।

सुधीर रंजन सिंह : *उनके पार्टी साहित्य तक ही यह चलता होगा।*

नामवर सिंह : जाहिर है। यह मैंने इसलिए कहा कि मैं जिस दौर में रहा उसमें न किसी ने अंकुश लगाया और न मैंने खुद किसी अंकुश की माँग की। मुझे जैसा लगा, वही लिखा। इसलिए मैंने जो लिखा उसका जिम्मेदार मैं खुद हूँ। यदि कहीं खोट है, दोष है तो मेरी समझ का है। अगर कोई अच्छी बात लगती है, उसका श्रेय कोई चाहे तो दे सकता है। इस मामले में सीधे कहूँ तो मैं खुद अपना सबसे सख्त आलोचक हूँ। इसलिए अनवरत रूप से अपनी मान्यताओं को जाँचता-परखता रहता हूँ। मेरी पहले की कोई भी धारणा रही हो यदि बाद में लगा कि वह गलत है तो कोई दूसरा इशारा करे, उससे पहले मैं खुद कह देता हूँ कि पहले मैंने जो कहा था वह गलत था।

सुधीर रंजन सिंह : *'इतिहास और आलोचना' पुस्तक के बारे में, जैसा कि दूसरे लोगों ने कहा है और उसका उल्लेख पुस्तक के बाद वाले संस्करण की विज्ञप्ति में भी है कि इसमें प्रामाणिकता के साथ मार्क्सवादी साहित्य-दृष्टि है। प्रामाणिकता के साथ मार्क्सवादी साहित्य-दृष्टि, इसे लेकर मेरा ध्यान एक दूसरी बात पर गया है। इसमें पश्चिम के रचनाकारों का उल्लेख है और खूब है। तोलस्तोय, गोयथे, सार्त्र, फ्लोबेयर, मलार्मे, इलियट, कीट्स, चेखव, शिलर—इतने नाम तो मुझे अभी याद आ रहे हैं। मार्क्सवाद के अध्ययन का भी उसमें प्रमाण मिलता है। आज आप अपनी धारणाएँ जितनी बदलें और मार्क्सवाद भी जितना बदल गया हो, लेकिन उस किताब में मार्क्सवाद के व्यवस्थित अध्ययन का प्रमाण तो मिलता है। हाँ, जिस बात का प्रमाण नहीं मिलता है, और उसी को लेकर मेरा प्रश्न है, कि उसमें पश्चिमी साहित्यिक चिन्तकों और आलोचकों की कोई खास चर्चा नहीं है—नहीं के बराबर चर्चा है। बाद की कृतियों में न केवल चर्चा है, उनमें पश्चिमी 'क्रिटिक्स' का सहारा भी लिया गया है, और उनका सार्थक इस्तेमाल भी दिखाई पड़ता है।*

नामवर सिंह : पहली बात तो यह कि शुरुआती दौर में मैंने पाश्चात्य आलोचकों को पढ़ा ही कम था। बाद में पढ़ा। वे पुस्तकें भी बाद में आईं। कॉडवेल की 'इल्यूजन एण्ड रियलिटी' 1948 में आई, 'स्टडीज इन डाइंग कल्चर' उसके बाद आई। लुकाच की पहली पुस्तक मैंने खरीदी थी 1951-52 में—'स्टडीज इन यूरोपीयन रियलिज्म'। पढ़ने में भी कुछ वक्त लगता है। फिर मार्क्स-एंगेल्स ने कला-साहित्य पर जो कुछ

लिखा है उसका चयन भी 1952 के आसपास आया था। एक संस्करण निकला था अमरीका से, उसके बाद भारतीय संस्करण भी उसी समय आया था। एक मार्क्सवादी पत्रिका थी 'माडर्न क्वाटर्ली'। लंदन से निकलती थी। उसमें गहरी दिलचस्पी थी मेरी। मेरे पास अब भी उसके अंक हैं। उसमें 'कॉडवेल विवाद' चला था साल भर तक। मॉरेस कार्नफोर्थ ने कॉडवेल की सख्त आलोचना की थी। उन्होंने ध्वस्त कर दिया था कॉडवेल को यह कहकर वे मार्क्सवादी नहीं थे, बुर्जुआ विचार का मिश्रण था उनमें। खासतौर से 'इल्यूजन एण्ड रियलिटी' में। उसका जवाब जार्ज थाम्सन ने दिया था। यह बहस हुई थी 52 के आसपास। मतलब यह कि मार्क्सवादी आलोचना की किताबें बाद में आई हैं, और उनको मैं पढ़ता रहा हूँ।

1953 के आसपास मैंने एफ. आर. लीविस की पहली किताब खरीदी 'कॉमन परस्यूट'। अध्यापक होने के नाते पढ़ता था, पढ़ाने का मौका भले न मिले। फिर मार्क्सवादी, गैर-मार्क्सवादी अँग्रेजी के अच्छे महत्त्वपूर्ण आलोचकों को बराबर पढ़ता रहा हूँ। लेकिन कभी 'नेम ड्रापिंग' का काम मैंने नहीं किया। नाम अगर आ गया तो बहुत विवशता के कारण ही आया होगा। प्रमाण के रूप में न मैंने कभी किसी मार्क्सवादी को उद्धृत किया है और न ही दूसरे को। उद्धरण देना एक बात है, और उस उद्धरण का सहारा लेकर अपनी बात कहना दूसरी बात है। ये प्रमाण हैं और ये कहते हैं तो अकाट्य सत्य है, ऐसा मैंने कभी नहीं किया है। आज भी नहीं करता। कुछ लेखक ऐसे जरूर हैं जिनको मैं बहुत महत्त्वपूर्ण मानता हूँ और वे हमारे लिए दिशा-निर्देशक हैं। सोचने की, आगे बढ़ने की वे जमीन तैयार करते हैं। 1956-57 के आसपास के समय को मैं अपना प्रस्थान बिन्दु मानता हूँ। रूसी में 'डी-स्तालिनाइजेशन' का आरंभ तभी हुआ था, नई हवा चली थी। मार्क्सवाद में कुछ खुलापन आया था। स्तालिन की कड़ी आलोचना ख्रुश्चेव ने की थी। 1957 की बात है। अंतोनियो ग्राम्शी की मृत्यु के बीस साल बाद की यह घटना है। अँग्रेजी की एक पत्रिका में उन पर सामग्री आयी थी। मुझे अभी भी याद है कि उनकी एक किताब मैं कलकत्ता से ले आया था—'माडर्न प्रिंस एण्ड अदर राइटिंग्स' नेशनल लायब्रेरी से। ग्राम्शी को पढ़ने के बाद एक आलोचनात्मक रुख आया मुझमें : किसी बात को आँख मूँद कर मत मानो। मार्क्स की बात को भी।

यह श्रेय लेने वाली बात नहीं है कि हिन्दी में ग्राम्शी को 'आलोचना' पत्रिका के माध्यम से मैंने पहली बार प्रस्तुत किया। मेरे सन्दर्भ में तो ग्राम्शी की बड़ी नियामक भूमिका है। दूसरा निर्णायक चिन्तक है मेरे लिए वाल्टर बेन्जामिन। बेन्जामिन को जब मैं जे. एन. यू. आ गया था, तब पढ़ा। ग्राम्शी की भी 'जेल डायरी' भी 1972 में, जब मैं जोधपुर में था, तभी हाथ आई।

कब क्या पढ़ा, इसी सन्दर्भ में मैं ये बातें तो कह रहा हूँ। पहले किन लेखकों

के नाम आये हैं मेरी किताब में, अब याद भी नहीं है।

सुधीर रंजन सिंह : *मैंने कहा था कि 'इतिहास और आलोचना' में रचनाकारों का उल्लेख है और ज्यादातर रूसी लेखकों का।*

नामवर सिंह : इसलिए कि उस समय ज्यादातर रूसी लेखकों को ही पढ़ता था। मैंने आरम्भिक दिनों में जिन्हें रुचिपूर्वक पढ़ा वे लेखक थे तोलस्तोय और अंतोन चेखव।

सुधीर रंजन सिंह : *एक बात और उसमें है। आपने तोलस्तोय के वजन पर फ्लोबेयर को ओछा दिखाया है। आज अगर फ्लोबेयर पर कुछ कहना हो तो आपके विचार वही होंगे?*

नामवर सिंह : नहीं। एक कारण यह था कि जो कलावादी-रूपवादी साहित्यकार हैं, उनके बारे में उस जमाने में मेरी ऐसी ही समझ थी। कारण उसका था हमारे यहाँ भी शीतयुद्ध कालीन विचारधारा का प्रभाव। फ्लोबेयर या मलार्मे के बारे में उस दौर में जब मैंने टिप्पणी की थी तो हमारे सामने अज्ञेयवादी रचनाकार थे। कलावाद के खिलाफ लड़ने के लिए हमें लगता था कि उसके मूल स्रोत तो प्रतीकवादी कवि हैं, या फ्लोबेयर वगैरह हैं। यद्यपि उस जमाने में फ्रांसीसी कवि बोद्लेयर मेरे प्रिय कवि थे। मलार्मे को ज्यादा नहीं पढ़ा था। आज मैं मलार्मे के बारे में वैसी कड़ी टिप्पणी नहीं करूँगा, यद्यपि कलावादी रुझान हिन्दी में आज भी है। 'कला कला के लिए है'—इसका विरोध मार्क्सवादी ही नहीं करते, गैर-मार्क्सवादी भी करते हैं। मेरे प्रिय लेखकों में हेमिंग्वे हैं। कहानी पर लिखते हुए हेमिंग्वे को भी खूब पढ़ा। कुछ दूसरों को भी। फ्लोबेयर को भी। फ्लोबेयर के पत्रों का एक चयन अब भी मेरे पास है। 'मादाम बावारी' तो ख़ैर थी ही। वह लम्बी कहानी भी जिसमें ऊब कर नौकरानी जिस बेटी को खेलाती थी उसी की हत्या कर देती है। दहला देने वाली कहानी है। 'सेंटिमेंटल एड्यूकेशन' भी पढ़ा था। फ्लोबेयर की मैंने फिल्में भी देखी थीं। जिन दूसरे लेखकों को पढ़ा, उनमें स्तांधाल हैं। बल्कि जोला को कम पढ़ा है। तारीफ जरूर सुनी, लेकिन जोला को बाद में पढ़ा। बाल्जाक के 'किसान' की समीक्षा जरूर पढ़ी जो जार्ज लुकाच ने लिखी थी, लेकिन उपन्यास नहीं मिला। बाल्जाक, जोला और स्तांधाल को बहुत बाद में पढ़ा। रूसी लेखकों को यह सही है कि शुरू में ज्यादा पढ़ा था।

सुधीर रंजन सिंह : *स्तांधाल के 'स्कारलेट एण्ड ब्लैक' का तो हिन्दी में अनुवाद भी हुआ था उस जमाने में।*

नामवर सिंह : हिन्दी अनुवाद ही पढ़ा पहले।

सुधीर रंजन सिह : *नेमिचन्द्र जैन ने अनुवाद किया था और अच्छा अनुवाद था।*

नामवर सिंह : हाँ, नेमि जी ने। बहुत अच्छा अनुवाद था। दुबारा नहीं शायद छपा। उसे छापा जाना चाहिए था। बाद में जो पढ़ा, उसमें आँद्रे ज़ीद का एक छोटा-सा उपन्यास—'स्ट्रेट इज द ग्रेट'। चिट्ठी-पत्री की शैली में लिखा गया है। पत्र इतने खूबसूरत हैं...। इसका असर होना चाहिए वात्स्यायन जी के 'नदी के द्वीप' पर।

जिन चीजों को पढ़ा, रस लेने के लिए पढ़ा। आलोचना लिखने में उपयोग के लिए नहीं।

सुधीर रंजन सिंह : *आप ठीक कह रहे हैं, लेकिन एक आलोचक जो नहीं बताता उसका भी उसकी आलोचना में थोड़ा-बहुत योग होता ही है। दृष्टि-विकास के ही लिहाज से मानें इसे। इसी दृष्टि से मैंने सवाल किया था। मेरा उद्देश्य यह जानने का था कि आपके 'आलोचक' की तैयारी में किन लेखकों और आलोचकों का योग रहा है। दूसरी बात, इस क्रम में मेरा ध्यान इस बात पर भी गया है कि 'इतिहास और आलोचना' में यहाँ से वहाँ तक शुक्ल जी की खूब चर्चा है, उद्धरण-दर-उद्धरण हैं; लेकिन एकाध प्रसंगों को छोड़कर हजारी प्रसाद द्विवेदी कहीं नहीं हैं। बस 'इतिहास का नया दृष्टिकोण' और 'हिन्दी साहित्य के इतिहास पर पुनर्विचार' में थोड़ी चर्चा है।*

नामवर सिंह : मैं बनारस में था। 1941 में बनारस आया था, उसके कुछ महीने पहले आचार्य शुक्ल की मृत्यु हुई थी। छाया उनकी काशी हिन्दू विश्वविद्यालय और काशी, दोनों पर थी। आरम्भ के जो अध्यापक मिले, हाई स्कूल के, वे थे ठाकुर मार्कण्डेय सिंह और बाद में पण्डित केशव प्रसाद मिले, जो शुक्ल जी के साथ विभाग में थे, उनसे एक मंत्र मिला मुझे शुक्ल जी को लेकर। उनसे मुझे जो शिक्षा मिली वही है कि मैं शुक्ल जी को लगभग गीता-रामायण की तरह पढ़ता रहा हूँ। इसलिए नहीं कि मैं हर बात से सहमत हूँ। वे एक 'सन्दर्भ स्रोत' से हमारे रहे हैं। किसी विषय पर क्या कहा है उन्होंने, यह मालूम होना चाहिए। उस विषय पर आपको कुछ अतिरिक्त कहना हो तो कहें। दुहरायें नहीं। ऐसा न हो कि मैं जो कहूँ वह शुक्ल जी पहले ही कह चुके हों। इसलिए मैं पढ़ता हूँ उन्हें।

सुधीर रंजन सिंह : *यानी बतौर प्रस्थान बिन्दु?*

नामवर सिंह : प्रस्थान-बिन्दु भी कह लो। यह उठान है। द्विवेदी जी इस तरह से प्रस्थान बिन्दु मेरे लिए नहीं थे। आज भी नहीं हैं। बहुत कुछ उनका मैंने 'आभ्यन्तरीकरण' कर लिया है। इसलिए उनको अलग से उद्धृत करने की जरूरत मुझे नहीं पड़ी। इसका प्रमाण है 'दूसरी परम्परा की खोज'। मेरे एक शोध छात्र ने एक दिन ध्यान दिलाया कि वह पुस्तक हजारी प्रसाद द्विवेदी जी पर नहीं है, बल्कि द्विवेदी जी के बहाने मैं अपनी बात कह रहा हूँ। द्विवेदी जी ने दूसरी परम्परा का नाम भी नहीं लिया था। अकस्मात् ही मुझे लगा कि यह दूसरी परम्परा है।

मैंने पहला आलोचनात्मक लेख रामचन्द्र शुक्ल पर ही लिखा था। मैं बी. ए. का विद्यार्थी था। काशी हिन्दू विश्वविद्यालय के हिन्दी विभाग की गोष्ठी में पढ़ा गया था वह। बहुत ही 'आलोचनात्मक' लेख है वह। मैंने वह लेख 1948 में पढ़ा होगा। पं. विश्वनाथ प्रसाद मिश्र गोष्ठी के अध्यक्ष थे। हिन्दी साहित्य सभा में पढ़ा गया था वह। आप कल्पना कीजिए कि एक बी. ए. का विद्यार्थी काशी हिन्दू विश्वविद्यालय में ही शुक्ल जी के विरुद्ध बोल रहा है। मुझे इस बात पर बड़ा दुख था कि इतना बड़ा आलोचक बाद के अध्यापकों की उपेक्षा का शिकार रहा है। शुक्ल जी को इलाहाबाद में नहीं पढ़ा जाता था, हिन्दू विश्वविद्यालय में भी उन्हें नहीं पढ़ते थे लोग। आज भी रामचन्द्र शुक्ल का इतिहास विश्वविद्यालयों में कम ही पढ़ा जाता है।

सुधीर रंजन सिंह : *उसकी तुलना में 'हिन्दी साहित्य : उद्भव और विकास' ज्यादा पढ़ी जाती है।*

नामवर सिंह : हो सकता है। पर वह पण्डितजी की बहुत कमजोर किताब है। फिर भी कुछ अंश उसके ठीक-ठाक हैं। नई बातें कही हैं। इतिहास के रूप में उनकी 'हिन्दी साहित्य की भूमिका' ही सबसे महत्त्वपूर्ण कृति है। 'उद्भव और विकास' पंजाब विश्वविद्यालय के कोर्स में लगाने के लिए लिखी गई थी। अतरचन्द कपूर ने लिखवाई थी। दशरथ ओझा दिल्ली में रहते थे। उन्होंने ही आग्रह करके द्विवेदी जी से लिखवाई थी। द्विवेदी जी ने हड़बड़ी में लिखी थी वह पुस्तक। कुछ लोग तो यहाँ तक कहते हैं कि आधा उनका लिखा है, आधा दशरथ ओझा का।

सुधीर रंजन सिंह : *क्या ऐसा है?*

नामवर सिंह : कहने वाले कहते हैं। है नहीं। उस समय उन्होंने दो ही काम किए थे। 'हिन्दी साहित्य का आदिकाल' बिहार राष्ट्रभाषा परिषद् के लिए लिखा था। वह महत्त्वपूर्ण किताब है। उसी समय जल्दी-जल्दी में 'उद्भव और विकास' भी लिखी। आधुनिक काल के बारे में तो बहुत ही कमजोर है। पाठ्य पुस्तक मात्र है।

मैं दूसरी बात कहना चाहता था। 'दूसरी परस्परा की खोज' तो लिख दिया है, अब मैं द्विवेदी जी के उपन्यासों पर लिखना चाहता हूँ। सुयोग कब जुटेगा, कह नहीं सकता।

सुधीर रंजन सिंह : *आपने उसका प्रारम्भ तो कर ही दिया था 'अँग्रेजी ढंग का नावेल और भारतीय उपन्यास' लिखकर।*

नामवर सिंह : हाँ, लेकिन मैं दूसरी बात कह रहा हूँ। 'चारुचन्द्रलेख' को द्विवेदी जी ने बनारस में आकर लिखा था। एक-एक अध्याय लिखते थे और उसे 'कल्पना' को भेजते थे। उसे जल्दी-जल्दी खत्म किया। उसमें उनका जीवन गुँथा हुआ है। इससे बड़ी बात है कि उसमें वे उपन्यास के बँधे-बँधाए 'फार्म' को तोड़ रहे थे। जब मैं

’65 में दिल्ली आया और लोगों ने गुपचुप देवीशंकर अवस्थी को उकसा कर ‘टूटा हुआ दर्पण’ कहकर उस उपन्यास को ध्वस्त किया, उस समय मैंने कहा था कि पहला ‘एण्टी नावेल’ लिखा है हजारी प्रसाद द्विवेदी ने। उपन्यास के फार्म पर बहुत कम प्रयोग हिन्दी में किया गया है। द्विवेदी जी ने ‘बाणभट्ट की आत्म-कथा’ और ‘चारुचन्द्रलेख’ में मुख्य रूप से और उसके बाद ‘पुनर्नवा’ और ‘अनामदास का पोथा’ में भी नया प्रयोग किया है। चारों उपन्यासों के चार ‘फार्म’ हैं। ऐतिहासिक उपन्यासों के माध्यम से उन्होंने उपन्यास का ‘फार्म’ बदल दिया।

सुधीर रंजन सिंह : *‘पुनर्नवा’ बड़ा उपन्यास है। हिन्दी का अन्तिम बड़ा उपन्यास। उसके बाद... ।*

नामवर सिंह : ये तो मैं नहीं कह सकता, लेकिन बहुत महत्त्वपूर्ण उपन्यास है वह। उस उपन्यास को पढ़ के एक चिट्ठी मैंने पण्डित जी को लिखी थी। वह छपी है उनके पत्रों में। उसका उन्होंने जवाब भी दिया था। मैं उस समय जोधपुर में था। विनोद में उन्होंने कहा कि हाँ भाई हिन्दी का इतना बड़ा आलोचक कह रहा है कि बहुत अच्छा है, तो होगा ही। यह ’72 की बात है। पण्डितजी उस समय बनारस में थे।

खैर, मैं कह रहा था कि उनके उपन्यासों के बारे में लिखना है और विस्तार से लिखना है। जब देवीशंकर अवस्थी ने लिखा था तभी मैंने कहा था कि मैं ‘चारुचन्द्रलेख’ पर लिखूँगा। आपने बिलकुल गलत दृष्टि से देखा है उस उपन्यास को। उसके बाद ‘पुनर्नवा’ और फिर ‘अनामदास का पोथा’। एक ही भाग पूरा हुआ ‘अनामदास का पोथा’ का, उसका दूसरा भाग वे लिखने वाले थे। बहुत महत्त्वपूर्ण उपन्यासकार हैं हजारी प्रसाद द्विवेदी।

द्विवेदी जी जैसे निबन्ध किसी ने नहीं लिखे। इतिहास को देखने की दृष्टि, परम्परा को देखने की दृष्टि—चाहे वह संस्कृत की हो, प्राकृत की हो, पाली की हो—पुराने लोगों में कहाँ मिलती है? इतिहास की उनकी एक समझ थी, इतिहास की उनकी एक व्याख्या थी। भाषा-व्याकरण की उनकी बहुत गहरी समझ थी। और ये जो लोग तुलना करते हैं आचार्य शुक्ल के व्यक्तित्व से और दुनिया भर की बातें करते हैं—हल्के ढंग से बातें करते हैं—न शुक्ल जी को जानते हैं, न द्विवेदी जी को जानते हैं। महत्त्वपूर्ण दोनों ही हैं।

कभी मैंने सोचा था कि ‘तीन आलोचक’ नाम से एक छोटी सी पुस्तक लिखूँगा। रामचन्द्र शुक्ल, हजारी प्रसाद द्विवेदी और रामविलास शर्मा पर तीन निबन्ध। लेकिन इनके लिए अब अलग-अलग किताबों की जरूरत पड़ेगी। शुक्ल जी पर तो बहुत सारे लेख लिखे हैं। उनको इकट्ठा कर दें तो किताब हो जाएगी। लेकिन तीनों पर लिखने का मैंने सोचा था तो उसमें यह भाव था कि किस आलोचक से क्या लेना

चाहिए। शुक्ल जी में वह क्या है जो आज भी मुझे ग्राह्य लगता है, प्रीतिकर लगता है, शक्ति देता है। हजारी प्रसाद द्विवेदी में क्या है और रामविलास शर्मा में क्या है। इस दृष्टि से और उसके साथ यह भी होगा कि क्या है जो नहीं लेना चाहिए।

सुधीर रंजन सिंह : *यानी उनका क्या जरूरी है?*

नामवर सिंह : क्या जरूरी है और क्या जरूरी नहीं है, दोनों बताने की जरूरत है। उस बात बात में बात भी मैंने सोच लिया है। एक तो संस्कृत के तीन आलोचकों पर मुझे लिखनी है, उसका नाम होगा–'महाजनो येन गतः'। अर्थात् 'दूध का दूध, पानी का पानी'।

सुधीर रंजन सिंह : *डिस्क्रिमिनेशन के अर्थ में।*

नामवर सिंह : और नहीं तो क्या! मुहावरा यही है। नीर-क्षीर-विवेक यही तो है। हिन्दी के आलोचकों पर बात बात में बात दूसरे ढंग का होना चाहिए, शास्त्रीय ढंग का नहीं होना चाहिए। इसलिए 'दूध का दूध, पानी का पानी'।

(वागर्थ : दिसम्बर, 2003)

रूपवाद, परम्परा और प्रतिबद्धता

(वीरेश चन्द्र के साथ)

गुप्त और लुप्त सर्जनात्मकता

वीरेश चन्द्र : *'तद्भव अंक 3' में आपका आत्मीय लेख 'रचना और आलोचना के पथ पर' पढ़ा। इस लेख में आपने एक जगह लिखा है, काव्य रचना प्रक्रिया से दस-ग्यारह साल गुजर जाने के बाद जब मैं आलोचना के क्षेत्र में प्रवृत्त हुआ तो आलोचना करते समय मेरे भीतर गुप्त और लुप्त सर्जनात्मकता के कारण रचना के प्रति सम्मान का भाव शुरू से ही था। और वह आज भी है। सबसे पहले आपसे इस 'गुप्त और लुप्त सर्जनात्मकता' का विस्तार चाहूँगा।*

नामवर सिंह : 'गुप्त और लुप्त सर्जनात्मकता' की व्याख्या तो मेरे आलोचनात्मक निबन्ध ही हैं। क्या उन निबन्धों को पढ़ते हुए नहीं लगता कि ये एक भूतपूर्व कवि के लिखे हुए हैं? आचार्य रामचन्द्र शुक्ल ने 'चिन्तामणि' की भूमिका में अपनी अन्तर्यात्रा का विवरण देते हुए लिखा है कि 'यात्रा के लिए निकलती रही है बुद्धि, पर हृदय को भी साथ लेकर।' आलोचना के पथ पर चलते हुए मुझे कुछ ऐसा ही अनुभव हुआ है। कहना न होगा कि आचार्य शुक्ल ने भी शुरू-शुरू में कविताएँ लिखी थीं और उन्हें देखकर कोई यह कहने की धृष्टता नहीं कर सकता कि असफल कवि आलोचक बन बैठा। अपनी युवा कविताओं के बारे में मैं सिर्फ इतना ही कह सकता हूँ कि कोई पछतावा नहीं है। 1952 के आसपास मेरे काव्य-सृजन में विराम आया और 1954 में छायावाद पर मेरी आलोचना की कृति प्रकाशित हुई। और नहीं तो 'केवल मैं', 'एक कर दे धरती आकाश', 'कल्पना के कानन की रानी' जैसे अध्यायों के शीर्षक से ही आभास हो जाएगा कि इन काव्यांशों को चुनने और सँजोने वाली आलोचना दृष्टि के पीछे कोई कवि ही हो सकता है। आज भी मेरे लिए आलोचना 'शास्त्र' से अधिक 'साहित्य' है और उसे पढ़ते समय भी एक साहित्यिक कृति ही को पढ़ने जैसा स्वाद मिलना चाहिए। जरूरी नहीं कि आलोचना भी कविता की भाषा में ही लिखी जाए, लेकिन उसका गद्य एक सुगठित कविता की तरह ही सुलिखित होना चाहिए। बीसवीं शताब्दी के महान दार्शनिक विटगेन्सटाइन ने तो यहाँ तक कहा है कि दर्शन को भी सचमुच ही 'काव्यात्मक रचना' (पोएटिक कम्पोजीशन)

की तरह लिखा जाना चाहिए। इस सन्दर्भ में चाहे तो संगीत रचना की भी नजीर पेश कर सकते हैं—खास तौर से ख्याल गायकी की प्रक्रिया में पूरे ठाट के रचाव का। इस दृष्टि से आलोचना भी रचना है।

यह और बात है कि कुछ लोग आलोचना को दोयम दर्जे का काम समझते हैं। शायद उनकी नजर में दोयम दर्जे की आलोचनाएँ ही रहती होंगी। आलोचना को इस तरह खारिज करने वाले रचनाकार भूल जाते हैं कि अफलातून ने तो कला-मात्र को तीसरे दर्जे का काम कहकर खारिज कर दिया था क्योंकि वह अनुकरण का अनुकरण है। यदि आलोचना सिर्फ इसीलिए दोयम दर्जे की चीज है कि वह रचना की परोपजीवी है तो क्या स्वयं रचना भी जीवन की परोपजीवी नहीं है? सच पूछिए तो इस तरह के बचकाने तर्क हिन्दी लेखकों के बौद्धिक स्तर की ओर संकेत करते हैं और इस पर ''कहैं रत्नाकर हँसे कि कहाँ रोवैं हम''।

रूपवाद और शब्द साधना

वीरेश चन्द्र : *'तद्भव' के उसी अंक में आपने कहा था कि ''कविता में शब्द महत्त्वपूर्ण होते हैं। शब्द की साधना ही पहली सीढ़ी है।'' इस दृष्टि से आलोचना की पहली शर्त? इसके साथ ही एक सवाल—मलार्मे भी कविता के लिए सिर्फ शब्द को ही महत्त्व देता है। 'इतिहास और आलोचना' में जिसका मुखर विरोध भी आपने किया है। इस सन्दर्भ को उद्धृत करते हुए मैं आपसे यह जानना चाहूँगा कि आपका कथन मलार्मे के कथन से किस तरह भिन्न है?*

नामवर सिंह : 'इतिहास और आलोचना' के जिस निबन्ध में मलार्मे की उक्ति का खंडन किया गया है वह सम्भवतः 1952 का लिखा है। पुस्तक में शामिल किए जाने से पहले वह निबन्ध उन्हीं दिनों हैदराबाद की 'कल्पना' में छपा था। उन दिनों साहित्य की दुनिया में 'कंटेंट' और 'फॉर्म' यानी 'अन्तर्वस्तु' और 'रूप' के आपसी सम्बन्धों को लेकर बहस चल रही थी। पुराने और नए प्रयोगवादियों की ओर से 'रूप' की हिमायत की जा रही थी और उस पर अतिरिक्त बल दिया जा रहा था। मेरा यह निबन्ध उसी बहस में एक प्रकार से आरम्भिक हस्तक्षेप था। कच्ची उम्र का कच्चा प्रयास। वह कचास उसमें साफ है। अन्तर्वस्तु और रूप का सम्बन्ध काफी जटिल और संश्लिष्ट है, इसका अहसास उस समय भी कितने लोगों को था, नहीं कह सकता। लेकिन मुझे तो निश्चय ही कम था और आज इसे स्वीकार करने में मुझे तनिक भी संकोच नहीं है।

रही बात मलार्मे की उक्ति और उस पर मेरी टिप्पणी। मुझे ग़ालिब का शेर याद आ रहा है—

मैंने मजनूँ पै लड़कपन में असद
संग उठाया था कि सर याद आया।

मलार्मे की उस उक्ति का एक निश्चित सन्दर्भ है और उस सन्दर्भ में ही उसका अर्थ निहित है। उसके एक चित्रकार मित्र ने एक शाम उससे कहा कि मेरे दिमाग में एक ख्याल आया है और मैं भी कविता लिखना चाहता हूँ। जवाब में मलार्मे ने उससे प्यार से कहा था, "लेकिन कविता शब्दों से लिखी जाती है, ख्याल से नहीं।" जिसे मैंने 'ख्याल' कहा है उसके लिए अंग्रेजी शब्द 'आइडिया' है और हिन्दी के 'विचार' से उसका पूरा अर्थबोध नहीं होता। ध्यान दें तो यह संवाद दो श्रेष्ठ कलाकारों के बीच हुआ था। एक रंगों और रेखाओं के माध्यम का उस्ताद और दूसरा शब्द-साधना में सिद्ध। रंगों और रेखाओं का उस्ताद अपने दिमाग में आए हुए ख्याल को किसी चित्र का रूप देता तो कोई बात नहीं, लेकिन उसका हौसला तो उस ख्याल को शब्दों में उतारने का था और कलाकार की इस क्षमता पर ही कवि मलार्मे ने टिप्पणी की थी।

ख्यालों का क्या? जो कवि या कलाकार नहीं है, उनके मन में भी एक-से-एक अनूठे ख्याल आते हैं लेकिन वे सभी कवि नहीं हो जाते। ऐसा होता तो कविताओं का अम्बार लग जाता। सच तो यह है कि सटीक शब्द न मिलने पर वह ख्याल भी अपनी खसूसियत जाहिर नहीं कर पाता—काव्य बन पाना और आगे की बात है।

बहरहाल 'तद्भव' के तीसरे अंक में अपनी आत्मकथा के अन्तर्गत मैंने कविता में शब्द के महत्त्व पर जोर दिया है तो इसलिए कि इन पचास वर्षों में जीवन की गंगा में काफी पानी बह चुका है। इस बीच मैंने मलार्मे को भी पढ़ा और अपने कुछ समकालीन कवियों की शब्द-साधना को भी निकट से देखा—खास तौर से शमशेर और अज्ञेय को और उनके बाद रघुवीर सहाय और विनोद कुमार शुक्ल को भी। इस क्रम में प्राचीन भाषा-चिन्तन के बीहड़ की भी यात्रा की और दृष्टि भर्तृहरि के 'वाक्यपदीयम्' की इस उक्ति पर अटक गई :

न सोऽस्ति प्रत्ययो लोके यः शब्दानुगमादृते।
अनुविद्धमिव ज्ञानं सर्वं शब्दन भासते ॥ (1/123)

गरज कि लोक में शब्द के बिना कोई 'प्रत्यय' नहीं, प्रत्येक ज्ञान शब्द से अनुबिद्ध है यहाँ तक कि शब्द से ही 'सब' का आभास होता है। इसीलिए प्राचीन भारत के वैयाकरण शब्द को ब्रह्म कहते थे। यह महिमा है शब्द की। तभी सहसा मलार्मे की उक्ति याद आई : "मैं लिखता हूँ इसलिए मैं हूँ!" इस उक्ति में कहीं-न-कहीं उनकी स्मृति में अपने पूर्ववर्ती चिन्तक देकार्ते की यह उक्ति अवश्य रही होगी : "मैं सोचता हूँ इसलिए मैं हूँ।" देकार्ते की उक्ति के बिना मलार्मे के उद्गार की गहराई को थाह

पाना असम्भव है। जो बड़े लिक्खाड़ हैं उनके लिए यह सब शायद रहस्य हो, लेकिन जो सचमुच लेखक हैं और जिनके हाथ में कलम किसी उपयुक्त शब्द की तलाश में घंटों काँपती रहती है, वे इसे जरूर महसूस करेंगे। उन्हें मलार्मे की उक्ति को और ज्यादा समझाने की जरूरत भी नहीं है।

'तद्भव'-3 में मैंने शब्द-साधना को ''पहली सीढ़ी कहा था, लेकिन आज मैं उसे नींव का पत्थर'', बल्कि 'बुनियाद' कहना पसन्द करूँगा—इस बात की परवाह किए बिना कि यह 'रूपवाद' कहा जाएगा।

कुछ साल पहले मेरे हाथ एक लेख लगा जिसका शीर्षक था, 'कंटेंट आफ द फार्म'। हिन्दी में उसे 'रूप' की अन्तर्वस्तु कहेंगे। इसके लेखक हेडेन ह्वाइट हैं—इतिहास चिन्तक और साहित्य समीक्षक। यह पद उन्होंने हेगेल से लिया है, वही हेगेल जिनसे मार्क्स ने अनेक अवधारणाएँ ली हैं। इस लेख से अन्तर्वस्तु और रूप के सम्बन्धों का एक और पहलू सामने आता है। आम तौर से अन्तर्वस्तु के रूप की चर्चा की जाती है और उसके मूल में यह समझ होती है कि प्रत्येक वस्तु अपने अनुरूप 'रूप' खोज लेती है। इस प्रकार पहल हमेशा वस्तु या अन्तर्वस्तु की होती है। मुझे ऐसा लगता है कि पहले अंडा कि मुर्गी—इस दुश्चक्र का कोई अन्त नहीं है। व्यवहार में यही दिखता है कि किसी कृति की अन्तर्वस्तु उसके रूप में ही अनुस्यूत होती है। भर्तृहरि के शब्दों में कहें तो रूप अन्तर्वस्तु से अनुबिद्ध होता है। शायद इसीलिए उसे विषय वस्तु अथवा सिर्फ वस्तु न कहकर अन्तर्वस्तु कहते हैं—रूप के अन्दर की वस्तु अन्तर्वस्तु! तुलसीदास के शब्दों में 'कहियत भिन्न, न भिन्न'। 'तद्भव'-3 के आत्मकथ्य में मैंने उसी अनुभव-सत्य की ओर इशारा करने का प्रयास किया है।

इसके बाद भी यदि किसी मार्क्सवादी को शब्द या रूप की इस सर्जनात्मक भूमिका में सन्देह हो तो उसे 'कम्युनिस्ट घोषणा पत्र' की पांडुलिपि के उस कटे-पिटे पन्ने का छाया-चित्र देख लेना चाहिए जो स्वयं मार्क्स की लेखन-प्रक्रिया का जीवन्त प्रतिबिम्ब है। अन्तर्वस्तु और रूप का रिश्ता इतना सरल-सपाट होता तो अपना 'पूंजी' नामक ग्रन्थ पूरा करने में मार्क्स को इतने वर्ष न लगते! फिर भी इतनी जद्दोजहद के बाद सिर्फ पहला खंड पूरा हो सका—लेकिन रूप की दृष्टि से मुकम्मल!

कहना न होगा कि अन्तर्वस्तु और रूप के अति संश्लिष्ट सम्बन्ध की समस्या रचना के क्षेत्र के साथ ही समालोचना की भी बुनियादी समस्याओं में से एक है और इसे कोरा बुद्धि-विलास कहकर खारिज करना नादानी होगी। फिलहाल इस प्रश्न पर इतना ही। मौका मिला तो फिर कभी। वह 'फिर कभी' आएगा भी, मालूम नहीं। इसी तरह कितनी बातें टलती रही हैं। पड़ी हैं अधूरी चीजें तमाम। वह शेर जाने किसका है—

इरादे बाँधता हूँ, छोड़ता हूँ, तोड़ देता हूँ
कहीं ऐसा न हो जाए, कहीं वैसा न हो जाए।

परम्परा और कैनन

वीरेश चन्द्र : *'तद्भव' अंक-3 के उसी लेख में आपकी स्थापना है, श्रेष्ठ आलोचना की चिन्ता साहित्य से अधिक संस्कृति की होती और उसके सामाजिक सरोकार होते हैं जैसा कि टी.एस. इलियट ने कहा है कि हर आलोचक इतिहास की या अपनी परम्परा की पुनः व्यवस्था करता है। यों कहें कि आलोचना का अपना एक 'कैनन' होता है यानी कि आपकी दृष्टि में जो सबसे महत्त्वपूर्ण है—सार्थक है—वह क्या है? आपकी सूची क्या है? आपकी सूची में कौन लोग हैं? आलोचक का दायित्व है प्रचलित 'कैनन' पर विचार करना और जरूरत हो तो उस 'कैनन' को बदल देना। आपकी इस टिप्पणी में कई प्रश्न आपस में गुत्थमगुत्था हैं—(1) पहले तो यह कि आलोचना का साहित्य से अलग कोई अस्तित्व है? (2) साहित्य अपने आप में स्वयं सांस्कृतिक-कर्म नहीं है? आपके अपने सन्दर्भ में इस सम्पूर्ण कथन की विस्तृत व्याख्या चाहूँगा।*

नामवर सिंह : 'कैनन' अपना शब्द नहीं है। लाचार होकर उसका प्रयोग कर रहा हूँ। कोई सटीक शब्द मिल जाएगा तो इसे छोड़ दूँगा। टी.एस. इलियट ने भी इस शब्द का प्रयोग नहीं किया था। उनका अपना शब्द था : परम्परा। मैंने भी 'दूसरी परम्परा' की बात की है। इलियट ने ठीक ही कहा है कि युगों बाद किसी साहित्य में एक बड़ा आलोचक आता है जो उसके इतिहास को 'पुनर्व्यवस्थित' करता है। इलियट ने 'रिआर्डरिंग' शब्द का प्रयोग किया है। व्याख्या करनेवाले आलोचक तो आते ही रहते हैं, लेकिन इतिहास को बदल देने का काम करनेवाले विरले ही आते हैं। मार्क्स ने भी यही कहा था : "दार्शनिकों ने अभी तक संसार की तरह तरह से व्याख्या भर की है जबकि असल काम तो है उसे बदलना।"

हिन्दी आलोचना के क्षेत्र में इस तरह का पहला प्रयास है 'हिन्दी नवरत्न'। यह 'नवरत्न' एक तरह का कैनन ही है : श्रेष्ठ कवियों की तालिका। यह घटना बीसवीं शताब्दी के आरम्भ की है। मिश्रबन्धुओं ने 'नवरत्न' को अक्षरशः ग्रहण किया। वे नौ की संख्या में बँध गए। पसन्द के कवि नौ से ज्यादा निकले। लिहाजा उन्हें दो कवियों को साथ-साथ रखना पड़ गया। इस खींच-तान में कुछ कवि छूट ही गए; जैसे कबीर। आगे चलकर उन्हें भूल का अहसास हुआ तो कबीर को भी शामिल कर लिया। पर 'नवरत्न' कहने के लिए नौ-के-नौ ही रहे। 'सरस्वती' में आचार्य महावीर प्रसाद द्विवेदी ने इस उपहासास्पद प्रयास की सख्त आलोचना की। इस आलोचना का प्रतिवाद किसी ओर से नहीं हुआ। इससे साफ है कि द्विवेदी जी के

साथ साहित्यकारों की आम सहमति थी।

आज भी 'नवरत्न' को देखने से यह आभास तो होता ही है कि मिश्रबन्धु साहित्य के रसिया थे; वैसे ही जैसे एक जमाने के रईस हुआ करते थे। विचारों में वे काफी आधुनिक भी थे—शायद अंग्रेजी शिक्षा के कारण। यह और बात है कि उनकी आलोचनात्मक प्रज्ञा की अपनी सीमाएँ थीं। गुणवत्ता की दृष्टि से कवियों का क्रम निर्धारण करने में भी उन्होंने सामान्यतः लोकमत का ही अनुसरण किया था। नवरत्नों की सूची में प्रथम स्थान पर तुलसीदास ही थे और सूर का स्थान दूसरा था। 'सूर सूर तुलसी ससी' की प्रचलित उक्ति को उन्होंने ठुकरा दिया। चन्दबरदाई को आठवाँ स्थान देकर उन्होंने कालक्रम को भी दरकिनार कर दिया। अन्त में भारतेन्दु को नवरत्नों में स्थान देकर उन्होंने अपनी आधुनिक दृष्टि का भी प्रमाण दिया। इस पूरी व्यवस्था में मिश्रबन्धुओं ने साहस का सिर्फ एक काम किया और वह था देव को बिहारी पर तरजीह और मजा यह कि वही विवादास्पद हो गया—सिर्फ इस एक वजह से समूचा 'हिन्दी नवरत्न' विवाद के घेरे में आ गया। फिर तो देव बनाम बिहारी हिन्दी आलोचना का केन्द्रीय मुद्दा बन गया और अलग-अलग दो खेमे बन गए। बहस लम्बी चली और दशकों तक खिंच गई। आचार्य शुक्ल के हस्तक्षेप से बिहारी का पलड़ा भारी पड़ा। विवाद की तात्कालिक गर्मी कम हुई तो आगे चलकर आचार्य शुक्ल ने भी देव के महत्व को स्वीकार किया और अब तो देव का कवित्व लगभग सर्वस्वीकृत हो चला है। किन्तु न भूलें कि हिन्दी साहित्य के 'कैनन-निर्माण' के सभारम्भ का श्रेय मिश्रबन्धु को है और यह शुरुआत बीसवीं शताब्दी के आरम्भ में ही हो चुकी थी।

वस्तुतः हिन्दी साहित्यकारों का सुसंगत 'कैनन' बनाया आचार्य रामचन्द्र शुक्ल ने 'हिन्दी साहित्य का इतिहास' के द्वारा जिसे अन्तिम रूप मिला 1941 में और यह एक युग का अन्त भी था। कहना न होगा कि छोटी-मोटी असहमतियों के बावजूद वही कैनन आज भी हिन्दी के बहुसंख्य पाठकों के संस्कार में है। इस नए 'कैनन' के अन्दर प्राचीन कवियों में जायसी और घनानन्द को विशिष्ट महत्त्व मिला। आधुनिक कवियों में प्रकृति-प्रेम के कारण श्रीधर पाठक और सुमित्रानन्दन खुलकर सराहे गए और छायावाद-रहस्यवाद से अंशतः असहमति के बावजूद प्रसाद, निराला और महादेवी के मूल्यवान योगदान को इसी तारतमिक क्रम से स्वीकार भी किया गया।

इस 'कैनन' में पहला हस्तक्षेप किया 1942 में हजारी प्रसाद द्विवेदी ने अपनी 'कबीर' पुस्तक के द्वारा, फिर तो हस्तक्षेपों का सिलसिला ही चल निकला। इस प्रक्रिया में रामविलास शर्मा के हस्तक्षेपों का ऐतिहासिक महत्त्व है। उन्होंने आचार्य शुक्ल के महत्त्व को स्वीकारते हुए भी निराला को आधुनिक कवियों के सर्वोच्च स्थान पर बिठाया और उनके साथ ही प्रेमचन्द को पूरी तरह प्रतिष्ठित किया। इसी क्रम में उन्होंने आचार्य महावीर प्रसाद द्विवेदी को हिन्दी नवजागरण के अग्रदूत के रूप में

प्रस्तुत किया, जबकि अभी तक वे केवल भाषा संस्कार के लिए याद किए जाते थे। इसके अतिरिक्त रामविलास जी ने अपना समकालीन साहित्य का भी एक 'कैनन' बनाने की कोशिश की जिसमें कवि के रूप में केदारनाथ अग्रवाल और उपन्यासकार के रूप में वृन्दावनलाल वर्मा और अमृतलाल नागर सर्वोपरि हैं। वैसे दिनकर, नागार्जुन और त्रिलोचन के लिए भी गुंजाइश रखी है, लेकिन जो कथाकार, कवि या साहित्य सोच-विचारपूर्वक इस 'कैनन' से बाहर रखे गए हैं उनमें सबसे उल्लेखनीय यशपाल, राहुल सांकृत्यायन, फणीश्वरनाथ रेणु, हजारी प्रसाद द्विवेदी, शमशेर और मुक्तिबोध हैं। खास बात यह है कि कबीर के लिए यहाँ कोई जगह नहीं है—न तीन में न तेरह में। रामविलास जी अपने इस 'कैनन' को साहित्य की जातीय परम्परा कहते हैं जिसके सचमुच के शिखर तीन ही हैं, तुलसी, निराला और रामचन्द्र शुक्ल, लेकिन चौखम्भा बनाना हो तो चौथे प्रेमचन्द भी।

इस 'कैनन' की छानबीन जरूरी है। लेकिन उसके लिए काफी समय चाहिए और वह आज इस समय सुलभ नहीं है। फिलहाल अपनी भूमिका के बारे में सिर्फ इतना ही कहना काफी है कि अभी तक मैंने 'कैनन' निर्माण की प्रक्रिया में दो या तीन छोटे-छोटे हस्तक्षेप किए हैं। नई कविता के अन्दर मुझे अज्ञेय और उनके मंडल के कवियों से भिन्न एक दूसरी परम्परा का अहसास तो 1956-57 से ही था और मैं यह महसूस करता था कि उस दूसरी परम्परा की सबसे समर्थ प्रतिभा मुक्तिबोध हैं। इस आशय के दो छोटे-छोटे लेख मैंने तभी लिखे थे। लेकिन उसे व्यवस्थित रूप दिया 1968 में प्रकाशित 'कविता के नए प्रतिमान' में जिसके केन्द्र में 'अँधेरे' में जैसी 'फंतासी' वाली लम्बी कविताओं के रचयिता मुक्तिबोध थे। उस समय पहला मोर्चा 'नई कविता का आत्मसंघर्ष' ही था। इसलिए उस मोर्चे के योद्धा मुक्तिबोध ही केन्द्र में थे। प्रसंगवश नागार्जुन, केदारनाथ अग्रवाल, त्रिलोचन आदि की भी चर्चा आई है पर कुल मिलाकर वे पार्श्वच्छवि ही रहे। उस बात को लेकर उस समय उस पुस्तक की काफी आलोचना भी हुई और उसमें निश्चित ही सत्यांश है। कुछ दिनों बाद इलाहाबाद विश्वविद्यालय की प्रतिष्ठित 'निराला-व्याख्यानमाला' के अन्तर्गत अपने भाषण में मैंने इसे स्वीकार भी किया। उस भाषण का संक्षेप वहीं से प्रकाशित होने वाली पत्रिका 'कथ्य रूप' में छप चुका है।

आगे चलकर मैंने 'त्रिलोचन के लिए एक नया काव्यशास्त्र' शीर्षक लम्बा लेख 'आलोचना' में प्रकाशित किया। उल्लेखनीय है कि तब तक डॉ. रामविलास शर्मा की दृष्टि त्रिलोचन की कविता पर नहीं पड़ी थी। उस लेख के बाद ही त्रिलोचन उनके दृष्टि-पथ पर आए। इसके अतिरिक्त त्रिलोचन के सत्तरवें जन्मदिन पर भी मैंने 'जनसत्ता' में एक लेख लिखा था। इसी तरह नागार्जुन पर तो मेरे अनेक लेख हैं—यहाँ तक कि अपनी भूमिका के साथ मैंने नागार्जुन की कविताओं का एक चयन भी प्रकाशित किया है। ऐसी ही बातें शमशेर के सन्दर्भ में भी उल्लेखनीय हैं। सारी

सामग्री पुस्तकाकार प्रकाशित नहीं है, इसलिए लोगों के ध्यान में मेरा यह पक्ष नहीं आता। निकट भविष्य में कुछ व्यवस्थित रूप में सारी सामग्री सामने आएगी तो पता चलेगा कि वह 'कविता के नए प्रतिमान' का एक पूरक खंड ही है।

'कैनन' सम्बन्धी मेरी उधेड़बुन का सम्भवतः सबसे उल्लेखनीय प्रस्थान है 1982 में प्रकाशित पुस्तक 'दूसरी परम्परा की खोज'। इस पुस्तक का भी एक केन्द्र है और उस केन्द्र में हैं मेरे गुरुदेव आचार्य हजारी प्रसाद द्विवेदी। हमारी तथाकथित 'परम्परा' के अन्तर्गत ही एक और परम्परा के प्रतीक। इस पुस्तक के द्वारा सिर्फ यह कहने की कोशिश की गई है कि हमारे इतने लम्बे इतिहास में अनेक परम्पराएँ हैं और उनके बीच टकराव और सामंजस्य की प्रक्रिया निरन्तर चलती रही है। इसलिए किसी एक परम्परा को मुख्य धारा में स्थापित करने का अर्थ है अन्य परम्पराओं का दमन। इस सन्दर्भ में 'महान परम्परा' और 'लघु परम्परा' जैसा विभाजन भी उसी वर्चस्ववादी दृष्टि का परिचायक है।

विचित्र बात है कि हमारे यहाँ साहित्य में तो 'कैनन' की बहस कुछ ठंडी पड़ गई है, किन्तु संस्कृति के क्षेत्र में 'परम्परा' की दुहाई काफी उग्र है और लगता है कि अन्ततः परम्परा का सांस्कृतिक संघर्ष साहित्य को भी प्रभावित करके रहेगा। दलित-विमर्श और स्त्री-विमर्श के चलते साहित्य का 'कैनन' देर तक अछूता न रह पाएगा। एक तरह से अतीत वर्तमान-संघर्ष का ही एक मोर्चा है जिसका प्रमाण है हड़प्पा और वैदिक सभ्यता के पूर्वापर क्रम तथा स्वदेशी-विदेशी होने को लेकर इतिहासकारों के बीच चलनेवाला महाभारत।

सच पूछिए तो इधर कुछ वर्षों से मेरे सोच-विचार के केन्द्र में 'परम्परा' से ही जुड़े प्रश्न हैं।

प्रतिबद्धता

वीरेश चन्द्र : *किसी साहित्यिक के लिए प्रतिबद्धता का अर्थ?*

नामवर सिंह : किसी साहित्य के लिए प्रतिबद्धता का अर्थ बताने से पहले 'प्रतिबद्ध' शब्द का सन्दर्भ। यह सन्दर्भ प्राचीन है। 'रघुवंश' में राजा दिलीप के गोचारण का आरम्भ। कालिदास कहते हैं : 'वनाय पीत प्रतिबद्धवत्सां यशोधनो धेनुमृषेर्मुमोच'। ऋषि की जिस धेनु को राजा ने खूँटे से मुक्त किया, वह कैसी है? 'पीतप्रतिबद्धवत्सा' है। बछड़ा दूध पी चुका है। इसके साथ ही वह 'प्रतिबद्धवत्सा' है। गाय खूँटे से बँधी और बछड़ा गाय से, लेकिन देखो तो गाय बछड़े से भी बँधी है। बन्धन दुहरा है इसीलिए महाकवि ने 'बद्ध' की जगह 'प्रतिबद्ध' शब्द का प्रयोग किया है।

स्वयं कोई गाय भले न दुही हो, लेकिन गाँव में कभी गाय को दुहते तो देखा

होगा। पहले बछड़ों को थन से लगाते हैं, फिर थन से छुड़ाकर स्वयं दुहना शुरू करते हैं, लेकिन बछड़े को गाय से सटाए रखते हैं ताकि उसे वह चूमती-चाटती रहे। थन से दूध उतारने के लिए यह जरूरी है शायद। कभी-कभी बछड़े को गाय की टाँग से बाँध भी देते हैं। बचपन में यह दृश्य मैंने देखा है। 'प्रतिबद्ध' शब्द सुनते ही मुझे वह दृश्य याद आ जाता है। 'कमिटमेंट' के लिए मुझे किसी समय यही शब्द सूझा था, जब कि प्रयोग में दूसरे बहुत से शब्द चल रहे थे—'प्रतिश्रुति', 'सम्बद्ध', 'आबद्ध' आदि अब कौन याद करता है। बात भी तो पुरानी हो गई।

बहरहाल, प्रतिबद्धता का प्रश्न उठते ही अक्सर लोगों का ध्यान सबसे पहले खूँटे पर ही जाता है और वे जानना चाहते हैं कि आप किस खूँटे से बँधे हैं। बहुतेरी आलोचनाएँ आज इसी दृष्टि से लिखी जा रही हैं। ऐसे लोगों से कभी-कभी पूछने को जी चाहता है कि आपको दूध से मतलब है या खूँटे से? दूध कौन देता है खूँटा या गाय? और यह सिर्फ मजाक नहीं है।

आज के साहित्यिक परिदृश्य पर दृष्टि जाती है तो अंग्रेजी के प्रसिद्ध कवि विलियम बटलर येट्स की कविता 'द सेकंड कमिंग' की ये पंक्तियाँ याद हो आती हैं :

> The best lack all conviction while the worst are full of passionate intensity.

येट्स ने यह कविता तीस के दशक के अन्तिम दिनों में लिखी थी—सम्भवतः द्वितीय विश्वयुद्ध से कुछ पहले अथवा उसके दौरान। जमाना वह था जब पूरे यूरोप पर फासिस्ट छाया प्रेत की तरह मँडरा रही थी। जो सबसे अच्छे लोग थे उनमें दृढ़ विश्वास की कमी थी और जो सबसे बुरे थे वे उत्कट जोश से भरे हुए थे। वही स्थिति बहुत कुछ आज अपने देश में है। राम मन्दिर बनाने वालों के जोश को देखो तो उनके सामने बड़े से बड़े 'प्रतिबद्ध' लेखक और बौद्धिक का उत्साह फीका लगेगा। आस्था भी आज उन्हीं लेखकों और चिन्तकों में सबसे ज्यादा है जिनका दिल और दिमाग मन्दिर वालों के साथ है। यह सच है कि हिन्दी में ऐसे लेखकों और चिन्तकों की संख्या कम है, वरना ज्यादातर तो चालू किस्म के कलमनवीस ही हैं। इसके लिए सही शब्द है 'कटिबद्ध'! इस शब्द का प्रयोग करते ही आँखों के सामने बजरंग दल के स्वयंसेवक की छवि तैर जाती है! एक तरह से देखो तो इस जमाने में यदि 'प्रतिबद्ध' हैं तो यही धर्मयोद्धा और मुजाहिद! खास बात यह है कि सबसे ज्यादा संगठित और परस्पर सम्बद्ध भी यही गिरोह है।

'प्रतिबद्धता' यदि यही है तो इस शब्द को सुनकर शरीर में एक सिहरन सी दौड़ जाती है। निश्चय ही इस फासिस्ट खतरे के विरुद्ध जबरदस्त प्रतिरोध भी है : जन जीवन में भी और साहित्य में भी। इस प्रतिरोध का हरावल दस्ता भी वही वामपन्थ

है जो परम्परा से अपनी प्रतिबद्धता के लिए जाना जाता है। किन्तु समाजवादी संसार के ध्वस्त हो जाने के बाद अब इस प्रतिरोध में पहले जैसी दृढ़ता और जुझारूपन नहीं दिखता। यह कड़वी सचाई है जिसे स्वीकार न करना आत्म छलना होगी। वैसे अपने पक्ष के बारे में कोई दुविधा नहीं है और पक्षधरता भी स्पष्ट ही है किन्तु विचारधारा के स्तर पर अपने-अपने सन्देह भी हैं, साथ ही कुछ अनुत्तरित प्रश्न भी। फिलहाल उन प्रश्नों के ब्योरे में जाने का समय नहीं है, इसलिए अन्त में सिर्फ यही कहना काफी होगा कि यह दौर 'प्रतिबद्धता' से कहीं ज्यादा 'निष्ठुर आलोचना' का है—मार्क्स ने एक ऐसे ही प्रसंग में 'Ruthless Criticism' शब्द का प्रयोग किया था। यह 'आलोचना' ही हमारे प्रतिरोध का अमोघ अस्त्र है। इस बातचीत का अन्त फैज़ के इस शेर से बेहतर नहीं हो सकता—

दिल नाउम्मीद तो नहीं, नाकाम ही तो है।
लम्बी है ग़म की शाम मगर शाम ही तो है।

(आवर्त, जुलाई 2001)

जीवन का गद्य, कहानी और कविता

(अरुण प्रकाश के साथ)

पहली बार नामवर जी से एक साक्षात्कार के क्रम में मिला था। छोटी-छोटी भेंटों और देखा-देखी को छोड़ दें तो लम्बी मुलाकात जब फिर हुई तब भी साक्षात्कार का ही सिलसिला था।

नामवर जी से दो दशक पहले आलोचक डॉ. चन्द्रभूषण तिवारी (अब स्वर्गीय) के साथ जे.एन.यू. वाले निवास पर पहली बार मिला था। डॉ. तिवारी 'कलम' पत्रिका के लिए साक्षात्कार करने पहुँचे थे। मैं और आनन्द प्रकाश सहयोगी के रूप में मौजूद थे। साक्षात्कार के बाद नामवर जी ने अनौपचारिक बातचीत में कहा, 'नक्सलवादियों ने कविता का सत्यानाश कर दिया। भला हो उनका कि गद्य बच गया क्योंकि उन लोगों ने गद्य लिखा ही नहीं।' इस वाक्य ने मुझ पर इतना असर डाला कि मैं कविता छोड़ कहानी का 'सत्यानाश' करने में प्रवृत्त हो गया। तबसे वही करने में लगा भी हूँ।

भोपाल में साक्षात्कार शुरू करने से पहले मुझे इस प्रसंग की याद हो आई। मैंने नामवर जी को बताया तो मुस्कुराए।

नामवर जी का साक्षात्कार लेने में पहली कठिनाई जो सामने आई कि कहानी से सम्बन्धित मुद्दे कौन-कौन से चुने जाएँ। हिन्दी में सर्वाधिक साक्षात्कार उनके ही प्रकाशित होते रहते हैं। प्रायः हर मुद्दे पर नामवर जी अपना मत प्रकट कर चुके हैं। यद्यपि उनके साक्षात्कारों का एक संकलन 'कहना न होगा' प्रकाशित है फिर भी उनके अनेक साक्षात्कार, व्याख्यान यत्र-तत्र फैले हैं और पुस्तक रूप में संगृहीत नहीं हैं। बहरहाल, कहानी से सम्बन्धित उनके प्रायः सभी कहानी सम्बन्धी साक्षात्कारों को खँगालने के बाद यह निकला कि कुछ बिन्दु ऐसे हैं जो उनके साक्षात्कारों में दुहराए गए हैं, कम-से-कम उनसे तो बचा जाए ताकि इस साक्षात्कार में नवीनता बनी रहे। उदाहरणस्वरूप कई साक्षात्कारों में निर्मल वर्मा को लेकर प्रश्न किए गए हैं और उनके लम्बे-लम्बे उत्तर भी हैं। प्रायः चालीस वर्ष पहले निर्मल वर्मा के पहले कहानी संग्रह पर लिखी गई समीक्षा (यह नामवर जी की पुस्तक 'कहानी : नई कहानी' में संकलित है) पिछले चालीस वर्षों से विवादास्पद बनी हुई है। इधर निर्मल जी की

राजनीतिक, सामाजिक दृष्टि में परिवर्तन ज्यों-ज्यों आता गया नामवरजी को उस समीक्षा के चलते अधिकाधिक प्रश्नों का सामना करना पड़ा। लेकिन नामवर जी अपने इस रुख पर अड़े रहे जबकि कई मामलों में वे लचीलापन भी प्रदर्शित करते रहे हैं। एक बात तो तय है कि आलोचक कृति का मूल्यांकन, उसका महत्त्व प्रतिपादित कर सकता है पर वह फलित ज्योतिषी नहीं होता कि रचनाकार की भविष्य में विचार की दिशा क्या होगी, उसे भाँप ले। पिछले वर्ष आकाशवाणी के लिए डॉ. विश्वनाथ त्रिपाठी को दिए गए साक्षात्कार में नामवर जी ने निर्मल जी के प्रति अपने रुख के बारे में कहा : 'मैंने लाखों के बोल सहे सितमगर तेरे लिए!' इसी के मद्देनजर निर्मल जी से सम्बन्धित चर्चा यहाँ नहीं है।

यद्यपि आलोचना मेरा अनुशासन नहीं है फिर भी आलोचना का थोड़ा अध्ययन इसलिए करता हूँ ताकि बुरा लिखने से बच सकूँ। हिन्दी कथालोचना में शायद ही ऐसा कुछ मिले जो आपको अच्छी कहानी लिखना सिखलाए। यहाँ पाठालोचन, कहानी की भाषा, सौन्दर्य, सामाजिकता, रचना-प्रकिया और आन्तरिक संरचना केन्द्रित अध्ययनों का घोर अभाव है। अतिरेक के आरोप का जोखिम उठाकर भी कहूँगा कि कहानी आज भी आलोचना के एजेंडे पर नहीं है। नामवर जी ने कथालोचना को 'इत्यलम्' कह रखा है लेकिन वे हिन्दी कहानी के आद्य-आलोचकों में से एक हैं। ऐसे नामवर जी का यह हस्तक्षेप महत्त्वूपर्ण माना जाना चाहिए।

नामवर जी 75 वर्ष के हो गए। उनकी बातों से बढ़ती उम्र का एहसास नहीं होता। 'इतिहास और आलोचना' वाला जोश इस साक्षात्कार के क्रम में कई बार दिखा। लेकिन वे अब जल्दी थक जाते हैं। यह शायद लम्बी बीमारी का असर हो।

मीर ने लिखा : किसको सुनाएँ दिल की बात रात और वो भी हिज्र की रात।

हिज्र की भी रात हो और आप उनके दिल की बात सुनने को उत्सुक भी हों तब भी नामवर जी बेलाग बात नहीं करेंगे। वे सतत चौकस रहेंगे। एक-एक शब्द, वाक्य नपा-तुला बोलेंगे। नामवर जी को उकसाना मुश्किल है। आप कुछ भी पूछें, वे प्रश्न को अपनी तर्क-शक्ति और वाग्मिता के सहारे अपने एजेंडे से जोड़ लेंगे और तदनुकूल ही उत्तर देंगे। इसीलिए इस साक्षात्कार में प्रश्न नहीं हैं, तथ्यों की पेशकश है और उन पर उनके मत हैं।

कुछ बिन्दुओं पर बातचीत न हो पाई। मुझे स्वयं एक पारिवारिक समारोह की तैयारी में व्यस्त हो जाना पड़ा। जितना भी जैसा भी हो सका, प्रस्तुत है।

अरुण प्रकाश : *आचार्य रामचन्द्र शुक्ल ने बीसवीं सदी को गद्य का युग कहा है। बीसवीं सदी में गद्य भारी मात्रा में लिखा गया। गुणवत्ता की दृष्टि से भी लिखा गया। लेकिन ऐसे गद्य के बावजूद गद्य का मूल्यांकन करने में आलोचना में एक 'बैक लॉग' रहा है। विशेषकर कहानी की आलोचना की ओर आपका ध्यान दिलाना*

चाहता हूँ। हिन्दी कहानी के सौ वर्ष हो गए। लेकिन कथालोचना की पहली व्यवस्थित और उल्लेखनीय किताब है 'कहानी का रचना-विधान'। डॉ. जगन्नाथ प्रसाद शर्मा की यह किताब 1956 में प्रकाशित होती है। दूसरी उल्लेखनीय पुस्तक आपकी आई। पर तब से लेकर अभी तक, पूरी शताब्दी में, कथालोचना की लगभग दस उल्लेखनीय पुस्तकों का नाम नहीं गिनाया जा सकता। आलोचना की परम्परा शुक्ल जी की ही परम्परा है। लेकिन गद्य का जो महत्त्व रहा है, उस हिसाब से आलोचना का दायरा नहीं बढ़ा है। इसका क्या कारण आपको लगता है?

नामवर सिंह : कारण की तह में जाने के पहले अरुण प्रकाश जी, पहले ये देखें कि जो गद्य के बारे में, आपने तो बड़ी निराशाजनक तस्वीर पेश की है। लेकिन मुझे लगता है कि गद्य युग है और जीवन का गद्य है। लोगों ने गद्य शैली पर लिखा है। जगन्नाथ प्रसाद शर्मा की किताब तो है ही। लेकिन गद्य का विकास उन्नीसवीं शताब्दी से जो हुआ वह उपन्यास के साथ निबन्धों में ज्यादा हुआ है। भारतेन्दु का गद्य या आगे के लेखकों में बालकृष्ण भट्ट, प्रताप नारायण मिश्र, जो बड़े निबन्ध लेखक माने जाते हैं और उसके बाद इधर के दौर में जो बहुत अच्छे निबन्ध लेखक हुए जिनमें हजारी प्रसाद द्विवेदी के निबन्ध खासतौर से चर्चा में हैं। गद्य की चर्चा निबन्धों की आलोचना के सिलसिले में कुछ हुई है। और गद्य के अनुकूल भाषा को रचने, बनाने, सँवारने, निखारने की एक और कोशिश हुई और दूसरा आख्यानपरक जो है विधा। मैंने कुछ इस पर व्याख्यान दिए हैं, खासतौर से हरिशंकर परसाई के गद्य पर। हिन्दी का जो जातीय गद्य है उसकी परम्परा। उस गद्य को मैं बहुत महत्त्वपूर्ण गद्य मानता हूँ। तो उस सन्दर्भ में जो मैंने रघुवीर सहाय के गद्य पर विचार करते हुए दिया था, व्याख्यान तो कुछ लोगों के गद्य को लेकर के मैंने विचार किया है और मेरा ख्याल है कि कुछ और लोगों ने भी जरूर किया होगा, लेकिन जो आख्यानपरक गद्य है कहानी और उपन्यास में, मुख्य रूप से गद्य तह है और उसके साथ नाटकों को भी शामिल करना चाहिए कि हरिकृष्ण प्रेमी से लेकर के जयशंकर प्रसाद..., उपेन्द्रनाथ अश्क, मोहन राकेश और बाद में भीष्म साहनी के नाटक और शंकर शेष के, फिर सुरेन्द्र वर्मा और स्वदेश दीपक। इसलिए नाट्य-भाषा और साथ ही आख्यान-भाषा, इनमें गद्य किस रूप में आया है, इस पर जितनी गहराई से विचार किया जाना चाहिए उतना नहीं हुआ है। और उसकी पृष्ठभूमि में भी जाना चाहिए।

मुझे बार-बार यह बात लगती रही है कि मैं खड़ी बोली गद्य का बड़ा साफ-सुथरा रूप जितना पहले उर्दू में आया और उसका एक रूप यह भी था कि उर्दू में कविता पहले शुरू हो गई थी खड़ी बोली की। उसके लगभग सौ साल बाद हिन्दी में खड़ी बोली में कविता शुरू हुई और आप यदि आख्यान के गद्य को भी देखें, तो सरशार का 'फसाना ए आजाद' का गद्य और मिर्ज़ा हादी रुसवा की 'उमराव जान अदा'

का गद्य आप पढ़ें तो उन्नीसवीं सदी में उर्दू में खड़ी बोली का गद्य कितना निखरा हुआ था। यही नहीं, यदि आख्यान से अलग आप ग़ालिब के खतों को देखें, तो उसमें जो गद्य का रूप मिलता है उस समय दूर-दूर तक हिन्दी में वैसा गद्य दिखाई नहीं देता। यह ऐतिहासिक पृष्ठभूमि हमारे गद्य की रही है। मगर आख्यानपरक गद्य में तो पहली बार प्रेमचन्द, खासतौर से जो उर्दू के लेखक थे, जो उर्दूवाली परम्परा को लेकर के आए, उनकी उर्दू कहानियों, उपन्यासों के गद्य। फिर हिन्दी रूपान्तरण के गद्य उन्हीं की कहानियों में 'कफ़न' को ही देख लीजिए। 'कफ़न' का उर्दू वाला रूप देख लीजिए, 'शतरंज के खिलाड़ी' का उर्दू वाला देखिए और हिन्दी वाला भी दोनों सुलभ हैं हमारे सामने। तो उसमें भी फर्क मालूम होता है। इसलिए आख्यान का जो गद्य है, उसके बनने में वक्त लगा हिन्दी में। सच पूछिए तो पहली बार बिना उर्दू की मदद लिए जिस आदमी ने आज की बोलचाल का जीता-जागता, सादगी की मिसाल पेश करता हुआ गद्य लिखा वे थे जैनेन्द्र कुमार। 'परख' आप पढ़ें और आरम्भिक कहानियाँ आप पढ़ें। तो बुनियादी फर्क है। प्रेमचन्द का गद्य उर्दू का सहारा लेकर बोलचाल के करीब आता है। लिखित देसी शब्द हैं लेकिन ठेठ खड़ी बोली के सहारे। इसके बरक्स जैनेन्द्र के 'परख' का गद्य आप देखें। 'त्यागपत्र' का गद्य उसके बाद देखें।

गुजराती के लेखक गाँधी जी के गद्य की दाद देते हैं। उनकी आत्मकथा की वह सादगी, सरलता और बोलचाल की भाषा की लय। वाक्य विन्यास में खाली शब्दों के चुनाव का सवाल नहीं है। जैनेन्द्र के 'परख' में ऐसा लगता है जैसे एक आदमी अकेले में बैठा हुआ बोलता चला जा रहा है। बोलता हुआ गद्य है वह। संस्कृत के कठिन शब्द नहीं मिलेंगे लेकिन जो संस्कृत से सहज रूप में आते हैं वही हैं। इसलिए कायदे से मुझे लगता है कि यहीं आख्यान में पहली बार हिन्दी गद्य का वह अपना जातीय स्वरूप आया है जिसमें, अंग्रेजी के वाक्य विन्यास का लेश नहीं है। वाक्य विन्यास हमारी हिन्दी का है। छोटे-छोटे वाक्य आते हैं। बीच-बीच में बातचीत भी अपनी तरह से आती है। तो आख्यान का पहला गद्य जैनेन्द्र ने लिखा। जयशंकर प्रसाद की कहानियों में वह गद्य नहीं था। न 'आकाशदीप' में है, न 'पुरस्कार' में है। कुछ उसकी झलक 'गुण्डा' नाम की कहानी में जरूर मिलती है क्योंकि बनारसी रंग दिखाना है। गुण्डा में अलग तरह का गद्य है। जो 'आँधी' नाम का संग्रह है उसमें उनका बदला हुआ गद्य है। लेकिन कायदे से गद्य आया जैनेन्द्र के साथ ही 1928-29 के आसपास। आगे चलें तो अब भी मुझे लगता है कि जैनेन्द्र की वही परम्परा थी जो आगे चल करके भीष्म साहनी की कहानियों में फली-फूली। 'पहला पाठ', 'भाग्यरेखा' और फिर बाद की कहानियों में भी।...जैनेन्द्र वाली सरलता लेकिन बारीकियाँ छँटी हुई नहीं हैं। कहीं-कहीं सपाट हैं, मगर फिर भी। अब वह गद्य अमरकान्त

में कहीं-कहीं मिलेगा। छोटे-छोटे वाक्य 'दोपहर का भोजन' में या 'जिन्दगी और जोंक' में।

अरुण प्रकाश : *बल्कि परसाई जी के यहाँ भी वाक्य गठन बहुत छोटा है।*

नामवर सिंह : निश्चय ही। वह गद्य कम-कम लोगों में देखा जाता है। बाद में वह गद्य किन लेखकों में मिलता है वह बातचीत के सिलसिले में हम देखेंगे कि किसका गद्य आख्यान का समझा जाता है। आख्यान का गद्य बनाने में एकदम एक दूसरा गद्य बनाया पहली बार रेणु ने। वह जैनेन्द्र वाला नहीं था।

अरुण प्रकाश : *वह उदयशंकर भट्ट की 'सागर, लहरें और मनुष्य' में है। वह है थोड़ा-सा नागर जी में और...*

नामवर सिंह : हाँ...नागर जी में है थोड़ा-सा नहीं काफी। लेकिन वे अलग पहचान बना नहीं पाते हैं भाषा के आधार पर सिवा 'सेठ बाँकेमल' और 'बूँद और समुद्र' के लखनऊ चौक वाले प्रसंग के। नागर जी में सम्भावनाएँ बहुत हैं। बल्कि यशपाल का गद्य कुछ गड़बड़ है। उनमें संस्कृतनिष्ठता ज्यादा मिलेगी।

अरुण प्रकाश : *कम-से-कम एक दर्जन कहानियाँ ऐसी हैं जो वातावरण भले ही प्राचीन हो, न हो, इसके बावजूद संस्कृतनिष्ठता बहुत है।*

नामवर सिंह : वह तो है। कुछ कहानियाँ छोटी हैं उनकी। एक कहानी उनकी 'फूलो का कुर्ता' का है। उसकी भाषा ही अलग है।

अरुण प्रकाश : *आजकल उस कहानी की चर्चा कम हो गई है।*

नामवर सिंह : कम होती है तो क्या लेकिन साहब कमाल की कहानी है। जिस समय वह कहानी छपी थी, पहली बार मैंने 'लोकयुद्ध' में उसे पढ़ा था, कम्युनिस्ट पार्टी के अखबार में। बल्कि नागर जी का गद्य खासतौर से 'सेठ बाँकेमल' में। और आगरा की भाषा छौंक लिए। आगे चलकर वैसा तो नहीं पर, वह ठाट 'बूँद और रागुद्र' में भी है। वह चौक वाला...प्रकरण। महिपाल के साथ जो बहस होती है काफी हाउस में उस बहस में नहीं है वह बात। तो नागर जी के आख्यान में काफ़ी जीवंतता है।

अरुण प्रकाश : *मनोहर श्याम जोशी...*

नामवर सिंह : मैं मनोहर श्याम जोशी का नाम लेने ही वाला था। मनोहर श्याम जोशी के 'कुरु कुरु स्वाहा' में भी है, उससे ज्यादा 'कसप' में है। आगे चलकर के भी। जो अन्दाजे बयाँ है कहानी कहने का, किस्सागोई का और बातचीत का हूबहू नकल सब कुछ इतना जीवन्त है, इतना नाटकीय भी है। नागर जी के यहाँ वह गद्य वर्णन में है, बातचीत में नहीं। जैनेन्द्र के यहाँ बातचीत में वह गद्य है, सचमुच की बातचीत और बारीकी भी जो दो आदमियों के बीच होती है। यह सिलसिला लम्बा चलता है, परख में आता है कि जाऊँ, जाओ। जाऊँ। जाओ, पूरा पन्ना भरा

हुआ है इस एक वाक्य से।

अरुण प्रकाश : *वैसे डॉक्टर साहब, यह जो विवरण में और संवाद में कई महत्त्वपूर्ण बातचीत हुई है जैसे कुछ व्यंग्य लिखते हैं, जैसे कुछ दक्षिण के हैं, पश्चिम के हैं, उन लोगों का यह सब... । डॉक्टर साहब मैं कह रहा था कि जब क्षेत्रीय भाषाओं के शब्दों का आधिक्य हो जाता है तो हिन्दी के इतने विस्तृत क्षेत्र में पाठक हैं। हर कोई हर क्षेत्रीय भाषा से तो परिचित नहीं होता। उसके सामने भाषा की कठिनाई आती है। विवरण में परहेज किया जाना चाहिए या क्षेत्रीय भाषाओं का उपयोग किस हद तक होना चाहिए, इस पर तो कुछ विचार किया जाना चाहिए।*

नामवर सिंह : चूँकि बातचीत रेणु के प्रसंग में चल रही थी तो आप जब कह रहे थे तो मैं सोच रहा था इसी प्रसंग में कि आंचलिक शब्द कितने हैं। और वह जो 'रसप्रिया' है या 'पंचलाइट' है, तो कम मिलेंगे। और जहाँ उपन्यासों में 'मैला आँचल' और 'परती परिकथा' खासतौर से आप देखें तो कुछ बढ़ा-चढ़ा के ही लोगों ने बताया है। रेणु के नकलचियों ने भदेस शब्दों का प्रयोग ज्यादा किया है। रेणु ने उनकी तुलना में कम किया है। आंचलिकता की जब हवा बह चली तो लोगों ने समझा कि आंचलिकता क्षेत्रीयता ही है। मतलब क्षेत्रीय भाषा है और ढूँढ़ने लगे अनूठे और अनोखे शब्द। उन शब्दों के बारे में मेरी धारणा है कि उनका अर्थ बिना जाने कहानी और उपन्यास पढ़ डालना चाहिए। और अस्पष्ट-सा भी अर्थ है तो कोई बहुत नुकसान नहीं होता। कहीं-कहीं एकाध शब्द बहुत ही अर्थगर्भित होते हैं इतने कि जब तक ठीक अर्थ उनका न जानें तब तक उस पूरे सन्दर्भ और प्रसंग में वह बीज शब्द होता है। खासतौर से व्यंग्य के रूप में, विनोद के रूप में या किसी बात पर टिप्पणी के रूप में या विडम्बना दिखाने के रूप में। वहाँ तो पता लगाया जाना चाहिए। बाकी वर्णनात्मक चीजों में जहाँ आता है कुछ पौधों पेड़ों का वातावरण बनाने के लिए, वह नहीं भी हो तो कोई बहुत नुकसान नहीं है। संवाद में है, तो ठीक है। अब आप देखें कि इधर के लेखकों में काशी ने बनारसी बोली का बहुत प्रयोग किया है,...उस पर भी टिप्पणियाँ लोगों ने की हैं। मामला काशी का है इसलिए मैं न अपनी ओर से उनके पक्ष में कुछ कहूँगा न उस पर कोई टिप्पणी करूँगा। लेकिन वहाँ यदि पूरे काशी अस्सी-क्षेत्र के आम लोगों का, जिसको कहा है चमरौधा ए खास, तो उस चमरौधा ए खास को, मोहन द्विवेदी ने उसका नाम दिया है, बिना उन शब्दों के वह बात आ ही नहीं सकती है। वातावरण नहीं बनता है, इसलिए वे कहानियाँ हैं, उनका अर्थ समझना जरूरी नहीं है। वे सिर्फ वातावरण निर्माण करती हैं। संवादों में ऐसा ज्यादा हुआ है। विवरण उनके यहाँ नहीं है। लोगों के संवाद में वह भाषा है, लेखक अपनी ओर से जहाँ बोलता है, उसमें उस भाषा का प्रयोग नहीं किया है।

अरुण प्रकाश : *अच्छा संवाद में भी अगर दाल में बघार वाले शब्द आएँ तब तो बहुत अच्छा लगेगा लेकिन अगर कोई जीरे से ही दाल बनाना शुरू करे...*

नामवर सिंह : आपने बहुत अच्छा कहा कि बघार जैसा ही रहे, यह नहीं कि बघार की दाल बना दे और दाल उसमें हो ही नहीं। इसमें भाषा पर तो हम लोगों ने बात की। मैं सिर्फ यह कहना चाहता था और जो बात लगती है, वह यह कि हिन्दी गद्य का जो निखरा हुआ जातीय रूप बीसवीं शताब्दी की पूरी यात्रा में अगर कहीं निखरा है, इस समय तो कहानी और उपन्यासों में निखरा है। अब आलोचना में तो गद्य नहीं दिखाई पड़ता, क्योंकि आलोचनाएँ बड़ी नीरस ढंग की शास्त्रीय भाषा में लिखी जा रही हैं। न उनमें रामचन्द्र शुक्ल के गद्य का नपा-तुला, सधा हुआ और गठा हुआ प्रयोग है, न अब वह गद्य लिखा गया है और न डॉक्टर रामविलास शर्मा का गद्य जो केवल साक्षर, साधारण आदमियों के लिए गम्भीर विषयों को सरल बनाकर लिखा हो। चाहे उनकी प्रेमचन्द पर लिखी हुई किताब हो, चाहे भारतेन्दु युग नाम की किताब हो। निराला की जीवनी उसी गद्य में लिखी है रामविलास शर्मा ने। और नहीं तो हिन्दी आलोचना में आचार्य शुक्ल का गद्य एक नपा-तुला, सधा और रामविलास शर्मा का गद्य आम आदमी के समझ में भी आ जाए और वह मार्क्सवादी से जुड़े होने का फल है या अवध की मिट्टी का जो लोक संस्कार है, उसके कारण है कि बगैर आंचलिक हुए रामविलास शर्मा आंचलिकता का एहसास भी करा देते हैं। खड़ी बोली के बाद अवध की जिन्दगी को अवधी शब्दों का कम-से-कम प्रयोग करते हुए एहसास करा देना, यह गद्य है। ऐसी भाषा में आलोचना लिखना जो पठनीय लगे। इस मामले में रामविलास जी का गद्य एक मिसाल है।

अरुण प्रकाश : *गुणाकर मुले ने जो नव साक्षरों के लिए विज्ञान पर लिखा, उस गद्य की तरफ आपका ध्यान दिलाना चाहता हूँ।*

नामवर सिंह : निश्चित रूप से। इसलिए कि दूसरी तरह से कहें, रामविलास जी की पुस्तकों में तो समाज विज्ञान, भाषा विज्ञान, इतिहास, संस्कृति आदि भी शामिल हैं। वह ज्ञान का गद्य है इस मामले में गुणाकर मुले के पूर्व पुरुष और मॉडल महापण्डित राहुल सांकृत्यायन हैं। राहुल जी की 'मेरी जीवन यात्रा' का गद्य आप पढ़ें और खासतौर से उसका पहला खण्ड और फिर राहुल जी जहाँ दर्शन पर पुस्तकें लिखते हैं, कितनी सहज शैली में लिखते हैं राहुल जी। बौद्ध दर्शन पर लिखी हुई किताब में जिस तरह से शास्त्रीय शब्द सुबोध बनते हैं। फिर वे बाईसवीं सदी के बारे में लिखते हैं, बाईसवीं सदी में विज्ञान आदि। लेकिन राहुल जी का मूल विषय विज्ञान तो था नहीं। गुणाकर मुले उसी कड़ी में आगे चलकर गणित पर जिस तरह लिखते हैं। गणित जैसे विषय पर, तब फर्क मालूम होता है कि दूसरे लोगों से यह कितना भिन्न है, इसलिए मैं कह रहा था कि बीसवीं शताब्दी का जो हिन्दी गद्य है; विचार-प्रधान कृतियों के द्वारा

उतना नहीं बना है जितना कहानियों और उपन्यासों के द्वारा और मैं तो यहाँ तक कहूँगा कि अनेक कविताएँ जो गद्य में लिखी गई हैं इस बीच रघुवीर सहाय की कविताओं का जो गद्य है, श्रीकान्त वर्मा की कविताओं का जो गद्य है, विष्णु खरे का जो गद्य है और उसके साथ एक पूरी पीढ़ी आई है।

अरुण प्रकाश : *बल्कि कविताओं में, डॉक्टर साहब बहुत तेजी से आख्यान का प्रवेश हुआ है।*

नामवर सिंह : पद्य में आख्यान का प्रवेश हुआ है और गद्य आया है। राजेश जोशी की कविताओं में देखिए। इसलिए कहता हूँ कि बीसवीं सदी के गद्य के निर्माण में कहानी, उपन्यास, कविता और नाटक, इन सबने हमारे गद्य के रूप को जिस हद तक निखारा है उतना विचारों के क्षेत्र में लिखी जाने वाली पुस्तकों में गद्य का रूप नहीं दिखेगा। प्रसंगवश केवल याद आ रहा है, गद्य का एक और रूप। आप देखेंगे विनोद कुमार शुक्ल के उपन्यासों में, गद्य का एक रूप है, निर्मल वर्मा के निबन्धों में गद्य का दूसरा रूप। निकृष्ट गद्य 'पूर्वग्रह' और 'बहुवचन' में छपे हुए कुछ विचार प्रधान लेखों में आया है। निकृष्ट इसलिए कि वह अंग्रेजी का अनुवाद मालूम होता है। बड़ा बोझिल, अमूर्त, रक्त-मांस-रहित। यशदेव शल्य, दर्शन पर लिखते हैं, हिन्दी में लिखते हैं, बहुत अच्छा करते हैं। लेकिन वे अंग्रेजी से ज्यादा मुश्किल मालूम होते हैं इसलिए मैंने कहा कि हिन्दी गद्य का जातीय स्वरूप अपनी सर्जनात्मक कृतियों में जितना व्यक्त हुआ है, वह उतना आलोचना परक कृतियों में नहीं हुआ है। यह चिन्ता का विषय है। मैं तो आलोचना लिखता हूँ और मेरी कोशिश यह रहती है कि वह हिन्दी-ही-हिन्दी हो और वह वैसी ही उतनी ही नहीं तो कम-से-कम कहानी, कविता और उपन्यास के समीप हो अपनी पठनीयता में, ऐसा गद्य लिखने की कोशिश मैं करता हूँ और श्रम भी करता हूँ। पर सफल कितना होता हूँ यह तो हमारे पाठक बताएँगे। लेकिन 'छायावाद' से लेकर के 'दूसरी परम्परा की खोज' तक यही कोशिश रही है।

अरुण प्रकाश : *'इतिहास और आलोचना' का जो गद्य है...*

नामवर सिंह : इसलिए हमारी कोशिश यह रही है कि आलोचना भी ऐसे गद्य में लिखी जाए जिसमें सर्जनात्मकता का और जातीय परम्परा का पूरा-का-पूरा स्वाद मिले। आप चाहें तो अब सीधे कहानी पर लौट सकते हैं।

अरुण प्रकाश : *एक और बात है 'कहानी नई कहानी' में यथार्थ और यथार्थवाद की जगह पर जो शब्द आता है वह है वास्तविकता। बाद में भी आपने यथार्थ तत्त्व जैसे शब्दों का इस्तेमाल किया है। अब वास्तविकता से जो कई प्रकार की चीजें बनाई जा सकती हैं, मसलन उसको एपरेंट कहा जा सकता है। अब एपरेंट से यह होने लगा है कि जो कुछ सतह पर दिखलाई देता है, निश्चय ही आपकी मुराद*

वास्तविकता से कुछ और थी, लेकिन लोग उसके एपरेंट मान बैठे।

नामवर सिंह : देखिए ऐसी बात है कि मैंने कहानी पर 1955-56 के आसपास लिखना शुरू किया। तब तक कहानी उपन्यास के सन्दर्भ में समाजवादी यथार्थवाद, सामाजिक यथार्थवाद, आलोचनात्मक यथार्थवाद जैसे पदों का प्रचलन था...

अरुण प्रकाश : *क्रान्तिकारी स्वच्छन्दतावाद...*

नामवर सिंह : हाँ, वह भी। एक तीखी प्रतिक्रिया रूस में छपे हुए समाजवादी यथार्थवाद के नाम पर लिखे हुए उपन्यास, जहाँ यथार्थवाद बड़ा सपाट, सतही बल्कि वांछित ज्यादा दिखाया गया था जो है वह कम। और यथार्थ के प्रति अपने जो अन्तर्विरोध होते हैं, असंगतियाँ होती हैं और उसके विरोध जीवन में दिखाई पड़ते हैं उन चीजों पर कम ध्यान दिया जाता था। बड़ा सुलझा हुआ यथार्थवाद हुआ करता था। इसीलिए मैंने यथार्थवाद शब्द से बचने की कोशिश की है। कब का यथार्थवाद, कौन-सा यथार्थवाद? यूरोप में यथार्थवाद एक विशेष ऐतिहासिक सन्दर्भ में आया था। रोमेंटिक आन्दोलन के विरुद्ध यथार्थ दृष्टि उन्नीसवीं सदी के डिकेंस वगैरह के उपन्यासों में आती है।

अरुण प्रकाश : *बल्कि डॉक्टर साहब, फ्रांस की चित्रकला में जादुई यथार्थवाद 1905 में आ गया था। चित्रकला जो है, 1905 में जातीय यथार्थवाद आया फ्रांस में।*

नामवर सिंह : जो हो, यथार्थवाद का एक रूप जो प्रचलित था उन्नीसवीं शताब्दी में डिकेन्स जैसे उपन्यासकारों का विक्टोरियन यथार्थवाद। लेकिन उसी समय यह वर्जीनिया वुल्फ कहती हैं, आपने 'कॉमन रीडर' में कि उसी समय जो रूस में दोस्तोवस्की, तोलस्तोय, एक ऐसा यथार्थवाद पेश कर रहे थे जिसमें आत्मा दिखाई पड़ती है जबकि डिकेंस वगैरह के यहाँ वह बड़े ही मोटे रूप में आता है। यह शरीर का हो सकता है। आप जिस मकान में रहते हैं, वहाँ कमरे की कुर्सी, मेज और पर्दे का रंग कैसा है? कपड़े का, पोशाक का वर्णन है। घोड़ा, जिस पर चढ़ते हैं वह कैसा है? इन तमाम चीजों का तो वर्णन है, लेकिन खुद जो आदमी है उसके अन्दर धड़कता हुआ दिल जिसका अपना दर्द भी है वह क्या है? उस पर नजर कम जाती है। एक मशहूर लेख है 'मि. बेनेट एंड मिसेज़ ब्राउन' जिसमें 19वीं सदी के यथार्थवाद को ध्वस्त किया है वर्जीनिया वुल्फ ने। वह वर्णन करती है कि गाड़ी में एक महिला चली जा रही है तो सब...की नजर इस बात पर है कि उसके पर्स में क्या है, कहाँ रहती होगी, किस मकान में? इसकी आमदनी कितनी है,... वगैरह-वगैरह सोचती है। इनका ध्यान इस पर नहीं जाता कि उस महिला के अन्दर क्या हो रहा है? तो उसने कहा कि असल में मिसेज ब्राउन...कोई एक औरत नहीं है, वह जिन्दगी खुद है। और उस जिन्दगी को पकड़ने की कोशिश सभी लेखक कर रहे हैं। इसलिए

बैंक एकाउण्ट, उसकी रिश्तेदारी, वह विधवा है कि शादीशुदा है, परिवार कैसा है, इन्हीं चीजों से पता लगाना चाहते हैं कि वह क्या है। लेकिन खुद असल में वह क्या है? ...उससे दूर रहते हैं। यथार्थवाद की एक प्रतिक्रिया हुई और उस प्रतिक्रिया में कई दिशाएँ निकलीं, उसी यथार्थवाद की एक प्रतिक्रिया जेम्स ज्वायस ने चौबीस घंटे का यथार्थ लिखकर बता दिया कि एक यथार्थवाद यह भी है। आगे चलकर वह उसी की प्रतिक्रिया में फ्रांस में जोला की 'नाना' भी आई। यथार्थ वर्णन करने का एक मतलब यह भी है जोला ने मजदूरों के बारे में भी लिखा। आगे चलकर के जार्ज लुकाच ने कहा कि यह तो प्रकृतिवाद है। आपको याद होगा, हिन्दी आलोचना में यथार्थ के सन्दर्भ में शिवदान सिंह चौहान ने इसी लुकाच के आधार पर, उपेन्द्रनाथ अश्क को खारिज किया था। तो लुकाच की शब्दावली इस्तेमाल करते हुए हिंदी के मार्क्सवादी आलोचक कहते थे कि इसमें यथार्थवाद नहीं प्रकृतिवाद है। यथार्थवाद बनाम प्रकृतिवाद। फिर यह भी हमारे यहाँ अभी समाजवादी यथार्थवाद का दौर नहीं है यह क्योंकि हम लोग समाजवादी समाज का निर्माण नहीं कर रहे हैं इसलिए हम लोग अभी आलोचनात्मक यथार्थवाद के स्तर पर ही रहेंगे।

अरुण प्रकाश : *आठवें दशक में इस पर खूब बहस चली है...।*

नामवर सिंह : जान-बूझकर मैंने इसीलिए यह सब कहा कि यह शब्द जो हम लोग इस्तेमाल करते हैं वह परायी शब्दावली है। इसे यूरोप के सन्दर्भ में कथा-साहित्य के विकास में इस्तेमाल करते रहे हैं। यथार्थवाद एक ऐसी ही अवधारणा है। इसीलिए मैंने 'वास्तविकता' को अपेक्षाकृत सुरक्षित समझकर अपनाया।

अरुण प्रकाश : *वहाँ की ऐसी परिस्थितियाँ क्या हैं? साहित्य में क्या प्रतिक्रिया है?*

नामवर सिंह : इसलिए कि उस पर चर्चा करने का मतलब है कि शास्त्रीय बहस में हम भटकें और मूल कृतियाँ हमारी धरी रह जाएँ, जिसकी चर्चा ही न हो इसलिए जान-बूझकर मैंने वास्तविकता शब्द का इस्तेमाल किया कि इसमें गुंजाइश है कि हम यथार्थवाद वाले दुश्चक्र से निकलकर अपने कथा-साहित्य पर बात कर सकें। और उस सन्दर्भ में, आपको याद होगा कि, शुरू में मैंने जिन कहानियों को बातचीत के लिए लिया था 'हाशिये' पर वाले लेखों से पहले उनमें मैंने भीष्म साहनी की 'चीफ की दावत' ली और अमरकान्त की 'डिप्टी कलेक्टरी'। दो लेखकों को लिया था और दोनों ही प्रगतिशील धारा से जुड़े हुए लोग थे, उनके जरिए देखना था कि उस वास्तविकता की विडम्बनाएँ क्या हैं? असंगतियाँ क्या हैं? जो उसे वास्तविक बना देती हैं, यह ध्यान में रखें। यह महत्त्वपूर्ण नहीं है कि घर का वर्णन आप कितना बारीक करते हैं और कितना रेशे-रेशे और रग-रग का वर्णन करके उसे सजाया है...बल्कि इंसानों के भीतरी रिश्ते में क्या है वह आए। 'चीफ की दावत' में माँ

और क्या भूमिका अदा करती है और वह बॉस वह माँ जिसको वह बार-बार बचाना चाहता है वह बॉस के सामने आ जाती है। तो कहानी इस रूप में यथार्थ का एक रूपक भी है कि आज का लेखक चाहे बॉस हो, चाहे पाठक हो, उसके सामने उस चीज को छिपा रहा है..., यानी माँ असलियत है। वास्तविकता है। जिस वास्तविकता को वह छिपाने की कोशिश कर रहा है अन्त में वह खुल ही जाती है, और वही उसका भला भी करती है। 'चीफ की दावत' एक कहानी तो है ही, एक रूपक भी है।

अरुण प्रकाश : *'डिप्टी कलेक्टरी' के साथ भी...*

नामवर सिंह : 'डिप्टी कलेक्टरी' के साथ भी यही होता है। ये दो कहानियाँ लेकर उन कहानियों पर जो बातचीत में मैंने टिप्पणी की थी उससे अन्दाजा लगाया जा सकता है कि क्यों हमारी कहानी चर्चा को समाजवादी यथार्थवाद, प्रकृतिवाद, आलोचनात्मक यथार्थवाद जैसी प्रचलित शब्दावली से निकाल के गैर-पारिभाषिक भाषा में कहानी पर मैं बात करना चाहता था। ऐसी बात जो एकेडेमिक न हो और न जारगन से भरी हो। एक मुक्त भाषा हो।

अरुण प्रकाश : *अभी आपने वर्जीनिया वुल्फ का नाम लिया। तो डॉ. जानसन का ध्यान आया...आलोचना में देखें तो पाठक पर सबसे पहले विचार आपने ही किया है 'कहानी : नई कहानी' में। मेरी चिन्ता पाठकों को लेकर रही है कि जब हम लिखते हैं, मुझे किसी को पढ़ाना भी पड़ता है। जो पढ़ेगा, वह कौन है? हिन्दी आलोचना में लगभग पाठक की 'कहानी : नई कहानी' वाले लेख के बाद, मुझे दूर-दूर तक कोई चिन्ता नहीं दिखाई देती।...आपने पाठक के बारे में सोचा है। तब के पाठक और आज के पाठक में कोई अन्तर दिखता है?*

नामवर सिंह : ऐसा है अरुण प्रकाश जी, कि उस समय केवल एक पहलू था मेरे सामने कुछ बातें छूट गई थीं। अब याद आती हैं जब आपने सवाल पूछा। जब मैं 'कॉमन रीडर' था, साधारण पाठक था, इस पर भी मैंने बातचीत की है हाशिये वाले लेखों में। तो वह साधारण पाठक..., क्या वह सचमुच जानता था कि कितना जानता है यह मैं नहीं कह सकता। कोई बहुत विकास मुझे नहीं दिखता। बावजूद इसके मेरी कोशिश थी कि एक कोई ऐसा आदमी जो हिन्दी साहित्य का बी.ए., एम.ए. विद्यार्थी न हो, हाईस्कूल पास हो, थोड़ी बहुत हिन्दी जानता हो और खेती-बाड़ी भी करता हो और नौकरी भी करता हो, उसके स्तर तक जाकर वहाँ से उस कहानी को देखने की कोशिश करूँ मैं। एक ऐसी महत्त्वाकांक्षा थी। कामयाब हुआ या नहीं हुआ, यह महत्त्वपूर्ण नहीं है। लेकिन कोशिश यही थी। उसकी भाषा में कहानी पर बात करते हुए उसी एक कुतूहल, उत्सुकता के साथ कहानी को उठाऊँ। आज मैं सोचता हूँ इन चालीस-पचास वर्षों में मध्यवर्ग और शिक्षित मध्यवर्ग है, जो विचारशील

भी है, आ गया है। बड़ा जागरूक है। मध्यप्रदेश में 'साहित्य परिषद' पाठक मंच चलाती है और कहानियों पर चर्चा होती है। 'हंस' में और 'वर्तमान साहित्य' में और पत्रिकाओं में जो पाठकों के पत्र छपते हैं कहानियों पर...कथादेश में छपते हैं, उससे लगता है कि बड़ा जागरूक पाठक समुदाय आ गया है। मैं जब लिख रहा था, उन दिनों कहानी पत्रिकाओं में पाठकों के पत्र तो छपते नहीं थे...

अरुण प्रकाश : *यह कुछ प्रबुद्ध पाठक जैसा लग रहा है...*

नामवर सिंह : हाँ, हाँ, मैं बता रहा हूँ। अब यह जो प्रबुद्ध पाठक है, इनमें से कई छद्म लेखक भी हैं, जो स्वयं कहानीकार बनना चाहते हैं। तो किसी नाम से, कभी अपने ही नाम से, पत्र लिखते हैं तो उनकी अलग पड़ताल होनी चाहिए। हिन्दी में ऐसा होता नहीं है, सर्वेक्षण नहीं होता पाठकों का बस पत्र लिखते हैं।

अरुण प्रकाश : *एक सर्वेक्षण मेरे ही निर्देशन में हुआ। राधाकृष्ण प्रकाशन के लिए...छः-सात वर्ष पहले। वह छपी नहीं है।*

नामवर सिंह : छपी नहीं है, छपेगी तो जरूर दिलचस्प होगी, देखना चाहूँगा। और इधर, उन दिनों जब लिख रहा था तब मुझे जानकारी नहीं थी। जर्मनी में एक आलोचना की पद्धति, साउस नाम के आलोचक ने शुरू की है जिसे 'रिसेप्शन थ्योरी' कहते हैं। तो कहानी लिखने और कहानी के ग्रहण करने में, पढ़े जाने में बहुत फासला है और यह फासला बदलता रहा है युग के अनुसार। सौ साल पहले जिस कहानी को लोगों ने, मसलन 'कफ़न' को '35-'36 में जिस रूप में यह कहानी पढ़ी गई, ग्रहण की गई। अंग्रेजी में कहें कि 'रिसीव' की गई, उसी 'कफ़न' कहानी को तीस-चालीस साल बाद फिर उस पर बहस हुई। निर्मल वर्मा ने उस कहानी को 'कुफ्र' तोड़ने वाली, कहानी बताया। किसी ने उसको अमानवीयता की, 'एलियनेशन' की कहानी बताया, किसी ने 'डीह्यूमनाइजेशन' की कहानी बताया।

अरुण प्रकाश : *और दलितों ने तो उसको...और दूसरे ढंग से रखा है।*

नामवर सिंह : मैं वही कह रहा था। अब वे कह रहे हैं कि प्रेमचन्द ने दलितों का अपमान किया है यह कहानी लिख करके, और यह दलित-विरोधी कहानी है। इसका मतलब है कि अब 'डीकन्स्ट्रक्शन' के दौर में यह देखते हैं कि इसी कथा का कोई एक बँधा-बँधाया निश्चित अर्थ नहीं होता है, कि एकमात्र व्याख्या हो और एकमात्र अर्थ। न कविता का होता है, न कहानी का, न उपन्यास का। हर पाठक कोई एक अर्थ देता है। बल्कि कभी-कभी तो यह भी कहा जाता है कि पाठक भी अनजान रहता है उस अर्थ से क्योंकि वह जिस भाषा के द्वारा व्यक्त करता है ...वह तो सार्वजनिक वस्तु है। ''कहता हूँ मुँह से कुछ तो निकलता है मुँह से कुछ।'' फ़ैज़ कहते हैं कि ''दिल से तो हर मुआमला करके चले थे साफ हम। कहने में उनके सामने बात बदल-बदल गई।''...तो कहने में ही नहीं, सुनने में बदल-बदल

गई। हमने तो अपनी ओर से समझा कि साफ-सुथरी, सीधी बात मैं कह रहा हूँ। उसका एक ही अर्थ है। लेखक जो समझता है कहानी के द्वारा व्यक्त करता है। लेकिन पाठक वह नहीं ग्रहण कर रहा है, क्योंकि उसके सामने सफाई देने वाला लेखक तो मौजूद है नहीं, कहानी बोल रही है। एक 'कफ़न' कहानी का जब यह हाल है तो बाकी का? आजकल के लेखक इस पर बहस करते हैं कि कहानी के पाठक कितने हैं? संख्या कितनी है? ज्यादा हैं कि कम हैं? सचमुच के पाठक हैं या कि वे मनोरंजन ग्रहण करने वाले ही हैं, इत्यादि पर बहस होती है। लेकिन यह भूल जाते हैं कि लिखने और प्रकाशित होने में और पढ़ने में जो फासला है, उस फासले पर ध्यान अब जाना चाहिए। शायद जा रहा है। मैं एक मिसाल देना चाहूँगा। कहानी के बारे में खासतौर से। अभी पिछले हफ्ते के 'जनसत्ता' में गीतांजलिश्री की एक कहानी 'आजकल' नाम से छपी है और गुजरात में जो नरसंहार हो रहा था उसकी पृष्ठभूमि है। गीतांजलिश्री जैसा आजकल लिखती है, बहुत अमूर्त्त कहानी है एक आदमी बैठा हुआ है अपने घर के बाहर और उसने लिखा है कि दाढ़ी-मूँछ बनवा दी है और डटके बैठा हूँ कि कोई खतरा मुझे नहीं हो सकता क्योंकि मैं हिन्दू हूँ। फिर भी एक डर है जो कहीं-न-कहीं समाया हुआ है। एक मुसलमान दोस्त उसका है जो आता रहता है उसके घर। घर में सामान भी रख गया है। और अचानक वह देखता है कि एक साए की तरह से तेज, दूर तक, वह वर्णन किया है कि कैसे वह जाता है साया अन्दर तक। अपने तख्त बेड निकालकर अपने सारे सामान रखता है तह। शेविंग के सामान वगैरह रख के फिर वह साया, जैसे जानता है, क्योंकि पहले घर में आता रहा है और वह अचानक चुपके से धीरे-धीरे एक दरवाजे के सामने आता है और चुपचाप निकल जाता है और वह मुसलमान दोस्त एक जगह आता है। मैंने फोन किया गीतांजलिश्री को, कहानी पढ़ने के बाद कि यही वह आदमी है। इसका मतलब है कि वह घर में रहता था। साफ नहीं होता है कि तुम क्या कहना चाहती हो? कुछ है जो अस्पष्ट रह गया है। दो बार कहानी पढ़ी और मैंने पकड़ने की कोशिश की, इतनी सूक्ष्म, महीन और बारीक और अमूर्त हो गई, सांकेतिकता इतनी सूक्ष्म नहीं होनी चाहिए कहानी की कि समझ में नहीं आए। लेकिन शिकायत नहीं है।

अरुण प्रकाश : *तो कहानी में सांकेतिकता के आधिक्य को लेकर आपने पहले भी टिप्पणी की है।*

नामवर सिंह : अब एक नई प्रवृत्ति आ रही है। लेकिन यह कहना चाहता हूँ कि इस वास्तविकता को लेकर एक ऐसी दृष्टि भी कहानी में विकसित हुई है जो उसकी एक परम्परा है, आज भी चली आ रही है। गीतांजलीश्री ने नई दृष्टि विकसित की है लेकिन वह निर्मल जी में नहीं है। 'कौव्वे और कालापानी' में लगभग

यही दृष्टि दिखाई पड़ती है कि कौव्वे हैं और वह पहाड़ी है और ये है वह है, बड़ी महीन कहानी..., यानी यथार्थ को स्थूल समझकर सारी जो मांसल, मूर्त्त, रंग और बू से बसी हुई जो दुनिया है, इस स्थूलता के बिलकुल वह उलट है। तो इसलिए, यानी स्थूलता माने भौतिकता का विरोध करके अन्त में लगभग कहानी को वे प्रेतों की दुनिया में ले जाते हैं जो असल में भी वायवीय चीजें हैं।

अरुण प्रकाश : *वो लोग तो डॉक्टर साहब, कहते हैं...'पावर लायज इन एबस्ट्रेक्शन'।*

नामवर सिंह : एबस्ट्रेक्शन। यह तो सूत्र है। और यह तो मैंने...मैंने कहीं पढ़ा था। लेकिन यह चीज अगर है तो पूरे साहित्य को आइंस्टाइन का वह अमूर्त फार्मूला बना दीजिए या बीजगणित लिखिए या 'ब्रह्मसूत्र' लिखिए। साहित्य और कला का धर्म ही है मूर्तिमत्ता। चाहे वह संगीत हो, चित्र हो। स्वर संगीत सबसे सूक्ष्म कला कही जाती है लेकिन संगीत में जितनी भौतिकता होती है, सुरों में क्योंकि स्वर जो है वह इन्द्रियगम्य होता है। और जो भी चीज इन्द्रियगम्य होगी, वह पदार्थ है। चाहे वह कान से सुने, चाहे आँख से देखे। संगीत को हम देखते नहीं हैं, सिर्फ सुनते हैं। लेकिन अद्‌भुत बात है कि सुनते हुए भी वह मूर्त सी रहती है। इसलिए मूल चीज जो है वह मूर्तिमत्ता है अगर वह कहानी चाहे जितनी अमूर्त हो, सांकेतिक रूप में हो, ऊर्जा अगर वह पकड़ती है और हमको ऊर्जस्वित करती है तब मैं मानता हूँ कि वह कहीं-न-कहीं वास्तविकता से जुड़ी हुई है। अगर वह हमें ऊर्जस्वित नहीं करती तो मान लेता हूँ कि यह एक कारीगरी है। इसमें कारीगरी तो है, लेकिन कुल मिलाकर के कारीगरी के बावजूद वह जिन्दगी नहीं है जिसको हम महसूस कर सकें। छुएँ भी नहीं, कोई जरूरी नहीं है कि कहानी को हम छू के देख सकें। लेकिन कम-से-कम महसूस तो कर सकते हैं।

अरुण प्रकाश : *डॉक्टर साहब, मैं कह रहा था कि इसका कोई सम्बन्ध, जिसको आपने कहा कि कहानीपन कविता की जैसी लय होती है इससे बनता है? कुछ लोगों ने उसको 'लिटरल' ले लिया और कहानी में कविता लिखने लगे। तो क्या इसका कोई सम्बन्ध बनता है, वह ऊर्जा जो महसूस कर ले पाठक तो उसका कहानीपन से कितना सम्बन्ध है?*

नामवर सिंह : देखिए, कहानी में एक चीज़ होती है जिसको किस्सागोई कहते हैं, दास्तानगोई कहते हैं। जहाँ सीधे वह किसी को सामने रखकर सुनाते हुए कही जाती है। पुरानी रूसी कहानियाँ पढ़ेंगे जैसे चेखव की वह...एक कहानी है तो यों कहता है कि मैं अमुक जगह गया और वहाँ एक अमुक आदमी ने हमको एक कहानी सुनाई कि पहले ऐसा हो चुका था। एक यह शैली रही है। महाभारत में भी है। यही शैली है कि अमुक जी ने अमुक जी से कहा और अमुक जी ने उनसे सुना

या सूत जी ने शोनक जी से। चार श्रोता हैं अन्त में मूल तो वक्ता व्यास जी हैं। कृष्णद्वैपायन। लेकिन वह द्वैपायन कुछ तो सुने हुए हैं लेकिन द्वैपायन के बाद उग्रश्रवा हैं, वह सुनाता है, तीन पीढ़ियों से हैं श्रोता उनके। और वाचक हैं, यह वाचकता क्या है? फिर एक आख्यान है। आख्यान जैसे सूत कातते हैं। हमने तो पूनी लगाई, तकली पर चढ़ाई और उसके बाद चलाई अंत में लपेटी। यह है एकतान आख्यान। दूसरा ढंग है धागे को बीच-बीच में तोड़ते जाना। जैनेन्द्र ने कई जगह यही तरीका अपनाया है। इसे विच्छिन्न प्रवाह भी कह सकते हैं। आख्यान की इन सभी पद्धतियों का प्रयोजन भी अलग-अलग है। प्रत्येक की अपनी लय है और उस लय का अपना स्वाद है।

अरुण प्रकाश : *डॉक्टर साहब, फिल्मों में यह क्रमबद्धता इतना अनिवार्य होती है, बगैर उसके फिल्में खड़ी नहीं हो सकतीं।*

नामवर सिंह : यानी जिसको मैं 'कहानीपन' कहता हूँ और जिसे आप 'लय' कह रहे थे तो वह कविता में या संगीत में भी है। असल में लय तो संगीत का ही शब्द है। इसलिए आप जब कोई राग गाते हैं तो टुकड़े-टुकड़े में अलग-अलग सरगम लेके गाते हैं, विलम्बित करते हैं उसी को द्रुत करते हैं। उसमें टुकड़े आप लगाते हैं और जोड़ते हैं लेकिन कुल मिलाकर के अन्त में वह एक रागमाला बनती है।

अरुण प्रकाश : *विमल मित्र ने उपन्यास को ख्याल गायकी और कहानी को ठुमरी कहा है।*

नामवर सिंह : प्रेमचन्द ने भी कहानी की परिभाषा में इस शब्द का प्रयोग किया है। कहानी ध्रुपद की एक तान कहा है। कहानी उठान देखिए, उसी से मालूम हो जाता है। सही उठान अगर ले कहानी तो चाहे वह पचास पेज की हो, चाहे वह दो पेज की हो और उस उठान को आप ठीक से अन्त तक ले जाएँ। जिसको निर्वाह करना कहते हैं। सूत बुनना, सूत कातने में भी निर्वहन की कला है, यह निर्वहन ही लय है। कविता में या संगीत में लय की भूमिका। होता यह है कि आमतौर से एक घटना होती है, छोटी-सी कोई घटना घटती है, उस घटना को नमक मिर्च लगा के खाली बात बनाते जाइए लेकिन कुल मिलाकर के देखेंगे कि कहानी नहीं बनी। मसलन, अभी भोपाल में हम लोग बात कर रहे हैं, मंजूर एहतेशाम बहुत अच्छे उपन्यासकार हैं, कहानियाँ भी उन्होंने लिखी हैं। लेकिन 'सूखा-बरगद' में या 'दास्ताने लापता' में जो उपन्यास कला है वह देखिए उनकी 'तमाशा' वाली कहानियाँ बड़ी प्रसिद्ध...हैं। 'तमाशा' में एक कहानी की बड़ी चर्चा हुई 'रमजान में मौत'। अब रमजान में एक मौत हुई, यह घटना है। उस मौत को रेखांकित करने के लिए वह रमजान वाला जो वर्णन है, दूर तक चलता है और अच्छी सधी हुई कहानी है। लेकिन 'तमाशा'

में वह बात बनी नहीं। दुनिया भर की उन्होंने बात कही और बड़े सलीके से कही। दास्तानगोई वाला अन्दाज है लेकिन याद करता हूँ तो लगता है कि वह किस्सा ही मालूम होती है। कभी-कभी सचमुच की घटनाएँ किस्सागोई करती हैं। अविश्वसनीय किस्सा होने से मतलब है। अन्दाज तो किस्सागोई का है लेकिन कुल मिलाकर उस अन्दाज के अलावा भी कहानी कोई ऐसी मार्मिक बात जरूर कहना चाहती है। दिलचस्प कहानियाँ हैं उसकी, कई तो बहुत दिलचस्प हैं। पुरानी पद्धति में कहीं तो चरित्र प्रधान है, तो जो चरित्र प्रधान, आजकल वातावरण प्रधान। मैंने इसका विरोध आरम्भ में ही किया था कि कहानी चरित्र प्रधान और वातावरण प्रधान नहीं होती, कहानी केवल कहानी होती है और कहानीकार एक-न-एक जो सच होता है जिन्दगी का, उसको दिखाने के लिए आप चरित्र लेता है, वातावरण भी लेता है और कथानक भी गढ़ता है।

अरुण प्रकाश : *इधर की जिसे लम्बी कहानी कहा जाता है उसमें एक बात है कि वह लेखक इतना अधिक बोलता दिखाई देता है कि मसलन अगर किसी के पास पुरानी मोटरकार है, अब उसका जिक्र आया तो अब उसके बाद आप ढेर विवरण पढ़िए मोटरकारों के बारे में। यह एक किस्म से इन्साइक्लोपीडिक राइटिंग है। अब इसमें क्रमबद्धता तो रहती नहीं है। बल्कि कई लम्बी कहानियों के बारे में लगता है कि उसमें चार-चार, पाँच-पाँच कहानियाँ घुस गईं।*

नामवर सिंह : देखिए, लेखक के लिए यह तय करना बहुत जरूरी है कि वह क्या चुनता है और क्या छोड़ देता है। आजकल हालत यह हो गई है उसको जितना मालूम है, सब बता देना चाहता है। सोचता है कि जैसे जिन्दगी में यही कहानी लिखनी है, आगे नहीं लिखनी है, तो वह जितना जानता है उसके बारे में अपनी सारी जानकारी दे देता है। इसे भूल-चूक नहीं कहूँगा, कमजोरी कहूँगा। उदय प्रकाश की 'वारेन हेस्टिंग्स का साँड' में और चूँकि उसको नाटक के रूप में भी मैं देख चुका हूँ और उस पर अपनी राय भी मैंने लेखक को बता दी है। तो जितनी मालूमात है, इतिहास की, कला की और सारी जानकारियाँ उसमें भरकर कुछ प्रसंगों को इतना विस्तार दे दिया है कि प्रभावान्विति बाधित होती है। कहानी का जो पहला शास्त्रकार था एडगर एलेन पो उसने एक कहानी कला पर लेख लिखा था 'प्रभावान्विति' पर ज़ोर देने के लिए...

अरुण प्रकाश : *हालाँकि उस लेख के मुताबिक उसने कहानियाँ स्वयं नहीं लिखीं...*

नामवर सिंह : हो सकता है लेकिन सिद्धान्त तो उसका था। उसे हिन्दी में प्रभावान्विति कहा जाता था। 'टोटैलिटी ऑफ इफेक्ट' या 'इफेक्ट ऑफ टोटैलिटी', प्रभावान्विति। उस प्रभावान्विति पर कहानी टिकी होती है। और उसमें जरूरी है कि

कौन चीज है जो उस प्रभावान्विति में बेसुरा बनाती है। संगीत में कहा जाता है कि आप सुर में जरूर गा रहे हैं लेकिन कहीं-कहीं बेसुरापन आ जाता है। ऐसी अनावश्यक चीजों को छोड़ देने का लोभ संवरण करें। इसको कहीं और इस्तेमाल कर लीजिए कौन रोकता है।

अरुण प्रकाश : *डॉक्टर साहब, तर्क आजकल यह भी दिया जाता है कि अब कहानी 'स्लाइस ऑफ लाइफ' नहीं रही। अगर 'स्लाइस ऑफ लाइफ' भी हो तो 'स्लाइस' बड़ा होना चाहिए। बल्कि पूरे 'ब्रेड' जितना बड़ा होना चाहिए।*

नामवर सिंह : देखिए, निरंकुश तो कवि कहे गए हैं लेकिन हैं कहानीकार भी। हम पाठक ऐसे देखते हैं कि हमको कहाँ कौन-सी चीज खटकती है, फालतू लगती है। हम लोग यही कह सकते हैं बस।...और हमको तो इतना ही मतलब है कि कहानी जहाँ जा रही है, ठेल के ले जा रही है, हम वहाँ जाना चाहते हैं। और आप अगर मुझे व्यर्थ में भटकाने की कोशिश करेंगे तो हम पाठक के नाते साथ छोड़ने के लिए स्वतन्त्र हैं। लेखक को इतना तो ध्यान रखना ही चाहिए कि कहाँ पाठक पढ़ते समय किस प्रसंग को छोड़ देगा। यह एक घाटा हुआ और दूसरा जो उसकी 'प्रभावान्विति' को बाधित किया और कमजोर हुई कहानी। कहानी में जोड़ नहीं होना चाहिए। जीवन के एक सच को पूरी तीव्रता, तीखेपन के साथ और इस मितव्ययिता के साथ व्यक्त करें कि लगे कि यह मुकम्मल कहानी है। और ऐसी कहानियाँ मिलती हैं जिनमें कहीं यह कहने का जी नहीं चाहता कि साहब इसमें यह चीज अतिरिक्त डाली गई है। विनोद कुमार शुक्ल वह कविता संग्रह 'अतिरिक्त नहीं'...

अरुण प्रकाश : *हाँ, लेकिन पहले कि वह कोट की तरह चला जाता है...*

नामवर सिंह : नहीं, नहीं (हँसते हुए) यह बाद वाला संग्रह है। इसलिए कि जैसे शरीर में चर्बी। एक तरह से यह अस्वस्थ शरीर का लक्षण है, कहानी में भी चर्बी बर्दाश्त नहीं की जा सकती। लेकिन यह भी नहीं कि हड्डियाँ-ही-हड्डियाँ हों, मांसलता, चर्बी हो, हो न। अमूर्त भले हो पर वह जीवन्त भी हो। पर हम लोग तो कहानी के इतिहास में चल रहे थे...

अरुण प्रकाश : *जी, मैं फिर इतिहास की तरफ लौटना चाहता हूँ। नई कहानी में भी दो धारा दिखाई देती हैं। एक धारा है वह जो प्रेमचन्द की परम्परा से जुड़ी है। जिसे इस प्रगतिशील कहानी की धारा कहते हैं। पर 'नई कहानी' में जो आपने विवेचना की है, उसके पीछे की जो धारा है उसको आपने छोड़ दिया है। आपने ऐतिहासिक नवीनता पर बल दिया है।*

नामवर सिंह : सही कह रहे हैं आप। ऐसा था अरुण प्रकाश जी, कि आरम्भिक कुछ लेख जो लिखे थे, उसके बाद मैंने, कहानी में कुछ नयापन आए, इसकी वकालत करने के लिए कुछ लेख लिखे थे। बाद में जब 'हाशिये पर' मैंने शुरू किया तो

मैंने एक पूरी योजना बनाई और आप देखेंगे कि क्रम से जो शुरू किया था जिसमें अच्छी कहानियों से नई कहानी तक पहुँचा था। आगे कुछ और भी लिखने वाला था कि उषा प्रियंवदा की 'वापसी' कहानी आ गई। और बहस अच्छी और नई कहानी की छिड़ गई। और फिर भैरव जी सम्पादक नहीं रहे। वह लेखमाला बन्द हो गई। सोचा एकाध बार लेकिन उसके बाद तो पूरी नई कहानी का मतलब हो गया कमलेश्वर, राजेन्द्र यादव और मोहन राकेश। उस प्रसंग में मैं कहना चाहता हूँ कि एक घटना इलाहाबाद के 'परिमल' में घटी। परिमल के लोगों ने कहना शुरू किया कि कहानी तो दूसरे दर्जे की विधा है। परिमली उस समय भी मानते थे और आज भी रामस्वरूप चतुर्वेदी ऐसा ही मानते हैं। क्या है कहानी? खामखाँ कहानी को महत्त्व दिया जा रहा है। अरे उपन्यास की बात करो तो समझ में आता है। कहानी क्या है? दूसरे दर्जे की चीज है। कहा गया कि कहानी को खामखाँ महत्त्व नहीं देना चाहिए। कहानी के बरक्स कविता को खड़ा करने का भी मकसद यही था। आपको याद होगा कि इससे पहले प्रगतिशील लोग भी एक तरह से इसी चक्र में थे। प्रेमचन्द के बारे में डॉ. रामविलास शर्मा ने लिखा है कि प्रेमचन्द अपने उपन्यासों के कारण जाने जाते हैं और महत्त्वपूर्ण हैं, कहानियों के कारण नहीं। कहानियाँ दूसरे दर्जे पर आती हैं। जबकि कुछ लोग मानते हैं कि उनके उपन्यासों में यहाँ तक कि 'गोदान' में भी झोल है। कला विन्यास की दृष्टि से उपन्यास कहीं-कहीं शिथिल हो जाते हैं। 'कर्मभूमि' शिथिल है, 'प्रेमाश्रम' शिथिल है, लेकिन जो उनकी श्रेष्ठ कहानियाँ हैं वे एकदम निष्कलुष, बेदाग हैं। आख्यान की कला तो कहानियों में है। इसलिए मैं कह रहा था कि प्रगतिशील खेमे में भी स्वयं प्रेमचन्द की कहानियाँ महत्त्वपूर्ण नहीं थीं। भला हो, नई कहानी वाले दौर का कि प्रेमचन्द की कहानियों की चर्चा नए ढंग से शुरू हुई।

मैं तो कुछ कहानियों के माध्यम से बात करना चाह रहा था। स्वयं प्रेमचन्द की कहानियों पर बहुत कम चर्चा हुई है। उपन्यासों की चर्चा होती रहती है। आपको याद होगा हंसराज रहबर का एक लेख छपा था 'कफ़न' के खिलाफ। सबसे अच्छी कहानी तिरस्कृत कर दी गई थी। प्रेमचन्द की जन्मशती के अवसर पर मैंने तो एक योजना बनाई थी जिसमें उनकी 50 कहानियों पर 10 लेखक समीक्षाएँ लिखें और सारी सामग्री कहानियों सहित 10 जिल्दों में छपे। यह योजना एन.सी.ई.आर.टी. द्वारा स्वीकृत थी। पूरी पांडुलिपि आज भी मेरे पास है। खैर!

अरुण प्रकाश : *एक और चीज है दरअसल कि प्रगतिशील कहानी में भी आप देखें तो एक प्रतिबद्ध किस्म का लेखन जो दिखता है वह है भी इसके साथ-साथ एक 'सेरेब्रेल राइटिंग' भी है। एक विचार दिमाग में आया, उस हिसाब से कहानी बना ली।*

नामवर सिंह : फार्मूले से। आजादी के ठीक बाद वाले वर्षों में, अगर याद हो तो, अमृत राय का 'तिरंगा कफन' नाम का एक कहानी-संग्रह निकाला था। उस समय प्रगतिशीलों के आदर्श कृष्ण चन्दर थे। मण्टो का नाम कोई नहीं लेता था।

अरुण प्रकाश : *बल्कि अमृत राय तब तक, 'साहित्य में संयुक्त मोर्चा' जैसा मेन्युअल लिख चुके थे।*

नामवर सिंह : जी, हिन्दी में यशपाल तब भी लिख रहे थे और उनकी कहानियाँ रामविलास जी और अमृतराय के निशाने पर थीं।

अरुण प्रकाश : *जैनेन्द्र जी के यहाँ इस तरह की बहुत सारी कहानियाँ हैं।*

नामवर सिंह : तो मैं कह रहा था कि ये नए कहानीकारों में अपनी पूरी परम्परा को, प्रेमचन्द ही नहीं बल्कि प्रेमचन्द के ठीक बाद के भुवनेश्वर वगैरह की कहानी का भी कोई जिक्र नहीं करता था। इसलिए नई कहानी आन्दोलन के दौरान यह बात रह गई कि पूरी नई कहानी को दो-तीन लेखकों ने हाइजैक कर लिया। वैसे निर्मल वर्मा नई कहानी के इसी दौर की देन हैं। राजनीतिक रूप से भी निर्मल वर्मा प्रगतिशील लेखक संघ के थे। निर्मल की कहानियाँ 'कहानी' में भैरवजी छापते ही थे।

अरुण प्रकाश : *डॉक्टर साहब, देन इन लोगों की हो सकती है...*

नामवर सिंह : देन से इनकार नहीं लेकिन नई कहानी में कई अन्तर्धाराएँ थीं। फणीश्वरनाथ रेणु की कोई पुस्तक तब तक नहीं आई, पर 'तीसरी कसम' जैसी कहानी छप चुकी थी। यह न भूलिए। निर्मल वर्मा का संग्रह भी 1960 में आया है या 59 में। कहानियाँ पहले आ चुकी थीं। इसी दौर में नई कविता के कवि, केदारनाथ अग्रवाल, नागार्जुन, मुक्तिबोध, त्रिलोचन भी लिख रहे थे।

अरुण प्रकाश : *तो उसका प्रभाव कहानी पर नहीं पड़ा।*

नामवर सिंह : नहीं पड़ा। उपन्यासों में भी यही हाल है। इसलिए पहला काम था कि कैसे हम लोग उस कट्टर और यान्त्रिक मार्क्सवाद से मुक्त होकर जीवन के जीते जागते चरित्रों, सच्चाइयों को देखें उसमें मार्कण्डेय का काम, शेखर जोशी की 'कोसी का घटवार' और अमरकान्त की 'जिन्दगी और जोंक', कमलेश्वर का भी एक संग्रह आया था 'जहाँ लक्ष्मी कैद है' राजेन्द्र यादव का आया था। आज के दिनों को देखें, सबको देखते हुए इसमें कमलेश्वर, राजेन्द्र यादव ही सबसे कमजोर थे। राकेश का कहानी संग्रह 'नया बादल' भी तभी आया था।

अरुण प्रकाश : *आपने 'राजा निरबंसिया' के बारे में सुपरलेटिव में लिखा है?*

नामवर सिंह : तात्कालिक कारण था। आप 'राजा निरबंसिया' और 'डिप्टी कलेक्टरी' को इसी से जानेंगे कि वह फर्स्ट तो आयी थी 'राजा निरबंसिया', 'डिप्टी कलेक्टरी' तो सेकेण्ड थी। पुरस्कार दिया गया था कहानी पत्रिका की ओर से और

भैरव जी जैसे लोग थे निर्णायक। श्रीपत राय भी इसमें शामिल थे। आप यों देखें कि...उस दौर में भी 'डिप्टी कलेक्टरी' को ही मैंने महत्त्वपूर्ण माना और उस कहानी की चर्चा भी की। इस सारी चर्चा के दौरान एक और घटना का ज़िक्र करना चाहूँगा। जब परिमल वाले कहानी को दूसरे दर्जे की कला बता रहे थे, अमरकान्त की 'हत्यारे' नाम की कहानी का ज़िक्र मैंने पहली बार किया था। और उसी दौर में मैंने निर्मल की कहानी 'लन्दन की एक रात' कहानी की भी चर्चा की थी।

अरुण प्रकाश : *डॉक्टर साहब इस प्रशंसा से बहुत ईर्ष्या उपजी है जब आपने इसे संगीतधर्मी कह दिया तो।*

नामवर सिंह : इस ईर्ष्या का क्या जवाब दूँ?

अरुण प्रकाश : *पर 'कहानी : नई कहानी' में गोर्की का ज़िक्र लगभग नहीं के बराबर है।*

नामवर सिंह : हाँ, मैं बता रहा हूँ। इसलिए कि अपने उपन्यास 'माँ' के लिए ही गोर्की चर्चा में थे, उनकी कहानियों की ओर ध्यान कम था। याद कीजिए तो 50 के दशक में गोर्की से ज्यादा चेखव हिन्दी लेखकों को आकर्षित करने लगे थे। अन्तर्राष्ट्रीय पैमाने पर भी चेखव को नए सिरे से खोजा जा रहा था। राजेन्द्र यादव ने तो 'चेखव : एक इण्टरव्यू' ही प्रकाशित किया था। मैं खुद भी उस दौर में चेखव को ही पढ़ रहा था। बाद में मिलने पर मालूम हुआ कि हमारे और निर्मल जी के बीच कोई जमीन जहाँ हम दोनों मिल सकते थे, वह यह कि उनके भी प्रिय लेखक चेखव थे। चेखव की वह उदासी, वह धुँधला-धुँधला सा वातावरण जो छाया रहता है, जिसमें चरित्र मुख्य नहीं हुआ करता, यह सब जादू सा असर करता था। उस दौर की लिखी हुई 'परिन्दे' की कहानियों को आप देखें तो बात साफ हो जाएगी। तब तक निर्मल चेकोस्लोवाकिया नहीं गए। तब तक निर्मल कम्युनिस्ट पार्टी के मेम्बर थे, और उस समय तक निर्मल पीपुल्स पब्लिशिंग हाउस के लिए अनुवाद करते थे भाई। इसलिए यह एक आदमी है जो समाजवादी यथार्थवाद और कृश्न चन्दर वगैरह के फार्मूले से अलग हट के कहानी रच रहा है। इसलिए मैंने उसका स्वागत किया था। उसी दौर में राजेन्द्र यादव और कमलेश्वर भी लिख रहे थे। कमलेश्वर तो तब भी घटिया लेखक थे, आज भी हैं। वे कहानीकार नहीं हैं, वे जर्नलिस्ट हैं। तब भी थे जर्नलिस्ट और आज भी हैं। राजेन्द्र यादव की 'जहाँ लक्ष्मी कैद है' भी एकदम फार्मूले की कहानी है। नाम भी लक्ष्मी रखा है। श्लेष का चमत्कार। राजेन्द्र की 'खेल खिलौने' में भी यही है। मैंने राजेन्द्र पर बड़ी सख्त टिप्पणी उस दौर में की है।

अरुण प्रकाश : *बल्कि आपने उन पर ऐसी टिप्पणी कई जगह की है।*

नामवर सिंह : इस विषय पर जब हम लोग चर्चा करेंगे तो चर्चा और आगे भी होगी। कहानी सम्बन्धी आलोचना में हुआ यह कि बहुत जल्दी हम लोग निर्णय

अथवा फतवा दे देते हैं कि यह प्रगतिशील कहानी है, यह जनवादी कहानी है, और यह यथार्थवादी कहानी है।

अरुण प्रकाश : *एक नाम और छूट रहा है खगेन्द्र ठाकुर का, उन्होंने भी बहुत अच्छी कथा समीक्षा लिखी है।*

नामवर सिंह : खगेन्द्र ठाकुर की अलग कोई समीक्षा मुझे इस समय याद नहीं आ रही है लेकिन 'अब' पत्रिका के लिए जो कहानी पंचायत हुई थी उसमें खगेन्द्र जी ही एक आदमी ऐसे हैं जो पहली बार पूरी कहानी को लेकर अपनी बात कहते हैं। काफी देर तक पंचायत सामान्य बातों की चर्चा करती है। खगेन्द्र जी ने कहानियाँ लीं और बड़े साफ शब्दों में कहा कि देखिए जनवादी कहानी और प्रगतिशील कहानी जैसे विशेषणों को छोड़ दें तो अच्छा है कहानी चर्चा में। यहाँ तक कि यथार्थवाद के बारे में भी लम्बी बहस हुई थी। उसमें हुआ यह कि जो यह इकहरी समझ थी यथार्थवाद की, वह टूटी है। एक तरह से सारी कहानियाँ यथार्थ के नजदीक होती हैं। सिद्धान्तवाद की श्रेणी में आती हैं। इसलिए कोई-न-कोई यथार्थ तो होता ही है। देखना यह है कि जीवन का कौन, छोटा-सा ही सही, सच है जो उस स्थिति में किसी घटना में किसी चरित्र के माध्यम से जिसकी ओर कम ध्यान जाता है लोगों का उससे निकाल के ले आता है और वह उसका अपना देखा हुआ सच है।

अरुण प्रकाश : *आपने इस सिलसिले में कहानियों में फ्लैश की जगह शब्द का इस्तेमाल किया है लेकिन आजकल कुछ का इस्तेमाल होने लगा है 'हेडलाइट' जैसा आता है...।*

नामवर सिंह : जो 'फ्लैश' के रूप में आती ही है कहानी, और जहाँ भी होती है, असल में कहानी वहीं होती है। जिसको कहें कि उस राक्षस की जान एक तोते में रहती है तो इसी तरह से पूरी कहानी में एक जगह होती है। खाली उदाहरण के लिए दे रहा हूँ 'पार्टीशन' कहानी जैसे ही छपी थी तो मैंने जिक्र किया था, वर्तमान साहित्य में छपी थी पहली बार 83 में, उसके बाद वह सरदार वाली कहानी 84 में दंगों के बाद आई पहली बार उस कहानी ने ध्यान आकृष्ट किया कि वह जो कुर्बान भाई हैं, एक कुर्बान भाई ने पाकिस्तान न जाकर के खुद यहीं रहने का फैसला किया। उनके सारे रिश्तेदार जा चुके थे। वे फिर अपने धंधे में लगे। वे प्रगतिशील विचारों के हो गए। उनके यहाँ नौजवान जुटने लगे और लगभग कुछ ऐसे ही वामपंथी विचारों से, और सेक्युलर वामपंथी हो गए थे कुर्बान भाई। अचानक एक छोटी-सी घटना घटी। वह जो बैलगाड़ी लगा दिया उनकी दुकान पर, उनको अपमानित किया। उस धक्के के बाद वही कुर्बान भाई आखिर में टूट गए। फिर लतीफ भाई आते हैं।

कुर्बान भाई टोपी पहनकर के नमाज पढ़ने के लिए मस्जिद की ओर जाते हैं। कहानी वहाँ है एक आदमी इतनी आस्थाओं के बाद बन-सँवर करके वह सेक्युलर

हो रहा था, एक ऐसा धक्का लगा कि फिर वह कहने लगा कि साहब कौन कहता है कि 'पार्टीशन' हुआ था? 'पार्टीशन' रोज हो रहा है इस तरह। आज के माहौल में आप देखिए तो क्यों ऐसा हुआ? कुछ धर्मान्ध जबर्दस्ती सेकुलर उन मुसलमानों को नमाज की ओर, मस्जिद की ओर ठेल रहे हैं।

अरुण प्रकाश : *एक प्रकार की बेदखली भी है, एक प्रकार का विस्थापन भी है जैसे 'अली मंजिल'। वह आदमी जिसका मकान था वह लगभग एक परदेसी की तरह आता है, रहता है, मदद करता है। और बाद में पता चलता है कि मकान उसी का है...*

नामवर सिंह : अब देखिए 'अली-मंजिल' बहुत अच्छी कहानी का नाम आपने लिया, अवधेश प्रीत की कहानी का। बहुत अच्छी कहानी मुझे लगी थी। वह कहानी जो दयाल बाबू मकान खरीद लेते हैं और मकान मालिक चला जाता है देश छोड़कर। वहाँ से वह चिट्ठी लिखता है, और इस पूरे मकान का नाम बदल देते हैं, वह मिटाने की कोशिश करते हैं। उसमें कहानी जहाँ बनती है जब एक आदमी सारे इतिहास को यानी अतीत को जैसे, वह मकान तो एक पूरी परम्परा है उसे मिटाने की कोशिश करता है। इतिहास के प्रति क्या दृष्टिकोण होता है, यदि देखें तो आजकल जैसा हमारे यहाँ किया जा रहा है कि 'अली मंजिल' का नाम बदलना वैसे ही है जैसे कोई आज ताजमहल का नाम बदल दे। शहरों के नाम भी बदल रहे हैं। इलाहाबाद को प्रयागराज करना चाहते हैं यह जो प्रवृत्ति है कि अतीत को इतिहास को रबर से मिटाकर के नए सिरे से एक आदमी बनाना चाहता है और इस बनाने की प्रक्रिया में, लगभग इस दौर में यही हो रहा है जो भाजपा की गठबन्धन की सरकार कर रही है। शिक्षा के क्षेत्र में, साहित्य के क्षेत्र में इतिहास को मिटाना, यह थीम है इसकी। यद्यपि एक मकान के जरिए बात कही गई है। तो कहानी यहाँ निवास करती है। और उस मिटाने का आखिर में वह जो गरीब आदमी जो पहले 'अली मंजिल' में रहा करता था वही जो ले आकर के सेवा करता था। पहले वह चिट्ठी आती है, और क्या खूबसूरत वह चिट्ठी लिखी हुई है, जिसको पढ़ नहीं सकते हैं।

अरुण प्रकाश : *पढ़ नहीं सकते हैं, पढ़वाते हैं पड़ोसी से...।*

नामवर सिंह : हाँ, पड़ोसी से पढ़वाते हैं। यहीं यह कहानी बनती है जो मर्म को छूती है। कहानी का जो 'डंक' है उस 'डंक' से पूरी कहानी का अर्थ खुलता है। बहुत-सी कहानियाँ जो सराही जा रही हैं, बिना समझे हुए कि उसमें क्या है, कहाँ है? वह समस्या, जैसे हर साहित्यिक कृति के साथ है, उपन्यास हो, कविता हो, कहानी हो...।

अरुण प्रकाश : *एक ऐसी ही कहानी डॉक्टर साहब और वह है चन्द्रकिशोर जायसवाल जी की 'और मर गया दीपनाथ'। वह यहीं से जैसे 'पार्टीशन' में होता*

है, 'पार्टीशन' में जैसे है कि रास्ता यहाँ से अलग हो जाता है। वैसे ही उस कहानी में भी है कि रास्ता यहाँ से अलग हो जाता है।

नामवर सिंह : मैं कह रहा था कि कहानी सम्बन्धी आलोचना में मुख्य चीज है कि हर कहानी को अपने आप में एक मुकम्मल कृति मानकर के पहले देखें कि कहानी क्या कहती है? फिर देखें कि कहानी जो कुछ कहती है, क्या ऐसी बात कहती है जिसकी ओर औरों का ध्यान नहीं गया था? पहली बार क्या लेखक ने एक नए सच की ओर इशारा किया है? और फिर देखें कि यह नया सच जो है वह इतिहास के सन्दर्भ में कोई बड़ी बात है या एक छोटा-सा खाली एक खिलवाड़ है? मजा लेने के लिए यानी चिकोटी काटने वाली बात है या उस चिकोटी में गहरा दर्द है? और वह एक बहुत बड़े सन्दर्भ को आलोकित करता है। यदि केवल वह फुलझड़ी नहीं है बल्कि उससे एक रोशनी मिलती है अपनी जिन्दगी के आज के किसी बहुत बड़े सच को देखने की, तब लगेगा कि एक बड़ी कहानी है। इसलिए मूल्यांकन की प्रक्रिया ऐसी होनी चाहिए कि उस कहानी के द्वारा सामने लाया हुआ सच, कहानी की शर्त के मुताबिक, हमारी संवेदना को छूता है कि नहीं या दिमाग को केवल झकझोर के रह जाता है। हमारे पूरे अस्तित्व के सामने एक प्रश्नचिह्न के रूप में बनता है और हम जिन्दगी के बारे में नए सिरे से सोचने लगते हैं। तब और वह केवल किसी बुद्धि के स्तर पर, विचार के स्तर पर नहीं, बल्कि जो साहित्य का धर्म भी है, संवेदना के धरातल पर आघात करता है तब लगेगा कि कहानी अपने पूरे रचाव में सार्थक है। मैं आमतौर से कहा करता हूँ कि कला जो होती वह ब्यौरे में होती है...

अरुण प्रकाश : *यह आपने कई बार, कई स्थलों में कहा है...*

नामवर सिंह : और वह ब्यौरे जो टुकड़े-टुकड़े करके आते हैं वह वहाँ कौन सी बात वह निकालता है, उससे होती है जिसको कभी-कभी हर लेखक, जैसे फिल्म बनाने वालों का एक 'टच' होता है अपना। वे कहते हैं यह टच दिया तो यह सत्यजित राय का टच है, ऋत्विक घटक का यह टच है। हर कहानीकार के पास ऐसी एक कला होती है। एक उदाहरण...

अरुण प्रकाश : *और बहुत एक ऐसा टेण्जेंट मार के निकल जाते हैं।*

नामवर सिंह : उदाहरण के लिए देखिए, एक चीज बड़ी छोटी-सी मामूली-सी है। उदय प्रकाश की कहानी 'और अन्त में' फेश्चुला को लेकर आता है...

अरुण प्रकाश : *'शापग्रस्त' में भी आता है यह 'फेश्चुला'।*

नामवर सिंह : नहीं, नहीं, 'शापग्रस्त' में तो खुलके आता है। 'शापग्रस्त' में दूसरी बार आता है, वह जो प्रधानमन्त्री या कौन आया था उस इलाके में भाषण देने तो वह बवासीर से पीड़ित है, वह किया गया है। अच्छा, मैं नहीं जानता कि

और 'अन्त में प्रार्थना' पहले लिखी गई है, या 'शापग्रस्त' पहले लिखी गई है, किस ने पहले लिखा? लेकिन जितना बढ़िया इस्तेमाल फेश्चुला का अखिलेश ने किया है वो एक नियामक निर्णायक प्रतीक के रूप में है; क्योंकि वह छोटे इंजीनियर का है, वह एक टच है लेकिन उनके यहाँ प्रकारान्तर से एक आदमी का मजाक उड़ाने के लिए आया है कि बहुत बड़ा आदमी है वह, प्रधानमन्त्री है, लेकिन उसको एक बीमारी है तो उसको एक तरह से 'बिलिटिल' करने के लिए है। एक भव्य और गरिमामय आदमी लेकिन पीड़ित है एक छोटे से रोग से। इस टेकनीक का उपयोग और जगहों पर भी उदय प्रकाश ने किया है। जैसे किसी आदमी को छोटा बनाने के लिए, उपहासास्पद बनाने के लिए फेश्चुला का उपयोग अपनी लोक कथाओं में भी उन्होंने किया है। यह आदमी अपने हीरो के साथ ऐसा सलूक करता है और बिलिटिल करने के लिए नहीं करता है बल्कि लगभग...अन्यत्र भी जिसमें बुढ़िया के पास वह गया है सुख की खोज में तो वह कहती है कि तू तो ठीक से दुःखी ही नहीं हुआ कभी।

अरुण प्रकाश : *एक तरह से जातक कथा का सादृश्य आपको नहीं लगता है इस कहानी में?*

नामवर सिंह : सम्भव है, कई टेकनीक इस्तेमाल की हैं लेकिन मैं कहना चाहता हूँ कि कोई आदमी जीवन में सचमुच गहरे अर्थ में दुःखी न हुआ हो, केवल फेश्चुला का ही अगर किसी को दुःख है तो बहुत छोटा दुःख है वह कह रहा है इस रूप में कहना चाहता है कि तुम सच्चे अर्थों में दुःखी हुए ही नहीं हो। इसलिए पूरी कहानी में जो बात आती है, अर्थ-गर्भ जो वाक्य लगा एक जगह कि पहली बार उसने यह सत्य जाना कि क्या सत्य नहीं है? असत्य का ज्ञान होना...पूरी कहानी की प्रक्रिया में दुःख और सुख और बाकी जिन्दगी के संघर्ष और प्रेम-वेम सबकुछ है कुल मिलाकर के उसका एक वाक्य आता है, उसका उद्धरण देना सम्भव नहीं है कि यह सत्य मैंने जाना है कि क्या सत्य नहीं है।

अरुण प्रकाश : *यह कहानी के आखिर में आता है....*

नामवर सिंह : आखिर में आता है तो यह बोध किसी को लगभग ऐसे ही है जो अन्त में जाकर के पूरा जीवन जीने के बाद, सारे चक्र से, दुःख से निकल जाने के बाद आदमी को अन्त में आता है कि सत्य तो नहीं जान पाया लेकिन यह जान लेना भी आज के जमाने में बहुत जरूरी है कि क्या सत्य नहीं है। और लगभग तोल्सतोय की जो बड़ी कहानी है 'इवान एलिच की मृत्यु' उसको जीवन के अन्त में सत्य का पता चलता है कि काश अब...मृत्यु के किनारे है और तब उसको लगता है कि नए सिरे से जीने को मिलता, अब तक तो वह जीता ही नहीं रहा। अब जीने को मिले तो मैं ढंग से जीऊँ। इसलिए इस छोटी-सी बात के लिए 'शापग्रस्त' कहानी मुझे बहुत महत्त्वपूर्ण लगी है। यद्यपि 'जलडमरूमध्य' कहानी बहुत महत्त्वपूर्ण

कहानी है और उसमें एक दूसरी लम्बी मकान की खुदाई और पूरी परम्परा और आधुनिकता के बीच के टकराव को बड़े अच्छे ढंग से कहा है जो कोई उल्लेख भी नहीं कर सकता है। दो पीढ़ियों तक बाकायदे चलता है, बल्कि तीन पीढ़ियों तक चलता है। वह भी अच्छी कहानी मुझे लगी थी। यह एक कहानी ऐसी बात कह सकती है, जो बड़े-बड़े उपन्यास नहीं कहते। इसलिए हिन्दी में कहानियाँ इतनी महत्त्वपूर्ण लिखी गई हैं लेकिन जमकर उन पर विचार अच्छी तरह नहीं किया गया है। नतीजा उसका यह हुआ कि लोग अब भी मानकर चलते हैं कि हिन्दी की महत्त्वपूर्ण विधा कविता है। बहुत से लोगों की यह धारणा बनी हुई है आज भी। प्रेमचन्द के बारे में रामविलास जी ने कहा कि प्रेमचन्द अपने उपन्यासों के लिए जाने जाते हैं। इसके बरक्स कुछ लोगों की धारणा है कि प्रेमचन्द के उपन्यासों में तो कलात्मक ढीला ढालापन भी मिल जाएगा, यहाँ तक कि गोदान तक में भी लेकिन प्रेमचन्द की कुछ कहानियाँ ऐसी हैं कि दुनिया की अगर श्रेष्ठ कहानियों की गिनती होगी तो प्रेमचन्द की कम-से-कम दस कहानियाँ तो आएँगी ही।

अरुण प्रकाश : *डॉक्टर साहब कुछ समय पहले आप कह रहे थे कहानी पर परिचर्चा का आयोजन किया और परिपत्र भेजा। उसमें एक वाक्य था कि बहुधा यह आरोप लगाया जाता है कि हिन्दी आलोचना में कहानियों पर विचार ही नहीं किया गया है। तो सच्चाई यह है कि 1936 के बाद, प्रेमचन्द के बाद कहानी में अच्छा काम हुआ भी कहाँ है? यह बाकायदा परिपत्र मैंने प्राप्त किया और उसके उसमें भाग लेते हुए मैंने सबसे पहले इसी पर मुझे लिखना पड़ा। 1936 के बाद कुछ लिखा ही नहीं गया है, आलोचना में यह प्रस्थान बिन्दु मान लिया गया है। तो, तो इसके बड़े अजीब परिणाम निकलेंगे।*

नामवर सिंह : देखिए, ऐसा है, इसके लिए भी कुछ लोग मेरी आलोचना करते हैं कि मैं तो कविता का आलोचक हूँ क्योंकि 'कविता के नए प्रतिमान' जैसी पुस्तक लिखी तो कविता पर ही लिखी। कहानी पर शुरू में कुछ लेख लिख थे। जमकर के मैंने लिखा नहीं। लेकिन मैं पढ़ता रहा हूँ कहानियों को। यह तो दावा नहीं कर सकता कि सभी महत्त्वपूर्ण कहानियाँ इस बीच की पढ़ी हैं, लेकिन जितनी पढ़ी हैं, उसके आधार पर मैं कह सकता हूँ कि काफी दिनों बाद कहानी की जो पहली लहर थी, जो 1936 तक का जो जिक्र कर रहे थे उसमें प्रेमचन्द और जैनेन्द्र और उसके बाद और उसके बाद यशपाल आते हैं। नई कहानी वाले दौर में बहुत अच्छी कहानियाँ आई हैं। यह नई पीढ़ी जो आई है बल्कि इस नई पीढ़ी में उपन्यास कम लिख रहे हैं लोग, पर कथा की प्रतिभा है। कहानियों की ओर गई है। युवा पीढ़ी के लोग और बहुत अच्छा काम कर रहे हैं कि पहले कहानी लिख रहे हैं और उस क्रम में आगे चलकर के कुछ लोग उपन्यास लिखेंगे। उपन्यास भी वही लोग लिखेंगे जो

कहानियाँ लिख रहे हैं। उनमें से कुछ ने लम्बी कहानियाँ लिखी हैं, लगभग जिन्हें लघु उपन्यास कहा जा सकता है। आगे चलकर के यही लोग कथा-कला साधकर के जब उपन्यास लिखेंगे तो सम्भव है कि उपन्यास के क्षेत्र में भी कोई नया काम हो। लेकिन मैं आश्वस्त हूँ कि पिछले बीस-पच्चीस वर्षों में और खासतौर से जो अन्तिम दशक है, जो अभी जो बीता है इस दौर में कुछ इतनी अच्छी कहानियाँ लिखी गई हैं और प्रतिभाएँ आई हैं। जिससे लगता है कि बहुत दिनों बाद युवा पीढ़ी के हाथों कहानी वयस्क हुई है। अंग्रेजी मुहावरे में लोग कहते हैं बालिग हुई है। मैं कहूँगा परिपक्व हुई है। कला सध गई है हिन्दी में। नहीं तो मेरी एक धारणा थी बहुत दिनों से, जो अब बदल रही है। मेरी यह धारणा थी कि उर्दू कहानी की अपनी एक विशिष्ट छवि बनती है और यह छवि बनाई है राजिन्दर सिंह बेदी, मण्टो खासतौर से, और वो इस्मत चुगताई ने। तो इस्मत, बेदी और मण्टो ने उर्दू कहानी की ऐसी विशिष्ट पहचान बनाई है और इनको प्रेमचन्द की भी विरासत है। इसलिए भारतीय कहानी की जब बात करते हैं तो उर्दू कहानी की स्पष्ट अपनी छवि है और वह पहचानी जा सकती है।

अरुण प्रकाश : *और भारतीय कहानी की जो सर्वोच्च प्रतिभाएँ हैं उनमें से ये तीनों हैं।*

नामवर सिंह : और फिर मुझे लगता था कि आरम्भ में यह छवि बंगला कहानी की थी। बंगला कहानी के रवीन्द्रनाथ, भारत के पहले के आरम्भिक कहानीकारों में थे। उन्नीसवीं सदी के अन्त में गल्पगुच्छ तीन खण्ड उन्होंने लिख दिए थे। और कितनी विविधता है, क्या कला है रवीन्द्रनाथ में...। आगे चलकर उसमें कई लोग आप, बनफूल आए, नारायण गंगोपाध्याय आए, बिमल मित्र आए...। लेकिन कुल मिलाकर के जो छवि बनती है उर्दू कहानी की, उसके बाद बंगला कहानी का नम्बर आता है। उसके बाद लगता है कि मलयालम कहानी का एक अपना रूप है।

अरुण प्रकाश : *मलयालम कहानियों में डॉक्टर साहब बंगला की अपेक्षा ज्यादा परिपक्वता है।*

नामवर सिंह : उसी तरह से देखें तो बल्कि मराठी गुजराती कहानी उतनी उभर के नहीं आती है। सभी भाषाओं की कहानियों के बारे में हमारी जानकारी ऐसी नहीं है कि निर्णय दें। फिर भी भारतीय कहानी के व्यापक परिप्रेक्ष्य में हिन्दी कहानी की अपनी विशिष्ट छवि को लेकर गर्व हो न हो, शर्म का बोध नहीं होता। और अब मैं कह सकता हूँ कि प्रेमचन्द को यदि हिन्दी-उर्दू दोनों का हिस्सा मान लिया जाए तो उसके बाद भी निश्चित रूप से हिन्दी कहानी का अपना एक वैशिष्ट्य बन गया है और पचास वर्षों के लेखकों से चुनें तो कम-से-कम पचास कहानियाँ ऐसी मिल ही जाएँगी जिन्हें हम विश्व कहानी में रख सकते हैं। हिन्दी कहानी ने

अपनी पहचान बनाई है और अपना चरित्र उभारा है जो किसी का अनुकरण नहीं है बल्कि अपनी जो हिन्दी भाषी समाज की प्रतिभा है, अपनी संस्कृति है, अपना चरित्र है, अपनी चिन्ता है और यह काम आलोचना का है कि यह दिखाए कि हिन्दी कहानी का अपना रूप क्या है? कहानीकारों ने तो कहानियाँ लिख दीं, ...उन्होंने अपना काम कर दिया। इसलिए आलोचना इस दायित्व को उठाए, यह बहुत जरूरी है। हिन्दी की आधुनिक कविता पर जितना ध्यान दिया गया है, जितनी किताबें लिखी गई हैं, जितने शोध कार्य कराए गए हैं, कहानी पर नहीं हुआ है। यह असन्तुलन दूर होना चाहिए।

अरुण प्रकाश : *लेकिन डॉक्टर साहब हिन्दी कथा आलोचना में 'टेक्स्चुअल क्रिटिक्स' न के बराबर है।*

नामवर सिंह : यही मैं कह रहा था। मैंने यह कहा था कि काम अब यही होना चाहिए और जैसे 'तीसरी कसम' पर विश्वनाथ त्रिपाठी की आलोचना। अच्छी कहानियों में से एक 'पोलगोमरा का स्कूटर' भी है। एक भी अच्छा लेख केवल इस कहानी की खूबियों पर नहीं देखा। इसी तरह 'शापग्रस्त' महत्त्वपूर्ण कहानी है। मैंने एक पूरी किताब अंग्रेजी में देखी है। चेखव की केवल एक कहानी जो 'कुत्ते वाली महिला' है, उस पर पूरी किताब 200 पृष्ठों की है। केवल एक कहानी पर ही। 'इवान इलिच की मृत्यु' पर भी मैंने एक लम्बा लेख पढ़ा था।

अरुण प्रकाश : *जो घोड़े से बात करता रहता है...अपनी पीड़ा सुनाता रहता है।*

नामवर सिंह : जी, जी 'इंसान और हैवान'। जो बहुत लम्बी कहानी है। भीष्म जी के अनुवाद में है। बहुत अच्छा अनुवाद भीष्म जी ने किया है, उस कहानी का। जिसको अंग्रेजी में 'डीफेमिलियराइजेशन' कहते हैं, अपरिचयीकरण। जिससे निकलता है यह सिद्धान्त। ब्रेश्त ने निकाला है 'एलियनेशन इफेक्ट', यानी उसके द्वारा पूरा एक साहित्य सिद्धान्त निकाला गया। और वह कहानीकार के लिए है कि तोल्सतोय ने जो चीज ...यानी होता यह है कि हम जिन्दगी के इतने अभ्यस्त हो जाते हैं देखते-देखते आदत पड़ जाती है कि हमारा ध्यान उसमें छिपी हुई क्रूरता की ओर बिलकुल नहीं जाता। 'रूसी रूपवाद' के प्रवर्तक विक्तोर श्क्लोव्सकी ने तोल्सतोय की उस कहानी से आलोचना का एक नया सिद्धान्त आविष्कृत किया।

अरुण प्रकाश : *फिर भी डॉक्टर साहब आपको आज ऐसा नहीं लगता कि यशपाल जी ने काफी कहानियाँ लिखी हैं, कई मूड और कई तरह की कहानियाँ, सारी कहानियाँ चिन्तन...और विचारधारा में खाँचे में फिट करने वाली ही कहानियाँ नहीं हैं।*

नामवर सिंह : यशपाल पर लम्बी बात की जानी चाहिए। यशपाल में कई

रंग, कई रूप हैं। यशपाल की अनेक कहानियाँ महत्त्वपूर्ण हैं। एक समय यह भी बात उठी थी कि यह जो यशपाल ओ. हेनरी के नुस्खे के मुताबिक कहानी लिखते हैं, अन्त में झटका देने की टेकनीक वाली। इसका एक उदाहरण 'महाराजा का इलाज' है। कहानी आपको याद होगी। एक राजा साहब को एक ऐसी बीमारी हो गई जो असाध्य-सी थी और उसका निदान नहीं हो पाता था। धीरे-धीरे उनको इसमें रस आने लगा और इसे अपने बड़प्पन से जोड़ लिया कि मैं महाराज हूँ तो महाराजा की बीमारी मामूली कैसे होगी। वह बीमारी भी असाधारण है कि किसी डॉक्टर को समझ में नहीं आ रही है। और वह जगह-जगह तमाम डॉक्टरों को बुला-बुलाकर के मेडिकल कान्फ्रेंस करने लगे और बीमारी से ज्यादा दिलचस्पी इसमें हो गई कि देखें कि यह कितनी असाधारण बीमारी है। अन्त में होता यह है कि एक डॉक्टर था, उसको विदेश जाना था या विदेश से बुलाया गया था। सारे डॉक्टर उनको देखकर के चले गए। वे लेटे रहते थे वहाँ। अन्त में वह डॉक्टर आया और वह समझ गया कि इनको क्या बीमारी है। घुटना मुड़ता नहीं था चलने में। आते ही डॉक्टर ने देखा और देखकर कहा कि यह तो वह बीमारी है जो हमारे एक मेहतर को हुई थी। और यह सुनना था कि राजा साहब गुस्से से लाल हो गए और तमककर बोले, 'नानसेंस' और उठकर चलने लगे। डॉक्टर चुपके से मुस्कुराता हुआ कमरे से बाहर हो गया। यह है यशपाल की कहानी 'महाराजा का इलाज'। ...ऐसा ही झटका 'फूलो का कुर्ता' में भी है। ऐसी ही झटके वाली ओ. हेनरी की कहानियाँ हुआ करती थीं। नये लेखकों को झटकेवाला नुस्खा जमा नहीं। एक तरह से यह निष्कर्षवादी कहानी है। कभी यह समझा जाता था कि प्रगतिशील लेखक निष्कर्षवादी होते हैं। आपको याद होगा कि इसका मजाक उड़ाने के लिए धर्मवीर भारती ने 'सूरज का सातवाँ घोड़ा' नाम का पूरा उपन्यास लिखा। समझा जाता था कि प्रगतिशीलों की दिलचस्पी निष्कर्ष में होती है। अन्त में होता क्या है भाई? भैरव जी ने उन दिनों एक कहानी लिखी थी कि बुढ़िया मर रही थी, भूख से पीड़ित थी। रिलीफ वाले अनाज बाँटने के लिए आए तो गेहूँ देने लगे। अन्त में पूछा उसने कि यह कहाँ का गेहूँ है? तो मालूम हुआ कि आस्ट्रेलिया का गेहूँ है। तो उसने कहा कि मैं आस्ट्रेलिया का गेहूँ नहीं खाऊँगी मैं मर जाना पसन्द करूँगी। कहानी खत्म होती है। तो अमेरिकी पीएल 480 के खिलाफ वह कहानी थीं। कोई कहानी हो, कोई कविता हो, उसमें महत्त्वपूर्ण अन्त होता था। हर कविता का अन्त जो है वह सुर्ख सबेरा में होना चाहिए और हर कहानी का अन्त होना चाहिए कि आखिर वह झण्डा उठा ले और क्रान्ति कर दे। इस प्रवृत्ति के विरुद्ध यह जो एक फार्मूला था कहानी के अन्त को लेकर के कि अन्त कहानी का पहले से तय कर लीजिए इसके बाद लिखिए। एक गढ़ लीजिए घटना। कहानी एक तरह की नीतिकथा के समान हो कि सच मालूम हो, उसके लिए आप एक

कोई भी नीतिकथा के रूप में गढ़ लीजिए कहानी। इसलिए लोगों की नजर में कृश्न चन्दर, मैक्सिम गोर्की, यशपाल और अमृत राय आदि की कहानियाँ इसी कोटि में रखी हैं। उसकी प्रतिक्रिया में चेखव काल की कहानी के साथ राजेन्द्र यादव भी दोहराते थे कि कहानी तो 'स्लाइस ऑफ लाइफ' है। 'जीवन का कतरा' है उसका आदि अन्त नहीं है बल्कि रगो-रेशे से भरी हुई जो जिन्दगी है और उसका टुकड़ा काट करके आप रख देते हैं।

अरुण प्रकाश : *लेकिन डॉक्टर साहब उसी जमाने में या उसके पहले फादर सर्जियस जैसी लम्बी कहानी लिखी गई, उसका जीवन का जो टुकड़ा है वह बहुत बड़ा है... ।*

नामवर सिंह : वह सब ठीक है, मैं केवल कह रहा हूँ कि हिन्दी के नए कहानीकारों के सामने क्या समस्या थी, कौन-सी कहानियाँ थीं और उन कहानियों के आधार पर...

अरुण प्रकाश : *मतलब उस वक्त उनका परस्पेक्टिव क्या था?*

नामवर सिंह : मैं यह नहीं कह रहा हूँ कि यह प्रतिक्रिया सही थी, यह मनःस्थिति थी जिस मनःस्थिति में इस तरह की कहानी यानी विचारधारात्मक कहानी, बँधी-बँधाई दृष्टि और उसका एक नुस्खा और नीतिकथा के रूप में कहानी, यह काम अज्ञेय भी कर रहे थे, उनके विरुद्ध वह प्रतिक्रिया थी। उदाहरण के लिए...ठीक-ठीक शीर्षक याद नहीं आ रहा है। एक अखबार में छपी थी वह कहानी। एक आदमी अपने शरीर के अंग कटवा देता है, कटवाता जाता है उसको रोग हो गया है तो उसको कटवा देता है और वह एक निश्चित फार्मूले के अनुसार लिखी हुई कहानी थी। रघुवीर सहाय की 'मुक्ति' नाम की कहानी भी ऐसी ही दृष्टान्त कथा है।

अरुण प्रकाश : *आपने तो उसकी तीव्र आलोचना भी की है... ।*

नामवर सिंह : वैसे, भीष्म जी ने भी आरम्भ कुछ ऐसी ही कहानियों से किया इसकी झलक 'भाग्यरेखा' और 'पहला पाठ' नामक दो आरम्भिक कहानी-संग्रहों की कुछ कहानियों में मिलती है। लेकिन वे जल्द ही इससे उबर गए। 1952 में मैंने उनके हाथ में 'कैथरीन मैन्सफील्ड' की कहानियों का एक चयन देखा था। मुझे बाद में मालूम हुआ इस लेखिका की कहानियों को चेखव के ढंग का कहा जाता था। भीष्म जी की बाद की कहानियों में मुझे वही कला सहज रूप में परिलक्षित हुई।

अरुण प्रकाश : *भीष्म जी की कहानियों में अब डॉक्टर साहब विचार कहीं उबलाता नहीं है।*

नामवर सिंह : यही तो खूबी है। इसलिए भीष्म जी प्रगतिशील परम्परा के होते हुए भी दूसरी शैली की कहानियाँ लिख रहे थे जो कृश्न चन्दर वगैरह से अलग थीं जिसमें कहानीकार कहीं नहीं आता है। एक तटस्थ कला, कोई जीवनदृष्टि थोपना

नहीं है, यह भीष्म जी की पूरी कला अन्त तक रही है। रफ्तार कहानी एक...अद्‌भुत कहानी है...।

अरुण प्रकाश : *पर इतना ही नहीं डाक्टर साहब आप देखें कि वाङ्‌चू की कहानी है, इसी स्तर के 'लीला नन्दलाल की' को आप देख लीजिए।*

नामवर सिंह : कहानी मुझे भी बहुत पसन्द है। कितने भोलेपन से वे कहानी कहते हैं। यही कला मुझे शेखर जोशी में भी दिखती है जैसे 'बदबू'।

अरुण प्रकाश : *बदबू का आपने जिक्र किया था और बहुत बाद में उनकी एक कहानी डॉक्टर साहब मैं ध्यान दिलाना चाहूँगा वह कहानी है विडुआ...*

नामवर सिंह : अरे हाँ, विडुआ तो बहुत अच्छी कहानी है। तो आपने भी उस तरह की एक कहानी लिखी है। आपकी कहानी का जिक्र किया था या स्वयं प्रकाश की है, नहीं, नहीं, आपकी ही है जो वीडियो जन्मदिन वगैरह के बारे में करते हैं।

अरुण प्रकाश : *नहीं मेरी नहीं है।*

नामवर सिंह : अच्छा! फिर किसी और की होगी, 'विडुआ' जैसी कहानी है स्वयं प्रकाश की एक कहानी 'वर्दे' और बहुत अच्छी कहानी है। तो इसलिए शेखर लिख रहे थे। शेखर की 'बदबू' को पढ़ें आप। और फिर अमरकान्त और शेखर उसी इलाहाबाद में ये लोग जिस ढंग की कहानी लिख रहे थे उसके बरक्स आप कमलेश्वर वगैरह की कहानी पढ़ें, राजेन्द्र यादव को पढ़ें। मोहन राकेश तक में बाद में परिवर्तन हुआ है लेकिन आरम्भिक कहानियाँ मोहन राकेश की भी वह अन्तः निर्भर कहानियाँ होती थीं। एक विचित्र घटना हुई और थोड़ी देर से मैंने जाना, छपी भी देर से उनकी कहानी। इलाहाबाद से उस दौर में 'निकष', ने निकाली थी। उसमें 'गुलकी बन्नो' कहानी उनकी छपी थी। जिसकी काफी चर्चा हुई थी। उसी में मेरा ख्याल है कि रेणु की कहानी 'रसप्रिया' भी शायद छपी थी। 'संकेत' निकला था, संकेत में कुछ कहानियाँ छपी थीं। हंस का एक विशेषांक वार्षिक निकला था। बालकृष्ण राव और अमृत राय ने सम्पादित किया था, यह घटना 56-57 के आसपास की थी, उसमें कुछ कहानियाँ छपी थीं। तो हुआ ये कि उसी दौर में एक और संकलन छपा था सन् 57 में। वह राष्ट्रवाणी एक पत्रिका निकलती थी, राष्ट्रभाषा प्रचार सभा, पूना से।

अरुण प्रकाश : *विशेषांक निकाला उन लोगों ने कहानियों का।*

नामवर सिंह : अन्त में पुस्तकाकार में छपी वह किताब वर्ष की श्रेष्ठ कहानियाँ, 57 की। उसमें कुछ कई अच्छी दूसरी ढंग की कहानियाँ थीं तो उससे हम लोग नई कहानी कहते समय कुछ खास जिन लोगों ने चूँकि कमलेश्वर की पुस्तक से बनाके नई कहानी का एक साँचा तैयार किया गया था उसके बरक्स उस दौर में

फणीश्वरनाथ रेणु की कहानियाँ कुछ ऐसी पत्रिकाओं में छपी थीं जिस पर ध्यान नहीं गया लोगों का।

अरुण प्रकाश : *वो बहुत ज्यादा प्रसिद्ध पत्रिकाएँ नहीं थीं। 'हिमालय' में है, 'ज्योत्स्ना' में है...।*

नामवर सिंह : असल में कहानीकार के रूप में रेणु की सारी कहानियाँ, मुझे अच्छी तरह याद है कि यह 'तीसरी कसम उर्फ मारे गए गुलफाम' एक 'अपरम्परा' नाम की पत्रिका पटना से शुरू हुई, उसमें पहली बार वह कहानी छपी थी और मैंने 'कृति' के दफ्तर में श्रीकान्त वर्मा के यहाँ वह पत्रिका देखी थी। 'अपरम्परा' काले रंग के कवर के साथ छपी थी 'तीसरी कसम'। रेणु कहानीकार के रूप में नहीं, रेणु की चर्चा 'मैला आँचल' के लिए हो रही थी, उपन्यासकार के रूप में...। छिटपुट कहानियाँ छपी थीं। जब राजकमल से पहली बार 'ठुमरी' नाम का संग्रह उनका आया और यह घटना 59-60 के आसपास की है। उस संग्रह के बाद 'ठुमरी' के बाद जबकि नई कहानी की चर्चा लगभग अन्त की ओर बढ़ रही थी, वह पुस्तक आई और उसका मुझे अफसोस है कि समय न मिलने के कारण रेणु की कहानियों पर मैं लिख नहीं सका था। लेकिन मेरे ध्यान में कहानी का जो रूप था, उस समय विचित्र बात है कि सम्पूर्ण कहानी चर्चा में, इलाहाबाद में 1957 में लेखक सम्मेलन हम लोगों ने किया था। परसाई जी उसमें आए, मुक्तिबोध आए थे। मुक्तिबोध की कई कहानियाँ वसुधा में छप चुकी थीं और हरिशंकर परसाई की कहानियाँ 'भोलाराम का जीव' जैसी कहानी छपी थी। तो एक कहानी भी यदि प्रगतिशील नई कहानी के दौर में भी एक समानान्तर कहानी वह थी, जिसको अगर मैं उस दौर की एक धारा कहूँ, वह धारा थे भीष्म साहनी, अमरकान्त, शेखर और हरिशंकर परसाई। यह धारा ऐसी थी जिसमें आगे चलकर के स्वयं प्रकाश ने बहुत बाद में लिखना शुरू किया। 60 के दशक में वह कहानी की धारा जिसको कहें कि प्रेमचन्द की परम्परा है। प्रेमचन्द की परम्परा को जिस रूप में 'नई कहानी' वाले ले रहे थे, किसी जमाने में एक लेख निकला था हंस में शायद कान्तिचन्द्र सोनेरिक्शा ने लिखा था। 'प्रेमचन्द से हम हजार कदम आगे हैं।' हंसराज रहबर भी थे प्रगतिशील आन्दोलन में थे, उनकी प्रगतिवाद पर एक पुस्तक भी है, इसमें उन्होंने प्रेमचन्द के 'कफन' की बड़ी कड़ी आलोचना की है। तो प्रेमचन्द से एक हजार कदम आगे बढ़कर के लिखी जाने वाली क्रान्तिकारी कहानियाँ कुछ थीं, लेकिन प्रेमचन्द की जो मूल कथा-चेतना थी, कथाधारा थी, वह परम्परा आगे चलकर जिन लोगों ने आगे बढ़ाई वे ठेठ भारतीय जीवन से जुड़े हुए थे, उनके चरित्र, उनके पात्र गाँवों से लिए हुए लोग थे। ठेठ अपनी हिन्दी की परम्परा जहाँ कहानी के सचमुच चरित्रों से पता चलेगा कि किस वर्ग के चरित्रों को लेकर के उनके जीवन को, उनके जीवन की वास्तविक समस्याओं को लेकर कहानियाँ लिखी

जा रही थीं। ऐसे लेखक हैं भीष्म साहनी, अमरकान्त, शेखर जोशी, हरिशंकर परसाई। और अंशतः रेणु। यह दूसरी धारा थी।

अरुण प्रकाश : *रेणु समाजवादी पार्टी में थे बाकायदा, कांग्रेस सोशलिस्ट पार्टी में थे...*

नामवर सिंह : हाँ, लेकिन कहानी के क्षेत्र में एक प्रवृत्ति ऐसी चल रही है जो अपने को कहीं-न-कहीं प्रेमचन्द से जुड़ा हुआ महसूस करती थी, वैचारिक रूप में, सर्जनात्मक रूप में, केवल विचारधारा के रूप में नहीं। वह रेखांकित उस दौर में नहीं हो सकी, जितने स्पष्ट शब्दों में होनी चाहिए थी। उन कहानियों पर आज फिर पुनर्विचार करने की जरूरत है जब हम 'नई कहानी' पर बात करते हैं।

अरुण प्रकाश : *यशपाल समेत...?*

नामवर सिंह : हाँ, यशपाल समेत। और उसके साथ यह भी देखना है कि इस प्रवृत्ति के समानान्तर कुछ दूसरे ढंग की भी कहानियाँ थीं। अज्ञेय की 'जयदोल' वाली परम्परा की, धर्मवीर भारती लिख रहे थे। इस दौर में कुछ और भी लेखक मिलेंगे। निर्मल वर्मा और रामकुमार भी कहानी लिख रहे थे। रामकुमार का पहला कहानी संग्रह 'हुस्ना बीबी तथा अन्य कहानियाँ' सरस्वती प्रेस से छपी थीं। यद्यपि चित्रकार हैं रामकुमार लेकिन अच्छे कहानीकार भी रहे हैं, उस दौर की उनकी कहानियों को देखें तो।

अरुण प्रकाश : *मैंने वह तो नहीं लेकिन 'समुद्र और अन्य कहानियाँ' पढ़ी हैं।*

नामवर सिंह : वह बाद की है, पहली है हुस्ना बीबी तथा अन्य कहानियाँ। और कई कहानियाँ कहानी में भी छपी हैं उनकी। श्रीपत राय उनके मित्र थे। श्रीपत राय की बाद के दिनों में पेंटिंग की ओर रुचि हो गई थी तो रामकुमार से मित्रता भी हुई। रामकुमार अकसर इलाहाबाद आते थे, बनारस आते थे। तो इसलिए निर्मल और रामकुमार ने उस दौर में ही कहानी शुरू कर दी थी, राष्ट्रभाषा प्रचार समिति से जो संकलन निकला था उसमें मनोहर श्याम जोशी की एक कहानी थी 'उसका बिस्तर' या तो वह 'निकष' में छपी है या पहले कहाँ छपी है, मैं कह नहीं सकता हूँ लेकिन 'उसका बिस्तर' नाम की कहानी एक आदमी बाहर से आया हुआ है और यहाँ ऐसे ही रह रहा है किसी बरसाती में। छोटी-सी कहानी और बहुत अच्छी कहानी है। तब मनोहर श्याम जोशी कविता भी लिखा करते थे। कूर्मांचली नाम से। लेकिन कथाकार का आरम्भ हो चुका था। और दिल्ली से एक पत्रिका निकलती थी 'साहित्यकार' या उसका कुछ नाम था, पत्रिका के तीन-चार अंक निकले थे, उससे जुड़े हुए थे जोशी भी, निर्मल भी थे। उन्हीं दिनों वैद का 'उसका बचपन' उपन्यास छपा था और राजपाल एण्ड संस से पचास के दशक में ही 'बीच का दरवाजा' नाम

से कहानी संग्रह छपा था। उनकी कुछ कहानियाँ भी आई थीं। उस समय दिल्ली यूनिवर्सिटी में शायद आ गए थे वे, अंग्रेजी के अध्यापक थे। मैंने अचानक देखा तो लगा कि एक खास ढंग की कहानी लिख रहे हैं। पचास के दशक में 'नई कहानी' के समानान्तर ऐसे लेखक थे और ऐसी कहानियाँ थीं जिनमें बड़ी विविधता थी। बहुलता थी, कई धाराएँ थीं, और नई कहानी नाम का आन्दोलन न चला होता तो भी उस दौर की कहानियों के आधार पर पचास के दशक में कहानी में जो नया प्रयत्न हो रहा था, उस पर आज भी पुनर्विचार करने की जरूरत है। इस तरह कहानी का परिदृश्य कुछ और था। बाद के विकास को समझने के लिए पचास के दशक की कहानियों के पूरे परिदृश्य को ध्यान में रखना बहुत जरूरी है जो अभी तक लिखा नहीं गया है। आप जैसे लोग अगर यह काम करें तो मेरा ख्याल है कि बहुत ही अच्छा होगा।

अरुण प्रकाश : *डॉक्टर साहब, आपको तो पता ही है कि कथा आलोचना में थोड़े से लोग काम करते हैं और कहानीकार भी बहुत ज्यादा नहीं हैं। अगर कहानी लिखने वाले कथालोचना में लग जाएँगे तो फिर कहानी पत्रिकाओं का क्या होगा?*

नामवर सिंह : मैं उसमें और यह जोड़ देना चाहता हूँ कि यह वही दौर है जब कृष्णा सोबती की कहानियाँ भी आ चुकी थीं। 'सिक्का बदल गया है' कहानी प्रतीक में छपी थी। 'बादलों के घेरे में' कहानी इलाहाबाद के 'निकष' या किसी और में छपी थी, या तो बादलों के घेरे में 'संकेत' में छपी है या कहीं और, मन्नू भण्डारी की कहानियाँ भी उसी दौर में आई थीं। कृष्णा सोबती और मन्नू भण्डारी ही उस दौर में अपने ढंग की कहानियाँ लिख रही थीं।

अरुण प्रकाश : *रांगेय राघव की कहानियाँ...।*

नामवर सिंह : रांगेय राघव की 'गदल', जिसका काफी जिक्र हुआ, इसी दौर की कहानी है। इसलिए उस दौर की कहानियों का एक ऐसा संकलन किया जाए जिसमें उस दौर की कहानियों की विविधता का एहसास हो।

अरुण प्रकाश : *लेकिन उसमें डॉक्टर साहब काफी छानबीन की जरूरत पड़ेगी उसमें अमृत राय होंगे, रांगेय राघव होंगे, भैरवप्रसाद गुप्त होंगे, कमल जोशी होंगे...*

नामवर सिंह : सभी होंगे, लेकिन देखना होगा कि उसमें कहाँ नया हो रहा था और नई सृजनात्मकता किसमें आ रही थी?

अरुण प्रकाश : *हालाँकि कुछ कहानियाँ बिलकुल 'बार्डर लाइन' जैसी हैं जैसे अज्ञेय जी की 'शरणदाता', आप देखिए कि उस तरह की कहानियाँ हिन्दी प्रदेशों में रहने वाले कहानीकारों ने नहीं लिखीं।*

नामवर सिंह : वह कहानी पहले बार एक पुस्तिका के रूप में छपी थी जिसमें

अज्ञेय की अपनी कविताएँ भी थीं 'शरणार्थी' नाम से। उसी में 'शरणदाता' कहानी थी, बाकी कविताएँ थीं जो विभाजन सम्बन्धी थीं। वह बाद के उनके संकलनों में कहाँ-कहाँ आईं, मुझे नहीं मालूम।

अरुण प्रकाश : *डॉक्टर साहब एक और स्थिति यह बनती है कि नई कहानी के आन्दोलन के जो लेखक थे, जैसा कि अभी आपने बताया, कहानी की परम्परा कैसे बनती है प्रगतिशील, जिसमें अमरकान्त जी हैं, भीष्म जी हैं तो इनका जो परवर्ती विकास है...ऐसा तो नहीं है कि नई कहानी आन्दोलन खत्म हुआ तो इन्होंने लिखना बन्द कर दिया, इनका जो परवर्ती विकास है जैसे राजेन्द्र यादव जी का परवर्ती लेखन है या कमलेश्वर जी का है, या भीष्म जी का है, अमरकान्त जी का विशेषकर जैसे अमरकान्त जी की कहानी 'हत्यारे' को आपने बातचीत में रेखांकित किया है, लेकिन उसके बाद भी अमरकान्त जी की कहानियाँ आई हैं...या जैसी 'बौरेंया कोदों' कहानी, इनका जो परवर्ती विकास है, यह क्या है कि नई कहानी का जिस ढंग से चल रहा था, लगभग उसी तरह का विकास है या और...*

नामवर सिंह : देखिए, अमरकान्त जी सौभाग्य से आज भी हमारे बीच हैं। अमरकान्त जी अनेक कठिनाइयों के बीच रहे। जीवन संघर्ष कठिन उनका रहा है। कोई बँधी-सधी नौकरी नहीं थी, बड़ा परिवार था, स्वास्थ्य से आहत। फिर भी उठान चकित करनेवाली है। उनकी सम्पूर्ण कहानियाँ छपी हैं, दो जिल्दों में। तो कालक्रम के अनुसार उसमें कहानियाँ पचास के दशक, साठ के दशक की, सत्तर के दशक की, अस्सी के दशक की कहानी और नब्बे के दशक की भी कहानी है। उन कहानियों में आगे चलकर के लगता है कि जैसे 'हत्यारे' साठ के दशक को एक नया मोड़ देती है। हत्यारे तो उस समय केवल दो थे, आज उस तरह के हत्यारे भरे हुए हैं। विश्वनाथ त्रिपाठी ने अमरकान्त पर बहुत अच्छा लिखा है। 'कुछ कहानियाँ : कुछ विचार' नाम की पुस्तक कहानी पर लिखी हुई बहुत गम्भीर और बहुत महत्त्वपूर्ण पुस्तक है। उसमें अमरकान्त पर, फणीश्वरनाथ रेणु पर, शानी पर, शेखर जोशी पर, ज्ञानरंजन पर इतना अच्छा लिखा है कि मैंने कहीं और देखा नहीं, मैं खुद नहीं लिख सका। लिख भी नहीं सकता हूँ, यह भी बताए देता हूँ। तो अमरकान्त का 'हत्यारे' साठ के दशक की कहानी की वह शुरुआत है जिसमें बहुत से कहानीकार भी अपना चरित्र देख सकते हैं।

अरुण प्रकाश : *जी ठीक आपने कहा। हाँ बहुत सारे अपना चेहरा देख सकते हैं।*

नामवर सिंह : और वह बड़बोलापन, वह उच्छृंखलता, वह दुस्साहसिकता, शराबखोरी, बलात्कार, हत्या और जो कहानी का अन्त जहाँ होता है कि जब वह हत्यारे भागते हैं और अन्त में उस आदमी को छुरा मार देते हैं। तो वह बिजली की रोशनी

में पसीने से लथपथ उनको देह सुन्दर लगने लगी थी। वह सुन्दरता कितनी बीभत्स है। इस एक शब्द में कि 'वह देह सुन्दर लगने लगी थी' कह के उन्होंने पूरी हत्यारों की बीभत्सता को व्यक्त किया है और साथ ही एक जो करुणा है जो दिखाई पड़ती है। अवसाद से भर देती है कहानी। और क्या उसकी भाषा है। जिस भाषा में, संवादों में तो लिखा भी है किसी ने, रामविलास जी ने शायद कहा है कि उनके संवादों में जो नाटकीयता पैदा होती है वह कहानी के अन्त में लोग कहेंगे कि अतिनाटकीय भी कहानी हो गई है। तो अतिनाटकीयता जो है तो बिना उसके कहानी का वह असर होता भी नहीं है, इसलिए वह वहाँ गुण है। दोष नहीं है अतिनाटकीयता। तो आज जो भाषा लोग लिख रहे हैं अंग्रेजी मिली-जुली और जिस तरह की टेलीफोन पर बात की जिस तरह से, विदेश से फोन किया तो। तो वह अन्दाज जो आगे चलकर 'हत्यारे' कहानी की पृष्ठभूमि तैयार करती है कि ज्ञानरंजन जैसे लोग 'बहिर्गमन' और 'घण्टा' लिखते हैं, से वह परम्परा 'बहिर्गमन' और 'घण्टा' के लेखक की पैदा होती है। लेकिन ज्ञानरंजन ने कैसे शुरू किया? उनकी 'पिता' कहानी देखें आप। दूसरे ढंग में लिखी हुई कहानी है। लेकिन 'हत्यारे' के बाद...

अरुण प्रकाश : *इपोक मेकिंग कहानी... ।*

नामवर सिंह : जी, तो वहाँ से बहुत बड़ा मोड़ आता है। बाद की कहानियों में एक कहानी 'मौत का नगर' है, साम्प्रदायिक दंगों पर बहुत कहानियाँ लिखी गई हैं। दंगा होता नहीं, हो चुका है और उसका आतंक, भय और एक-दूसरे के प्रति सन्देह कैसा है? उस माहौल को 'मौत का नगर' नाम की कहानी जिस तरह से अभिव्यक्त करती है, आज भी साम्प्रदायिक दंगों पर जैसे गुजरात के बारे में लोग लिख रहे हैं। लेकिन यह लम्बी बातचीत का विषय है।

अरुण प्रकाश : *रमाकान्त जी की एक कहानी जिसमें दंगा नहीं होता, दंगे की स्थिति है, आतंक है, आशंकाएँ हैं, लेकिन वहीं पर दंगा न हो, इसके लिए कुछ शक्तियाँ सक्रिय हैं और वे दंगा होने से रोक लेते हैं। और उस कहानी को...यानी जिस तरह से...*

नामवर सिंह : क्या शीर्षक है उस कहानी का?

अरुण प्रकाश : *उसका शीर्षक है 'दंगा नहीं हुआ' और कहानी मिर्जापुर में स्थित है।*

नामवर सिंह : तो मैं कह रहा था कि अमरकान्त, उसके बाद भी लिखते रहे हैं। लेकिन ऐसी युगान्तरकारी कहानी..., कम ही है। यद्यपि अमरकान्त की कहानियों की संख्या 90 के आसपास है और बहुत सी कहानियाँ लिखी हैं अमरकान्त ने लेकिन वह जो सर्जनात्मक ऊर्जा 'हत्यारे' तक थी, उसके कुछ कण बाद की कहानियों में भी मिलते हैं क्योंकि आखिर एक सधा हुआ लेखक लिख रहा है तो एकदम कमजोर

कहानी तो नहीं होगी।

अरुण प्रकाश : *कहानी तो अच्छी बन जाएगी...।*

नामवर सिंह : मैं फिर कहूँगा कि भीष्म साहनी, हरिशंकर परसाई और अमरकान्त, इन तीनों के बारे में कोई विवाद नहीं है।

अरुण प्रकाश : *भीष्म जी की कहानी जो है, बल्कि 'झुटपुटा' में टेक्स्ट देख रहा था दोनों का, तो भीष्म जी 'अमृतसर आ गया' में भी 'ट्विलाइट' को, झुटपुटे का वह समझते हैं कि यह 'ट्रांजीशन' का 'फेज' है, झुटपुटा गुजर जाएगा। झुटपुटा शब्द कई बार उस 'टेक्स्ट' में आता है। पर बाद में जो झुटपुटा शब्द उसी नाम से वह कहानी लिखी थी। वहाँ भी उनकी उम्मीद है कि यह 'पासिंग फेज' है, गुजर जाएगा।*

नामवर सिंह : मैं अपने गाँव की उपमा दूँ तो हमारे यहाँ बैलों की दो किस्में मानी जाती हैं, गाँव में मैंने सुना था कि एक 'पछीउहां' बैल होता है बड़ा पानीदार, बड़ा तेज काम करेगा वह। पूरा खेत दो घण्टे में, तीन घण्टे में जोत के रख देगा। और एक होता है 'घरगइया'। वह मद्धिम चाल से चलता है। तेजी नहीं आती उसमें। लेकिन एक गति से चलते हुए वह सवेरे से लेकर दिन भर जोतिए वह थकेगा नहीं। लेकिन 'पछिउहां' चार-पाँच घण्टे में थक जाता है। साहित्य के क्षेत्र में भी दो तरह के लेखक होते हैं। एक 'पछिउहां' है, जो अपनी तेज रफ्तार से थोड़े ही समय में अच्छी चीजें लिख करके रख देगा, उसके बाद लंबा विश्राम। भीष्म जी उस 'घरगइया' बैल की तरह हैं जो शुरुआत उन्होंने 48-49 या 50 के आसपास की, आज के दौर तक लगातार भीष्म जी कहानियाँ, उपन्यास लिखते चले जा रहे हैं उसी रौ में।

अरुण प्रकाश : *हाँ, बल्कि देखिए, 'अमृतसर आ गया' सन् 70-71 की कहानी थी।*

नामवर सिंह : तो भीष्म जी ने उस अपनी मद्धिम चाल से चलते हुए सधे पाँव, बिना थके, उसके बाद भी पचास के दशक की अपनी कहानियाँ जितनी अच्छी लिखी थीं साठ के दशक में भी लिखा, सत्तर के दशक में भी लिखा, अस्सी के दशक में भी लिखा है, नब्बे के दशक में इधर भी। अब कुछ थके से लगते हैं मगर फिर भी..., उसी प्रकार के लेखक हरिशंकर परसाई हैं। निबन्ध ज्यादा लिखे कहानियाँ कम। लेकिन इस पूरी चर्चा में हम लोगों ने जिसका जिक्र नहीं किया, वह है कहानी के 'फार्म' में फैंटेसी, पुराकथा, पौराणिक आख्यान की शैली के साथ व्यंग्य-विनोद का अचूक उपयोग जो खास तौर से परसाई की कहानियों में मिलता है। आप देखेंगे कि यह विनोदवृत्ति थोड़ी-बहुत सभी प्रगतिशील चेतना वाले कहानीकारों में मिलती है। वो ऐसे भी हैं जो गम्भीर मुद्रा में विचारधारा को धारे हुए हैं और बस क्रान्ति ही करेंगे, और क्रान्ति में हँसना मुस्कुराना मना है। यह प्रेमचन्द वाली वृत्ति नहीं है।

अरुण प्रकाश : *हाँ, प्रेमचन्द में भी विनोदवृत्ति खूब है।*

नामवर सिंह : याद कीजिए 'पूस की रात'। हलकू खेत पर सोता रहता है, और नील गायें खेत चर जाती हैं और सुबह जब बीवी आती है, तो कहता है कि छुट्टी मिली, अब इस ठण्ड की रात में सोना तो नहीं पड़ेगा। यही है दुःख की कहानी मजे ले ले के कहने वाली जो कला! भरी हुई है प्रेमचन्द में। वह वृत्ति अगर है तो प्रगतिशील लेखकों में, अमरकान्त, शेखर जोशी, भीष्म साहनी, हरिशंकर परसाई, इन लोगों में है। उसके बाद वही वृत्ति स्वयं प्रकाश में है जो बाद के दौर में आते हैं।

अरुण प्रकाश : *'अशोक और रेणु की असली कहानी' या 'बलि' जैसी कहानी...*

नामवर सिंह : हाँ, हाँ, तो वह स्वयं प्रकाश है, जिसने यह सम्भव किया। इसलिए जिन लोगों के बारे में आपने बात की उनके नई कहानी के दौर के बाद भी अपनी धारा कायम है अपनी जमीन, छोड़ी नहीं उन लोगों ने। और ठेठ हिन्दी की कहानी का अपना मिजाज, अपना ठाठ, अपनी जमीन और अपने वे चरित्र जिनसे जुड़े हुए हैं वे। वह तो विचित्र बात है कि 'नई कहानी' वाले उस समय तो गाँव का आदमी, कस्बे का आदमी, आम आदमी की बात करते थे। नुस्खे पर उनका ध्यान ज्यादा था। जो सचमुच में आम आदमी है, साधारण आदमी है, जो आपकी कहानी का नायक है या प्रतिनायक है उसको अपने सही यथार्थ रूप में देखना और बात है।

अरुण प्रकाश : *आपने इसके लिए एक शब्द इस्तेमाल किया है अपनी पुस्तक में, 'मांसल'...।*

नामवर सिंह : मांसल? याद नहीं। यह प्रवृत्ति तो उसके बाद भी चलती रही है, आज भी चल रही है। और अब इस इतिहास को समेटते हुए इतना ही कहना चाहूँगा कि, और लम्बी बातचीत तो हम लोग करेंगे ही, यानी साठ में कहानी में क्या तोड़-फोड़ की? लगभग साठ और सत्तर के दशक के कुछ लेखक 'समानान्तर कहानी' अकहानी आदि आन्दोलनों से जुड़े हुए हैं। ये सब चालू नुस्खे वाले हैं। अल्पजीवी इनको होना ही था। ये सर्जनात्मक भूमि से पैदा ही नहीं हुए थे। ये गुटबाजी और आन्दोलन चलाने के लिए दिए हुए नारे थे राजनीति की तरह।

अरुण प्रकाश : *फिर भी कहानी में छानबीन तो होनी चाहिए डॉक्टर साहब। बहुत सारी रचनाएँ हैं।*

नामवर सिंह : अच्छी हुई हैं, लेकिन इन आन्दोलनों के बाहर हुई हैं। इनमें कम मिलेंगी। हमारी कहानी की रचनात्मकता की धारा चलती रही है इस बीच भी। सच्चे रचनाकार इस साँचे से बाहर थे। ठीक-ठीक कहानी मुक्त हुई है जब इस तरह के लेबिल, नारे आन्दोलन खत्म हो गए। लगभग 84-85 के बाद से कहानी इन चीजों से, भ्रमों से मुक्त होकर एक सर्जनात्मक आकांक्षा के साथ चुपचाप एक बदलाव

आया और उस बदलाव के बाद से आज जो कहानी अब चल रही है उसमें अनेक प्रतिभाएँ आई हैं। मैं समझता हूँ कि सच्चे अर्थों में वह जो मूलधारा, जिसका जिक्र किया है उसमें वे मार्क्सवाद को मानते हैं कि नहीं, लेकिन अपने जीवन के अनुभव के आधार पर जो मुख्य धारा प्रेमचन्द की प्रगतिशीलता वाली धारा है उसके अनुसार सच्चे अर्थों में खुलकर कहानी में सर्जनात्मकता सन् 84-85 के आसपास से नया प्रत्यन हुआ है। पहले बहस मुबाहिसा ज्यादा हुआ, रचनाकर्म कम हुआ। उसमें से प्रतिभाएँ दो ही तीन निकलीं। महत्त्वपूर्ण हैं ज्ञानरंजन और काशीनाथ, दो लेखक। परन्तु और भी कई नाम हैं और हो सकते हैं, जिन्होंने नई कहानी से विद्रोह करके उसके प्रतिरोध में कुछ नया लिखने की कोशिश की...

अरुण प्रकाश : *दोनों ने अपने-अपने तरीके से अलग-अलग रास्ता बनाया...*

नामवर सिंह : अलग रास्ते निस्सन्देह। ज्ञान ने तो बन्द कर दिया लिखना लेकिन काशी उसके बाद भी और अस्सी सम्बन्धी अपने संस्मरणों में और बाकी कहानियों में जैसे 'कविता की नई तारीख'। फिर जो प्रतिभाएँ उभर के आई हैं 84-85 के बाद वाली, उनमें एक हैं उदय प्रकाश, दूसरे अखिलेश। दोनों ने ही कम-कम कहानियाँ लिखी हैं। लेकिन जो भी लिखा बेजोड़! दूधनाथ ने भी इस दौर में कुछ अच्छी कहानियाँ लिखीं। इसी दौर के लेखकों में एक स्वयं प्रकाश भी हैं। इधर कहानी में जो हुआ है उस पर विस्तार से चर्चा अलग से की जानी चाहिए। मैं समझता हूँ कि यहाँ से कहानी की भाषा, कहानी की थीम और कहानी कला के क्षेत्र में अनेक परिवर्तन हुए हैं। निर्मल वर्मा नई कहानी के दौर से लेकर के उसके बाद भी लिखते रहे हैं। आज तक लिख रहे हैं। उनमें कोई परिवर्तन आया है?

अरुण प्रकाश : *हाँ, परिन्दे से लेकर इशारे तक...।*

नामवर सिंह : हाँ इशारे तक। तो उन्होंने अपना एक रंग ढंग बनाया है, अपनाया है और जो मुख्य धारा का अंग न होते हुए भी एक महत्त्वपूर्ण कहानीकार तो हैं ही। तो ऐसे लोगों पर भी कुछ-न-कुछ चर्चा की जानी चाहिए। और यहाँ मैं एक और बात जोड़ना चाहता हूँ, आमतौर से जिनका नाम नहीं लिया जाता है, वह यह है कि कुछ कवियों ने भी इस बीच कहानियाँ लिखी हैं।

अरुण प्रकाश : *डॉक्टर साहब इसका एक विलोम भी है। कुछ कहानीकार हैं जिन्होंने यदा-कदा कविताएँ लिखीं, और इस तरफ लोगों का ध्यान नहीं गया।*

नामवर सिंह : अच्छा ध्यान दिलाया आपने, कहानी की एक बहुत बड़ी देन मानता हूँ कि कहानी ने कविता की धारा बदल दी है। यानी कविता में कहानी भी कही जा सकती है। रघुवीर सहाय की अनेक कविताएँ छोटी-छोटी कहानियाँ हैं। इसलिए कि जो काम कहानी को करना चाहिए वह काम कविता स्वयं करने का हौसला रखती है, यही नहीं कि वह गद्यात्मक हो गई है बल्कि कहानी कहने लगी है। कहानियों

के द्वारा कविता बनने लगी है। कविता में कहानी पहुँची है लेकिन कहानीकारों को कविता से इतना परहेज क्यों है। देखना तो यह भी चाहिए कि कहानी में कविता कैसे आती है? किस तरह आती है? उसका क्या रूप होता है?

अरुण प्रकाश : *डॉक्टर साहब, आपको ऐसा नहीं लगता कि कहानी में कविता का आना जो है वह उसकी पूरी संरचना में व्याप्त हो सकता है...बजाय इसके कि कुछ लोग उसके विवरणों में कविता भरते जाते हैं... । वह मतलब इतना जो सम्प्रेषण को रोकता है।*

नामवर सिंह : देखिए, ऐसा है कि जब हम कविता कह रहे हैं तो यह नहीं कि काव्यात्मक भाषा हो बल्कि काव्यात्मक क्षण हो, अनुभूति हो, जहाँ जो प्रसंग बहुत मार्मिक हो, उस मार्मिक प्रसंग में, यह नहीं कि आप प्रकृति चित्रण उसमें भर दीजिए तो कविता हो जाएगी, नहीं होगी। बल्कि संवेदनशील प्रसंगों को पूरी संवेदनीयता के साथ कथा के विन्यास में ही ले आएँ तो कहेंगे कि कहानी में एक काव्यात्मक क्षण है।

अरुण प्रकाश : *हालाँकि एक पोएटिक लैंग्वेज का इस्तेमाल कहानियों में करते हैं जिसको कि मैं हँसी-मजाक में हिन्दी कहानी पर कवितावादी स्कूल कहता हूँ। उसमें आठ-दस से ज्यादा छात्र कभी नहीं रहे, लेकिन कभी-कभी मुझे डॉक्टर साहब ऐसा लगता है कि हर विषय, अन्तर्वस्तु इस योग्य नहीं होती जिसमें कि कविता वाली भाषा का इस्तेमाल किया जाए।*

नामवर सिंह : कविता, कविता में फर्क होता है। आजकल कविताएँ यथार्थ के इतने निकट आ गई हैं कि वह गद्य की भाषा बोलने लगी हैं। और अनुभूतियों में भी वह तरलता, भावुकता, सौन्दर्यवादिता आदि कविता में नहीं होती, कविता तलवार भी होती है। मैं सिर्फ यह कहना चाहता हूँ कि कहानी की चर्चा करते समय कुछ ऐसे लेखक जो कवि के रूप में जाने जाते हैं, उदाहरण के लिए रघुवीर सहाय ने कहानियाँ लिखी हैं और काफी कहानियाँ लिखी हैं। छोटी-छोटी कहानियाँ हैं लेकिन अद्भुत हैं। 'सीढ़ियों पर धूप' में कुछ कहानियाँ भी शामिल हैं, उसके बाद कहानी संग्रह भी उनके दो-तीन निकले हैं। श्रीकान्त वर्मा की कहानियाँ हैं। उनकी 'ठण्ड' कहानी मुझे याद आती है। 'शवयात्रा' उनकी एक और कहानी है। मुक्तिबोध ने स्वयं कहानियाँ बहुत अच्छी लिखी हैं। अज्ञेय कविता लिखने के साथ ही अच्छी कहानियों के लिए भी याद किए जाएँगे।

अरुण प्रकाश : *निश्चित रूप से, लेकिन ये वही अज्ञेय हैं जिन्होंने कहानियों को कविता विरोधी भी सिद्ध किया है... ।*

नामवर सिंह : किया होगा। फिलहाल मुझे याद नहीं, कवि अज्ञेय अपनी कहानियों के लिए याद किए जाते हैं, मुक्तिबोध कवि हैं और कहानियाँ बहुत अच्छी

लिखी हैं और काफी कहानियाँ लिखी हैं उन्होंने। इसके अलावा रघुवीर सहाय, श्रीकान्त वर्मा, कम-से-कम ये कवि ऐसे हैं जिन्होंने कुछ बहुत अच्छी कहानियाँ लिखी हैं। और यह परम्परा जयशंकर प्रसाद से शुरू होती है प्रसाद कवि और नाटककार तो हैं ही, प्रसाद की कुछ कहानियाँ भुलाई नहीं जा सकती हैं। इसलिए हमारे यहाँ, देखिए हम लोग भूल जाते हैं, अंग्रेजी में भी हुआ है, डी.एच. लारेंस कवि भी थे, और उपन्यासकार भी थे। कहानीकार भी थे। तो कई लोग हुए हैं। पुश्किन ने कहानियाँ लिखी हैं, नॉविल लिखे हैं, और कई लोग हैं, इसलिए अगर ऐसी प्रतिभा हो तो जरूरी नहीं है कि हिन्दी में हुआ यह है कि जो कवि कहानीकार रहे हैं या जिन कवियों ने कहानियाँ लिखी हैं उन लोगों की उपेक्षा हुई है। इधर के लोगों में उदय प्रकाश भी तो कवि के साथ ही कहानीकार भी हैं।

अरुण प्रकाश : *जरा विनोदभाव से कह रहा हूँ डॉक्टर साहब...कहानीकार तो बीच-बीच में कुछ-न-कुछ कविताई कर लेते हैं कहानियों में...या अन्य लोग कर लेते हैं लेकिन हमारे कवि मित्रों ने खण्डकाव्य लिखना बिलकुल बन्द ही कर दिया है और महाकाव्य का तो नाम ही भूल गए हैं।*

नामवर सिंह : अच्छा है, खण्डकाव्य नहीं लिख रहे हैं। अच्छा है कि कम-से-कम आख्यान के निमित्त कहानियाँ ही लिख रहे हैं, गद्य को सीधे कविता में नहीं ले आ रहे हैं।

अरुण प्रकाश : *डॉक्टर साहब इसके पहले हम लोग चर्चा कर चुके थे हिन्दी में कथालोचना की स्थितियों में लेकिन वह लगभग नकारात्मक स्थिति उभरती दिख रही थी तो ऐसा नहीं है कि कुछ भी काम नहीं हुआ है। कथालोचना में, काशी विश्वविद्यालय के ही जगन्नाथ प्रसाद शर्मा ने सबसे पहली महत्त्वपूर्ण पुस्तक लिखी और उसके बाद अन्य लोग भी आए, आपकी पुस्तक आई, सुरेन्द्र चौधरी की पुस्तक आई, मधुरेश जी की पुस्तक, धनंजय वर्मा की पुस्तकें हैं, कुछ और युवालोचक इधर सक्रिय हुए हैं लेकिन इन सबकी कुछ अलग-अलग विशेषताएँ हैं कथालोचना की लेकिन गुणवत्ता के लिहाज से आपको कथालोचना में क्या विकास दिखाई देता है?*

नामवर सिंह : कहानी की आलोचना के सिलसिले में मैंने अपने 'कहानी : नई कहानी' वाले एक लेख में यह सवाल उठाया है और पाठ प्रक्रिया शब्द मैंने इस्तेमाल किया था। मेरा यह विचार है कि यदि कविता की समीक्षा समृद्ध है अपेक्षाकृत तो उपन्यास की समीक्षा भी बेहतर स्थिति में है। वह इसलिए है कि किसी एक कृति को उतनी ही गम्भीरता से और सावधानी से पढ़ा जाए जैसे किसी एक कविता को पढ़ते हैं, एक उपन्यास को पढ़ते हैं। उसी तरह से एक कहानी को भी पढ़ा जाना चाहिए। कहानी सम्बन्धी पुरानी आलोचना ऐसी थी कि चरित्रप्रधान कहानियों में चरित्रों के आधार पर कहानी की आलोचना होती थी, कथानक के आधार पर होती

थी और किस विषय की कहानी है, प्रेम की है, सामाजिक शोषण की है, नारी विषयक है। यह देखा जाता था। आज भी लगभग कहानी सम्बन्धी आलोचना ऐसी ही है कि स्त्रियों पर होने वाले अत्याचार और शोषण की कहानी है या नहीं है। दलित जातियों के शोषण और अत्याचार की कहानी है कि नहीं है सम्प्रदायवाद की आलोचना करती है कि नहीं करती है, व्यवस्थाविरोधी है कि व्यवस्था की समर्थक है। कविता की आलोचना में यह बात महत्त्वपूर्ण नहीं होती। फिर देखें आप तो इस आधार पर भी कि कहानी यथार्थवादी है, कि जादुई यथार्थवाद है, यह कहानी कलावादी है कि रूपवादी है। यह जनवादी है कि प्रगतिशील है। तो ये नुस्खे हैं, जिन नुस्खों के अन्तर्गत ये निर्णय तो अन्त में आना चाहिए, मूल तो यह है कि कहानी, कहानी के रूप में ध्यान से पढ़ी जाए। एक और गड़बड़ी होती है, कहीं-कहीं कवियों के बारे में भी हुई है कि हम कविता पर ध्यान नहीं देते, कवि पर ध्यान देते हैं। यह सही है कि अपनी रचनाप्रक्रिया के दौरान, रचनाकर्म के दौरान हर रचनाकार अपनी कुछ रचनाओं के द्वारा अपना विशिष्ट अद्वितीय व्यक्तित्व बनाता है। तो उसकी पहचान तो होनी चाहिए। साधना के द्वारा एक आदमी अपनी भाषा और अपनी कला का विकास करता है, अपनी संवेदना का विकास करता है, उसमें जीवन के सच को देखने की नई विधियों का आविष्कार करके अपनी विशिष्ट पहचान बनाता है। यह भी ठीक है, लेकिन उसके साथ यह भी होता है कि एक ही आदमी की हर कृति वैसी नहीं होती है।

अरुण प्रकाश : *सम्भव भी नहीं है, और न हर कथ्य वैसा होता है जिसमें कि उसी ऊँचाई पर पहुँचे।*

नामवर सिंह : हाँ, इसलिए एक अच्छे लेखक की कमजोर रचना आए तो कहा जाय कि आपकी कहानी कमजोर है और यह बात कहानीकारों की आलोचना के सिलसिले में भी सच है। हुआ यह है कि कहानीकारों का एक केनन बनाया गया कि ये उच्चकोटि के कहानीकार हैं। और उसमें उनकी कमजोर कहानियाँ भी चल जाती हैं। यह सब इसलिए होता है कि हम कहानी विशेष को उतने ध्यान से नहीं पढ़ते। बहुत से लोग उसे केवल थीम या उसके सन्देश को लेकर, या उसमें कोई अनूठा चरित्र आया है तो उसी को लेकर कहानी पर फैसला दे देते हैं। इसलिए मेरा कहना था कि कहानी की पूरी बनावट और बुनावट पर ध्यान दें।

अरुण प्रकाश : *आपने एक और इस तरह का शब्द लिखा है डॉक्टर साहब, वह है 'टोन'...।*

नामवर सिंह : और वह 'टोन' जो है कि आप कहाँ से किस 'टोन' में कहानी कहते हैं। यह बहुत महत्त्वपूर्ण होता है। इसकी व्याख्या थोड़ी मुश्किल है, लेकिन अबूझ नहीं। आप चाहें तो उसे कहानी कहने का अन्दाजा कह सकते हैं।

अरुण प्रकाश : *और यह वाचन में ही नहीं, पाठ में भी....।*

नामवर सिंह : पाठ में भी बिलकुल, पढ़ते समय। कहना सिर्फ यह है कि प्रत्येक कहानी उतनी ही गम्भीरता और सावधानी से पढ़ी जानी चाहिए जितनी मेहनत एक लेखक ने की है। यदि बिना मेहनत के भी कभी सध जाती है कला तो अनायास भाव से कहानी निकल आती है। कहते हैं कि अमरकान्त ने 'हत्यारे' बिलकुल सर्र से पूरी कहानी लिख दी। जितनी मेहनत तो उन्होंने 'डिप्टी कलेक्टरी' पर की, 'जिन्दगी और जोंक' पर की, उतनी 'हत्यारे' पर नहीं की उन्होंने। तो कभी-कभी एक सधी हुई कला एक सहज भाव से भी आ जाती है। कोई कोई श्रेष्ठ कलाकृति ऐसी होती है जो अनायास बन जाती है। पर उसके मर्म को समझने में बहुत आयास करना पड़ता है।

अरुण प्रकाश : *प्रक्रिया चल रही होती है पहले से। उपस्थित होती है वह सम्पूर्ण में।*

नामवर सिंह : इसलिए इस दृष्टि से मुझे कुछ लोगों की आलोचनाएँ भी, सबसे अच्छी मुझे लगी विश्वनाथ त्रिपाठी की पुस्तक कुछ कहानियाँ कुछ विचार। और उसका आरम्भ तो उन्होंने फणीश्वरनाथ रेणु की तीसरी कसम से किया था जैसे डूब के लिखा था।

अरुण प्रकाश : *बहुत अच्छी आलोचना का उदाहरण है वह।*

नामवर सिंह : और उसी किताब में उतना डूब के और किसी कहानी पर उन्होंने लिखा नहीं है। अमरकान्त की कहानियों पर लिखा है, ज्ञानरंजन की कहानियों पर, और शानी जी पर बहुत डूब के लिखा है। मुझे सबसे अच्छी आलोचना विश्वनाथ त्रिपाठी की लगी। विजय मोहन सिंह ने पुस्तक समीक्षाओं के द्वारा अपनी पीढ़ी के लेखकों पर कुछ अच्छी टिप्पणियाँ की हैं जिसमें विचार के स्फुलिंग हैं और कहानियों के ब्यौरे में भी गए हैं वो। लेकिन मैं एक ऐसी आलोचना की पुस्तक चाहता हूँ कहानी की समीक्षा की जिसमें एक से अधिक लेखकों का सहयोग है। पन्द्रह-बीस कहानियाँ चुनें, हर कहानी एक आदमी विश्लेषण करे और फिर उस कहानी का मूल्यांकन...।

अरुण प्रकाश : *एक बार इस तरह हुआ था। एक पत्रिका समकालीन परिभाषा, उसने दस साल की कहानी का चयन किया और एक-एक समालोचक के यहाँ भेजा, उनसे लिखवाया बाकायदा। लेकिन यह प्रयास एक ही बार हो पाया।*

नामवर सिंह : वह पुस्तक मेरी नजर से गुजरी नहीं है। मैं जरूर देखना चाहूँगा।

अरुण प्रकाश : *हाँ मैं जरूर कोशिश करूँगा। वह पुस्तक रूप में भी कहीं से प्रकाशित हुई है।*

नामवर सिंह : हाँ, अगर वह मिले मुझे तब। इस तरह का प्रयास सुरेन्द्र चौधरी

ने शुरू किया लेकिन जमकर के किसी कहानी पर उन्होंने नहीं लिखा।

अरुण प्रकाश : *वह जो उनकी पुस्तक है डॉक्टर साहब, कहानी की आन्तरिक संरचना पर ज्यादा बल है। जैसे परमानन्द श्रीवास्तव जी की पुस्तक है, लेकिन वह मेरे ख्याल से अकेली पुस्तक है जिसमें कहानी की रचना प्रक्रिया पर बल है।*

नामवर सिंह : यह 'रचना प्रक्रिया' भी एक घिसा-पिटा नुस्खा बन चुका है। जरूरत है व्याख्या, विश्लेषण और मूल्यांकन की। आलोचना के सिद्धान्त अलग हैं। जिसको व्यावहारिक आलोचना कहते हैं, कायदे से आलोचना वही होती है और उसी से सिद्धान्त निकलते हैं और मूल्यांकन का आधार भी बनता है, जिससे निर्णय होता है कि कौन-सी कहानी सचमुच अच्छी है और कौन-सी नहीं है। यह तभी पता चलेगा। इसलिए मैं प्रवृत्तियों पर उतना विचार नहीं करना चाहता। इसलिए कि किसी लेखक की दस कहानियों के संग्रह से प्रवृत्ति का पता तो चल जाता है पर अच्छी कहानियाँ कितनी हैं, यह मालूम करना ज्यादा जरूरी है। उदाहरण के लिए अवधेश प्रीत का कहानी संग्रह 'नृशंस' आई। अब नृशंस शीर्षक जो कहानी है जिसके नाम पर पूरी पुस्तक का नाम रखा है, मेरी दृष्टि में संग्रह की कमजोर कहानी है, भले ही उनकी प्रवृत्ति की प्रतिनिधि हो!

अरुण प्रकाश : *सही कह रहे हैं। संग्रह की सबसे कमजोर कहानी है।*

नामवर सिंह : उसी संग्रह की कहानी 'अली मंजिल' मुझे बहुत अच्छी लगी। बल्कि एक नए ढंग की कहानी कौतुक कथा लगी जो कम्प्यूटर पर है, कहानी की शैली भी कुछ अजीब है और बच्चे के मनोविज्ञान से शुरू होती है तो उसकी टेकनिक भी अलग है। और एक विज्ञान कहानी जैसी होती है, तो उस विज्ञान की क्या कमजोरी है और कहा मनुष्यता का निषेध करने वाली चीज, मशीन और मनुष्य अगर एक-दूसरे के बरक्स रखें तो उस दृष्टि में आज के दौर में हम टेक्नालॉजी पर इतना जोर देने लगे हैं। उसके विरुद्ध विचार की दृष्टि से भी कहानी बहुत महत्त्वपूर्ण है।

अरुण प्रकाश : *अच्छा डॉक्टर साहब, यह जो टेक्नालॉजी का क्रिटीक है, यह आप देखिए कि पिछले बीस सालों में, प्रायः दो दशकों में मुझे लगता है कि टेक्नालॉजी का क्रिटीक जो है, हिन्दी कहानियों में बढ़ा है। पिछली बातचीत में मैंने शेखर जोशी की कहानी विडुआ का जिक्र किया था। वह भी टेक्नालॉजी का क्रिटीक है। उदय प्रकाश की कहानी पालगोमरा का स्कूटर वह भी टेक्नालॉजी का क्रिटीक है।*

नामवर सिंह : है, लेकिन अब देखना यह है कि टेक्नालॉजी के क्रिटीक पर लिखी हुई कहानी कौन कहानी बनती है और कौन केवल विचारधारा बनती है और टेक्नालॉजी पर क्रिटीक करते हुए, उस टेक्नालॉजी को ही इस्तेमाल करते हुए अन्दर से उसका क्रिटीक और एक क्रिटीक किताबों से पढ़ा हुआ...।

'अपरिचयीकरण' का इतना बड़ा सिद्धान्त तोल्सतोय से मिला। तोल्सतोय ने

यह सिद्धान्त नहीं बताया था। और वह सिद्धान्त वह 'इंसान और हैवान' जो घोड़े वाली कहानी है, वहाँ तोल्सतोय व्यक्तिगत सम्पत्ति के खिलाफ कह रहे थे। इस धारणा को उन्होंने घोड़े के मुँह से इसलिए कहलाया, कि घोड़ा यानी जानवर मनुष्य की सच्चाई के बारे में कह रहा है कि वह मुझे कहता था कि यह मेरा घोड़ा है और मेरा घोड़ा है तो मैं उसकी सम्पत्ति हूँ, इस नाते मेरा विशेष ध्यान रखा जाने लगा और घोड़ों से अलग होने लगा और अन्त तक पूरी कहानी, घोड़ा कहता है। मनुष्य के रूप में अगर व्यक्तिगत सम्पत्ति की कहानी बताई जाती तो वह सच नहीं मिलता एकदम जानवर के मुँह से इंसान के जीवन में आया हुआ यह नया सच, क्योंकि व्यक्तिगत सम्पत्ति तो हमेशा से थी नहीं, इसके विरुद्ध लिखी जाने वाली कहानी आखिर में उसकी लाश और घोड़ा पड़ा हुआ दिखाई पड़ता है और उस पर कौए! तो मैं कह रहा था कि कभी-कभी इन्हीं कहानियों में से कथा आलोचना के सिद्धान्त निकलेंगे। केवल यथार्थवाद कह के उदाहरण के लिए, जिसकी एक प्रवृत्ति की ओर ध्यान आपका भी गया होगा, जैसे दूधनाथ की कहानी 'नमो अंधकारम्', उस कहानी के लिए बड़ी भर्त्सना की गई दूधनाथ सिंह की। और भर्त्सना करने का मुख्य कारण खट से जोड़ दिया कि यह अमुक व्यक्ति पर लिखी गई कहानी है। और सबकी सहानुभूति उस मित्र के लिए हुई कि यह कहानी मित्रघात है। उदय प्रकाश की भी कुछ कहानियों के लिए यही कहा गया। इस बीच कहानी आलोचना की यह दुर्गति हुई है कि हर कहानी किसी-न-किसी व्यक्ति जीवन के जीते-जागते, चरित्र, घटनाओं से ही तो कहानी निकलती है लेकिन देखना चाहिए कि सर्जनात्मकता में वह कहानी बनती है या नहीं और जीवन का कोई बड़ा सच कहती है कि नहीं?

अरुण प्रकाश : *डॉक्टर साहब, अगर लेखक स्वयं कहे कि मैंने अमुक पर कहानी लिखी है तब क्या करेंगे? एक लेखक ने मुझसे स्वयं कहा...।*

नामवर सिंह : जरूर कहा होगा, लेकिन डी.एच. लारेंस ने बहुत पहले कहा है कि कहानीकार पर विश्वास मत करो, कहानी का विश्वास करो। कहानी क्या कहती है, यह देखो, कहानीकार खुद अपनी कहानी के बारे में जो कुछ कहता है वह सच नहीं भी हो सकता। यह डी.एच. लारेंस ने बहुत पहले कहा है। इसलिए कहानीकार भले ही कहता रहे कि हमने अमुक के बारे में कहानी लिखी है, हम तो सिर्फ कहानी देखेंगे।

अरुण प्रकाश : *परन्तु वे फैलाते हैं ऐसी खबरों को।*

नामवर सिंह : ऐसी चीजों को अखबारी खबर के रूप में और स्कैण्डल के रूप में लेना चाहिए। जब मैंने पहली बार पढ़ा था तो मैं नहीं जानता था कि किसके बारे में कहानी है, मेरे लिए वह एक गल्प थी बल्कि उनके 'धर्मक्षेत्र कुरुक्षेत्र' से ज्यादा अच्छी कहानी मुझे लगी थी। धर्मक्षेत्र कुरुक्षेत्र एक ऐसी समस्या के बारे में

थी कहानी जो आमतौर से उत्तर प्रदेश में जानवरों की चोरी करने वाले लोग जो होते हैं उनके बारे में थी, इस नाते ध्यान आकृष्ट करती है क्योंकि विषय-वस्तु अछूती है, बस!

अरुण प्रकाश : *हालाँकि इस विषय में पहले भी कहानी जो शैवाल जैसे लोगों ने लिखी है।*

नामवर सिंह : होगी। लेकिन 'नमो अंधकारम्' कहानी के रूप में, बगैर जाने हुए कि किसके बारे में लिखी गई है, देखी जाए न कि कहानीकार स्वयं क्या कहता है, लोग क्या कहते हैं। इस तरह से तो हर कहानी किसी-न-किसी के बारे में होती ही है।

अरुण प्रकाश : *दोनों में एक अन्तर होता है कि ऐसी कहानियों में लेखक एक चोर दरवाजा खोल के रखता है ताकि आप पहचान लें कि यह उन पर है। करते होंगे लोग, यह दुनिया के और देशों में भी हुआ है। मैं सिर्फ यह कहना चाहता हूँ कि हमारे सामने आगे आने वाले लोग भूल जाएँगे कि यह कहानी किसके बारे में है और यह चीज इस रूप में पढ़ी नहीं जा रही है। डॉक्टर साहब, इस पर इतनी चर्चा परिचर्चा, अखबार वाले इतनी बेवजह दिलचस्पी लेते हैं इस तरह में...।*

नामवर सिंह : देखिए, मैं फिर कहता हूँ मैं ठेठ साहित्यिक आलोचना के दायरे में बात कर रहा हूँ। ये बातें उस कृति के बाहर की हैं। अपने आप में यदि एक कथा हमारे सामने है तो वह कथा के रूप में क्या है, कोई ऐसा सच कहती है कि नहीं कहती जिसका अर्थ हमारे लिए है, जिसको समझना जरूरी है? जिन्दगी के बारे में सोचने की कोई कुंजी देती है, अगर वह देती है तो वह लेखक चाहे स्वयं उससे लिप्त हो, व्यक्तिगत समझता हो, समझने दीजिए। ऐसा प्रेमचन्द के उपन्यासों के बारे में कहा गया है, कहानियों के बारे में कहा गया है आपको याद होगा कि मोटेराम शास्त्री वाली मशहूर कहानी एक खास आदमी के बारे में लिखी है...।

अरुण प्रकाश : *वैसे एक उपन्यास है, मैं आपका ध्यान दिलाना चाहूँगा उस तरफ। पंकज बिष्ट का उपन्यास है लेकिन दरवाजा। उसमें अनेक प्रसंग हैं जो लगता है कि वह इस लेखक का हो सकता है, उस लेखक का हो सकता है लेकिन किसी एक लेखक का होगा यह चिह्नित करना बड़ा मुश्किल है।*

नामवर सिंह : लेकिन, आप एक रचनाकार के रूप में जानते हैं कि ध्यान में कोई एक चरित्र होता है मॉडल के रूप में लेकिन स्वयं रचना के क्रम में वह ऐसा आकार और रूप ग्रहण करता है कि मूल से वह हट जाता है उदाहरण है कि पेंटिंग में पोर्ट्रेट पेंटिंग होती है लेकिन फोटोग्राफ और पोर्ट्रेट पेंटिंग में जो फर्क हो जाया करता है हम किस पोर्ट्रेट को इसलिए कलाकृति नहीं मानते हैं कि किसी बहुत बड़े आदमी की है या किसी छोटे व्यक्ति की है, वह पेंटिंग अलग मानी जाती है।

इसी रूप में कथा-कृतियों के बारे में यह धारणा क्यों नहीं बनती कि कोई एक रहा होगा ध्यान में उनके। लेकिन लिखने के क्रम में कुल मिलाकर वह क्या पोर्ट्रेट बनती है। हिन्दी आलोचना का यह दुर्भाग्य है कि अनेक उपन्यासों के बारे में कहा गया है। 'गिरती दीवारें' के बारे में...कहा गया था कि इसमें हर चरित्र पहचाना जा सकता है और इसी आधार पर लोगों ने आलोचनाएँ की थीं। यशपाल के बारे में कहा गया था और तो और अमृतलाल नागर का उपन्यास जो 'बूँद और समुद्र' भी। महिपाल को लोग कहते हैं कि अमुक आदमी है। अज्ञेय के 'नदी के द्वीप' के कुछ चरित्रों के बारे में भी ऐसी ही बातें कही गई थीं। प्रेमचन्द के उपन्यासों के बारे में कहा जा सकता है एक जो पत्रकार आते हैं ओंकार, गोदान में पहचाने जा सकते हैं। डॉ. मेहता के बारे में भी है, पर क्योंकि उसके बारे में उतनी बातें नहीं जानते हैं, या उन लोगों से लगाव नहीं है। आजकल मैं समझता हूँ कि कहानी, कहानी की आलोचना का सत्यानाश करने वाली ये प्रवृत्ति है उस कथाकृति को...

अरुण प्रकाश : *इसमें डॉक्टर साहब, रचनाकार, क्योंकि वह अपने बैर को छिपा नहीं पाता। वह प्रचारित कर देता है कि हमने ले लिया बदला लिख दी कहानी।*

नामवर सिंह : करने दीजिए, अरुण प्रकाश जी, मैंने एक सिद्धान्त बताया। कविताएँ भी दूसरे के बारे में लिखी जाती हैं।

अरुण प्रकाश : *बौद्धिक कविताओं में भी अभी शुरू हो गया है।*

नामवर सिंह : शुभ सूचना है, दूधनाथ ने श्रीकान्त वर्मा के बारे में एक लम्बी कविता लिखी थी और वह बुरी कविता न थी। 'बहिर्गमन' किसी के बारे में हो न हो लेकिन 'बहिर्गमन' महत्त्वपूर्ण कहानी है। 'घण्टा' खुद किसी के बारे में होगी ही? कौन-सी कहानी ऐसी नहीं है जिसका कोई-न-कोई मॉडल न हो। 'बहिर्गमन' के बारे में क्यों नहीं किसी ने उँगली उठाई। यह भी तो बताइए कि पिता कहानी पढ़कर स्वयं ज्ञानरंजन के बाप को कैसा लगा होगा? अगर वह उस समय जीवित होते सुमन जी। इसलिए हम अपने परिवार से, परिवेश से, जहाँ रहते हैं, उन्हीं लोगों के चरित्र लेते हैं, वही घटनाएँ लेते हैं लेकिन यही साहित्य की खूबी है कि रचनाकार की जो रचना-प्रक्रिया है उस रचना-प्रक्रिया में कौन चीज ढल के कहाँ चली आती है कुछ के बारे में हम जानते हैं, कुछ के बारे में नहीं जानते हैं। कुछ के बारे में लोग प्रचार करते हैं। कथा-साहित्य में लोग ज्यादा प्रचार करते हैं। साहित्यालोचना का जो मूल सिद्धान्त है, कथा-साहित्य में खासतौर से सावधानी बरतने की जरूरत है, वह यह है कि कहानीकार के कहने पर न जाएँ, कहानी जो कहती है उसी पर हमारी नजर होनी चाहिए हम नहीं जानते कि किसके बारे में है।

अरुण प्रकाश : *बहुत सस्ते किस्म के प्रचार के लिए शायद यह...।*

नामवर सिंह : इसके कारण नुकसान हो जाता है और फिर आलोचना क्या

करेगी! यह काम कानून का है। आप मानहानि का मुकदमा चलाएँ, चरित्र हनन का मुकदमा चलाएँ। आप जाकर कोर्ट में लड़िए लड़ना हो तो। लेकिन यह साहित्यिक आलोचना की अदालत में स्वीकार्य नहीं है।

अरुण प्रकाश : *लेकिन उसकी पहचान को, पात्रों की पहचान को थोड़ा-सा इसको नूतन किया जा सकता है।*

नामवर सिंह : देखिए, इसकी कलात्मक आलोचना होनी चाहिए। जहाँ वह रचनाधर्म से च्युत होकर, जहाँ वह विद्वेष और राग द्वेष से ग्रस्त होकर लिखेगा तो स्वयं पोर्ट्रेट खराब हो जाएगी। उस पर असर पड़ेगा। और उसके दाग दिखाई पड़ेंगे कि यहाँ कलाकार कलाधर्म छोड़कर, च्युत होकर के व्यक्तिगत राग द्वेष के कारण, एक चरित्र हाथ-पाँव फैला रहा है, एक दिशा में जा रहा है, जानबूझ के हम उस चरित्र को विकृत कर रहे हैं।

अरुण प्रकाश : *आप जो कह रहे हैं डॉक्टर साहब, यही बात इस तरह की प्रत्येक कहानी में मौजूद है अभी हाल में जो आई है। अगर कोई गम्भीरता से उस कहानी को पढ़े...तब इस नतीजे पर पहुँचते हैं कि उसमें जो कलात्मक च्युति...।*

नामवर सिंह : देखिए, कलात्मक च्युति जहाँ मिले, बिना देखे, अपनी व्यक्तिगत जानकारी का उपयोग न करके, आलोचना के जो औजार हैं उनके आधार पर आप यह कहें तब तो मैं मान लूँगा। लेकिन अपनी जानकारी के अन्य स्रोतों से सूचनाएँ लेकर आप अगर उस कहानी का विश्लेषण करेंगे तब वह दोष स्वयं आलोचक का अपना दृष्टि दोष माना जाएगा।

अरुण प्रकाश : *अब क्या कहें डॉक्टर साहब, इसमें लेखक स्वयं बतलाता है कि...*

नामवर सिंह : हम नहीं मानते, उदाहरण के लिए देखिए, अभी एक कहानी आई है निष्कासन, दूधनाथ सिंह की।

अरुण प्रकाश : *मुझसे किसी ने इलाहाबाद से फोन पर कहा कि ये अमुक जी पर लिखी हुई कहानी है।*

नामवर सिंह : कहा होगा। मैं नहीं जानता, मैं जानना भी नहीं चाहता। अगर यह कोई मुझे बताता है तो मुझे कोई दिलचस्पी नहीं होती ऐसे स्कैण्डल में। वह कहानी कहानी कला की दृष्टि से कमजोर है और जो कमजोर है वह जान-बूझकर के उस दलित स्त्री को यान्त्रिक तरीके से नुस्खे के अन्दाज में वह दलितों के द्वारा अपमानित होती है वह दिखाने के लिए एक दलित विरोधी जीवन-दृष्टि है, नतीजा यह हुआ है कि कहानी नष्ट हो गई।

अरुण प्रकाश : *बल्कि इसमें पिछड़ा वर्ग का एक विधायक है वह भी उसको...*

नामवर सिंह : वही मैं कह रहा हूँ, यानी एक स्वयं दलित या पिछड़े वर्ग का

वह दलित विधायक भी उसके साथ न्याय नहीं करता है। जो गवर्नर है वह नहीं न्याय करता है, तो दिखाना चाहते हैं कि दलित ही दलित के विरोधी हैं। यह कहानी, इसकी विचारधारा दूषित है। और विचारधारा दूषित होने के कारण कहानी अविश्वसनीय बनती है, क्योंकि जितनी स्थितियों में उसको घुमाया गया है चौरासी लाख योनियों में, एक बात साबित करने के लिए परिस्थितियाँ उदाहरण के रूप में आती हैं। कहानी का यह गठन ही कृत्रिम है। मैं कलात्मक स्तर पर उस कहानी को कमजोर मानता हूँ। और कहानी कलात्मक स्तर पर कमजोर हो तो उसका गहरा सम्बन्ध लेखक की जीवन-दृष्टि से है। जीवन-दृष्टि और कथा-दृष्टि, दोनों मिलकर के जो कहानी बहुत अच्छी बन सकती थी वह इसी न्याय से नष्ट हो गई। कथादेश के उसी अंक में बल्कि अखिलेश की कहानी उससे बेहतर है।

अरुण प्रकाश : *हालाँकि च्युति उसमें भी है...।*

नामवर सिंह : होगी। लेकिन उससे अखिलेश बच निकले हैं।

अरुण प्रकाश : *हालाँकि जिस तरह का प्रतीक वो रचना चाहते हैं उसमें फार्मूले से...*

नामवर सिंह : देखिए, नतीजा यह हुआ है कि जब आप एक किंवदंती दन्तकथा को आधार बनाकर के मानवीय कथा को जोड़ने लगते हैं तो उस गपशप में दो पाटन के बीच में साबित बचा न कोय, या तो शुरू से लेकर के आखिर तक वह 'लीजेंड' बनी रहती। और आप अन्त में कलई खोल देते हैं उस लीजेंड की और अर्थ समझाने लगते हैं। तो या तो यथार्थ ही आपका इतना हो कि वह जादुई बन जाए, जैसा मार्खेज कहता है। मार्खेज ने भी कहा है कि हमने जो कुछ कहा है जादुई नहीं है। ब्राजील का यही यथार्थ है। वह आपको जादुई लगता है। इसलिए किंवदंती बताने की जरूरत नहीं है। आज के जमाने में यथार्थ ही इतना अविश्वसनीय ढंग का होता है कि वह किंवदंती मालूम होता है। यह जो दो को मिलाने की उन्होंने कोशिश की उसकी व्याख्या करने लगते हैं। इस कारण वह कहानी कमजोर हुई है। लेकिन उस स्तर पर जहाँ चलती है और इनसे ज्यादा ही प्रभावशाली है वह कहानी। इसलिए कौन कहानी किसके बारे में है, यह छोड़ दें क्योंकि साहित्यिक आलोचना का कर्तव्य यह नहीं है।

हमारी परम्परा में एक ही उदाहरण मुझे अपवाद जैसा मिला है। संस्कृत में शायद आपको दिलचस्पी हो। मैं संस्कृत का एक उदाहरण आपको दे रहा हूँ और यह अन्तिम होगा। दिलचस्प होगा, आनन्दवर्धन 900 के आसपास हुए, उनके समकालीन थे धर्मकीर्ति। बौद्ध धर्म को मानने वाले। इन दोनों में दार्शनिक मतभेद था। तो आनन्दवर्धन ने धर्मकीर्ति की एक कविता उद्धृत की है। श्लोक है, बहुत अच्छा श्लोक है। भाव यह है कि उस स्त्री को नाहक विधाता ने रचा है, इतनी

सुन्दर लेकिन किसी की नजर ही नहीं उस पर पड़ी और सारी सुन्दरता व्यर्थ चली गई। आनन्दवर्धन कहते हैं कि इसको कुछ लोगों ने व्याजस्तुति माना है। लेकिन यहाँ व्याजस्तुति अलंकार नहीं है इसमें व्याजस्तुति नहीं बल्कि अप्रस्तुतप्रशंसा है। क्योंकि धर्मकीर्ति को मैं व्यक्तिगत रूप से जानता हूँ। और कविता भी उन्होंने ऐसी ही लिखी है यह कविता स्वयं अपने बारे में है। वह अपनी प्रतिभा के बारे में कह रहे हैं कि इतनी अद्भुत प्रतिभा को लेकर मैं आया, यह जैसे समुद्र अपने आप में, अपने अन्दर ही अपनी आग से जल जाता है और उसके बाहर उसकी पहचान नहीं होती है, उसी तरह से सारी प्रतिभा मेरे अन्दर-ही-अन्दर जल-बुझ गई। लोगों ने इसकी कदर नहीं की। आनन्दवर्धन इस पर टिप्पणी करते हैं कि मैं यह निजी जानकारी के आधार पर कह रहा हूँ कि धर्मकीर्ति यहाँ किसी सुन्दरी का वर्णन नहीं, अपनी प्रतिभा के बारे में कह रहे हैं। इस दृष्टि से अप्रस्तुत रूप से अपनी प्रशंसा कर रहे हैं।

इस प्रकार निजी जानकारी के आधार पर उस कविता का अर्थ उन्होंने ढूँढ़ा। गरज़ कि ऐसे उदाहरण पुराने जमाने में भी मिलते हैं लेकिन यह काम करते हुए उन्होंने दोष नहीं बताया। उन्होंने कहा कि व्याज से स्तुति नहीं है, स्तुति बहाना नहीं है, बल्कि यह अप्रस्तुत प्रशंसा है। हम लोग क्या करते हैं कि किसी कहानी का सौन्दर्य बताने के लिए नहीं, बल्कि हम स्वयं लेखक की भर्त्सना करने के लिए ऐसा रहस्य खोलते हैं। यह आलोचना नहीं हुई। यह संस्कृत काव्यशास्त्र में भी नहीं हुआ। इधर यह काम होने लगा है।

अरुण प्रकाश : *डॉक्टर साहब, एक बात होती है कि किसी कहानी के बारे में आपको पता लगे कि यह इस पर लिखी गई है तो अचानक उस कहानी, भले ही बहुत अच्छी कहानी हो, उसका मेयार आप ही की नजर में कम हो गया?*

नामवर सिंह : नहीं, मेरी नजर में नहीं होता। कहानी न लिखकर के अखबारों में गाली कोई दे तब जरूर दुःख होता है। अच्छा है कि वह कहानी लिख रहा है। मैं कहानी में भी आ रहा हूँ। क्या हर्ज है?

अरुण प्रकाश : *सारे लोग इतने उदार नहीं हैं।*

नामवर सिंह : यह उदारता नहीं, साहित्य का धर्म है।

(यह बातचीत भोपाल और दिल्ली में तीन बैठकों में अप्रैल-मई, 2002 में हुई)

फिर वही कहानी

(शशांक के साथ)

शशांक : *नामवर सिंह जी, पीछे मुड़कर जब हम देखते हैं, विश्व-स्तर पर, भले ही वे क्लासिकी न हों, हिन्दी की वे कौन-सी कहानियाँ हैं, जिन्हें रखते हुए हम कह सकें कि सामाजिक सरोकार में भारत की प्रतिनिधि कहानियाँ हैं?*

नामवर सिंह : काम मुश्किल है, लेकिन एक चयन ऐसा तैयार किया जाना चाहिए सोच-विचार के। फिलहाल मेरे ध्यान में कुछ लेखकों की कुछ कहानियाँ याद आती हैं। चन्द्रधर शर्मा गुलेरी की 'उसने कहा था' से शुरू करें तो तुरन्त प्रेमचन्द की कहानी 'कफ़न', प्रसाद की एक कहानी ली जाए 'मधुआ', जैनेन्द्र की 'नीलमदेश की राजकन्या', यशपाल की 'पराया सुख' और नहीं तो मैं 'फूलो का कुर्ता' चुनूँगा, अज्ञेय की 'रोज या गेंग्रीन' नाम की कहानी। उसके बाद आजादी के बाद उभरकर आने वाले लेखकों में से भीष्म साहनी की 'चीफ़ की दावत', अमरकान्त की 'डिप्टी कलेक्टरी' अथवा 'हत्यारे', निर्मल की 'परिन्दे' संकलन से कोई भी कहानी ली जा सकती है, चाहें तो 'परिन्दे' को ही ले सकते हैं; 'ऐ लड़की' लम्बी कहानी है फिर भी उसे लेना पसन्द करूँगा। मन्नू भण्डारी की 'यही सच है'..., बाद के लेखकों में जिनकी कहानियाँ ली जा सकती हैं, ज्ञानरंजन की 'घण्टा', काशीनाथ सिंह की 'अपना रास्ता लो बाबा', शानी की 'दोजखी', बाद के लेखकों में स्वयं प्रकाश की कहानी 'पार्टीशन' और असगर वजाहत की 'केक' ली जा सकती है। नए लेखकों में से कई लेखक बहुत अच्छे आए हैं, सृंजय का 'कामरेड का कोट', उदय प्रकाश की 'छप्पन तोले की करधन', अवधेश प्रीत की 'ग्रासरूट', अखिलेश की 'चिट्ठी', जयनन्दन के कई संग्रह हैं, तुम्हारे संकलनों में से ज्यादा चर्चा जिसकी हुई है वह 'उन्नीस साल का लड़का' की हुई है। लेकिन अभी जो कहानी संग्रह मैं देख रहा था 'शामिल बाजा', उसकी आखिरी कहानी 'रमाकान्त लोली', और कई लेखक हैं जिनके नाम अभी छूट गए हैं, अचानक ध्यान में हमारे नहीं आ रहे हैं। और तीन-चार कहानियाँ इस बीच बहुत अच्छी आई हैं शिवमूर्ति की कहानी ली जानी चाहिए 'तिरिया चरित्र' तो इस तरह से कुल मिलाकर के चालीस-एक कहानियाँ ऐसी हैं जो सरसरी तौर पर इस समय याद आ रही हैं। सम्भव है कि कुछ और सख्त, विविधता का

ध्यान रखते हुए किया जाय जिससे हिन्दी कहानी का पूरा चरित्र सामने आए : उसकी विविधता का : कला सम्बन्धी, अन्तर्वस्तु सम्बन्धी विविधता का ध्यान रखते हुए निश्चित रूप से किया जा सकता है और तब उससे हिन्दी कहानी की असली छवि मिलेगी।

शशांक : *नामवर जी, कहानी के गद्य में इस लम्बे समय में अनेक शिखर बने हैं, मसलन, गुलेरी, रेणु, ज्ञानरंजन, निर्मल वर्मा इत्यादि। किन्तु समग्रता में, हिन्दी कहानी के गद्य को आप कैसा देखते हैं? वह औरों के लिए, सृजनात्मक कथाकारों की मेहनत को पचा पाई है?*

नामवर सिंह : हिन्दी कहानी के गद्य पर कल अरुण प्रकाश से लम्बी चर्चा हुई है। हिन्दी गद्य के निर्माण में आरम्भिक योगदान तो निबन्धों का रहा है। जिसमें हरिश्चन्द्र के अलावा प्रतापनारायण मिश्र, बालकृष्ण भट्ट, बालमुकुन्द गुप्त के निबन्ध और आगे चल करके चन्द्रधर शर्मा गुलेरी के थोड़े ही निबन्ध हैं, लेकिन अद्भुत निबन्धों में गद्य को साधा है। बाद में हजारी प्रसाद द्विवेदी के निबन्ध और हरिशंकर परसाई के। आज का जो गद्य बना हुआ है उन सब में हरिशंकर परसाई के निबन्धों में, उनकी कुछ कहानियों ने 'भोलाराम का जीव' या 'मातादीन चाँद पर' या 'एक लड़की पाँच दीवाने' हरिशंकर परसाई का गद्य मुझे इतना अनूठा गद्य लगता है, केवल कहानियों के द्वारा नहीं बल्कि दोनों से एक नया गद्य बनाया है जो बोलता हुआ गद्य है। और छोटे वाक्य, सरल भाषा और इतनी सांकेतिक सूक्ष्म संकेत देने वाली और कभी-कभी सीधे चोट करने वाली। उसके बाद सच पूछो तो गद्य का निर्माण कायदे से अन्य भाषाओं में आलोचनाएँ करती हैं और वे बड़ी निर्जीव साबित हुई हैं। एक डॉ. रामविलास शर्मा ने अशास्त्रीय भाषा में आलोचनाएँ लिखीं और खासतौर से उनका गद्य, निराला की साहित्य साधना का जो पहला भाग है, निराला की जीवनी में दिखाई पड़ती है, उससे बनाया है। लेकिन मेरी पक्की धारणा है कि हिन्दी गद्य का निर्माण हिन्दी कहानी और उपन्यासों से हुआ है। और सच पूछा जाए तो प्रेमचन्द तो मूलतः उर्दू में लिखते थे और बाद में हिन्दी करते थे। वह अपनी जगह है, लेकिन ठेठ हिन्दी गद्य पर ध्यान जैनेन्द्र ने अपने गद्य से कायम किया चाहे उपन्यास हो चाहे कहानियाँ हों। बिना उर्दू और फारसी की मदद के वह गद्य लिखा गया। जैनेन्द्र जी की सादगी, गाँधी जी ने जो गुजराती गद्य को दिया, जैनेन्द्र ने वही काम हिन्दी गद्य के लिए किया है! और बहुत बड़ी भूमिका जैनेन्द्र जी की है। उसमें, उस गद्य में, कहें कि तकली और चरखे के सूत वाली सादगी है, तुलसीदास ने लिखा है कि 'साधु चरित सुभ सरिस कपासू/निरस विशदगुनमयफल जामू।' तो कपास की तरह से खादी के धागे के समान...वह गद्य जैनेन्द्र ने रचा है और उसके बाद यानी बरक्स हिन्दी उपन्यास के गद्य लेखकों और 'त्यागपत्र' की भाषा के निर्माण में जैनेन्द्र कमाल

करते हैं। और वह कहीं-न-कहीं जा कर परसाई से मिलता है। गद्य में जो नफासत, बारीकी, महीन बुनावट करने का काम बाकी था, वह अज्ञेय करते हैं। 'रोज' कहानी पढ़ो, 'शेखर' भी, कई उपन्यासों में वह बारीकी निभाते हैं, आगे चलकर के निर्मल वर्मा यह काम करते हैं। उस गद्य में एक नया रूप देते हैं रेणु। वह आंचलिकता की छौंक दे करके और बाद में तो लगभग वही चीज लगभग वही बारीकी ले आने की कोशिश करते हैं ज्ञानरंजन। ज्ञानरंजन ले आते हैं। उस भाषा को अतिसंवेदनशील, सूक्ष्म से सूक्ष्म अनुभूतियों को पकड़ने का काम, और बाद के नए लेखकों में, मैं अभी देख रहा था हरिचरण प्रकाश का संग्रह 'उपकथा का अन्त' वह बड़ी शिष्ट भाषा में, यानी राग दरबारी की श्रीलाल शुक्ल की परम्परा में, अफसरों के बीच, बड़े शिष्ट लोगों में एक छद्म को व्यंग्यात्मक ढंग से या बेनकाब करने की दृष्टि से, उस समुदाय और समाज पर करता है। उस बनावट में। यानी एक बनावटी, नकली गढ़ी हुई भाषा जो लोग बोलते हैं न, तो उसकी नकल करके भी उसमें छिपे हुए व्यंग्य को, विडम्बना को। कई लोग हैं। मैं तुम्हारा अभी 'शामिल बाजा' पढ़ रहा था। इसमें 'बबूल मेज' पहली ही कहानी है। और उस कहानी में भाषा का सौन्दर्य है। बहुत कम लोग हैं जो भाषा की चिन्ता कहानी में करते हैं। या तो रघुवीर सहाय मुझे दिखाई पड़ते हैं कहानी में। कोई-न-कोई उनकी कहानी जरूर शामिल करना। उससे कविता में उस गद्य की बारीकी पैदा करते हैं। तुम्हारी जो कहानी है वह बाद में, वह भाषा चिन्ता बहुत थोड़े-से लेखकों में है। आज के लेखकों में काफी है। उदीयमान लेखकों में कहानी की भाषा के बारे में चिन्ता है। तो उस गद्य के निर्माण में मैं एक बात यह भी कहना चाहूँगा कि इस बीच कविता ने हमारे गद्य को बनाने में योगदान दिया है। लगभग कविता गद्यात्मक हो गई है। गद्य को कविता बनाना छायावादी और नई कविता की वह मानवीय भावुकता से मुक्त करते हुए, यथातथ्य लेकिन चोट करने वाली और तहदार भाषा जो रघुवीर सहाय के यहाँ मिलती है और वाक्य की बनावट में, सिर्फ शब्दों से नहीं आती। तो यह काम कविता ने किया है। और कई कविताओं में विष्णु खरे ने यह काम किया है।

एक और चीज पर हमारा ध्यान जाना चाहिए कि जब हम कहानी और भाषा की बात करते हैं तो एक बयान करने की भाषा और एक आख्यान की, अंग्रेजी में जिसको कहें कि 'डिस्क्राइव' करने की और 'नैरेट' करने की, दोनों की अलग-अलग भाषा है। तीसरी एक और चीज होती है जो कहानी में बातचीत, संवाद, कहानी जिसके कारण संवादात्मक होती है, 'डायलॉगिक' जिसको कहते हैं और इसके लिए नाटकों की ओर हमारा ध्यान जाना चाहिए। नाटकों की एक अच्छी खासी भूमिका हिन्दी गद्य को बनाने की है। इसलिए अकसर देखोगे कि पहले के पहले की पीढ़ी की कहानियों में जो संवाद आते हैं, बहुत गढ़े हुए बनावटी संवाद जयशंकर प्रसाद की कहानी में

खासतौर से—'बन्दी क्या है। सोने तो दो' जैसे संवाद। पारसी थियेटर में जैसे होते हैं। इधर की कहानी में देखेंगे कि वो संवाद, अच्छी कहानियों की बात नहीं कर रहा हूँ। अच्छी कहानियों में जो आम जीवन में जैसी बातचीत होती है। ऊल-जुलूल, बेमतलब, निरर्थक, उसका भी अपना एक अर्थ होता है। उससे वे बात पैदा करते हैं। लेकिन इन चीजों को कलाकार, बड़े कल्पनाशील ढंग से इस बीच कहानियों में संवाद और बातचीत हुई है, स्थितियों के वातावरण के निर्माण में इस पर निर्भर करता है। निर्मल भी वातावरण का निर्माण जिस प्रकार का करना चाहते हैं—धुँधलके वाला, कोहरे वाला, मद्धिम रोशनी वाला, तो उन रंगों, छायाओं के लिए अलग भाषा गढ़ते हैं। दूसरे लेखक इससे बिलकुल भिन्न वातावरण बनाना चाहते हैं। उन चित्रकारों की तरह जो रंगों का दूसरे ढंग से इस्तेमाल करते हैं फिर उनका गद्य भी दूसरी तरह का होता है। इसलिए कौन आदमी क्या वर्णित करना चाहता है, उस वर्णन की भी कई छटाएँ भाषित करती हैं। आख्यान में, कहानी में विकसित एक रेखीय कथानक में कहने का गद्य दूसरा होता है। पहले यह हुआ, फिर यह हुआ, फिर यह हुआ। दूसरा, यदि स्मृति के सहारे कोई आख्यान कहता है तो उसका गद्य दूसरे ही ढंग का होता है। और तीसरा जो है वह केवल दृश्यांकन अलग-अलग जैसे कैमरे से आप चित्र लेते चले जा रहे हैं और फिर उन चित्रों के माध्यम से उनको इस क्रम से सजा देते हैं कि कहानी के लिए सूत्र जुड़ता है। वह सूत्र पाठक पढ़ते समय जोड़ लेता है। उसको 'नैरेट' करने की जरूरत ही नहीं होती। दृश्यों को आप चित्रों में पेश करके क्रम कैसे देते हैं इससे कथानक बन जाता है। इसका गद्य दूसरा होता है। इसलिए इस पूरी प्रक्रिया के कई तरह के; देख के मुझे अच्छा लगता है कि ये गद्य के विविध उपयोग और प्रयोग विविध प्रकार की भाषा के तहत होते हैं और लोग बड़े सावधान हुए हैं। कहानी ही नहीं कुछ उपन्यासों में भी। उन उपन्यासों में विनोद कुमार शुक्ल, और एक उपन्यास जो पहला आया था 'कलिकथा वाया बाईपास' अलका सरावगी का और उसकी कहानियाँ भी हैं, जो एक नया स्वाद देती हैं। इससे मालूम होता है कि आज का कथाकार एक सीधा-सपाट और परम्परा से प्राप्त ही नहीं बल्कि गद्य में कुछ गिरह लगाते हुए और तह पर तह, सिलवटें डालते हुए वाक्य गढ़ता है। बड़ी सावधानी बरती गई है और कभी हमारे यहाँ हिन्दी गद्य और गद्य शैली पर तो बहुत कम विचार किया गया है, इस दृष्टि से देखा जाना चाहिए। तुम्हारी नजर तो इस पर रही है। इस पर तुम कुछ लिखो तो हमें और ज्यादा जानकारी मिलेगी। क्योंकि जो प्रयोक्ता है, उन चीजों को ज्यादा नजदीक से जानता है।

शशांक : *नामवर जी, कथाकार का आत्मसंघर्ष कहानियों में, सुविधा के लिए हम बीस साल की कहानी को ले लें, कि कथाकार का आत्मसंघर्ष कहानियों में वस्तुगत चीजों के साथ कितने तालमेल के साथ या विसंवादी होकर दिखता है?*

नामवर सिंह : यह इस पर निर्भर है कि अपनी जिन्दगी से कहानीकार का

रिश्ता क्या है? कैसा है? कितना है? और उस जिन्दगी में वह कहाँ खड़ा है? या अपने को कहाँ पाता है? इस रिश्ते पर और उसकी जड़ पर निर्भर रहता है। मसलन, एक आदमी, एक लेखक जो अपने को यह समझता है कि बाहर मैं कर दिया गया हूँ, मैं बाहर खड़ा हूँ, फेंक दिया गया हूँ। अब बहुत से लोग बाहर फिंके हुए हैं और वहाँ से वह यह काम कर सकता है, नेजे चला सकता है। दूसरा यह कर सकता है कि अगर कोई दीवार हो या कोई जगह हो तो उससे अपना सिर बार-बार टकरा सकता है। अच्छी कहानी तब बनती है, जहाँ लेखक यह समझता है कि जिसका प्रणय कलह है अपने आसपास, 'लवर्स क्वैरल विद द वर्ल्ड' यानी 'उसी को देखकर जीते हैं जिस काफिर पै दम निकले'। उससे लड़ेंगे, झगड़ेंगे, जूझेंगे, हाथ भी मिलाएँगे। यह रिश्ता जहाँ होता है वहाँ कुछ और किस्म की कहानी बनती है। मसलन, मैं दो बातें लूँ आजकल स्त्री-विमर्श चल रहा है कहानी में। सच है कि स्त्री परिवार में और परिवार के बाहर काम करती है, काम करने के दफ्तर हैं। वहाँ दोनों जगह उसको अनेक असुविधाजनक स्थितियाँ, मतलब देखने में लोगों के, उनकी नजर से मालूम होता है और चोट खाती रहती हैं, अब केवल गुस्सा निकालती रहे और लिखे तो एक बड़ी गहरी कहानी बनेगी। और चाहे अपने पति के बारे में लिखे, उस आदमी के बारे में उसका जो बॉस है, और वह घात में लगा हुआ है, उसके बारे में लिखे। तो इसको कहें कि, शायर ने कभी कहा था कि ''समझ हर-एक राज को, मगर फरेब खाए जा।'' राज को समझते हुए भी आप फरेब खा भी रहे हैं और फरेब दे भी रहे हैं। तो यह दाँव-पेंच जो है, जिन्दगी जीने का जो दाँव-पेंच है एक कहानीकार मजाक खुद की जिन्दगी में भी करता है, करना पड़ता है उसको। और नहीं तो वह जाकर आत्महत्या कर ले, और नहीं तो क्या करेगा? अगर आत्महत्या से बच के बचना है उसे, तो कहानी जो बचाएगी, वह उसका हथियार भी है। कहानी लिख करके उस समस्या से निपटने का तरीका भी है वह कहानी। यह कि उसी जरूरत को समझना। वह समझ पैदा करे उसके जीवन की सारी चीजों की। इसलिए कहानीकार का आत्मसंघर्ष भावावेश में कि हम विपक्ष में हैं, इसलिए विपक्ष की तरह से संसद में विपक्षी लोग कुछ बहस करते हैं तो सारे मुद्दे को इतना सपाट और एकतरफा बना देते हैं। इसलिए वह किनारे भी हैं और किनारे होते हुए भी धार में बह रही है। इसके कारण उसका यह आत्मसंघर्ष उसको उस खूबी से, कारीगरी के साथ और कलात्मक ढंग से कहें कि ज्यादा-से-ज्यादा वह असरदार हो, यह आत्मसंघर्ष उसका है। इसलिए आवेग से बचते हुए कहीं वह आत्मदया का शिकार न बन जाए। कहीं वह आत्मोपहास न करने लगे, या कहीं केवल दूसरे का मजाक उड़ाते हुए ऐसे मसखरे की तरह से गिरता चला जाए या क्रान्तिकारी जोश के साथ वह बिलकुल हाथ उठा ले और प्रहार करता चला जाए और नारे लगाने लगे। कई खतरे, मेरा ख्याल है

कि, कहानीकार को होते होंगे। मैं तो एक पाठक की हैसियत से अन्दाजा लगा सकता हूँ। इन तमाम चीजों से बच करके वह रास्ता, जो कहानी की कला का रास्ता होता है, क्योंकि सारे भाव कविता भी पैदा करती है, यही सारे भाव कहानी भी पैदा कर सकती है। उसमें नाटक भी पैदा हो सकता है। उसमें उपन्यास भी हो सकता है। उसमें कहानी वाला रास्ता कौन-सा है? ठेठ जहाँ वह कहानी बनती है। उसकी तलाश, उस बिन्दु की तलाश करने के आत्मसंघर्ष होते होंगे। भाई मैं एक पाठक की हैसियत से यही कह सकता हूँ कि बाकी तो कहानीकार जाने।

शशांक : *इसी बात को थोड़ा-सा आगे बढ़ाएँगे। कहीं ऐसा तो नहीं है कि कथाकार की आत्मसजगता एक नायक की चतुर और बलिदानी किस्म की तेजी लिए हुए हो। अपराध बोध या असहायता से अलग हटकर?*

नामवर सिंह : कोई कहानी लो, अगर ध्यान में हो तो उस कहानी के सहारे हम लोग बात करें तो ज्यादा आसानी होगी, मूर्त होगी।

शशांक : *जैसे हम ज्ञानरंजन की 'बहिर्गमन' को लेते हैं, उसमें बहुत ज्यादा आत्मसजगता है। कहीं-कहीं उसमें ऐसा लगता है कि अपने आपको उलझाने का या कल आप सिमीसिज्म की बात कह रहे थे, वह बहुत ज्यादा हावी होती चली जाती है। तो वह अपने कार्य, अपनी आत्मसजगता के कारण है या कहानीकार के एक नायक का, यदि उसका करेक्टर है जो उसकी डिमाण्ड के कारण है?*

नामवर सिंह : 'बहिर्गमन' या उसके पहले 'घण्टा' साठ के दशक के अन्त की लगभग कहानी है। जहाँ तक मुझे याद आता है या सत्तर के आरम्भ की। असल में ख़ुद कहानीकार अपनी रचना-प्रक्रिया के बारे में यदि बताए तो अपनी समस्या वह बताएगा कि कहाँ और क्या उलझनें थीं। मैं तो बाहर हूँ कहानी के। वह दौर ही ऐसा था जिसमें मुक्तिबोध ने उसके पहले दौर में कहा था कि कहीं मैं सिनिक था संशयवादी न हो जाऊँ। उस समय पूरी विकल्पहीनता की स्थिति थी। वह संक्रमण का, नेहरू युग का दौर था, अर्थतन्त्र, लोकतन्त्र और हमारे समाज के ढांचे में बहुत से बदलाव आ रहे थे। इसका एक रूप प्रकट हुआ था नक्सलवादी आन्दोलन। चारु मजुमदार वाला। कम्युनिस्ट पार्टी दो टुकड़े में बँट गई थी और अर्थतन्त्र में, नेहरू द्वारा कायम किए लोकतन्त्र में साम्प्रदायिक दंगे शुरू हो गए थे और गाँव से शहर में काफी लोग आ चुके थे। एक शहराती मर्ध्य वर्ग, गाँव से आया हुआ और कुछ ग्रामीण संस्कारों से जो उसके हाथ से खिसकते जा रहे थे और शहर में वो मजाज क्या कहते हैं? 'ऐ गमे दिल क्या करूँ वहशते दिल क्या करूँ' वाला आलम था। तो इसलिए उस नई पीढ़ी के लोगों के सबके लेखन में देखो, कहानियाँ इसलिए पॉपुलर हैं कि 'घण्टा' और 'बहिर्गमन' का नायक सचमुच इस दौर का एक युवक है। उस पीड़ा का उसकी अपनी सारी कमजोरियों के साथ वह व्यक्त है। इसलिए वह प्रतिनिधि

चरित्र बनता है। 'बहिर्गमन' वाला भी और 'घण्टा' वाला भी। उस नायक को कहानी में पाकर कुछ लोगों को उसमें अपनी तस्वीर नजर आती है कि आईना है हमारे लिए। वह कहानी यहाँ साबित होती है। जो लोग उससे अलग अपने को पाते हैं, जो छिः-छिः और थू-थू करके उस नायक पर थूकना चाहेंगे। कुछ लोग दया दिखा सकते हैं। धिक्कार और दया कई तरह की वह कहानी पैदा कर सकती है, यह इस पर निर्भर है कि किस समाज के किस अंग और वर्ग का वह आदमी है, जो उस कहानी पर प्रतिक्रिया कर रहा है। लेकिन एक तरह से वह कहानी अपने दौर की उसी नायक का प्रतिबिम्ब है, उसकी छवि है। जैसे अमरकान्त की 'डिप्टी कलेक्टरी' का प्रतियोगिता में बैठने वाले उस बेटे का बाप है शकलदीप बाबू हैं, जिनकी उम्मीद टूटी नहीं है, अन्त में भी लगता है कि शायद दूसरी लिस्ट में इसका नाम आ जाएगा। जिसको मैंने कहा था कि वह प्रतीक्षा करने का दौर था। उसमें सब्र टूटा नहीं था। ज्ञानरंजन की कहानी तक आते-आते लगता है कि वह अब प्रतीक्षा नहीं कर सकता है। वह जानता है कि उसके बाद बहुत अच्छा नहीं होने वाला है।

शशांक : *मैंने इस पर थोड़ा-सा विचार करने की कोशिश की है और मैं यह जानना चाहता था कि कोई लेखक के अपने लिखने की अन्तिम परिणितियाँ कहीं उसके अपने लेखन के अन्दर ही बीज तत्त्व में तो मौजूद नहीं हैं। मैंने ज्ञानरंजन पर एक लेख लिखा था। 'लम्बी शान्ति में विश्राम', उनकी एक पंक्ति है। उस पर हम थोड़ा-सा विचार करते हैं एक कहानी के रूप में। क्योंकि समग्र कहानियाँ आप देखेंगे नेहरू युग के बाद जैसा कि आप ही ने कहा कि एक ऐसे युवक की है जो भुक्तभोगी है, छटपटा रहा है। मगर जब वह किसी भी चीज पर अपना निर्णय देना चाहता है, तो या तो रजाई ओढ़ लेता है या शराब पी लेता है या बाहर जाकर कै करने लगता है। उसका क्रमशः हम विकास देखते हैं। चाहे प्रेमी के रूप में या राजनीतिक हस्तक्षेप के रूप में। 'घण्टा' में वह लात खा करके बाहर आता है और 'बहिर्गमन' में वह केवल डाह करता है। मगर अन्तिम उनकी कहानी है, उस कहानी में वह ढूँढ़ता है कि मैं कितना गिर गया हूँ, टूट गया हूँ। भाषा के रूप में तो आक्रामक है, अपने मीडियम में या डिक्शन के रूप में भी वह आक्रामक है। मगर एक नायक के प्रतिकार करने के रूप में वह निष्क्रिय होता है। कहीं ऐसा तो नहीं होता कि कहानी के अन्तिम बिन्दु पर आकर यदि आप कहेंगे कि हम अपनी कहानी में यदि नायक को अब हम एक ऐक्टिविस्ट की तरह आगे लाएँ, तो कहानी बिलकुल बदल जाती है। अमरकान्त जी पर मैंने विचार किया, लिख नहीं पाया, कि उनमें दोहरे चरित्र वाले नायक सबसे ज्यादा हैं। मगर वह 'डिप्टी कलेक्टरी' में बहुत अच्छा लगता है मगर 'मित्र-मिलन' में जाकर वह चीज नहीं ला सके, तो ऐसे बीज तत्त्वों में यह जो आत्मसजगता है लेखक की, वह डाँवाडोल क्यों होती है?*

नामवर सिंह : देखो, बहुत बड़ी विडम्बना है कि लिखने से दूसरे का हाथ तो बाद में कटता है लिखने वाले का हाथ उससे पहले कट जाता है। यह मनोवृत्ति यदि गहराई से महसूस वह आदमी करता है और उसके चरित्र, व्यक्तित्व, मानसिकता का अभिन्न अंग है, परिणति ज्ञानरंजन की जो हुई कि अन्त में कहानी लिखना छूट गया। उसी का असर है। कोई लेखक यह लिख करके उससे उबरते नहीं हैं। बल्कि उसी में मुब्तिला हैं। ये अगर मुब्तिला रहेंगे तो होगा यह कि उसके बाद फिर कमिटमेंट पर और नारेबाजी पर लेख लिखेंगे जो कहानी नहीं होंगी और कहानी वाले मोर्चे पर मुँह ढँक के सो जाएँगे। इसलिए सही कहा है, ''लोग हैं लाग कवित्त बनावत/मोहिं तो मेरो कवित्त बनावत''। तो आपकी कहानी दूसरों को बाद में बनाएगी, बिगाड़ेगी। वह कहानी आप ही को खुद वैसा बनाएगी या बिगाड़ेगी, अगर आप उससे उबरकर कुछ और चीजों की तलाश नहीं करते हैं या कहना चाहिए कि अपने ही सामाजिक परिवेश में आपकी दृष्टि पूर्ण तत्त्वों पर नहीं है। इसलिए 'निगेटिव' नायक इनके यहाँ ज्यादा मिलते हैं। मैं नहीं कहता कि पाजिटिव हिस्से नहीं मिलते। लेकिन उसके बाद भी तो हिन्दुस्तान चल रहा है। जब ये कहानियाँ लिखी गई थीं तो उसके बाद ऐसा तो नहीं है कि समाज में आत्महत्या कर लें। समाज में ऐसे तत्त्व मौजूद हैं जो उसके रहे, और उन्हीं कहानियों में ऐसे तत्त्व दूसरे 'हीरोज' के बाद आए हैं, कहानियों में। ऐसा नहीं है कि ज्ञानरंजन के उस दौर के 'हीरो' के साथ ही अनेक लोग उससे निकल करके और समाज के दूसरे कोनों-अँतरों को भूल करके वहाँ जो सच है, यथार्थ है, जिन्दगी की कहीं तो किरण होगी रोशनी की। होगी ही होगी, उसको ढूँढ़ के निकालने की कोशिश करते हैं। बाद की कहानी, तुम्हारी पीढ़ी की कहानी एकदम से है, तो उन लोगों ने उस 'सिनीसिज्म' से निकल करके एक और कहानी का संसार रचा, बनाया। उनके साथ कहानी खत्म तो नहीं हो गई, ऐसा मेरा ख्याल है। बाद की कहानियाँ जो लिखी गई हैं, वही इसका सबूत है। उस दौर के जितने भी लेखक थे सब में यह शामिल है।

शशांक : *नामवर जी, अभी थोड़ी देर पहले हमने भारतीय कहानी की जो बात की थी, उस पर भाषा पर आपने एक सकारात्मक टिप्पणी की थी, यहाँ के लेखकों की सजगता के बारे में। मगर आज की कहानी में, आप नया क्या देखते हैं, टेकनीक और संवेदना के स्तर पर।*

नामवर सिंह : पहले टेकनीक की बात। कहानी कहने की एक पद्धति है। कहानी का आदि होता है, कहानी का मध्य होता है, कहानी का अन्त होता है। और यथार्थ के धरातल पर वह कहानी, जिसको कहें कि सलीके से किस्सा कहना और यह बड़ी भारी कामयाबी सिद्ध हुई। कई लोगों ने, अमरकान्त ने भी ऐसी ही कहानी लिखी है, भीष्म साहनी की लिखी हुई कहानी भी ऐसी ही हैं। एक लम्बे दौर

तक हम लोग इस तरह का लिखते रहे हैं। उसके बाद इस एक रेखीय प्लाट वाली प्लाटिंग..., प्लाट का मोर्चा बदलने की लोगों ने कोशिश की और उस प्लाट में बहुत-सी कहानियाँ होंगी जो आमतौर से वर्तमान में नहीं अतीत में हैं। बचपन में, स्मृतियों में, तो स्मृति पर निर्भर कहानियों का कथानक-विन्यास बिलकुल दूसरा होता है। वह एक कदम आगे तो दो कदम पीछे, खाली फ्लैश-बैक के द्वारा इसको बिलकुल निरूपित किया जा सकता है। एक तो यह बन गई। यही नहीं बल्कि फंतासी का लोगों ने सहारा लिया। मुक्तिबोध तो करते ही थे, इस बीच देखें तो स्वप्न, या दिवास्वप्न को संसार में कहानियाँ रचती हुई या बनती हुई दिखाई पड़ीं! उदय प्रकाश ने यही किया, दूसरे लोगों ने भी किया है इस तरह। तो उससे कहानी धरती और आसमान दोनों के बीच झूलती-सी दिखाई पड़ती है। छलाँग लगाती हुई-सी दिखाई पड़ती है। उसका भी विन्यास बिलकुल दूसरे प्रकार का है। कुछ विन्यास ऐसा है कि लोग सीधे पौराणिक कथा, किंवदंती, मिथ, यही नहीं बल्कि कुछ लोग कहानी के बीच में 'आर्काइबल' 'अभिलेखागार' वाले 'डाक्यूमेण्ट्स' और दस्तावेज बीच में जोड़ के, डालते हुए कहानी बुनते हैं और बुनने की कोशिश करते हैं। ये चीजें कुछ लोगों ने सबको छोड़ करके तारीख देंगे कल की डायरी लिखी और एक कहानी बनाने की कोशिश की। गरज कि कुल मिलाकर के कहीं कहानीकार स्वयं कहानी कहता है, कहीं वहाँ दूसरा कहानी सुनाता है और उसके माध्यम से कहने की कोशिश करता है। कई लोग कहते हैं कि हर चरित्र अपनी-अपनी कहानी कहता है। अनेक आत्मकथाओं से कहानी बुन ली जाती है। यह टेकनीक तरह-तरह की इस्तेमाल लोग करते हैं। कहीं लगता है कि केवल टेकनीक के लिए टेकनीक इस्तेमाल की गई है। कहीं लगता है कि जो बात वह कहना चाहता है वह एकरेखीय कथानक के टेकनीक से कहा ही नहीं जा सकता है। सृंजय की कहानी पढ़ रहा था 'मूँछ' और एक ठीक उसके बाद कहानी है 'राजमार्ग पर' और वह राजा जनक के जमाने को लेकर के वह पूरी-की-पूरी कहानी थी। आज स्थिति यह है कि सीधी बात करते हैं कि आज के जमाने में वी.आई.पी. जब सड़क से गुजरने लगता है तो सड़क बन्द कर दी जाती है। उस पर आना-जाना रोककर, सारी सवारियाँ रोक दी जाती हैं। ये अब होने लगा है। इस बात को कहने के लिए वह आदमी आज के किसी प्रधानमन्त्री, मन्त्री या मुख्यमन्त्री को नहीं देखता है, वह सीधे चला जाता है। अष्टावक्र के युग में, राजमार्ग पर राजा जनक जा रहे हैं। राजपथ नियन्त्रित है। मैं सोच रहा था कि अगर यही कहानी आज की स्थिति में या भोपाल में या देश की राजधानी दिल्ली में लिखी जाती तो कहानी सपाट हो जाती। अचानक हजारों साल के पहले के दौर में छलाँग लगाता है कि राजमार्ग पर अष्टावक्र ने बताया कि, खुद जिस आदमी ने कहा, यह नहीं होना चाहिए कि राजा आए और बाकी लोग नहीं आएँ। वहाँ काम का नुकसान

होता है। और अन्त में अष्टावक्र को राजगुरु का पद मिलते ही राजपथ की रुकावटों को देखकर कहता है कि इतना विलम्ब क्यों हो रहा है, नहीं होना चाहिए। तब राजा याद दिलाता है कि भगवन् आप ही का बनाया हुआ आदेश था। यह मैंने पालन किया है। अब आपको तकलीफ हो रही है, आप इस पर चल रहे हैं। जैसा कहिए, फिर से राजपथ हमारे आने पर नियन्त्रित किया जा सकता है। यह विडम्बना दिखाना। इसलिए केवल एक घटना तो यह होती है लेकिन कहानी दूर तक आज के बुद्धिजीवियों या नागरिकों में से जो बड़े उसमें...नियम-कानून बनाने वाले उन लोगों की बड़ी विडम्बना को लेकर ऐतिहासिक बना देने से कहानी एक दूसरा स्वाद, रस देती है। तो कई तरह की, बल्कि इस पर लिखा जाना चाहिए कि कितनी तरह की टिप्पणी कहानियों में इस्तेमाल की गई है। चयन करके, फिर उसके ब्यौरे में बात करें जाँचें कि कहाँ केवल टेकनीक, टेकनीक के लिए, चमत्कार के लिए की गई है। कहाँ उस टेकनीक से कहानी की अर्थवत्ता जुड़ी हुई है और वही प्रभावशाली होती है।

शशांक : *मनोहर श्याम जोशी की एक किताब आई है अभी 'पटकथा लेखन'। हालाँकि है तो वह मीडिया पर मगर वह इस मामले में आनन्ददायी है कि उन्होंने बहुत ही सरलीकरण किया है कि कहानी कैसे लिखी जाती है। जैसे अरस्तू ने कहा कि आदि, अन्त, मध्य चाहिए और फिर इसमें नायक और नायिका और उसमें विपरीत तरह के खलनायक होने चाहिए। घटनाएँ एक-दूसरे से जुड़कर विपरीत हो जानी चाहिए तो उसमें उन्होंने यह कहने की कोशिश की कि कुल मिलाकर कहानियाँ दस-बारह चीजों पर लिखी जाती हैं। और लेखक उसमें अपना स्थान, परिस्थितियाँ और भाषा बदलकर लिखता है। उन्होंने इतनी कुंजियाँ दी हैं उसमें कि ऐसा लगता है कि कहानी लेखन महाविद्यालय उन्होंने शुरू किया है और यह आश्चर्य इसलिए होता है कि वे एक बहुत समर्थ कथाकार हैं।*

नामवर सिंह : बहुत अच्छा उदाहरण तुमने दिया। सवाल यह है कि ये एक तरह का अंग्रेजी में इसको 'रिडक्शनिज्म' कहते हैं। बुनियाद में जैसे कविताओं पर बात करने लगे। भरत मुनि ने कहा न कि रस तो आठ ही होते हैं। या नौ होते हैं। लेकिन अब उसी से, केमेस्ट्री वाले या कुछ इतने एलीमेण्ट होते हैं मूल, वह विज्ञान वाले बताते हैं तो वह तो ठीक है। लेकिन अगर संगीत का हम उदाहरण लें कि सात सुर हैं और कुछ राग भी हैं जो स्थापित हैं शास्त्र में कि इतने राग हैं, इतनी रागिनियाँ हैं। लेकिन हम अच्छी तरह जानते हैं कि एक ही राग बड़े गुलाम अली खाँ जिस तरह गाते थे, उसी को कैसे फ़ैयाज़ खाँ गाते थे। अब उसी को भीमसेन जोशी कैसे गाते हैं। हर गायक राग बिलकुल बाकायदे, उसका गणित मालूम है और सुर वही साधते हैं इन चीजों से कैसे, कहाँ वह नई बात पैदा करता है, और करता है, सम्भव यही होता है वरना सुना के कि यह मालकौंस राग है, गा रहे हैं मालकौंस।

ये भी गा रहे हैं और वो भी गा रहे हैं। लेकिन सबका मालकौंस तो वही नहीं है। यही बात कहानी के बारे में होती है। यह कहना कि एक नायक होता है तो एक खलनायक भी होना चाहिए। ऐसा भी हो सकता है कि किसी नायक में अलग से कोई खलनायक हो ही नहीं, नायक के अन्दर ही खलनायक बचा हुआ हो। फिर यह भी हो सकता है कि खलनायक कोई न हो, एक ही नायक में दो नायक... , खलता किसी में नहीं हो, लेकिन साधुता ही एक-दूसरे की इतनी विरुद्ध हो जाए कि लड़ाई लगे कि यह अच्छे और बुरे के बीच नहीं है।

शशांक : *परसाई जी की कहानी है 'एक के भीतर दो आदमी'...*

नामवर सिंह : हाँ, ऐसा भी होता है। इसलिए बातें वही हैं लेकिन यह कहानीकार, उसकी कला और उसकी दृष्टि पर निर्भर है कि कैसे उन्हीं में से एक नई बात पैदा करता है और हम देखते हैं कि पैदा कर रहे हैं लोग। यह केवल सम्भावना की बात नहीं है बल्कि हम उसको कहानी लेखन के क्षेत्र में देख रहे हैं। अब उदाहरण के लिए जमाने में जिसको कहते हैं कि हर साहित्य और कला में 'स्टीरियोटाइप' बनते हैं कुछ रूढ़ि, रूढ़ियाँ बनती हैं। प्रगतिशील कहानी एक जमाने में लिखी जाती थी शोषक और शोषित वर्ग पर और जमींदार और किसान और जो कुछ लेखक ने कर दिया हो। पूँजीपति सेठ हैं और जैसे फिल्मों में होता है, कि जब भी सेठ या पूँजीपति को दिखाना होता था तो मारवाड़ी आमतौर से होता था। तोंद उसकी जरूर होती थी, मोटा हुआ करता था, फूहड़ हुआ करता था, यह स्टीरियोटाइप था। बाद में लोगों ने दिखाने की कोशिश कि जरूरी नहीं है कि सेठ ऐसा ही होगा क्योंकि आजकल आधुनिक जमाने में उद्योगपति तो बिलकुल तोंद वाला नहीं होता है। सामान्य ही दिखाई पड़ता है। इसलिए इस प्रगतिशील जमाने में शोषण, अत्याचार, अन्याय आदि की कुछ रूढ़ियाँ होती थीं। बाद में लेखकों ने देखा कि क्या उन रूढ़ियों से मुक्त होकर के अत्याचार और दमन का वही रूप होता है कि 'लाखों का सिर काट लिया/ना मारा ना खून किया।' ऊपर से दिखाई पड़ता है कि बिलकुल अन्याय नहीं हो रहा है। बिलकुल अत्याचार और दमन नहीं हो रहा है। फिर भी एक आदमी जो है, वह खत्म हो रहा है। तो जैसे-जैसे सभ्यता जिसको हम कहते हैं कि सभ्यता के विकास के साथ रचनाकर्म कठिन होता जाता है क्योंकि सभ्यता के विकास के साथ-साथ दमन और अत्याचार में 'सॉफेस्टीकेशन' आता जाता है। और हर दौर की कहानी उस बदले हुए 'सॉफेस्टीकेटेड' दमन, अत्याचार, अन्याय को समझकर उसी बारीकी को पकड़ के कहानी में ले आने की कोशिश होती है। देखकर के मुझे खुशी होती है, अच्छा लगता है कि नए लोग, किसी जमाने की प्रगतिशील यथार्थवादी कहानी की, उन तमाम नुस्खों को छोड़ करके, जिन्दगी में आई हुई तमाम चीजों को, बारीकियों को पकड़ रहे हैं, इसलिए कहानी बहुत अच्छी है और आगे की बढ़ी हुई कहानियाँ जो हैं, उस फार्मूले से कहानियाँ नहीं लिख

रहे हैं। एक बहुत अच्छी बात हुई है कहानी की दुनिया में शशांक कि जिसको आज लोग विचारधाराओं का अन्त कहते हैं। चाहे वह मार्क्सवाद हो, चाहे वह मार्क्सवादी विरोध हो, दोनों ही विचारधाराएँ हैं। अफसोस यह होता है कि हमारी पहले की पीढ़ी के लोगों में से कई लोग इन दोनों में से किसी-न-किसी से आज भी ग्रस्त हैं। मसलन, निर्मल जी ने चेकोस्लोवाकिया वाली घटना के बाद से जो एण्टी-कम्युनिज्म और भारत की व्याकुलता आई तो आज भी उसी एक विचारधारा वालों के, मार्क्सवादियों के और कम्युनिस्टों के खिलाफ जुटे हुए हैं। लेकिन वह स्वयं इस मामले में उसकी विरोधी एक विचारधारा, ऑइडियोलॉजी में इतने ज्यादा हैं कि उसका असर उन पर पड़ रहा है। नए लेखक ऐसे दौर में हैं कि वह शीत-युद्ध की जो लड़ाई थी विचारों वाली, वे उसमें कभी थे ही नहीं। इसलिए उनको उससे मुक्त होने की जरूरत नहीं महसूस हुई। इसलिए वे ऐसी चीजें लिख रहे हैं। कुछ लेखकों में जो ज्यादातर जन-संस्कृति मंच से जुड़े हुए लोग हैं या मार्क्सवाद लेनिनवाद से जैसे सृंजय की कहानियों को पढ़ते समय कहीं-कहीं लगेगा और अच्छा लगता है कि विचारधारा सरलीकृत करती है। जो 'नंगा' नाम का नया संग्रह है उसका, उसकी कई कहानियाँ ऐसी ही हैं। 'बैल' कहानी लिखी गई है भक्ति और श्रद्धा, सर्वधर्म के बारे में वह कहानी लिखी गई है। कुछ और कहानियाँ भी हैं। उन लोगों में कहीं-न-कहीं वह आग्रह है। जिसके कारण जितनी दूर तक है, उसके कारण वह कहानी अतिसरलीकृत हो जाती है, एहसास कराती है कि मुझे कोई बोल रहा है। जिन्दगी में वह कहानी नहीं बोल रही है बल्कि लेखक वहाँ अपनी ओर से उस चरित्र के मुँह से बात कहता रहा है। अपेक्षाकृत अब इस कोटि में कम हैं लेखक। मैं तो इसका इन्तजार कर रहा हूँ। जाँच करनी चाहिए जो सम्प्रदायवाद है, इस बीच सम्प्रदायवाद पर काफी कहानियाँ लिखी गई हैं। खासतौर से बाबरी मस्जिद के गिराए जाने के बाद साहित्यकार आमतौर से बढ़ते हुए खूँखार हिन्दुत्व और साथ ही सताया हुआ मुसलमान पर, करुणावश, दयावश हिन्दू लेखकों ने कई कहानियाँ लिखीं जिनमें काफी सपाट हैं। वे दोनों की एकता दिखाने के लिए इतने व्याकुल हैं...

शशांक : *असगर जी की अभी एक कहानी आई है 'ज़ख्म' जिसमें मैं अपने ही एक मुसलमान दोस्त को ढूँढ़ रहा है जिसके सिर पर चोट लगी है और फिर वे शान्ति एकता सभा में जाते हैं। सभा में सारी विसंगतियाँ दिखाते हैं। यह एक सभा का वर्णन नहीं क्रूर विसंगति लगती है।*

नामवर सिंह : लगती है, कई लोग हैं जो सचमुच जमीनी सच्चाई है उस सच्चाई को अन्दर जा करके घुस के, देख के, और कहने का यानी अपना सेक्युलरिज्म प्रमाणित करने के लिए नहीं लिख रहे हैं बल्कि सच कहना चाह रहे हैं। इसमें भी 'स्टीरियोटाइप' और 'पार्टीशन' के जमाने की लिखी हुई कई कहानियाँ इसलिए सपाट हो गई हैं कि एक खास घटना के तहत, जिसको मैं 'सेण्टीमेण्टलिज्म' बोलता हूँ, उनको फिर

से पढ़ना चाहिए। आज अभी उस ढंग की कहानी यदि लिखी जाएगी तो मैं समझता हूँ कि उस जमाने के रौ को देखते हुए जो चल रही है, मण्टो की कहानियाँ 'टोबा टेक सिंह', 'खोल दो'। आज ढूँढ़ोगे तो आज टोबाटेक सिंह कोई खड़ा करे आज के समाज में तो मैं समझता हूँ कि नहीं चलेगा। इस रोशनी में अगर देखो तो वह एक तरह का सन्देश देता है और साफ देता है। उसमें कोई गड़बड़ नहीं है। वह नहीं चलेगा। इसलिए जहाँ खतरे हैं जिसको कहते हैं कि आजकल विचारों के क्षेत्र में और नया जब उत्तर-संरचनावादी लेखक आए तो उसमें एक आन्दोलन पहले जिसका रूप थोड़ा चलता था लेकिन जिन्दगी स्याह-सफेद हिस्से में नहीं बँटी हुई है, दिन और रात में नहीं बँटी हुई है। बल्कि दिन और रात के अलावा और छायाएँ होती हैं। दो प्रकार की सन्ध्याएँ होती हैं। सुबह भी सन्ध्या ही है, एक प्रकार की सन्धि वेला है। उसी तर्ज में अंग्रेजी में कहते हैं कि हर चीज दो टुकड़े में नहीं बँटी हुई है। 'डायकॉटमी' के विरुद्ध, क्योंकि यह 'डायकॉटमिक चिन्तन' जो है, जो मार्क्सवाद बराबर इसके खिलाफ था, वह कहता था कि दोनों के बीच एक 'डायलेक्टिकिल' रिश्ता नाम की चीज हुआ करती है। एक-दूसरे में इतनी घुसी होती है। कहानी के क्षेत्र में भी इस चीज से उबर करके लोग लिखने की कोशिश कर रहे हैं। जो चीजें मशहूर रही हैं या विख्यात अच्छाइयों के कारण रही हैं, वे इतनी बेलाग नहीं हैं। इतनी बेलाग नहीं हैं कि आप वहाँ अच्छाई का एक आदर्श खड़ा कर सकें। नहीं है।

शशांक : *तब तो नामवर जी, आपने जैसे पहले 'रियलिटी प्रिंसिपल' वास्तविकता सिद्धान्त का प्रत्यय प्रस्तावित किया था। इधर की कहानियों के लिए वह अधिक कारगर हो सकता है?*

नामवर सिंह : हाँ, बिलकुल। उस वक्त जब मैंने कहा था तो हमारे जेहन में यही बात थी। क्योंकि हम कुछ लोग हैं, पुराने ढंग की सोच वाले हैं। वह हर कहानीकार को जाँचने की कसौटी में 'यथार्थवाद' का नाम लेते हैं। वास्तविकता का नाम ले लेते हैं। कुछ लोग उसको कभी-कभी 'जिन्दगी' कहा करते हैं। लेकिन ये गोल-गोल चीजें इतनी साफ नहीं हैं जितनी कि आलोचक साफ-सपाट ढंग से पेश करता है। कहानीकार के लिए ये सारी चीजें उतनी रहस्यमय, अबूझ हैं। उस धुँधलके को यहाँ साफ उतना नहीं है कि अन्दर झाँककर के देखें। वह कहानी ढूँढ़कर के लाने की, और कहानी बनाने की कोशिश करता है। और कर रहे हैं लोग इसलिए देख कर ऐसा लगता है।

शशांक : *विचारधारा का स्थानापन्न क्या है? विचारधारा का पतलापन बहुत दिखाई पड़ता है। कहीं ऐसा तो नहीं है कि दलित और नारी-विमर्श इसका बदल बन गया है। इसकी जगह में आ गया है और क्या ये पाठक में सकारात्मक चरित्र*

के रूप में जा पाते हैं?

नामवर सिंह : भाई ऐसा है कि जहाँ तक दलित साहित्य का सवाल है, यह अभी आरम्भिक स्थिति में है, हमारे साहित्य में। यह मण्डल के बाद दलित वर्ग की बात उठी है और उसके थोड़ा और बाद स्त्री-विमर्श से स्त्री-मुक्ति और दोनों के मूल में एक ऐतिहासिक पृष्ठभूमि ली जाए तो जाहिर है कि हमारी परिस्थितियों से ही यह पैदा हुआ है। समस्या तो पाँच हजार साल पुरानी है। लेकिन इसके प्रति जागरूकता इधर के वर्षों में तीव्रता से आई है। कुछ लोग कह सकते हैं कि दलित विमर्श एक तरह से पश्चिम में जो 'ब्लैक साहित्य' आया। जैसे नाम बाबा साहब अम्बेडकर का लेते हैं तो क्या बाबा साहब अम्बेडकर भी थे। पश्चिम के उस 'ब्लैक साहित्य' और उस वक्त तक आन्दोलन उभर चुका था। साहित्य की एक सीमा भी प्रकट हुई है 'ब्लैक साहित्य' में। अच्छा भी लिखा गया है। लेकिन फिर भी धीरे-धीरे आप देखते हैं तो उसका भी रंग बदला है। उसी तरह से स्त्री-विमर्श एक तरह से मार्क्सवाद के अन्दर से ही आया है। समाजवाद की सीमाएँ प्रकट होने लगीं तो आमतौर से कम्युनिस्ट महिलाएँ मार्क्सवाद को मानने वाली और सोशलिस्ट महिलाओं ने ही कहा कि मार्क्सवाद में वर्गभेद का वर्ग-संघर्ष का तो है लेकिन स्वयं वर्ग के भीतर के स्त्री-पुरुष भेद पर मार्क्स को इसका ध्यान था। वहीं से 'फेमिनिस्ट' हवा चली तो उसमें कोई गलती नहीं थी, सही काम था। अब उसमें दो चीजें लिखी गई हैं। इधर आकर कि दलित साहित्य वही है जो स्वयं दलित, दलित के बारे में लिखे। इसी तर्ज पर ही है कि स्त्री साहित्य 'फेमिनिस्ट लिटरेचर' वही है जो स्त्री लिखे और स्त्री के बारे में लिखे। और स्त्री के बारे में भी उसको एक बिन्दु पर लिखे—शोषण, दमन आदि-आदि के बारे में। यानी भरा-पूरा स्त्री का जीवन इसके अलावा भी कुछ होता है, उसकी खुशियाँ भी होती हैं। अब भूल जाते हैं कि, इसकी कल्पना अगर करें कि कोई कहानी लिखी गई है कि नहीं, मैं नहीं जानता, कि ऐसे लोक की कल्पना करें कि जिसमें केवल स्त्रियाँ ही हों, पुरुष हों ही नहीं। तो कैसी दुनिया वह होगी? लगभग वैसे ही जहाँ केवल गोरे ही हों, काला कोई आदमी न हो। या ऐसी दुनिया जिसमें केवल पुरुष ही हों, स्त्री हो ही नहीं। मैं इसलिए कह रहा हूँ कि यह पूरा रूढ़, तो कल्पना दिखाई पड़ रही है कि बिना पुरुष के स्त्री की यातना की कल्पना भी नहीं की जा सकती। उसी तरह से एक दलित है तो गैर-दलित जब तक नहीं होगा तब तक उसके उत्पीड़न का रूप सामने आएगा कैसे? इसलिए दलित आधा सच जानता है। क्योंकि वह दलित को जानता है। लेकिन उससे पूछा जाए कि दलित को जो उत्पीड़ित करने वाला है उसको तुम कैसे जानते हो? इसका मतलब तुम आधा सच जानते हो। स्त्री, स्त्री की व्यथा को तो जानती है लेकिन उसे पीड़ित करने वाले पुरुष का मनोविज्ञान क्या है और क्या मानसिकता है यह उसे कैसे जानेगी?

कहीं पढ़ा था मैंने कि जेन आस्टिन से किसी ने पूछा कि तुम्हारे उपन्यासों में यह प्रकरण नहीं आता कि मर्द लोग आपस में क्या बात करते हैं? कैसे बात करते हैं? केवल मर्द ही होते हैं तो उसने कहा कि मुझे इसका कोई अनुभव नहीं है। इसलिए जब भी बातों का वर्णन मैं करती हूँ तो एक स्त्री वहाँ मौजूद होती है क्योंकि मुझे बिलकुल अनुभव नहीं है कि मर्द आपस में ही जहाँ अकेले होते हैं, मैं कल्पना कर सकती हूँ लेकिन कल्पना जरूरी नहीं कि सच ही साबित हो। इसीलिए जिसको कहें कि परकाया-प्रवेश..., मुश्किल काम है। लेकिन परकाया-प्रवेश और यह जीवन-दर्शन भी है और साथ ही शिल्प है जो बहुत बड़ी कलात्मक, कला की बहुत बड़ी चुनौती है। कहानीकार के लिए कि परकाया-प्रवेश की क्षमता जिसमें है। आप जो हैं उस अनुभव को तो आप लिखते हैं, लेकिन जो आप नहीं हैं फिर भी उस अनुभव को लिखने का हौसला रखते हैं, कोशिश करते हैं, उसके लिए संघर्ष करते हैं, वहीं कहानी बनती है। चूक भी उसमें हो सकती है, वह अधूरा भी हो सकता है। लेकिन यह कोशिश नहीं कि जाए कि जो दलित-विमर्श और स्त्री-विमर्श लगभग आधी कहानी होगी, अधूरी कहानी होगी। चाहे वह दलित कहानी हो, चाहे वह स्त्री के ऊपर कहानी हो। क्योंकि स्त्री यह कह सकती है कि मैं स्त्री शरीर को तो अच्छी तरह जानती हूँ, पुरुष क्या जानता है? सच्चाई यह है कि आज समाज में स्त्री और पुरुष दोनों एक-दूसरे के शरीर को जानते हैं। यह सही है। उदाहरण के लिए एक छोटी-सी बात कह लीजिए–'युद्ध और शान्ति' में तोल्सतोय का एक प्रकरण आता है जहाँ अन्दर प्रसव में स्त्री पड़ी हुई है और बाहर वह टहलता है। मैंने फिल्म में देखा था। उस क्षण का अद्भुत वर्णन तोल्सतोय ने किया है। इससे लगता है कि पुरुष होते हुए भी स्त्री उस लेबर-पेन से या उस पूरी प्रक्रिया से गुजर रही है लेकिन अन्दर क्या हो रहा है, वगैरह नहीं दिखाता है। केवल बाहर वह टहलता है। उस बेचैन आदमी की मुद्राओं की सारी चीजों से पता चलता है कि अन्दर क्या हो रहा है। तो तोल्सतोय ने बखूबी इस चीज का वर्णन किया है। मुझे लगता है कि, इसीलिए बड़े कथाकार जो रहे हैं और जो हमारे यहाँ भी हैं; कि जो नहीं हैं उसका भी वर्णन वह करते हैं। और इस सम्भावना को मैं समझता हूँ कि इसमें सैद्धान्तिक बहस करने की बजाय कई बातों में लगता है कि साहित्य में अपनी जगह पाने के लिए, जैसे राजनीति में आरक्षण लोग माँग रहे हैं, उसी तरह से साहित्य में हमको केवल इसलिए जगह मिले कि मैं दलित हूँ और दलित के बारे में लिखा या कहा करता हूँ इसलिए साहित्य में साहित्य के अन्दर भी मुझे जगह सुरक्षित रहनी चाहिए। स्त्रियाँ उतना नहीं कह रही हैं। जैसे स्त्रियों में मन्नू जी ने कभी नहीं कहा है, कृष्णा सोबती ने कभी नहीं कहा। जो सचमुच समर्थ लेखिकाएँ हैं। और यह भी माँग नहीं की कि पुरुष औरतों के बारे में न लिखें। मेरा ख्याल है कि साहित्य की दुनिया में यह कल्पनाशीलता

का और सहज-संवेदन का अधिकार दलित लेखकों को भी गैर-दलित लेखकों के लिए देना चाहिए। इससे साहित्य का नुकसान नहीं होगा बल्कि ऐसी सर्जनात्मक होड़ होगी कि कोई दलित न रहते हुए भी जन्मना बेचारा नहीं है वह, लेकिन वह लिख रहा है। तो लिखकर के, कहानी में तो पहचान होगी कि ऐसी कहानी कैसे वह लिख सके। और अभी एक घटना आई है कि दलित लेखकों ने यहाँ तक कहा है कि प्रेमचन्द ने 'कफन' लिख करके घीसू और माधव का जो चरित्र पेश किया है, वह दलितों का अपमान है। इस तरह की बातें भी की जा रही हैं। और कल को कहेंगे कि 'सद्‌गति' भी दलितों का अपमान है, 'ठाकुर का कुआँ' भी दलितों का अपमान है, कहने से, उस कहानी का अर्थ जो लोग ग्रहण करते रहे हैं और आज भी करेंगे, वह इससे बदल नहीं जाएगा।

शशांक : *नामवर जी, कोई एक कमजोर लेकिन बेहद महत्त्वपूर्ण कहानी के बारे में बताएँ। यह भी कि इसमें क्या जोड़ा जाता जिससे कि वह समग्र बन जाती।*

नामवर सिंह : कोई उदाहरण दो तो बताऊँ।

शशांक : *आप अपनी पसन्द की, जो आपको लगता है कि बेहद महत्त्वपूर्ण कहानी है और कमजोर हो गई है और यदि उसे ऐसा कर दिया गया होता तो वह वाकई बहुत अच्छी होती। नहीं तो आपकी अधिक पसन्दगी की होती।*

नामवर सिंह : मेरे प्रिय लेखक हैं उदय प्रकाश। उदय प्रकाश की अतिप्रसिद्ध, बहुचर्चित कहानी है 'वारेन हेस्टिंग्स का साँड'। उस कहानी को पसन्द भी किया गया है और उसकी आलोचना भी की गई है। पूरी कहानी उपनिवेशवाद के विरुद्ध 'वारेन हेस्टिंग्स का साँड' अंग्रेजी उपनिवेशवाद के विरुद्ध बिलकुल स्वदेशी भावना का, साँड जो है वह प्रतीक बन जाता है। राजेन्द्र यादव ने इस पर कहा कि जो गायें इतनी आई हैं, साँड तो हैं लेकिन गायें उनकी व्यथा और वृत्ति गाय को देखकर के साँड..., अगर यह कहानी 'वारेन हेस्टिंग्स का कुत्ता' होती, क्या होता? इसलिए उन्होंने कहा कि इसमें उपनिवेशवाद के विरुद्ध खड़े होने वाले आज के स्वदेशी, जो हिन्दुत्व से जुड़ा हुआ है, वह है बिन्दु उसका। मुझे यह चीज कोई बहुत संगत नहीं लगती है। खासतौर से मुझे इतनी दूर तक नहीं। कहानी के अन्त में जो मोड़ दिया गया है कि वह लामा जो एक था वह ले गया था उसको और वह अब भी मजनूँ के टीला के पास रोता है। यह लगभग लामाई अन्त हुआ है। यानी एक तिब्बत का सहारा लेना और आजकल वेस्ट के लोग तिब्बत को एक रहस्यलोक समझते हैं, तन्त्र का लोक है, लामाओं का है, लामा वालों का है। यह खतरा उसमें कुल मिलाकर के या तो माना जाए कि असली चीज को, यानी या तो एक शिल्पगत कही हुई बात लामा वहाँ कोई नहीं था। और अपना अर्थ विशेष नहीं रखता। लामा दर्शन वगैरह का समर्थक नहीं है उदय प्रकाश। लेकिन उनकी कई और कहानियों

को देखने से लगेगा कि वह एक रहस्यात्मकता रचते हैं लामाई 'समथिंग इर्रेशनल'। और वही नहीं करते यह काम हमारे मित्र मनोहर श्याम जोशी भी करते हैं, हरिया हरकुलिस जिसमें वह है, कई जगहों पर वह रचते हैं। यह टेकनीक देकर तमाम चीजों को कहाँ ले जाते हैं? यह खतरा है। थोड़ी देर के लिए मान लेता हूँ कि अगर वह साँड वह लामा वाला न होता, तो कहानी क्या असर छोड़ती। एक दूसरी चीज यह कि मुझे उस पर शिकायत नहीं, टेकनीक पर शिकायत है, कि एक बात लिखी है कि वारेन हेस्टिंग्स, कैसे वह स्वयं वैष्णव हो गया था। बहुत से अंग्रेज आए थे, वारेन हेस्टिंग्स कोई हुआ हो या न हुआ हो लेकिन भारत में आ करके, बहुत से हरे कृष्णा हरे रामा वाले रहते हैं, पश्चिम के लोग आते हैं और यहाँ के वैष्णव-वैष्णवी चीजों से प्रभावित होकर के, और बाकी चीजों में होते हैं। मूल कथ्य उसका कि अन्त में जाकर के क्रूर हो जाता है वह आदमी। और उसकी पत्नी आती है और वह जो प्यार की घटना है। क्योंकि मैंने इसको एक नाटक के रूप में भी देखा था तो थियेटर में इस कहानी की कई कमजोरियाँ उभर के आईं। इसका अर्थ यह नहीं है कि थियेटर से चूक हुई। पूरी कहानी में जो वैष्णवभीत थे, वे खींच ले जाते हैं और मूल कथ्य जो है वह, यानी कहना चाहिए कि उपनिवेशवाद बड़े सुरम्य और आकर्षक रूप में आता है। यही नहीं बल्कि थियेटर में तो उन्होंने इतनी दूर तक किया निर्देशक ने अपनी ओर से कि ब्रजलीला में दिये का, और पूरा एक त्योहार रच दिया जैसे दीपमालिका बनाई जाती है। अतिरिक्त हो गया था। उदय प्रकाश का कहना था कि मैं इसके पक्ष में नहीं था। तो राजेन्द्र यादव वाली जो आलोचना है वह हिन्दुत्व का, कहीं-न-कहीं लगता है कि वारेन हेस्टिंग्स का साँड लिखते समय विचारधारा के स्तर पर, उदय प्रकाश बहुत स्पष्ट अंग्रेजी उपनिवेशवाद की जो क्रूरता है, अत्याचार है और साथ नकली भारत प्रेम है आदि-आदि को उजागर करने के मामले में स्वयं भले ही कितने साफ रहे हों मैं नहीं जानता, लेकिन वह कहानी में कहीं-न-कहीं वह द्वै-अर्थकता या अस्पष्टताएँ मिलती रहती हैं। और उसके कारण हैं कहानी के शिल्प में, और उस शिल्प में कहानी अकसर विषयान्तर करती है। अनावश्यक विस्तार आते हैं तो कुल मिलाकर नतीजा होता है और यही नहीं आते बल्कि कहानी में सैद्धान्तिक दार्शनिक उदय प्रकाश में एक और चीज दिखाई पड़ती है, विद्वत्ता अपनी और ज्ञान का प्रदर्शन, इतिहास दर्शन का भी एक पैराग्राफ पूरा-का-पूरा उसमें दिया है। लेकिन कहानी वह बात नहीं बोलती है तो तुमको उसमें फिलासफी डालने की क्या जरूरत है? इसलिए यह टेकनीक तो काफी पुरानी पड़ गई है कि 'आर्काइव' का एक पूरा-का-पूरा उद्धरण लम्बा देकर के जिससे मालूम न हो कि, यह लगभग वैसे ही है जैसे राहुल सांकृत्यायन ने 'सिंह सेनापति' पर लिखी कि बिहार में खुदाई करते हुए उनको ईंटें मिलीं तो उन ईंटों पर ही कहानी लिखी हुई थी। सच्चाई का एहसास

कराने के लिए हम इस तरह के तथ्यात्मक, पुरातात्विक तथ्य देते हैं। उस पर मुझे एतराज नहीं है, लेकिन उपन्यास में तो सम्भव है, क्षेत्र बहुत बड़ा होता है। उपन्यास में तो इसलिए आप इतिहास, दर्शन और ज्ञान बघार सकते हैं। 'पीली छतरी वाली लड़की' इस कहानी में काफी एंथ्रापोलॉजी है और विज्ञान वगैरह है। कहानी इतनी सैद्धान्तिक बहस की जगह नहीं देती। कहानी की कला जो प्रेचमन्द ने कहा था कि वह ध्रुपद की एक तान है और उस तान में आपको इतनी छूट नहीं मिलती, इसलिए अनावश्यक विस्तार, कई चीजें छोड़ते हुए उसको देखना चाहिए कि कुछ छूटी है कि नहीं छूटी है। और शायद इस बीच में यह भी हुआ कुछ लोगों ने समझ लिया हो कि एक महान कहानी होने के लिए जरूरी है कि वह लम्बी हो। जैसे कुछ लोग सोचते हैं कि हिन्दी में मुक्तिबोध ने लम्बी कविताएँ लिखीं तो लोगों ने सोचा कि महान कविताएँ होने के लिए उसका लम्बा होना बहुत जरूरी है। उसी तरह से कुछ लोग समझते हैं कि महान कहानी होने के लिए कहानी को लम्बी होना ही चाहिए। लम्बी कहानी नाम की एक नई विधा चल पड़ी है। 'हंस' को इसका श्रेय देना चाहिए कि हर अंक में एक लम्बी कहानी छापने लगे, शिवमूर्ति की 'तिरिया-चरित्तर' भी ऐसी ही लम्बी कहानी छपी है। अनावश्यक लम्बी हो गई है। कई कहानियाँ अनावश्यक रूप से लम्बी हुई हैं। इस दृष्टि से मैं कहूँ तो मनोहर श्याम जोशी की 'ट-टा प्रोफेसर षष्टी बल्लभ पन्त' कहानी भी लम्बी है। लेकिन अनावश्यक लम्बी नहीं हुई है। ऐसा मुझे लगता है, हो सकता है कि मुझे जो दिखाई पड़ा वह दोबारा विचार करने पर शायद लम्बी कहानी के दोष नहीं गुण है, लेकिन फिलहाल तो मुझे यही लग रहा है।

शशांक : *नामवर जी, व्यक्तिगत प्रसंग और साहित्यिक विवाद कथानक में जगह क्यों लेते जा रहे हैं?*

नामवर सिंह : जब अपने पक्ष के समर्थन के लिए कोई सैद्धान्तिक बात नहीं उठाते, कथ्य नहीं रह जाते तो सबसे आसान हथियार व्यक्तिगत प्रसंग और संस्मरण राग-द्वेष बनता है। यह पहले भी...नई कहानी के जमाने में भी हुआ था। यही नहीं बल्कि कहते हैं कि प्रेमचन्द और प्रसाद के जमाने में भी यही हुआ है। और यह सही है कि यह प्रसंग कहानी-चर्चा में ज्यादा उठता हैं कविता में वह नहीं उठता है। शायद इसलिए भी कि कहानी के पाठक ज्यादा है और इसका एक व्यावसायिक पक्ष भी है। नफा-नुकसान को वह उससे जोड़ता है। लेकिन कुल मिलाकर के यह गलत है। और इसको बढ़ावा नहीं देना चाहिए। उसको रोकने का एक ही तरीका है कि, जो अच्छे कहानीकार हैं वो इनसे गुरेज करें। वह इसमें शामिल ही नहीं हों। आज भी कई कहानीकार, अच्छे कहानीकार न वह प्रसंग में ले आते हैं और न वह शामिल होते हैं।

शशांक : *क्या यह आज की कहानी का प्रमुख स्वर या प्रवृत्ति बन जाएगी। यदि नहीं तो आज की कहानी के क्या कथा मूल्य हैं जो इनका प्रतिरोध करेंगे?*

नामवर सिंह : यह प्रमुख स्वर तो नहीं है। एक बात, इसलिए इस पर खामोशी ही सबसे कारगर हथियार है। और मेरा ख्याल है कि मिसाल पेश करेंगे स्वयं कहानीकार ही मसलन, एक छोटी-सी बात है, उदय प्रकाश की कहानियों पर, अभी पत्र-पत्रिकाओं में, कई कहानियों पर लिखा गया है। यह व्यक्तिगत आरोप है उदय प्रकाश पर कि ये कुछ खास लोगों को देखते हुए कहानियाँ लिखते हैं और इनके चेहरे पहचाने जाते हैं। नाम भी लोगों ने गिनाए हैं कि अमुक लोगों पर लिखी है। और उन्होंने सफाई दी है कि पहले भी ऐसा हुआ है। बड़े-बड़े लेखकों—तोल्सतोय तक ने कहानियाँ लिखी हैं लेकिन यह मुद्दा नहीं है। यह पूरी चीज शामिल बाजा है मैं कहना चाहता हूँ वह शामिल बाजा जिसमें कि आरोप-प्रत्यारोप लेखक कर रहे हैं। पाठकों की दिलचस्पी उसमें नहीं है। पाठकों को भी घसीटने की कोशिश की गई है। मगर तरीका है कि ताली एक हाथ से बजती नहीं है। आप अपनी ताली न मिलाइए। बस, खत्म हो गई बात। यही तरीका है इसका कुल मिलाकर। कुछ कहानीकारों को कभी-कभी एहसास होता है कि जैसे उनका चरित्र हनन किया जा रहा हो। कुछ लोग योजनाबद्ध तरीके से। ऐसा भी होता है। और अगर ऐसा होता है तो इससे इनकार भी नहीं होना चाहिए। लेखकों की जमात में एक तरह का नैतिक अनुबन्ध जैसा होना चाहिए कि किसी प्रतिभा का इस तरह संगठित तरीके से चरित्र हनन न करें और, और भी बुरा है कि उसको अहसास कराएँ कि सचमुच हम लोग जुट होकर तुम्हारा चरित्र-हनन कर रहे हैं। उदय प्रकाश भी अनुभव करेंगे कि यह दुःखद है, नहीं होना चाहिए।

शशांक : *एक वक्त था जब व्यावसायिकता के खतरे से आगाह किया जा रहा था, तब 'सारिका' और 'धर्मयुग' थे। आज की कथा-पत्रिकाएँ कहानियों को क्या संकट से बचा लेंगी क्योंकि अब तो व्यावसायिकता की न तो कोई बात होती है और न कोई घण्टी बजती है?*

नामवर सिंह : 'हंस' एक लम्बे दौर से चली आ रही है उसकी एक परम्परा है। 'हंस' के सम्पादक एक जमाने में, जिन पत्रिकाओं का ऊपर नाम लिया है उनसे भी जुड़े रहे हैं। मेरा ख्याल है कि 'कहानी' में 'नई कहानियों' के बारे में किसी ने यह आरोप नहीं लगाया है कि यह व्यावसायिक है। 'धर्मयुग' था व्यावसायिक लेकिन मेरी जानकारी में व्यावसायिक कहानियाँ लिखने वाले बिलकुल दूसरे लोग हैं। साहित्य में जिनका कभी नाम भी नहीं लिया गया, बाजारू लेखक या लेखिकाएँ बिलकुल अलग हैं। और वे पहचाने जाते हैं। हमारे यहाँ 'सारिका' के भी ऐसे दौर आए हैं जब वह व्यावसायिक पत्रिका ही थी। 'धर्मयुग' स्वयं व्यावसायिक पत्रिका की तरह

सिलाई, बुनाई, कढ़ाई आदि के बारे में, चटनी, अचार के बारे में लिख रहा था। लेकिन भारती जी ने यह ध्यान रखा कि 'धर्मयुग' में जो कहानी छपे वह कहानी कला की दृष्टि से अच्छी हो, क्योंकि भारती स्वयं अच्छे कहानीकार थे। मैं समझता हूँ कि हिन्दी में कहानी लेखन ही अभी तक वैसा व्यावसायिक नहीं हुआ है जैसा पश्चिम में हुआ है। बंगला में है। बल्कि वहाँ शारदीया अंक छपता है तो जो संख्या होती है देश की दूसरी पत्रिकाओं की उन सबसे अधिक। और वहाँ कहानी या उपन्यास छपने का मतलब होता है, इस पर नजर रहती है कि इस पर फिल्म बनेगी। सम्भव है कि हिन्दी में कुछ लोग सोच रहे हों कि इस पर फिल्म बने, कोई नाटक खेला जाय। लेकिन बहुत कम कहानियों को यह थियेटर प्राप्त हुआ है। अभी तक अच्छे अर्थों में कहानी के व्यावसायिक होने का मतलब यह भी है कि वह थियेटर और फिल्म का ध्यान आकृष्ट करे। और हो तो कोई बुराई नहीं है।

शशांक : *नामवर जी, हम बहुत सीधे-सादे पाठकों के लिए बहुत खतरों से भरी कहानियाँ लिखते हैं किन्तु धूर्त, मक्कारों और बदमाशों के लिए कैसी कहानियाँ लिखें?*

नामवर सिंह : पहली बात तो यह कि मुझे इसका यकीन नहीं है जो खतरे से भरी कहानियाँ लिखते हैं। उसके पाठक सीधे-सादे ही हैं। मैं जिन पाठकों को सीधे-सादे और भोले-भाले समझता हूँ, आज की दुनिया में वह सीधे-सादे और भोले-भाले लोग बहुत कम हैं। कोई भोला-भाला सीधा-सादा पाठक नहीं, सब चतुर हैं और काफी सचेत हो गए हैं। इसका अन्दाजा कहानी की पत्रिकाओं में छपे हुए पाठकों के पत्रों से लगता है। ये पत्र बहुत सीधे-सादे नहीं होते हैं। किसकी तारीफ करनी है, किसकी तारीफ नहीं करनी है, लेकिन किसकी तारीफ करते हुए किसकी निन्दा करनी है, दोनों को मिलाकर के देखो तो लगता है कि आज के पाठक बहुत चालाक हो गए हैं। वे धूर्त हैं, मक्कार हैं—वगैरह तो मैं नहीं कहूँगा। अगर खतरनाक कहानी से आशय उन कहानियों से है जिन्हें मैंने किसी समय छापामार लड़ाई का दस्ता कहा था तो मुझे शक है कि उसका हिस्सा बनने का हौसला रखने वाले पाठक कुछ होंगे। वैसे, जिन्हें तुम धूर्त मक्कार वगैरह कह रहे हो वे शायद ही कभी कहानी पढ़ते हों। वे शायद हत्या, बलात्कार आदि की सनसनीखेज कहानियाँ पढ़ते होंगे या ऐसी ही फिल्में देखते होंगे। कह नहीं सकता, सिर्फ कयास है।

(जुलाई 2002)

भारतीय फासीवाद : अर्थतन्त्र और संस्कृति

(अरुण माहेश्वरी, सरला माहेश्वरी और उदय प्रकाश के साथ)

अरुण माहेश्वरी : *डॉ. साहब 'आलोचना' का जो नया अंक निकला है उससे हम लोगों को लगता है जैसे आप एक नई ऐतिहासिक जिम्मेदारी के निर्वाह का बीड़ा उठाना चाहते हैं। इसकी क्या पृष्ठभूमि है, स्पष्ट करें।*

नामवर सिंह : अब अपने मुँह से कहना तो ठीक नहीं है, लेकिन मुख्य रूप से भारतीय जनता पार्टी के नेतृत्व में राजग की सरकार जिस तरह बनी और उसके बनने के बाद जिस तरह अमेरिकी साम्राज्यवाद से इस सरकार का गठजोड़ हुआ और जो नई आर्थिक नीतियाँ चलीं और उसके साथ-साथ शिक्षा, संस्कृति के क्षेत्र में सीधे हस्तक्षेप करते हुए उसे हिन्दुत्व के रंग में, भगवा रंग में रंगने की कोशिश हुई, उसके फलस्वरूप मैंने देखा कि साहित्यकारों, संस्कृतिकर्मियों और बुद्धिजीवियों का वही तबका जो कुछ वर्षों से बिलकुल दबा हुआ था, खुलकर सामने नहीं आता था, आक्रामक मुद्रा में आ गया है। पहले वो सुरक्षात्मक लड़ाई लड़ रहे थे, अब आक्रामक और कुछ उत्सव मनाने की मुद्रा में हैं कि हमारा जमाना आ गया है। यही नहीं, बल्कि इस तरह की पत्रिकाओं की संख्या बढ़ गई है। कुल मिलाकर लग रहा है कि लगभग एक तरह से उसी की आवृत्ति हो रही है जो जर्मनी और इटली में 30 के दशक में हुई थी। तब पूरे योरप में फासिज्म की लहर आई हुई थी। तो मुझे कुछ-कुछ महसूस हुआ कि उसी की पुनरावृत्ति यहाँ नए वातावरण में हो रही है। यह महसूस तो इतिहास, राजनीति विज्ञान के लोग भी कर रहे थे, लेकिन साहित्य में कोई नहीं कहता कि फासिज्म है। आज भी बहुत लोग यह मानने को तैयार नहीं हैं कि जिस फासीवाद के विरुद्ध हमने यह अंक निकाला है वह वजूद में है कि नहीं है। इस पर भी लोग प्रश्नचिह्न लगा रहे हैं। तो मैंने सोचा कि कम-से-कम यह सवाल तो उठाया ही जाना चाहिए कि यह खतरा है और दूर नहीं है बल्कि हमारे सामने है। मैं तो मानकर चलता हूँ कि आलोचना के एजेण्डा पर यह मुख्य मुद्दा है और जब तक आलोचना निकलेगी हर अंक में इस पर कुछ-न-कुछ हम देते रहेंगे। मेरे सामने यही एक ही मुद्दा है और कोई मुद्दा नहीं है। साहित्य, संस्कृति की सारी समस्याएँ इसी के तहत हैं, यह मैं मानकर चलता हूँ। यह संघर्ष तो लम्बा है और चलेगा।

एक दिन में खत्म होने वाला नहीं है। मुझे खासतौर से इसलिए लगा कि जो अन्य पत्रिकाएँ हैं जैसे उदाहरण के लिए 'सोशल साइंटिस्ट' में इस पर लगातार लिखा जा रहा है। देखकर आश्चर्य होता है कि 'सोशल साइंटिस्ट' में तो यह हो रहा है; 'फ्रंटलाइन' लगातार यह काम कर रही है। लेकिन जो भाषाई पत्रकारिता है और साहित्यिक पत्रकारिता है उस मोर्चे पर जितना तीव्र संघर्ष होना चाहिए नहीं हो रहा। जहाँ तक वामपंथ और उसकी पार्टियों का प्रश्न है, उनके सामने और भी बड़े मुद्दे हैं। मैं नहीं मानता कि वो साहित्य और संस्कृति को गौण समझते हैं। लेकिन यह है कि और भी मुद्दे हैं, दूसरे फोरम हैं, पार्लियामेंट है और जनता के बीच, जनसंगठनों के बीच काम करने के लिए उनकी अपनी लड़ाइयाँ हैं और वे लड़ेंगे। लेकिन साहित्य संस्कृति में जो काम करने वाले लोग हैं उन्हें एक मंच पर लाकर इसके विरुद्ध, और केवल नारे के रूप में नहीं बल्कि तथ्यों को सामने ले आना, उन तथ्यों का विश्लेषण करना और इस बीच जो साहित्य लिखा जा रहा है उसकी समीक्षा के माध्यम से बताना कि कहाँ-कहाँ यह प्रवृत्तियाँ दिखलाई पड़ती हैं, आलोचना का दायित्व होगा। और भी कई मुद्दे इससे जुड़े हुए हैं। मैं समझता हूँ कि कुछ और सहयोगी पत्रिकाएँ मसलन 'हंस' है मुख्य रूप से, 'साक्षात्कार' है। इनमें भी चर्चा होनी चाहिए। अब 'साक्षात्कार' के लिए जैसे यह कोई मुद्दा ही नहीं है। हाल ही में मैं भोपाल गया था तो 'आलोचना' के इस अंक को देखकर मुख्यमन्त्री बहुत प्रसन्न हुए और उन्होंने कहा कि हमें भी संघर्ष करना चाहिए और कुछ सोचना चाहिए कि कोई 'सेकुलर फाउण्डेशन' जैसी चीज बनाई जाए। हमने कहा कि आपके यहाँ तो कला परिषद है, साहित्य परिषद है और दोनों की अपने पत्रिकाएँ हैं और यदि आप समझते हैं कि यह जरूरी लड़ाई है और किसी एक पार्टी की न होकर राष्ट्रीय लड़ाई है तो उनको भी कुछ करना चाहिए। इस संघर्ष में कई और सवाल आएँगे। मैं समझता हूँ कि उन सवालों से इस मुख्य मुद्दे को जोड़कर देखा जाना चाहिए। उदाहरण के लिए राजेन्द्र जी के लिए पिछड़े वर्गों को न्याय दिलाना, दलितों और स्त्रियों को न्याय दिलाना मुख्य मुद्दा लगता है। लेकिन यह मुख्य मुद्दा फासीवाद का जो खतरा है उससे जुड़ा हुआ है। इस फासीवादी खतरे के विरुद्ध ये लेखक किस हद तक, किस रूप में और किस बिन्दु पर जुड़ सकते हैं यह एक बड़ा सवाल है। 'सबाल्टर्न' के लोग हैं, वो एक कोण से इस समस्या को देख रहे हैं। तो मैं समझता हूँ कि अलग-अलग कोण से इस समस्या से जूझने का जो प्रयास हो रहा है उनके बीच भी आपस में संवाद होना चाहिए कि कहाँ वह मिलन बिन्दु है जिससे हम इस खतरे का सामना कर सकते हैं। यह एक तरह से विचारधारा के क्षेत्र का सवाल है जिस पर स्पष्ट होना चाहिए हमें, तो 'आलोचना' के माध्यम से मैं चाहता हूँ कि इन प्रश्नों पर आपस में भी हम लोगों में संवाद हो। इस संघर्ष के प्रति एक तरह की जागरूकता हो, सजगता हो।

अरुण माहेश्वरी : *डॉ. साहब यह सही है। इसी से जुड़ा एक और पहलू है। सोवियत संघ और पूर्वी यूरोप के देशों में समाजवाद के पतन के बाद बुद्धिजीवियों के एक बड़े तबके में अजीब-सी ऊहापोह की स्थिति पैदा हो गई थी। उन्हें लगा कि जैसे अचानक उनसे अपने आदर्शों का एक ऐसा सुरक्षित ढाँचा छीन लिया गया है जिसके अन्दर वे पले-बढ़े थे और जिसमें वे खुद को पूरी तरह से सुरक्षित और मजबूत पाते थे। इसीलिए चारों ओर एक प्रकार की चुप्पी छा गई थी। पुराने ढाँचों में व्यक्त विचारों और अनुभूति की प्रभावोत्पादकता पर खुद रचनाकारों और आलोचकों के अन्दर अनेक सन्देह पैदा होने लगे थे। लेकिन अब वह धुंध छँटने लगी है। पिछले 11 वर्षों का अनुभव सामने है। नई परिस्थितियों में रचनाकार अपने को अभिव्यक्ति के नए उपकरणों से लैस कर चुका है। फिर भी कलावादियों ने इस अवसर का लाभ उठाकर स्पष्ट रूप में एक बार फिर साहित्य को रीतिकालीन मानदण्डों से बाँधने की जी-तोड़ कोशिश की है। उनकी यह कोशिश आज भी जारी है।*

नामवर सिंह : ऐसा है कि यह एक गम्भीर सवाल है और इसको अत्यन्त सरलीकृत रूप में रखने से अब काम नहीं चलेगा। उदाहरण के लिए यह सही है जैसा आपने कहा, सोवियत संघ में समाजवाद के ध्वस्त होने के बाद सारी दुनिया में और तीसरी दुनिया के देशों में जो भी जनवादी शक्तियाँ हैं, लेखक हैं, बुद्धिजीवी हैं उनको आघात तो पहुँचा, लेकिन विचारधारा के स्तर पर मार्क्सवाद इतना नकारा पश्चिम में भी साबित नहीं हुआ जितना यहाँ कहा जा रहा है। खुद अमेरिका और इंग्लैण्ड में नहीं हुआ जितना हिन्दुस्तान में दिखाई पड़ रहा है। बल्कि उस घटना के बाद देरिदा ने 'स्पेक्टर्स ऑफ मार्क्स' नाम का व्याख्यान दिया था। बहस भी हुई और मार्क्सवादियों ने उसमें कहाँ-कहाँ छेद है यह भी दिखाने की कोशिश की। आप देखें कि देरिदा की वह पुस्तक समाजवाद के ध्वस्त होने के बाद आई है, लेकिन हमारे यहाँ सुधीश पचौरी, जो देरिदा से मिलने का जिक्र बहुत जगह कर चुके हैं और उनसे बातचीत करके धन्य हो गए हैं, जब मार्क्सवाद को खारिज कर देते हैं तब यह भूल जाते हैं कि जिस देरिदा की महिमा गा रहे हैं उस देरिदा के लिए मार्क्स अब भी महत्त्वपूर्ण हैं। तो पश्चिम के साहित्य सिद्धान्तकारों तथा साहित्यकारों में और हमारे यहाँ वालों में यह फर्क है। यह देखना चाहिए और दूसरी बात हमारे यहाँ अशोक जी तो लिखते ही रहते हैं। बहुत दिनों से गीत गा रहे हैं। करीब एक दशक से कि मार्क्सवादियों ने साहित्य को विचार या विचारधारा का उपनिवेश बना रखा है। यह एक मुहावरा है उनका। वे मानते हैं कि साहित्य स्वयं इतना महत्त्वपूर्ण विचार है कि इसके सामने दर्शन आदि के सारे विचार फीके पड़ जाते हैं। यह साहित्यकारों के लिए बड़ा मोहक और आकर्षक है कि उसके सामने दुनिया की कोई चीज नहीं ठहरती। जैसा कि हिन्दुत्व की महिमा जब हिन्दुत्ववादी बखानने लगते हैं

तो हर हिन्दू फूलकर कुप्पा हो जाता है कि हम तो बहुत महान हैं। दो कौड़ी की कहानी लिखेंगे, दो कौड़ी की कविता लिखेंगे, लेकिन अचानक उनको लगेगा कि हमारी कविता के सामने तो बड़े-बड़े दार्शनिक फीके पड़ जाते हैं। हम तो कविता में सबसे गहरा विचार दे रहे हैं तो इस तरह, जैसे कि अब तक उनको विचारों का गुलाम बनाकर रखा गया था, मार्क्सवादियों ने उनको गुलाम बना रखा था और ये उन सबको मुक्ति का द्वार दिखा रहे हैं कि विचार के पास जाने की कोई जरूरत नहीं है क्योंकि तुम्हारा साहित्य स्वयं ही बड़ा गम्भीर विचार है, बड़ा भारी विचार है। मैं समझता हूँ कि यह गम्भीर मुद्दा है और इस पर अलग से आलोचना का एक अंक भी निकालना चाहता हूँ। थोड़ा बहुत पढ़ने से जो पता लगता है कि जर्मनी और फ्रांस में यह लड़ाई फासिज्म के जमाने में हुई थी। हिटलर के सत्ता में आने पर मार्टिन हाइडेगर साल भर तक विश्वविद्यालय का वाइसचांसलर रहा। मार्टिन हाइडेगर जैसे बड़े दार्शनिक ने जर्मन कवि होल्डरलिन की बड़ी महिमा गाई और एकदम यही बात कही थी उसने कि होल्डरलिन की कविता में जो विचार की, जीवन दर्शन की ऊँचाई है उसके सामने तो सारी ग्रीक फिलॉसफी ही नहीं बल्कि पूरा जर्मन दर्शन, जिसमें कांट और हीगल आते हैं, फीके पड़ जाते हैं। तो कुछ लोगों ने करीब-करीब जिससे कहना चाहिए कि कविता और साहित्य का एक 'मिस्टीक' बनाने की कोशिश की थी। लगभग वही 'मिस्टीक' हमारे यहाँ कुछ लोग प्रकट करते हैं। निर्मल जी का पूरा साहित्य इसी प्रकार का एक 'मिस्टीक' 'क्रिएट' करता है। कठिनाई यह है कि इनके लेख भी छपते हैं और उन लेखों से उनकी राजनीति का भी पता चलता है। और रघुवीर सहाय के शब्दों में कि ईश्वर तुम्हारी कृपा नहीं तो क्या है, इन दोनों में कोई सम्बन्ध नहीं है (हँसी)। चलो खैर! इनमें गहरा सम्बन्ध है।

तो यह एक बड़ी समस्या है। इस बीच मार्क्सवाद का विरोध करने के नाम पर विचारधारा और विचार मात्र का निषेध करना और यह कहना कि जब सारी चीजें नष्ट हो जाएँगी तो आस्था, निष्ठा बची रहेगी। आस्था, निष्ठा जैसे ही हम कहते हैं तो अध्यात्म की याद आती है। हमारे शिष्य रह चुके हैं और मित्र हैं। जवाहरलाल नेहरू विश्वविद्यालय में पुरुषोत्तम अग्रवाल आजकल वे अध्यात्म की महिमा बहुत गा रहे हैं। उन्होंने गोष्ठी की थी। अंग्रेजी में उसका शीर्षक था 'स्पिरिचुएलिटी विदाउट रिलीजन' धर्म विहीन अध्यात्म। और अशोक जी ने 'कभी-कभार' में उनकी बड़ी प्रशंसा करते हुए पूरा लेख लिखा। वे भी आजकल अध्यात्म का बड़ा गान गा रहे हैं तो यह अध्यात्म क्या है भई? अध्यात्म कोई विचार है कि नहीं? क्या विचार केवल वही होता है जो सामाजिक हो, राजनीतिक हो, आर्थिक हो? तो अध्यात्म कोई दर्शन है कि नहीं है, कोई विचारधारा है कि नहीं है? यह है पिछले दरवाजे से धर्म का समर्थन करना। एक तरह से ये लोग वही काम कर रहे हैं जो विश्व हिन्दू परिषद

वाले धर्म के नाम पर, अध्यात्म के नाम पर या साधु-सन्त, महात्माओं आदि के द्वारा कर रहे हैं। अर्थात् साहित्य को अध्यात्म की ओर उन्मुख करने का प्रयास किया जा रहा है जो प्रकारान्तर से हिन्दुओं के बीच में एक नए ढंग का छद्म हिन्दुत्व है।

बात यह है कि धर्म कर्मकाण्डों के कारण इतना बदनाम हो चुका है कि आज धर्म को बचाने का एक ही रास्ता बचा है। आज धर्म कहते हुए हमें 'रिचुअल्स' याद आते हैं। तो धर्म का जो सार तत्त्व है अर्थात् अध्यात्म जिसमें आस्था, निष्ठा आदि-आदि चीजें है जिसके कारण इन्हें साधु-सन्तों, महात्माओं की जरूरत पड़ती है, शंकराचार्यों की जरूरत पड़ती है। और दुर्भाग्य से इन लोगों को इस मौके पर गाँधी जी मिल गए, विवेकानन्द मिल गए। अगर देखा जाए तो इनके स्रोत 'ओरियण्टलिज्म' में हैं। एडवर्ड सईद ने जो कहा है कि पश्चिम की नजर में भारत तो अध्यात्म का देश है। हिन्दी में आचार्य रामचन्द्र शुक्ल ने तो इसका घोर विरोध किया था (हँसते हुए) कि उन्होंने यानी पश्चिमी ताकतों ने भौतिकवाद अपने लिए रख छोड़ा है। भौतिक उन्नति तो वह करें और अध्यात्म हमारे खाते में डाल दिया गया है। यह भी पश्चिमी साम्राज्यवाद का एक वैचारिक हथियार था और उसके शिकार, विचित्र बात है, विवेकानन्द और श्री अरविन्द भी थे। उसका साहित्य पर भी प्रभाव पड़ा। हम लोग बहुत अच्छी तरह जानते हैं कि उस अध्यात्म से प्रेरित हिन्दी में जो कविताएँ लिखी गईं; इसी बीच और कुछ उपन्यास भी लिखने की कोशिश की गई वह बहुत घटिया चीजें हैं। सुमित्रानन्दन पन्त उसी अरविन्द दर्शन के कारण मारे गए। बालकृष्ण शर्मा नवीन राष्ट्रवादी कवि थे और जब 'क्वासि' नाम से उन्होंने एक कविता संग्रह लिखा जिसमें अध्यात्म चर्चा थी तो उसे आज कोई नहीं पढ़ता। उस पिटे हुए मोहरे को कविता की दुनिया में लाने की कोशिश हो रही है। सब जानते हैं कि यह वह अध्यात्म नहीं है जो कबीर का है, सन्तों और भक्तों का है। यह बिलकुल दूसरे ढंग का, आज के माहौल में बना हुआ नया अध्यात्म है। बल्कि मैं तो कहूँगा कि यह अध्यात्म न तो गाँधी जी वाला है न विवेकानन्द और न श्री अरविन्द वाला। इन चीजों की चर्चा होनी चाहिए। विचारधारा या विचारों के बरक्स साहित्य चिन्तन जिसे पश्चिम में 'एस्थिटिक आइडियालॉजी' लोगों ने कहा है, इस पर बहस होनी चाहिए। ये भी एक 'आइडियालॉजी' है 'एस्थिटिक आइडियालॉजी'। इसके विरुद्ध लोगों ने संघर्ष किया है और आज भी कर रहे हैं। साथ ही इस नए अध्यात्म पर, जो साहित्य में लाने की कोशिश की जा रही है उस पर भी चर्चा हो। इस चर्चा के क्रम में हम न भूलें कि इन सब की एक राजनीति है। वह राजनीति आज के हिन्दू फासीवाद को मदद पहुँचाती है। और इस तरह के लोग केवल हिन्दी में ही नहीं बल्कि अन्य भारतीय भाषाओं में भी हैं। उर्दू में भी मिलेंगे। चूँकि वहाँ भी 'इस्लामिक फण्डामेंटलिज्म' या सम्प्रदायवाद का असर है। तो इसके कारण बहुत

से लोग अध्यात्मोन्मुख हो रहे हैं। इसलिए आमतौर से जब ऐसे संकटकाल आते हैं तो उसमें अचानक एक तरह का 'अध्यात्मवाद' प्रकट होता है और उसका गहरा सम्बन्ध फासीवाद से होता है।

उदय प्रकाश : *दरअसल आज काफी विरोधाभासी स्थितियाँ दिखाई देती हैं। विज्ञान और तकनीक से चौड़ी हो रही विषमता की खाई इतनी साफ है कि उससे बहुतों के मन में विकास की पूरी अवधारणा पर नए सिरे से सवाल उठने लगे हैं। इसके साथ ही यह निश्चित तौर पर नहीं कहा जा सकता कि तकनीक लोगों को मानसिक तौर पर भी मुक्त करती है। हनुमान मन्दिर के सामने हाथ जोड़कर खड़े वैज्ञानिकों, इंजिनियरों के दृश्य आम दृश्य हैं। इसमें बाजार और जीवन पर उसके प्रभाव को क्या अनदेखा किया जा सकता है?*

नामवर सिंह : देखो कई बातें उदय ने कहीं हैं अभी। एक-एक करके कुछ एक पर टिप्पणी करना चाहता हूँ जहाँ तक विज्ञान और टेक्नालॉजी का सवाल है तो यह नहीं भूलना चाहिए कि टेक्नालॉजी के विरुद्ध हाइडेगर जैसा दार्शनिक भी था। और इसका विरोध गाँधी जी के हिन्द स्वराज्य में भी है। आप देखेंगे कि इस टेक्नालॉजी के विरुद्ध निर्मल जी गाँधी जी का नाम लेकर बहुत कुछ कहते हैं। यह एक सम्प्रदाय है। तो टेक्नालॉजी का विरोध कई तरह के लोगों ने किया है। और यों व्यवहार में देखें हिन्दुस्तान में टेक्नालॉजी के क्षेत्र में काम करने वालों को देखें तो अधिकांश का झुकाव धार्मिक ज्यादा दिखाई पड़ेगा। अपने बनारस के अनुभव से जानता हूँ कि बनारस हिन्दू विश्वविद्यालय में संकट मोचन मन्दिर में जाने वाले आई.आई.टी. के लोग सबसे ज्यादा होते हैं। समाज विज्ञान के, मानविकी के लोग नहीं जाते। तो विचित्र विडम्बना देखोगे कि विज्ञान और टेक्नालॉजी के लोग इस मामले में अराजनीतिक होते हैं और जिसका मतलब है कि धार्मिक अंधविश्वास आदि के सबसे ज्यादा शिकार होते हैं। इसका मतलब है कि विज्ञान का जो दर्शन है, जो वैज्ञानिक दृष्टिकोण है जिसको जवाहर लाल नेहरू ने 'साइंटिफिक टेम्पर' कहा था, वह जरूरी नहीं कि साइंस और टेक्नालॉजी पढ़ने वालों में पाया ही जाए। 'साइंटिफिक टेम्पर' हो सकता है कि 'सोशल साइंस' में मिले। एक साहित्यकार में मिल सकता है लेकिन जरूरी नहीं कि वह विज्ञान पढ़ने वालों में मिले। घोर धार्मिक आस्था वाले वह हो सकते हैं और उनमें क्रान्तिकारी भी हो सकते हैं। यह मैं नहीं मानता कि सारे वैज्ञानिक और सारे टेक्नालॉजी वाले उधर ही हो जाएँगे। पर धार्मिक आस्था वाले उनमें ज्यादा मिलते हैं। इसका पता लगाया जाना चाहिए कि ऐसा क्यों होता है। चूँकि हम लोग एक तीसरे 'टेक्नालॉजिकल रिवोलुशन' से, खासतौर से संचार क्रान्ति से गुजर रहे हैं इसलिए यह और भी जरूरी है। मैं इसको और जीन्स के बारे में जो नई खोज हुई है, उसे नस्लवाद के खिलाफ सबसे बड़ा हमला मानता

हूँ। नई वैज्ञानिक खोजें बहुत सारे ऐसे भ्रमों को तोड़ने वाली भी हो सकती हैं। उदाहरण के लिए इंटरनेट का आना। इसके आने से एक सबसे बड़ी बात जो हुई कि सेंसरशिप नाम की चीज बेमानी हो गई है। इतनी बड़ी मुक्ति इंटरनेट के जरिए हासिल हो गई। आप किस किताब को 'बैन' करेंगे, करते रहिए। हम इंटरनेट पर पढ़ लेंगे उसे। यानि 'सैटेनिक वर्सेस' को आप सेंसर करते रहिए लेकिन हिन्दुस्तान में पढ़ने वाले लोग उसे पढ़ लेंगे। इसलिए मैं समझता हूँ कि टेक्नालॉजिकल रिवोलुशन या विज्ञान की जो नई चीजें हो रही हैं उनसे फायदे भी बहुत हैं।

इस विचित्र 'डाइलेक्टिस' को समझने की जरूरत है कि टेक्नालॉजी और साइंस की उन्नति और साथ ही फासिज्म का उद्भव, दोनों कहीं-न-कहीं एक ही जगह होते हैं। जर्मनी सबसे ज्यादा विकसित था। 'टेक्नालॉजी' और 'साइंस' के मामले में और उसी जर्मनी में फासिज्म आया। यानी साइंस और टेक्नालॉजी की उन्नति और फासिज्म का उदय—दोनों के बीच के सम्बन्धों को समझना। यह एक पेचीदा मसला है जो इस दृष्टि से बहुत पिछड़े हैं वहाँ भी फासिज्म है और जो बहुत अगड़े हैं वहाँ भी यह प्रवृत्तियाँ दिखाई पड़ती हैं। नस्लवाल का उभार अब अमेरिका में दिखाई पड़ रहा है। जहाँ साइंस और टेक्नालॉजी बहुत आगे है। तो इनके रिश्तों पर और गहराई से विचार करने की जरूरत है। ये अनिवार्यतः कार्यकारण सम्बन्ध नहीं है। एक मुद्दा तो यह है। इसके अलावा कोई दूसरी और नियामक शक्ति है जिसका अभी उदय ने बाजार का नाम लिया। मैं चाहता हूँ कि इस पर हम लोग ज्यादा अच्छी चर्चा करें। इस पर अरुण हमको अच्छा बता सकते हैं। क्योंकि मैं तो बाजार के बारे में कभी अच्छा जानकार नहीं रहा। सोवियत संघ में समाजवाद के पतन के बाद सबसे बड़ी घटना है यह कि मुक्त बाजार की प्रणाली का एकछत्र राज विश्व में हो गया है। यहाँ मैं यह भी कह दूँ कि बाजार पर चर्चा आज ज्यादा हो रही है पर बाजार उतना ही पुराना है जितनी मानव सभ्यता। बल्कि यूरोप के कुछ अर्थशास्त्रियों ने कहा है कि बाजार का यूरोप में आगमन तो पूरब से हुआ यानि बुद्ध के समय से। देखें तो उस समय कितने बड़े-बड़े शहर थे, मण्डियाँ थीं तो बाजार तो पहले भी था। 19वीं शताब्दी की औद्योगिक क्रान्ति के साथ बाजार के चरित्र और स्वरूप में एक प्रकार से गुणात्मक परिवर्तन हुआ। बाजार तो सामन्ती व्यवस्था में भी था। सामन्ती व्यवस्था से पूर्ववर्ती व्यवस्था में भी बाजार थे। लोगों की जरूरतों के लिए कोई-न-कोई केन्द्र होना चाहिए, इसलिए बाजार था, वाणिज्य था, वणिक हुआ करते हैं। श्रेष्ठि होते थे। अब इसमें भारी परिवर्तन आ गए हैं। अपने अनुभव से देखें तो बनारस में पहले एक मण्डी होती थी बिसेसरगंज। वो पूरे शहर का एक छोटा-सा हिस्सा होती थी। अर्थात् बाजार समाज के अन्तर्गत था। अब स्थिति है कि पूरा शहर ही बाजार हो गया है। पहले बाजार समाज में अन्तर्निहित था। पुराने समाज

को देखो तो हमारे यहाँ जजमानी प्रथा थी। उत्पादन और उपभोग दोनों के बीच बाजार सेतु का काम करता है और इस प्रथा में यह होता है कि माल के बदले माल दे दिया जाता है। मुद्रा का कम चलन था, लेकिन बाजार व्यवस्था में मुद्रा माल और फिर मुद्रा। मुख्य चीज हो गई मुद्रा, माल गौण हो गया। और कुल का मतलब ये कि जितना लगाया उससे ज्यादा पाया। मुनाफा नाम की चीज और ये 'प्रॉफिट' समाज के अन्दर जब बाजार था तो उस चीज को लोग नियन्त्रित रखते थे। जैसे ही वह नियन्त्रण हट गया तो उस मुनाफा या 'प्रॉफिट' की कोई सीमा नहीं रही। इस बात को याद रखें कि उस दौर में समाजवाद की चुनौती के सम्मुख इंग्लैण्ड और अमेरिका में 'केनसियन इकानॉमिक्स' चली जो एक 'वेलफेयर स्टेट' की कल्याणकारी राज्य की परिकल्पना है। यानि मुनाफा ही सबकुछ नहीं है। कुछ सार्वजनिक सेवाएँ भी होती हैं। आज स्थिति यह है कि 'केन्स' को ही पूँजीवाद स्वीकारने को तैयार नहीं है। मार्क्सवाद को तो छोड़ दो। समाजवाद के अन्त के साथ जो नई समाज व्यवस्था बनी है उसमें बाजार सर्वतन्त्र स्वतन्त्र हो गया है। इसके सामने समाज ही नहीं राष्ट्र-राज्य नाम की चीज भी एकदम हाशिये पर चली गई है।

उदय प्रकाश : *एक नया फेनामेना दिखाई देता है, वह है पूँजी का श्रम से अलगाव का। स्वतन्त्र रूप में सट्टेबाज पूँजी का खेल हैरान करने वाला है। यहीं पर 'कौन बनेगा करोड़पति' का खेल देखिए। एक प्रश्न के चार जवाबों में से एक जवाब दीजिए और इतने रुपए पा लीजिए जितने मैं सारी जिन्दगी में नहीं कमा सकता। कभी-कभी तो ऐसा लगता है जैसे राष्ट्र-राज्य की कोई भूमिका ही नहीं रह गई है।*

नामवर सिंह : रुकिए, ये ध्यान रखिए कि बाजार राष्ट्र-राज्य को खत्म कर रहा है कि नहीं? कर रहा है तो कहाँ खत्म कर रहा है और किस रूप में कायम रख रहा है। यह देखने की जरूरत है। मसलन विश्व बाजार के सम्मुख निवेश के मामले में हमारे देश ने पूर्ण समर्पण किया और लगातार करते चले जा रहे हैं। लेकिन सरकार बनी हुई है और बनी रहना चाहती है। संसद बेकार-सी हो गई है क्योंकि वहाँ कोई फैसला तो होता नहीं। अब बहस होती तो जरूर है लोग सवाल उठाते हैं, उनका हक है, लेकिन बहुत सारे फैसले कैबिनेट में हो जाते हैं। मैं कहना चाहता हूँ कि 'एपियरेंस' और 'रियलिटी' में फर्क है। अमेरिका में ऐसा नहीं है कि सरकार खत्म हो गई है बाजार के आगे। तीसरी दुनिया के देशों में जहाँ फिलहाल संक्रमण काल में राष्ट्र-राज्य की जरूरत है वहाँ ये कमजोर हो रहा है। पिलपिला राज्य बन रहा है और ये उनके अनुकूल है। दूसरी बात जो मैं कहना चाहता हूँ कि यह बाजार समतल नहीं है। सारे विश्व में बाजार का जरूर वर्चस्व है लेकिन बाजार का वर्चस्व पश्चिम के पहले के जो साम्राज्यवादी, उपनिवेशवादी देश थे उनकी मुट्ठी में है। कुछ कम्पनियों के हाथ में है और वहाँ की सरकार पहले से ही उन्हीं 'मल्टीनेशनल' कम्पनियों

के हाथ में है। ऐसा नहीं है कि राज्य को उन्होंने मुक्त छोड़ दिया है।

अरुण माहेश्वरी : *राज्य बाजार की सुरक्षा के लिए पूरी तरह मुस्तैद है।*

नामवर सिंह : इसीलिए इस बाजार के वर्चस्व से दो बातें हुई हैं लगभग जैसा कौन बनेगा करोड़पति वाला उदाहरण दिया तो लगभग सारी दुनिया एक बहुत बड़ा 'स्टॉक एक्सचेंज' हो गयी है। स्टॉक एक्सचेंज अनिश्चित, अनियमित, अनप्रेडिक्टेबुल बहुत लोगों के लिए है। और 'अनप्रेडिक्टेबुल' है तो एक तरह का जुआ जैसे है। द्यूत क्रीड़ा। कुरुसभा में बैठकर युधिष्ठिर जुआ खेल रहे हैं (हँसी) जो बात मैं कहना चाहता हूँ वो ये कि एक दृष्टि से तो ये अनिश्चित है लेकिन कुछ लोगों के लिए निश्चित है कठपुतली की तरह सूत्र जिनके हाथ में है। याद करें महामंदी आई हुई थी सन् 1929 में और उसके बाद फासिज़्म आया था। उसकी परिणति यही हुई थी। अभी दक्षिण-पूर्व एशिया में जो हुआ था कि जरा-सा धागा खींचेंगे और सहसा महामंदी आ सकती है। बाजार ऊपर से जरूर अनिश्चित दिखाई पड़ रहा है जैसे कौन बनेगा करोड़पति में, यूँ तो दिख रहा है कि कोई भी बन सकता है। लेकिन सूत्र पूरा-का-पूरा जो बना रहा है उसके हाथ में है, वह कब बनाएगा, किस बिन्दु पर बनाएगा, किसे बनाएगा और किन लोगों के बीच बनाएगा। इन विकल्पों में से वही चार-पाँच विकल्प हैं। जैसे चार विकल्पों में एक सही जवाब है उसी तरह उन चार लोगों में से एक है जो करोड़पति बनेगा। और जो बनाने वाला सूत्र है वह एक है। इसलिए मैं कहता हूँ कि बाजार के इस वर्चस्व का शिकार तीसरी दुनिया के देश और हिन्दुस्तान होगा। इस देश के शिकार होने का मतलब है कि बाजार के दबाव में हमारे यहाँ का जो 'स्किल्ड लेबरर' (Skilled Labourer) है जिसको हम 'टेक्निकल एक्सपर्ट' कहते हैं वो तो विदेश जा ही रहा है धुआँधार। हमारे अच्छे व्यापारी जाएँगे। छात्रों की संख्या बढ़ेगी। हमारे यहाँ दूसरे-तीसरे दर्जे के लोग बचे रह जाएँगे। इतना ही नहीं बल्कि कहना चाहूँगा कि जो 'लेबर' है हमारे यहाँ, दुनिया में अपेक्षाकृत अफ्रीका, लैटिन अमेरिका और एशिया में 'लेबर' बहुत 'चीप' है। बहुत कम पैसे में हमारे यहाँ के लोग मिल जाते हैं। इनका भी पलायन होगा। कुल मिलाकर मैं यह निवेदन करना चाहता हूँ कि इस बाजार का होगा ये कि उत्पादन और उपभोग के बीच जो सन्तुलन है, वह कई स्तरों पर समाप्त होगा। कृषि उत्पादन के मामले में अब तक हमारे यहाँ एक सन्तुलन बन गया था। अब खेती में तो पूँजी जा नहीं रही है। खेती कमजोर होगी, भूखों मरेंगे हम लोग। अकाल पड़ेगा। दूसरा यह कि छँटनी होगी हमारे यहाँ बड़े पैमाने पर मजदूरों की, नई 'टैक्नोलॉजी' आने के बाद। तो असन्तोष होगा, आन्दोलन होगा और अराजकता की स्थिति पैदा होगी जिसको हम सँभाल नहीं पाएँगे। हिन्दुस्तान के सारे मजदूरों को अमेरिका इंग्लैण्ड में जगह मिले यह तो नहीं होने वाला है यद्यपि जर्मनी ने अभी कहा है कि खुला वीजा दे

रहे हैं। हम आई.टी. के लोगों को, सारे टेक्निकल लोगों को ले जाएँगे। तो मेरा कहना है कि इस बाजार के वर्चस्व के कारण एक बहुत बड़ा असन्तुलन, दमन और शोषण तीसरी दुनिया के देशों में होगा। अपने देश में यह सरकार रहे या न रहे लेकिन जो छोड़ जाएगी इस चक्र में हम कितने ही वर्षों तक फँसे रहेंगे। इन्होंने अपनी ओर से कहा है न कि सन् 2026 तक हम पार्लियामेंट की सीटों की संख्या नहीं बढ़ाएँगे तो इन्होंने मान लिया है कि सन् 2026 तक इतने बर्बाद हो गए होंगे हम लोग कि उस स्थिति में चुनाव होगा कि नहीं होगा, संसद रहेगी कि नहीं रहेगी कोई निश्चित नहीं। लगभग पाकिस्तान जैसा बुरा हाल बनाने की कल्पना कर ली है इस सरकार ने अगले 25 वर्षों में।

इसमें अरुण जी, एक छोटी-सी बात जोड़कर अपनी ये बात मैं समाप्त करूँगा। इस बाजारवाद के साथ उपभोक्ता संस्कृति आई है। बाजार का बहुत बड़ा असर साहित्य और संस्कृति पर पड़ने वाला है उस पर हम चाहेंगे तो और चर्चा करेंगे। हमारे यहाँ बाजार व्यापारियों के हाथ में रहता था और व्यापारी चाहे मारवाड़ी हो चाहे पारसी हो या अन्य हो, सबसे धर्म प्राण प्राणी होते थे। भाग्यवादी होते थे। पूजापाठ किया करते थे। भारतीय अनुभव से मैं जानता हूँ कि हमारे यहाँ व्यापारी जैन धर्म को मानने लगे थे। बुद्धिज्म मर गया इसलिए क्योंकि कोई व्यापारी नहीं था बुद्धिज्म के साथ। अनाथपिण्डक कभी रहे होंगे बुद्ध के साथी। जहाँ बिड़ला हैं वहाँ एक मन्दिर जरूर है। काशी हिन्दू विश्वविद्यालय में मालवीय जी एक मन्दिर बना गए विश्वनाथ का। मणिकर्णिका घाट में भी राजा बलदेवदास बिड़ला का बना हुआ है। तो व्यापार जहाँ है वहाँ धर्म है पूरे कर्मकाण्ड के साथ। पूरे भाग्यवाद के साथ। इसलिए बाजारवाद इस हिन्दुत्व के लिए बहुत अनुकूल है। हमारा जो प्रतिनिधिमण्डल गया है अमेरिका प्रधानमन्त्री के साथ, उसमें कई धर्मप्राण लोग गए हैं। तो कहीं-न-कहीं जो सबसे खतरनाक चीज है बाजारवाद की कि आदमी अपने पौरुष, अपनी शक्ति, अपनी पहल पर विश्वास खोकर भाग्य और ईश्वर के बल पर यह सोचता है कि हम करोड़पति बन जाएँगे। संयोग नाम की चीज, अनिश्चित नाम की चीज ऐसे अंधविश्वास और भाग्यवाद को बढ़ावा देगी जो सच पूछिए तो फासिस्ट लोगों के बहुत काम का होता है।

इसका एक और पहलू है। बाजारवाद का गहरा सम्बन्ध है युद्ध से। विश्वयुद्ध बीसवीं शताब्दी में ही दो हुए। पहले युद्ध सीमित हुआ करते थे। योरप तक। 'थर्टी इयर्स वार', नेपोलियन की लड़ाई हुई लेकिन विश्वयुद्ध नहीं बना वो। यद्यपि उपनिवेशों पर कब्जा करने के लिए फ्रांस और इंग्लैण्ड के बीच लड़ाई हुई थी लेकिन विश्वयुद्ध नहीं बना वो। 'ओपियम वार' विश्वयुद्ध नहीं बना। लेनिन ने कहा था कि युद्ध इंपीरियलिज्म में निहित है। दूसरा महायुद्ध भी पच्चीस साल के अन्दर हुआ। भला

हो कि समाजवादी शिविर इतना मजबूत था कि तीसरे महायुद्ध की धमकियाँ देते रह गए लोग लेकिन नहीं हुआ। अब मुक्त बाजारों की प्रणाली जिस होड़ को जन्म देगी और भले ही 'मल्टीनेशनल्स' दिखाई पड़े लेकिन उनके बीच का कोई भी टकराव विश्वयुद्ध का कारण बन सकता है। इसलिए बाजार के साथ महामंदी जुड़ी हुई है, बाजार के साथ फासिज्म जुड़ा हुआ है, बाजार के साथ सैन्यवाद जुड़ा हुआ है। सच पूछिए तो उत्पादन वगैरह में तो अब दिलचस्पी रही नहीं। उपभोक्ता माल तैयार करने पर ज्यादा जोर है। इस बाजार में सबसे ज्यादा फायदा हथियारों के उत्पादन में तथा उपभोक्ता माल तैयार करने में है। इसलिए बाजारवाद के ये जो खतरे हैं उनके बारे में बताया जाना चाहिए। बाजारवाद पर जो चर्चा हिन्दी में हुई है अब तक वह चटनी अचार के बराबर है। उपभोक्तावाद, उपभोक्तावाद! बेवकूफो उपभोक्तावाद तो गौण चीज है। ये मिडिल क्लास दैनिक दिनचर्या और रुचियों तक सीमित है। बाजारवाद के जो बड़े खतरे हैं जो मानवविरोधी है, उन पर चर्चा नहीं कर रहे हो। उपभोक्तावाद का अर्थ भी बहुत लोग नहीं समझते। अरे क्या हर्ज है भई, बीस तरह के टूथपेस्ट हैं उसमें एक अच्छा है, देखकर हम ले लेंगे। क्या बुराई है। तो मैं मानता हूँ कि बाजारवाद पर जो लोग अच्छी चर्चा कर रहे हैं वे स्त्रीवादी विमर्श के लोग हैं। क्योंकि बाजारवाद का सबसे बड़ा असर आज के परिवार पर, पारिवारिक जीवन पर पड़ रहा है और साथ ही स्त्री के शरीर को माल बनाकर फायदा उठाने की कोशिश की जा रही है। बाजारू माल हो गई है औरत और औरत का शरीर। इसलिए स्त्रीवादी विमर्श इस मामले में बहुत ज्यादा सावधान और सतर्क है। मैं वामपंथी पार्टियों से कहूँगा कि आरम्भ में हम लोगों ने मजदूरों पर ज्यादा जोर दिया, किसानों पर नहीं। हम लोगों ने स्त्रियों पर होने वाले अत्याचारों पर उतना ध्यान नहीं दिया जितना देना चाहिए था। यह ऐसी कमजोरी थी जिसे यूरोपियन देशों के, खासतौर से अमरीका के वामपंथी दलों ने सबसे पहले पकड़ा। कायदे से स्त्री विमर्श वामपंथी आन्दोलन से पैदा हुआ है। और हमारे यहाँ भी अगर वह ताकतवर है तो आमतौर से इसलिए कि स्त्रीवादी विचार के लोग वामपंथी हैं। गैर-वामपंथी इसमें नहीं हैं। बल्कि सच पूछिए तो फासिस्ट आमतौर से स्त्री-विरोधी होते हैं। वे पुरुषवादी होते हैं। वे मातृ-शक्ति वाले हैं। तो ये बाजारवाद के विरुद्ध संघर्ष के मोर्चे हैं। हमें सावधान रहना चाहिए। इसमें एक और बात है। एक खतरा है कृषि क्षेत्र और जमीन का क्योंकि हमें नहीं भूलना चाहिए कि पूँजीवाद से पहले जमीन जो थी 'सबै भूमि गोपाल की'। जमीन उस हद तक माल नहीं बनी थी। कृषि योग्य जमीन आमतौर से रिहायशी मकानों, कल-कारखानों, फैक्टरियों की चपेट में आती जाएगी अर्थात् कम होती जाएगी। उसकी उत्पादकता बढ़े या घटे उसके लिए जरूरी दूसरे साधन हैं। लेकिन इस बीच 'प्रॉपर्टी डील' करने वाले बताते हैं कि सबसे सुरक्षित

और सबसे ज्यादा मुनाफा है जमीन में। ये प्रक्रिया ऐसी ही है कि एक दिन भारत की पूरी जमीन बिक जाएगी। यानी 'रीयल एस्टेट' में तब्दील हो जाएगी। तो खेती क्या आसमान में होगी। कहाँ होगी खेती?

सरला माहेश्वरी : *नारी विमर्श की बात जब आ ही गई है तो नामवर जी मैं यह देख रही हूँ कि इस वैश्वीकरण और बाजार व्यवस्था का सबसे खराब प्रभाव महिलाओं पर पड़ रहा है। लगातार बिगड़ती हुई आर्थिक स्थिति को दुनिया में महिलाओं के गरीबीकरण के रूप में चिन्हित किया जा रहा है। इसके साथ-ही-साथ यह बाजार अर्थव्यवस्था नग्न और भौंड़े रूप में नारी को एक पण्य में बदल दे रही है। जिसके पास जो है वो उसे बेचे। नारी के पास उसकी देह है इसीलिए वह उस देह को बेचे। देह व्यापार को महिमा-मण्डित करके श्रम के समतुल्य ठहराया जा रहा है। वेश्याओं को नया नाम दिया गया है—सेक्स वर्कर और उनके कानूनी अधिकारों की बाकायदा माँग की जा रही है। इसे आप किस रूप में देखते हैं।*

नामवर सिंह : ऐसा है कि बाजार के साथ यह जुड़ा हुआ है, क्योंकि बाजार के लिए जैसा धूमिल ने अपनी कविता में कहा था न कि हमारे लिए हर आदमी एक जूता है तो बाजार के लिए हर चीज की तरह स्त्री भी माल है। मनुष्य भी माल है। तुम्हें याद होगा कि एक जमाने में 'स्लेव मार्केट' हुआ करता था। लोग अच्छा-खासा चौड़ा बदन देखकर गुलाम खरीदा करते थे। और सल्तनत काल में गुलाम वंश का तो राज भी था हमारे यहाँ। तो गुलाम बिकते थे। उसी तरह से औरतों के लिए हमारे यहाँ बहुत पुराना शब्द है 'पण्यस्त्री' जिसको बाजारू औरत कहते हैं। अब स्थिति यह है कि बुर्जुवा समाज के लोग धीरे-धीरे इस तरह से स्त्री को मुक्त करते हैं। जैसे माल को मुक्त करते हैं उसी तरह स्त्री मुक्त हो गई। मुक्त हो गई अर्थात वह घर से किसी तरह बँधी नहीं रही। एंगेल्स की मशहूर किताब 'परिवार, निजी सम्पत्ति और राज्य की उत्पत्ति' है। उसमें उन्होंने बताया है कि सभ्यता के इतिहास में लम्बे विकास के बाद हम लोग 'मोनोगेमी', एक 'पत्नित्व' पर पहुँचे हैं। और इसके बाद इस सम्बन्ध में और कोई विकास नहीं होना है। दोनों के बीच सम्बन्ध या करार एक समय होता है। वे बँधते हैं, तो मुक्त होने के लिए भी स्वतन्त्र हैं लेकिन रिश्ता जब भी बनेगा तो दो का ही बनेगा। 'मोनोगेमी' के अलावा और कोई विकास की अन्तिम मंजिल नहीं है। इतिहास के विकास में कुछ चीजें जो हमने हासिल की हैं वे मूल्य के रूप में हैं। और वे मूल्य अपेक्षाकृत स्थायी बनते हैं। अब वे घर को ही बाजार बना देना चाहते हैं। घर और दुकान में कोई फर्क नहीं रह जाएगा। लोग ऐसे मकान लेते हैं कि ऊपर रिहायशी मकान है और नीचे दुकान खोले हुए हैं। यह प्रवृत्ति बताती है कि घर को बाजार बनाना है और हर चीज को माल। इसलिए मार्क्स ने 'कमोडिटी' पर जो अध्याय लिखा है उसमें कहा कि सबसे

खतरनाक भयानक चीज यही है माल। और बाजार का सबसे बड़ा जो दोष है वह 'डिह्यूमनाइजेशन', अमानवीयकरण है। बाजार इस मामले में अमानवीय ही नहीं अप्राकृतिक भी है। वह प्रकृति को भी प्रकृति नहीं रहने देगा। पेड़, फूल, पौधे जो हैं वे सब बिकने के लिए हैं। पेड़, फूल, पौधे की अपनी कोई पहचान, कोई अस्मिता नहीं है, उनकी कोई जगह नहीं है। कुमाऊँ के एक सज्जन ने मुझे बताया कि पहले मुद्दों पर हम लड़ते थे अब वे मुद्दे 'प्रोजेक्ट' हो गए हैं, एन.जी.ओ. नाम की नई चीज जो बनी है वह बहुत खतरनाक है। सबसे ज्यादा पैसा है एन.जी.ओ. के पास। इसमें 'मल्टीनेशनल' लगे हुए हैं। उन्होंने अपना एन.जी.ओ. खोल रखा है। अगर मैं कहना चाहूँ कि यह वही है कि जैसे परिवार को बचाने के लिए लोगों ने वेश्यालय खोल रखा था उसी तरह 'मल्टीनेशनल' ने एन.जी.ओ. खोल रखे हैं। अपना पैसा बचाने के लिए स्त्री विमर्श और पर्यावरण विमर्श दोनों एक-दूसरे से जुड़े हुए हैं। ये मातृ-शक्ति वाले जो हैं इस बात को न कहते हैं न समझेंगे कभी कि स्त्री ही प्रकृति को बचाने में ज्यादा सक्रिय रही है। इससे जुड़ी हुई है तीसरी समस्या 'चाइल्ड लेबर' की है। उसका गहरा सम्बन्ध भी स्त्री विमर्श से है। जैसे-जैसे बाजार बढ़ेगा जो शिशु मजदूर है उनका शोषण, स्त्री का शोषण, प्रकृति का शोषण और इन तमाम चीजों के साथ परिवार का विनाश होगा।

अरुण माहेश्वरी : *लेकिन बाजार को लेकर कुछ (Theoretical problem) दूसरे प्रकार की भी है। जैसे बाजार की अर्थव्यवस्था के साथ जो विकास का प्रश्न जुड़ा हुआ है। बाजार को विकास के साथ मनुष्य की योग्यता के आकलन के साथ और अर्थव्यवस्था के बुनियादी नियमों के साथ जोड़कर भी देखा जाता है। कहते हैं सोवियत में बाजार के मामले में हस्तक्षेप करके अर्थव्यवस्था को उसके अपने अन्तर्निहित नियमों के अनुसार न चलने देने के बहुत से कुफल हुए। इसके बाद चीन में एक नई 'सोशलिस्ट मार्केट इकॉनामी' की बात कही जा रही है। वहाँ भी बाजार से इनकार नहीं है।*

नामवर सिंह : एक बात अरुण जी कि मैं कभी अर्थशास्त्र का विद्यार्थी तो रहा नहीं। सहजबोध के आधार पर ही कुछ मोटी-मोटी बातें कह सकता हूँ। पहली बात तो हम वामपंथी लोगों को स्वीकार कर लेनी चाहिए कि समाजवादी व्यवस्था में बाजार को नियन्त्रित करने का जो तरीका अपनाया गया था, वह गलत था। उसी तरह जैसे कि हमारे यहाँ योजनाबद्ध विकास का जो नेहरू मॉडल कहलाता है वह अपनी असफलता साबित कर चुका है। क्यों कर चुका है उस ब्यौरे में न जाकर भी देखें कि जो सार्वजनिक क्षेत्र था, महालनबीस कमेटी की जो रिपोर्ट बनी दो योजनाओं के बाद तीसरी जो चल रही थी, तो उन्होंने कहा कि आप समाजवादी ढाँचे का समाज बना रहे थे लेकिन इसमें तो इजारेदारी बढ़ी है। हमारे यहाँ स्वदेशी पूँजीवादी का

विकास उसी दौर में हुआ जब सबसे ज्यादा योजनाबद्ध विकास हुआ। अर्थात् वो 'सप्लीमेंट' साबित हुआ पूँजीवादी का। नम्बर दो यह कि सरकारी अफसर लोग इसके मालिक होते थे। वे नकारा साबित हुए। 'इनऐफिशियेंट', 'करप्ट'। आप उसके बचाव के लिए नहीं लड़ सकते हैं। ये बचाव एक तरह से अफसरशाही की वकालत है, जो सबसे 'करप्ट' है इस समय। ये 'रिटायरमेंट' के बाद भी इन्तजाम किए बैठा है कि सार्वजनिक क्षेत्र को छोड़कर चला जाएगा प्राइवेट में और विदेशों में 'कंसलटेंट' होकर के ये कभी 'रिटायर' नहीं होगा। इसलिए वह मॉडल तो चल नहीं सकता है। ये कूड़ा इतना जमा हो गया इस मॉडल के जरिए कि आप कोई भी तथ्यों के आधार पर, हमारे जो सांसद लोग हैं वे भी उसका समर्थन नहीं कर पाते हैं। ये केवल लफ्फाजी की बात है। इसलिए उसे छोड़ देना चाहिए। वह आदर्श तो चलेगा नहीं अब। लेकिन बाजार पर कोई नियन्त्रण होना चाहिए कि नहीं और नियन्त्रण का ढंग क्या होगा?

(Free Market) मुक्त बाजार प्रणाली के सिद्धान्त पर अर्थशास्त्री लोग गम्भीरता से बात कर सकते हैं, मैं तो अधिकारी नहीं हूँ लेकिन मैं यह मानता हूँ अब भी कि सर्वतन्त्र स्वतन्त्र तो ईश्वर तक नहीं है। बाजार ईश्वर से बड़ा तो नहीं है। कोई भी चीज मनुष्य से बड़ी नहीं है। मुक्त की क्या सीमा है। 'स्काई इज द लिमिट' कहते हैं। कोई न कोई लिमिट तो होगी। इस पर विचार किया जाना चाहिए न कि एक आधा-अधूरा नियन्त्रण जो चल रहा था और जो चल नहीं सकता उसे दोहराने की कोशिश करें। ये बाजार अर्थव्यवस्था अन्तर्विरोधों से मुक्त नहीं है। विश्व व्यापार संगठन का ढाँचा और उसके निर्देश में विकसित की जा रही विश्व अर्थव्यवस्था पर साम्राज्यवाद का वर्चस्व होगा। भारी विषमताएँ पैदा होंगी। साम्राज्यवादियों के अन्दर भी तीव्र अन्तर्विरोध कायम हैं। अन्तर्विरोध ही शाश्वत नियम है। इन पर नजर रखनी चाहिए। आज बाजार एकरस दिखाई पड़ रहा है। लेकिन यदि मार्क्सवाद सही है और मैं मानता हूँ कि सही है तो अन्तर्विरोध का नियम यहाँ भी लागू होगा।

उदय प्रकाश : *आज स्थिति यह है कि किसी जमाने में एक ईस्ट इण्डिया कम्पनी आई थी। आज एक नहीं असंख्य ईस्ट इण्डिया कम्पनियाँ यहाँ आ चुकी हैं। भारत के पूँजीपतियों में होड़ लगी हुई है कि कौन कितनी बड़ी कम्पनी का दलाल बनके इस देश में उसे बुला सके। सरकार ने तो सारे दरवाजे खोल दिए हैं। भूमण्डलीकरण का यह स्वरूप उपनिवेशवाद से भिन्न नहीं दिखाई देता।*

नामवर सिंह : तुमने ईस्ट इण्डिया कम्पनी का नाम लिया। तब से आज तक स्थिति बहुत बदल गई है। आज की तुलना में ईस्ट इण्डिया कम्पनी वाले तो बिलकुल पिद्दी मालूम होते हैं। अपने मुनाफे और कमाई में ही नहीं भ्रष्टाचार के मामले में भी बहुत छोटे दिखाई देते हैं। वे तो लगभग पाषाण युग के मालूम होते हैं। एक

वारेन हेस्टिंग्स पर मुकद्दमा चला, इतना लम्बा चला कि पूरी दास्तान लिख दी गई। आज तो न जाने कितने वारेन हेस्टिंग्स भरे पड़े हैं। इसलिए कोई तुलना ही नहीं है। दूसरा, पहले रुपए कमाकर जहाज पर लादकर ले जाते थे या बैंक से भेजा करते थे। अब तो बटन दबाया वहाँ चला गया। इसलिए आज के 'ग्लोबलाईजेशन' का एक बड़ा अस्त्र नई सूचना क्रान्ति है। जो टेक्नालॉजी की देन है। इस टेक्नालॉजी की देन के कारण जो भूमण्डलीकरण हुआ है उसके दोनों पक्ष हैं। उसके फायदे भी हैं फायदे इस मामले में कि अगर आप क्रान्तिकारी संगठन हैं और दुनिया में हर जगह हैं तो पहले की तुलना में सारी दुनिया के मजदूरों को एकजुट करने में अब ज्यादा समय नहीं लगेगा। यह टेक्नोलॉजी क्रान्तिकारी परिवर्तन के लिए भी कारगर हो सकती है। जितनी उनके लिए है उतनी ही क्रान्तिकारियों के लिए हो सकती है। यह दुधारी तलवार है। टेक्नालॉजी एक ऐसी चीज है जो हर एक के पास हो सकती है। टेलीफोन गाँव-गाँव पहुँच रहे हैं। अब तो टेलीविजन से इंटरनेट जुड़ जाएगा। यह एक बहुत महत्त्वपूर्ण चीज है। मार्क्स ने कहा था कि 'कैपिटलिज्म' खुद अपनी कब्र खोदने वालों को पैदा करता है। तो यह बाजार-ही-बाजार की कब्र भी है। इसे गम्भीरता से समझने की जरूरत है।

(स्वाधीनता, 2000)

अस्मिता की राजनीति

(अजय तिवारी, अरुण माहेश्वरी और सरला माहेश्वरी के साथ)

अजय तिवारी : *हिन्दी साहित्य, भारतीय साहित्य या दुनिया के किसी भी साहित्य में कोई जन समुदाय जब सांस्कृतिक माध्यमों से अपनी अस्मिता खोजता है तब साहित्य में भी उसकी अभिव्यक्ति होती है। आज नस्लवाद विरोधी सम्मेलन के सन्दर्भ में 'ब्लैक लिटरेचर' अधिक प्रासंगिक हो गया है। वहाँ दलित प्रश्न उठाने की बात भी सामने आई है। इधर हिन्दी साहित्य में दलित अस्मिता विशेष रूप से उभरी है। आंचलिक साहित्य में जनपदीय सांस्कृतिक अस्मिता को महत्त्वपूर्ण बनाया गया था। इस तरह हमारे समाज के बहुत से स्तरों की सांस्कृतिक अभिव्यक्ति साहित्य में हुई और इसके जरिए लोग अपना संघर्ष भी कर रहे हैं लेकिन इसी के साथ प्रश्न यह है साहित्य में अस्मिता का आधार क्या होना चाहिए? क्या क्षेत्रों, वर्गों, समुदायों में भिन्नता और विषमता को अस्मिता का चरम रूप मान लिया जाए अथवा अस्मिता के विभिन्न रूपों में सम्बन्ध भी हो सकता है।*

नामवर सिंह : पहली बात तो यह है कि 'अस्मिता' शब्द से मुझे परहेज है। अस्मिता देखने में संस्कृत का शब्द लगता है लेकिन है नहीं। यह अंग्रेजी के 'आइडेंटिटी' का हिन्दी पर्याय मान लिया गया है। संस्कृत में इसका अर्थ होता है—अहंकार। अहंकार को अच्छा नहीं समझा जाता। अस्मिता में अहं है—अहं अस्मि। मेरी जानकारी में हिन्दी में 1950 के आसपास अज्ञेय जी ने आइडेंटिटी के अर्थ में 'अस्मिता' चलाया। संस्कृत के अर्थ से यह भिन्न है। इस व्यक्तिवादी अर्थ से अलग मार्क्सवाद में अस्मिता का दूसरा रूप है। यहाँ 'जन' में अपने व्यक्तित्व के विलय का प्रश्न महत्त्वपूर्ण है। यदि आप मध्यवर्ग के हैं तो अपने वर्ग को छोड़कर खुद को सर्वहारा वर्ग के साथ आइडेंटिफाई कीजिए, तदाकार कीजिए, अपने को 'डिक्लास' कीजिए। तो यह माना जाता था कि कवि अपनी अस्मिता का निषेध करता है, अहंकार को छोड़कर वह जन का होता है। इस प्रगतिशील धारणा के विरुद्ध व्यक्ति की अलग अस्मिता पर बल दिया। उन्होंने 'हम नदी के द्वीप हैं' शीर्षक कविता भी लिखी, उपन्यास भी लिखा। अस्तित्ववाद के साथ आनेवाले एक विशेष प्रकार के व्यक्तिवाद की प्रतिष्ठा के रूप में सन् 1950-51 के आसपास यह शब्द आया। इस नाते हिन्दी में अस्मिता

का ऐतिहासिक अर्थ है—व्यक्तिवाद। मेरी विचारधारा से इसका मेल नहीं बैठता। मराठी में 'अस्मितादर्श' नामक दलितों की पत्रिका निकली। दलितों ने बाबा साहेब अम्बेडकर के दर्शन से प्रभावित होकर इसमें बाकायदे कहा कि हमारी अपनी अलग अस्मिता है। इसकी भी एक पृष्ठभूमि है। राष्ट्रीय आन्दोलन ने कहा कि वर्गों की, जातियों की पहचान की हमारी जो अलग-अलग लड़ाई है वह राष्ट्रीय मुक्ति का अंग है। पहले राष्ट्र मुक्त होगा तभी उसके जितने अंग हैं, वे भी मुक्त होंगे, दलित भी मुक्त होंगे। बाबा साहेब अम्बेडकर ने कहा कि राष्ट्र मुक्त हो जाएगा तब भी जरूरी नहीं कि हम मुक्त होंगे। इसलिए हमारी मुक्ति आप कीजिए।

इस तरह अस्मितादर्शनुमा अस्मिता, एक समूह के रूप में दलित की अपनी अस्मिता अलग है। इसलिए अस्मिता शब्द को स्वीकार करते समय उससे सम्बद्ध ऐतिहासिक अर्थों को हमें ध्यान में रखना चाहिए। अब इधर इन दोनों घटनाओं के लगभग तीस वर्ष बाद 1970-75 के दशक से हिन्दी में एक नए अर्थ में, बल्कि उत्तर-आधुनिकता के चलते एक नए अर्थ में अस्मिता का प्रयोग हुआ है। यह नया अर्थ है। इसके साथ एक और शब्द जुड़ता है—'आइडेंटिटी पोलिटिक्स'। अस्मिता की राजनीति हो गई है। तो अब अस्मिता की राजनीति, यानी अस्मिता एक राजनीतिक चीज, हो गई है, पहले भी थी लेकिन उसकी अलग राजनीति थी। व्यक्ति की व्यक्तिवाद की राजनीति अलग थी जो वर्गवाद की राजनीति के विरुद्ध थी। हम यह ध्यान रखें कि किस ऐतिहासिक सन्दर्भ में अस्मिता की चर्चा कर रहे हैं, तो बात करने में आसानी होगी। आपको याद होगा कि मार्क्सवाद के अन्तर्गत एक बहस चला करती थी व्यक्ति का इतिहास में क्या स्थान होता है? प्लेखानोव ने एक किताब लिखी थी...

अरुण माहेश्वरी : *रोल ऑफ इंडिविजुअल...*

नामवर सिंह : जी, और उसने मार्क्स को ही उद्धृत करते हुए कहा था कि मनुष्य इतिहास बनाता है लेकिन अपनी इच्छा से नहीं बना सकता, दी हुई परिस्थितियों में बनाता है। इसलिए मार्क्सवाद में 'लीडर' की अवधारणा बिलकुल दूसरी है। यह बात याद होगी कि 1956 में जब स्टालिन की व्यक्ति पूजा का जब सवाल था तब डॉ. रामविलास शर्मा ने 'स्वाधीनता' में एक लेख लिखा था—'अंध व्यक्तिपूजा और अंध वर्ग श्रद्धा'।

अजय तिवारी : *'वर्ग चेतन श्रद्धा और अंध व्यक्ति पूजा।'*

नामवर सिंह : हाँ, यही। तो मार्क्सवाद के अन्दर अस्मिता, व्यक्ति से जुड़ी हुई अस्मिता और व्यक्ति से इतर जो तत्त्व है इतिहास उसके सन्दर्भ में चर्चा होनी चाहिए। वात्स्यायन जी ने जब अस्मिता का प्रश्न उठाया तब वह पूरे प्रगतिशील आन्दोलन के विरुद्ध था। व्यक्ति की प्रतिष्ठा के लिए अनेक कविताएँ लिखी गईं। अब इधर जब अस्मिता की चर्चा चली तो उस समय मालूम हुआ कि किसी भी

व्यक्ति की एक अस्मिता नहीं होती, अनेक अस्मिताएँ होती हैं। उनमें क्या सम्बन्ध है और कब कौन-सी महत्त्वपूर्ण हो जाती है। मसलन परिवार में और पारिवारिक रिश्ते में हमारी एक पहचान है। मैं किसी का पिता हूँ, किसी का पति हूँ, किसी का पुत्र हूँ, किसी का भाई हूँ। फिर यह पहचान होती है कि मैं कहाँ का रहने वाला हूँ, उर्दू शायरी में बहुत ही लोगों को हम जगह से पहचानते हैं—जिगर मुरादाबादी एवं नजीर अकबरावादी...हम बीकानेर के हैं कि जोधपुर के। राजस्थान में मारवाड़ी समाज के कौन-कौन से लोग किन-किन स्थानों पर हैं और उससे सचमुच पहचान होती है। आप अपने साथ अपने स्थान से एक पूरी संस्कृति ले आते हैं। वह भी हमारी अस्मिता है। भौगोलिक रूप में क्षेत्रीय, जनपदीय, प्रादेशिक, और आगे बढ़ने पर भारतीय या दुनिया यदि पूरब और पश्चिम के या उससे बढ़कर कुछ लोग कहते हैं कि हम विश्व नागरिक हैं। रवीन्द्रनाथ की एक कविता याद होगी। सरला (माहेश्वरी) को भी याद होगी—'हे माँ तुमने बंगाली तो बनाया लेकिन मनुष्य नहीं बनाया।' तो रवीन्द्रनाथ ने खीझकर संकीर्ण प्रान्तीयता के विरुद्ध लिखा। तो आप देखें कि एक आदमी की कई अस्मिताएँ होती हैं। आप मानें या न मानें शादी-ब्याह करते समय आप ब्राह्मण हैं कि क्षत्रिय हैं, कि वैश्य हैं, कि शूद्र हैं—विभिन्न वर्णों में से क्या हैं, उन वर्णों में भी दलित कहना काफी नहीं है, आपको ये मालूम होना चाहिए कि म्हार हैं, कि चमार हैं, कि भंगी हैं। इग्नू में एक लड़की है विमल खण्डेकर। उसने ओमप्रकाश वाल्मीकि की आत्मकथा 'जूठन' पर काम किया है। आज ही बातचीत के सिलसिले में मैंने उससे पूछा कि तुमने उसमें ऐसा कोई अनुभव पाया जो सबका नहीं होता? उसने खट् से जवाब दिया—वाल्मीकि चूँकि भंगी हैं और भंगी लोग उस खाने को बटोरकर अपने घर पर खाया करते थे जो खाना खाने के बाद जूठन लोग फेंक दिया करते हैं। इस तरह दलित में भी भंगी और अब भी देखेंगे आप कि उत्तर प्रदेश के भाजपाई मुख्यमन्त्री राजनाथ सिंह इन मामलों का फायदा उठा रहे हैं कि शूद्र में भी अतिशूद्र। अगड़े-पिछड़े में भी दो भेद करना। इसलिए मैं कह रहा था हर एक आदमी की कई अस्मिताएं होती हैं। पेशे की दृष्टि से आप अध्यापक हैं, डॉक्टर हैं, इंजीनियर हैं, सांसद हैं या एक्टिविस्ट हैं, लेखक हैं, पत्रकार हैं तो यह हमारी पहचान है। एक जमाना था जब आधुनिक औद्योगिक सभ्यता का विकास नहीं हुआ था तब सामन्तवादी समाज में पहचान बड़ी आसान हुआ करती थी। बल्कि ये होता था कि आप हिन्दू हैं कि मुसलमान हैं। हिन्दू हैं तो आप वैष्णव हैं कि शैव हैं। वैष्णव में भी कौन वैष्णव हैं। उसी तरह जाति-पाँति में देखें तो आप ब्राह्मण हैं तो कौन से ब्राह्मण। मजाक सुनाया जाता है कि एक मुसलमान था, उसने कह दिया कि मैं हिन्दू हूँ तो पूछा कौन हिन्दू, तो बोला ब्राह्मण फिर पूछा कौन ब्राह्मण, तो बोला गौड़, फिर पूछा कौन गौड़ तो बोला या अल्लाह गौड़ भी कई तरह के

हैं। तो यह अपने आप में मजाक है कि हमारी कितनी अस्मिताएँ हैं इतने विभाजित बीभत्स समाज में धर्म के हिसाब से, जाति के हिसाब से, पेशे के हिसाब से, धंधे के हिसाब से, क्षेत्र के हिसाब से बल्कि काल के हिसाब से भी हमारी अनेक अस्मिताएँ हैं। कुछ लोग 20वीं शताब्दी में रहते हुए भी लगता है सोलहवीं शताब्दी के आदमी हैं। कोई 21वीं शताब्दी का मालूम पड़ता है। इतनी अस्मिताएँ हैं और इन अस्मिताओं के आधार पर पॉलिटिक्स की जा रही है। एक लोकतन्त्र में यह पॉलिटिक्स काफी नाजुक और पेचीदा होती है। एक मार्क्सवादी होने के नाते हमारे लिए इस पर विचार करना जरूरी है कि हम केवल वर्ग के रूप में पहचान करते हैं। वह भी क्लासिकल फॉर्म में। आप सर्वहारा वर्ग के नहीं हैं जैसे मार्क्स नहीं थे। लेकिन उन्होंने कहा कि संघर्ष की विशेष परिस्थितियों में मध्यवर्ग के लोग टूटकर सर्वहारा वर्ग के साथ आ जाते हैं। जैसे मार्क्स और लेनिन आए। लेकिन कम लोग आते हैं। यह प्रक्रिया पेचीदा होती है। इसलिए मार्क्सवाद यह मानता है कि आदमी की कोई स्थिर और जड़ अस्मिता नहीं होती। आप इतिहास को बदलें या न बदलें लेकिन आदमी के लिए यह सम्भव है कि प्रयत्न करके अपनी अस्मिता बदल सकता है।

अजय तिवारी : *आज की प्रक्रिया में मध्यवर्ग के लोगों का कुलीन वर्ग में जाना और उस तरफ बढ़ने की कोशिश करना...*

नामवर सिंह : इसके लिए समाजशास्त्र का शब्द है अप-वर्ड मोबिलिटि। आप नीचे से ऊपर के वर्ग में शामिल हो जाते हैं। यही मोबिलिटि है। यही मोबिलिटि है जो हम गाँव से चलकर शहर में आए। हम शहरी हो गए हैं, गाँव की बातें भूल गए हैं। परिस्थितियाँ बदलती हैं, लेकिन कभी-कभी इसमें शामिल ये है कि हम अपनी अस्मिता बदल सकते हैं। अपनी जो अस्मिता अवांछित लगती है उसे पूरी-की-पूरी छोड़ सकते हैं।

रोमैंटिक कवि कीट्स ने एक शब्द का प्रयोग किया था, 'निगेटिव कैपिबिलिटि'। उसका कहना था कि एक लेखक और कवि के रूप में मेरी कोई अलग पहचान नहीं है। मैं अपना अहंकार त्यागकर अपने को दूसरों में ढाल लेता हूँ। लोग शेक्सपियर का सबसे बड़ा गुण यही कहते हैं कि उनके नाटकों से अन्दाज लगाना मुश्किल है कि शेक्सपियर कौन है? क्योंकि वह लीयर भी मालूम होता है और मैकबेथ भी। इसलिए कीट्स ने कहा है कि लेखक गिरगिट की तरह रंग बदल लेता है। जितनी बड़ी समता का लेखक होगा उतना ही वह आत्मनिषेध करके अपनी वास्तविकता को यथार्थ में ढालकर लिखेगा।

सरला माहेश्वरी : *रवीन्द्रनाथ का विश्वमानव भी यही है।*

नामवर सिंह : यही है। साहित्य की परम्परा भी हमें सिखाती है अस्मिता का निषेध। और मार्क्सवाद भी यही सिखाता है। इस मामले में दोनों मिलते हैं। इसलिए

अस्मिता के मामले को लेकर आज हम जब परेशान होते हैं तो मुझे लगता है कि साहित्य या श्रेष्ठ साहित्य की परम्परा से हम हट रहे हैं। और जिस मार्क्सवादी चिन्तन में हम पले-पोसे हैं उससे हटकर आइडेंटिटि पॉलिटिक्स में चले जाएँगे। चाहे वह दलितों की अस्मिता हो या सवर्ण-अवर्ण की या पूरब-पश्चिम की। मार्क्स ने कहा था कि सर्वहारा का कोई देश नहीं होता। जैसे हमारा देश तो राष्ट्र था ही नहीं। अंग्रेजों ने उसे हड़प लिया था। पहले हम राष्ट्र के रूप में अपने को हासिल करते हैं लेकिन हम राष्ट्रवादी नहीं हो जाते। उसकी सीमाओं को तोड़कर हम सर्वहारा की अन्तर्राष्ट्रीयता की बात करते हैं। देश का आधार होता है लेकिन उस आधार का, इसलिए अस्मिता का, हम अतिक्रमण करते हैं। लेकिन अतिक्रमण करने के लिए जरूरी है कि कोई-न-कोई अस्मिता हो। ऐसे लोग जिनमें वह है ही नहीं तो वे किसका अतिक्रमण करेंगे। इसलिए गहरे अर्थ में यदि मार्क्स या लेनिन को देखें तो उनको जर्मनी की चिन्ता रहती थी। चाहे इंग्लैण्ड में रहें, रूस की चिन्ता रहती लेकिन रूस तक सीमित नहीं थे। एक बात पर हम लोगों का ध्यान नहीं जाता कि दुनिया का पहला राज्य था—यू.एस.एस.आर. (यूनियन ऑफ सोवियत सोशलिस्ट रिपब्लिक) जिसमें किसी देश का नाम नहीं है, रूस नहीं है। वह मानव मात्र के लिए है, विश्व के लिए है। यू.एस.ए. में यूनाइटेड स्टेट ऑफ अमेरिका है। यूनाइटेड किंगडम जब कहते हैं तब उसमें 'किंगडम' मिला हुआ है। इसलिए समाजवाद की परिकल्पना में ही राष्ट्रवाद नहीं है। रूस की कोई अस्मिता इसमें नहीं है। अस्मिता पर बात करते समय इन बातों को अगर ध्यान में रखें तब देखें कि साहित्य में उसकी क्या जगह है और उस पर हम लोग कैसे विचार कर सकते हैं।

अजय तिवारी : *आपने बहुत अच्छी बातें कहीं। मसलन अस्मिता बदलने के लिए भी और अस्मिता का निषेध करने के लिए भी अस्मिता का होना जरूरी है। हम अपने समाज और साहित्य में अस्मिताओं के कम-से-कम दो रूप देख रहे हैं। एक सांस्कृतिक अस्मिता का रूप है जिसकी पहचान भाषा से होती है। जैसे जर्मन भाषा के प्रति मार्क्स के लगाव का आपने जिक्र किया। उसी तरह एक वर्गीय अस्मिता होती है जिसका सम्बन्ध आर्थिक जीवन से है। इन अस्मिताओं के विरोध में और इन अस्मिताओं को हाशिये पर फेंकने के लिए बहुत ही शिद्दत से जाति की, धर्म की, लिंग की और सामुदायिक ढंग की अस्मिताओं को सामने लाया जा रहा है। आप इन दोनों तरह की अस्मिताओं में क्या सम्बन्ध देखते हैं। इसी से जुड़ी दूसरी समस्या है कि अगर ये दोनों अस्मिताएँ परस्पर विरोधी दिशाओं में जाती हैं तो आप किसे प्राथमिकता देंगे।*

नामवर सिंह : इन सामुदायिक अस्मिताओं पर चर्चा करने से पहले मैं व्यक्ति की अस्मिता की बात फिर उठाना चाहता हूँ—एक विशेष सन्दर्भ में। तुमने डॉ.

रामविलास शर्मा की किताब पढ़ी होगी—'मार्क्स और पिछड़े हुए समाज'। उसके अन्तिम अध्याय में उन्होंने मार्क्सवाद की कुछ सैद्धान्तिक समस्याओं पर विचार किया है। उसमें आधार और अधिरचना की भी चर्चा हुई है। उसमें प्रसंगवश एक सवाल उठाया है जिस पर किसी का ध्यान गया ही नहीं है। व्यक्ति और उसका व्यक्तित्व। उन्होंने कहा कि जो सांस्कृतिक अधिरचना है उसी में विचार आते हैं, संस्कृति आती है, सौन्दर्यबोध आता है; व्यक्तित्व भी अधिरचना का अंग होता है। कैसे होता है? तो उन्होंने बताया कि रूस में कई बड़े नेता थे लेकिन क्रान्ति लेनिन की पहल पर हुई। उसमें लेनिन के व्यक्तित्व का कुछ हाथ जरूर है। किसी और ने क्यों नहीं कर लिया? क्यों लेनिन ने किया? हेगेल के अनेक शिष्य थे—डॉयलेक्टिस भी जानते थे और मैटरियलिज्म जानने वाले लोग भी थे। लेकिन डॉयलेक्टिल मैटरियलिज्म मार्क्स ने ही विकसित किया। मतलब व्यक्तित्व का कोई हाथ तो होता है। यही नहीं बल्कि मार्क्स के व्यक्तित्व के कुछ अपने गुण हैं—करुणा है, विनोद है, व्यंग्य है, मित्रता है, आदि जो मानवीय गुण कहलाते हैं। वह एक ऐसा व्यक्तित्व है कि उनका रचनाओं को पढ़ते हुए बार-बार वह व्यक्तित्व हमें खींचता है। मार्क्स और एंगेल्स दोनों घनिष्ठ मित्र थे लेकिन दोनों का व्यक्तित्व भिन्न है।

अजय तिवारी : *हाँ, दोनों का गद्य बिलकुल अलग-अलग मालूम पड़ जाता है।*

नामवर सिंह : इसका मतलब है कि अन्ततः उपलब्धि सारे इतिहास की देन हुआ करती है। इतिहास में योगदान करते हुए और उसी प्रक्रिया में कुछ लोग अपनी विशेष पहचान बनाते हैं। यहाँ 'पहचान' को मैं 'अस्मिता' की जगह प्रयोग कर रहा हूँ। यह पहचान इतिहास में उसका एक विशेष स्थान निर्धारित करती है। ऐसा स्थान जिसकी नकल नहीं की जा सकती। मसलन हिन्दी में कबीर के अनुयायी बहुत हुए पर कबीर दूसरा नहीं हुआ। तुलसीदास दूसरा नहीं हुआ जबकि रामकथा बहुत लोगों ने लिखी। तो उपलब्धि होती है। व्यक्तित्व के अतिक्रमण करने की प्रक्रिया में आदमी ऐसी पहचान बनाता है जो किसी का अनुकरण न हो और अनुकरणीय भी न हो। आप चाहें भी तो वैसे नहीं बन सकते। यह देन है इतिहास की, इतिहास के उस दौर की। विचित्र बात है कि सामन्तवादी दौर में भी ऐसे व्यक्तित्व निर्मित होते रहे हैं। तब ऐसे अधिकांश व्यक्तित्व टाइप होते थे। टाइप होने का मतलब जैसे नाटकों में लोग कहते थे कि नायक को धीरोदात, धीरललित होना चाहिए। नायिकाएँ प्रौढ़ा, मध्यमा आदि-आदि। सामन्तवाद ने जैसे जातियों को बाँटा था, उसी तरह व्यक्तित्वों को भी वर्गीकृत किया। बॉयोलॉजी में इसे स्पीसीज कहा जाता है। पशु से मनुष्य इसी रूप में अलग है कि पशुओं की जातियाँ होती हैं उसमें व्यक्ति नहीं होता। अगर एक कुत्ता है, किसी जाति विशेष का है, आपके सम्पर्क में रहकर, आपसे ट्रेनिंग पाकर ऐसा बनता है कि उसी जाति के दूसरे कुत्ते से आपका कुत्ता भिन्न होगा।

फिर भी, हम मानते हैं कि पशु से मनुष्य अलग इस मामले में होता है कि उसमें अपनी अलग पहचान बना लेने की क्षमता होती है, जो पशु में अपने आप नहीं होती। हमारे पुराने ग्रन्थों में कहा गया है कि 'धर्मो हितेषां अधिको विशेषो'। उसे धर्म के नाम से व्यापक अर्थ में कहते थे—गुण। 'धर्म' मजहब या रिलिजन के अर्थ में नहीं। यह देन मैं मानता हूँ।

जिसे आधुनिकता या 'मॉडर्निटी' कहते हैं, पूँजीवाद के साथ व्यक्ति का उदय हुआ। उसकी पहली अभिव्यक्ति रोमांटिक कविता में हुई। नए तरह के उपन्यासों में हुई। यह वही दौर है जब आत्मकथा एक विशेष विधा बन गई। आत्मकथा लिखना हिन्दी में उन्नीसवीं सदी के उत्तरार्द्ध में शुरू हुआ। बांग्ला में लगभग उसी के आसपास शुरू हुआ। विदेशों को छोड़ भी दें तो मराठी में उसी समय शुरू हुआ। मराठी में स्त्रियों ने भी आत्मकथा लिखी। स्त्री-विमर्श आजकल बहुत हो रहा है। जिस प्रदेश में, जिस भाषा में स्त्रियों ने सबसे पहले आत्मकथा लिखना शुरू किया है, समझना चाहिए कि तब से उस प्रदेश एवं देश में स्त्री की मुक्ति का प्रारम्भ होता है। और हिन्दी में? आज भी कृष्णा सोबती ने नाम बदलकर 'हशमत' नाम से अपने बारे में लिखा। महादेवी जी ने संस्मरणों के माध्यम से भक्तिन के बारे में लिखा लेकिन अपनी आत्मकथा उन्होंने भी नहीं लिखी। सुभद्राजी ने नहीं लिखी। जबकि बांग्ला में 'विनोदिनी' और...कब से मिलता है। मराठी में 19वीं सदी से मिलता है। इससे पता चलता है कि स्त्री की अलग पहचान हिन्दी में अभी तक नहीं बन सकी है। इससे सामाजिक विकास का पता चलता है। उदाहरण के लिए, हिन्दी में पहली आत्मकथा भारतेन्दु हरिश्चन्द्र ने शुरू की—'कुछ आप बीती, कुछ जग बीती'। शुरू की, अधूरी रह गई। यह भी एक संयोग होते हुए एक ऐतिहासिक लक्षण है। भारतेन्दु अपने जमाने से आगे बढ़ के लिखना चाहते थे, और वे थे भी आगे, और जैसा व्यक्तित्व भारतेन्दु का था, उस तरह भारतेन्दु मण्डल में कोई नहीं था। तमाम लेखक थे लेकिन भारतेन्दु उनमें विलक्षण थे। बहरहाल, उनकी आत्मकथा अधूरी रह गई। इसका मतलब यह हुआ कि आधुनिकता का शुभारम्भ हिन्दी में विलम्ब से हुआ। इसलिए मैं कह रहा था कि इतिहास में व्यक्ति की पहचान, निर्माण, अपने कार्यों द्वारा अपनी विशिष्ट, अलग पहचान बनाने का आग्रह, यह एक तरह से सामन्तवाद-विरोधी कार्य था। इस मामले में मेरी पहचान यह नहीं है कि मैं किस जाति का हूँ। मैं जाति से नहीं, अपने व्यक्तित्व से पहचाना जाऊँ, कर्म से पहचाना जाऊँ। आधुनिकता के सन्दर्भ में सारी चर्चा की जाती है लेकिन इस पर नहीं कि यह विशिष्ट व्यक्तित्व प्राप्त करना, और वह योग से, साधना से नहीं, कर्म से, सर्जनात्मक कर्म से प्राप्त होता है अर्थात् व्यक्ति की पहचान सर्जनात्मक कर्म से होती है। यह सर्जनात्मक कर्म पोलिटिकल एक्ट भी हो सकता है। जैसे गाँधी ने स्वाधीनता

आन्दोलन में कर्म से अपनी अलग पहचान बनाई, जवाहर लाल नेहरू ने अपनी अलग पहचान बनाई। हमारे कम्युनिस्ट आन्दोलन में भी एक-से-एक थे और सभी एक-दूसरे से अलग थे। ई.एम.एस. वही नहीं थे जो सुन्दरैया थे; सुन्दरैया वही नहीं थे जो बी.टी.आर. थे। इसलिए मैं कहना चाहता हूँ कि पहचान प्रदत्त नहीं होती, पहचान रची जाती है, सृजित होती है। और वह क्रिएट होती है सर्जनात्मक कर्म से। चाहे वह सर्जनात्मक कर्म किसी रूप में हो। टेक्नॉलॉजी में आप कोई इन्वेंशन करें, नई विधा निकालें, नया साहित्य लिखें। ऐसे विशिष्ट व्यक्तित्व में एक लक्षण होता है अहंकार। अहंकार सबसे ज्यादा विनाश करता है व्यक्तित्व की अपनी पहचान कायम करने में। मार्क्स की रचनाओं को पढ़ने से लगता है कि सेल्फलेस आदमी थे। लेनिन सेल्फलेस थे। हम अपने बड़े साहित्यकारों को देखें, रामविलास जी, नागार्जुन, शमशेर सेल्फलेस थे। इसलिए 'सच्ची अस्मिता' अस्मिता के निषेध से ही प्राप्त होती है। और मैं कहूँगा कि यह 'पोलिटिकल थियरी' भी है और 'इस्थेटिक थियरी' भी है। अब इस दृष्टि से आप सामाजिक सवाल मुझसे पूछ सकते हैं। आप अपना प्रश्न फिर से दुहरा दीजिए।

अजय तिवारी : *दुहराने की बजाय इससे आगे का जो सवाल पैदा होता है, उस पर बात करें...*

अरुण माहेश्वरी : *एक सवाल उठता है कि साहित्य में अस्मिता का प्रश्न एक उपादान के तौर पर है, खास कर अपनी विशिष्ट पहचान बनाने के लिए। इसलिए भी उसके प्रति बड़ा आग्रह रहता है। यह देखा जाता है कि खास-खास परिस्थितियों में खास-खास पहचान बनाने के लिए 'फिक्शन राइटर' अस्मिता का प्रश्न उठाते हैं। लेकिन वही बात है कि इन सारी अस्मिताओं का निषेध करते हुए जब वह 'बेसिक' मूल्यों को स्थापित करता है तभी असल में बड़ा साहित्य जन्म लेता है। लेकिन इन छोटी-छोटी अस्मिताओं को स्थापित करने के लिए ही साहित्य लिखा जा रहा है। आजकल यह प्रवृत्ति खासतौर से देखी जा रही है। राजनीति में भी 'पोलिटिक्स ऑफ आइडेंटिटी' के नाम पर कई 'रिएक्शनरी ग्रुप' दिखाई देते हैं। लेकिन इसमें कई पॉजिटिव ऐस्पेक्ट्स भी हैं। वे कम-से-कम आपको यथार्थ की पहचान तो देते हैं। जहाँ से आपको उनका निषेध भी करना है। उसी तरह साहित्य में भी ऐसी प्रवृत्तियाँ दिखती हैं जिनका उद्देश्य इन छोटी-छोटी अस्मिताओं का निषेध करना नहीं है। उनका उद्देश्य व्यक्ति एवं मनुष्य को भी स्थापित करना नहीं है बल्कि इन्हीं अस्मिताओं पर बल देना है, एवं बड़ी अस्मिताओं के विरुद्ध उन्हें उत्प्रेरित करना है। इस पहलू पर विचार करना चाहिए।*

अजय तिवारी : *इसी से जुड़ा हुआ एक और पहलू भी है, आपने कहा कि दलित या बनिया होने से जो 'आइडेंटिटी' बनती है, उससे अलग एक 'सेल्फ' की*

'आइडेंटिटी' है जो सामन्तवाद से व्यक्ति के अलग होने की प्रक्रिया है। इस लिहाज से देखें तो आज वापस सामुदायिक अस्मिता के नाम पर जाति और धर्म से सम्बन्धित अस्मिताएँ अग्रसर की जा रही हैं तो कहीं-न-कहीं यह आधुनिकता की प्रक्रिया के विरुद्ध भी है। और केवल एक पहलू नहीं है इसका। मतलब यह कि यथार्थ की गतिविधि तो अपने आप एक दिशा में सक्रिय है लेकिन 'यूटोपिया' यानी समाजवाद के विरुद्ध जितना अभियान तेज हुआ है, उतना ही सामुदायिक अस्मिताओं का आग्रह भी तेज हुआ है। इन दोनों में क्या कोई रिश्ता है?

नामवर सिंह : देखो ऐसा है, केवल दलित का सवाल नहीं है। जब अस्मिता की बात करें तो सभी को ध्यान में रखें। इस समय जो बड़ी समस्या हमारे देश के सामने है, उस समय अगर कोई दलित कहे कि साहब वो तो ठीक है, देश की चिन्ता हमें भी है, लेकिन मेरा क्या होगा, मैं तो दलित का दलित ही रहूँगा...देश की परिकल्पना जैसी बीजेपी, आरएसएस वाले करते हैं—पुरुषप्रधान है, क्योंकि आरएसएस में स्त्रियों के लिए कोई जगह नहीं है। जैसे पन्त ने 'वह बूढ़ा' कविता में कहा कि औरत पैर की जूती है, किसान कहता है, बीवी घर गई, कोई बात नहीं, दूसरी आ जाएगी, पर जवान बेटा मर गया, यह नहीं सहा जाता, छाती फटती है। अर्थात् स्त्री की पुरुष से अलग कोई अस्मिता नहीं है। तो इस दौर में हुआ यह है कि जिन चीजों को हम बण्डल बनाकर रखे हुए थे, उसको बनाने वाले जितने नाम हैं, वे अपनी-अपनी हैसियत समझने लगे हैं। यह आधुनिकता की ही देन है। डंके की चोट पर यह कहना कि मैं स्त्री हूँ और इस पर मुझे शर्म नहीं है, मेरा अस्तित्व अलग है। जब विकास होता है तो उसका एक मतलब होता है। जैसे कली खिलती है तो उसकी सारी पंखुड़ियाँ अलग-अलग हो जाती हैं। तो कहते हैं कि यह फूल का विकास हुआ। इसलिए बन्द समाज जब खुलता है तो उसके जितने अंग हैं, वे भी खुलते हैं। उनकी अलग पहचान बनती है। अँधेरे में हर चीज एक रंग की दिखाई पड़ती है। जैसे सुबह पौ फटती है तो हर चीज अलग-अलग रंग की दिखाई पड़ने लगती है। तो जब ज्ञान का विज्ञान का, आधुनिकता का प्रकाश हुआ तो समाज के जितने तत्त्व थे, उनकी अलग-अलग पहचान दिखाई पड़ने लगी। दूसरी तरफ यह हुआ कि उनको खुद यह एहसास होने लगा कि मैं भी कुछ हूँ। पहला चरण है कि अलग-अलग हुए लेकिन तुरन्त उनको यह मालूम नहीं हुआ। कुछ दिनों के बाद एहसास हुआ कि मैं अलग हूँ। यह दूसरा चरण है। यही वजह है कि इस देश में आजकल स्त्री-विमर्श की चर्चा हो रही है। सोचिए, आजादी के पचास साल बाद! और यह यूँ ही नहीं हुआ। स्त्रियाँ समाज के विभिन्न क्षेत्रों में काम करने के लिए आगे आई हैं। राजनीति में आगे आई हैं। पहले झुण्ड हुआ करती थीं। अब झुण्ड नहीं हैं। अलग-अलग हैं। जनजातियों में भी स्त्रियाँ अलग-अलग दिखाई पड़ रही

हैं। इसलिए एक मार्क्सवादी होने के नाते मैं कहूँगा कि अस्मिता को, हर चीज को हम लोग इतिहास के रूप में देखते हैं। इतिहास की प्रक्रिया के दौरान अस्मिताओं के बोध का विकास हुआ। सारी चीजों को एकजस देखने से, जिसे अंग्रेजी में 'होमोजेनाइजेशन' कहते हैं, जिसका चरम रूप फासीवाद है, जिसमें सारे यहूदी भीड़ हैं, इस भीड़ में चाहे वाल्टर बेन्जामिन जैसा सचेत बुद्धिजीवी हो या दूसरा कलाकार हो या आइंस्टाइन हो, सब भीड़ हैं...जैसे कि हिन्दुत्ववादियों के लिए कैफी आज़मी, असगर अली इंजीनियर आदि सब मुसलमान हैं। साम्प्रदायिक दंगे एक तरह के फासीवादी दंगे हैं। जब दंगे होते हैं तब उसमें यह नहीं होता कि कौन आदमी महान कलाकार है, वैज्ञानिक है, बुद्धिजीवी है। कुछ नहीं, वह खास मजहब का है, खत्म कर दो। गणेश शंकर विद्यार्थी इसी कारण मारे जाते हैं। ऐसी प्रवृत्तियाँ इतिहास के विकास को रोकती हैं। इसलिए अस्मिताओं का जो प्रस्फुटन हो रहा है, विकास हो रहा है, वह हमारा काम है। मार्क्स कहते थे कि जब साम्यवादी समाज होगा, आदर्श समाज होगा तब व्यक्ति वैशिष्ट्य खत्म नहीं हो जाएगा बल्कि उसके विकास का अधिक-से-अधिक मौका मिलेगा।

अरुण माहेश्वरी : *नहीं, मैं कह रहा था कि एक अस्मिता का विकास दूसरी अस्मिता के विरोध में है, यह प्रवृत्ति भी उसी फासिज्म की ओर है।*

नामवर सिंह : कहा न कि यह अस्मिता की राजनीति है। अस्मिता की राजनीति के लिए एक 'अन्य' का होना बहुत जरूरी है। और वह 'अन्य' जो होगा वह शत्रु होगा। इसलिए उसको खत्म करके ही हमारी पहचान बन सकती है।

अजय तिवारी : *क्योंकि उसमें घृणा से ही जीवन प्राप्त करना है। अपनी अस्मिता का जीवन दूसरे के प्रति घृणा से प्राप्त करना है।*

नामवर सिंह : नहीं, मैं कह रहा था कि अस्मिता की राजनीति में द्वैत आवश्यक है। जैसे ही आप 'मैं' कहेंगे वैसे ही 'तुम' अवश्य आएगा। 'मैं' का अर्थ तभी बनता है जब एक 'तुम' हो। इसलिए वे 'मैं' और 'तुम' को मिलाकर 'हम' की दिशा में न ले जाकर अस्मिता की राजनीति बराबर चाहती है कि 'मैं' मैं रहे और 'तुम' तुम रहे, बल्कि 'वह/वे'।

सरला माहेश्वरी : *कांशीराम, मायावती की राजनीति आज उसी दिशा में ले जा रही है।*

नामवर सिंह : जी!

अजय तिवारी : *डॉक्टर साहब एक सवाल रह गया है। सामुदायिक अस्मिता को सांस्कृतिक और वर्गीय अस्मिता के मुकाबले एक राजनीति के तहत खड़ा किया जा रहा है। इसी के साथ देखने में आता है कि इस तरह की सामुदायिक अस्मिता को 'यूटोपिया' के विरोध की रणनीति के अंग के रूप में ही सामने लाया जा रहा*

है। और 'यूटोपिया' का मतलब है समाजवाद। तो क्या उदारीकरण की जो राजनीति देश में है, पूँजीवादी राजनीति और बाजारीकरण का विस्तार है, उसके साथ साहित्य और राजनीति में इन अस्मिताओं के आन्दोलन का कोई सम्बन्ध है?

सरला माहेश्वरी : *यह जो ढाँचागत सुधार का कार्यक्रम है वह झूठा है।*

नामवर सिंह : हाँ! पहली बात तो मैं उदारीकरण और भूमण्डलीकरण पर कहूँगा। यह पेचीदा सवाल है। मैं कह रहा था कि जिस क्रम में दलित अपने आन्दोलन की बात कर रहे हैं। अफ्रीका और अमेरिका के काले लोग अपनी अस्मिता की बात कर रहे हैं। और फिर सारी दुनिया में स्त्री एक आन्दोलन के रूप में अपनी अस्मिता की बात कर रही है तो हमें यह न भूलना चाहिए कि ऐसे अधिकांश प्रयत्न वामपंथ चेतना के साथ हो रहे हैं। सच पूछिए तो स्त्री-विमर्श के रूप में ही वामपंथी चेतना आज विश्व में सबसे प्रभावशाली विचारधारा है। यह संयोग नहीं है बल्कि सौभाग्य है कि यह वामपंथ विरोधी नहीं है। इसी के समानान्तर सोचने के बाद देखता हूँ कि काले और गोरे के संघर्ष में, काले लोगों की अपनी पहचान को पूरा समर्थन वामपंथी दे रहे हैं। ये वामपंथी उस संकीर्णता के शिकार नहीं हैं।

अरुण माहेश्वरी : *अगर गोरों की अस्मिता की कोई बात करें?*

नामवर सिंह : नहीं-नहीं मैं...

अजय तिवारी : *जो होपलेस हैं उनकी अस्मिता का सवाल क्रान्तिकारी होगा।*

नामवर सिंह : हाँ, वही काले लोगों पर होने वाले अत्याचार के विरुद्ध संघर्ष करने वाले वामपंथ के लोग रहे हैं। भले उनका रंग गोरा रहा हो। गोरे वामपंथियों ने काले लोगों का समर्थन अमेरिका में किया, अफ्रीका में किया, लैटिन अमरीकी देशों में किया है।

अजय तिवारी : *यहाँ एक छोटी-सी दिक्कत पैदा होती है कि काले लोगों का समर्थन जिन गोरे लोगों ने किया है उन्हें अलगाया नहीं जाता, उनके प्रति उस तरह की असहिष्णुता नहीं है। फेमिनिज्म का या नारी अस्मिता के प्रश्न का समर्थन बहुत से पुरुष करते हैं। नारी उत्पीड़न का, नारी के प्रति भेद-भाव का विरोध करते हैं। और नारी आन्दोलन जहाँ भी सन्तुलित दृष्टि के साथ चलता है वहाँ वह पुरुष मात्र का विरोधी नहीं है। पर आपके हिन्दी साहित्य में?*

नामवर सिंह : अभी हिन्दी पर थोड़ी देर बाद आना। पहले दूसरी बात, वामपंथी शक्तियों ने काले कहे जाने वाले लोगों का, और स्त्री का समर्थन किया है। उनके साथ कन्धे-से-कन्धा मिलाकर संघर्ष किया है। इसलिए वहाँ इस भ्रम की गुंजाइश नहीं रहती है। जहाँ वामपंथ भूमिका अदा करेगा वहाँ उन आन्दोलनों को तो ताकत मिलेगी ही खुद वामपंथ को भी ताकत मिलेगी। निकारागुआ में, कास्त्रो अगर समर्थन करते हैं तो कास्त्रो तो गोरे हैं। साहित्यकारों में देखें तो नदीन गर्डिनर गोरी हैं, डेनिस

ब्रूट्स गोरे हैं। इन गोरे लोगों ने काले लोगों के कन्धे-से-कन्धा मिलाया है। ऐसे गोरे लोगों में अपने आप एक वैज्ञानिक मार्क्सवादी विचारधारा दिखाई देती है। अब इसके बरक्स भारत में आओ।

अरुण माहेश्वरी : *हमारे यहाँ आधुनिक दलित साहित्य की परम्परा प्रेमचन्द से शुरू होती है।*

नामवर सिंह : नहीं। चूँकि सदियों से सवर्ण लोगों ने करुणा, सहानुभूति दिखाते हुए एक मानवतावाद का शब्द लेकर यह काम किया। और जिसको कहते हैं न, दूध का जला छाछ भी फूँककर पीता है। तो दूध का जला हुआ है यह वर्ग। यानी हमारे देश में स्त्री या दलित। पहले के अनुभव होंगे। कई लोगों ने केवल करुणा या सहानुभूति के कारण...भगवान को भी हम लोग करुणामय ही समझते रहे। स्टीफेनज़्वाइग की एक किताब—'बीवेयर ऑफ पिटी'। इसलिए दलित, स्त्री अगर कहती है कि मुझे दया नहीं चाहिए, दया की पात्र मैं नहीं हूँ, ये मेरा हक है, तो अस्मिता का अर्थ है—अस्मिता का हक। अस्मिता दया नहीं चाहती। अस्मिता हक चाहती है। अब इस पर हम लोग क्षुब्ध हों, दुःखी हों कि अरे आँख दिखा रहा/रही है यह तो इसका मतलब हुआ हमारे सवर्ण अहं को, पुरुष अहं को चोट लगती है। आँख इसलिए दिखा रहे हैं कि दूध के जले हैं पाँच हजार वर्ष से। तो स्थिति यह है। रामविलास जी ने दिखाया है कि जाति व्यवस्था अन्यत्र भी थी। पर ऐसी कठोर और इतनी जटिल जाति व्यवस्था कहीं नहीं थी। इतने आन्दोलन हुए। समय-समय पर होते रहे, इतने लोग आए, कबीर आए, गाँधी आए, अम्बेडकर आए फिर भी हम लोग इसकी चूल ढीली नहीं कर सके। बल्कि वह आज और भी मजबूत होती दिखाई पड़ रही है। उसके पीछे दूसरी ताकतें हैं। इसलिए कि वामपंथ आपके यहाँ कमजोर है। और वामपंथ ऐसे प्रश्नों को महज सांस्कृतिक (मेयरली कल्चरल) समझता है। वह आर्थिक लड़ाई लड़ता रहा है। तो यह अर्थवाद ले बीता। सामाजिक और सांस्कृतिक समस्याओं पर इनका ध्यान ही नहीं जाता। इन समस्याओं पर आएँगे तो कहेंगे चलो भाई तुम बहस कर लो। अरे भाई हम क्यों बहस कर लें। सोमनाथ चटर्जी क्यों न बहस करें। उसी तरह से दलितों का मामला आएगा तो कहेंगे कि पार्टी का दलित कामरेड है—वह बहस करेगा। क्यों करेगा वह? आप क्यों न करेंगे?

सरला माहेश्वरी : *अलगा दिया न इसको...*

नामवर सिंह : हाँ, यह काम वामपंथ ने नहीं किया है। वामपंथ अगर अपनी जिम्मेदारी नहीं निभाता है तो वे लोग जाएँगे—मायावती और कांशीराम के पास। विचित्र बात है स्त्री-विमर्श का सारा आन्दोलन जो भारत में चल रहा है—वह गैर मार्क्सवादी महिलाएँ चला रही हैं। चाहे 'काली फौर वीमेन' हो जो अंग्रेजी में पत्रिका निकालती है, चाहे गीता धरमराजन हों या कुमकुम संगारी हों और विचित्र विडम्बना

है कि वे सब अंग्रेजी में काम कर रही हैं। खुशी की बात है कि प्रभा खेतान ने स्त्री-विमर्श को लेकर हिन्दी में एक अंक निकाला है। (हंस का-सं.) राजेन्द्र (यादव) भी हैं उसमें। लेकिन इस चीज को वामपंथी लेखिकाएँ नहीं कर रही हैं।

अरुण माहेश्वरी : *रोमिला थापर भी कर रही हैं जो वामपंथी हैं और लगातार कर रही हैं।*

सरला माहेश्वरी : *वामपंथी लेखिकाएँ भी जोर-शोर से यह काम कर रही हैं। बहुत बड़ी तादाद में वामपंथी लेखिकाओं ने इस प्रश्न को लगातार उठाया है। स्त्री-विमर्श की पहचान वामपंथी लेखिकाओं के माध्यम से ही बनी। स्त्री-विमर्श में अग्रणी भूमिका मार्क्सवादी लेखिकाओं की ही है।*

नामवर सिंह : आए हैं। मैं यह नहीं कहता। मैं हिन्दी की बात कर रहा हूँ। रोमिला थापर, कुमकुम संगारी, मधु किश्वर ये सब अंग्रेजी में लिखती हैं। मैं भारतीय भाषाओं की बात कर रहा हूँ। ऐसी कितनी वामपंथी लेखिकाएँ हैं जो स्त्री-विमर्श को लेकर हिन्दी में लिखती हैं। तो स्त्री-विमर्श पुरुष चला रहे हैं।

अजय तिवारी : *शायद 'नारी-प्रश्न' नाम से सरला जी की अकेली किताब है।*

नामवर सिंह : कम हैं। शायद इक्की-दुक्की होंगी। हिन्दी में यह आन्दोलन अभी उस रूप में चला ही नहीं। और जो लोग आवाज उठा रहे हैं वे बड़े ठोस रूप से वामपंथी नहीं हैं। लेकिन इस नाते मैं उसको खारिज नहीं कर रहा हूँ। कोई उठाए, अगर वह काम की बात है, सच कहा जा रहा है तो यह आवाज चाहे जिस तरफ से भी आए, अगर सही बात कही जा रही है तो वामपंथी आन्दोलन के लोगों का कर्तव्य बनता है कि उसके साथ मिलकर उसे सही दिशा दें।

सरला माहेश्वरी : *सही दिशा दे रहे हैं। चाहे वे अंग्रेजी में ही क्यों न लिखती हों, वे वामपंथी ही हैं जो सही दिशा दे रहे हैं। वरना उत्तर भारत में यह जो आन्दोलन चल रहा है, उसकी तो कोई दिशा ही नहीं है।*

अजय तिवारी : *बल्कि गलत दिशा में जा रहा है। राजेन्द्र यादव जिस तरह का नारी आन्दोलन चला रहे हैं, वह किसी भी तरह से जनतान्त्रिक नहीं है। शरीर की राजनीति स्त्री-विमर्श की जनतान्त्रिक अन्तर्वस्तु पेश नहीं करती।*

सरला माहेश्वरी : *मधु किश्वर भी स्त्री-विमर्श के आन्दोलन को किस दिशा में चला रही हैं? उसकी कोई राजनीति नहीं है। वे कहाँ लेकर जा रही हैं?*

नामवर सिंह : मैं इसलिए कह रहा हूँ कि ये थोड़ा है। यह ऐसा नाजुक और पेचीदा मामला है जिस पर कभी स्वाधीनता के लिए स्त्री-विमर्श पर ही बातचीत होगी, तब विस्तार से कहूँगा। अभी हम पहचान की राजनीति के तहत विभिन्न वर्गों की स्थिति पर बात कर रहे हैं। अभी जो स्थिति बनी है वह 'सबाल्टर्न' इतिहासकार हैं और इनमें से कई पूर्व मार्क्सवादी!

अजय तिवारी : *लेकिन सब के सब वे हैं जिन्होंने मार्क्सवाद से पल्ला झाड़ लिया है।*

नामवर सिंह : मैं फिर कह रहा हूँ मार्क्सवाद से पल्ला यानी ये...अजय, यह जो तुम्हारी भाषा है वह भाषा बहुत से लोगों को मार्क्सवाद से पल्ला झाड़ने के लिए रास्ता दिखाएगी। कुछ अपनी ओर भी देखना चाहिए, कि क्या कमी थी, कौन से कारण थे कि उनकी समायी आपके यहाँ नहीं हुई। वो अलग जाकर खड़े हो गए। इसलिए मार्क्सवादियों को भी अपने गरेबाँ में झाँकना चाहिए। बहुत पहले एक किताब छपी थी—'ओरिजिन ऑफ फैमिली, प्राइवेट प्रोपर्टी एण्ड द स्टेट'। एंगेल्स की उन्हें और बहुत बड़े काम करने थे। इसलिए इस पर बहुत थोड़ा लिखा। लेनिन ने भी इस पर थोड़ा-बहुत लिखा है। यह किताब पहले मिला करती थी। पहले इस पर विचार होता था। उसके बाद इन समस्याओं पर विचार होना बन्द हो गया। मुझे याद नहीं आता कि हम लोगों ने इस समस्या पर कम्युनिस्ट पार्टी के पुराने अखबारों में कितना लिखा है?

अजय तिवारी : *बहुत कम।*

नामवर सिंह : जनजातियों के बारे में? रामविलास जी कहते थे कि मजदूर वर्ग से इतने आक्रान्त थे कि लगता था कि मजदूर वर्ग ही क्रान्ति करेगा। जहाँ मजदूर वर्ग की अपेक्षा किसानों की उपेक्षा हुई हो वहाँ तो जनजाति और भी उपेक्षित रही होगी। फिर उसमें स्त्री की समस्या पर विचार करें। दलित की समस्या पर विचार करें। तो कुछ कारण रहे हैं, जिस कारण ये अलग-थलग पड़े। मैं समझता हूँ कि अगर उनसे संवाद की स्थिति रहती और रहनी चाहिए थी...यह हिस्सा जो दलित आन्दोलन या 'सबाल्टर्न ग्रुप' का है... एक काम तो यह हुआ कि राष्ट्र के चक्कर में अन्तर्राष्ट्रीयता भूल गए। अन्तर्राष्ट्रीयता के कारण तो समाजवाद ताकतवर था। एक देश ने समाजवाद आपद्धर्म के रूप में कायम किया था ताकि सारी दुनिया में कायम कर सकें। और यही वजह है कि इस देश में रहते हुए हमारा राष्ट्रीय आन्दोलन अन्तर्राष्ट्रीयता से जुड़ा हुआ था। उस जमाने में रवीन्द्रनाथ टैगोर रहे हों, महात्मा गाँधी, जवाहरलाल नेहरू रहे हों, वे अन्तर्राष्ट्रीय समस्याओं पर भी विचार करते थे। आयरलैण्ड के लिए भी हम लोगों की चिन्ता उतनी ही थी। स्पेन के लिए थी। फासिज्म के विरुद्ध यहाँ प्रस्ताव पास किया गया था। इस बीच हुआ यह है कि अन्तर्राष्ट्रीयता नाम की चीज कम हो गई है। मैं देख रहा हूँ कि सोवियत समाजवाद ध्वस्त क्या हुआ? कम्युनिस्ट पार्टियों की कांग्रेस में पहले अन्तर्राष्ट्रीयता ही पहला पैराग्राफ हुआ करता था, बाद में राष्ट्रीय मुद्दा हुआ करता था।

सरला माहेश्वरी : *अब भी है।*

नामवर सिंह : होता होगा। सिर्फ रस्मी।

अरुण माहेश्वरी : *हाँ जी।*

नामवर सिंह : अब बहुत कम हो गया है। मैं यह कह रहा हूँ कि यह बड़ी विचित्र बात है कि पूँजीवाद एक ओर भूमण्डलीकरण के माध्यम से विश्व बाजार कायम कर रहा है और स्वयं यहाँ कम्युनिस्ट राष्ट्रवादी होते जा रहे हैं। राष्ट्रवादी ही नहीं आंचलिक होते जा रहे हैं। हम लोग प्रदेशवाद के, क्षेत्रीयतावाद के शिकार होते जा रहे हैं। जो अन्तर्राष्ट्रीय दृष्टि मार्क्सवाद की बुनियाद है उसके बिना हम लोग इस तरह 'लोकलिज्म' के शिकार हो रहे हैं। इस 'लोकल लेवेल' पर लड़कर आप नहीं निकल सकते, क्योंकि सारी पार्टियाँ 'लोकल' हैं।

सरला माहेश्वरी : *लोकल शक्तियाँ बहुत तेज हैं।*

नामवर सिंह : आज के जमाने में एक ओर 'लोकल पार्टी' है और दूसरी ओर कम्युनिस्ट पार्टी जो ऑल इण्डिया पार्टी है। दोनों की जब टक्कर होती है तो आप देखेंगे कि 'लोकल सेंटीमेंट' के साथ लोग कैसे बह जाते हैं। यह तो मैं दाद दूँगा कि बंगाल में कम्युनिस्ट पार्टी ने अपने कार्यों के द्वारा ऐसी स्थिति बनाई थी कि ममता के उग्र स्थानीयतावाद यानी बंगालवाद को लोगों ने ध्वस्त कर दिया। पर यही बात केरल में नहीं हो सकती। इसलिए मैं कह रहा हूँ कि 'सबाल्टर्न ग्रुप' के प्रति छोटे-छोटे सामाजिक समुदायों के, वर्गों के, समाज के जो हिस्से अपनी पहचान के लिए लड़ रहे हैं, उनके प्रति हमारा रुख आक्रामक नहीं होना चाहिए। पहचानने की, समझने की जरूरत है कि क्यों, किन परिस्थितियों में ये हमारे साथ नहीं हैं। और अगर एक मार्क्सवादी उस दृष्टि से देखकर समझने की कोशिश नहीं करेगा तो फिर उसमें और मुलायम सिंह की समाजवादी पार्टी में फर्क क्या रह जाएगा? जिस नजर से मुलायम सिंह मायावती को देखते हैं और उसी नजर से अगर एक कम्युनिस्ट भी देखे तो मैं समझूँगा कि आप एक 'संसदवाद' के शिकार हो रहे हैं। और आपकी नजर सिर्फ वोटों पर है। एक बहुत बड़े ऐतिहासिक परिप्रेक्ष्य में नहीं है।

अरुण माहेश्वरी : *पर इनका जो उभार है, खासकर 'पॉलिटिक्स ऑफ आइडेंटिटी' या 'लोकल आइडेंटिटी' की ताकतों का, उसके पीछे भी तो 'ग्लोबल फोर्सेस' की भूमिका दिखाई देती है। ये किस प्रकार से काम करते हैं। आपकी 'नेशनल आइडेंटिटी' को, 'लोकल आइडेंटिटी' के जरिये चुनौती देते हैं। और वर्चस्व स्थापित करने की पूरी कोशिश करते हैं। इसका एक खतरा यह भी है कि उभरती हुई क्रान्तिकारी ताकतों को विभाजित करें।*

नामवर सिंह : एक बात देखो। मार्क्सवादी द्वन्द्ववाद को ध्यान में रखो। ग्लोबल और लोकल, दोनों एक-दूसरे से इस तरह से जुड़े हुए हैं कि एक के साथ ही दूसरे का उभार हुआ है। यह नारा मैंने सात-आठ साल पहले सोसियोलॉजिकल मैग्जीन में पढ़ा था—एक एन्थ्रोपोलोजिस्ट ने कहा था कि 'ग्लोबल' का एक हथियार है

'लोकल'। इसलिए वह बहुत 'लोकल' चीजों को उभारेगा और 'लोकल' के बल पर ही 'ग्लोबल' टिका रहेगा। इसलिए 'एथनिक' वस्त्र और शर्बत और कौन-कौन-सी चीजें इस बीच अचानक बड़ी महत्त्वपूर्ण हो गई हैं, खान-पान से लेकर वस्त्र, फैशन, साहित्य और भाषा तक 'लोकल' पर ध्यान दिया जा रहा है। बोलियों की उपबोलियों पर पूरे विश्व में ध्यान दिया जा रहा है। 'लोकल' और 'ग्लोबल' का उभार एक साथ हुआ है, दोनों की 'पॉलिटिक्स' एक है। लगभग वैसे ही जैसे अंग्रेजी राज में इंग्लैण्ड रेल-तार के द्वारा, अखिल भारतीय सेवाओं के द्वारा, प्रशासनिक कार्यों के द्वारा अखिल भारतीय राष्ट्र का भी निर्माण कर रहा था, दूसरी ओर देश के दो टुकड़े भी कर रहा था। ये दोनों क्रियाएँ साम्राज्यवाद की चाल का परिणाम हैं। पूँजीवाद की खूबी है कि वह एक विश्व व्यवस्था का निर्माण भी करता है और साथ ही विश्व-व्यवस्था के अन्दर टुकड़े भी करता है।

अजय तिवारी : *अभी आपने जो बात कही, अगर इससे देखा जाए तो 'आइडेंटिटी' पॉलिटिक्स वास्तव में 'एथनेसिटी' की अवधारणा से अभिन्न रूप में जुड़ी हुई है। इस स्तर पर क्या अस्मिता के जो बहुत से आन्दोलन खड़े हुए हैं, उनमें एक तरफ अगर जनतान्त्रिक सम्भावनाएँ हैं, जिसकी तरफ आपने काफी विस्तार से संकेत किया और मार्क्सवादियों का कर्तव्य है कि वे जनतान्त्रिक सम्भावनाओं को समझें, तभी उस आन्दोलन को सही दिशा मिलेगी, लेकिन दूसरी तरफ उसी में वो सम्भावनाएँ भी छिपी हुई हैं जिनको हम जनतान्त्रिक सम्भावनाओं का विलोम कह सकते हैं।*

नामवर सिंह : सही है जैसे एक उदाहरण लो। तुमने इस बीच सुना होगा कि 'ग्लोबलाइजेशन' या 'भूमण्डलीकरण' के द्वारा अब राष्ट्र-राज्य के लिए जगह नहीं रही।

अजय तिवारी : *हाँ, जिसको 'नेशन-स्टेट' कहते हैं लेकिन हम अच्छी तरह जानते हैं कि अब भी यू.के., यू.एस.ए., फ्रांस, जर्मनी वगैरह राष्ट्र राज्य हैं। यूरोपीय यूनियन बनने के बावजूद हैं। इंग्लैण्ड आज अड़ा हुआ है कि हम डॉलर को स्वीकार नहीं करेंगे। अपना सिक्का तक नहीं बदलेंगे जो हमारे यहाँ कहा जाता है कि सिक्का बदल गया। तो कुछ लोग समझ रहे हैं और गलतफहमियाँ फैला रहे हैं कि भूमण्डलीकरण के दौर में राष्ट्र-राज्य नहीं रह गया है। स्थिति यह है कि कुछ जगहों पर राष्ट्र-राज्य का आधार कुछ कमजोर होगा, इंगलैंड, अमेरिका, फ्रांस, जर्मनी, चीन, जापान में नहीं।*

सरला माहेश्वरी : *विकासशील देशों में।*

नामवर सिंह : कमजोर होगा सिर्फ विकासशील देशों में। क्योंकि जब निजीकरण बढ़ेगा तो राष्ट्र इस अर्थ में कमजोर होगा कि शिक्षा, स्वास्थ्य, पर्यावरण जो सेवा-क्षेत्र

हैं, उन चीजों से राज्य हाथ खींच लेगा कि यह हमारा काम नहीं है। अब राज्य उद्योग धंधे नहीं करेगा। तो वह क्या करेगा? वह बस राज चलाएगा। और थोड़े दिन में वे कहेंगे कि संसद वगैरह की क्या जरूरत है, बड़ा खर्चीला मामला है। तो एक विकासशील देश में, फिर 'डाइलेक्टिक्स' के नियम लागू करें, राजनीतिक स्तर पर एक विश्व-व्यवस्था रहेगी, यानी एक अन्तर्राष्ट्रीय राज्य रह जाएगा, जैसे यू.एन.ओ. रह जाएगा। बाकी जो छोटे-छोटे देश हैं, उनका राज नहीं रहेगा। 'स्टेट' नहीं रहेगा? ऐसा नहीं होगा। दोनों साथ रहेंगे। दोनों के सम्बन्ध बदलेंगे। दोनों का स्वरूप बदलेगा। एक विश्व की परिकल्पना लोग करते हैं। शायद, इसी पूँजीवाद के भीतर से, अगर मार्क्सवाद का सिद्धान्त लगा दो, विकास की एक मंजिल पर पहुँचकर यही समाजवाद है ऐसा हो सकता है लेकिन कहा नहीं जा सकता। एक ओर आप देखेंगे कि विश्वभाषा के रूप में केवल अंग्रेजी, लेकिन इसके विकास के साथ प्रतिक्रिया के रूप में अन्य क्षेत्रीय भाषाएँ अपनी अस्मिता की पहचान बड़ी तेजी से कर रही हैं। भारत में बड़ी साहित्यिक भाषाओं के साथ अपनी-अपनी बोलियों का एहसास हो रहा है। नए राज्य बने हैं, छत्तीसगढ़, तो वहाँ अपनी-अपनी बोलियों के प्रति एक आग्रह बढ़ा है। ये हमारी बोली है, उस बोली में बोलने का, लिखने का, राजभाषा बनाने का आग्रह बढ़ा है। माँग बढ़ी है। इसलिए आप देखिए कि एक ओर अंग्रेजी विश्व-भाषा के रूप में और साथ ही हर भाषा अपनी पहचान के लिए—इतिहास की 'प्रक्रिया द्वन्द्ववाद' की प्रक्रिया से चलती है।

अजय तिवारी : *द्वन्द्ववाद बिलकुल सही है, पर यह जो क्षेत्रीय भाषाओं का आग्रह बढ़ा है...क्षेत्रीय भाषाओं का अस्तित्व रहे, उसमें अभिव्यक्ति हो, साहित्य लिखा जाए, सभी सांस्कृतिक कार्य-व्यापार हो, लेकिन क्षेत्रीय भाषाओं का विरोध अंग्रेजी से नहीं हो! वो पहले से विद्यमान अपनी जातीय भाषाओं के विरुद्ध खड़ी है।*

नामवर सिंह : ऐसा है अजय कि रामविलास जी का यही रुख रहा है। रामविलास जी कैसे साध लेते थे, उसको समझो। अवधी के प्रति अगाध श्रद्धा रखते हुए भी खड़ी बोली के लिए लड़ना और यह जो भाषा के स्तर पर अलगाववाद हो रहा है, उसके विरुद्ध संघर्ष करना। हिन्दी प्रदेश का नारा भी इसलिए दिया उन्होंने। कुछ लोग इसको सहअस्तित्व कह सकते हैं, कुछ लोग अन्तर्विरोध कह सकते हैं। कैसे देखते हो, उससे पता चलेगा।

अजय तिवारी : *अभी हमने आपसे सवाल किया था कि इस तरह के अस्मिताओं के आन्दोलनों में दोनों तरह की सम्भावनाएँ निहित हैं। एक सम्भावना प्रगतिशील और जनतान्त्रिक दिशा में जाने की है और दूसरी, जिसे अरुण (माहेश्वरी) विघटनकारी और प्रतिक्रियावादी सम्भावना कह रहे थे, वह है। सवाल यह है कि कोई अस्मिता अपना विपक्ष—अपना 'अदर' या बेगाना—किसको बनाती है...*

नामवर सिंह : देखिए, यहाँ मैं असहमत हूँ। मैं विनम्रता से कहना चाहूँगा कि जिस विघटन से आप डर रहे हैं, अपनी केन्द्रीयता के द्वारा समाज को उसी विघटन की तरफ ठेलकर ले जा रहे हैं। देखो, हर जगह दो सम्भावनाएँ रहती हैं। राजनीतिक समझ वह है कि दोनों सम्भावनाओं में से एक को समझो, उसे पहचानो। मैं एक उदाहरण दूँ। रूस में (सोवियत संघ में), यू.एस.एस.आर. में, जब भाषा का सवाल आया, वहाँ की कम्युनिस्ट पार्टी में 'ऑफिशियल लैंग्वेज', राजभाषा का सवाल आया तो अगर उस समय की बहसों की किताबें देखो, तो कहा जाता था कि रूस के संविधान में लिखा हुआ है कि कोई हमारे यहाँ राजभाषा नहीं है। सभी भाषाओं का समान अधिकार है। और प्रत्येक भाषा का यह देश है। यह लिखा था। व्यवहार में हुआ यह कि रूसी भाषा को एकमात्र, यानी हिन्दी से भी ज्यादा, सख्ती से वहाँ लागू किया गया। हमारे यहाँ तो फिर भी...नतीजा यह हुआ कि आगे चलकर जब बिखराब आया, यू.एस.एस.आर. जब टूटा तो उसमें बहुत बड़ा मुद्दा भाषाओं का था। चिंगीज़ आइत्यातोव और बाकी लेखक कहते थे कि हमको दबाया गया था उस समय और रूसी में लिखने के लिए मजबूर किया गया था। जब तक रूसी में न लिखें तब तक नहीं छप सकता था। उस समय हम लोग उस आधार पर कहा करते थे और 1951-52 में जो कम्युनिस्ट पार्टी की कांग्रेस हुई थी, उस समय 15 भाषाओं को राजभाषा कहा गया था और पार्टी ने कहा था कि कोई एक भाषा राजभाषा नहीं होगी। और मैं समझता हूँ, वह बहुत सही लाइन थी और रामविलास जी उस कानून के विरुद्ध थे। आज हम लोग घूम-फिरकर यहीं पहुँच रहे हैं कि गलती हो गई। जबर्दस्ती एक भाषा नहीं थोपना चाहिए। इनके बीच में धीरे-धीरे शायद एक भाषा निकलती। हम लोगों ने एक 'नॉन-डाइलेक्टिकल', गैर-मार्क्सवादी समझ का परिचय दिया। उसका नतीजा हुआ कि रूस सत्तर साल बाद टूट गया भाषा के आधार पर। वो तो जबर्दस्ती की नहीं जा सकती, ऐसी सरकारें आईं कि ये लोग एक भाषा की बातें तो करते हैं, लेकिन भाजपा की भी कोई दिलचस्पी नहीं है हिन्दी को राजभाषा बनाने में; अच्छा है यह तो, जहाँ बहुत कुछ जा रहा हो...और फिर मैं कहूँगा कि 'पैट्रनाइज' मत कीजिए बोलियों को। बोली का मतलब होता है संस्कृति। खाली बोली का सवाल नहीं है, संस्कृति का है। और अगर उस संस्कृति को हम लोगों ने 'पैट्रनाइज' किया होता तो हिन्दी प्रदेश के तीन राज्य बँट के टुकड़े नहीं होते। केवल हिन्दी बँटी है। मराठी को बाँट के क्यों नहीं बना दिया विदर्भ? और अभी और टुकड़े होंगे। अभी कम हुआ है। हरित प्रदेश की माँग है ही।

(स्वाधीनता, 2001)

ईमानदारी के साथ समझदारी भी

(कृपाशंकर चौबे के साथ)

कृपाशंकर चौबे : *कलकत्ता की साहित्यिक आबोहवा पर वर्षों पहले आपने मुद्राराक्षस को चिट्ठी लिखी थी, जो 'सारिका' के पत्र विशेषांक 1982 में छपी हुई है। उसमें आपने लिखा था कि यहाँ की आबोहवा में कुछ ऐसे खतरनाक कीड़े हैं जो नये रचनाकारों को अपनी गिरफ्त में लेकर उसे अपने मुताबिक काम करने पर मजबूर कर देते हैं। कलकत्ता के बारे में आपकी धारणा अब भी वही है या बदली है?*

नामवर सिंह : मुद्राराक्षस को पत्र में जो बातें लिखी थीं, आज वे ज्यों की त्यों याद तो नहीं हैं लेकिन उन बातों का सम्बन्ध साठ के दशक के कलकत्ता से है जिसमें 'भूखी पीढ़ी' का उदय हुआ था और कलकत्ता से 'शनिचर' नाम की पत्रिका निकलती थी। वह पत्रिका एक तरह से साहित्यिक दुनिया की पीली पत्रकारिता का नमूना थी। कलकत्ता से ऐसी छिटपुट और कई पत्रिकाएँ निकलती थीं। 'श्मशानी पीढ़ी' और 'युयुत्सा' कई पत्रिकाएँ कलकत्ता से हिन्दी में निकलती थीं। ज्यादा बड़ी पत्रिका 'ज्ञानोदय' थी। हिन्दी में अकवितावादी दौर था और अराजक विद्रोह का वातावरण व्याप्त था, विशेषतः युवा पीढ़ी में। राजकमल चौधरी के शब्दों में 'देह की राजनीति' का माहौल था। यों तो ये वातावरण उत्तर भारत के अधिकांश महानगरों में था किन्तु कलकत्ता में उसकी अभिव्यक्ति अधिक मुखर थी। तब राजकमल चौधरी, मुद्राराक्षस जैसी प्रतिभाएँ कलकत्ता में थीं। उसी सन्दर्भ में मैंने सम्भवतः मुद्रा को कलकत्ता छोड़ने के लिए लिखा था। राजेन्द्र यादव और मन्नू भंडारी उसी समय कलकत्ता छोड़कर गये थे। सबूत यह है कि मुद्राराक्षस ने कलकत्ता छोड़ दिया। मेरी सलाह भले न मानी हो, लेकिन वे छोड़ने के लिए विवश हुए। इसलिए मैं कलकत्ता के विरुद्ध नहीं, बल्कि कलकत्ता के उस ऐतिहासिक दौर के विषाक्त वातावरण के विरुद्ध था। क्योंकि मैं उन दिनों कलकत्ता अकसर आता था। व्यक्तिगत रूप से उस वातावरण से परिचित था। उस पत्र में भर्त्सना से ज्यादा आन्तरिक पीड़ा का भाव था।

कृपाशंकर चौबे : *कहने वाले कहते हैं कि उस पत्र की मुद्रा ऐसी थी, जिसमें कलकत्ता की प्रातिभ उर्वरता खत्म होने का संकेत था।*

नामवर सिंह : ऐसा नहीं है। हर महानगर की तरह हिन्दी साहित्य के इतिहास

में यहाँ के योगदान को कोई अस्वीकार नहीं करता। ऐतिहासिक तथ्य है, इसे कोई कैसे अस्वीकार कर सकता है? यहाँ हिन्दी पत्रकारिता का उदय हुआ। हिन्दी का पहला पत्र 'उदन्त मार्तण्ड' यहीं से निकला। बाद में बालमुकुन्द गुप्त सरीखे प्रखर सम्पादक यहीं जमे। 'मतवाला' जैसा पत्र निकालने का श्रेय कलकत्ता को है जहाँ 'निराला', 'उग्र' जैसे लेखकों का उदय हुआ। बाद में भी इसका एक क्रम बराबर रहा है। आज भी है। लेकिन हर महानगर की तरह कलकत्ता की भी अपनी व्याधियाँ हैं। कलकत्ता एक व्यावसायिक केन्द्र भी रहा है। हिन्दी के समर्थक, आश्रयदाता, बड़े-बड़े सेठ यहाँ रहे हैं। और हिन्दी के कई लेखकों को बनाने और बिगाड़ने में भी इन बड़े सेठों का कुछ हाथ माना जाता है। बांग्ला में दूसरी स्थिति है जहाँ एक ओर कलकत्ता बांग्ला के बुद्धिजीवियों, साहित्यकारों और संस्कृतिकर्मियों का भी केन्द्र है। उनकी दूसरी दुनिया है। किन्तु हिन्दी के लेखकों ने बांग्ला के उस सांस्कृतिक वातावरण से कितना लाभ उठाया, मुझे नहीं मालूम। कभी-कभी ऐसा लगता है कि बांग्ला साहित्य और संस्कृति की झील में हिन्दी के लेखक छोटे से द्वीप के समान हैं, अपनी अलग पहचान के साथ सिमटे और सिकुड़े रहे हैं। हिन्दी के युवा लेखकों में सम्भवतः इस परिवेश का दबाव भी क्रियाशील रहा है।

कृपाशंकर चौबे : *यह तो रही कलकत्ता पर आपकी सफाई। लेकिन यह भी कहते हैं कि आप एक सभा में जो कहते हैं, दूसरी सभा में उससे पलट सकते हैं या उससे उलट बातें कह सकते हैं या अपने पूर्ववर्ती वक्तव्य को नकार सकते हैं। मसलन, दलित साहित्य पर बोलते हुए आपने दलित साहित्य के सौन्दर्यशास्त्र को हँसी में उड़ा दिया था, फिर शिवपुरी में हुए दलित साहित्य सम्मेलन में आप दलित साहित्य का महत्त्व प्रतिपादित कर आये।*

नामवर सिंह : दलित सौन्दर्यशास्त्र का मजाक उड़ाने की बात जिस गोष्ठी के प्रसंग में कही गयी है, उसका आयोजन 'हंस' की ओर से राजेन्द्र यादव ने दिल्ली में किया था। उस गोष्ठी में मैंने जो कुछ कहा था उसकी रिपोर्ट 'हंस' में ठीक-ठीक नहीं छप सकी। क्योंकि राजेन्द्र जी के मुताबिक बीच में टेप खराब हो गया था। मैंने जो कुछ कहा था, आज वह सब हू-ब-हू तो याद नहीं है। लेकिन दो बातें ऐसी हैं जिनके बारे में मेरी पक्की धारणाएँ रही हैं और मेरा ख्याल है कि उस गोष्ठी में उन्हें मैंने जरूर दोहराया होगा। एक तो यह कि जिस हिन्दी साहित्य में किसी समय कबीर और रैदास जैसे दलित वर्ग के सन्त कवि पैदा हुए उसमें आज दलित वर्ग के लेखक क्यों नहीं हैं। इस पर गहराई से विचार किया जाना चाहिए। जहाँ तक दलित सौन्दर्यशास्त्र और दलित साहित्यशास्त्र का सम्बन्ध है, उस दिशा में मेरे देखने में एक ही प्रयास आया था, मराठी में शरद पाटिल का एक लेख। उसमें ब्राह्मणवादी सौन्दर्यशास्त्र और साहित्यशास्त्र के विरुद्ध विकल्प के रूप में बौद्ध दार्शनिक

दिङ्नाग के दर्शन के आधार पर एक नया साहित्यशास्त्र रचने की सम्भावना का प्रस्ताव था। किन्तु यह एक प्रस्ताव मात्र था। कोई सुनिर्मित शास्त्र नहीं। सम्भवतः मैंने इसी तथ्य की ओर इशारा किया था। मैंने इस सम्भावना का मजाक नहीं उड़ाया था। मजाक उड़ा भी नहीं सकता था। इसका प्रमाण है 'आलोचना' में प्रकाशित मेरा एक लम्बा निबन्ध जिसमें 'सुभाषित रत्नकोश', 'सदुक्तिकरणामृत' जैसे ग्रन्थों में प्रकाशित अनेक निम्नवर्गीय कवियों की मार्मिक कविताओं के आधार पर एक नये काव्य सिद्धान्त की ओर संकेत किया था। इन तथ्यों के होते हुए भी कोई बे-सिर-पैर का आरोप लगाता है तो उसका प्रतिवाद करना भी मुझे अपमानजनक लगता है।

कृपाशंकर चौबे : *पर उदाहरण और भी हैं, मसलन (1) दिल्ली की हिन्दी अकादमी को आपने कभी तस्करों का गिरोह कहा, फिर उसी के उपाध्यक्ष हुए, (2) कभी आपने फोर्ड फाउण्डेशन, अमेरिका से अनुदान लेने वाले 'भारत भवन' में कार्यक्रमों की अध्यक्षता की, वहीं दूसरी ओर 'सहमत' के अमेरिका विरोधी कार्यक्रम में शरीक हुए, (3) कभी आप भारत भवन के साथ रहे कभी उसके विरुद्ध तनकर खड़े हो गये?*

नामवर सिंह : जिस हिन्दी अकादमी के बारे में मैंने वो टिप्पणी की थी वह डॉ. विजय मोहन सिंह के सचिव होने से पहले की थी। और उसके बारे में दूसरे कई लेखकों की भी ऐसी ही धारणा रही है। लेकिन आरोप लगानेवाले इस तथ्य पर पर्दा डालते हैं कि वह उक्ति बहुत कुछ मजाकिया अन्दाज में कही गयी थी। भारत भवन के कार्यक्रमों में ऐसे दूसरे भी लेखक और कलाकार भाग लेते रहे जो या तो 'सहमत' से जुड़े हैं या 'सहमत' के कार्यक्रमों में सक्रिय रूप से भाग लेते रहे हैं। और उन्हें इसमें कोई विरोध नहीं दिखाई पड़ता। यही नहीं बल्कि उन पर कोई आरोप भी नहीं लगाया जाता। फिर इस गरीब पर ही यह निशानेबाजी क्यों? वैसे भारत भवन के कार्यक्रमों में भाग लेकर भी मैं भारत भवन परिवार का कोई सदस्य कभी नहीं रहा। भारत भवन के कार्यक्रमों में भाग लेता था। क्योंकि साहित्यिक संवाद को मैं जरूरी मानता रहा हूँ। संवादों में अकसर मैं भारत भवन द्वारा प्रचारित साहित्यिक दृष्टि से अपना मतभेद भी प्रकट करता रहा हूँ। प्रमाण है 'पूर्वग्रह' में प्रकाशित संवादों की रिपोर्ट। भारत भवन में जाना बन्द तब किया जब मुझे लगा कि उस प्रकार का खुला संवाद वहाँ सम्भव नहीं है। बस इतनी ही सी बात है, अर्थ लगानेवाले इसका जो भी अर्थ निकालें।

कृपाशंकर चौबे : *अशोक वाजपेयी ने एक साक्षात्कार में आप पर अवसरवादी होने का आरोप लगाया है। आपकी टिप्पणी?*

नामवर सिंह : जिस साक्षात्कार में अशोक वाजपेयी ने ऐसी टिप्पणी की वह पुस्तक 'नामवर के विमर्श' नाम से मेरे ही बारे में निकली है। पुस्तक के सम्पादक डॉ. सुधीश पचौरी से अशोक वाजपेयी ने ये बात कही थी। उसी पुस्तक में वह

साक्षात्कार भी छपा है जो डॉ. सुधीश पचौरी ने मुझसे लिया था। अशोक वाजपेयी के साक्षात्कार के ठीक बाद। और मुझसे इस पर टिप्पणी करने के लिए कहा था। मेरा जवाब उसी किताब में छपा हुआ है। जिसमें मैंने स्पष्ट कहा है कि अवसर के अनुकूल बात कहना अवसरवाद नहीं है।

विचित्र बात है कि जिस समाचार एजेंसी ने मेरे खिलाफ अशोक वाजपेयी का वह आरोप देश भर में प्रसारित किया जो सुर्खियों में छा गया। एजेंसी ने उसी किताब में दिया हुआ मेरा जवाब प्रसारित करना जरूरी नहीं समझा। इसका क्या मकसद हो सकता है। आप स्वयं समझ सकते हैं क्योंकि आप पत्रकार हैं। पत्रकारिता की यह कौन-सी नैतिकता है? लेकिन इस पूरे सन्दर्भ में सबसे महत्त्वपूर्ण है—वह अवसर जब पाँच महीने पहले छपी हुई किताब के अंश को उछाला गया। यह वही अवसर है जब कुछ पत्रकार राजा राममोहन राय लाइब्रेरी फाउण्डेशन के प्रसंग में मेरे साथ अशोक वाजपेयी का नाम जोड़कर विरोधी अभियान चला रहे थे। इससे ज्यादा इस बात को खोलकर कहने की जरूरत नहीं समझता।

कृपाशंकर चौबे : *कहा जाता है कि आपके विचारों में समझदारी अधिक, ईमानदारी कम है। आपकी टिप्पणी?*

नामवर सिंह : 'कविता के नये प्रतिमान' में एक सन्दर्भ में मैंने ही यह लिखा था कि ईमानदारी जरूरी है लेकिन काफी नहीं। ईमानदारी के साथ समझदारी भी होनी चाहिए। डॉ. रामविलास शर्मा ने इस वाक्य को मद्देनजर रखते हुए उस पुस्तक की आलोचना करते समय कुछ ऐसी व्यंग्यात्मक टिप्पणी की थी, 'और नामवर सिंह समझदार हैं।' जिससे वही ध्वनि निकलती है, जो तुम्हारे सवाल हैं। इसके जवाब में सिर्फ मैं तुलसीदास के रामचरितमानस में भरत की यह उक्ति दोहराना चाहता हूँ :

"अपनी समुझि साधु सुचि को' भा"

कृपाशंकर चौबे : *किसी भी विषय पर आपको बोलने को बुलाया जाए, रामविलास जी के खिलाफ एक लाइन जरूर बोलेंगे, सन्दर्भ हो, न हो। सन्दर्भ ढूँढ़ लेंगे। ऐसा क्यों?*

नामवर सिंह : इसे विघ्नेशवन्दना के रूप में ग्रहण करना चाहिए। जहाँ तक मुझे मालूम है कि इससे स्वयं डॉ. रामविलास शर्मा उतने नाराज नहीं होते जितने रामविलास भक्त। इस बात का महत्त्व लोग तब समझेंगे जब गोष्ठियों में रामविलास जी का नाम तक नहीं सुनाई पड़ेगा।

कृपाशंकर चौबे : *ज्ञानरंजन के हाल ही में प्रकाशित एक इण्टरव्यू में मार्क्सवाद से आपके डिगने की बात कही है। आपकी प्रतिक्रिया?*

नामवर सिंह : दूसरों के मार्क्सवाद पर प्रश्न लगाने के पहले वे अपनी प्रतिबद्धता

का स्पष्ट प्रमाण दें। इससे अधिक मुझे कुछ नहीं कहना है।

कृपाशंकर चौबे : *पिछले वर्षों में आपने लिखा कम, कहा ज्यादा। माना जाता है कि आपने अपनी प्रतिभा का दुरुपयोग किया। लिखने से अधिक महत्त्वपूर्ण वक्तव्य होता गया। सभा-सेमिनारों, साहित्यिक और साहित्येतर लन्द-फन्द में ज्यादा समय बीता। कम लिखने की शिकायत पर आपका क्या कहना है?*

नामवर सिंह : प्रसाद जी की 'आत्मकथा' कविता की ये पंक्तियाँ याद आ रही हैं :

तब भी तो कहते हो कह डालूँ दुर्बलता अपनी बीती।
तुम सुनकर सुख पाओगे—देखोगे यह गागर रीती॥
किन्तु कहीं ऐसा न हो कि तुम ही खाली करने वाले।
अपने को समझो मेरा रस ले अपनी भरने वाले॥

मूल कथ्य है—जिन शुभचिन्तकों को मुझसे कम लिखने की शिकायत है, वे ही मुझे गोष्ठियों में जगह-जगह और बार-बार बुलाने का आग्रह करते हैं। यह विडम्बना नहीं तो और क्या है कि लिखने का समय देते नहीं और उल्टे न लिखने की शिकायत करते हैं। इसलिए अपने सच्चे शुभचिन्तकों से मेरी प्रार्थना है कि वे जिन्दगी के बचे हुए दिन लिखने के लिए छोड़ दें। और इस पर भी न लिखूँ तो वे जो चाहे सजा दें।

कृपाशंकर चौबे : *अपनी आगामी पुस्तकों की योजनाओं के बारे में बताएँगे?*

नामवर सिंह : कई योजनाएँ हैं। पहली बात तो मैं यह कहना चाहता हूँ कि पत्र-पत्रिकाओं में प्रकाशित किन्तु असंकलित मेरे लगभग साठ निबन्ध हैं। वे निबन्ध अलग-अलग पुस्तकों की योजना के तहत लिखे गये थे। उनमें कुछ खाली जगहें, जिन्हें लिखकर तीन-चार पुस्तकें तो जल्द ही तैयार हो सकती हैं। एक पुस्तक 'हिन्दी प्रदेश के नवजागरण' के विषय में, दूसरी 'समकालीन हिन्दी कविता की दूसरी परम्परा' पर होगी जिसमें शमशेर, नागार्जुन, त्रिलोचन आदि कवियों पर लिख चुका हूँ, उसमें चार-पाँच और कवियों पर लिखकर यह किताब पूरी करना चाहता हूँ। तीसरी किताब 'मार्क्सवादी आलोचना और आलोचक' पर होगी। उसमें भी लगभग दस लेख लिखे जा चुके हैं। चौथी पुस्तक भारतीय उपन्यास की संकल्पना पर होगी। इसके अतिरिक्त आचार्य रामचन्द्र शुक्ल और प्रेमचन्द पर भी काफी कुछ अप्रकाशित अंश पड़ा है। सामग्री तैयार है। छः माह का समय मिल जाए तो तत्काल ये काम पूरे हो जाएँ।

कृपाशंकर चौबे : *साहित्यिक जीवन के शुरुआती डेढ़ दशक तक आपको काफी संघर्ष करना पड़ा। बताते हैं कि वे दिन आपने फाकाकशी में गुजारे। दुर्दिन में ही ज्यादातर लिखा। कहते हैं कि खैनी खा-खा कर भी आप लिख लिया करते थे। वृत्ति 'मास्टरी' के लिए इधर-उधर भटकना पड़ा। मैं चाहता हूँ कि लेखक होने के नाते*

व्यक्तिगत जीवन में आपको जो संघर्ष करने पड़े, उनके बारे में प्रकाश डालें।

नामवर सिंह : अपने संघर्षों की चर्चा करते मुझे बहुत संकोच होता है। संकोच इसलिए कि मुझसे ज्यादा कड़ा संघर्ष दूसरे बहुत से लोगों ने किया है। खास तौर से जीवन-संघर्ष। यह जीवन-संघर्ष मुख्यतः 45 वर्ष की उम्र तक ज्यादा सख्त था। उसके बाद तो रहने के लिए छत और दाल-रोटी का प्रबन्ध हो गया और अब वैसी कठिनाई नहीं है। जहाँ तक रहा साहित्यिक संघर्ष उसके लिए तो मैंने स्वयं निमन्त्रण दिया है। क्योंकि बौद्धिक ऊर्जा के लिए वह आवश्यक है। मार्क्स ने भी कहा है कि गलती को बिना ठीक किए उसे छोड़ देने का मतलब है बौद्धिक अनैतिकता को बढ़ावा देना। मार्क्स का यह कथन बराबर मेरे सामने रहा है। अपनी समझ में मुझे जो गलत मालूम हुआ है, उसे सुधारने के लिए भरसक कोशिश करता रहा हूँ, क्योंकि यह आलोचना का धर्म है।

कृपाशंकर चौबे : *लेकिन ऐसा प्रतीत होता है कि समकालीन लेखन के बारे में हिन्दी आलोचना अपना धर्म नहीं निभा रही है। वह खामोश है। आलोचना अपने समय से क्यों आँखें चुरा रही है?*

नामवर सिंह : पिछली पीढ़ी के आलोचकों से प्रमाणपत्र माँगने के बजाय नयी पीढ़ी के लेखकों को अपने आलोचक खुद तैयार करने चाहिए। हमेशा से यही होता आया है। वैसे हिन्दी आलोचना खामोशी को कोई मूल्य नहीं मानती। वह जरूरत से ज्यादा बोलती है। और अगर कभी-कभी खामोशी होती है तो समकालीन साहित्य के अलावा और बहुत से मुद्दों पर भी। इसलिए समकालीन लेखकों की शिकायत में स्वार्थ की गन्ध आती है। आज की हिन्दी आलोचना से और ज्यादा गम्भीर शिकायतें की जा सकती हैं। देश के सामने सांस्कृतिक संकट समेत कई चुनौतियाँ हैं। उन पर भी उसकी खामोशी पर उँगली उठाई जा सकती है।

कृपाशंकर चौबे : *आप कविता और गद्य में नये दौर के आने की उम्मीद करते हैं?*

नामवर सिंह : नया दौर तो आया हुआ ही है। हिन्दी में इस समय बहुत अच्छे लेखक हैं। जिस विधा में सार्थक सृजन हो रहा है—मेरे मन में कोई दुविधा नहीं है—वो कविता ही है हिन्दी में जो कुछ सार्थक-सृजनात्मक कार्य हो रहा है, वह कविता के ही क्षेत्र में हो रहा है। जो सार्थक-सृजनात्मक कार्य दूसरी भारतीय भाषाओं के उपन्यासों, कहानियों, नाटकों में हो रहे हैं, उतने हिन्दी में नहीं। दूसरी भारतीय भाषाओं में जितनी अच्छी कहानियाँ, उपन्यास, नाटक लिखे जा रहे हैं, उतने हिन्दी में नहीं। पूरे भारतीय साहित्य में हिन्दी कविता ही सृजनात्मक वैशिष्ट्य लिए हुए दिखती है।

(1993)

आलोचना बुद्धि की मुक्तावस्था है

(परमानन्द श्रीवास्तव, अरविन्द त्रिपाठी और लीलाधर मंडलोई के साथ)

अरविन्द : *अगर आपसे पूछा जाए कि इस सदी की हिन्दी आलोचना में श्रेष्ठ आलोचक कौन-कौन से हैं तो आप आज किसे-किसे याद करेंगे। (प्रश्न को और आगे जोड़ते हुइ मंडलोई) और इसमें कोई दुविधा की स्थिति नहीं है हम लोगों ने आपको श्रेष्ठता की उस सूची में बाकायदा शामिल कर रखा है। (...हँसी) इसलिए आप अपने नाम को छोड़कर इस सम्भावना की तलाश करें कि क्या आपकी दृष्टि में हिन्दी आलोचना में नवरत्नों की परिकल्पना सम्भव है?*

नामवर सिंह : इस सदी के आरम्भ में मिश्रबन्धुओं ने 'हिन्दी नवरत्न' नाम की पुस्तक लिखी और साहित्य में नवरत्नों की प्रतिष्ठा की, उसे लेकर 'सरस्वती' में लम्बी बहस हुई। अब आलोचना के क्षेत्र में नवरत्नों की स्थापना मैं करूँगा तो लगभग मिश्र बन्धुओं का ही एक अनुकरण होगा। इसलिए मैं नवरत्नों के चक्कर में तो नहीं पड़ूँगा। लेकिन जो मेरी दृष्टि में महत्त्वपूर्ण आलोचक हैं उनमें उस दौर के आलोचकों में, आचार्य रामचन्द्र शुक्ल, हजारीप्रसाद द्विवेदी, डॉ. रामविलास शर्मा तीन बड़े आलोचक तो सर्वमान्य हैं। उसके बाद मुझे नाम लेना हो तो मैं पहले विजयदेव नारायण साही का नाम लूँगा और फिर मलयज का। साही और मलयज रचनाकार भी हैं।

अरविन्द : *कवि-आलोचकों में मुक्तिबोध की जगह...*

नामवर सिंह : सही याद दिलाया तुमने मुक्तिबोध...बल्कि नई कविता और प्रगतिशील कविता में जिन लोगों ने आलोचनाएँ कीं उनमें सबसे समर्थ मुक्तिबोध की आलोचना है। मुक्तिबोध ने स्वतन्त्र रूप से 'कामायनी' पर बड़ी आलोचना पुस्तक लिखी है। 'एक साहित्यिक की डायरी' एक तरह से देखा जाए तो आलोचना की ही पुस्तक है। एक बड़े कवि होने के साथ मुक्तिबोध ने एक समर्थ आलोचक की भी भूमिका निभायी है। कवि-आलोचकों की इस परम्परा को आज मैं बहुत सार्थक मानता हूँ। उसके बाद देखें तो सातवें और आठवें दशक में भी कवि-आलोचकों की एक लम्बी परम्परा है। यह सूची छोटी नहीं है, बहुत लम्बी है। इसलिए बाद के आलोचकों की चर्चा अभी मैं नहीं कर रहा हूँ। मैंने अभी तक उन्हीं लोगों के नाम लिए हैं जो दिवंगत हो चुके हैं।

अरविन्द : *अच्छा, डॉक्टर साहब आपने जिन आलोचकों के नाम लिए हैं इस*

सदी के, तो क्यों न हम लोग शताब्दी की प्रमुख आलोचनात्मक कृतियों पर भी विचार कर लें। आपकी दृष्टि में इस शताब्दी में वे कौन-कौन-सी प्रमुख निर्णायक आलोचनात्मक कृतियाँ हैं जिन्होंने हिन्दी आलोचना में नए विवाद खड़े किए। उन कृतियों का आकलन आज हमें किस दृष्टि से करना चाहिए। इन कृतियों ने साहित्य के विकास में किस तरह से योगदान किया है?

परमानन्द श्रीवास्तव : *इसके पहले एक प्रश्न मेरे मन में आ रहा है कि क्या यह केवल संयोग है, कि जो बीसवीं सदी की हिन्दी आलोचना है उसके केन्द्र में बहुत समय तक कविता रही है। रामचन्द्र शुक्ल ने 'कविता क्या है' निबन्ध, जिसे उन्होंने कई बार लिखा जो एक तरह से उनके काव्यशास्त्र का आधार है, उनकी काव्यालोचना से लेकर आगे जिन आलोचकों के नाम आते हैं वे मुख्यतः कविता के आलोचक रहे हैं। आज बहुतों के लिए यह चिन्ता का विषय है कि जो आलोचना आज लिखी जा रही है वह ज्यादातर कविता-केन्द्रित आलोचना है। नामवर जी, हालाँकि आपने दूसरी दिशाओं में भी प्रयोग किए हैं। खासतौर से कहानी का आलोचना में एक बड़ा हस्तक्षेप किया है। मेरा ख्याल है कि आलोचना के केन्द्र में जो काव्यालोचना है उसे आप कैसे देखते हैं?*

नामवर सिंह : इस सवाल का जवाब देने के लिए मैं समझता हूँ कि थोड़ी देर बाद लौटेंगे हम लोग। अभी मैं बीसवीं सदी में आलोचना की व्यापकता की चर्चा करना चाहता हूँ। उन आलोचनात्मक मानदण्डों की शिनाख्त करना चाहता हूँ जिन पर हिन्दी आलोचना की आधारशिला रखी गई। बीसवीं सदी में सामान्य रूप से इसे कविता, कथा की आलोचना में बाँटकर न देखें, संस्कृत काव्यशास्त्र की परम्परा से अलग हटकर हुआ है। इस बुनियादी फर्क को हमेशा ध्यान में रखें। संस्कृत में मुख्यतः जिन शास्त्रों की रचना हुई उन्हीं से काव्यशास्त्र की परम्परा विकसित हुई। यानी सिद्धान्त पहले गढ़ दिए गए बाद में काव्य रचे जाने लगे। संस्कृत काव्यशास्त्रों की परम्परा में आनन्दवर्धन का 'ध्वन्यालोक' हो या मम्मटकृत 'काव्यप्रकाश' सब जगह कविता लिखने के सूत्र भरे पड़े हैं। बीसवीं शताब्दी में आलोचना केवल सिद्धान्त निर्माण नहीं थी। वह केवल पुस्तक समीक्षा भी नहीं थी, बल्कि रामचन्द्र शुक्ल का ही निबन्ध 'कविता क्या है' कविता की परिभाषा करता है। मेरी दृष्टि से यह सभ्यता समीक्षा है। शुक्ल जी ने कहा है कि 'सभ्यता का विकास जैसे-जैसे होगा कवि-कर्म कठिन हो जाएगा।' जाहिर है आलोचना कर्म भी आसान नहीं होगा। आलोचना का काम जटिल कविता को आसान बनाकर पेश करना है। शुक्ल जी ने अपने समय में अपनी आलोचना के जरिये यही काम किया। उस दौर को देखें तो हिन्दी आलोचना का विकास पत्र-पत्रिकाओं के प्रकाशन के साथ सम्भव हुआ। उस दौर की पत्र-पत्रिकाओं का एक राष्ट्रीय उद्देश्य हुआ करता था। वह राजनीतिक भी था और सांस्कृतिक भी। यह तो आजादी के बाद दूसरा दौर आया जब साहित्यिक पत्रिकाओं की एक अलग कोटि बना ली गई, उस दौर में अँग्रेजी राज के

विरुद्ध जो राष्ट्रीय चेतना थी उसके निर्माण में उन पत्रिकाओं का आज ऐतिहासिक योगदान है। उस दौर में आलोचना कर्म में शरीक लेखक राजनीतिक-सामाजिक विषयों की भी समीक्षा करता था। उस दौर में आलोचक को लोग 'पब्लिक क्रिटिक' कहा करते थे। इसलिए उस समय आलोचना का मतलब कविता, कहानी, उपन्यास की समीक्षा मात्र न था बल्कि आलोचना का क्षेत्र काफी विस्तृत और बहुआयामी था। आलोचक की भूमिका सिर्फ साहित्य के दायित्व का निर्वहण मात्र न था बल्कि उसकी भूमिका राजनीतिक और गहरे अर्थों में सामाजिक थी। शुक्ल जी ने इसी दायित्व के निर्वाह को 'सभ्यता समीक्षा' कहा था। इस दृष्टि से देखें तो रामचन्द्र शुक्ल के जो निबन्ध 'चिन्तामणि' में संकलित हैं उनके विषय केवल साहित्यिक नहीं हैं, बल्कि गहरे अर्थों में सामाजिक और राजनीतिक हैं। आलोचना की यह दृष्टि सभ्यता समीक्षा है। शुक्ल जी ने आरम्भ में अँग्रेजी में जो लेख लिखे हैं वे स्वराज्य आन्दोलन पर हैं। उन लेखों के अनेक शीर्षक सत्याग्रह आन्दोलन से जुड़े हैं।

कम लोग जानते हैं कि शुक्ल जी गाँधी से कई मुद्दों पर गम्भीर रूप से असहमत थे। कहना चाहिए कि शुक्ल जी ने हिन्दी आलोचना में सभ्यता-समीक्षा का सूत्रपात किया। आलोचक की इस भूमिका पर गौर करें तो बीसवीं शताब्दी में आचार्य महावीर प्रसाद द्विवेदी और रामचन्द्र शुक्ल ने एक बहुत बड़े दायित्व का निर्वहण किया। आज की आलोचना लिखने वाले आलोचक कितने अधूरे दिखाई पड़ते हैं। लोग समझते हैं कि हमारा काम तो साहित्य का स्वाद लेना है। ऐसे लोग रूपवादी और कलावादी आलोचना के पुरोधा बनते हैं। देखा जाए तो ये लोग साहित्य को शुद्ध मनोरंजन की दृष्टि से देखते हैं। साहित्य को उपभोक्ता माल समझ कर उसका महज उपभोग करते हैं आलोचना कर्म यह नहीं है। आलोचक की बड़ी जिम्मेदारी होती है जो अपने समय में बराबर हस्तक्षेप करता है।

बीसवीं सदी में आज समालोचकों पर निर्णय करते, और श्रेष्ठ आलोचनात्मक कृतियों का चुनाव करते वक्त हमें इस तथ्य का पता लगाना चाहिए कि किस आलोचक की कृति ने साहित्य के निर्माण में अपनी भूमिका का निर्वाह गहरी जिम्मेदारी के साथ किया। उसने साहित्य में बदलाव के साथ राजनीतिक और सामाजिक बदलावों में कितना हस्तक्षेप किया? अगर वह 'क्रिटिक' है तो अपनी कृतियों के जरिये कितना क्रिटिकल हो सका। इस लिहाज से देखें तो बीसवीं सदी के आरम्भ में हिन्दी आलोचकों ने एक बड़ी भूमिका का निर्वाह किया क्योंकि इसके पहले भारतीय साहित्य में समालोचक नाम की चीज ही नहीं थी। जबकि दूसरे देशों के साहित्य में आलोचना की बाकायदा परम्परा विकसित हो चुकी थी। उदाहरण के लिए अँग्रेजी में मैथ्यू आर्नाल्ड को देखें तो उन्होंने सिर्फ साहित्यिक कृतियों की ही आलोचना नहीं की बल्कि उन्होंने उस दौर में 'कल्चर एंड एनार्की' नाम की एक महत्त्वपूर्ण पुस्तक भी लिखी है। उन्होंने आलोचना में

'डेमोक्रेसी' के महत्त्व को रेखांकित किया है। इसी तरह रूस में बेलेन्सकी नाम के आलोचक ने पुश्किन को स्थापित किया। उसने भी सिर्फ साहित्यिक आलोचनाएँ ही नहीं लिखीं बल्कि रूस में जारशाही के विरुद्ध जो आन्दोलन चल रहा था उसके प्रमुख दस्ते में बेलेन्सकी शामिल था। देखा जाए तो आलोचकों की ऐसी भूमिकाएँ हर भाषा के साहित्य में मौजूद रही हैं। लोकतन्त्र का एक बहुत बड़ा हथियार है—मीडिया। हिन्दी आलोचना ने शुरुआती दौर में इस माध्यम का भरपूर उपयोग किया। इस बात का उल्लेख मैं इसलिए कर रहा हूँ कि विश्वविद्यालयों की स्थापना के बाद आज अनेक हिन्दी अध्यापकों ने पाठ्योपयोगी चीजें लिखकर आलोचक होने का खिताब हासिल करना चाहा है। दुर्भाग्यवश अनेक लोग भ्रमवश इसे आलोचना समझते हैं। (हँसी...) शोधग्रन्थ टनों लिखे जा रहे हैं। देखा जाए तो अधिकांश विश्वविद्यालयी लेखन कायदे से पाठ्योपयोगी भी नहीं है। मुक्तिबोध ने कामायनी पर जो पुस्तक लिखी है वह शिक्षण के लिए नहीं लिखी है। जैसे नगेन्द्र ने कामायनी पर लिखी है। आलोचना में इस फर्क को आज समझने की जरूरत है। मैंने इसीलिए बीसवीं सदी की हिन्दी आलोचना की उपलब्धियों को समझने के पहले हिन्दी आलोचना की पृष्ठभूमि और उसकी आधार पीठिका को समझने के लिए जोर डाला है। बिना आधारभूमि को समझे आप हिन्दी आलोचना के संघर्ष को नहीं समझ सकते।

मंडलोई : *डॉक्टर साहब मैं प्रसंगवश एक बात जानना चाहता हूँ, क्योंकि आपने सभ्यता समीक्षा की बात की है और समालोचक के दायित्वों की भी चर्चा की है। इसलिए इस परिप्रेक्ष्य में यह जानना जरूरी है कि हिन्दी के आरम्भिक आलोचकों महावीर प्रसाद द्विवेदी, रामचन्द्र शुक्ल समेत अनेक आलोचकों पर यह आरोप है कि 'ये लोग सवर्णवादी मानसिकता के आलोचक थे।' दलित लेखकों ने अनेक उदाहरण देकर इस तथ्य को रेखांकित किया है। इन आलोचकों पर आरोप है कि ये लोग हिन्दूवाद के पोषक थे। इन्होंने हिन्दी साहित्य को हिन्दू साम्प्रदायिकता के आधार पर जानने-परखने की कोशिशें की हैं। पहले यह आरोप महावीर प्रसाद द्विवेदी और रामचन्द्र शुक्ल पर लगा। अब यह आरोप हजारी प्रसाद द्विवेदी और रामविलास शर्मा पर भी लग चुका है। आपने डॉ. धर्मवीर की हजारी प्रसाद द्विवेदी पर लिखी पुस्तक देखी होगी। आप बताएँ कि इन आरोपों में कितनी सच्चाई है? जब हम पूरी शताब्दी की आलोचना पर विचार करने बैठे हैं तो ऐसे आरोपों की सच्चाई जान लेना आवश्यक है, क्योंकि इन आरोपों से अब हिन्दी आलोचना का बना-बनाया प्रभामण्डल ढह रहा है।*

नामवर सिंह : देखिए! इन आरोपों की जाँच करने से पहले हिन्दी नवजागरण के पूरे इतिहास को देखने की जरूरत है। नवजागरण के आरम्भिक अभियान में भारतेन्दु युग के प्रताप नारायण मिश्र ने ही कहा था—'जपो सबै मिलि एक जबान/हिन्दी हिन्दू हिन्दुस्तान'। उस दौर में आर्यसमाज की हिन्दू धर्म के भीतर बड़ी भूमिका थी। हालाँकि

आर्य समाज, इस्लाम, ईसाईयत के विरुद्ध हिन्दुत्व को वैदिक धर्म के रूप में व्याख्यायित कर रहा था। हिन्दुत्व की यह अवधारणा केवल हिन्दी समाज में ही नहीं थी बल्कि नवजागरण का अग्रदूत बंगाल भी हिन्दुत्व की व्याख्या कर रहा था। बंगाल में नवजागरण के पुरोधा और 'आनन्दमठ' के लेखक बंकिम ने हिन्दुत्व पर पूरी एक पुस्तक लिखी है। बंगाल में आगे चलकर यह परम्परा रामकृष्ण परमहंस, विवेकानन्द में भी दिखाई देती है। रामकृष्ण परमहंस और विवेकानन्द भी हिन्दुत्व की बात करते हैं। हमारे राष्ट्रीय आन्दोलन में भी एक धारा हिन्दुत्ववादी थी। राजनीति में काँग्रेस के भीतर हिन्दुत्व की यह धारा शुरू से ही बड़ी प्रबल रही है जिसका सामना गाँधी जी को स्वराज्य आन्दोलन के दौरान करना पड़ा था। अँग्रेजी राज के विरुद्ध 'इण्डियन नेशनल काँग्रेस' ने जो मुहिम छेड़ी उसमें विचारधारा के स्तर पर हिन्दुत्व का रंग बहुत गहरा था। राष्ट्रीय आन्दोलन के उस दौर में जो साहित्य लिखा गया उस पर भी हिन्दुत्व की छाप थी। स्वयं मैथिलीशरण गुप्त की आरम्भिक कविताओं में हिन्दुत्व की छाप गहरे स्तर पर दिखाई देगी। जिन पौराणिक प्रतीकों का वे सहारा लिया करते थे वे सबके सब हिन्दू धर्म से जुड़े हुए थे। एक बात गौर करिए, आमतौर से राष्ट्रीय आन्दोलन में चूँकि हिन्दू बहुमत में थे, अधिसंख्यक थे इसलिए हम लोग पश्चिम के साम्राज्यवाद से लड़ने के लिए हिन्दू पौराणिक प्रतीकों का सहारा लेते थे। उस दौर में उर्दू साहित्य में लिखे जा रहे साहित्य पर भी गौर करिए तो हाली ने अपना जो 'मुसद्दस' लिखा था उसमें इस्लाम का पूरा इतिहास दर्ज है। तब साहित्य में अपनी धार्मिक परम्पराओं से ताकत ग्रहण करने की प्रवृत्ति थी। दोनों परम्पराओं के लोग धर्म से ताकत ग्रहण कर रहे थे। कहीं कोई धार्मिक वैमनस्य नहीं था। दोनों साथ चलकर राष्ट्रीय आन्दोलन में शरीक हुए थे।

लेकिन उसी बीच जैसे-जैसे राष्ट्रीय आन्दोलन तेज हुआ उसका जनाधार व्यापक होता चला गया। तब उस समय राष्ट्रीय आन्दोलन में नेतृत्व मध्यवर्ग का था जो शिक्षित और शहरी था। उस दौर में यह परम्परा प्रबल रूप से सामने आई थी लेकिन जैसे-जैसे इस आन्दोलन में किसान मज़दूर संगठन के लोग शामिल हुए दलित आए, स्त्रियाँ आईं उससे राष्ट्रीय आन्दोलन में परस्पर आलोचना और आत्म समीक्षा का दौर आरम्भ हुआ। कहना कठिन है कि उस दौर में राष्ट्रीय आन्दोलन का मिजाज सवर्णवादी था। इसके समानान्तर यदि साहित्य की पड़ताल की जाए तो देखा जा सकता है कि जब साहित्य राजनीतिक और सामाजिक दायित्व निभायेगा तो वह निरपेक्ष होकर कोई निरपेक्ष दुनिया नहीं बसा सकता। इसीलिए उस समय की आलोचना पर राष्ट्रीय भावधारा का असर पड़ा है। स्वयं रामचन्द्र शुक्ल में यह भावबोध महावीर प्रसाद द्विवेदी के मुकाबले प्रबल है। उस दौर में महावीर प्रसाद द्विवेदी ने 'सरस्वती' में भोजपुरी समाज के एक दलित कवि हीरा डोम की कविता प्रकाशित कर अपनी लोकधर्मी चेतना का परिचय दिया। दूसरी ओर उन्होंने यह प्रमाणित किया कि वे सवर्ण मानसिकता के पोषक नहीं हैं।

जबकि शुक्ल जी में यह मानसिकता इतनी दूर तक है कि वे सूर और तुलसी की तुलनात्मक समीक्षा करते हुए रामभक्ति की परम्परा की ओर ज्यादा झुके दिखाई पड़ते हैं। यह आकस्मिक नहीं कि शुक्ल जी कृष्णभक्ति काव्य को लोकरंजन तक सीमित रखते हैं और रामभक्ति शाखा काव्य को लोकमंगल के नाते उसे पहले दर्जे का ओहदा देते हैं। पर इस दृश्य को आगे चलकर बदला हजारी प्रसाद द्विवेदी ने। उन्होंने भक्तिकाव्य का मूल्यांकन करते हुए कबीर को केन्द्र में रखकर भक्ति काव्य में दूसरी परम्परा की खोज की। साहित्य में दूसरी परम्परा की यह खोज अत्यन्त क्रांतिकारी और युग प्रवर्तक है। इसे साहित्य के इतिहास में गौर से देखने की जरूरत है।

इसलिए मैं कह रहा हूँ कि क्रमशः जैसे-जैसे हमारा स्वाधीनता आन्दोलन अधिक लोकतान्त्रिक होता गया, जनाधार इसका मजबूत होता गया वैसे-वैसे समाज में बहुलतावादी शक्तियों का सम्मिश्रण पैदा हुआ। इस आन्दोलन में बाबा साहेब आम्बेडकर के आने के बाद गाँधी जी ने सामाजिक परिवर्तन के लिए छुआछूत, अछूतोद्धार जैसे रचनात्मक कार्यक्रमों को सामाजिक परिवर्तन का मूलमन्त्र कहा। उन्होंने कहा कि बिना सामाजिक परिवर्तन के आजादी की वास्तविक परिकल्पना अधूरी है। साहित्य की दुनिया को देखें तो रचनात्मक साहित्य में प्रेमचन्द, निराला और आलोचना में हजारी प्रसाद द्विवेदी ने साहित्य की पूर्ववर्ती सीमाओं को ध्यान में रखते हुए अपने लेखन के जरिये युगान्तर उपस्थित किया। शुक्ल जी की सीमाओं को ध्यान में रखकर ही हजारी प्रसाद द्विवेदी ने कबीर को आगे किया। यद्यपि इस महत्त्वपूर्ण प्रयास के बावजूद लोग द्विवेदी जी पर ब्राह्मणवाद की छाप मानते हैं। धर्मवीर ने जो लिखा है उसे देखा है मैंने। लेकिन एक बात गौर करने की है कि हमारे समाज पर एक हजार वर्षों के जो बद्धमूल संस्कार हैं उसे खत्म करने के लिए एक हजार बरस का समय अगर न भी लगे तो कम से कम सौ-दो सौ साल का समय तो लगेगा ही। यही कारण है कि एक साक्षात्कार, मैं अभी हाल में ही पढ़ रहा था—पता नहीं यहाँ उसका उल्लेख कितना प्रासंगिक होगा—एक कम्यूनिस्ट नेता ने उस साक्षात्कार में कहा कि हम लोगों ने मार्क्सवाद को जब अपनाया था तो समझते थे कि भारतीय समाज में सबसे महत्त्वपूर्ण वर्ग संघर्ष है और वर्ग उत्पीड़न ही सबसे बड़ा उत्पीड़न है। हम भूल गए कि इस वर्ग संघर्ष के भीतर जाति उत्पीड़न की समस्या सबसे ज्यादा दमनकारी और समस्यामूलक है। इस ऐतिहासिक तथ्य को हम लोगों ने इतनी देर से समझा। हम भूल गए कि एक हजार साल के बने हुए जो दमन के संस्कार हैं उसे केवल वर्ग संघर्ष की कोटि में रखकर समझा नहीं जा सकता। इसलिए आज समाज में जातियों के आधार पर जो समाज में ऊँच-नीच का भेदभाव बढ़ा हुआ है वह ज्यादा दमनकारी है। इसलिए वर्ग संघर्ष की अवधारणा में जाति संघर्ष के मुद्दे को जब तक ध्यान में नहीं रखेंगे तब तक हम आम जनता के दुःख दर्द की सच्ची लड़ाई नहीं लड़ सकते।

इतने दिनों बाद, जब एक कामरेड, जो इस देश का जाना-माना मार्क्सवादी नेता है, वह अब कह रहा है तो भाव जगत में रहने वाले साहित्यकारों की सीमा को आप भलीभाँति समझ सकते हैं। शायद इसी प्रभावी विचारधारा का असर है कि रामविलास शर्मा जैसे मार्क्सवादी भी सवालों के घेरे में आ जाते हैं। अभी हाल ही में प्रकाशित उनकी आलोचना पुस्तकें 'गाँधी, आम्बेडकर, लोहिया' और 'भारतीय संस्कृति और हिन्दी प्रदेश' की अवधारणाएँ इन आरोपों से बरी नहीं हो सकतीं। उन्होंने मंडल कमीशन का विरोध करते हुए आरक्षण तक का विरोध किया है और अपनी मूल स्थापना पर कायम हैं कि बुनियादी रूप से समाज की जो श्रेणियाँ हैं उनका आधार वर्ग संघर्ष है। रामविलास जी की इन स्थापनाओं से अनेक लोगों की असहमतियाँ हो सकती हैं। मेरी भी हैं। पर मैं इस बात को दुहराना चाहता हूँ कि हमारे समाज और संस्कृति में हजारों वर्षों से जो दबे हुए विचार हैं उनसे कोई साहित्यकार अपनी तमाम प्रगतिशीलता के बावजूद बचा नहीं रह सकता। ऐसे में आलोचक बचा रहेगा इसकी कल्पना कैसे की जा सकती है?

इसलिए मैं कहना चाहता हूँ कि यदि आलोचना शुद्ध साहित्यिक कर्म नहीं है बल्कि गहरे अर्थों में सभ्यता समीक्षा है तो उस पर अपने युग, अपने समाज और अपनी संस्कृति का प्रभाव जरूर पड़ेगा। हिन्दी आलोचना की एक धारा सम्प्रदायवादी रही है, कुछ हद तक जातिवादी भी। ऐसी विचारधाराओं के अवशेष हर काल में मिलेंगे। इस तथ्य से इनकार नहीं किया जा सकता। पर देखना यह चाहिए खुद आलोचना अपने इन पूर्वग्रहों से कितना सीख सकी है। कितना अब सीख रही है अर्थात् वह अपने विवेक से खुद अपनी आत्मालोचना कैसे करती है। उसका रुख इन चीजों के प्रति कितना सचेत और आलोचनात्मक है। वह अपने पूर्व अर्जित संस्कारों से छूटने के लिए कितनी बेचैन है? बेचैन है भी या नहीं? इस मुद्दे को आज आलोचना में गहरे स्तर पर उतरकर छानबीन करने की जरूरत है। शुक्ल जी के शब्दों में कहूँ तो 'आलोचना बुद्धि की मुक्तावस्था' है। शुक्ल जी ने तो 'कविता को हृदय की मुक्तावस्था' कहा है। यह बुद्धि की मुक्तावस्था एक दिन में नहीं होती, एक युग में भी नहीं होती बल्कि यह आलोचना के गहरे आत्मसंघर्ष के बाद किसी आलोचक में पैदा होती है। यह युगों की प्रक्रिया है। इसे आनन-फानन में प्राप्त नहीं किया जा सकता। इस दौर से हम सबको गुजरना है। हमें आलोचना में पुनरुत्थानवादी शक्तियों से सावधान रहना है। जैसा कि आपने संकेत किया डॉ. धर्मवीर की आलोचना दृष्टि इसी प्रक्रिया का अंग है, जिससे हमें मुक्त होना है।

अरविन्द : *यह बुद्धि की मुक्तावस्था वाली स्थापना आपने कई वर्ष पहले की थी और तब कई लोगों के मन में यह सन्देह हुआ था कि आलोचना में 'बुद्धि की मुक्तावस्था' क्या होती है। यानी किस अर्थ में आप 'बुद्धि की मुक्तावस्था' को परिभाषित करते हैं। बेहतर होगा कि आज आप इसे स्पष्ट कर दें।*

नामवर सिंह : देखिए बुद्धि से मुक्तावस्था का मतलब कोई यह न समझे कि

यह बुद्धि से निरपेक्ष होने का मामला है, बल्कि बुद्धि यानी विवेक से लैस होना है। आज बहुत से लोग साहित्य को विचार से मुक्त कर रहे हैं। ऐसे में कविता को विचारों से मुक्त करके कविता का एक स्वायत्त संसार बनाना चाहते हैं। आलोचना में इसके विरुद्ध हस्तक्षेप करने की जरूरत है। कभी-कभी बुद्धि को भी वृद्धावस्था असमय घेर लेती है। ऐसे में बुद्धि की मुक्तावस्था का धर्म है कि वह पुराने संस्कारों, जड़ताओं से छुटकारा पा ले। जो लेखक ऐसा बराबर करता रहता है वही साहित्य में ठोस धरातल अर्जित करता है। जब तक आप जड़ता को तोड़कर समाज और साहित्य में लोकतान्त्रिक मूल्यों की स्थापना नहीं करते तब तक आप बुद्धि की जड़ता में सड़ते रहेंगे।

मंडलोई : *डॉ. साहब बीसवीं सदी की हिन्दी आलोचना में देखा जाए तो विचारधारा के वर्चस्व के स्तर पर प्रगतिशील या मार्क्सवादी आलोचना ही लगातार केन्द्र में रही है। जो अन्य विचारधाराओं की आलोचना पद्धति है उनसे भी आप बेहतर ढंग से परिचित हैं। मार्क्सवादी आलोचना पद्धति पर यह आरोप लगाया जाता है कि वह बड़ी सख्त है। भारतीय परिवेश के साथ उपजे साहित्य का मूल्यांकन वह ठीक से नहीं कर पाती। यही नहीं लोगों का कहना है कि इसके जितने भी औजार हैं वे पश्चिमी मॉडल के हैं। पौर्वात्य काव्यशास्त्र को आत्मसात करके कोई नई राह बनाने की कोशिश नहीं की गई। आजादी के बाद लगभग यही हुआ है। इस बात को लेकर आप क्या सोचते हैं?*

नामवर सिंह : मंडलोई जी! इसके दो पहलू हैं। पहली बात तो यह कि आलोचना की अपनी परम्परा जिसे भारतीय परम्परा कहते हैं वह संस्कृत काव्यशास्त्रों में समाहित है। वह निश्चय ही हमारी बड़ी निधि है। इस विरासत से आरंभ से ही लोग अपने काम की चीज चुनते रहे हैं। रामचन्द्र शुक्ल ने 'रस मीमांसा' नाम की पुस्तक लिखी और उन्होंने काव्य में रस, ध्वनि, अलंकार जैसी काव्यशक्तियों को मुक्त मन से स्वीकार किया है। उनके बाद के आलोचकों ने भी इन काव्यमूल्यों को स्वीकार किया है। बल्कि कहना चाहिए बीसवीं शताब्दी के उत्तरार्ध में डॉ. नगेन्द्र ने इन सबका हिन्दी अनुवाद करवा दिया। एक तरह से कहा जाए कि उन्होंने साहित्य में रस की धारा बहा दी। उन्होंने खुद 'रस सिद्धान्त' पर पुस्तक लिखी। पर मैं इस प्रवृत्ति को साहित्य में पुनरुत्थानवाद की प्रवृत्ति मानता हूँ। मैं कहना चाहता हूँ कि स्वाधीनता के बाद संस्कृत काव्यशास्त्रों का उत्खनन और हिन्दुत्व का पुनरुत्थान जिस रूप में हुआ है आज उसे उसी रूप में साथ-साथ देखना चाहिए। इसलिए अपनी परम्परा से तत्त्व ग्रहण करना शुक्ल जी के लिए एक बात है और डॉ. नगेन्द्र का पुनरुत्थान करना दूसरी बात है। इन दोनों में फर्क करना चाहिए।

मंडलोई : *दोनों में फर्क है।*

नामवर सिंह : इसीलिए डॉ. नगेन्द्र को, इतना लिखने के बावजूद आलोचना परिदृश्य में स्वीकृति नहीं मिली। इसलिए मैं कहना चाहता हूँ कि आज संस्कृत विद्वानों

में राधावल्लभ त्रिपाठी, कमलेशदत्त त्रिपाठी सरीखे लोग संस्कृत काव्यशास्त्र की परम्परा से लोकधारा की चीजें चुन रहे हैं। वे भी संस्कृत काव्यशास्त्र के मर्मज्ञ हैं, पर वही चुनते हैं जो उनके काम का है। वहीं राममूर्ति त्रिपाठी कुछ और करते हैं। संस्कृत काव्यशास्त्र से, वेद से रामविलास जी ने बहुत सारा लिया है। ऋग्वेद का गुणगान करने वाले दूसरे भी बहुत सारे लोग हैं। इनमें से ज्यादातर विश्व हिन्दू परिषद वाले हैं जिन्होंने ऋग्वेद को देखा ही नहीं है। पढ़ना, आत्मसात करना तो दूर की बात है पर वे वेदों की माला आजकल खूब जप रहे हैं। मुख्य बात है आप क्या लेते हैं? लेने का ढंग भी आना चाहिए। यह नहीं कि सब कुछ घोट लिया और भारतीय काव्यशास्त्र के महापण्डित होकर दूसरों को विधर्मी मानकर कोस रहे हैं। मैं स्वयं संस्कृत का विद्यार्थी हूँ। मैं लगातार संस्कृत काव्यशास्त्र पढ़ता रहा हूँ। थोड़ा बहुत सीखा भी है। तो संस्कृत काव्यशास्त्र एक अक्षय निधि है। सवाल यह है कि आप उसमें से क्या बटोरते हैं? अमृत बटोरते हैं या विष? यह आपके विवेक के ऊपर है। हमें देखना चाहिए कि कौन क्या लेता है। पश्चिमी देशों में काव्यशास्त्र के मूल स्रोत अफलातून-प्लेटो और अरस्तू हैं। वहाँ से अनेक महत्त्वपूर्ण चीजों को दुनिया भर के आलोचकों ने ग्रहण किया है। ये चीजें नई समीक्षा के दौर में ही नहीं बल्कि इधर जिसे उत्तर-आधुनिकता के दौर में 'डिकंस्ट्रक्शन' यानी उच्छेदनवादी पद्धति कहते हैं उसकी अवधारणा बहुत पुरानी है। इसलिए अपने यहाँ देखना यह है कि हम संस्कृत काव्यशास्त्र की परम्परा से क्या और कैसे लेते हैं? संस्कृत की परम्परा का नाम लेना और फिर दूसरे क्षण में यह कह देना कि नए लोग सब पश्चिम से ले रहे हैं महज शास्त्रीयता का जाप भर है। विडम्बना की बात यह है कि हम अब तक अपनी अच्छी निधियों से वंचित हैं। उनका उपयोग नहीं किया गया। अच्छी निधि के उपयोग के लिए दृष्टि चाहिए। आप क्या लेते हैं, हमें देखना यह चाहिए। यह तो तय है कि हमें महज शास्त्रीयता नहीं चाहिए।

परमानन्द श्रीवास्तव : *शुक्ल जी ने सचेत किया था कि हिन्दी आलोचना संस्कृत आलोचना का पर्याय नहीं है। हिन्दी आलोचना अलग शुरू हुई है।*

नामवर सिंह : कायदे से देखा जाए तो संस्कृत में आलोचना थी ही नहीं। शास्त्र था, जिसे हमें समझना चाहिए। मैंने पहले ही कहा है। दूसरी बात पाश्चात्य समीक्षा से बहुत सारी चीजें लेकर रामचन्द्र शुक्ल ने हिन्दी आलोचना का विकास किया। पर उसका इस्तेमाल उन्होंने ज्यों का त्यों नहीं किया। आज हिन्दी आलोचना के विकास की कसौटी रामचन्द्र शुक्ल हैं। वे एक प्रमाण हैं। अगर शुक्ल जी को कोई भारतीय आलोचक इसलिए न माने कि उन्होंने पश्चिम से बहुत कुछ लिया है तो अब इसके बारे में क्या कहूँ। आज तो आधुनिक भारत की जो संस्कृति है उसमें पूरब से लेकर पश्चिम तक बहुत सारा मिला-जुला है। विभिन्न समस्याओं के मिलन स्थल को आप रोक नहीं सकते। यह मिलन इधर बहुत तेजी से हो रहा है और आगे और होगा। आप

साहित्य और संस्कृति को एक देश में द्वीप बनाकर सुरक्षित नहीं रख सकते। उस द्वीप में बाहर की धाराएँ आएँगी और जाएँगी। शुक्ल जी इस तथ्य से बखूबी परिचित थे। इसीलिए उन्होंने पश्चिम से आने वाली चीजों को गहराई में जाकर परखा और उसकी विशद विवेचना भी की। रिचर्ड्स और क्रोचे के काव्य सिद्धान्तों की उन्होंने गम्भीर समीक्षा की। आज भी हम लोग ज्ञान के किसी नए विषय पर जब विचार करते हैं तो उस क्षण यह नहीं सोचते कि यह ज्ञान का नया क्षेत्र पश्चिम का है इसलिए उस पर विचार न करो, बल्कि ज्ञान के क्षेत्र में जब भी कोई नई बात आती है तो हमें बड़ा सुख मिलता है। अगर विज्ञान के मामले में हम अन्तर्देशीय से बहिर्देशी हो सकते हैं तो फिर साहित्य और संस्कृति के मामले में इतने संकीर्ण कैसे हो सकते हैं? अपने यहाँ सम्प्रदायवादी लोग कहते हैं कि भारतीय संस्कृति नष्ट हो रही है। गणित के क्षेत्र में यदि पश्चिम में कोई नया काम सामने आएगा तो चट से कह देंगे यह हमारे वैदिक गणित में पहले से मौजूद है। पहले से मौजूद था तो अब तक सामने क्यों नहीं लाए। किसने रोका था आपको? मेरा मानना है कि ज्ञान के क्षेत्र में कोई नया इजाफा यदि योरोप करता है तो हमें उसका इस्तेमाल करना चाहिए। न्यूटन के फिजिक्स को हम क्या इसलिए छोड़ देंगे कि वे पश्चिम के थे? यह बौद्धिक संकीर्णता है। बुद्धि का अनादर है। क्या हम आज आइंस्टाइन को छोड़ सकते हैं? अगर हम छोड़ देंगे तो और पीछे रह जाएँगे। दुनिया की सभ्यता हमें रौंद कर आगे बढ़ जाएगी। इसलिए साहित्य में भी जो नई चीजें आ रही हैं उन्हें गौर से देखने की जरूरत है। वह पश्चिम से आए या पूरब से। आलोचना का काम है—देखना। जो समाज और साहित्य को नहीं दिख रहा है—उसको दिखाना।

बीसवीं सदी की हिन्दी आलोचना पर अगर गौर किया जाए तो इसका स्वभाव एक-दूसरे से आदान-प्रदान का रहा है। इस प्रक्रिया में वह समृद्ध हुई है। जाहिर है आदान-प्रदान की यह प्रक्रिया पीछे नहीं हटेगी बल्कि बढ़ेगी। मैं इसे किसी बड़े सांस्कृतिक खतरे के रूप में नहीं देखता। दूसरे देखते हैं तो उनकी बात अलग है।

मंडलोई : *इस सन्दर्भ में मैं आपको याद दिलाना चाहूँगा कि 'इतिहास और आलोचना' पुस्तक में आपने 'व्यापकता और गहराई' निबन्ध में कहा था कि वैज्ञानिक आविष्कारों से घबराने की जरूरत नहीं है, बल्कि इसे समझने की जरूरत है। समझने और सुलझाने से ही व्यक्तित्व समृद्ध होगा और इसी के माध्यम से साहित्य समृद्ध होगा। मैं समझता हूँ कि आज वैज्ञानिक आविष्कारों का समय है। खासतौर से भूमण्डलीकरण के इस दौर में जब पूँजीवाद जरायु होने के बाद एक बार फिर जवान हो गया है। पूँजीवाद आज टेक्नोलॉजी के एक विराट दैत्य के रूप में हमारे सामने खड़ा है। आपने इसके बारे में काफी विस्तार से चीजों को साफ किया है। भले ही विज्ञान से पैदा हुआ कम्प्यूटर आज समाज में उपभोक्तावाद का सबसे बड़ा एजेण्ट बन बैठा है। इस तरह देखें तो*

वैज्ञानिक आविष्कारों की दिशा ने मानव-मस्तिष्क को ज्यादा जटिल, संश्लिष्ट और कुछ हद तक मनुष्य विरोधी बना दिया है। तब इस बिन्दु पर जो बात आपने छठे दशक में 'व्यापकता और गहराई' की उठाई थी आज शताब्दी के अवसान पर आप क्या सोचते हैं।

नामवर सिंह : अभी मैं ज्ञान-विज्ञान की बात कर रहा था। पर टेक्नोलॉजी ज्ञान-विज्ञान का पर्याय नहीं है, बल्कि टेक्नोलॉजी एक अलग सत्ता है, उसका तर्क भी अलग होता है। उस टेक्नोलॉजी को अगर साहित्य की दृष्टि से देखें तो साहित्य रोमांटिक युग से लेकर आज तक आमतौर पर टेक्नोलॉजी का विरोधी रहा है। टेक्नोलॉजी विरोधी समाज में ज्यादातर बुद्धिजीवी हैं। जिन्होंने मशीनों को हमेशा दुश्मन समझा बल्कि कई लोग शैतान समझकर उसे तोड़ने की कोशिश भी करने लगे। ऐसा प्रयोग इंग्लैण्ड में हुआ था। गाँधी जी ने 'हिन्द स्वराज्य' नाम से पश्चिम की टेक्नोलॉजी-सभ्यता के खिलाफ पूरा ग्रन्थ लिख डाला है। पर देखा जाए तो टेक्नोलॉजी की भी एक नैतिकता होती है। टेक्नोलॉजी जब विकसित हो जाती है तब मनुष्य का दखल कम हो जाता है। अगर आप टेक्नोलॉजी के नियम नहीं मानते हैं तो आपके हाथ कट सकते हैं। आपकी जान जा सकती है। मनुष्य उसे चलाता जरूर है पर जरूरी नहीं कि उसका हर जगह नियन्त्रण हो। तो आमतौर पर यूरोप में भी टेक्नोलॉजी के विरोध की एक लम्बी परम्परा रही है। लोग ज्ञान के साथ विज्ञान का भी विरोध करते हैं। चूँकि साहित्यकार ज्यादा संवेदनशील होता है, चीजों को भावजगत में ले जाकर जीता है इसलिए वह किसी भी तरह के मशीनीकरण के खिलाफ उठ खड़ा होता है। आदमी यदि मशीन हो जाए तो लोग कहते हैं बड़ा संवेदनहीन आदमी है क्योंकि मशीन अन्ततः आदमी को मशीन बना देती है। उसे मनुष्य नहीं रहने देती है। यह अमानवीय दृष्टिकोण है। मशीन का दृष्टिकोण अलग है। वह मनुष्य के रोमांटिक दृष्टिकोण से अलग है। पर एक बात देखने की यह है कि मशीन का भी अपना एक सौन्दर्य होता है, उसका अपना एक अलग 'इस्थेटिक्स' है। मशीन का एक अलग संगीत होता है। कई लोग इसीलिए मशीनों को भौतिक युग का एक नया अवतार कहते हैं।

मंडलोई : *हाँ, आजकल कम्प्यूटर की काउण्टिंग प्रदर्शनी भी शुरू हो गई है।*

नामवर सिंह : मुझे दो उदाहरण याद हैं। पहला उदाहरण जब इटली में आधुनिकता का नया आन्दोलन शुरू हुआ तो उस दौरान एक कवि था जिसने मशीन की गति, लय और छन्द के वजन पर कविता के छन्द, लय और गति को जोड़ने की कोशिश की थी। दूसरा उदाहरण साठ के दशक में जब मैं बनारस था उस समय वियन्सबर्ग बनारस आए थे। वे कविता पर बात कर रहे थे तो बातचीत में उनसे मैंने एक शब्द सुना, 'कायनेटिक्स'। उन्होंने कहा कि छन्द वह है जो 'कायनेटिक्स सिद्धान्त' से चलता है। शरीर की जो गति होती है और साँसों में जो रिद्म होता है उसके आधार पर छन्द

का निर्माण होता है। उस समय मुझे याद है कि उन्होंने जो कविता सुनाई थी उसमें उन्होंने 'कायनेटिक्स सिद्धान्त' का इस्तेमाल किया था। उनका प्रयोग काबिले गौर था। इसलिए मैं कहना चाहता हूँ कि अनेक लोग हैं जो साहित्य में टेक्नोलॉजी का प्रयोग अपने ढंग से कर रहे हैं। नई टेक्नोलॉजी से साहित्य के लिए कोई वैसा खतरा नहीं है कि साहित्य उसके सामने खत्म हो जाएगा, बल्कि मेरा मानना है कि नई टेक्नोलॉजी स्वयं अपना एक सरगम रचेगी जिसकी अपनी एक लय होगी। साहित्य के सामने आज चुनौती यह है कि वह नई टेक्नोलॉजी का साहित्य के लिए किस तरह उपयोग करेगी। टेक्नोलॉजी कोई नई चीज नहीं है। हर युग में कोई न कोई टेक्नोलॉजी रही है उस टेक्नोलॉजी का अपना 'एथिक्स' भी रहा है। याद करिए हजारों वर्षों से इस देश में साधारण किसान हल चला रहे हैं। हल कृषि कर्म की एक साधारण टेक्नोलॉजी है। किसान हल जोतते समय अनेक लोकगीत गाया करते हैं। खेत जोतते समय हल की जो गति होती है, उसका जो छन्द और रिद्म होता है, उसे जोड़कर किसानों ने लोकगीतों की गाने की कला को विकसित किया। इसी तरह चक्की से जुड़े लोकगीत हैं। हमारे प्रगतिशील काव्य में तमाम ऐसी कविताएँ किसानों, मजदूरों पर लिखी गई हैं जिनमें से अधिकांश श्रम संस्कृति की उपज हैं। श्रम संस्कृति से उपजी यह कविता अविकसित ही सही टेक्नोलॉजी से पैदा हुई कविता है। केदारनाथ अग्रवाल ने श्रम संस्कृति से उपजी अनेक ऐसी कविताएँ मजदूरों पर लिखी हैं जो कारखानों में काम करते हैं। उनकी प्रसिद्ध कविता 'लोहा' आप लोगों को याद होगी—'मैंने उसको/जब जब देखा/ लोहा देखा/ मैंने उसको गोली जैसा चलते देखा' इस कविता में एक आदिम टेक्नोलॉजी है, लेकिन टेक्नोलॉजी तो है। इसलिए टेक्नोलॉजी का साहित्य से क्या रिश्ता है इसे परिभाषित करना बड़ा जटिल और कठिन काम है। पर यह रिश्ता हर युग में रहा है आगे भी रहेगा। टेक्नोलॉजी का कविता से क्या रिश्ता हो यह हमसे बेहतर कवि जानते हैं। उन्हें इस विषय पर सोचना चाहिए। मुझे कहने का कोई अधिकार नहीं है। मैं तो सिर्फ एक-दो उदाहरण देकर अपना दृष्टिकोण बता रहा था। वैसे टेक्नोलॉजी विरोधी साहित्य भी लिखा गया है। यह प्रतिरोध का साहित्य है। पर टेक्नोलॉजी से जुड़कर जो कविता लिखी गई है वह साधारण कविता नहीं है। मुख्य बात यह है कि रचनाकार अपने साहित्य में टेक्नोलॉजी का कैसा इस्तेमाल कर रहा है।

मंडलोई : *यानी आप साहित्य में टेक्नोलॉजी के समर्थक हैं?*

नामवर सिंह : मैं न तो टेक्नोलॉजी का समर्थक हूँ और न उसका विरोधी। देखना यह चाहता हूँ कि उसके प्रयोग से साहित्य में नया क्या आ रहा है जो हमारे काम की चीज हो सकती है।

परमानन्द श्रीवास्तव : *केदारनाथ अग्रवाल की 'लोहा' शीर्षक कविता जब मैं सुन रहा था तो मुझे अनेक कवियों की कविताएँ याद आ रही हैं। केदार, शमशेर के बाद*

धूमिल, अरुण कमल से लेकर इधर के अनेक कवियों तक। नामवर जी ने ठीक कहा कि टेक्नोलॉजी के दोनों ही पहलू हैं। एक वह पहलू जो टेक्नोलॉजी के उपयोग से है। दूसरा वह पहलू जो टेक्नोलॉजी के विरोध से पैदा हुआ है। मुझे लगता है कि टेक्नोलॉजी का जो सकारात्मक पहलू है उसे कविता और आलोचना में साथ-साथ उपयोग करने की जरूरत है। मुझे लगता है कि हमारी आधुनिक सभ्यता में हीं कई तरह के अन्तर्विरोध हैं। लेकिन इस अन्तर्विरोध में कई शक्तियाँ छिपी हुई हैं। साहित्य में इन शक्तियों का सकारात्मक उपयोग होना चाहिए।

नामवर सिंह : टेक्नोलॉजी का विकास सभ्यता का एक अंग है। बर्बरता के युग से अब हम सभ्यता के युग में जी रहे हैं। जाहिर है इस सभ्यता के साथ टेक्नोलॉजी भी बढ़ेगी। तो फिर उसका जीवन में निषेध कैसे होगा? हम हड़प्पा सभ्यता का गुणगान करते हुए उस समय की विकसित टेक्नोलॉजी की प्रशंसा करते हैं। कहते हैं हमारी सभ्यता विज्ञान की दृष्टि से बहुत विकसित थी। फिर इस आधुनिक युग में टेक्नोलॉजी का विरोध आँख मूँद कर क्यों करें? उसके जो सकारात्मक पहलू हैं उनका साहित्य और कलाओं में उपयोग होना चाहिए।

अरविन्द : *डॉ. साहब मैं फिर चर्चा को बीसवीं सदी की आलोचना के इतिहास की ओर ले जाना चाहता हूँ। मैं जानना चाहता हूँ कि बीसवीं सदी में आलोचना के जो प्रमुख विवाद रहे हैं उनका साहित्य पर क्या प्रभाव पड़ा? वे कौन से प्रमुख साहित्यिक विवाद हैं जो आज भी मौजूं हैं? जैसे शुरू में ब्रजभाषा बनाम खड़ी बोली का विवाद काफी लम्बे अर्से तक चला। आप स्वयं आलोचना को वाद-विवाद और संवाद मानते रहे हैं। इन साहित्यिक विवादों को आज आप किस तरह देखते हैं?*

नामवर सिंह : अरविन्द जी! ऐसा है कि भावुक साहित्यकार वाद-विवाद से बहुत घबराते हैं। कुछ लोगों का ख्याल है कि वाद विवाद से रचनात्मक साहित्य नष्ट होता है। लोगों के दिल को चोट पहुँचती है। लेकिन आलोचना ऐसी चीज है कि बिना वाद-विवाद के उसमें धार नहीं आती। आलोचना विचारों का मैदान है इसलिए वाद-विवाद से परहेज हम नहीं कर सकते। कहा भी गया है कि 'वादे-वादे जायते तत्वबोधः' यानी वाद-विवाद से ही तत्त्व का जन्म होता है। 'वाद-विवाद संवाद' नाम से मेरी एक पुस्तक ही छप चुकी है। (जी...हँसी...) वाद-विवाद से विचारों में सफाई आती है, कई भ्रम दूर होते हैं। आलोचक के लोचन में नई दृष्टि कौंधती है। इससे उसकी दृष्टि का विकास होता है। आजादी के पहले के साहित्य में भी ऐसे अनेक विवाद हुए। उसे एक जमाने में 'सरस्वती' में द्विवेदी जी ने प्रकाशित किया था। मैंने स्वयं 'आलोचना' में ऐसे अनेक विवाद प्रकाशित किए। मेरा विचार था कि साहित्यिक विवादों को लेकर 'आलोचना' में विवादों की एक लम्बी शृंखला प्रकाशित हो। कुछ छपे भी। एक विवाद साहित्य में 'मानदण्ड' को लेकर हुआ। देव और बिहारी को लेकर। मानदण्ड का ही मसला उठा

कि रीतिकालीन कवियों में देव बड़े हैं कि बिहारी। इस बहस की क्या परिणति हुई उसे छोड़ दीजिए। पर मूल्यांकन का एक तुलनात्मक मानदण्ड विकसित हुआ। कुछ लोगों का ख्याल है कि आलोचना में कोटि का निर्माण नहीं करना चाहिए। मैं पूछता हूँ क्यों नहीं करना चाहिए? क्या सभी कवि, कथाकार एक ही श्रेणी के हैं? यदि नहीं हैं तो उनके मूल्यांकन का आधार क्या होगा? ऐसे ही लोग यह भी कहते हैं कि आलोचना को निर्णायक नहीं होना चाहिए। क्यों नहीं होना चाहिए भाई? विचित्र बात है कि जीवन में यदि निर्णय करने का विवेक खत्म हो जाए तो यह जीवन जीने लायक नहीं रह जाएगा। जीवन में अच्छे-बुरे का निर्णय रोज, हर क्षण करना पड़ता है। क्या शुभ है, क्या अशुभ है, क्या श्रेष्ठ है, क्या निकृष्ट है इसका निर्णय करना मनुष्य के लिए जब अपरिहार्य है तब साहित्य में मूल्यांकन करते वक्त निर्णय क्यों न किया जाए? मूल्यांकन आलोचना का अनिवार्य अंग है। इसकी परम्परा साहित्य में बहुत पुरानी है। देव-बिहारी के विवाद से यह बात साबित हुई। बहुत पहले राजशेखर ने आलोचकों के कुछ प्रकार बताए थे। एक प्रकार उन्होंने बताया 'अरोचकी'। अरोचकी माने जिसे कुछ अच्छा न लगे। कुछ लोग ऐसे होते हैं जिन्हें मिठाई भी कड़वी लगती है। ऐसे कुण्ठित स्वाद वाले आदमी के बारे में क्या कहा जाए। जिसको सब कुछ बुरा लगता है। दूसरे होते हैं—'सतृणाभ्यवहारी'। ऐसे लोगों को घास-पात, भला-बुरा जो भी मिले सब खाकर सन्तुष्ट हो जाते हैं। कभी असन्तुष्ट होते ही नहीं। आज भी अनेक ऐसे आलोचक हैं जो 'सब धान बाइस पसेरी' तौलने में विश्वास रखते हैं। सब को खुश रखने के चक्कर में हमेशा कील-काँटा बैठाये रहते हैं। ऐसे लोगों के बारे में क्या कहूँ। पर ऐसे मूल्यांकन से कवियों के साथ बड़ा अन्याय होता है। उनका अपमान तो होता ही है। आश्चर्य होता है कि एक ओर हम एक अच्छे कवि की तारीफ करते हैं दूसरी तरफ उसी मुँह से एक निकृष्ट कवि की भी तारीफ कर देते हैं। तब ऐसे आलोचक के बारे में मुझे तुरन्त सन्देह हो जाता है कि इसके पास अपनी कोई दृष्टि, कोई सुरुचि, कोई काव्यविवेक नहीं है। (जी...) अब कोई मुक्तिबोध की तारीफ कर रहा है कि वे इतने बड़े कवि हैं। पर दूसरे ही साँस में नीरज की भी तारीफ करने लगे तो सोचना पड़ता है कि ऐसे व्यक्ति के पास साहित्य का बुनियादी संस्कार नहीं है। वह मुक्तिबोध की तारीफ के साथ यदि नीरज की तारीफ कर रहा है तो अनजाने ही वह मुक्तिबोध का अपमान कर रहा है। एक सजग आलोचक ऐसा कभी नहीं कर सकता। इसीलिए ऐसी आलोचना को पढ़कर उसे कोई गम्भीरता से नहीं लेता। ऐसी तारीफों और निन्दाओं का आलोचना से कोई मतलब नहीं। इसीलिए आलोचना का बुनियादी काम है—मूल्यांकन, सटीक, तथ्यपरक और बेलाग। किसी को अच्छा लगे या बुरा। अच्छा आलोचक इसीलिए किसी की परवाह नहीं करता। आलोचना मूल्यांकन करते वक्त सिर्फ विश्लेषण ही नहीं करती बल्कि निर्णय भी देती है क्योंकि निर्णय देना आलोचना की नियति है। आचार्य शुक्ल

का महत्त्व इसीलिए है क्योंकि वे मूल्यांकन करते वक्त निर्णय भी देते थे। इसीलिए आचार्य शुक्ल और मिश्र बन्धुओं के मूल्यांकन में फर्क था।

शायद इसीलिए निर्णायक मूल्यांकनों से भी साहित्यिक विवाद हुए। आगे चलकर छायावाद को लेकर भी विवाद हुए। छायावाद में रहस्यवाद की स्थिति लेकर लम्बे अर्से तक विवाद चला। शुक्ल जी छायावाद को स्वीकार नहीं कर पा रहे थे। उस समय छायावाद के समर्थक कुछ आलोचक भी थे और छायावाद के सभी कवि तो थे ही। छायावाद विरोधी लोगों का भी एक खेमा था। पक्ष-विपक्ष में घनघोर विवाद हुआ। पर अंत में मालूम हुआ कि छायावाद हिन्दी साहित्य से गायब नहीं होगा, बल्कि रहेगा। छायावाद समाप्त हुआ तो स्वयं छायावादी कवियों ने ही अपनी ओर से 'युगान्त' घोषित किया। साहित्य में बीस साल तो जवां रहा ही छायावाद। आगे कथा में प्रेमचन्द को लेकर भी विवाद उठे। उनको कहा गया कि वे 'घृणा' के 'प्रचारक' हैं। नाम था उनका—प्रेमचन्द यानी प्रेम का चाँद पर उन्हें कहा गया कि वे 'घृणा प्रचारक' हैं। क्या दलितों, वंचितों से प्रेम करना गुनाह है? उन्हें कुछ लोगों ने नकलची भी कहा।

कविता में आगे चलकर देखें तो प्रयोगवाद, प्रगतिवाद को लेकर लम्बी बहसें हुईं। पर इन बहसों को देखें तो इनसे इन आन्दोलनों को कोई क्षति नहीं पहुँची बल्कि इनको ताकत मिली। साहित्य के इतिहास में आज प्रेमचन्द, छायावाद, प्रगतिवाद, प्रयोगवाद अपने महत्त्व के साथ दर्ज हैं।

अरविन्द : *प्रगति और परम्परा को लेकर फिर परम्परा और आधुनिकता को लेकर भी घनघोर बहसें हुई थीं।*

नामवर सिंह : ये दोनों बहसें आजादी के बाद हुईं। वह नई कविता का दौर था। तब 'परम्परा और प्रगति' और 'परम्परा और आधुनिकता' को लेकर तीखी झड़पें हुईं। देखने की बात यह है कि आज जो अपने को कट्टर परम्परावादी कहते हैं वे नई कविता और नई कहानी के दौर में आधुनिकतावादी थे और आधुनिकता की पुरजोर हिमायत कर रहे थे। साठ के दशक में नई कविता में रस की अवधारणा को लेकर भी चर्चा हुई। नई कहानी की बहसें अभी लोगों को याद हैं। उसके बाद 'अकहानी', 'अकविता' को लेकर भी काफी विवाद रहा। सातवें दशक में 'समान्तर कहानी' आन्दोलन का हो-हल्ला हुआ। इस तरह बीसवीं सदी में साहित्य के भीतर अनेक बहसें हुई हैं। इनकी सार्थकता यह है कि इनसे साहित्य में गतिरोध नहीं आया, बल्कि साहित्य में प्रगति ही हुई।

अरविन्द : *आजादी के पहले जो बहसें हुई हैं और बाद में भी, उनमें कौन-सी बहसें ऐसी हैं जो हिन्दी आलोचना को आगे ले जाती हैं।*

नामवर सिंह : देखिए! चूँकि बहस हमारे इतिहास का अंग है इसलिए इनमें से कुछ बहसें तो तात्कालिक उत्तेजना के कारण हुईं। मसलन स्वाधीनता के बाद तुरन्त जो महत्त्वपूर्ण बहस हुई वह 'साहित्य में गतिरोध' की। इसको लेकर 'कल्पना' में बहस

हुई और 'प्रतीक' में भी टिप्पणी छपी। मनोहर श्याम जोशी ने लिखा 'साहित्य में गतिरोध नहीं मतिरोध है।' इस प्रसंग में देखें तो आजादी मिलने के चार-पाँच वर्षों में जो कृतियाँ प्रकाशित हुईं उन्हें देखकर यह तो नहीं कहा जा सकता कि साहित्य में गतिरोध आया, लेकिन अचानक लोगों को लगा कि हमें साहित्य में जिस गति से आगे बढ़ना चाहिए, जिस तरह की कृतियाँ आनी चाहिए वे नहीं आ पा रही हैं। पर लोग भूल गए कि हम स्वाधीन तो हुए लेकिन ठीक आजादी के साथ विभाजन की त्रासदी भी झेलनी पड़ी। देश के दो टुकड़े हो गए। हमारे साथ इतने वर्षों तक जो लोग साथ रहे वे अचानक हमसे बिछुड़ गए। इस दौर में कोई महान कृति प्रकाशित नहीं हुई। इसलिए लोग इसे गतिरोध समझते थे। कई लोगों का ख्याल था कि 'गोदान' जैसी कृति कथा के क्षेत्र में नहीं आई। कविता में 'कामायनी' जैसी कृति क्यों नहीं लिखी गई। इससे चिन्तित होकर लोग साहित्य में 'गतिरोध' और 'मतिरोध' की बात करने लगे थे। पर मैं समझता हूँ, वह बहस निराधार थी, सिर्फ आशंकाओं के आधार पर साहित्य के भविष्य और वर्तमान पर निर्णय नहीं किया जा सकता।

परमानन्द श्रीवास्तव : *आजादी के बाद एक बड़ा आयोजन जो '56-'57 के आस-पास इलाहाबाद में हुआ था जिसके पीछे आप भी थे। मुझे याद है कि आपने समाहार सत्र में 'सहचिन्तन' शब्द पर उठे विवाद पर गम्भीर चर्चा की थी। उस समय विवादों का रंगमंच इलाहाबाद था। मेरा ख्याल है कि वह आलोचना के इतिहास में याद करने की घटना है। उस समय मुक्तिबोध इलाहाबाद में ही थे। उन्होंने 'काव्य की रचना प्रक्रिया' पर लिखित वक्तव्य दिया था। यानी उस समय ज्यादा गहमागहमी थी। मेरी दृष्टि में बहसों और विवादों को शुरू करने में गोष्ठियों, सेमिनारों का बड़ा महत्त्व है। कविता, कहानी को लेकर देश के अनेक समारोहों में विवाद उठे थे। निश्चय ही इन आयोजनों का आलोचना पर प्रभाव पड़ा होगा।*

नामवर सिंह : परमानन्द जी! 'आप थे' कहकर आप भूतकाल की बात कर रहे हैं। इसलिए इस बातचीत में हम वर्तमान पर ही फोकस करें तो ज्यादा अच्छा होगा। कभी-कभी लोग यह कहते पाए जाते हैं कि आलोचना में अच्छे विवादों को जन्म देना सबके बूते की बात नहीं है। मार्क्सवादी इस मामले में बदनाम रहे हैं कि उन्होंने ज्यादातर विवादास्पद संवादधर्मी आलोचनाएँ लिखीं। ऐसी बातें कहते रहे हैं लोग। लेकिन इधर मैं देख रहा हूँ कि आलोचना लिखने वाले कोई बड़ा विवाद, कोई बड़ी हलचल नहीं पैदा कर पा रहे हैं। कुछ रचनाकार भी यह शिकायत कर रहे हैं। आमतौर पर किसी पर आक्षेप करना एक बात है, लेकिन विवाद करना, बहस करना और उसे साहित्य के केन्द्र में रखकर कुछ सार्थक अर्जित करना दूसरी बात है। विवाद का मतलब बखेड़ा खड़ा करना नहीं है बल्कि साहित्य में संवाद करना है। मेरी दृष्टि में हर विवाद की परिणति संवाद में होनी चाहिए। किसी जमाने में रामविलास शर्मा विवादास्पद आलोचना के

धुरन्धर रहे हैं। उस समय 'परिमल' वालों के बीच मैंने, साही और भारती ने कुछ वाद-विवाद किया था। आज के दौर में देखना यह चाहिए कि साहित्य और विचार के गम्भीर मुद्दों पर बहस हो रही है या नहीं। शायद यह काम आलोचना की नई पीढ़ी करेगी। ताकि आने वाले समय में साहित्य की दुनिया में एक सार्थक संवाद का माहौल बने। छिटपुट विवाद आजकल भी चल रहे हैं। 'हंस' में विवाद चल रहा है। 'वर्तमान साहित्य' भी विवादों को जन्म दे रहा है। कुछ और पत्रिकाएँ यह काम कर रही हैं। पर जरूरत है विवाद सार्थक मुद्दों पर हो। बहस तार्किक हो ताकि साहित्य में संवाद की बेहतर स्थिति बन सके। क्योंकि देखा यह जा रहा है कि विवाद शुरू होते हैं मुद्दों पर, पर जल्दी ही व्यक्तिगत धरातल पर आकर सिमट जाते हैं। मेरा मानना है कि विवाद को एक परिणति तक पहुँचाए बिना उसे छोड़ा नहीं जाना चाहिए। वरना हमारे लोकतन्त्र में अब सब कोई सीटें सुरक्षित रखने में यकीन करता है। कोई विवाद में पड़ना नहीं चाहता। शायद चुप रहना हमारे समय की सबसे बड़ी चतुराई है। संसद को ही देखिए। अब वहाँ अच्छे विवाद नहीं होते। सिर्फ शिकायतें होती हैं। राजनीतिक जीवन का भी एक जमाना था। जवाहरलाल नेहरू की संसद में संवाद सबसे ज्यादा मुखर था। नेहरू और लोहिया की बहसें संसद में प्रायः हुआ करती थीं। इन बहसों में अनेक नामी-गिरामी लोग शामिल होते थे। तब संसद का बौद्धिक स्तर वह नहीं था जो आज है। अब तो संसद में कोई गम्भीर विवाद होता ही नहीं, सिर्फ नारेबाजी और 'वाकआऊट' होता है। इसका सबसे बड़ा कारण यह है कि अब संसद-सदस्यों का कोई बौद्धिक स्तर नहीं रह गया है। विचार के क्षेत्र में उनकी कोई दिलचस्पी नहीं रह गई है। मैं संसद का उदाहरण इसलिए दे रहा हूँ कि साहित्य-विचार के मामले में लोग सावधान रहें ताकि विचार और बहस की गुंजाइश बनी रहे वर्ना साहित्य की गति भी वही होगी जो संसद की हो चुकी है। इसलिए साहित्य में विचार के स्तर को बनाए रखने के लिए अच्छे गम्भीर, ज्वलंत, स्तरीय विवाद किए जाएँ जिससे साहित्य में विचार और संवाद का सिलसिला चलता रहे।

मंडलोई : *इधर ज्यादातर जो विवाद होते हैं उनका स्तर बेहद स्तरहीन हो रहा है। अब साहित्य के विवादों को न्यायालयों में ले जाने की धमकी दी जा रही है। मानहानि का दावा ठोंका जा रहा है। यह सब क्या हो रहा है...*

नामवर सिंह : ऐसा करने वाले साहित्य को 'एकवचन' मानने वाले हैं। उनका मानना है कि उन्होंने जो कहा वही सत्य, बाकी सब मिथ्या है। अगर स्थिति यहाँ तक आ पहुँचे तो आलोचना का विकास कतई सम्भव नहीं है। आलोचना का विकास तभी सम्भव है जब साहित्यिक कृति को अनेकार्थी माना जाए। मैं समझता हूँ कि इधर कुछेक विवाद बेहद जरूरी हैं जैसे दलित-विमर्श और स्त्री-विमर्श। दलित-विमर्श के सिलसिले में तो एक वैचारिक स्तर पर बहस चल भी रही है। पर स्त्री-विमर्श में अभी प्रतिपक्ष

के विचार नहीं आ पाए हैं? उन पर खुली बहस होनी चाहिए। इन दोनों के बारे में पक्ष-विपक्ष के विचार सामने आने ही चाहिए।

अरविन्द : *लेकिन अभी तो इस बात के लिए विमर्श चल रहा है कि इन आन्दोलनों को कैसे चलाया जाए।*

नामवर सिंह : विमर्श चल पड़ा है यही क्या कम है। पर लोग बहस करने से कतरा भी रहे हैं लेकिन सिर्फ विमर्श करने वालों को परामर्श देना चाहिए कि सिर्फ विमर्श से काम नहीं चलेगा। इसके लिए वाद-विवाद और संवाद की जरूरत है। बिना संवाद के आप किसी भी आन्दोलन को सार्थक परिणति नहीं दे सकते।

अरविन्द : *डॉ. साहब! आजादी के बाद के साहित्य में विवादों की अगर शृंखला देखी जाए तो 'नई कविता' और 'नई कहानी' जैसे आन्दोलनों में आपकी बहसें सबसे ज्यादा उत्तेजक, अर्थवान और काफी विवादास्पद रही हैं, बल्कि उसी के बाद से आपको 'विवादास्पद आलोचक' का खिताब भी दे दिया गया। नई कविता को लेकर 'नई कविता पर क्षण भर' बहस माला को लोग भूले नहीं हैं जब आप और साही जी आमने-सामने भिड़े थे। नई कविता आन्दोलन में आप मुक्तिबोध को लेकर एक ऐतिहासिक लड़ाई लड़ रहे थे। एक तरफ आप, 'परिमल ग्रुप' में साही, भारती, लक्ष्मीकान्त, जगदीशगुप्त आदि से, दूसरी तरफ 'नई कविता' में रस की समस्या को लेकर डॉ. नगेन्द्र से, तो तीसरी तरफ अज्ञेय के व्यक्तिवाद और क्षणवाद से जूझ रहे थे। ये सारी बहसें आज नए साहित्य के इतिहास में शामिल हैं। जाहिर है मार्क्सवादी आलोचना के विकास में आपने जितना संघर्ष किया उतना शायद किसी ने नहीं। इतिहास में दर्ज उन बहसों, विवादों और उत्तेजनाओं को आप आज किस रूप में देखना पसन्द करेंगे।*

नामवर सिंह : अपने बारे में कहना ठीक नहीं है लेकिन मैं तो शीत युद्ध के माहौल में पैदा हुआ और बाद में लगा कि शीत युद्ध अन्तर्राष्ट्रीय स्तर पर अब समाप्त हो गया है। सोवियत संघ के विघटन के बाद लगा कि साहित्य में समाजवाद की परिकल्पना समाप्त हो जाएगी। लेकिन आज फिर देखता हूँ कि शीत युद्ध समाप्त नहीं हुआ है बल्कि इधर बढ़ता दिखाई दे रहा है। 'आलोचना' के कुछ अंकों में मुझे कुछ ऐसा ही स्वीकार करना पड़ा। लेकिन इधर फिर लगा कि नहीं शीतयुद्ध जारी है। मैं चाहता हूँ कि शीतयुद्ध शीत न रहे बल्कि ऊष्मावान हो क्योंकि वह प्रवृत्तियाँ समाप्त नहीं हुई हैं जिनकी लड़ाई पहले जोर-शोर से लड़ी गई थी। शीतयुद्ध इसलिए भी बना हुआ है कि खुलकर उन प्रवृत्तियों पर बहस नहीं हुई। बहसें जब अनिर्णीत रह जाती हैं तो मसले ज्यों के त्यों बने रहते हैं। इसीलिए विवाद के मामले में जब बहस एक बिन्दु पर पहुँच जाती है तब लगभग एक आम राय बन जाती है कि यह पक्ष सही है, यह पक्ष गलत है। या जो सही है उसमें भी इतना भाग गलत है और जो गलत माना जा रहा है उसमें भी इतना भाग सही है। दुर्भाग्यवश साहित्य में इसका निराकरण नहीं हो सका। बुनियादी

बहस आज यह है कि साहित्य में दो प्रवृत्तियाँ हैं। एक जनोन्मुखी है। आमजन के साथ उसका सीधा जुड़ाव है। उसकी वाणी को यह जनोन्मुखी साहित्य आवाज देता है। उन्हें पुकारता है। उसकी भाषा अलग है उसका छन्द अलग है। वह कविता, कहानी, उपन्यास आदि सब में अलग से दिखाई पड़ने वाली चीज है। दूसरी प्रवृत्ति उस साहित्य की है जो शीत युद्ध के दौर वाले साहित्य के साथ जुड़ी हुई है। उसकी राजनीति भी उससे जुड़ी हुई है। ऐसे लोग राजनीति से परहेज करते हैं। पर इनकी साहित्यिक राजनीति हमेशा खतरनाक रही है। ऐसे लोगों के साहित्य को मोटे तौर पर कलावादी, रूपवादी भी कह सकते हैं। उनकी आलोचना भी इसी रुझान की है। चूँकि हमारे सामाजिक जीवन में ऐसे दोनों तत्त्व मौजूद हैं, एक ओर हिन्दुत्ववादी, सवर्णवादी, पुरुष प्रधान मनोवृत्ति वाले लोग हैं, जिनका अपना एक समाजशास्त्र और सौन्दर्यशास्त्र है और एक अलग साहित्यशास्त्र भी। उधर जो जनोन्मुखी धारा है वह बुनियादी रूप से परिवर्तनकामी, संघर्षशील और साधारण मनुष्य के जीवन व्यापार को महत्त्व देने वाली है। इस दूसरी धारा का भी अपना एक समाजशास्त्र, सौन्दर्यशास्त्र और साहित्यशास्त्र है। इस धारा की अपनी एक तेजस्वी आलोचना परम्परा है। जाहिर है, इन दोनों के बीच एक चौड़ी खाई है। मैं चाहता हूँ कि साहित्य के स्वास्थ्य के लिए यह जरूरी है कि इन पर खुलकर बहस हो। तब शायद दोनों अपने पूर्वग्रहों से मुक्त होकर ऐसा रास्ता निकालें जहाँ दोनों की ग्राह्य बातें आमने सामने आ सकें। यह जब सम्भव होगा तभी अच्छा साहित्य विकसित हो सकता है। इसके लिए पहल दोनों तरफ से होनी चाहिए ताकि खुलकर स्वस्थ वाद-विवाद हो। जब वाद-विवाद होगा तभी संवाद का कोई रास्ता निकलेगा। फिलहाल तो दोनों ओर शिविरबद्धता है।

मंडलोई : *प्रसंगवश एक बात और वो ये कि अगर हम बीसवीं शताब्दी की हिन्दी आलोचना पर बात करते हैं तो अधिकतर यह पाया जाता है कि आलोचना या तो कविता केन्द्रित रही है या कहानी केन्द्रित। कथेतर गद्य साहित्य पर अब तक हमारी आलोचना कुछ खास ध्यान केन्द्रित नहीं कर पाई है। इसकी क्या वजहें हैं।*

नामवर सिंह : जरूरी मुद्दा उठाया आपने। इस अभाव की पूर्ति का अब तक छिटपुट प्रयास भर हुआ है। बहुत व्यवस्थित नहीं हुआ है। पर इधर कुछ लोग इस दिशा में काम कर रहे हैं। विचार अब गद्य को लेकर यहाँ तक किया जा रहा है कि कविता गद्य से क्या लेकर आगे बढ़ सकती है। इस प्रसंग में विनोद कुमार शुक्ल का इधर एक साक्षात्कार छपा है। उसमें गद्य की ताकत का जिक्र है। इधर पुस्तक-समीक्षाओं में संस्मरण, डायरी, जीवनी आदि विधाओं पर विचार हुआ है। ललित निबन्धों पर भी विचार हुआ है। पर जिस रूप में होना चाहिए उस रूप में नहीं हुआ है। यह चिन्ता की बात है। हमें सतर्क रहना है कि आधुनिक युग मुख्यतः गद्य युग है। गद्य अनेक रूपों में प्रकट हो रहा है। आज की कविता में गद्य तेजी से उतर रहा है। उसकी एक

नई चमक, एक नई कौंध कई कवियों में दिखाई पड़ रही है। रामविलास जी ने 'आलोचना' में 'अच्छे गद्य की पहचान' विषय पर एक गम्भीर लेख लिखा था शमशेर के 'दोआब' पर, जो शमशेर की पुस्तक 'प्लाट का मोर्चा' में भूमिका के रूप में शामिल हुआ है। इस सिलसिले में इधर 'मलयज की डायरी' मैं समझता हूँ डायरी विधा का एक नया उन्मेष है। इस पर लोगों का ध्यान जाना चाहिए। रामस्वरूप जी, आजकल लगातार गद्य पर विचार कर रहे हैं। गद्य पर रमेशचन्द्र शाह ने भी लिखा है।

अमृत राय का 'कलम का सिपाही' जिस हद तक प्रेमचन्द की जीवनी है उसी हद तक प्रेमचन्द की आलोचना भी है। रामविलास जी की 'निराला की साहित्य साधना' का पहला भाग एक ऐसी जीवनी है कि उसके बिना आप निराला को समझ नहीं सकते। इसीलिए मैंने अभी स्वाधीनता के बाद के साहित्य पर चार पुस्तकों के प्रकाशन की योजना बनाई है। उसमें सृजनात्मक गद्य पर एक पुस्तक, कथा पर दूसरी पुस्तक, कविता पर तीसरी पुस्तक, आलोचना पर चौथी पुस्तक। इस तरह मैं चाहता हूँ कि स्वाधीनता के इन पचास वर्षों में जो कुछ श्रेष्ठ लिखा गया है उसकी एक झलक पाठकों को मिल जाए।

अरविन्द : *डॉ. साहब हिन्दी आलोचकों के समवाय पर गौर करें तो लगभग अभी प्रतिनिधि आलोचक कविता के ही दिखाई पड़ते हैं। आप स्वयं मुख्यतः कविता के ही आलोचक माने जाते हैं यद्यपि आपने कथा पर भी लिखा। इसकी क्या वजह है कि हमारे यहाँ उतने बड़े कथा आलोचक नहीं बन सके जितनी कविता के।*

नामवर सिंह : यद्यपि आपके कथन में इस तथ्य की विडम्बना निहित है कि सभी आलोचक कविता केन्द्रित हैं। कविता पर गद्य के माध्यम से ही बात की जा सकती है। कविता पर कविता से नहीं। यह स्वयं गद्य की सत्ता का प्रमाण है और कविता की सीमा भी। इसीलिए रामविलास शर्मा अच्छे गद्यकार हैं। अच्छे गद्यकार शुक्ल जी हैं। अच्छे गद्यकार हजारी प्रसाद जी हैं। आलोचना का गद्य, गद्य का सबसे परिष्कृत, प्रौढ़ और परिनिष्ठित रूप होता है। इसलिए आलोचना गद्य की कसौटी है। आलोचना में अब तक ज्यादातर विचार कविता पर हुआ है यह सच है। इसकी एक वजह भारतीय बौद्धिकता का वातावरण है जहाँ दर्शन जैसा गूढ़ गम्भीर विषय भी कविता में लिखा गया है। कविता का वर्चस्व चिराचरित है। ऋग्वेद संसार की सबसे पुरानी रचना है और वह आर्ष काव्य है। 'कादम्बरी', 'कथा सरित्सागर' और 'दशकुमार चरितम्' आदि कथाकृतियाँ बहुत बाद की हैं। लोककथाएँ जरूर हैं। कथा के मुकाबले भारतीय कविता का इतिहास बहुत पुराना, समृद्ध और विविध रहा है। चारों तरफ काव्य ही काव्य दिखाई पड़ता है। पूरे भक्तिकाल आन्दोलन और रीतिकाल के साहित्य को देखें तो हिन्दी साहित्य का इतिहास मुख्यतः कविता का इतिहास है। आधुनिक काल में आकर हिन्दी में गद्य का सूत्रपात हुआ। जबकि फ्रांस, जर्मनी और इंग्लैण्ड में गद्य का इतिहास यहाँ के मुकाबले ज्यादा पुराना है। उनके गद्य का इतिहास चार सौ साल पुराना है। अँग्रेजी साहित्य में

गद्य की शुरुआत सोलहवीं सदी में ही हो जाती है। जबकि हमारे यहाँ सोलहवीं सदी में गद्य का कहीं पता नहीं। जिन देशों में गद्य का इतिहास चार सौ-छः सौ वर्ष पुराना है वहाँ निश्चय ही गद्य अच्छा प्रौढ़ है। इसलिए कविता केन्द्रित हिन्दी आलोचना का इतिहास पक्षपातपूर्ण नहीं बल्कि ऐतिहासिक हकीकत है। यह नहीं भूलना चाहिए।

अरविन्द : *निराला ने गद्य को जीवनसंग्राम की भाषा कहा है। और एक बड़ी...*

नामवर सिंह : मुझे तो ऐसा लगता है और वह दिन जल्द आएगा, जब कवियों को उल्टे शिकायत होने लगेगी कि अब गद्य पर ही आलोचना ज्यादा लिखी जा रही है, कविता पर कम। देखते नहीं इन दिनों कहानी, उपन्यास पर ज्यादा जोर दिया जा रहा है। इसके लक्षण अभी से दिखायी पड़ रहे हैं। विश्वविद्यालयों में इधर ज्यादातर जो शोध प्रबन्ध लिखे जा रहे हैं उनमें से अधिकांश कहानी, उपन्यास पर हैं। कविता पर काम कम हो रहा है। इसकी एक बड़ी वजह यह है कि कविता पर काम करना कठिन है, जबकि कहानी, उपन्यास पर काम करना आसान है। कहानी, उपन्यास में उद्धरणों की भरमार हो सकती है पर कविता में नहीं, क्योंकि कविता पर यदि टिप्पणी करना आसान काम नहीं है। इसलिए आलोचना को अगर कहानी-उपन्यास की ओर मोड़कर लोग ऐसी ही आलोचना लिखना चाहते हैं तो इससे आलोचना की अधोगति होगी, उन्नति नहीं। कविता को कठिन मानकर जब सब लोग कथा पर लिखना शुरू कर देंगे तब कल्पना करिए कि काव्यालोचना के भविष्य का क्या होगा?

मंडलोई : *इस सन्दर्भ में आपकी आलोचना का एक बीज शब्द याद आ रहा है—पण्य वस्तुपरक। ये बात आपने मध्यवर्ग के सन्दर्भ में कही है कि हमारे समय में अधिकांश लेखक मध्यवर्ग की उपज हैं। पहले उनका व्यापक जन जीवन से सीधा सम्बन्ध था जो अब धीरे-धीरे उच्चवर्ग की दुनिया में सिमट रहा है। इसलिए उसका लेखन पण्य वस्तुपरक लेखन होकर रह गया है। वह अपने लेखन में मध्यवर्ग की सीमाओं को तोड़ नहीं पाता। फलतः उसका लेखन सीमित समाज की अभिव्यक्ति कर रहा है। यही हाल हमारे आलोचकों का भी है। वे भी ज्यादातर मध्यवर्ग की उपज हैं। ऐसी स्थिति में देखा जाए तो बीसवीं सदी का ज्यादातर लेखन मध्यवर्ग की ही सल्तनत है। क्या आप नहीं मानते कि हमारे लेखन में सबाल्टर्न और समाज की दूसरी छिपी आवाजों को साहित्य में जगह नहीं दी गई? फलतः बीसवीं सदी में बहुत कुछ छूट गया और जो सामने है वह काफी हद तक आधा-अधूरा है। जबकि इस सदी में लेखन की अनेक धाराएँ फूटनी चाहिए थीं जो मध्यवर्ग से नीचे निम्नवर्ग की जिन्दगी तक जातीं।*

नामवर सिंह : मंडलोई जी अच्छा सवाल उठाया आपने। मैं मानता हूँ साहित्य मूलतः सम्बोधन है। आत्मसम्बोधन से लेकर परसम्बोधन तक। जिसको आप सम्बोधित करते हैं वह आपकी रचना-प्रक्रिया में पहले से मौजूद होता है। चूँकि हमारे ज्यादातर लेखक मध्यवर्ग के हैं। इसलिए, हमारा ज्यादातर मध्यवर्गीय लेखन मध्यवर्ग को ही

सम्बोधित है। मध्यवर्गीय कवि अपनी कविता में या तो स्वयं को सम्बोधित करता है या अपने वर्ग को, या फिर आलोचक को, शेष समाज से उसका रचना में कोई सम्पर्क नहीं होता। यह मध्यवर्गीय लेखन की सबसे बड़ी सीमा है। इसे तोड़ना चाहिए। पर यह टूट नहीं रहा है। आलोचना में आलोचक दूसरे आलोचक को सम्बोधित कर आलोचना लिख रहा है। वह आलोचना को एकेडमिक कर्म मानकर अपने कर्तव्य की इतिश्री समझ बैठा है। जबकि रचना की तरह आलोचना भी एक सामाजिक कर्म है। इसलिए कवि को सम्बोधित आलोचना की भी सीमा है। मैं अपनी आलोचना में कोशिश करता हूँ कि वह कृति रचना केन्द्रित हो फिर पाठक को सम्बोधित। मैंने कभी भी आलोचकों को सम्बोधित करके आलोचना नहीं लिखी। कोशिश यही रही है, नहीं जानता कितना सफल हुआ हूँ। मेरी आलोचना का लक्ष्य वह सामान्य पाठक है जिस तक मुझे पहुँचना है। इसीलिए आप गौर करेंगे कि मैं आलोचना लिखते वक्त आलोचना की शास्त्रीय शब्दावली से भरसक परहेज रखता हूँ। क्योंकि मैं जिसे सम्बोधित कर रहा हूँ वह साहित्य का सामान्य पाठक है शास्त्रज्ञ नहीं। अँग्रेजी में जिसे 'कामन रीडर' कहते हैं, आलोचना की पठनीयता का अन्तिम लक्ष्य वही होना चाहिए। यह 'कामन रीडर' मध्यवर्ग का हो या निम्नवर्ग का। शायद इसीलिए कई लोगों को मुझसे गम्भीर शिकायत है कि मैं व्याख्यान, भाषण ज्यादा देता हूँ लिखता कम हूँ। पर सच्चाई यह है कि मेरे भाषणों में जो आलोचना है, चलती फिरती जुबान में, उसका साहित्यिक महत्त्व उतना ही है जिस तरह मैं लिखता हूँ। भाषण देना मेरी विवशता नहीं, कोई लोभ नहीं बल्कि मैं वाचिक के जरिये उस 'कामन रीडर' तक पहुँचना चाहता हूँ जो मुझे अभी तक पढ़ नहीं सका है। भाषणों के दौरान मैं कोशिश करता हूँ कि मेरे सामने जो लोग हैं उन्हीं की जुबान में मैं उन तक सीधे पहुँचूँ।

अरविन्द : *ज्यादातर जो श्रोता होते हैं...*

नामवर सिंह : मैं जानता हूँ यह प्रयास मेरा अपना है पर इस तरह की परम्परा आज क्षीण हो रही है। पर इसे आप लोग आगे बढ़ाएँ। आप लोगों को याद होगा कि जब मैं 'हाशिये पर' कहानी लेख माला लिख रहा था तो वह कहानीकारों को सम्बोधित नहीं थी बल्कि साहित्य के आम पाठकों को सम्बोधित थी। मेरी इच्छा है कि कविता के औसत पाठकों को ध्यान में रखकर कविता की एक ऐसी पुस्तक लिखूँ जो साहित्य के औसत पाठकों को भी समझ में आए। 'कविता के नए प्रतिमान' ऐसी पुस्तक नहीं है, वो शास्त्रीय भाषा में लिखी गई है। उसकी भाषा एकेडमिक ज्यादा है। मैंने सोचा था कविता पर वैसे ही लिखूँगा जैसे कहानी पर लिखा। ज्ञानोदय वाली लेख माला 'नई कविता पर क्षण भर' में पाँच किश्तें लिखी थीं। दरअसल मैं तब कविता, कहानी पर साथ-साथ लिख रहा था। इसलिए दोनों लेख मालाओं का लहजा पाठकों को सम्बोधित है लेखकों, आलोचकों को नहीं। मैं सोचता हूँ ऐसे ही लिखकर आलोचना को मुक्त

किया जा सकता है। आलोचना उस लेखन से मुक्त हुई या नहीं कह नहीं सकता। पर उसे लिखकर मैंने अपने को मुक्त किया।

अरविन्द : *आपकी इसी मुक्ति की बात पर यह तथ्य गौरतलब है, जिसे आपने जगह-जगह देखा होगा कि लोगों ने आप पर आक्षेप किया है कि आप लिखना छोड़ अब सारा समय भाषणों, व्याख्यानों, गोष्ठियों, समारोहों में व्यतीत कर रहे हैं। अशोक वाजपेयी, विष्णु खरे, राजेन्द्र यादव, कृष्ण बलदेव वैद समेत अनेक लोगों ने इस बात की शिकायत की है कि नामवर जी लिखने से बचने के लिए वाचिकता में चले गए हैं क्योंकि लिखने पर 'आन द रिकार्ड' आने के बाद कई मुसीबतें आ जाती हैं। इसलिए आपके लिए वाचिकता की परम्परा अपनाना एक सुविधा है क्योंकि वहाँ 'आन द रिकार्ड' आने का खतरा नहीं है। लेकिन हम लोग वाचिकता को उतना ही महत्त्व देते हैं जितना लिखने को। जैसे परसाई का लेखन ज्यादातर अखबारों के माध्यम से हुआ, किताबें बाद में छपीं। पर उनका लिखा साहित्य सीधे 'कामन रीडर' को सम्बोधित है जैसा आपका लक्ष्य है। उनके लेखन से आप आजादी का इतिहास भी लिख सकते हैं। हिन्दी समाजों के पिछड़ेपन का रोना सभी रोते हैं पर उसे दूर करने की कोशिशें कम लोग कर रहे हैं। तो मैं मानता हूँ कि आपने अपने भाषणों, व्याख्यानों के जरिये हिन्दी समाज में साहित्य, संस्कृति का अलख जगाया है। आपका यह जागरण लेखन से कम मूल्यवान नहीं है फिर भी आपके न लिखने का या कम लिखने के जो कारण हैं उसका रहस्य क्या है। रचनात्मक मजबूरी या व्यक्तिगत मजबूरी। क्योंकि लिखने के लिए आपको दिनों महीनों एक कमरे में कैद होना पड़ेगा। क्या अब आप सचमुच इसके लिए अपने को तैयार नहीं कर पा रहे हैं? आपकी पुस्तक आए अर्सा गुजर गया। आप लगातार सक्रिय हैं पर किताबें नदारद हैं। ऐसा क्यों?*

नामवर सिंह : जितने लोग मेरी आलोचना कर रहे हैं उन्हें मैं अपना शत्रु नहीं बल्कि शुभचिन्तक मानता हूँ। इसलिए उनकी शिकायतों का बुरा नहीं मानता। मैं मानता हूँ कि लिखने का महत्त्व है और रहेगा। लिखना इसलिए होता है कि न रहने के बाद लोग उसे लेखक की सनद मानें, हिस्ट्री मानें। पर मैं साफ कर दूँ कि मैं सनद पाने या हिस्ट्री में शामिल होने के लिए नहीं लिख रहा हूँ। इसलिए भी नहीं लिखता हूँ कि मेरा लिखा पुस्तकालयों, संग्रहालयों में सुरक्षित रहे ताकि भविष्य में कोई मेरा मूल्यांकन करने बैठे तो प्रमाण में मेरी पुस्तकों से उद्धरणों की झड़ी लगा दे, कहे कि नामवर जी ने बहुत लिखा है और मेरे जीवन का लक्ष्य धन्य हो जाए। वैसे मेरे ऊपर यह आरोप गलत है कि मैं लिखता नहीं हूँ। कम लिखता हूँ। वही लिखता हूँ जो लिखने लायक है। रोज-रोज लिखकर कूड़ा इकट्ठा करना मेरे वश का नहीं। मेरी पुस्तकाकार किताबें इधर नहीं आई हैं यह सच है। इसकी एक बड़ी वजह यह है कि पुस्तक के रूप में छपाने में मेरी दिलचस्पी कम है। इधर का लिखा जो मेरा असंकलित पड़ा है अगर उसे

ही इकट्ठा करके छपा दिया जाए तो छः-सात किताबें एक साथ आ सकती हैं। पर मैं ऐसा करने नहीं जा रहा। लगभग इतनी ही चीजें पत्र-पत्रिकाओं में लिखी पड़ी हैं। अलग-अलग विषयों पर लिखी हुई। इन सबको इकट्ठा करके छपा दिया जाए तो कई किताबें एक साथ आ सकती हैं और मेरा बायोडेटा भर जाएगा। पर मेरे सामने इन सबके ऊपर जो तात्कालिक चुनौती है, जिस दौर से हम गुजर रहे हैं उसमें महज लिखकर लोगों तक पहुँचना कठिन हो गया है। मैं किताबों के जरिये कितने लोगों तक पहुँच सकता हूँ, इस दौर में मैंने अकेले, पाठकों से कई गुना ज्यादा श्रोता तैयार किए हैं। भाषण या वार्तालाप के दौरान एक खास उपलब्धि यह होती है कि कई बार श्रोताओं से रूबरू होते हुए मेरी कई चीजें अपने आप साफ हो जाती हैं जो पुस्तक लिखते वक्त हमें उलझाये रहती हैं।

अरविन्द : *आपने कहा भी है कि आलोचना अपने आप से और फिर दूसरे से परस्पर संवाद है।*

नामवर सिंह : अपने से भी है और दूसरों से भी। ऐसा कहते हुए मैं कोई अपना गुणगान नहीं कर रहा हूँ। मैं हालात को देखते हुए यह बात कह रहा हूँ। हिन्दी भाषी समाजों में साक्षरता और शिक्षा की जो स्थिति है उसमें लेखक का अधिसंख्यक समूह तक पहुँच पाना आसान नहीं है। इसलिए दूसरों तक पहुँचने के लिए दूसरे रास्ते भी ढूँढ़ने पड़ेंगे। मैंने अपनी पहली लिखी पुस्तक का नाम दिया था—'बकलम खुद'। वह मेरे निबन्धों की पुस्तक थी। निबन्ध लेखन मुक्त भाव से किया जाए, इसी भाव को आजमाते हुए मैंने आलोचना को 'बकलम खुद' शैली में लिखने की कोशिश की। आलोचना को मैं इसी शैली में जीवित देखना चाहता हूँ। याद दिलाना चाहता हूँ कि मुक्तिबोध की सबसे अच्छी आलोचना की किताब 'एक साहित्यिक की डायरी' है जो शुरू से लेकर आखिर तक बातचीत के लहजे में लिखी गई है।

मंडलोई : *आपने उस किताब पर एक बहुत अच्छा निबन्ध लिखा है।*

नामवर सिंह : उस किताब पर जब मैं लिख रहा था तो मेरे दिमाग में 'प्लेटो के डायलॉग्स' थे। अनेक दार्शनिक हुए हैं जिन्होंने सिर्फ लेक्चर्स दिए हैं। वे लोग भाग्यशाली थे जिनके भाषणों के नोट्स लोगों ने तैयार किए और बाद में वे पुस्तकाकार प्रकाशित हुए। ऐसे दार्शनिकों में विटगेस्टाइन का नाम बीसवीं शताब्दी के सबसे बड़े दार्शनिक के रूप में लिया जाता है। उसकी सबसे महत्त्वपूर्ण पुस्तक 'फिलासोफिकल इन्वेस्टीगेशन' में सिर्फ उसके दिए गए लेक्चर्स का संकलन है। उस दार्शनिक के बारे में बहुश्रुत है कि उसने जीवन में अपने हाथ से बहुत कम लिखा। ज्यादातर उसका लेखन वाचिक रहा। लोगों से वार्तालाप करता था, लोग उसको नोट कर लेते थे। बाद में वह लेख की शक्ल में छपता रहा। उसके मरने के बाद ऐसी अनेक चीजें छपी हैं जो लोगों के पास थीं।

मंडलोई : *डॉ. साहब एक बात और...आपने बातचीत के आरम्भ में कहा था आगे की आलोचना परिदृश्य पर बाद में आऊँगा। मैं चाहता हूँ अब आप अपने बाद के परिदृश्य पर कुछ मुखातिब हों।*

नामवर सिंह : देखिए मैं लिखने के मामले में भले ही कच्चा होऊँ पर पढ़ने के मामले में जरा भी आलसी नहीं हूँ। यह कभी नहीं हुआ कि कोई अच्छी चीज प्रकाशित हो और मैं उसका पाठक न होऊँ। रचनात्मक साहित्य ही नहीं बल्कि लगातार मैं नए से नए आलोचकों की चीजें पढ़ता रहता हूँ और गहरा संतोष मिलता है कि मैदान खाली नहीं है। कई बार लगता है इधर जो युवा आलोचक उभरे हैं उनमें से कई दूरदृष्टि वाले हैं। अपने बाद की पीढ़ी पर कह चुका हूँ पहले। कई बार लगता है मेरे बाद की तुरन्त पीढ़ी में कई नामों में से अब कुछ ही नाम बच गए हैं। खतरा उठा के मैंने पहले मलयज का नाम लिया था। कविता की आलोचना के बारे में विष्णु खरे का नाम लिया था और कहानी में विजयमोहन सिंह का। विजयमोहन ने मुझसे अच्छी कहानी की आलोचना लिखी है। मलयज असमय ही नहीं रहे। अभी मैंने विष्णु खरे की मंगलेश डबराल के संग्रह पर एक अच्छी समीक्षा देखी है, उतना अच्छा मैं नहीं लिख सकता था। विनोद कुमार शुक्ल के उपन्यास 'दीवार में एक खिड़की रहती थी' के अन्त में उन्होंने बहुत अच्छी टिप्पणी की है। विनोद जी के 'अतिरिक्त नहीं' संग्रह के बर्ल्व पर भी उन्होंने अच्छा लिखा है।

मंडलोई : *देवताले पर भी...*

नामवर सिंह : देवताले पर भी उन्होंने लिखा है। मैं तो अब भी मानता हूँ कि बहुत अच्छे आलोचकों में विष्णु खरे हैं। मेरे बारे में उनकी राय चाहे जो हो लेकिन उनके बारे में मेरी अपनी राय यही है। ललित कार्तिकेय जूझ रहा है, भाषा की तलाश है उसको, अभी काफी उलझा हुआ है, अपनी आलोचना में; बहुत जटिल है। 'जारगन्स' का इस्तेमाल करता है। अँग्रेजी का बहुत अधिक सहारा लेता है। पर उसे हिन्दी आलोचना की परम्परा को आत्मसात करना चाहिए। परगानन्द जी हमारे साथी हैं। निकट के लोगों के बारे में कहना ठीक नहीं। परमानन्द जी ने कुछ अच्छी समीक्षाएँ लिखी हैं। 'आलोचना' पत्रिका शुरू की थी तो वे मेरे सहयोगी थे। अब उसके सम्पादक हैं। वे आगे भी काम करेंगे ऐसा विश्वास है। अरविन्द त्रिपाठी यहाँ बैठे हुए हैं। हमसे बात कर रहे हैं। और यह मुँह देखी कहलाएगी। पर सच्चाई यह है कि नए लोगों में अरविन्द त्रिपाठी की आलोचना का उभार काफी आशाजनक है। खासतौर से तुम्हारी आलोचना की भाषा और उसका दोटूक लहजा मुझे अच्छा लगता है। नए आलोचकों के लिए भाषा कसौटी है जो भाषा से जितना ही जूझेगा भाषा उतना ही उसका साथ देगी। देखो! मुझे लगता है कि रचना और आलोचना के हर दौर में एक ऐसा वक्त आता है जब एक दौर में जन्मे लोगों की धारणाएँ, संवेदनाएँ स्थिर हो जाती हैं पक जाती हैं। वे उससे आगे नहीं

बढ़ पाते। उसे तोड़ने के लिए नए लोगों की जरूरत होती है। जो रचना के साथ साझेदारी करके नई संवेदना की जाँच पड़ताल एक बिलकुल नए तेवर में करते हैं। जो लोग अपने समय की नब्ज पर ठीक से हाथ नहीं रख सकते वे जीते-जी अप्रासंगिक हो जाएँगे। चाहे कवि हो या आलोचक। दोनों पर यह बात लागू होती है। अज्ञेय जी इसके उदाहरण थे। उन्होंने कविता लिखना छोड़ा नहीं लिखते रहे और अपने को अप्रासंगिक करते रहे। यही नहीं वे नई पीढ़ी के लोगों से भी अपेक्षा करते रहे कि वे उनकी तरह कविता लिखें।

मंडलोई : *'चौथा सप्तक' विफल सम्पादन था उनका...*

नामवर सिंह : चौथा सप्तक ही नहीं रघुवीर सहाय के बाद की कविताओं के साथ उनका तालमेल नहीं बन सका। इसलिए मैं कह रहा हूँ कि नए रचनाकारों के साथ, उनके भाव तरंग के साथ, जब तक आप तरंगायित नहीं होते तब तक अकेले लिखते रहिए कोई पूछने वाला नहीं। चाहे साहित्य में कितना ही बड़ा व्यक्तित्व हो आपका। अज्ञेय जी के साथ यही हुआ और भी कई नामी लोग हैं—रचना-आलोचना में जो समय के साथ चल नहीं सके और धीरे-धीरे समाप्त हो गए। मैं खुद अपने बारे में सोचता हूँ कि यदि मैं अपने समय के साहित्य के साथ चल नहीं पा रहा हूँ तो मुझे कलम रख देनी चाहिए। रामविलास जी ऋग्वेद में चले गए अब मैं तो वहाँ जाने से रहा। मैंने देखा है कि कई आलोचकों ने सींग तुड़ा के बछड़ा बनने की कोशिश की, पर ऊर्जा तो थी नहीं लिहाजा उपहास को प्राप्त हुए। अपने समय के साहित्य का मूल्यांकन करना आसान काम नहीं है। इसलिए मैं कहता हूँ कि पूर्वाग्रह मुक्त होकर नई पीढ़ी का स्वागत करने के लिए तैयार रहना चाहिए। यह सही है कि नई पीढ़ी में अनेक ऐसे आलोचक उभर कर आए हैं, लगातार लिख रहे हैं, उनके ग्रन्थ प्रकाशित नहीं हुए हैं लेकिन उनके आलोचनात्मक लेख हमें विवश करते हैं कि उनका स्वागत किया जाए। दिक्कत यह है कि पुराने अधिकांश लोग नए लोगों की चीजें पढ़ते नहीं। बिना पढ़े आप नई आलोचना के मिजाज को कैसे जानेंगे? वीरेन्द्र यादव ने 'गोदान' पर जो लेख लिखा है उसके बाद सलमान रुश्दी की किताब को लेकर भारतीय अँग्रेजी उपन्यासों की जो समीक्षा की है वह नई आलोचना का एक नया चेहरा है। ऐसी अन्तर्दृष्टि कम लोगों में दिखाई पड़ती है।

मंडलोई : *चूँकि आप काफी उदारता के साथ नए लोगों का मूल्यांकन कर रहे हैं पर ये सभी प्रगतिशील दृष्टि वाले आलोचक हैं। आलोचना की एक धारा कलावादी भी है। आपको उसमें क्या पसन्द है? उन आलोचकों के बारे में भी कुछ कहना चाहेंगे?*

नामवर सिंह : जरूर कहना चाहूँगा। पूछिए...

अरविन्द : *नाम से ही देखिए आपके बाद के आलोचकों में जिनके नाम सामने आए जिनकी आलोचना में चर्चा भी हुई है उनमें कुँवरनारायण, अशोक वाजपेयी, रमेशचन्द्र शाह, मलयज, विष्णु खरे प्रमुख हैं। मलयज और खरे के बारे में आप अपनी*

राय जाहिर कर चुके हैं आपने एक जगह कहा है कि अशोक वाजपेयी की आलोचना में शार्पनेस है। कुँवरनारायण की आलोचना से एक खास तरह की रेडिकल थिंकिंग है.

..

नामवर सिंह : अब आपने छेड़ ही दिया है तो कुछ कहना ही पड़ेगा। लोग हो-हल्ला मचाएँगे। लेकिन मैं अपने मन की बात बताता हूँ। जो तथाकथित कलावादी, रूपवादी लोगों की दुनिया है उस दुनिया को भी मैं बराबर पढ़ता रहा हूँ। पर मेरी लाचारी ही कह लीजिए। उनमें से अनेक की भाषा मेरे पल्ले नहीं पड़ती। आप लोगों को पड़ती है तो आप लोग जानें। पर सच्चाई यह है कि जो आलोचक अच्छी भाषा नहीं लिख सकता वह आलोचना क्या खाक लिखेगा? एक हैं—मदन सोनी, मंडलोई जी! आपके मध्य प्रदेश के ही हैं जहाँ मुक्तिबोध जैसे आलोचक पैदा हुए। मदन सोनी का कुछ भी लिखा मैं पढ़ नहीं पाता। कई बार कोशिश की कि पढ़ूँ पर आगे नहीं बढ़ सका। भाषा का ऐसा आडम्बर दिखाई पड़ता है कि मुझे ऐसी आलोचना बरदाश्त नहीं होती। इसीलिए ऐसे लोगों को अब मैं पढ़ता ही नहीं। मेरे बहुत अच्छे मित्र रमेशचन्द्र शाह ने एक दौर में अच्छी आलोचनाएँ लिखीं। बाद में उनका ऐसा परावर्तन हुआ कि आलोचना तो उनसे छूट गई अब वे चिन्तक-विचारक ज्यादा नजर आते हैं। हो सकता है आप अच्छे चिन्तक-विचारक हों पर आलोचना कर्म हमेशा कृति का सहचर है। उन्होंने आलोचना के स्वराज्य की वकालत की। फिर विचारों के स्वराज्य की हिमायत की। अब वे आए दिन अपने कालम में न जाने क्या-क्या लिखते रहते हैं। ऐसा लगता है कि उन्होंने अब आलोचना कर्म छोड़ दिया है। उनकी इधर कोई अच्छी आलोचना मैंने नहीं देखी। कुँवरनारायण और अशोक वाजपेयी का आपने जिक्र किया है। अशोक वाजपेयी मुझे हमेशा कवि के बजाय अच्छे आलोचक लगते रहे हैं। अँग्रेजी आलोचना उन्होंने काफी पढ़ी है उसका इस्तेमाल वे अपनी आलोचना में बेहिचक करते हैं। बहुत अच्छा गद्य लिखते हैं वे अपने तमाम पूर्वग्रहों, भ्रांतियों के बावजूद वे दोटूक निर्णय देते हैं। आलोचना का यह दोटूकपन मुझे पसन्द है। उनकी पसन्द-नापसन्द अपनी है। जिससे मैं कभी सहमत नहीं रहा। पर उनके पास एक अभिरुचि है और मैं उसकी कद्र करता हूँ। कठिनाई ये है कि वे काव्य के बारे में ही आलोचना ज्यादा लिखते हैं कथा आलोचना, सभ्यता समीक्षा तो उन्होंने कभी लिखी नहीं। उन्होंने अनेक कलाओं पर लिखा है। संगीत, नृत्य पर साधिकार लिखते हैं जिसमें मेरी गति नहीं। पर वे सर्वकलाविद बनने की कोशिश में साहित्य से वंचित हो जाते हैं। इसलिए वे एक अधूरे आलोचक लगते हैं। कुँवरनारायण जी ने कम लिखा है। उनकी आलोचना की अभी तक एक ही पुस्तक आई है। ऐसा लगता है कि वे कवि के रूप में ही बचे रहना चाहते हैं। पर कुँवरनारायण जी आलोचना में बहुत फूँक-फूँक कर कदम बढ़ाते हैं। जैसे कविता बच-बचा के लिखते हैं। अगर कहीं खुल जाते हैं तो अच्छी कविता बन जाती है। उनका आलोचना कर्म बेहद सुचिन्तित,

सुविचारित और सन्तुलित है। इस तरह वे हिन्दी आलोचना में नेमिचन्द्र जैन की परम्परा के आलोचक हैं। जोखिम न उठाना, हमेशा सन्तुलन पर जोर देना। आलोचना में जो आदमी साहसी नहीं होगा, जोखिम नहीं उठाएगा। वह बड़ी आलोचना कैसे लिखेगा? जहाँ तक मैं उन्हें जानता हूँ कुँवरनारायण ने जीवन में कभी कोई जोखिम नहीं उठाया। वे बेहद शालीन, कुलीन, सम्भ्रांत किस्म के आदमी हैं। साहित्यकार भी वे इसी किस्म के हैं। उनकी आलोचना में सन्तुलन को देखते हुए कहना पड़ता है कि वे विश्वविद्यालयों के लिए बड़े काम की चीज हैं। जो आलोचक आलोचना में हस्तक्षेप न कर सके, दखल न दे, जोखिम न उठाये वो आदमी बड़ा आलोचक नहीं बन सकता। वह सारा समय सन्तुलन पर कायम रहने में ही बीत जाएगा। कुँवरनारायण की इस सन्तुलन दृष्टि का मैं बेहद प्रशंसक हूँ, लेकिन ऐसे लोग साहित्य की धारा को बदल नहीं सकते। जो धारा बह रही है उसी में खड़े होकर सन्तुलित और सन्तुष्ट रहना चाहते हैं। ऐसे लोग प्रतिष्ठित को प्रतिष्ठित, उपेक्षित को उपेक्षित करने वाले आलोचक हैं। मैं नहीं समझता हूँ कि कुँवरनारायण ने अपनी आलोचना के जरिये किसी कवि, साहित्यकार को प्रतिष्ठित किया हो। मेरी जानकारी में उनकी ऐसी कोई चीज प्रकाश में नहीं आई है बल्कि कई बार कुँवरनारायण कमजोर चीजों को भी अप्रीशिएट कर जाते हैं। आलोचना एक सेंसर भी है जो कमजोर चीजों को आगे बढ़ने से रोकती है। कुँवरनारायण कुल मिलाकर अशोक वाजपेयी की परम्परा में उनकी अभिरुचियों के राजकुमार हैं (समवेत हँसी...) अधिक क्या कहूँ, इन दोनों लोगों के बारे में यह मेरी व्यक्तिगत राय है। हो सकता है औरों की राय दूसरी हो।

इस बीच सौभाग्य से वागीश शुक्ल जैसे विद्वान आलोचना में सक्रिय हैं। वागीश जी में मौलिकता है। वे तत्वान्वेषी आलोचक हैं। पर उनके कुछ विचार बड़े दकियानूस मालूम पड़ते हैं। वे समालोचक तो नहीं हैं लेकिन वे विद्वान हैं। चूँकि वे रूप, कलावादी लोगों के साथ हैं इसलिए ऐसे लोग उनकी विद्वत्ता का फायदा उठा सकें तो बेहतर होगा। उन्होंने हाल ही में 'राम की शक्तिपूजा' पर एक बहुत ही गम्भीर सुचिंतित टीका लिखी है। आलोचना में ऐसा प्रयास दुर्लभ है। वागीशजी की प्रतिभा को लेकर मेरे मन में बहुत सम्मान है। मेरा स्नेह भी उनके साथ हमेशा रहा है, बल्कि कई बार मैं कुछ चीजों को लेकर उनसे संवाद भी करता हूँ। इस क्षेत्र में वे अकेले दिखाई पड़ते हैं...

अरविन्द : *अच्छा डॉक्टर साहब आपकी दृष्टि में एक अच्छे, बड़े आलोचक के भीतर क्या गुण होने चाहिए जो नई पीढ़ी के लिए जरूरी है।*

नामवर सिंह : एक अच्छे समालोचक के लिए जरूरी है—पाठ-पठन। आचार्य रामचन्द्र शुक्ल जैसे आलोचक इसके प्रतिमान हैं। रामचन्द्र शुक्ल का 'हिन्दी साहित्य का इतिहास' पढ़िये। वे प्रत्येक कवि की भाषा पर बहुत सटीक टिप्पणी करते हैं। रहीम की भाषा तुलसीदास से कहाँ मिलती है, देव में कहाँ लद्धड़पन है। बिहारी में कहाँ

वाक्पटुता है। बिहारी क्यों साफ-सुथरे हैं। पद्‍माकर में भाषा का लालित्य कैसा है? इसलिए एक अच्छे आलोचक में कृतिकार की भाषा की सम्पूर्ण बनावट को समझने की सामर्थ्य होनी चाहिए। इससे जाहिर होता है कि शुक्ल जी अपने समय के साहित्य में 'पाठ' के कितने निकट थे। जिस आलोचक में भाषा की बारीकी को पहचानने की सामर्थ्य नहीं होगी उसकी खुद की भाषा भी कभी अच्छी नहीं हो सकती। शुक्ल जी की भाषा को देखिए, कितना गम्भीर और नुकीला गद्य लिखते हैं। इस नुकीलेपन में उनकी हँसमुखता छिपी हुई है। इसलिए जो अच्छा गद्य नहीं लिख सकता वह बड़ा आलोचक नहीं हो सकता। वह विद्वान हो सकता है, चिन्तक हो सकता है पर आलोचक नहीं हो सकता। आजकल आलोचना में चिन्तक-विचारक बनने की होड़ लगी है। सुधीश पचौरी को देखिए। उत्तर-आधुनिकता पर दुनियाभर की चीजें लिखी हैं। एक नई भाषा—इलेक्ट्रानिक मीडिया वाली भाषा उन्होंने अपनाई है। पर आलोचना की भाषा उसे कहना कठिन है। आलोचना की भाषा एक दिन में अर्जित नहीं होती, काफी कठिन जीवन-संघर्ष के बीच से उपजती है। आलोचक का पहला गुण तो यही होना चाहिए कि उसके पास शब्द की पहचान करने की सामर्थ्य है कि नहीं। इस लिहाज से जब मैं इधर देखता हूँ तो लगता है कि वो चीज वागीश शुक्ल में है। उनसे कुछ लोग अगर सीख सकें तो मैं समझता हूँ कि इन रूपवादियों की भाषा में काफी निखार आ सकता है। आलोचक की दूसरी जरूरत यह होती है कि आप पाठ के कितने नजदीक तक जा सकते हैं। वागीश जी पाठ के निकट जाते हैं पर उनकी दिक्कत यह है कि वे समाज की परवाह ही नहीं करते। इससे रचना का जो पाठ आप तैयार करते हैं वह पाठ्योपयोगी तो हो सकता है पर समाजोपयोगी नहीं हो सकता। इसीलिए मैंने कहा कि आलोचना लिखते वक्त आलोचक को हमेशा ध्यान में रखना चाहिए वह किसके लिए लिख रहा है? रचनाकार के लिए या पाठक के लिए? मान लीजिए आपने रचनाकार को संतुष्ट कर दिया। पर अगर सामान्य पाठक संतुष्ट नहीं हुआ तो फिर आपकी आलोचना किस काम की है। इसलिए सजग आलोचक को अपना लक्ष्य हमेशा अपने सामने रखना चाहिए। इस दौर में अनेक रचनाकार आलोचकों ने बेहतर आलोचनाएँ लिखी हैं। जिनमें 'कन्टेण्ट' और 'टेक्स्ट' दोनों का सफल निर्वाह हुआ है। कुछ आलोचक मानते हैं कि टेक्स्ट ही सब कुछ है। उन्हें यह भी देखना चाहिए कि उसमें कन्टेण्ट क्या है? आलोचना में कन्टेण्ट पहले है टेक्स्ट बाद में। देखना यह चाहिए कि दोनों का लेखक ने कैसे निर्वाह किया है। इस सिलसिले में दूधनाथ सिंह की किताब 'लौट आ ओ धार' उल्लेखनीय है। कहने के लिए यह संस्मरण की किताब है पर यह दरअसल आलोचना की किताब है। वह संस्मरणात्मक कम आलोचनात्मक ज्यादा है। क्योंकि उसमें आलोचनात्मक विवेक ज्यादा है। उसके समानान्तर रामस्वरूप चतुर्वेदी ने इधर लगातार लिखकर आलोचना पुस्तकों का ढेर लगा दिया है। पर ऐसी लद्धड़ भाषा मैंने देखी नहीं। भले आदमी ने

एक भी मौलिक बात नहीं कही है। ऐसा लगता है कि रामस्वरूप जी के पास मौलिक बात कहने की सामर्थ्य नहीं है। वही पिटी-पिटाई बातें वे दुहराते रहते हैं। इसलिए उनका अधिकांश लिखा शिक्षोपयोगी ज्यादा लगता है आलोचनात्मक कम।

अरविन्द : *डॉ. साहब मार्क्सवादी आलोचकों में विश्वनाथ त्रिपाठी, नित्यानन्द तिवारी, मैनेजर पाण्डेय आदि की आलोचना के बारे में आपकी क्या राय है?*

नामवर सिह : विश्वनाथ जी ने जितना लिखा है, वह सब देखा है। काफी अर्से से उन्हें जानता हूँ। मेरे गुरु भाई हैं। यद्यपि वे मुझे अपना शिक्षक भी मानते हैं। बनारस से यह सिलसिला चल रहा है। उन्होंने अच्छी आलोचना लिखी है। खासतौर से गद्य की। रेणु की कहानी 'तीसरी कसम' पर उनका लेख बहुत अच्छा है। उन्होंने समय-समय पर कहानियों पर बड़ी बारीक समीक्षाएँ लिखी हैं। मीराबाई पर उनकी किताब पठनीय है।

अरविन्द : *परसाई पर...*

नामवर सिंह : परसाई पर तो उनकी किताब ही है। खासतौर से गद्य कृतियों के वे अच्छे आलोचक हैं। कविता पर छिटपुट लिखा है। केदारनाथ अग्रवाल, नागार्जुन पर लिखे उनके लेख भी अच्छे हैं। उनके पास समझ है, विवेक है। इन दोनों चीजों का वे अपने लेखन में उपयोग करते हैं। अच्छा किया तुमने याद दिला दिया सच तो यह है कि विश्वनाथ जी लोकवादी दृष्टि वाले आलोचक हैं। वो कट्टर मार्क्सवादी नहीं हैं। बड़ा खुलापन है उनमें, उन्होंने अच्छा किया कि मार्क्सवाद की अनेक गुत्थियों से उलझने की कोशिश नहीं की। नित्यानन्द तिवारी का नाम भी लेना चाहूँगा। कम लिखा है पर जो लिखा है वह कइयों के मुकाबले ज्यादा सार्थक और ठोस है। तो एक लम्बी सूची है मेरे—तुम्हारे पास। आलोचकों की कमी नहीं है। कमी है तो आलोचकीय उद्यम की। एक अच्छी चीज लिखकर लोग संतुष्ट बैठ जाते हैं। जबकि आलोचना साहित्य में सबसे ज्यादा अध्यवसाय माँगती है। जिसके पास धैर्य नहीं है वह लम्बे समय तक इस मैदान में डट नहीं सकता...

अरविन्द : *मैनेजर पाण्डेय पर तो आपने कोई बात नहीं कही...*

नामवर सिंह : मैनेजर पाण्डेय चूँकि मेरे सहयोगी रहे हैं खुद मेरे बारे में भी उन्होंने कुछ लिखा है। पर एक बात साफ कहना चाहता हूँ कि वे आलोचकों के आलोचक हैं। रचनात्मक साहित्य की समीक्षा में उन्होंने अभी तक कोई विशिष्ट उदाहरण पेश नहीं किया है। छिटपुट कुछ लिख देना और बात है। मेरी जानकारी में उन्होंने अब तक मीमांसा ही की है। साहित्य का समाजशास्त्र लिखा है। व्यावहारिक आलोचना से भिड़ना उन्हें लगता है गवारा नहीं है। लगभग वैसी ही आलोचनाएँ पुरुषोत्तम अग्रवाल ने भी लिखी हैं, बल्कि पुरुषोत्तम ने कुछ कृतियों पर भी समीक्षाएँ लिखी हैं। लेकिन पुरुषोत्तम आलोचकों की उस कोटि के हैं जो 'इण्टलेक्चुअल' या 'बौद्धिक' कहलाना

ज्यादा पसन्द करते हैं। लगता है साहित्य उनके लिए बड़ी छोटी चीज है। वे संस्कृति पर विचार ज्यादा करते हैं साहित्य पर कम। (हँसी...) इसलिए उन्हें साहित्य के टेक्स्ट में रमना, रस लेना और डूबना सुहाता नहीं। इन दोनों आदमियों को देख-पढ़कर नहीं लगता कि ये लोग कभी कविताएँ पढ़ते हैं, कभी कहानियाँ, उपन्यास भी पढ़ते हैं। हमेशा बौद्धिक विमर्श में डूबे प्रतीत होते हैं। ये लोग तभी कोई सर्जनात्मक साहित्य पढ़ते हैं जब उन्हें उस पर कहीं लिखना हो। महज लिखने के लिए आलोचक की किताब पढ़ना और शेष को कभी न पढ़ना आलोचक की मज़बूरी ही कही जाएगी। कोई जरूरी नहीं कि आप जिसे पढ़ें उस पर लिखें भी। पर लिखने के लिए सबको पढ़ना जरूरी है। वरना आपका मूल्यांकन तथ्यपरक नहीं होगा। एक अच्छा आलोचक वह है जो सबको देखता-परखता है। चुन कर पढ़ता है और उनमें से सबसे कम चुनकर लिखता है। आखिर एक आलोचक सबसे पहले तो पाठक ही है। जब आप साहित्य के अच्छे पाठक नहीं बन सकते तो फिर अच्छे आलोचक कैसे बन पाएँगे? कृतियों में डूबकर, रम कर, रस लेना और न अच्छा लगे तो यह साफ-साफ लेखक, पाठक से कहना कि यह कमी है। यह तभी सम्भव है जब आप रचनात्मक साहित्य को लगातार चौकन्ने होकर पढ़ेंगे। मेरे जीवन का अधिकांश समय पढ़ने में व्यतीत हुआ। हर तरह की चीजें पढ़ता हूँ। पर रचनात्मक साहित्य सबसे ज्यादा। बल्कि कई बार पढ़ने में जितना मजा आता है, रस मिलता है, उतना लिखने में नहीं। शायद इसलिए भी कम लिख पाता हूँ। पर पढ़ना मेरी दिनचर्या और शगल दोनों है। जो लोग साहित्य नहीं पढ़ पाते वे कितने रूखे लोग होते हैं। वे आलोचक तो और सूख जाते हैं जो रचनात्मक साहित्य पढ़ते ही नहीं।

अरविन्द : *आजादी के बाद हिन्दी कथा आलोचना की जो स्थिति बनी है उसमें 'कहानी और नई कहानी' नाम से आपकी एक महत्त्वपूर्ण पुस्तक है। उसके बाद नेमिचन्द्र जैन, देवीशंकर अवस्थी, सुरेन्द्र चौधरी, विजयमोहन सिंह, मधुरेश आदि ने कथा आलोचना को विकसित किया है। कई कथाकारों ने भी आलोचनाएँ लिखीं। निर्मल वर्मा, राजेन्द्र यादव, कमलेश्वर आदि ने। लेकिन इन कथाकारों का आरोप है कि आलोचकों ने कहानी को हाशिये पर डालकर कविता के साथ रास रचाया और आलोचना में कहानी के साथ पक्षपात किया। इस पक्षपात पर आपकी क्या राय है?*

नामवर सिंह : ऐसी बातें जो लोग कहते हैं वे साहित्य की दुनिया में हमेशा मुगालते में रहते हैं। आलोचना किसी के कहने पर नहीं लिखी जाती। न कोई आलोचक किसी के कहने पर लिखता है। ऐसी कोई कृति आप बताएँ जिसका मूल्यांकन नहीं हुआ हो। कथा पर बहुत लिखा गया है। खतरा यह है कि आगामी आलोचना कथा पर ही केन्द्रित न हो जाए। प्रेमचन्द पर किसी भी कवि के मुकाबले ज्यादा लिखा गया है, बल्कि आज तक लिखा जा रहा है। रेणु पर लिखा गया है। निर्मल वर्मा ने रेणु पर बहुत अच्छा लिखा है। ऐसी आलोचनाएँ वे समय-समय पर लिखते रहे हैं। उनका आलोचनात्मक गद्य

आकृष्ट करने वाला है। लेकिन मूलतः वे कहानीकार हैं। देख रहा हूँ आजकल लोग उन्हें चिन्तक-विचारक के रूप में ज्यादा जानने लगे हैं। डर यह है कि कहीं उनके प्रशंसक उन्हें ऋषि की कोटि में न पहुँचा दें। वे खुद भी जो रास्ता पकड़ कर चले आ रहे हैं उसका अन्त ऋषि कोटि में ही होता है। उनके नए उपन्यास का नाम 'अन्तिम अरण्य' पढ़कर कोई उनका गन्तव्य जान सकता है। लेकिन साहित्य की जो आलोचना उन्होंने लिखी है वे कई मामलों में नियमित आलोचकों से बेहतर है। इसलिए मैं उनकी गिनती अच्छे आलोचकों में करूँगा।

अरविन्द : *'कला का जोखिम' भी उन्होंने लिखा है। सैद्धान्तिक पुस्तक है वह...*

नामवर सिंह : हाँ, सैद्धान्तिक पुस्तक है वह। उन्होंने साहित्य के सौन्दर्यशास्त्र और कलाओं के संकट पर अपने विचारों के अनुरूप विचार किया है। उनसे वैचारिक असहमति हो सकती है पर निश्चय ही वह आलोचना-विचार की एक महत्त्वपूर्ण पुस्तक है। इससे हिन्दी आलोचना समृद्ध होती है।

मंडलोई : *शमशेर मूलतः तो कवि हैं पर उनके आलोचनात्मक गद्य की बड़ी चर्चा रही है।*

नामवर सिंह : 'दोआब' की चर्चा मैंने शुरू में की है। 'दोआब' अपने समय की एक महत्त्वपूर्ण कृति है।

मंडलोई : *उसकी चर्चा छूट न जाए...*

नामवर सिंह : नहीं, बिलकुल नहीं। देखिए शमशेर अज्ञेय की पीढ़ी के कवि थे। उस पीढ़ी में नागार्जुन, त्रिलोचन ने आलोचनाएँ नहीं लिखीं। केदारनाथ अग्रवाल ने भी आलोचनाएँ नहीं लिखीं। पर 'मित्र संवाद' पुस्तक में उनका आलोचनात्मक विवेक दिखाई पड़ता है। शमशेर इस लिहाज से विलक्षण थे। उनके पास कविता को समझने की बड़ी बारीक पकड़ थी। 'दोआब' के बाद केदारनाथ अग्रवाल के 'फूल नहीं रंग बोलते हैं' संग्रह पर उन्होंने बहुत अच्छा लेख लिखा था। केदार की कविता की ओर लोगों का आकर्षण इसीलिए बढ़ा। उन्होंने कई कवियों पर पर्सनल डायरी जैसा जो कमेण्ट किया है वह इतना आकर्षक है कि वे अपनी बारीक पकड़ से आलोचकों पर भारी पड़ते लगते हैं। मुझे लगता है कि शमशेर ने अगर बराबर आलोचनाएँ लिखी होतीं तो कवि आलोचकों में उनकी पहचान विशिष्ट होती। शमशेर ने उर्दू कविता पर भी लिखा है। उर्दू कवियों के अलावा उन्होंने उर्दू कवयित्रियों पर पहली बार हिन्दी में लिखा। उस दौर में शिवदान सिंह चौहान ने उनसे 'हंस' में काफी लिखवाया। उन्होंने हाली के 'मुसद्दस' पर लिखा, 'भारत भारती' पर एक महत्त्वपूर्ण लेख लिखा। नरेन्द्र शर्मा, पन्त आदि पर लिखा। अपने बाद के कवियों पर भी उनकी जगह-जगह टिप्पणियाँ हैं। उनको देखकर लगता है कि यदि वे आलोचना में रमे होते तो निश्चय ही मुक्तिबोध के बाद कवि-आलोचकों में उनका नाम काफी ऊँचा होता। शमशेर के बाद के कवि आलोचकों में रघुवीर सहाय,

श्रीकान्त वर्मा, केदारनाथ सिंह का भी उल्लेख करना होगा। इन सब में आलोचनात्मक अन्तर्दृष्टि है। कविता को लेकर बारीक पड़ताल है।

केदारनाथ सिंह का आप लोगों ने नाम याद नहीं दिलाया। उन्हें यहाँ याद भी मुझे ही करना पड़ रहा है। रघुवीर सहाय ने मंगलेश डबराल की एक कविता की व्याख्या की थी 'दो हाथ वाली। बाएँ हाथ से दाहिने हाथ वाली'। छोटी-सी टिप्पणी किसी पत्रिका में छपी थी। बाद में उन्होंने 'टूटी हुई बिखरी हुई' शमशेर की प्रसिद्ध कविता पर 'पूर्वग्रह' में टिप्पणी की थी। उन दोनों व्याख्याओं को पढ़कर लगा कि रघुवीर सहाय में कविता की कितनी गहरी समझ थी। इस समय मुझे याद नहीं आ रहा है। उन्होंने कहानियों पर भी ऐसी ही एक महत्त्वपूर्ण टिप्पणी लिखी थी। स्वयं जो कहानीकार और कहानी आलोचक हैं उनकी भी समझ इतनी गहरी नहीं होगी जो रघुवीर जी में थी। इसलिए रघुवीर सहाय में आलोचनात्मक विवेक की प्रखरता बड़ी तीक्ष्ण थी। कई बार लगता है कि रचनाकारों के भीतर भी आलोचक छिपा होता है। इसी तरह के उदाहरण केदारनाथ सिंह में दिखाई पड़ते हैं। केदारनाथ सिंह ने 'कविता का बिम्ब विधान' पर कार्य किया है। इसके अलावा 'छायावाद और कल्पना' नाम से भी उनकी किताब छपी है। 'मेरे समय के शब्द' उनकी तीसरी आलोचना पुस्तक है। इसके अनेक निबन्ध 'आलोचना' में मैंने साठ के दशक में लिखवाए थे। इस पुस्तक में ऐसे अनेक निबन्ध हैं जो ऐतिहासिक महत्त्व के हैं। नई कविता का वह दौर जिसमें साठोत्तरी कविता नया रचने के लिए उत्सुक थी, केदारनाथ सिंह ने उस नए मोड़ को बड़ी बारीक दृष्टि के साथ विश्लेषित किया है। उनमें भी कविता की बहुत गम्भीर समझ है। उन्होंने हिन्दी के अलावा उर्दू और अन्य भारतीय भाषाओं की कविता से अपनी समझ विकसित की है। काव्य में बिम्बों के बड़े अन्वेषी हैं, रिम्बो उनके प्रिय कवि हैं। इसीलिए उन्हें बिम्बों का कवि माना जाता है। कविता आलोचना के लिहाज से देखें तो उनका आलोचनात्मक अवदान रघुवीर सहाय, श्रीकान्त वर्मा के मुकाबले ज्यादा है। पेशे से अध्यापक रहे हैं। इसलिए अध्यापक को पेशे के नाते भी आलोचना लिखनी-पढ़नी पड़ती है (हँसी...) न चाहते हुए भी श्रीकान्त जी की 'जिरह' एक महत्त्वपूर्ण आलोचना पुस्तक है। वैचारिक भिड़न्त है उसमें। इसलिए उस दौर से लेकर आठवें दशक के दौर तक अनेक कवियों ने आलोचनाएँ लिखी हैं जिनमें कइयों में आलोचना की बड़ी सम्भावना दिखाई देती है। मैं देख रहा हूँ और मुझे अच्छा लग रहा है। अरुण कमल की 'कविता और समय' नाम से एक अच्छी किताब अभी आई है। एक समर्थ आलोचना का आस्वाद देने वाली। राजेश जोशी की डायरी की कुछ किस्तें और समय-समय पर लिखे उनके लेख खासे महत्त्वपूर्ण हैं। आठवें दशक के ये दोनों कवि-आलोचक हैं। यह सच है कि हिन्दी आलोचना को समर्थ और बहुआयामी स्वनामधन्य आलोचकों ने बनाया है। पर समय-समय पर रचनाकार-आलोचकों का भी हस्तक्षेप अर्थवान रहा है। इन दोनों के योग से बीसवीं सदी की आलोचना का देदीप्यमान

चेहरा उपस्थित हुआ है। जरूरत है नयी शताब्दी में नए प्रस्थान की। मुझे उम्मीद है नए आलोचक यह काम करेंगे। हम लोग तो अब किनारे पर खड़े लोग हैं।

अरविन्द : *आज आलोचना के सामने जो एजेण्डा है, जो आसन्न चुनौतियाँ हमारे सामने हैं वे प्रमुख रूप से कौन-सी हैं? वैसे हमारे सामने आतंकवाद, उग्रवाद, भूमंडलीकरण, फासीवाद, पूँजीवाद, साम्राज्यवाद, बाजारवाद, दलित-विमर्श, स्त्री-विमर्श जैसे एजेण्डे सामने हैं। इन सब में कौन ऐसे मुद्दे हैं जिनसे आलोचना को निबटना है।*

नामवर सिंह : देखिए आरम्भ में ही मैंने कहा है कि आलोचना का मैदान बहुत लम्बा-चौड़ा है। वह सभ्यता समीक्षा है, संस्कृति समीक्षा है साहित्य समीक्षा तो उसकी रीढ़ ही है। जिस दौर से हमारा देश और साहित्य-संस्कृति गुजर रही है उसमें पूरी सभ्यता के सामने संकट है। उस सभ्यता को नष्ट करने के लिए जो भी शक्तियाँ एकजुट हैं उनके खिलाफ आलोचना को अपना मोर्चा खोलना पड़ेगा। साहित्य संस्कृति में ऐसी ही परम्परा को विकसित और प्रोत्साहित करने की जरूरत है क्योंकि आज इस देश के साधारण मनुष्य और जनता का भविष्य दाँव पर लगा हुआ है। आलोचना का माध्यम विचार है, इसलिए निबटने के तरीके भी वैचारिक होंगे। इन सबका निराकरण साहित्य के जरिये ही खोजना है। राजनीति में बढ़ते फासीवाद के विरोध का तरीका अलग होगा। देश के अर्थतंत्र की गड़बड़ी से निबटने का तरीका दूसरा होगा। अन्य कलाओं, खासतौर से लोकसंस्कृतियों पर जो खतरे मँडरा रहे हैं उनसे निबटने का तरीका अलग होगा। साहित्य में इधर स्वयं जो फासिस्ट शक्तियाँ उभरी हैं उनसे शायद पहले आलोचना को जूझना होगा। क्योंकि इधर तेजी से ऐसे साहित्यकारों की एक टोली विकसित हुई है जो वर्तमान सत्ता की फासीवादी प्रवृत्तियों को साहित्यिक सांस्कृतिक स्तर पर बढ़ावा दे रही है। सौभाग्य से इन साहित्यकारों की कोई साख नहीं है फिर भी इन शक्तियों से निबटने की जिम्मेदारी आलोचना की है। साहित्य के हलके में ये तटस्थ किस्म के लोग हैं। ये लोग मूलतः सम्प्रदायवादी, हिन्दुत्ववादी और पुनरुत्थानवादी तथाकथित भद्र कुलीन जन हैं जो संस्कृति की आड़ में अपना खेल खेल रहे हैं। इन्हें बेनकाब करना है। ऐसे लोग संस्कृति के नाम पर हिन्दुत्व की हिमायत कर रहे हैं या फिर अध्यात्म की। ये लोग साहित्य में सामाजिक चिन्ताओं को महत्त्व नहीं देंगे बल्कि अपनी मानसिक गुत्थियों को सुलझाने में ही मशगूल रहेंगे। स्त्री पर चर्चा नहीं करेंगे लेकिन स्त्री की देह पर ढेरों काव्य लिखेंगे। ऐसा जो शुद्ध साहित्य कला के नाम लिखा जा रहा है वह आस्था के बजाय अनास्था को जन्म दे रहा है। ये लोग आजकल हर चीज को सन्देह की दृष्टि से देखने के अभ्यस्त हो गए हैं। अपनी दुविधाओं का महिमा-मंडन करेंगे। कुल मिलाकर ऐसा साहित्य जो जनता की लड़ाकू प्रवृत्ति है, उसके खिलाफ, उसकी धार को कुन्द करता है। दुनिया के अनेक देशों में ऐसे अवसरवादी साहित्यकारों की जमात रही है। फ्रांस, इटली, जर्मनी आदि देशों में जब फासिस्टवादी ताकतें उभरीं तो

वहाँ के अनेक ऐसे साहित्यकार जो तटस्थ थे, अन्त में जब उन्हें चुनने का मौका मिला तो वे फासिस्टों के समर्थक साबित हुए। चालीस के दशक के आसपास जर्मनी और इटली में भी ऐसे ही साहित्यकार हुए थे, जिन्होंने जनता का साथ नहीं दिया था। हमारे यहाँ भी हालत कुछ-कुछ यही है। अनेक तटस्थ किस्म के साहित्यकार आज भाजपा के प्रचारक बन बैठे हैं। ये लोग स्त्री की मुक्ति, दलित मुक्ति के लिए आगे नहीं आएँगे। लेकिन वामपंथ के विरोध के नाम पर, मार्क्सवादियों के विरोध के नाम पर, समाजवाद के विरोध के नाम पर तुरन्त एकजुट हो जाएँगे। पिछले कई वर्षों से 'नर्मदा बचाओ' का आन्दोलन चल रहा है। मुझे याद नहीं कि ये तटस्थ किस्म के साहित्यकार कहीं भी उनके समर्थन में खड़े हुए हों या कुछ कहा हो। ये तथाकथित सभ्य और कुलीन वर्ग के लोग देश की जनता को भीड़ समझकर विशिष्ट वर्ग में शामिल होने की होड़ लेने में मगन हैं। इन लोगों का आजकल शगल है हिन्दू संस्कृति, और उसका अध्यात्म। संस्कृति की चिन्ता इन्हें सबसे ज्यादा है। हमेशा कहते हैं कि देश की संस्कृति नष्ट हो रही है। यद्यपि भूल जाते हैं कि सबसे पहले बर्बरता संस्कृति के नाम पर ही आती है। जैसा कि आजकल सांस्कृतिक राष्ट्रवाद के नाम पर देश में सम्प्रदायवादी शक्तियाँ एकजुट हो रही हैं। इसलिए आज आलोचना के सामने सिर्फ साहित्य की ही चुनौती नहीं है, पूरी सभ्यता की चुनौती है। आपने एजेण्डा का जिक्र किया है तो सबसे ऊपर एजेण्डा पर यही है। आलोचना को एक नया गम्भीर एजेण्डा बनाकर ही इनसे निबटना होगा। लड़ाई लम्बी हो सकती है पर आलोचना को अपने मोर्चे पर डटे रहना होगा। क्योंकि आलोचना केवल साहित्य की ही प्रहरी नहीं है बल्कि वह समाज, संस्कृति और सभ्यता की भी प्रहरी है। मैं साफ करना चाहता हूँ कि आलोचना के प्रतिरोध का स्वरूप अन्ततः साहित्यिक ही होगा। लेकिन उसका लक्ष्य होगा। सभ्यता को हर तरह की बर्बरता और नृशंसता से बचाए रखना।

अरविन्द : *अन्त में डॉ. साहब, पाठक जानना चाहेंगे और स्वयं साहित्यकार भी कि एक समर्थ आलोचक होने के नाते आपकी दृष्टि में आलोचना का धर्म क्या है? उसकी भूमिका साहित्य और समाज में न्यायाधीश की है, या वकील की या महज अध्येता की। आप स्वयं इनमें से कौन-सी भूमिका निभाते हैं?*

नामवर सिंह : भाई, आज के जमाने में लोग जब सब ओर से थक-हार जाते हैं तो सोचने लगते हैं कि अब निर्णय कोर्ट ही करेगा यानी न्यायाधीश ही न्याय देगा। (हँसी...) पर मैं न्यायाधीशों का पूरा सम्मान करते हुए भी कहना चाहता हूँ कि उन्होंने इस देश को प्रायः हताश किया है। उन्होंने कई फैसले ऐसे दिए हैं जो जनहित के विरुद्ध गए हैं। मैं न्यायाधीश नहीं हूँ न होना चाहूँगा। वकीलों में भी आजकल कई तरह के वकील हैं। एक वकील मामले की सफाई का हुआ करता है। वकालत ब्रीफिंग का पेशा है। जैसी पेशगी वैसी वकालत। आलोचना वकालत नहीं है। वह सफाई का वकील

भी नहीं है जो मुजरिम को बचाने का काम करे। आलोचना किसी को कठघरे में खड़ा करके उसके खिलाफ फैसला भी नहीं सुना सकती। मेरा काम है—समालोचना। समालोचना का काम है—देखना। पहले खुद 'देखना' अगर दिखाई नहीं दे रहा है तो बार-बार देखना। पर हर हाल में मुकम्मल देखना। खुद देखना और दूसरों को दिखाना। जो दूसरों को नहीं दिखाई पड़ रहा है उसे दिखाना। दिखाने वाले का क्या नाम होगा मैं नहीं जानता। लेकिन क्या समालोचक होने की अभिधा कुछ कम है कि दूसरे पेशे से हम अपना नाम लें। हम खोजी पत्रकार भी नहीं हैं कि इस मामले में गहरी छानबीन करें। मैं केवल समालोचक बना रहना चाहता हूँ। समालोचना का धर्म 'देखने' और 'दिखाने' का है जो नहीं दिखाई दे रहा है, पर्दे के पीछे छिपा है उस पर्दे को हटाकर दिखा सकूँ कि देखो! सच यहाँ छिपा है और जो दूसरे इस सच को देख नहीं सके हैं उन्हें भी दिखा सकूँ। फिलहाल मेरी नजर में मेरा धर्म यही है। आलोचना का भी शायद यही धर्म होगा।

आलोचक का एकमात्र अस्त्र है—लोचन। मैं आलोचना में उसका इस्तेमाल तत्परता से करना चाहता हूँ। बस।

(वर्तमान साहित्य, जुलाई 2002)

स्त्री-विमर्श की भूमिका

(रजनी गुप्त के साथ)

स्मृतियों की तेज लहरें झपट्टा मारकर खींच ले जाती हैं मुझे सुदूर—लगभग 20 वर्ष पुरानी दुनिया की तरफ। राजधानी की चमचमाती इमारतें, भव्य दूतावासों, हरे-भरे पार्कों और लम्बी-चौड़ी, साफ-सुथरी सड़कों पर दौड़ते असंख्य वाहनों से फर्र-फर्र चढ़ते-उतरते लोगों के हुजूम पर निगाहें यूँ टिकी थीं गोया सूई में धागा पिरो रही होऊँ। 'सोच' पर अनायास विराम लगता है—'लो भाई, आ गई वो जगह...।' बड़े से गेट पर थमथमाती हैं निगाहें—हूँ तो यही है हिन्दुस्तान की वो नामी-गिरामी यूनिवर्सिटी..., बाप रे! कित्ता बड़ा एरिया! ऊँची-नीची चट्टानों पर बैठे लड़के-लड़कियों के झुण्ड, दाईं-बाईं तरफ नदियों के नामों पर बने हॉस्टल और प्राध्यापकों के आवासीय प्रांगण को उत्सुक नजरों से ताकती रही। लाल बजरीदार सड़क पर चलते हुए आसपास लगे फूलों से आती खुशबू मन में उत्साह, पुलक और वर्णनातीत रोमांच की दुनिया में ले जाने लगी। वाह! इसे कहते हैं नैसर्गिक सौन्दर्य! मुँह से अनायास निकल गया। बस की आवाज सुनकर पीछे देखती हूँ—पलक झपकते ही लड़के-लड़कियाँ तेजी से दौड़ पड़ते, चलती बस की तरफ। ऐन उसी वक्त ढेर सारे लड़के-लड़कियाँ चटपट उतर भी पड़ते। क्या जादू है? चौतरफा गुनगुनाती तितलियों की तरह वेग से फड़फड़ाती लड़कियों पर टिक जातीं नजरें। उनके विचित्र परिधान और पहनावे को मुग्ध भाव से आँखों में भरती रही और ये लड़के! फक्कड़ बाबा की तरह ढीले-ढीले कुर्ते-पैजामे और पैरों में हवाई चप्पल डाले मस्तमौला से दिखते इनके बारे में क्या कहने? सभी किसी-न-किसी से बातों-बहसों में तल्लीन, दीन-दुनिया से बेखबर अपनी ही धुन में मस्त और व्यस्त जान पड़ते।

एक मामूली से कस्बे से पहली बार इतनी बड़ी दुनिया में कदमताल करती उस 22 साल की लड़की की आँखों में सपनों की मछलियाँ तेजी से उछलकूद मचा रही थीं। वह कतई-कतई बाहर नहीं आना चाहती थी उस रुपहली दुनिया से लेकिन तभी—

'क्या नाम है तुम्हारा' रेंगता सवाल उछलकर सामने खड़ा हो गया। 'हूँ'—यूँ लगा जैसे उन्होंने चश्मे के भीतर अपनी पुतलियाँ फैलाते हुए अगला सवाल दागने

की पूरी तैयारी कर ली हो। डरती-सहमती संकोच से कुर्सी के एक किनारे गुड़ी-मुड़ी होकर बैठी लड़की बार-बार अपनी चोटी के बालों को उँगली में लपेटते हुए पेट में उछलते बुलबुलों को सँभालने की कोशिश में जुटी थी।

'जानती हो तुम्हारे नाम से कोई हिन्दी फिल्म बनी है?'

जी हाँ, 'रजनीगंधा' लड़की ने तपाक से जवाब दे दिया, 'लगता है फिल्में खूब देखती हो...' इण्टरव्यू बोर्ड में बैठे लोगों में से किसी ने चुटकी ली।

'ये फिल्म किसी हिन्दी कहानी पर बनी है। तुम्हें ये बताना है कि किस कथाकार की किस कहानी पर बनी थी फिल्म?'

'अरे ये तो मन्नू भण्डारी की कहानी पर बनी थी और कहानी का नाम है—'यही सच है'।' लड़की ने रौ में आकर चटपट बता दिया।

'क्या इस फिल्म को देखा है तुमने?'

'नहीं...'

'तो तुम्हें कैसे पता?' चश्मे के भीतर से कुरेदती निगाहों से लड़की की 'समझ' को बखूबी नापते-जोखते वे उसे परख लेने के मूड में आ गए (देखते हैं जोर कितना बाजु ए कातिल में है?)।

पल भर के लिए तो सिटपिटा गई वो, फिर यहाँ-वहाँ से जितनी जैसी कही-सुनी-पढ़ी जानकारी उसके पास थी, उसने उसी को धारा-प्रवाह ढंग से बताना शुरू कर दिया, 'दरअसल अभी-अभी हमारे कस्बे में टी.वी. आया है तो उसमें एक दिन यही रजनीगंधा वाला गाना आ रहा था तो जिस ढंग से इस कहानी की शुरुआत होती है हू-ब-हू उसी तरह से फिल्माया गया था वो गाना...बिलकुल वैसे ही जैसे कहानी की शुरुआत होती है। मैं उस कहानी को कई बार पढ़ चुकी हूँ...मुझे बहुत पसन्द है वो कहानी...'

इसके पहले कि लड़की का बड़बड़ाना चालू रहता उन्होंने तेजी से बॉल को बाउण्ड्री के भीतर कुशलता से लपक लिया, 'ऐसी क्या खास बात है कहानी में?'

अब फँसी मैं...लो भुगतो अंजाम...बहुत जल्दी कूदने लगती हो...मैंने खुद को लताड़ना शुरू कर दिया और जब ठीक-ठीक जवाब नहीं सूझा तो थीम ही सुनानी शुरू कर दी तभी बोर्ड में से किसी ने बीच में टोक दिया, 'किसी लेखक ने बड़ा अच्छा कमेण्ट किया है इस कहानी पर..., बता सकती हो?'

'जी हाँ, एक स्त्री एक ही समय में किस तरह दो पुरुषों से प्यार कर सकती है, यह दर्शाती है ये कहानी और यही टिप्पणी की थी उपेन्द्रनाथ अश्क जी ने।' किसी दुर्धर्ष योद्धा की तरह जवाब तो दे दिया मगर पूरी तरह आश्वस्त नहीं थी। लेकिन अब तक मेरा खौफ कमतर होने लगा था। तभी उन्होंने तड़ से मुझे अपनी जद में लेते हुए पूछा, 'नई कहानी के बारे में कितना क्या जानती हो?'

अनायास मैंने कुछ रटे-रटाए जुमले सुनाने शुरू कर दिए, मसलन, नई कहानी में कुण्ठा की अभिव्यक्ति है, तनाव और अन्तर्द्वन्द्व को उभारा गया है, त्रासद स्थितियों को...

वे बीच में ही भाँप गए हैं कि मैं रटी-रटाई जुबान बोल रही हूँ। सो कुएँ की तल्ली को नापने के लिए जतन से भीतर रस्सी डालते हुए पूछने लगे, 'ये कुण्ठा क्या होती है? त्रासदी क्या है?'

किसी तरह कुण्ठा को बताने के बाद नम्बर आया त्रासदी का। घबड़ाहट के मारे कुछ भी बोलते नहीं बना सो उन्होंने दुबारा पूछा, त्रासदी में से केवल 'त्रास' का मायने बता दो।

अचानक कुछ नहीं सूझा और अब तक सँजोया आत्मविश्वास फुर्र से हवा-हवाई हो गया। चेहरे पर हवाइयाँ उड़ने लगीं जिसे ताड़ते हुए उन्होंने पूछा, 'कहाँ, किस कॉलेज में पढ़ती हो?'

'किसी में भी नहीं। 10वीं के बाद किसी कॉलेज में नहीं पढ़ सकी। हमारे चिरगाँव में तो लाइब्रेरी तक नहीं है...जो भी पढ़ा है, बस स्वाध्याय से ही...'

इसके बाद उन्होंने गर्दन झुका ली और चुप्पी की चादर खींच ली। थोड़ी देर तक खामोशी अपना स्पेस रचती रही। तभी आखिरी मोड़ पर आने में उन्होंने पल भर की देरी नहीं की—

'एक बात साफ-साफ बताओ, क्या तुम्हारे घर वाले तुम्हें यहाँ इतनी दूर पढ़ने के लिए भेज देंगे? अभी तो तुम्हें यहाँ पैसे भी नहीं मिलेंगे..., इसके लिए तुम्हें 'नैट' क्वालिफाई करना पड़ेगा।'

'मुझे आत्मनिर्भर बनाने के लिए वे लोग जरूर भेजेंगे।' इधर-उधर बिखरे आत्मविश्वास को बटोरते हुए जवाब दे दिया गया। तो यह था मेरा और उनका पहला-पहला साक्षात्कार।

जे.एन.यू. में रहते हुए उनसे कई बार साबका पड़ता। वे सिर्फ चुनिन्दा बातें करते। क्या गजब की पहरेदारी बिठा रखी है उन्होंने अपनी जुबान पर। मजाल किसी की जो कोई फालतू शब्द उनकी जुबान से निकलवा ले। हम लोग अकसर उनकी वो सधी चाल, नपा-तुला संवाद और रौबदार अन्दाज से उनके व्यक्तित्व का विश्लेषण करते रहते। उन्हें सुनते वक्त हमेशा यही लगता कि यदि कोई उनके मुँह से उच्चरित शब्द-दर-शब्द चबाता-पचाता जाए तो वह अपने भीतर खुद-ब-खुद देख सकता है साहित्य के नए प्रतिमान...। इस वक्त उनके किस रूप को याद करूँ? 'स्टूडेण्ट लाइफ' के उन सुनहरे वर्षों के (1985-90) दौरान कलफ लगे कड़क कपड़ों जैसे कड़क मिजाज वाले नामवर जी को या आज हमारे बीच सहजता से मुस्कराते बतरस में तल्लीन नामवर जी को..., है कोई साम्य दोनों के बीच?

जी हाँ, इन्हीं विविधताओं, जटिलताओं, विरोधाभासों और अन्तर्विरोधों से रचा-गढ़ा है उनका व्यक्तित्व। आत्मालोचन, आत्मशोधन व आत्म संवर्धन की प्रक्रिया में डूबे किसी साधक से कम नहीं रहा है उनका जीवन। विरोधों के बीच सन्तुलन साधते रचना और आलोचना के बीच सतत नई प्रविधि-पद्धति को खोजते, टोहते और टटोलते हुए किसी कुशल रणनीतिकार की तरह नामवर सिंह ने सांस्कृतिक, सामाजिक और राजनीतिक अनुशासनों के बीच बिठाया है रचना के अन्तःसम्बन्धों को। उनके यहाँ कोई भी प्रतिमान पूर्वनिर्धारित नहीं है, न ही स्थितप्रज्ञ जैसी स्थिरता दिखेगी वहाँ, बल्कि आलोचक की सधी और चौकस निगाहें रचना के स्रोतों पर टिकती हैं। परम्परा की प्रकृति क्या कहती है? संवेदना के ढाँचे का विकास कैसे हुआ? अर्थात् रचना के जन्म में भीतरी-बाहरी दबावों और सन्दर्भों को बखूबी पकड़ लेते हैं वो।

तो किस तरह रचे जाते हैं साहित्य के नित नए प्रतिमान? आखिर ऐसा क्या है उनके 'विज़न' में जो कालजयी बनने लगता है? आज के इस तेज रफ्तार दौर में बदलते सामाजिक परिदृश्य में करवट लेते स्त्री-पुरुष सम्बन्धों और उनके रंग-ढंग के बारे में वे क्या सोचते हैं? अपने पैरों खड़ी होने के बावजूद वह अपनी मर्जी से दो कदम चल तक नहीं सकती..., आखिर ऐसा क्यों है? जैसे सवालों की आँधी चलने लगी।

'हमारी इस अनौपचारिक-आत्मीय बातचीत को साक्षात्कार का नाम न दिया जाए...' तो चलिए, क्यों न उनकी इस हिदायत पर अमल करने की एक कोशिश की जाए?

भूमण्डलीकरण के इस दौर में स्त्री चारों तरफ से पूँजीवादी गिद्धों से घिर गई है। सौन्दर्य और देह दर्शन के दुश्चक्र में फँसी आज की स्त्री के जीवन में जटिलताएँ और दुश्वारियाँ दिनों-दिन बढ़ती जा रही हैं जबकि असली मुद्दे (मसलन—स्त्रीश्रम की महत्ता, स्त्री की सामर्थ्य और निजता वगैरा) दरकिनार कर दिए गए हैं...तो ऐसे माहौल में किस रास्ते मयस्सर होगी उन्हें अपनी जमीन? सही मायनों में कैसे खुलेंगे उनकी मुक्ति के रास्ते?

रजनी, तुमने जो इतना लम्बा सवाल पूछा, इससे मालूम होता है कि स्त्री-विमर्श के बारे में आजकल तुम बहुत गहराई से अध्ययन-चिन्तन वगैरह कर रही हो। सीधी-सी बात है कि जिस भूमण्डलीकरण की इतनी चर्चा है, इस दौर में स्त्री समस्या के बारे में हमें बात करनी है—मोटे तौर पर मैंने यही समझा है। इस पर जरूर बात करेंगे, क्योंकि हम 2004 में आज उस वक्त बात कर रहे हैं जबकि एक स्त्री को देश ने प्रधानमन्त्री चुना और जिसने इतना बड़ा भारी पद त्याग करके लोगों को जवाब दे दिया, विशेष रूप से उस महिला को जिसे विदेशी मूल का कहकर इन सारी चीजों को छिछला और घटिया साबित कर दिया और यह सब एक विदेशी

महिला ने नहीं किया बल्कि भारतीय परिवेश में रची-पली महिला ने किया, जबकि एक विदेशी महिला ने अपनी भारतीयता प्रमाणित की। चुनाव के दौरान का एक प्रसंग याद आ रहा है। चुनावी दौर में प्रियंका ने अपने क्षेत्रवासियों को प्रसंगवश जवाब दिया था, 'ये सब संस्कार मुझे अपनी माँ से सीखने को मिले हैं।' बहरहाल. ..!

''भूमण्डलीकरण का एक पहलू है विश्व बाजार का विस्तार। अपने ही शहर को देखो। रोज़ नए-नए 'शापिंग काम्प्लेक्स' खड़े हो रहे हैं और उनमें किसिम-किसिम के देशी-विदेशी माल भरे हैं। इनके साथ ही जगह-जगह सैकड़ों बड़े-बड़े 'होर्डिंग' लगे हैं—ग्राहकों को आकर्षित करने के लिए। ज्यादातर 'होर्डिंग' में एक औरत जरूर होती है—तरह-तरह की भंगिमाओं में, शरीर का खुला प्रदर्शन करती हुई। क्या तुम्हें ऐसा नहीं लगता कि इस बाजार ने औरत को माल बेचने का साधन बना दिया है। फिर ठहरकर सोचो तो औरत इस दौर में खुद भी एक 'माल' बना दी गई है—बेचने-खरीदने की एक चीज! वैसे पहले भी औरतें बेची और खरीदी जाती थीं! लेकिन इस तरह खुले-खजाने नहीं और न ही इतने बड़े पैमाने पर!

''तसवीर का एक दूसरा पहलू भी है। यह बाजार एकदम 'मुक्त' है—सबके लिए खुला, लेकिन खासतौर से उनके लिए जिनके पास पैसा है। इस मुक्त बाजार ने औरत को भी मुक्त किया है। मुझे लगता है कि नारी मुक्ति के विश्व-व्यापी आन्दोलन में कहीं-न-कहीं विश्व बाजार के प्रसार की भी महत्त्वपूर्ण भूमिका है।

''निश्चय ही इसमें संचार-क्रान्ति का भी योगदान है—खासतौर से इण्टरनेट, टेलीविजन वगैरह का। इस प्रकार औरत अब सिर्फ 'गृहलक्ष्मी' नहीं रही, विश्वलक्ष्मी हो गई है और यही उसकी सबसे बड़ी विडम्बना भी है। औरत की माँग दिन-पर-दिन बढ़ रही है और उसी अनुपात में खपत भी। रोजगार के अवसर भी बढ़ रहे हैं। उन्हें गिनाने की जरूरत नहीं है।

''लेकिन इसके साथ खतरे भी। बाजार के माल की तरह यहाँ भी लूट मची है। 'रामनाम की लूट है, लूट सके सो लूट।' एक अखबार में सुर्खी देखी, 'महिलाओं के लिए सुरक्षित नहीं यह शहर।' कहीं अपहरण तो कहीं बलात्कार! रोज के अखबार ऐसी खबरों से रंगे मिलते हैं मुक्ति के ही ये खतरे हैं और मुक्ति चाहते हैं तो ये खतरे उठाने ही पड़ेंगे।

''फिलहाल इस मसले पर इतना ही। एक आम आदमी की हैसियत से।

''मेरा अपना मोर्चा साहित्य है और साहित्य में भी समीक्षा। इसलिए कहानियों, उपन्यासों और कविताओं के सहारे ही मैं स्त्री के बारे में कुछ कहने का प्रयास कर सकता हूँ।

''संयोग से कुछ दिनों पहले एक किताब हाथ लग गई, 'रीडिंग लोलिटा इन

तेहरान' (तेहरान में लोलिटा पढ़ते हुए)। शीर्षक आकर्षक लगा। लेखिका का नाम पहली बार मालूम हुआ। आजार नफ़ीसी। हैं ईरानी लेकिन इस समय अमेरिका के जाने-माने विश्वविद्यालय 'जान्स हापकिन्स' में अन्तर्राष्ट्रीय अध्ययन की प्रोफेसर हैं। शुरुआत की थी अलिफ लैला से। उनके शुरुआती उपन्यासों में ईरान की औरतों के खिलाफ किए जाने वाले अत्याचारों का प्रतिरोध था। अयातुल्ला खुमैनी की क्रान्ति के जमाने में वे तेहरान विश्वविद्यालय में अंग्रेजी साहित्य पढ़ाती थीं। अपने आजाद ख्यालों के कारण उन्हें तेहरान छोड़कर अमेरिका में पनाह लेनी पड़ी। यह किताब उन्हीं दिनों का संस्मरण है। किताब का उपशीर्षक भी यही है, ए मेम्बार इन बुक्स। लेकिन दरअसल पूरी किताब 'स्त्री-विमर्श' है जिसे आख्यान की तरह लिखा गया है जो शुरू करते ही पढ़ने वाले को अपनी गिरफ्त में ले लेती है। किताब में जो कुछ कहा गया है उसे मुख्तसर में बता देना तो फिलहाल मुमकिन नहीं, लेकिन एक झलक तो दे ही सकता हूँ। हर जुमेरात को नफीसा अपने घर पर अपनी सात छात्राओं को सुबह इकट्ठा करती हैं, जिस दल में अपनी खुशी से एक लड़का भी आया करता है। सरकारी हुक्म की पाबन्दी के साथ लड़कियाँ चादर से सिर ढँके आती हैं और नफ़ीसा उनके साथ अंग्रेजी उपन्यासों पर बातें करती हैं। पहला उपन्यास है नबोकोव का 'लोलिटा' जिस पर सबसे लम्बी बातचीत होती है। आगे इस क्रम में जेन आस्टिन, हेनरी जेम्स और स्काट फिट्ज़ेराल्ड के 'गैट्सबाइ' की भी व्याख्याएँ की जाती हैं। अन्त में एक उपसंहार भी है। लेकिन यह सिर्फ खाका है। सारी बातचीत स्त्री पर ही केन्द्रित है—अंग्रेजी-अमेरिकी उपन्यासों की स्त्री!

''इस किताब को पढ़ते हुए रह-रह कर यह ख्याल आता रहा कि, काश हिन्दी में भी कोई स्त्री कथाकार इसी तरह की किताब लिखती तो तथाकथित ठूँठ बौद्धिक 'स्त्री-विमर्श' से कहीं बेहतर होता! रजनी, तुम भी तो उपन्यास लिखती हो, क्यों नहीं इस दिशा में कुछ सोचती।

''तबक्को तुमसे इसलिए कि अब स्त्रियों के बारे में कुछ भी कहने का अधिकारी स्त्री को ही समझा जाता है। स्त्री-विमर्श पर विशेषांक प्रकाशित करने वाली पत्रिका के सम्पादक भी किसी स्त्री लेखिका को ही उसका अतिथि सम्पादक बनाते हैं। यह और बात है कि बदले हुए माहौल में स्त्री-विमर्श पुरुष लेखकों का नया शगल हो गया है। और अपनी आत्मस्वीकृतियों के जरिए वे अपनी साहसिक कारगुजारियों की बढ़ी-चढ़ी दास्तानें पेश कर रहे हैं।

''प्रसंगवश, मुझे प्लेटो के संवादों में से एक 'रात्रिभोज' का एक प्रसंग याद आ रहा है। सुकरात से किसी ने प्रेम के बारे में जिज्ञासा की तो उसने सम्भवतः दायोतमा से सुनी यह कहानी सुना दी। सृष्टि के आरम्भ में एक विलक्षण प्राणी था जिसका आधा हिस्सा स्त्री का था और आधा पुरुष का। अपनी परम्परा में उसे

'अर्धनारीश्वर' कहते हैं। यह अर्धनारीश्वर इतना शक्तिशाली था कि उसे स्वर्ग को जीतने का हौसला हो गया। स्वर्ग के स्वामी इन्द्र (जिसे प्राचीन ग्रीक गाथाओं में 'ज़ेउस' कहते हैं) सतर्क हो गए। उन्होंने उस स्त्री-पुरुष संयुक्त प्राणी पर अपने वज्र से प्रहार किया, जिससे उसके दो टुकड़े हो गए—स्त्री भाग अलग, पुरुष भाग अलग! इस आघात से वह दुर्बल हो गया। स्वर्ग जीतने का हौसला भी पस्त हो गया, लेकिन कुछ ही समय के लिए। तब से वे दोनों हिस्से जुड़कर एक होने की कोशिश कर रहे हैं।

''प्लेटो ने यह कहानी प्रेम की परिभाषा बताने के लिए सुनाई थी। लेकिन क्या इस कहानी से आज के स्त्री-विमर्श पर भी कोई प्रकाश पड़ सकता है? पता नहीं।

''यहाँ तो पुरुष बनाम स्त्री के द्वन्द्व और संघर्ष का माहौल है। बात पुरुष सत्ता के बरक्स स्त्री सत्ता की हो रही है जब कि स्वयं 'सत्ता' परदे के पीछे या ऊपर आसमान में हँस रही है। वस्तु स्त्री-विमर्श प्रकारान्तर से सत्ता-विमर्श में परिवर्तित हो चला है जिसकी परिणति चिन्ताजनक है! 'मुक्ति अकेले की नहीं होती'—मुक्तिबोध का यह कथन इस प्रसंग में भी मुझे मौजूं लगता है। तुम जो भी सोचो!''

इतना लम्बा वक्तव्य सुनने के बाद मेरे भीतर अनायास उनकी पत्नी की स्मृति जाग उठी और मैंने पूछा—

सर, पत्नी की स्मृति से जुड़े ऐसे कौन से क्षण हैं जिन्हें आप दर्ज कराना चाहते हैं? खासतौर पर ऐसी उत्सुकता आपके उन स्त्री पाठकों-श्रोताओं के मन में रहती है जो आपको गौर से सुनती-पढ़ती रही हैं।

''रजनी, उनका ध्यान आते ही मुझे पश्चात्ताप का बोध होता है क्योंकि मैं उनको वह सब नहीं दे सका, जिसकी अपेक्षा वह करती थीं। बाद में वो इसे समझ गई थीं। इसलिए कोई अपेक्षा करना ही बन्द कर दिया था। उनके प्रति अब एक करुणा का भाव आता है।' मैं उन्हें 'देवता' कहा करता था। घर के लोग जानते हैं और वे भी, जो अकसर मेरे घर आते-जाते थे। अब वे नहीं रहीं तो ज्यादा साथ हैं।''

स्त्री की कौन-सी छवि लुभाती है आपको?

थोड़ी देर सोचने के बाद—''अब तो स्त्री की एक ही छवि अच्छी लगती है—पिछले 40 वर्षों से एक ही छवि यानी अपनी बेटी की छवि। स्त्री बेटी के रूप में सबसे अधिक अच्छी लगती है। उसके सामने सबसे अधिक मुक्त मसहूस करता हूँ।''

ऐसी कौन-सी चीज (व्यक्ति भी) है जिसे पाने की उत्कट अभिलाषा रही हो लेकिन किसी वजह से न पा सके हों और जिसे न पाने का मलाल आपको

भीतर-ही-भीतर कचोटता रहता हो...

"रजनी, वैसे मुझे सब कुछ मिल गया है।"

मेरे भीतर एक सवाल तैजी से उमड़-घुमड़ रहा था। उसे जितना दबाती, वह दुगुने वेग से उछाल लगाने लगा। सँभालने के बावजूद सवाल की उछलती बॉल वेग से फर्श पर लुढ़क पड़ी–

सर, आपके जीवन में प्रेम और सौन्दर्य के क्या मायने हैं? (पूछना चाहती थी कुछ और, निकल गया कुछ और! इसे कहते हैं हड़बड़ाना, यानि अण्डर करंट सवाल था–आपके जीवन में आए प्रेम प्रसंग वगैरा..., धत्तेरे की..., वर्षों बाद भी फिर वही भीतर से एक अनजाना किस्म का डर..., मैं अपने को दुत्कारती रही)

नपा-तुला और सधा जवाब आया–"साहित्य का विद्यार्थी हूँ सो सौन्दर्य की भूख है, प्रेम की प्यास है...हो सकता है...(बहुत कुरेदने पर किसी पुस्तक में पढ़े एक-दो प्रसंग की याद दिलाने की कोशिश करती हूँ..., तो वे खुलकर हँसने लगे ...उच्छल तरंगें वेग से तट पर आकर बिछ गई हों जैसे)

"प्रसाद जी की आत्मकथा की वे पंक्तियाँ याद आ रही हैं–

'मिला कहाँ वह सुख जिसका मैं स्वप्न देखकर जाग गया
आलिंगन में आते-आते मुसक्या कर जो भाग गया।
उसकी स्मृति पाथेय बनी हैं थके पथिक की पंथा की
सीवन को उधेड़ कर देखोगे क्यों मेरी कंथा की!'

"इसके बाद भी यदि तुम मेरी कंथरी को उधेड़ने का हट करोगी तो यह कंथरी ही उतारकर रख दूँगा।

"रजनी, मैं एक ही बात कह सकता हूँ, जितना मुझे मिला है, उतना मैंने दिया नहीं। प्रतिदान मैं दे नहीं पाया, अनेक कारणों से।"

क्यों न इसी से मिलता-जुलता एक और सवाल पूछ लिया जाए...?

सर, आपको गहरा लगाव किससे रहा? किसकी लय और आत्मीय संलाप आप हर पल अपने भीतर महसूसते हैं?

"नाराज न हों, तो काशीनाथ। काशी से मैं कुछ भी नहीं छिपा सकता और न छिपाया। जो चीज मैं किसी से नहीं कह सकता, वह मैं काशी से कह सकता हूँ। इसके अलावा मेरी सबसे बड़ी पूँजी अगर कोई चीज है तो वो है–मुझे प्यार करने वाले छात्र और छात्राएँ। जोधपुर-दिल्ली और बनारस जैसी जगहों पर उन्होंने जो अहेतुक प्यार दिया जिनके लिए मैंने कुछ नहीं किया, न कर सका। बस थोड़े से लोग ऐसे हैं। हर बैच में एक-दो लोग ऐसे मिल जाते हैं। चूँकि मैंने धोखा बहुत खाया है। मैं बहुत जल्दी विश्वास कर लेता हूँ। हाँ, इस बात को कबूल कर लेता हूँ कि मैं धोखा नहीं देता किसी को...।"

साहित्य के अलावा और कौन-सी अभिरुचियाँ हैं..., मसलन, फिल्में, नाटक वगैरह...

"शुरू-शुरू में इंगलिश, हिन्दी, बांग्ला की खूब फिल्में देखीं। दिल्ली में सन् 65 के आसपास खूब फिल्में देखता था। जे.एन.यू. में आने के बाद फिल्म देखना कम हो गया, हाँ नाटक खूब देखता हूँ।"

किसके साथ घण्टों गुजारना पसन्द है? कौन आपको जीवन्त और ऊर्जस्वित रख पाने में सक्षम है?

फिर वह चुप्पी। अल्प अन्तराल के बाद बोले—"लोरी (नातिन), जो अब सात साल की हो गई है और अपने 'नानू' से बहुत बतियाती है। वैसे, मुझे अकेलापन ही पसन्द है। मलयज के शब्दों में वही 'मेरा हँसता हुआ अकेलापन!' "

तब की दिल्ली (30 साल पुरानी) और आज की दिल्ली के साहित्यिक माहौल में कितना फर्क नजर आता है आपको? क्या हम पहले से बेहतर समय में जी रहे हैं?

एक गहरी उसाँस भरते हुए—"रजनी, 65 की दिल्ली तो अब सपना बनकर रह गई। मॉडल टाउन में रहता था, दिल्ली विश्वविद्यालय के कई प्रवक्ता भी वहीं रहते थे। बड़ा पारिवारिक माहौल था। मेरा ख्याल है तब दो-एक लोगों के पास स्कूटर भी था। कार किसी के पास नहीं थी। उस वक्त बड़ा अच्छा लगता था। कभी यह महसूस नहीं हुआ कि हमारे पास कार क्यों नहीं है। तब हम साहित्य ही जीते थे, साहित्य ही पढ़ते थे और साहित्य ही लिखते थे और घण्टों बहस करते थे।

"हाँ, ये सच है कि मैं दिल्ली रहना नहीं चाहता था लेकिन एक जिद के कारण रुक गया। जिद थी कि रहूँगा दिल्ली में ही। हाँ, एक बात मैं जरूर कहूँगा कि मुझे कभी हीनताग्रन्थि का बोध नहीं हुआ। किसी चीज को लेकर कभी कोई ग्रन्थि नहीं पाली और बस जब जैसा होता चला गया...।"

आखिर में नामवर जी से चलते-चलते क्या पूछा जाए? अनायास मेरे भीतर एक पुरानी जिज्ञासा प्रबल हो उठी—

सर, कभी आपके मन में ये ख्याल नहीं आया कि चलो अब सरोकारों की बहुत बड़ी-बड़ी बातें कर लीं। अब क्यों न एक लम्बा-सा उपन्यास लिखा जाए जिसमें आपके सुदीर्घ जीवन-अनुभवों की आँच भी हो और जीने का ताप भी...

बड़े बेलाग ढंग से तपाक से बोल पड़े वे—"नहीं, कभी नहीं। इसलिए कि मैं उपन्यास नहीं लिख पाऊँगा। उपन्यास लिखने की जो शर्तें हैं, वह मैं पूरा नहीं कर सकता। कई बार जब मैं किसी उपन्यास पर चर्चा करता हूँ तो उसका सारांश तक बताने में दिक्कत होती है..."

इसी बीच उनके दामाद पवन जी आ गए और हमारी बातचीत का क्रम भंग

हो गया।

अगर-मगर..., जैसे अनन्त सवालों को सीने पर रखे हमें उठना पड़ा। बेशक जिज्ञासाएँ अभी भी दिमाग में घुड़दौड़ मचा रही थीं। कहते भी हैं, 'चुकते नहीं सवाल।' जिन्दगी अभी और भी है, शायद फिर कभी मयस्सर हो हमें उनका साथ और फिर से हम यूँ ही लम्बी परिचर्चाओं से जानें अपने समय के कालजयी हस्ताक्षर को उनकी आलोचना के मर्म को उनकी जीवन-शैली के साथ संगति बिठाते हुए। ओफ! क्या करूँ अपने इस प्रश्नाकुल मन का? अन्तस् में अभी भी उबल रही हैं जिज्ञासाएँ...रेंग रहे हैं सवाल-दर-सवाल।

तभी आश्वासन की एक भरपूर नजर उन्होंने मेरे ऊपर फिराई, जिसमें स्नेह भी था और 'फिर कभी' का चिरपरिचित भाव भी। देखते हैं समय के लम्बे पाँव फिर कब खींच ले जाएँ मुझे उनके पास और हम फिर ऐसी ही लम्बी बातचीत करें—इतनी ही अनौपचारिक और आत्मीय ऊष्मा से भरपूर। एक के ऊपर एक रखी किताबों से भरी मेज, किताबों से अटी रैक और किताबों से लबालब भरा वो कोना लगातार मेरी पलकों के भीतर तैर रहा है। उनकी वो गुरुता, वैसा अनुशासन और कड़की में छिपी तरलता को चीन्हने में भूल मैंने कभी नहीं की, तब भी जब मैं कई वर्ष उनके सान्निध्य में रही..., उनकी स्टूडैण्ट बनकर...और आज भी...।

(कथाक्रम : जनवरी-मार्च, 2005)

घर तो अब भी सपना है

(काशीनाथ सिंह के साथ)

काशीनाथ सिंह : *आज आपको सारा कुछ मिल चुका है—पद, ऐश्वर्य, सम्मान, प्रतिष्ठा। शिखर पर हैं आप हर उपलब्धि के। वह क्या है जो नहीं मिला है?*

नामवर सिंह : समाधिस्थ चित्त की वह दशा जिसमें मनोवांछित की रचना सम्भव होती है।

काशीनाथ सिंह : *आपने बचपन में क्या सपने देखे थे अपने बारे में?*

नामवर सिंह : बचपन ऐसा मिला ही नहीं जिसमें सपने देखे जाते हैं। वैसे भी, अपने बारे में तो कभी कोई सपना देखा भी नहीं।

काशीनाथ सिंह : *अब सपने आते हैं कि नहीं? और आते हैं तो किस तरह के?*

नामवर सिंह : अधिकतर दुःस्वप्न ही आते हैं। प्रसाद जी की वह पंक्ति याद आती है : 'मिला कहाँ वह सुख जिसका मैं स्वप्न देख कर जाग गया!'

काशीनाथ सिंह : *आपको फुर्सत मिलती है कि नहीं? और मिलती है तो क्या करते हैं?*

नामवर सिंह : 'दिल ढूँढ़ता है फिर वही फुर्सत के रात दिन/बैठे रहे मेरे लिए तखय्युले जानां किये हुए!' मेरे लिए 'तखय्युले जानां' कोई न कोई मनपसन्द किताब ही है।

काशीनाथ सिंह : *आपको कैसे लोगों से मिलना अच्छा लगता है?*

नामवर सिंह : मीर के शब्दों में 'मिलिए उस शख्स से जो आदम होवे!'

काशीनाथ सिंह : *आप कब खालीपन महसूस करते हैं?*

नामवर सिंह : जब दिमाग खाली होता है।

काशीनाथ सिंह : *आपको कैसे लोगों से ईर्ष्या होती है?*

नामवर सिंह : जो वही कह या लिख देते हैं जिसे सटीक ढंग से कहने के लिए मैं अरसे से बेचैन रहा।

काशीनाथ सिंह : *किनके आगे अपने आप सिर झुकता है आपका?*

नामवर सिंह : ज्ञानवृद्ध के।

काशीनाथ सिंह : *कैसी टिप्पणियाँ, छेड़छाड़, आलोचनाएँ (?) सुन या पढ़ कर*

क्रोध आता है?

नामवर सिंह : वैयक्तिक और निराधार।

काशीनाथ सिंह : *ऐसा कोई कवि, कहानीकार या समीक्षक जिसे समझने में चूक हुई हो आपसे?*

नामवर सिंह : फिलहाल रेणु का नाम ही याद आ रहा है जिनके महत्त्व को समझने में देर हुई मुझसे और इस 'देर' को 'चूक' भी कह सकते हैं।

काशीनाथ सिंह : *ऐसी कोई आलोचना जो दबाव या मजबूरी में लिखी गयी हो?*

नामवर सिंह : किसी नये नये लेखक की प्रकाशनार्थ पांडुलिपि पर शुभाशंसा के शब्द तो लिखे लेकिन कोई 'आलोचना' दबाव या मजबूरी में नहीं।

काशीनाथ सिंह : *कोई ऐसा 'वाद विवाद' या 'संवाद' जिसमें 'बदला लेने' या 'सबक सिखाने' का भाव मन में रहा हो?*

नामवर सिंह : 'बदला' किससे? 'सबक' किसको? जो भी आरोप व्यक्तिगत लगा, अनदेखा किया। 'वाद-विवाद-संवाद' उन्हीं से किया जो बराबर के हैं या कुछ बड़े। 'सहयोगी प्रयास' के तहत। यहाँ तक कि 'दस्ते अदू' के साथ भी, फ़ैज़ के अन्दाज में 'सलूक जिससे किया मैंने आशिकाना किया'।

काशीनाथ सिंह : *अगर आपसे कलम और किताबें छीन ली जाएँ और ऐसे टापू पर भेज दिया जाए जहाँ कोई न हो तो क्या करेंगे आप?*

नामवर सिंह : इस बात की कल्पना भी नहीं कर सकता।

काशीनाथ सिंह : *आपके एक ओर समुद्र हो और दूसरी ओर पर्वत—और दोनों बुलायें तो किधर जाएँगे?*

नामवर सिंह : समुद्र की ओर।

काशीनाथ सिंह : *आपकी चाल में जीयनपुर है और वाणी में बनारस—दिल्ली कहाँ है?*

नामवर सिंह : दिमाग में, न कि दिल में।

काशीनाथ सिंह : *'कालदेवता' सहसा आपके आगे आये और पूछ बैठे—"बोल नामवर, क्या चाहिए तुझे? जो माँगना हो माँग ले!" तो क्या माँगेंगे आप?*

नामवर सिंह : 'रहिमन कर पर कर धरो, करतल कर न धरो।' क्या इसे अब भूल जाऊँ?

काशीनाथ सिंह : *ऐसा लगता है जैसे शिवालिक खूंटा हो, घर नहीं! आपकी 'कल्पना' या 'सपने' का घर कोई था भी या नहीं? अगर था तो कब और कहाँ छूटा?*

नामवर सिंह : वही लोलार्क कुण्ड वाला पुराना घर जिसमें किसी समय सभी अपने साथ थे! वैसे सचमुच का 'घर' तो अब भी सपना है और सपना ही रहेगा।

(तद्भव, 2003)